經濟與社會的
動力結構及演化圖景

螺網理論

甘潤遠——著

出版說明

　　《螺網理論》一書最早於 2016 年 9 月由上海復旦大學出版社出版發行，本次臺灣版刪除了簡體版中的「附論」一篇，其他內容（包括序言、前言和後記等輔文）依照簡體字版，基本未做變動；同時，最重要的是特別新增了三篇重要附錄，其中，附錄一「中國農業的長期演化歷程」和附錄二「中國古代社會發展的主要動力及特徵」，原本是作者用以支持其理論思想的歷史實證事實，但因篇幅所限而未能收入簡體字版中，這次收入本版將可彌補這一缺憾。附錄三則收錄兩篇學者發表的書評，讀者可藉此瞭解本書的思想價值所在。

序一

我與本書作者甘潤遠最早是在 2002 年四、五月間相識並開始共事的。記得當時我在深圳剛創建了香港理工大學中國會計與金融研究中心,因研究中心創建不久,需要引入各類人才,甘潤遠就是當時被招聘進入研究中心的前幾批人員之一。到 2003 年時,在成思危先生的積極支持下,我與同事們又一起創建了中國風險投資研究院。在這期間,甘潤遠曾做過我的助理,參與過中國會計與金融研究中心和中國風險投資研究院的許多工作。他性格隨和、做事認真,給我留下了很深的印象。後來,甘潤遠離開深圳到上海發展,但他依然與我保持著聯繫,還多次參加過中國風險投資研究院組織的論壇活動。

今年 3 月末,甘潤遠來深圳拜訪我,我得知他撰寫了一部經濟學專著《螺網理論》,他請我為這部書寫篇序言。他說,這是他「十年磨一劍」的心血結晶之作。我沒有想到,在離開深圳十餘年後,他不但閱讀了大量經濟學、社會學等方面的著作,還耗費幾年時間寫出了一部四十餘萬字的經濟學專著,這確實是一件可喜可賀的事情!

這本書是一部經濟學與社會學交叉的學術著作,是作者應用系統論和結構功能主義等方法對傳統經濟學和社會學進行綜合研究的一項理論成果。從整部書的主題和內容來看,這本書融合了社會科學領域內的一些典型理論,從系統和結構的視角,把社會系統劃分為人文、經濟、政治、科學、法制和教育等子系統,探討了這些子系統之間的聯繫以及它們與社會進化的複雜關係。這本書對社會系統中經濟系統的層次、結構、功能和運行過程做了全面論述,闡述了經濟與社會的動力結構及其演化規律。作者破除學科藩籬,兼容並包,綜合了眾多經濟學家、社會學家、歷史學家、文化學家、人類學家的研究成果,從而得出整個人類社會系統的長期演化機制遵循兩大規律——分叉律和協同律。

這本書最顯著的創新之處,主要體現在揭示了從企業、行業、產業到國民經濟系統在一般結構方面的自相似性、層次性、嵌套性等分形特徵;同時這本書也闡明了存在於人文系統、經濟系統和政治系統等社會子系統的雙層結構和基本因素。作者對企業系統、產業系統和國民經濟系統動力結構的論述,是對自亞當·斯密以來西方經濟學各主要流派重要經濟思想的有機綜合,也融合了部分馬克思主義政治經濟學的基本思想。

讀者可以將這部書歸入社會經濟學的範疇。以往的社會經濟學著作更多考察的是工業革命以來的社會經濟現象,而這本書將工業革命之前的農業社會也納入了考察的視野。作者所提出的理論框架可以包容許多典型社會經濟

理論的基本思想，從這一點來說，這本書所提出的理論框架更加富有包容性和解釋力。作者充分吸納了傳統經濟學的理論精華，並對這些經濟學思想進行了吸納、提煉和概括，把社會經濟學領域的研究推進到了一個更高層次。我個人認為，這部專著的創新價值主要體現在三個方面：一是對經濟學思維範式的變革；二是對社會學基本框架的重新劃分；三是對公共政策與公共制度的有機協調。

在經濟學界，靜態均衡思維範式一直主導著傳統的主流經濟學研究領域，與傳統經濟學的靜態均衡思維範式相比，這本書建立了動態非均衡思維範式的理論框架。正是在這一思維範式的基礎上，作者在整體邏輯上將微觀經濟學、中觀經濟學和宏觀經濟學融合在了統一的理論框架中，這對於經濟學理論本身的變革與發展具有重要意義！

長期以來，經濟學與社會學的研究都處於相互隔離的狀態中，而實際上這兩個學科是緊密相連的。作者把經濟系統作為社會系統的一個子系統來看待，把社會系統劃分為由人文系統、經濟系統、政治系統等子系統組成的表層結構和由科學系統、法制系統、教育系統等子系統組成的深層結構，這是對現代社會結構的理論概括，這種概括確實是簡潔而符合現實的。作者對現代社會系統的結構與功能的這種劃分，不但有助於理清社會學本身的基本理論框架，而且對於研究社會學與其他相鄰學科的關係也是很有價值的。

這本書所倡導的系統的、整體的、聯繫的觀念，有助於社會科學理論界消除學科隔閡和學派偏見，釐清社會系統中各個子系統之間的相互關係，有助於消除或化解國家在文化、經濟、政治等方面的政策衝突和制度矛盾，從而有利於推動整個社會的協同發展和良性運轉。這本書中所包含的社會經濟思想，對於中國當前開展的社會改革和體制創新也具有重要的啟發價值，特別是在公共政策制定和公共制度建設方面具有重要的現實意義。

我相信，這本書的及時出版和發行，無論對消除「經濟決定論」的片面認識，促進整個社會在文化、經濟、政治方面協同發展，還是對重塑人文系統、建立信仰道德體系、促進社會良性運轉等，以及對落實科學發展觀、制定科學的政策制度、建設和諧社會等，都具有重要的理論價值和現實意義！

中國教育創新研究院院長
上海交通大學金融學教授、博士生導師

2016 年 5 月 24 日

序二

　　本書作者甘潤遠先生在這部書中探討的是一個艱難的學術問題。

　　社會經濟體是一種異常複雜的有機體系。具體的經濟現像是各種因素共同發揮作用的產物，這類因素包括政治、法律、文化傳統等因素。這些因素相互作用的過程，賦予社會經濟體一種系統性的特徵，即社會經濟的各個組成部分是有機地結合在一起的。任何一個社會科學家（包括經濟學家）都不會否認這一客觀事實。解讀這一有機體的奧秘，是學者們的志向和野心。但是，對於如何來理解和解釋這一客觀事實，學者們之間就出現了很大的分歧。其中的理論難題是：第一，這個有機體的各個組成部分是如何協調和運行的？第二，這個有機體是如何在運行中演進的？

　　如何解決這些理論難題？就經濟學界來說，大致可以分為兩種思路：方法論個人主義和方法論整體主義。這兩種方法論是在經濟思想史上門格爾[1]與德國歷史學派之間著名的「方法論爭論」中開始清晰化的。關鍵性的問題是如何理解個人經濟行為與社會經濟體之間的關係。

　　方法論個人主義認為，所有真實的經濟理論都可以歸結為個人行為理論加上闡述個人行為環境的邊界條件。為什麼要這樣做呢？哈耶克給出的經典回答是：在社會科學領域，「市場」「社會」這類術語僅僅只是用於形容人類行動的理論概念，它們並不代表我們可以直接觀察到的「實體」。要理解這類現象，唯一可行的方法是：通過對個人行為的分析來理解社會的「整體」現象。換言之，經濟學家只能以個人經濟行為為基點，才能理解整體的市場行為。

　　方法論整體主義把社會經濟視為其內部的各個構成部分相互聯繫的一個整體來研究。具體的分析方法有各種形態。一種視角是借助於生物學的概念，把社會經濟比喻為一種有機體，探討其發展和演變的規律。德國歷史學派是這方面的典型代表。另一種視角是把社會經濟視為一種類似於複雜的機器系統。這方面的典型代表是經濟控制論。雖然這些類型的研究對我們理解社會經濟作出了不同程度的貢獻，但總體上它們在經濟學中一直處於非主流的地位。

　　處於經濟學主流地位的是方法論個人主義（或曰方法論個體主義）。新古典主義經濟學以理性經濟人作為分析的基點，逐步拓展到對市場經濟的整體分析。其理論的核心是要論證：每個人追求自身利益最大化的行為，受「無

---

[1]　卡爾・門格爾（Carl Menger，1840-1921）是經濟學中奧地利學派的代表和主要奠基者之一。

形之手」（即價格機制）的引導，會無意識地使經濟走向一般均衡。在這種均衡中，所有商品的產量與價格形成一種最優組合。進一步地，新古典宏觀經濟學運用隨機動態一般均衡模型，把這種分析方法拓展到對宏觀經濟現象的解釋。當然，這種論證還存在各種爭論。

可以肯定，運用經濟學的新古典主義及其數學工具是無法解讀社會經濟的有機體問題的。誠如奧地利經濟學家維塞爾（Friedrich von Wieser，1851-1926）所言：「如果把研究局限於一批採用最理想化假設的範圍極小的理論問題，那麼數理方法將是達到公式化結論的最合適工具。但是對於理論中其他抽象程度較低的問題來講，在研究中採用數理方法將導致災難。經濟理論中大量的真理及其在重要的倫理和政治領域中的應用，都不是通過數理方法來證明的。」[2]

雖然經濟學對經濟現象的具體研究越來越細化，研究領域越來越專門化，無論從什麼方面來看，經濟學對整個社會經濟的解釋仍然處於不能讓我們滿意的狀態。誠如作者在本書開篇部分所形容的那樣，有點盲人摸象的味道。既然經濟學和其他社會科學已經有了很大的進步，我們為什麼就不能利用現有的理論成就對社會經濟現象作出綜合性的解釋呢？

大多數經濟學人不敢抱有全面或綜合性解讀社會經濟現象的偉大野心，只是志在解讀其中的某一小部分。我不敢妄斷這種學術心態，但這肯定與身處分工日益細化的學術環境有直接關係，並固著於這種分工的局限。甘先生熱衷於學術研究，但卻身處學界之外。這雖然使他的論證似乎不完全符合現代經濟學中新古典主義所謂的嚴格規範，但卻可以讓他無所顧忌，使他敢於探討這一宏大的問題。

這部書最獨特而令人印象深刻的是：作者力圖從企業系統、產業系統到國民經濟系統等不同經濟層次，論述它們在一般結構方面的自相似性、層次性、嵌套性等分形特徵，同時闡明了社會系統中人文、經濟和政治等子系統的雙層結構和基本因素。作者在借鑒美國社會學家帕森斯和中國系統哲學家閔家胤提出的社會系統結構模型的基礎上，把社會系統劃分為由人文系統、經濟系統、政治系統等子系統組成的表層結構和由科學系統、法制系統、教育系統等子系統組成的深層結構，這顯然是對現代社會結構的理論概括，這種概括與當代社會的實際功能劃分是非常接近的。如果借用英國經濟史學家卡爾·波蘭尼（Karl Polanyi，1886-1964）「嵌入」概念來說明的話，本書作者實際上是以層層遞進的敘述方式向讀者描繪出企業「嵌入」行業結構、行業「嵌入」產業結構、產業「嵌入」經濟系統結構、經濟系統「嵌入」社會系統

---

[2]　弗裡德裡希·維塞爾著，張旭昆等譯：《社會經濟學》，浙江大學出版社 2012 年 12 月第一版，第 58 頁。

結構的經濟體系全景圖。如果把作者所繪製的從企業系統、產業系統到經濟系統、國家系統以及社會系統等各層系統的一般結構圖組合起來看，我們將會看到一個類似於「曼德勃羅特集」圖案[3]（參見本書圖 3-5）一樣的幾何圖形（即所謂的「分形圖」）。

這組結構勻稱、層層嵌套的幾何圖形就構成了本書的理論架構，實際上這正是作者所揭示的存在於社會系統中的「分形律」。這組「分形圖」連同作者在第七章所繪製的「社會系統發展演化軌跡圖」（參見本書圖 7-14，也即「螺網圖」）都透出一種具有獨特結構的幾何美。儘管作者搭建起的理論框架僅僅是個基本輪廓，但毫無疑問的是，從形式上來說，它的確散發著社會科學的結構之美！

幾乎所有的學者都會有一種自負的心態，自認為已基本上解決了自己所選擇的問題。我不敢妄斷甘先生是否也有這種心態。但就我有限的知識範圍之內，我認為，甘先生通過引入系統科學的哲學思維和生物進化論的某些概念，至少有助於我們進一步思考上述問題。至於甘先生的這部書在多大程度上推進了這一問題的研究，留給讀者來作出判斷。但我相信，無論讀者作出什麼樣的判斷，他都可以從本書中得到某些收穫。

中國社會科學院經濟研究所
副所長、研究員、教授、博士生導師
《經濟學動態》雜誌主編
楊春學
2016 年 5 月 29 日

---

[3] 一種典型的分形圖，該圖中任何一個相對獨立的細微單元，其形狀都與整體相似。

前言

　　自法國著名哲學家笛卡爾於 1637 年提出還原論分析方法以後，這種認識事物的方法就受到了歐洲社會人們的普遍推崇。此後，完整的世界就被越分越細，人類的知識體系也被劃分成物理學、化學、生物學、心理學、經濟學、社會學、生態學、地質學和天文學等不同學科。特別是從 1901 年開始頒發諾貝爾科學獎以來，世界各國的科學家們就展開了應用還原論方法從事科學研究的競賽，還原論方法更是變成了科學研究領域的主流方法。在還原論方法的支配下，現代科學經過三個世紀的發展，不同學科的科學家和學者們長期局限於自己狹窄的專業領域，一天天陷入了「只見樹木，不見森林」「只見局部，不見整體」的認識誤區，因而導致人們對世界的認識越來越片面化、孤立化和偏執化，結果，原本普遍聯繫的世界在人們的頭腦中卻反映出四分五裂的、碎片化的、不完整的混亂圖景。

　　1937 年，美國生物學家貝塔朗菲（Ludwig Von Bertalanffy，1901-1972）提出了一般系統論原理。此後，在現代科學領域開始興起了一場思維範式革命。這場思維範式革命以跨學科、互催化和大綜合為基本特徵，在將眾多不同學科聯繫在一起的同時，也催化了一批新型交叉學科的誕生。這場革命的影響空前廣泛而深刻，它不但重塑了人類以往的知識體系，構建了一幅全新的世界圖景，而且極大地改變著人們的思維方式。這場思維範式革命所帶來的主要成果，就是產生了包括系統論、資訊論、控制論、耗散結構論、協同學、超循環論、突變理論和混沌理論等新興學科在內的系統科學。系統科學為人們認識和改造客觀世界提供了很多嶄新的思路和方法，它無論是對科技進步還是對社會發展都發揮了非常重要的作用。

　　本書就是應用系統科學所倡導的系統論方法對傳統經濟學進行綜合研究的一個理論成果。本書倡導以系統的、整體的、聯繫的觀點來看待整個世界和人類社會，致力於構建一個完整、全面、有序的人類社會演化圖景。

　　本書以系統科學的哲學思維和生物進化論的基本範式，結合結構功能主義的基本方法，通過對社會系統結構和功能的整體研究發現：從宏觀時空的大尺度來考察，整個人類社會系統的長期演化機制遵循分叉律和協同律這兩大基本規律，同時社會系統又體現出了整體的複雜性、運行的週期性、結構的分形性等顯著特徵；人類社會演化的總體圖景是一張多維動力交織、螺旋式發展的「螺網圖」！這也是本書取名《螺網理論》的原因所在。

　　從具體內容來說，本書從現實的企業生產經營過程出發，系統分析了現代社會中社會再生產從微觀、中觀到宏觀各層次不同環節的有機聯繫和複雜

運行過程，闡釋了從企業系統、產業系統到國民經濟系統、國家與社會系統在結構、功能和運行方面的特徵，揭示了社會經濟體系的動力結構及演化規律，進而描繪出人類社會系統長期演化的歷史軌跡。關於人類社會的發展動力問題，本書反對單純用經濟決定論、政治決定論、科技決定論或者環境決定論等任何一種偏執一端的理論，對人類社會發展過程進行片面化、線性化、簡單化的解釋。本書的基本觀點是，人類社會的發展動力是由人文、經濟、政治、科學、法制和教育等諸要素之間的「合力」共同決定的，在社會發展的不同歷史階段，其中的主導因素（或主導力量）並不是固定不變的，而是始終處於動態變換之中。

本書在理論上主要有兩個創新：一是在吸納原有經濟學重要思想的基礎上，揭示了從企業系統、行業系統、產業系統到國民經濟系統在一般結構方面的自相似性、層次性、嵌套性等分形特徵，從而將微觀經濟學、中觀經濟學和宏觀經濟學融合在統一的理論框架中；二是在分析人類社會系統結構和功能的基礎上，揭示了存在於人文系統、經濟系統和政治系統等社會子系統的雙層結構和基本因素。

本書提出的經濟與社會系統的一般結構框架，能夠包容許多傳統經濟學理論的思想要義，為闡釋社會發展的動力問題，本書實際上躍出了單純經濟學的範疇，將論述內容延伸進社會學領域。書中提出的從企業系統、產業系統、國民經濟系統直到國家與社會系統的結構框架，能夠包容一些典型的動態經濟學理論框架（如馬克思的社會再生產理論、卡萊斯基的有效需求理論、凱因斯的貨幣理論等）。在撰寫本書的過程中，作者除了注重各種典型經濟和社會理論（如亞當・斯密的分工—市場理論、配第—克拉克要素流動定律、里昂惕夫投入產出理論、錢納里的產業結構理論、楊小凱等的新興古典經濟學框架、馬爾薩斯的人口理論，以及馬克思、韋伯、帕森斯和盧曼等人的社會學理論等）的新綜合以外，還特別注重社會發展長期變遷的因素分析和歷史論述。因此，與其他僅僅從微觀、中觀或宏觀的某個局部、某個側面或某個層次來分析社會經濟的經濟學論著相比，本書更加富有綜合性、包容性和解釋力。

在撰寫本書過程中，作者對東西方人文社會科學領域不同學科的有關重要理論思想，或者同一學科不同流派的思想觀點進行了有機重組和綜合，在吸納眾多思想家有關思想理論的基礎上，將文化學、經濟學、政治學等人文社會科學整合在統一的理論框架中。正是在這個意義上，本書可謂是一次人文社會科學領域內的理論大綜合。所以，如果本書對社會科學有所創新和貢獻的話，那麼毫無疑問這是作者在前人或同代學者成果的基礎上取得的。

為便於讀者準確理解本書的思想內涵，作者專門配製了 67 幅插圖和 12 個表格，以形象化的圖示方式闡釋了社會經濟系統在結構和運行方面的特徵，

因此，圖示形象思維是本書所採用的一種重要敘述方式。為使普通讀者更容易理解本書所論述的思想內容，本書放棄了以往經濟學慣常採用的公式推導、邏輯推演、數理分析等專業化敘述方式，而使用清晰、簡潔、流暢的語言，儘量把各種深奧的思想理論表述得明白、淺顯、易懂。但是，人類社會紛繁複雜，社會萬象浩如煙海，要想理清影響社會發展的關鍵因素絕非易事，而要把不同學科的思想要闡述清楚並有機綜合也不是一件簡單輕鬆的事，作者只能站在眾多前賢大家的肩膀上登高望遠，並在雲霧彌漫、荊棘叢生、歧路紛呈的思想森林中跋涉前行！

本書視野宏闊、思想廣博、知識豐富、語言流暢、邏輯清晰、圖文並茂，不但將系統科學的基本思想應用於社會科學的分析論述中，而且將經濟學、社會學、人類學、文化學、政治學等人文社會科學的眾多理論要義熔於一爐，從整體上描述了人類社會的長期演化特徵和歷史發展規律！

本書初稿完成於 2013 年 12 月中旬，為減少書稿中可能存在的錯誤，此後作者在徵詢有關學者意見、查閱相關文獻的基礎上，又用近兩年時間對整部書稿進行了多次修改和完善。在本書完稿後的修改過程中，上海對外貿易大學政治經濟學教授王朝科、上海社會科學院部門經濟研究所研究員胡曉鵬、上海師範大學政治經濟學教授趙靜、浙江大學商業學院教授趙可、中國財政經濟出版社黨海鵬等人曾對書稿提出了許多中肯的意見，作者在此向他們致以誠摯的謝意！

本書適合經濟學家、社會學家、高校經濟管理學院教師、研究生、大學生、企業界中高層管理者、產業研究機構研究員、政府界高級領導、政策研究機構研究員、公共政策制定者等領域的讀者閱讀參考。

由於作者專業和學識所限，書中各種錯謬在所難免，歡迎廣大讀者給予批評指正！

甘潤遠

2016 年 5 月於上海

目錄

出版說明   *3*

序一／陳工孟   *4*

序二／楊春學   *6*

前言／甘潤遠   *9*

第一章 人類認識世界的弱點   *21*

  一、盲人摸象   *21*

  二、只見樹木，不見森林   *22*

  三、通才與專才   *23*

第二章 思維範式演變及哲學基礎   *28*

  一、時空觀演變及物理學的偉大革命   *28*

  二、思維範式革命：系統科學的誕生   *34*

    1、什麼是系統？   *35*

    2、系統科學   *35*

    3、還原論方法   *37*

    4、系統論方法   *39*

  三、生物進化論思想的發展脈絡及其影響 *40*

    1、達爾文之前的進化論思想   *41*

    2、達爾文的進化論思想   *43*

    3、達爾文之後的進化論思想新發展 *45*

    4、生物進化論思想對其他學科的滲透與影響 *52*

  四、從生物進化論獲得的一些新認識和哲學啟示 *57*

    1、生物進化論本身的發展也需要引入系統論方法 *57*

    2、生物圈是一組層層嵌套的複雜系統體系，每個層次的生物
      系統都有其特殊的進化規律   *58*

3、每一個生物個體都具有基因型和表現型這兩層結構　　　58

4、生物個體在各個層面之間的進化規律是相互聯繫、
相互作用、相互影響的　　　59

5、生物個體的進化過程是偶然性與必然性的統一　　　59

6、生物進化機制不僅僅是生存競爭，還包含著更加豐富的內容　60

7、生物的多樣性起源於生物變異與生態環境組合的多樣性　60

8、關於生物系統進化動力機制的一些新認識　　　61

9、從生物進化論獲得的關於事物結構和演化的哲學啟示　61

第三章　　鳥瞰經濟社會的總體圖景　　　64

一、從自然系統到社會系統的基本層次　　　65

1、宇宙系統的層次　　　65

2、人類社會系統的層次　　　66

3、社會經濟系統的層次　　　67

二、人類社會演化發展遵循的四大規律　　　68

1、分叉律　　　69

2、協同律　　　70

3、分形律　　　73

4、週期律　　　75

三、資源的基本分類及其形態　　　77

四、社會再生產過程的組成環節　　　80

五、社會生產中分配關係的長期變遷特徵　　　85

1、社會生產中分配關係的長期演化歷程　　　86

2、人類認識水平與社會分配結果之間的關係　　　88

第四章　　經濟系統的微觀層次：企業的動力結構及演化圖景　　95

一、企業演化及企業生態理論研究簡況　　　99

二、一個隱喻：蘋果樹和企業　　　104

三、企業的本質　　　109

四、企業的環境、要素和結構   *110*

    1、企業的內外部環境   *110*

    2、企業的構成要素和組織結構   *118*

五、企業的生產經營過程   *121*

六、企業內部的交換與分配   *123*

    1、分配的含義及有關理論   *124*

    2、企業系統中的分配活動   *127*

七、企業的生產效率   *133*

八、企業的整體能力   *136*

九、企業發展的動力   *140*

    1、企業發展的動力因素   *140*

    2、企業家的作用   *146*

十、企業的演化機制   *150*

    1、分工與協作   *150*

    2、內外因子互動   *151*

    3、漸變與突變   *155*

十一、企業的生命週期   *158*

    1、成長壯大的企業   *159*

    2、保持穩定的企業   *160*

    3、停滯衰退的企業   *161*

十二、企業發展演化的軌跡   *163*

第五章   經濟系統的中觀層次：產業的動力結構及演化圖景   *168*

一、有關經濟增長的經典理論   *171*

二、行業與產業   *173*

三、產業的內外部環境   *175*

    1、產業的外部環境   *175*

    2、產業的內部環境   *178*

四、產業的組成要素和一般結構   *181*

1、產業的組成要素 181

2、產業的一般結構 182

五、產業的分類方法 183

1、兩大部類分類法 184

2、三次產業分類法 184

3、四大產業分類法 185

4、標準產業分類法 185

5、要素密集度分類法 185

六、產業的分化過程 186

1、農業的分化 186

2、工業的分化 187

3、服務業的分化 188

4、資訊業的分化 191

七、產業發展的動力 193

1、產業發展的動力因素 193

2、產業發展的原始動力 195

3、核心企業的作用 198

八、產業的演化機制 202

1、分工與協作 202

2、內外因子互動 210

3、競爭與合作 211

4、產業間互動 213

九、產業系統中的分配 218

1、產業系統中的輸入輸出關係 219

2、產業之間的關聯效應 222

3、產業系統的要素分配 224

十、產業的整體能力 229

十一、產業的生命週期 231

1、成長壯大的產業 232

2、停滯不前的產業　　　　　　　　　　　　　233

3、衰敗退化的產業　　　　　　　　　　　　　234

十二、產業發展演化的軌跡　　　　　　　　　　　235

第六章　經濟系統的宏觀層次：國民經濟的動力結構及演化圖景　239

一、有關產業結構的代表性理論　　　　　　　　244

二、經濟系統的環境、要素和結構　　　　　　　254

1、經濟系統的內外部環境　　　　　　　　　254

2、經濟系統的組成要素和一般結構　　　　　258

三、經濟系統發展的動力結構　　　　　　　　　261

1、經濟系統發展的動力因素　　　　　　　　262

2、經濟系統中需求的傳導過程　　　　　　　265

3、經濟系統中市場和政府的作用　　　　　　268

四、宏觀經濟中的分配　　　　　　　　　　　　270

1、國民經濟系統內部的分配　　　　　　　　270

2、國家系統內部的分配　　　　　　　　　　272

3、資源分配的不同體制及社會實踐的歷史選擇　273

五、產業結構演變趨勢及其調節　　　　　　　　277

1、影響產業結構演變的主要因素　　　　　　277

2、產業結構演變的一般趨勢　　　　　　　　288

3、產業投入結構與產出結構之間的關係　　　292

4、調節產業結構的方向　　　　　　　　　　298

六、本書理論框架的開放性和包容性　　　　　　302

1、本書理論框架的開放性　　　　　　　　　302

2、本書理論框架的包容性　　　　　　　　　302

第七章　國家與社會系統的結構、功能和演化圖景　　308

一、有關國家的概念　　　　　　　　　　　　　315

二、原始國家的誕生過程　　　　　　　　　　　317

三、國家系統的環境、要素和結構 326

  1、國家系統的內外環境 326

  2、國家系統的構成要素和一般結構 329

四、國家系統中的人文子系統 334

  1、關於人文的概念 334

  2、人文系統的內外環境 337

  3、人文系統的組成要素和一般結構 341

  4、人文系統的主要功能 344

  5、人文系統中的生產活動 348

  6、人文系統的進化機制 353

五、從社會變革的視角來考察社會進化 361

六、國家系統中的政治子系統 368

  1、關於政治的觀念 368

  2、政治系統的內外部環境 373

  3、政治系統的組成要素和一般結構 375

七、社會系統發展的動力結構 379

八、社會系統發展的主要機制 383

  1、社會發展的分工機制 384

  2、社會發展的協同機制 392

  3、社會發展的分化與分層機制 398

  4、社會發展的漸變與突變機制 403

九、社會系統發展演化的軌跡 409

十、本書的歷史哲學和社會演化觀 412

附錄一 中國農業的長期演化歷程 417

一、中國古代農業的長期變遷 418

  1、中國古代農業的歷史分期及主要特點 418

  2、中國古代種植業和畜牧業間的關係 422

  3、中國古代社會的市場交易網 425

4、中國古代的農業書籍 427

5、中國古代的農業制度 432

6、中國古代農業工具的演變 435

二、中國近代農業的演變 437

1、中日比較：制度變革對經濟發展的影響 438

2、中國近代的工業化 440

3、近代工業對農業商品化的影響 443

4、中國近代的農業機械化 444

三、中國現代農業的發展 445

1、現代農業的產業化 447

2、現代農業技術 448

3、現代工業對農業的影響 450

4、現代服務業對農業的影響 451

5、現代資訊業對農業的影響 451

附錄二 中國古代社會發展的主要動力及特徵 456

一、中國古代人文系統的結構特徵 456

二、中國古代市場經濟的興衰變遷 464

三、中國古代科學技術的興衰變遷 469

1、天文學 470

2、數學 471

3、醫藥學 471

4、農學 471

四、中國古代社會的主要協同因素 478

五、自然環境對社會歷史發展的影響 481

1、自然環境影響人類社會的有關思想 481

2、氣候對人類社會的重要影響 484

3、氣候變遷與人類文明之間的聯繫 487

4、氣候脈動對人類文明的衝擊 491

5、中國歷史時期氣候變遷的長期特徵 493

6、氣候變遷與北方民族南遷的聯繫 494

7、氣候變遷與古代戰爭之間的聯繫 497

8、氣候變遷對中國古代人口分佈的影響 502

9、氣候變遷對中國古代社會經濟的影響 503

10、氣候變遷與中國歷史興衰週期 504

附錄三 書評選編

為經濟理論造新框架：「螺網理論」何以引領新經濟研究

／朱敏、姜疆 507

十年只寫一本書——甘潤遠先生新著《螺網理論》讀後

／曹維 512

後記 518

圖表索引 521

參考文獻 524

第一章　人類認識世界的弱點

　　本章從「盲人摸象」的故事開始，揭示人類認識世界的局限性和片面性。由於現代社會過細的專業分工和過度的學科分化，導致人們患上了「只見樹木，不見森林」的盲人症。由於現代社會培養出的專才數量遠遠多於通才，所以，這個世界才更加需要具有跨學科貫通能力的通才！現代社會過度的社會分工和專業教育，實際上已經導致人類文明陷入了深刻危機，解決問題的出路在於把自然科學、社會科學和人文學科統一起來，構建一個完整統一的世界圖景！

一、盲人摸象

　　從前，有六個盲人，他們誰也沒有見過大象，他們很想知道大象究竟長得什麼模樣。於是，有人就牽來一頭大象讓他們觸摸。

　　一個胖盲人先摸到了大象的長牙。於是，他興奮地說：「我知道了，我知道了，大象就像一支又長又硬的長矛。」

　　一個瘦盲人一把摸到了大象的鼻子。於是，他高興地叫著：「噢，大象原來像一條又軟又滑的大蛇啊！」

　　一個高個子盲人恰好摸到了大象的大耳朵。於是，他爭辯說：「不對，不對，大象明明像一把薄薄的大蒲扇嘛！」

　　一個矮個子盲人正好摸到了大象的腿，他抱著象腿大叫起來：「你們淨瞎說，大象就像一根又粗又大的圓柱子！」

　　一個高矮適中的盲人摸到了大象的側腹部，於是，他平靜地說：「原來大象就像一堵厚實的牆啊！你們都說錯啦！」

　　一個年老的盲人來到大象身後，他一伸手正好抓住了大象的尾巴，他握著象尾巴嘟囔著說：「唉，大象哪有那麼大，它只不過像一根草繩罷了。」

　　每個盲人都認為自己摸到的才是真正大象的樣子，他們為此爭吵不休，無法達成一致意見。

　　以上就是人們所熟知的《盲人摸象》的故事。看完這則故事後，人們常常會嘲笑這些盲人的行為。

　　其實，這個故事所反映的現象不僅普遍存在於我們的日常生活中，而且也存在於一些高等學府和科研機構中。很多教授、學者或者科學家所提出的理論學說實際上只反映了整個世界的一個局部或者一個側面，但人們都只強

調自己所看到的部分，而且常常為此爭論不休。對照一下《盲人摸象》的故事，人們爭論不休的行為與這些盲人又有多大不同呢？

對於一個複雜事物的認識，為什麼只能有一種答案呢？為什麼一件東西的色彩不能同時既是紅的，又是黃的，還是藍的，甚至也可能是黑的呢？為什麼一幢大樓不可以既是方的，又是圓的呢？難道這些不同的表現特徵不能同時屬口同一個事物嗎？

當意識到所有人只存在於歷史的一個時段，每個人只能看到世界的一小部分後，我們每個人何嘗不是一個「盲人」呢？

二、只見樹木，不見森林

自 1776 年英國古典經濟學家亞當・斯密（Adam Smith，1723-1790）出版《國富論》並奠定經濟學的基礎以來，經過 230 多年的發展，人類在經濟科學的研究方面取得了大量成果。經過各國學者兩個世紀的廣泛探索，經濟學就像一棵不斷分叉的樹木一樣越來越枝繁葉茂。隨著人類社會經濟活動的廣泛而深入發展，無論是在理論經濟學方面，還是在應用經濟學方面，今天的經濟學都產生了大量分支學科。僅按不太嚴密的方式分類，經濟學就大致包括政治經濟學、發展經濟學、制度經濟學、福利經濟學、人口經濟學、資源經濟學、環境經濟學、農業經濟學、工業經濟學、服務經濟學、資訊經濟學、企業經濟學、計劃經濟學、市場經濟學、分配經濟學、供給經濟學、投資經濟學、消費經濟學、行為經濟學、公共經濟學、國民經濟學、區域經濟學、城市經濟學、產業經濟學、金融經濟學、保險經濟學、財政經濟學、稅收經濟學、國際經濟學、勞動經濟學、統計經濟學、數量經濟學、軍事經濟學、安全經濟學、產權經濟學、技術經濟學、教育經濟學、文化經濟學、創意經濟學、傳媒經濟學、房地產經濟學、交通經濟學、財務會計學、財務審計學、市場營銷學等分支，而且諸如比較經濟學、比較金融學、比較財政學、比較稅收學、比較審計學、財政金融學、創新經濟學、管理經濟學、法律經濟學、結構經濟學、地理經濟學、社會經濟學、家庭經濟學等具有交叉特點的新型經濟學分支還在不斷產生中。由於關注重心、研究方法和學術理念的不同，世界各地的經濟學家們也分成了不同的學術流派。我們僅大致掃視一下經濟思想史，就會發現經濟學家們自然形成了不同的學派，包括重農學派、重商學派、古典學派、歷史學派、奧地利學派、洛桑學派、劍橋學派、瑞典學派、制度學派、芝加哥學派、馬克思主義學派、凱因斯主義學派、貨幣學派、供給學派等。這僅僅是個粗略的列舉，其中還不包括一些更加細小的學派或流派。

社會科學（包括經濟學）各個分支學科的不斷誕生，這是由人類在知識探索方面社會分工和專業化的不斷發展決定的。隨著人類社會經濟活動範圍

的不斷擴展，就像沒有哪一個物理學家能夠精通所有的物理學科領域一樣，再出色、博學的經濟學家也不可能對所有的經濟學科都進行深入研究。今天，人類社會經濟活動涉及面的寬廣性以及個人精力的有限性，決定了每一個具體的經濟學家只能是某一個專業領域或者某幾個分支學科的經濟專家。這樣一來，各國的經濟學家們往往只專注於某一分支學科領域的知識探索，久而久之，就會極大地限制專家學者們的研究視野、學術思維和學科貫通能力。這種情況就好像在一片森林裡，有人只專注於分析一根樹枝，有人只專注於研究樹枝上的花朵，而有人在用放大鏡仔細觀察幾片樹葉，但卻很少有人去研究整個樹木的完整結構和生長機理，關注整個森林生態系統運行原理的人就更少了。在現代社會，過細的專業分工和過度的學科分化實際上已經限制了人們構建完整知識體系的意識和行為，使各國的許多科學家們（包括自然科學家和社會科學家）在不知不覺中患上了「只見樹木，不見森林」似的盲人症，造成他們為人們描繪的世界呈現出一片支離破碎的景象！

三、通才與專才

翻開幾千年的人類文化史，就會發現，歷史上時常會出現一些博學多才、知識淵博，既通人文藝術又具科學智慧的綜合型人才，他們為人類文明的進步與發展作出了重要貢獻。

例如，古希臘偉大思想家、科學家和教育家亞里士多德（Aristotle，公元前384－公元前322）所從事的學術研究涉及哲學、邏輯學、修辭學、物理學、生物學、心理學、政治學、經濟學、博物學、倫理學、教育學、法律、詩歌、風俗、神學等。中國北宋科學家沈括（1031-1095）博學多才，精通天文、數學、物理、化學、地質、地理、氣象、農業、生物和醫藥，他同時還是出色的水利工程師和外交家。意大利博學家達文西（Leonardo da Vinci，1452-1519）除了是聞名於世的畫家以外，也是雕塑家、建築師、音樂家和作家，同時還是數學家、解剖學家、地質學家、植物學家、發明家、機械工程師和製圖師。中國明代思想家王陽明（1472-1529）不但是精通儒、佛、道的哲學家，也是著名的教育家、詩人和書法家，同時還是一位能夠統軍征戰的軍事家。歐洲文藝復興時期的巨人尼古拉‧哥白尼（Mikołaj Kopernik，1473-1543）集天文學家、數學家、法學家和醫生於一身，他以「日心說」改變了人類的宇宙觀；很多人只知道他是一位波蘭的天文學家，卻不知道他還是一位重要的經濟思想家，他早在16世紀20年代就闡述了「貨幣數量論」的思想[1]。法國著名哲

---

[1] 亨利‧威廉‧斯皮格爾（H.W. Spiegel）著，晏智傑等譯：《經濟思想的成長》（上冊），中國社會科學出版社1999年10月第一版，第75-76頁。

學家勒內‧笛卡爾（René Descartes，1596-1650）同時也是數學家和物理學家。英國著名科學家艾薩克‧牛頓（Isaac Newton，1643-1727）同時兼物理學家、數學家、天文學家、自然哲學家於一身。德國科學家戈特弗裡德‧威廉‧萊布尼茨（Gottfried Wilhelm Leibniz，1646-1716）同時是數學家、哲學家、邏輯學家和律師，在物理學、哲學、歷史學、語言學、政治學、法學、倫理學、神學諸多方面都留下了著作。美國科學家本傑明‧富蘭克林（Benjamin Franklin，1706-1790）同時也是美國當時著名的政治家、外交家、哲學家、發明家、作家和出版商。俄羅斯科學家羅蒙諾索夫（Михаил Васильевич Ломоносов，1711-1765）同時也是化學家、物理學家、天文學家、地質學家、教育家、語言學家、哲學家和詩人。法國啟蒙思想家讓‧雅克‧盧梭（Jean-Jacques Rousseau，1712-1778）同時是哲學家、政治理論家、教育家、作家、作曲家、植物學家。美國第三任總統托馬斯‧傑佛遜（Thomas Jefferson，1743-1826）兼政治家、思想家、哲學家、科學家、教育家於一身，他同時是農業學、園藝學、建築學、詞源學、考古學、數學、密碼學、測量學和古生物學等學科的專家，又是作家、律師和小提琴手。德國思想家卡爾‧馬克思（Karl Heinrich Marx，1818-1883）同時也是哲學家、社會學家、經濟學家和政治學家。美國物理學家尼古拉‧特斯拉（Nikola Tesla，1856-1943）同時也是發明家、機械工程師和電機工程師。英國著名哲學家伯特蘭‧羅素（Bertrand Russell，1872-1970）同時也是數學家、邏輯學家、歷史學家和作家。中國近代啟蒙思想家梁啟超（1873-1929）集歷史學家、教育家、文學家、政論家和社會活動家於一身，他學貫中西，在歷史學、哲學、文學、法學、倫理學、宗教學、新聞傳播學等諸多領域都取得了建樹。美國數學家、控制論的創始人諾伯特‧維納（Norbert Wiener，1894-1964）不僅通曉十國語言，而且其科學研究先後涉足哲學、數學、物理學、電子工程學和生物學。美國科學家馮‧諾依曼（John von Neumann，1903-1957）一生掌握了七種語言，集數學家、物理學家、計算機專家、經濟學家、工程師於一身。美國經濟學家赫伯特‧西蒙（Herbert Alexander Simon，1916-2001）也是政治學家、管理學家、心理學家和計算機科學家，他的研究成果涉及科學理論、應用數學、統計學、運籌學、經濟學和企業管理等諸多方面。

在現實中，有關教育要培養「通才」還是「專才」的問題，歷來是人們爭論的重要話題。所謂通才，通常指學識廣博、通曉多種學科、具有多種能力的人才。而專才則是指在某一專門學科領域具有精深知識和能力的專業人才。縱覽世界歷史，我們發現古代的著名學者往往是文理兼通的通才，他們知識之淵博、涉及專業之多，往往令現代人望塵莫及。在現代社會，因為社會分工和專業化的深入發展，導致現代教育中專業劃分越來越細，隨著人類知識量的不斷積累，一個人要想掌握幾門學科的知識已經變得非常困難，因此，

現代社會的人才幾乎都是某個方面的專才。對於人類探索未知世界來說，我們既需要專才，也需要通才。但由於現代社會培養出的專才數量遠遠多於通才，從而造成通才變成我們這個時代的稀有人才。正是基於這個原因，我們這個世界才更加需要擁有廣博學識、具有跨學科貫通能力的通才。在 20 世紀 80 年代，美國曾對一些學者所發表的論文及其研究成果進行過分析，發現這些學者中凡取得重大成就者大多擁有廣博的知識，這些人的知識結構往往具有通才型人才的特點，這一發現導致美國的高等教育開始從原來的注重專才培養的教育模式轉向通才教育模式，從而倡導實施廣博的文理教育[2]。通才教育模式比較注重培養學生廣博的知識面，傾向於培養綜合型人才。

在人類社會中，科學家的重要作用就是探索發現新知識和新規律，為人類改造現實世界奠定認識基礎，從而推進人類文明的不斷進步和發展。著名物理學家吳大猷（1907-2000）於 1976 年發文指出：科學的要義是追求真理，科學的內容不僅包括知識，還包括智慧，科學「是『知識和智慧』不可分的一體。片斷個別的知識，如缺乏了各種知識的融會關係，則不構成科學」。針對自然科學和人文學科之間已經存在的鴻溝，他提出了三點意見：第一，人類社會發展到今天，必須「有一個人文與科學合一的文明」；第二，在科學界與非科學界之間，必須溝通思想，經常交流；第三，要達到這種溝通與交流，最重要的方式就是教育[3]。所以，無論是自然科學家，還是社會科學家，都有必要將人文知識和科學知識融會貫通，至少要在兩者之間建立起一些聯繫，而不是相互隔離，不越雷池一步。其實，對於任何一個普通人來說，如果他所接受的教育太過專門化或者知識面太狹窄，他就只能掌握一些片斷知識，這種狹窄的知識結構不但會影響他形成完整的世界觀，而且也會限制他智慧的增長。正如經濟學家孟氧（1923-1997）所指出的：「一個科學家，如果他沒有能力橫跨幾個領域，經常被困在狹小的天地裡，必然眼界狹窄，只有那些有能力進入其他領域的科學家，才有可能成為思想上的巨人」[4]。

人類社會過度的社會分工和專業教育，實際上對培養完整人格的人才已經形成了某種損害或者使人產生了異化。人們發現，現代社會的很多專才往往知識結構狹窄片面，綜合能力不強，他們往往只懂技術而沒有文化、擁有知識而缺乏智慧，面對複雜的現實問題，他們通常只會分析而不會聯想更缺乏綜合，只知堆砌材料進行實證而不善於批判，更加缺乏理性思想，特別是他們缺乏人文精神和社會理想，除對本專業傾注一些熱情以外，他們對人生

---

2 程樣國、劉德才主編：《中國特色高等教育發展道路研究》，江西人民出版社 2008 年 12 月第一版，第 62-63 頁。

3 智效民：〈吳大猷談通才教育〉；夏中義、丁東主編：《大學人文》（第 1 輯），廣西師範大學出版社 2004 年版。

4 孟氧：《經濟學社會場論》，中國人民大學出版社 1999 年版，第 137 頁。

的本質問題、對整個人類社會的全域性問題缺乏必要的關注和思考，就彷彿變成了一群群沒有靈魂、沒有思想、只會機械行動的現代「機器人」。面對現代社會中社會分工和專業教育所產生的諸多不良後果，一些有識之士已經意識到人類文明陷入了深刻危機。例如，早在 1945 年，哈佛大學的一些教授們在反思兩次世界大戰、反思人類歷史教訓的基礎上提出了一份以《一個自由社會中的普通教育》為題的研究報告，這份報告指出，過分強調社會分工和專業教育，有抵消人類合作、增加社會衝突的可能，人類社會的階級鬥爭乃至法西斯戰爭都由此而產生，這不僅給人類社會帶來了巨大破壞，同時也對民主自由構成了極大威脅[5]。再如，1982 年，作為自然科學家的吳大猷先生也撰文指出，科學和人文學是人類文明的兩個方面，針對專業學科界限分明、專業人士「老死不相往來」、科學與人文互相隔絕的社會現狀，他認為人類文明出現了嚴重問題，他強調說人類社會已經到了一個必須將人文學與自然科學溝通起來的時代[6]。

當前，人文社會科學領域沒有形成一個從低到高的遞進的知識層次，也沒有形成類似於自然科學那樣的統一體系。如果我們考察造成當前人文社會科學領域分崩離析的主要原因，正如美國著名社會生物學家愛德華・威爾遜（Edward O.Wilson）所指出的那樣：「社會科學家們分裂成一個個獨立的小團體，他們將自己那個專業的詞彙精雕細琢，但是卻無法用專業語彙進行專業與專業之間的溝通」。他還批評說，現在社會科學的研究就像人們在「18 歲以前獲取知識的方式」，「在思想上比古希臘哲學家作出的貢獻多不了多少」[7]。如何消除當前人文社會科學領域內存在的這些問題呢？威爾遜認為：「前進的道路只有一條，那就是把人性研究當成自然科學的一部分，把自然科學和社會科學以及人文學科統一起來」[8]。

社會發展到今天，人類已經積累了大量的各種知識。因為每個人生命的有限性決定了我們只可能掌握或者瞭解整個世界的一部分。也正是因為每個人認識的有限性或者只能是某個領域的專才，我們才更加有必要突破自己的專業壁壘，以通才的眼光來認識世界。只有以寬廣的胸襟，跨越學科界限，打破不同流派的門戶偏見，我們才有可能描繪出一個完整統一的世界。正是因為這一點，本書才倡導以整體的、系統的、聯繫的觀點來看待人類的知識

---

[5] 智效民：〈吳大猷談通才教育〉；夏中義、丁東主編：《大學人文》（第 1 輯），廣西師範大學出版社 2004 年版。

[6] 智效民：〈吳大猷談通才教育〉；夏中義、丁東主編：《大學人文》（第 1 輯），廣西師範大學出版社 2004 年版。

[7] 愛德華・威爾遜（Edward O.Wilson）著，田洺譯：《論契合》，北京三聯書店 2002 年版，第 260-261 頁。

[8] 愛德華・威爾遜（Edward O.Wilson）著，方展畫、周丹譯：《論人性》，浙江教育出版社 2001 年版，第 6 頁。

體系，將人文知識、社會知識和自然知識熔於一爐，從而致力於構建一個完整、和諧、有序的世界圖景。

第二章 思維範式演變及哲學基礎

　　世界上任何事物的運動變化都是與一定的時間和空間相聯繫的,而人類
對時間和空間的認識水平決定了人類對事物認識的深度、廣度和層次。人類
社會的經濟活動是在一定的時間和空間中逐步展開的,研究經濟現象也不能
脫離相應的時間和空間這兩個重要因素。本章首先回顧了古往今來人類對時
間和空間問題的認識歷程,進而介紹了系統的基本概念和系統科學的概況,
比較了還原論方法與系統論方法的主要差異,梳理了進化論思想的發展脈絡
及其廣泛影響,最後總結了從生物進化論獲得的一些新認識和哲學啟示。本
章的論述表明,現代生物進化論的思維範式不但構成了現代生物學的範式,
而且還可以成為哲學社會科學的基本範式。本章所闡述的系統論認識方法和
進化論的思維範式,特別是從生物進化論所獲得的一些新認識和哲學思想,
形成了本書的認識論基礎,其基本思想將貫穿於此後所有章節的論述中。所
以,理解這些新思想是理解整部著作的關鍵。

一、時空觀演變及物理學的偉大革命

　　古往今來,人類對時間和空間問題的認識從未停止過。縱觀人類歷史上
出現過的時空觀,我們大致上可以把它們劃分為幾何學時代、動力學時代和
相對論時代這三個時期。其中,影響最大、最具代表性的人物是亞里士多德、
牛頓和愛因斯坦(Albert Einstein,1879-1955),這三位代表性科學家的思想觀
點基本上反映了人類時空觀的演變過程[1]。所謂時空觀,就是指人們關於時間
與空間物理性質本質認識的思想觀念。因為任何事物的運動都是在一定的時
間和空間中進行的,所以,人類的時空觀與自然科學的發展密切相關。科學
上的重大變革往往伴隨著新時空觀的產生。可以說,時空觀的變革是科學上
大變革的基本標誌。

　　亞里士多德把時間看作是描述物體運動的數字尺度,他認為時間不是運
動變化,但也不可能脫離運動變化;他把物體的位置定義為包圍著該物體的
表面,後來又把物體的位置進一步理解為由一系列合理參照物的某種靜止邊
界來定義的空間。他強調說,在談到運動時必須要說明「什麼」在運動,在
「哪裡」和「何時」運動。亞里士多德實際上提出了物理運動和空間、時間

---

[1]　王玉峰:〈時間、空間:永無止境的探索〉,《江蘇科技大學學報(社會科學版)》2005 年 9 月
　　第 3 期,第 8 頁。

的不可分割性。[2] 關於時間的無限性問題，他認為宇宙中一般的時間是無限的，而具體事物的時間則是有限的；他主張用運動來計量時間，即用整齊劃一的循環運動作為計量時間長短的單位；關於空間的存在形式，他認為空間不是獨立的實體，空間的存在需要依賴於具體的事物及其運動，他否認宇宙中存在虛空[3]。

在亞里士多德的時空體系中，地球位於整個宇宙的中心，地球的球心就是宇宙的中心，整個宇宙由環繞著地球的七個同心球殼組成，月亮、太陽、行星和恆星分別處在不同的球殼上，它們都做完美的圓運動[4]。亞里士多德把宇宙空間分為「月上」和「月下」兩個完全不同的部分，他認為，「月上」的天體（如星星、太陽等）的天然位置在天球上，因而它們隨著天球做圓運動，地球表面的物體的天然位置在地球的中心，因此它們都做落地運動[5]。由此來看，亞里士多德所說的空間具有各向同性、非均勻的特點，因為空間各點的位置並不是等價的（即還存在著地球球心這樣的特殊點）。後來，古希臘天文學家、地理學家托勒密（Ptolemy，約 90-168）發展了亞里士多德的宇宙結構學說，提出了歷史上著名的托勒密地心說，他排列了日、月、行星距離地球的順序，創造了所謂的宇宙「九重天」模型[6]。在歐洲，直到 16 世紀中葉之前，亞里士多德的時空觀和托勒密的「地心說」一直佔據著主導地位。

1543 年，波蘭天文學家、數學家哥白尼出版了《天體運行論》一書。在這部書中，哥白尼根據天文觀測數據證明地球不是宇宙的中心而是行星之一，並正確地論述了地球繞地軸自轉、月亮繞地球運轉、地球和其他所有行星都繞太陽運轉的事實。哥白尼的發現否定了地球處於宇宙中心的定論，從而推翻了統治西方長達 1300 餘年的「地心說」，不但改變了當時人類對宇宙的認識，而且動搖了歐洲中世紀宗教神學的思想基礎，使歐洲自然科學從此開始從神學束縛中解放了出來。

1687 年，艾薩克・牛頓出版了科學史上的偉大著作《自然哲學的數學原理》。在這部書中，牛頓從力學的基本概念出發，以數學推理為工具，建立了完整而嚴密的力學體系，從而把地面上的物體力學和太空中的天體力學統一起來，實現了物理學史上的第一次大綜合；在書中，他還提出了絕對時間和絕對空間的概念，對此後的科學和哲學發展產生了深遠影響。牛頓認為，絕

---

[2] 王玉峰：〈時間、空間：永無止境的探索〉，《江蘇科技大學學報（社會科學版）》2005 年 9 月第 3 期，第 8 頁。

[3] 杜紅：〈亞里士多德的物理學哲學思想研究〉，重慶大學《科學技術哲學》碩士學位論文，2011 年。

[4] 周妍：〈從牛頓的絕對時空觀到愛因斯坦相對論時空觀〉，《科技諮詢導報》2007 年第 18 期。

[5] 冷護基：〈牛頓時空觀與愛因斯坦相對論〉，《科學技術與辯證法》1995 年第 3 期，第 59 頁。

[6] 許豔、樊興橋：〈時空觀在物理學發展過程中的演變〉，《保山師專學報》1999 年 12 月第 4 期，第 33 頁。

對時間和絕對空間彼此獨立，它們都與外界事物無關，與物質運動無關。在牛頓看來，時間就像一條川流不息的河流，無論是否有事件發生，這條河流總是在持續地、均勻地、不變地沿著一個方向流逝著；而空間就像一個無邊無際的巨大容器，它為物體運動提供了一個場所，無論是將物體放進去還是取出來，這個空間本身並不會發生什麼變化。牛頓所說的絕對時間與絕對空間是獨立於物質運動之外的，它們不受物質運動的影響；而具體物體的機械運動是在這種絕對時空背景中進行的。

從牛頓的絕對時空觀來看，整個宇宙在時間上無始無終，在空間上無邊無際，時間與空間是分離的，因此，整個宇宙沒有具體的模型，自然界也是無生無滅、永恆長存的，要想追根尋源，只能借助於上帝。在這種宇宙圖景的指導下，人們觀察事物的思維往往陷入機械決定論的泥坑，常常誤以為只要知道了物體運動的初始條件，就可以準確預測到事物發展的未來狀態。

牛頓以他的絕對時空觀為基礎，系統總結了伽利略、開普勒和惠更斯等人的科學成果，得到了著名的運動三定律和萬有引力定律，從而構建了經典力學體系。運用牛頓的經典力學體系，既能成功地描述天上的行星、彗星運動，又能圓滿地解釋地上潮汐和其他物體的運動，甚至還成功地發現了海王星的存在。在牛頓創建經典力學體系以後的兩百年中，這一理論體系在物理學的各個領域都取得了令人矚目的成就，因此，牛頓經典力學體系被長期公認為全部物理學甚至是整個自然科學的統一基礎。牛頓經典力學體系的完美和強大，使大多數物理學家們深信，古往今來天下萬物發生的一切運動現象都能用力學來描述，他們相信，只要給出事物的初始條件，就能夠確定地把握事物運動的因果關係鏈。所以，直到 19 世紀末，牛頓經典力學的思維範式一直充當著物理學家在各個領域中的指導思想，經典力學也先後被用於聲學、熱學、電磁學、光學等眾多物理研究領域。到 19 世紀末，一方面，經典物理學已發展到了相當完善的地步；另一方面，由於實驗和理論研究的深入而導致電子、X 射線、放射性等一系列新現象被發現，這些新現象利用經典物理學理論已無法作出合理解釋，因而使經典物理學陷入了空前危機。

19 世紀中葉，英國物理學家麥克斯韋（James Clerk Maxwell，1831-1879）繼承和發展了法拉第從實驗上發現的連續電磁場概念，總結了當時已發現的各種電磁現象規律，推導出一組電磁場方程（即麥克斯韋方程組），從而建立了以場相互作用代替牛頓超距作用的電磁場理論。麥克斯韋的電磁場理論不但預言了電磁波的存在，也證明了光是不同波長的電磁波，把原來被認為各自獨立的光、電、磁現象統一到一個理論框架內，這一理論的建立是人類認識光和電磁現象的一次大飛躍。1888 年，德國物理學家赫茲（Heinrich Rudolf Hertz，1857-1894）在實驗中發現了電磁波，為電磁場理論提供了確實可靠的實驗證據，從而使麥克斯韋的電磁場理論被科學界普遍接受，同時也為光學

和電磁現象的研究及其廣泛技術應用開闢了嶄新天地。麥克斯韋電磁場理論的建立，是自牛頓以來對經典物理學公理基礎及其概念結構的一次深刻科學革命，也是科學新思想第一次對牛頓絕對時空觀的嚴重衝擊和挑戰。[7]

在 20 世紀初，物理學領域相繼發生了三次偉大的理論革命，這就是狹義相對論、廣義相對論和量子論革命。這三次革命改變了物理學的公理基礎和概念性質，開闢了現代物理學的新紀元，為發展現代高科技奠定了理論基礎。狹義相對論發現了時間和空間的相對性結構，建立了新的相對時空結構理論及其新的運動學定律，改變了人類對時間和空間的認識。廣義相對論則揭示了四維彎曲時空幾何結構與引力的關係，建立了新的引力場理論，由此建立了科學地研究宇宙起源、演化及其結構的現代宇宙學。量子論則深化了人們對物質微觀結構的認識，建立了研究微觀粒子運動規律的量子力學，有力地促進了分子和原子物理學、固體物理學、核物理學和基本粒子物理學以及化學等學科的飛躍發展。[8]

1905 年，年僅 26 歲的阿爾伯特・愛因斯坦在德國《物理學年鑒》上發表了長達 30 頁的論文〈論運動物體的電動力學〉，這篇文章宣告了狹義相對論的誕生。狹義相對論展現出一種全新的時間、空間、物質和運動之間的關係：表明了時間、空間同物質運動的密切聯繫，揭示了時間和空間是相互聯繫、相互制約的統一整體（即「四維時空連續體」），揭示了物體的質量與能量之間的本質聯繫，發現了質量與能量相互轉化定律（即著名的質能公式 $E=mc^2$）。狹義相對論不但為物理學家探索場和粒子的新動力學提供了強有力的指導，也為哲學家研究時間和空間的本質揭開了新的一頁。在經典物理學中，質量與能量是各自獨立的，並且分別遵守質量守恆定律和能量守恆定律；而狹義相對論不但將物體的質量與能量聯繫在一起，而且將這兩個獨立的守恆定律也統一成不可分開的質能守恆定律。現在，質能轉化定律已成為人類利用核能的理論基礎，同時也是解開太陽等恆星日夜燃燒、不斷釋放光熱之謎的內在機理。

1915 年，愛因斯坦把他的相對性原理推廣為一切運動的廣義相對性理論。在廣義相對論中，愛因斯坦把相對性原理從勻速運動推廣到勻加速運動，發現了四維彎曲時空幾何結構與引力的關係，進一步揭示了時間和空間與物質的關係，建立了新的引力場理論，使人們對引力本質有了全新認識[9]。在廣義

[7] 本段整理自周奇：〈時間、空間與運動——狹義相對論及其偉大科學意義〉，《大學物理》2008 年第 3 期，第 49 頁。

[8] 本段引自周奇：〈時間、空間與運動——狹義相對論及其偉大科學意義〉，《大學物理》2008 年第 3 期，第 47 頁。

[9] 范岱年、趙中立、許良英編譯：《愛因斯坦文集：第二卷》，商務印書館 1977 年版，第 278-334 頁。

相對論中，時間和空間不但受到宇宙中物質和能量分佈及其運動的影響，反過來也影響物質和能量分佈及其運動，時間、空間和物質共同構成一個不可分割的統一整體，沒有物質也就沒有時間和空間，反之亦然。正如愛因斯坦所指出的[10]，過去人們認為世界上的所有物質消失了，時間和空間依然存在，但廣義相對論則證明了：物質消失了，時間和空間也將一起消失。廣義相對論揭示了時空同物質的統一關係，時空的結構和性質取決於物質的分佈，物質分佈越密，時空彎曲越厲害；時間、空間和物質運動是相互作用的，這就更為深刻地揭示出了四維時空同物質運動的統一關係[11]。

1917 年，愛因斯坦根據狹義相對論提出了一個靜態的宇宙模型。這個模型指出，宇宙是一個體積有限的靜態彎曲封閉體，由此為現代宇宙學奠定了基礎。1922 年，俄羅斯物理學家、宇宙學家亞歷山大·弗里德曼（Alexander Fiedman，1888-1925）在愛因斯坦宇宙模型的基礎上建立了一個動態宇宙模型。這個模型指出，整個宇宙是脈動的（即膨脹與收縮交替進行），目前宇宙正處於膨脹過程中，他還證明宇宙的這種膨脹過程會在某一天停止，然後將開始一個收縮過程，直到宇宙中所有物質都重新集中到一個「奇點」上。1929 年，美國天文學家哈勃（Edwin Powell Hubble，1889-1953）在分析 24 個星系光譜的基礎上，證實了宇宙正在膨脹的事實。1948 年，美國物理學家、宇宙學家喬治·伽莫夫（George Gamow，1904-1968）等人根據廣義相對論和弗里德曼宇宙模型提出了宇宙大爆炸起源學說。該學說指出：宇宙起源於距今 150 多億年前的大爆炸，宇宙最初處於溫度超過幾十億的高溫高密狀態，隨著宇宙發生大爆炸並不斷膨脹，宇宙的溫度逐漸下降，進而逐漸形成了現在的星系等各種天體。他們還根據計算預言了宇宙微波背景輻射、原始元素豐度的存在，這兩項預言被此後的天文觀測和科學探測所證實，宇宙大爆炸理論也因此被人們廣泛接受。動態宇宙模型、大爆炸宇宙學以及後來的暴脹宇宙論等構成了現代宇宙學，這一學科的建立，開闢了科學研究宇宙起源、演化及其結構的廣闊途徑。正是在現代宇宙學的引導下，天文學家們發現了各種前所未知的新天體和新的天文現象，從而極大地推進了人類對宇宙結構的深入認識。廣義相對論和現代宇宙學所蘊含的時空觀，為人們描繪出一個全新的宇宙演化圖景。過去，人們普遍認為宇宙本質上是一成不變的，但現代天文觀測和宇宙學研究卻清楚地顯示，宇宙並不是靜止不變的，而是有一個誕生和演化的過程，宇宙起源於大爆炸，並在不斷膨脹和收縮，宇宙中的各種天體像生物體一樣，既有其誕生的開端時刻，也有其終結的一天。1986 年，

---

[10] Frank P. Einstein, Sein Leben und sein Zeit [M]. Briaunschweig: Vieweg, 1974: 296-297.
[11] 王玉峰：〈時間、空間：永無止境的探索〉，《江蘇科技大學學報（社會科學版）》2005 年 9 月第 3 期，第 12 頁。

美國思想家歐文・拉茲洛（Ervin Laszlo）提出了廣義進化理論。該理論揭示了宇宙從夸克、光子、電子等基本粒子演化到各種元素的原子，從各種原子相互結合演化到分子，從無機小分子演化到有機大分子，從有機大分子演化到原生細胞，從原生細胞演化到生物系統，從生物系統相互結合演化到生態系統，又進一步演化到社會系統和人類文化系統的演化規律；將物質演化、生物演化和社會—文化演化納入統一的進化體系之中，從而展現了一幅廣闊的宇宙演化全景畫面[12]。

　　從愛因斯坦廣義相對論的時空觀來看，整個宇宙是非均勻的、有始有終的一個閉合的有限宇宙。例如，在宇宙中，黑洞內的時空與黑洞外的時空具有不一致性，這就是廣義相對論時空的非均勻性；宇宙大爆炸中物質所形成的邊界就是廣義相對論時空的邊界，這就是時空的有限性；宇宙大爆炸的奇點就是時空的始點，而黑洞形成的「奇點」就是時空的終點。2006 年 10 月，美國太空署公告稱，根據宇宙太空背景輻射各向異性的探測數據，美國和意大利的天體物理學家經計算機模擬得出，我們的宇宙是個橢球體；中國宇宙學家呂錦華推算出了我們所在宇宙的具體尺度，宇宙年齡如按 200 億年計，則宇宙尺度大約在 138.59~150 億光年，美國天文學家根據太空望遠鏡所拍攝的太空照片，經計算機運算後得出的宇宙尺度約為 137 億光年[13]。

　　經典物理的時空觀是絕對的，時間具有永恆性、均勻性和方向性，空間具有無限性、均勻性和靜止性，時間和空間之間彼此獨立、互不影響，時間、空間與物質無任何聯繫，而狹義相對論時空觀把經典物理時空觀中的絕對性變成了相對性，時間和空間均具有無限性、均勻性和方向性，時間和空間彼此相關，而且它們與物體的運動緊密聯繫[14]。但在狹義相對論的時空觀中，時空作用於物質，而物質並沒有反作用於時空。廣義相對論的時空觀比狹義相對論的時空觀又前進了一步，在廣義相對論中，時空具有物質性、有限性和非均勻性，時空作用於物質，物質又反過來作用於時空，時空的性質與物質更緊密地聯繫在一起，時間、空間不能脫離物質世界而獨立存在[15]。

　　人類對自然世界的認識是永無止境的，隨著科學研究和實踐活動的深入發展，即便像愛因斯坦相對論這樣曾經取得輝煌成就的科學理論，現在也遇到了諸多新挑戰。例如，人們對狹義相對論的「光速不變」這一重要前提和

---

[12] E・拉茲洛著，閔家胤譯：《進化——廣義綜合理論》，社會科學文獻出版社 1988 年 4 月第一版，第 53-59 頁。

[13] 呂錦華：〈物理科學理論的發展〉；《第十七屆全國原子、原子核物理研討會暨全國近代物理研究會第十屆年會論文集》，2008 年 7 月山東泰安，第 97-98 頁。

[14] 張太榮：〈牛頓的絕對時空觀與相對論的時空觀〉，《六盤水師範高等專科學校學報》1999 年 6 月第 2 期。

[15] 許黯、樊興橋：〈時空觀在物理學發展過程中的演變〉，《保山師專學報》1999 年 12 月第 4 期，第 40 頁。

基礎提出了質疑，並證明光速不但可變，而且光速不是速度的極限、物體相對運動不會導致長度收縮。事實上，一些科學家在實驗室內已實現了超光速和亞光速的光子，甚至能夠使光子停止運動，這些實驗結果已經對愛因斯坦的相對論力學提出了挑戰[16]。另外，天文觀測也發現，有兩個星系以遠超過每秒 30 萬公里的速度分離，這表明一些宇觀現象也與相對論發生了矛盾。有鑑於此，各國科學界對愛因斯坦相對論的信念也開始動搖，甚至連美國科學技術委員會也提出：愛因斯坦相對論是否正確，應列為美國 21 世紀需要重點解決的科研課題之一[17]。與此類似，由玻爾（Niels Henrik David Bohr，1885-1962）、薛定諤（Erwin Schrödinger，1887-1961）和海森堡（Werner Karl Heisenberg，1901-1976）等物理學家創建的量子理論也面臨著許多新的挑戰和困境。當前，各國的科學家們正嘗試建立將經典力學、相對論和量子論整合在一起的統一場理論。

從人類時空觀的演變歷程來看，人類時空觀的每一次重大變革都是人類對自然界認識的一次巨大飛躍，人類社會在認識上的每一次巨大飛躍，實際上都是新思想對傳統思想的重大挑戰，同時也是新觀念對舊觀念的巨大突破！

在 21 世紀的今天，整個人類社會又發展到了一個大轉變的時代，在這個時代，無論是自然科學、社會科學還是人文學科，其理論思想都發生著深刻的轉變，這種轉變主要表現為從還原論到系統論、從機械論到有機論、從確定論到非確定論、從簡單性到複雜性、從要素視角到關係視角、從線性關係到非線性關係、從存在主義到演化主義、從封閉系統到開放系統、從分析到新的綜合，這些轉變的實質是建立人類與自然的新型關係，進而構建一個自然、社會、個人之間和諧相處、協同發展的世界新圖景！

二、思維範式革命：系統科學的誕生

從 20 世紀四五十年代開始，現代科學領域中掀起了一場思維範式革命，這場革命首先起源於生物學領域，又從生物學擴展到物理、數學、化學和生命科學等領域，然後又滲入包括經濟、管理、社會、生態、環境、氣象、醫學、哲學等在內的幾乎所有科學門類中。這場思維範式革命以跨學科、互催化和大綜合為基本特徵，在將眾多不同學科聯繫在一起的同時，也催化了一批新型交叉學科的誕生。世界各國的科學家們已清晰地感受到這場革命的巨浪，並為這場革命所開闢的新景觀而興奮或震驚！這場革命的影響空前廣泛

---

[16] 華棣：〈愛因斯坦相對論的根本性修正──光速可變的相對論力學（上）〉，《前沿科學》2009 年第 4 期，第 43 頁、第 62 頁。

[17] 呂錦華：〈物理科學理論的發展〉；《第十七屆全國原子、原子核物理研討會暨全國近代物理研究會第十屆年會論文集》，2008 年 7 月山東泰安，第 96 頁。

而深刻，它不但重塑了人類以往的知識體系、構建了一幅全新的世界圖景，同時也極大地改變著人們的思維方式。這場革命所帶來的主要理論成果就是系統科學。系統科學為人們認識和改造客觀世界提供了很多嶄新的思路和方法，它的誕生無論是對科技進步還是對社會發展都發揮了非常重要的作用。

1、什麼是系統？

「系統」一詞來源於古希臘語，是指由部分構成整體的意思。我們把由若干要素以一定結構形式聯結構成的具有某種功能的有機整體稱為系統。也就是說，系統是由一些相互關聯、相互影響、相互作用的組成部分所構成的具有某種功能的整體。系統的整體功能大於各部分功能的總和，它具有各組成部分孤立狀態所不具有的整體功能，系統總是與一定的環境發生著各種聯繫和關係。系統的整體性和功能，是系統內部結構與外部環境綜合集成的結果。

在現實世界中，系統是普遍存在的，大至浩瀚的宇宙太空，小至細微的基本粒子，從宇觀的銀河系、太陽系到地球，到宏觀的地球大氣圈、水圈和土壤圈，再到微觀的細胞、分子和原子，從自然界的一片森林、一個湖泊、一棵樹木、一群蜜蜂，到社會體系的一個國家、一個城市、一個企業、一個家庭……都可以構成一個系統，整個世界就是系統的集合。

系統的類型是多種多樣的。根據不同的原則和標準，我們可以把系統劃分為不同的類型。例如，按照時空尺度的大小，系統可以分為微觀系統、中觀系統和宏觀系統；按照是否存在生命現象，系統可以分為生命系統和非生命系統；按照其中是否有人參與，系統可以分為自然系統和人造系統；按照運動狀態的不同，系統可以分為靜態系統和動態系統；按照與環境的交換關係不同，系統可以分為封閉系統和開放系統；按照系統各要素間的均衡關係不同，系統可以分為平衡系統、非平衡系統、近平衡系統、遠平衡系統等；按照系統結構的複雜程度不同，系統可以分為簡單系統和複雜系統；按照系統演化規律的特點，系統可以分為確定系統和隨機系統；按照所屬學科領域的不同，系統可以分為自然系統、社會系統和思維系統，等等。在各種系統中，最複雜的系統是由人組成的社會系統，這種系統通常又被稱為「特殊複雜巨系統」。

2、系統科學

系統科學是以系統現象或系統問題為研究對象的學科[18]，是通過系統的角度、原則和方法觀察客觀世界所建立的科學知識體系。系統科學是從事物的

---

[18] 苗東升：〈系統科學論〉，《系統辯證學學報》1998 年 10 月第 4 期，第 7 頁。

部分與整體、局部與全域以及層次關係的角度來研究客觀世界的[19]。在現實生活和理論探討中，凡著眼於部分與整體、差異與統一、結構與功能、對象與環境、有序與無序、合作與競爭、行為與目的、階段與全過程等相互關係的問題，都屬於系統問題[20]。一般認為，系統科學的基本原則包括整體性、綜合性、層次性、相關性等；而系統科學的基本方法包括整體方法、綜合方法、層次方法、結構方法、功能方法和環境關聯法等[21]。在現代科學總體系中，系統科學是與自然科學、社會科學、思維科學等學科並列的一大學科門類。

按照著名科學家錢學森（1911-2009）提出的學科層次劃分體系，系統科學也有一個從理論到應用的層次結構，這就是以系統論為代表的基礎理論，以運籌學等應用數學為代表的技術科學，以及運用系統思想直接改造客觀世界的工程實踐技術——系統工程[22]。

從學科的發展歷程來看，系統科學的最初理論——一般系統論、控制論和資訊論是20世紀40年代逐步建立起來的，而後續的自組織理論——耗散結構論、協同學、突變論和超循環論是20世紀70-80年代建立的，至於分形理論和混沌理論以及複雜性科學的研究則是在20世紀90年代開始發展起來的[23]。1937年，美籍奧地利生物學家貝塔朗菲（Ludwig Von Bertalanffy，1901-1972）首次提出了一般系統論原理，這標誌著科學界開始明確把系統作為研究對象；1968年，他又出版了專著《一般系統論：基礎、發展和應用》，從而奠定了這門科學最初的理論基礎。1982年，錢學森提出的「三個層次一座橋樑」的結構框架[24]，理清了系統科學的學科體系，這標誌著系統科學從此成為一個名副其實的現代科學部門。1984年，美國聖菲（Santa Fe）研究所成立，這標誌著人類對生命本質的探索進入了複雜系統的自組織結構、自催化網絡的新時代。1994年，美國科學家約翰·霍蘭德（John Henry Holland）提出了複雜適應性系統理論，將系統組成成分從無生命的元素轉向了能夠主動適應環境的生命有機體，這標誌著人類在系統科學研究中對生命系統地位的確認。

自20世紀50年代以來，系統思想和方法就開始進入世界各國的科學研究界，並逐漸在現代科學研究中佔據重要地位。目前，系統科學已經發展成

---

[19] 錢學森：〈創建系統學〉，山西科學技術出版社2001年版，第134頁。

[20] 苗東升：〈系統科學論〉，《系統辯證學學報》1998年10月第4期，第7頁。

[21] 常紹舜：〈淺談系統方法與系統工程方法的異同〉，《系統科學學報》2013年2月第1期，第23-24頁。

[22] 喬非、沈榮芳、吳啟迪：〈系統理論、系統方法、系統工程——發展與展望〉，《系統工程》1996年9月第5期，第5頁。

[23] 吳彤：〈中國系統科學哲學三十年：回顧與展望〉，《科學技術哲學研究》2010年4月第2期，第2頁。

[24] 錢學森：〈系統思想、系統科學和系統論〉；《系統理論中的科學方法與哲學問題》，清華大學出版社1984版，第16-17頁。

包括系統科學的哲學、理論學科、技術學科和應用學科在內的較完整的科學體系。在系統科學的創建過程中，來自各國的一大批學者都在不同方面作出了貢獻。例如，除了貝塔朗菲、拉波波特（Anatol Rapoport）、克勒（George J. Klir）等提出了一般系統論、申農（Claude Elwood Shannon，1916-2001）提出了資訊論以及由維納、艾什比（W.R. Asbby）和比爾（S.Beer）提出了控制論這些最初的奠基性工作以外，歐文·拉茲洛、馬裡奧·邦格（Mario Bunge）、閔家胤、金觀濤、魏宏森、曾國屏、烏傑等對系統哲學的建設都作出了貢獻。此外，還有很多學者在系統科學的不同層次和不同分支方面作出了開創性貢獻。例如，普利高津（Ilya Prigogine，1917-2003）提出了耗散結構理論，赫爾曼·哈肯（Hermann Haken）提出了協同學，艾根（Manfred Eigen）提出了超循環理論，米勒（James Grier Miller）提出了一般生命系統理論，雷內·托姆（René Thom，1923-2002）提出了突變理論，龐加萊（Jules Henri Poincaré，1854-1912）開創了混沌理論，曼德勃羅特（Benoit B. Mandelbrot，1924-2010）開創了分形理論，烏約莫夫（А.И.Ye$_{MOB}$）提出了參量型系統論，約翰·霍蘭德提出了複雜適應性系統理論，尼克拉斯·盧曼（Niklas Luhmann，1927-1998）構建了現代社會系統理論，鄧聚龍創立了灰色系統理論，吳學謀創立了泛系理論，錢學森提出了綜合集成方法論，顧基發和朱志昌提出了「物理—事理—人理」系統方法論，等等。他們都為系統科學的建立和完善作出了一定貢獻。可以說，系統科學的思想、理論和方法來源於各國學者對經典科學不同學科中共同規律的提煉和總結，系統科學的思想、理論和方法對各門具體學科的反饋作用又催生了一批系統化的經典科學學科群（如系統生物學、系統經濟學、系統社會學、系統生態學等），而這些新型學科的誕生和發展又進一步促進了系統科學的發展和完善，這實際上是一個循環往復的動態運動過程。這種系統化運動的結果，最終將會把人類社會認識世界的知識體系連接成一張立體結構的異常複雜的龐大網絡。如果我們把各門具體學科看作這張巨網的結點，系統科學就是將不同結點聯繫在一起的連線。我們看到，自從貝塔朗菲提出系統論思想以來，這張網就一直處於持續不斷地衍生和擴展之中。

3、還原論方法

人類對客觀世界的認識一般有兩種基本方法，一種是還原論方法，另一種是整體論方法。還原論方法是通過對事物進行分解後，用邏輯思維推理的方式來認識事物的；整體論方法是通過觀察事物的不同側面，用形象思維將不同側面聯繫起來的方式來認識事物的。在古代社會，由於受到當時認識水平和科技手段的局限，人們難以對事物進行深入分析並作細部觀察，所以，人們一般採用整體論的方法來觀察認識事物。

在西方社會，直到歐洲文藝復興時期，還原論的認識方法才被人們所重視。特別是在法國哲學家勒內・笛卡爾於 1637 年明確提出還原論分析方法以後，這種認識事物的方法才受到人們的推崇。還原論分析方法一般是把事物分解成若干部分，通過對組成部分的分析，從中抽象出最簡單的因素，通過分析這些組成部分或因素來掌握事物的性質，然後再以這些組成部分或因素的性質來說明事物整體的性質。這種方法著眼於對組成事物的局部或要素進行分析，遵循的是簡單的、線性的、單向的因果決定論的思維範式。以牛頓力學體系為代表的經典科學就是建立在這種思維範式基礎上的。自 17 世紀中葉以來，在近代自然科學的發展過程中，還原論的認識方法曾長期佔據著主導地位。儘管還原論方法曾發揮了重要作用，但是這種認識事物的思維方式並不能真實揭示出事物的整體性質，也不能全面反映出事物之間的聯繫和相互作用，它只適合認識較為簡單的事物，而不能勝任對複雜問題的研究，特別是處理不了複雜系統和複雜巨系統的整體性問題。

按照還原論方法，在物理學領域，人們對物質結構的研究已經深入到夸克層次；在生物學領域，人們對生命現象的研究已經深入到基因層次。但人們發現，儘管認識了組成物質的基本粒子，但卻不能完全解釋物質的整體性質；儘管知道了生物體的基因，但依然回答不了生命運行的根本機制。在人類認識世界的過程中，這些事實日益明顯地暴露出還原論方法的局限性和不足。例如，單一的神經元沒有意識，單一的氨基酸沒有生命，生物有機體的生命活力並不能用經典物理學所採用的分割、還原和運動等概念來解釋和說明。

在現代社會，科學技術的發展呈現出既高度分化又高度綜合的兩種明顯趨勢。據統計，目前科學界已有 1000 多個研究領域和 4000 多個學科[25]，而且一些新學科還在繼續產生。一方面，已有的學科在不斷分化、越分越細，從而導致新領域、新科學不斷產生；另一方面，不同領域的不同學科又相互交叉、不斷結合以至融合，從而導致不同學科向集成化和綜合化方向發展。這兩種趨勢形成了相輔相成、相互促進的格局。在不同學科的集成化和綜合化發展趨勢中，不僅存在同一領域內不同學科的交叉、結合現象，也存在不同領域（如自然科學、社會科學、人文學科）之間不同學科的相互結合與融合現象，這形成了現代科學知識體系發展的新景觀。在這種趨勢下，系統科學的出現使人類認識世界的思維方式發生了深刻的變化。

---

[25] 經士仁：〈複雜科學時代：系統科學與系統工程的發展和現況〉，《科技進步與對策》2001 年第 2 期，第 18 頁。

4、系統論方法

　　系統論方法是指用系統的視角和原則考察事物的結構與功能、部分與部分、部分與整體、事物與環境等相互聯繫和相互作用的關係，從而揭示事物本質和規律的方法。這種方法要求人們從整體的觀點出發，全面地分析系統中要素與要素、要素與系統、系統與環境、此系統與彼系統之間的關係，從而掌握事物的整體性質。隨著系統論的誕生和發展，與此相適應的系統論方法也相伴而生並不斷完善。與還原論方法相比，系統論方法使人們將考察重點從關注事物的構成「要素」轉向關注事物內外的各種「關係」，從對事物局部的孤立分析為中心轉向對事物整體進行綜合分析。

　　20 世紀 70 年代末，錢學森提出了把還原論方法和整體論方法結合起來的研究方法[26]，實際上這是一種適於研究複雜問題的現代系統論方法。用系統論方法研究系統時，也需要對系統進行必要的分解，在分解後研究的基礎上再綜合集成到系統整體，從而揭示出系統功能「1+1>2」的總體效應，達到從整體上研究和解決問題的目的。20 世紀 80 年代末至 90 年代初，錢學森又提出從定性到定量的綜合集成方法[27]，建立了一套具體的可操作的系統論方法體系和實踐方式。錢學森的「綜合集成方法論」是針對開放的複雜巨系統問題而提出的一套方法論，其典型特徵就是綜合性。這種綜合特徵的具體表現是：其理論基礎是思維科學，其方法基礎是系統科學和數學科學，其技術基礎是以計算機為主的現代資訊技術，其實踐基礎是系統工程的應用，其哲學基礎是辯證唯物主義的實踐論和認識論[28]。在科學研究工作中，無論是對自然科學研究者還是對社會科學研究者來說，錢學森的這種綜合集成方法都是很值得借鑒和推廣的。

　　系統論方法吸收了還原論方法和整體論方法各自的長處，也彌補了各自的局限性；既超越了還原論方法，又發展了整體論方法，這就是系統論方法的優勢所在。還原論方法、整體論方法、系統論方法都屬方法論層次，但不同方法研究問題的視角和路徑又各有不同。還原論方法採取由上往下、由整體到部分的研究途徑，整體論方法是不分解的，即從整體到整體。而系統論方法既從整體到部分由上而下，又自下而上由部分到整體。[29]

　　客觀世界是相互聯繫、相互影響、相互作用的，因此，反映客觀世界不同部分規律的自然科學、社會科學和人文學科也是相互聯繫、相互影響、相

---

[26] 錢學森：《創建系統學》，山西科學技術出版社 2001 年版，第 134 頁。

[27] 錢學森：《創建系統學》，山西科學技術出版社 2001 年版，第 134 頁。

[28] 于景元、劉毅：〈複雜性研究與系統科學〉，《科學學研究》2002 年 10 月第 5 期，第 452 頁。

[29] 于景元、周曉紀：〈系統科學與系統工程的發展〉，《複雜系統與複雜性科學》2004 年 7 月第 3 期，第 7 頁。

互作用的，我們不應把這些學科之間的內在聯繫人為地加以割裂，而應把它們有機聯繫起來去研究和解決問題。德國著名物理學家普朗克（Max Planck，1858-1947）早在 20 世紀 30 年代就曾指出：「科學是內在的整體，它被分解為單獨的整體不是取決於事物的本身，而是取決於人類認識能力的局限性。實際上存在著從物理到化學，通過生物學和人類學到社會學的連續鏈條，這是任何一處都不能被打斷的鏈條。」[30] 普朗克對科學內在整體性的認識和論斷，已經被現代科學發展的綜合集成化大趨勢所證實。

我們知道，社會系統是異常複雜的複雜巨系統，社會系統不僅具有自然屬性，而且還有社會屬性和人文屬性。所以，研究分析社會系統既需要自然科學，也需要社會科學和人文學科，特別是需要把它們有機地綜合集成起來，只有把它們有機地綜合集成起來，我們才能全面、深入地研究和解決社會系統問題。本書所採用的方法，實際上也是一種綜合集成的方法，但所運用的主要是系統科學理論、生物進化理論、結構功能主義和網絡理論等理論的思想、原則和方法。當然，本書通篇貫穿了結構功能主義的思想和方法，同時還強調了網絡思維在社會科學領域的重要意義。從網絡思維來看，系統的結構可以抽象為網絡的結構。實際上，我們可以把一個複雜系統簡化成網絡來研究，我們可以把系統的每一個子系統（或要素）看成網絡的一個結點，而把子系統（或要素）之間的關係看成網絡中聯結各結點的連線。這樣一來，我們研究系統的演化行為，實際上就是分析網絡結構的動態變化，研究系統整體與局部的關係，實際上就是分析網絡整體與結點、連線之間的關係。當把一個系統看作一個網絡之後，我們就可以用描述網絡狀態的指標來反映系統整體的狀態，這對於研究複雜系統（特別是像社會系統這樣的特殊複雜巨系統）來說，是比較方便和有效的。

三、生物進化論思想的發展脈絡及其影響

在當今世界，只要談到生物進化，人們就會很自然地聯想到查爾斯・達爾文（Charles Robert Darwin，1809-1882）提出的生物進化論以及他那部劃時代的著作——《物種起源》。達爾文的生物進化論曾被德國社會科學家恩格斯（Friedrich Von Engels，1820-1895）譽為 19 世紀自然科學的三大發現之一，這一理論首次科學地勾畫出生命由簡單向複雜、由低級向高級的發展圖式，它「排除了上帝的存在，突破了目的論和決定論的束縛，在人類的認識規律

---

[30] 于景元、周曉紀：〈系統科學與系統工程的發展〉，《複雜系統與複雜性科學》2004 年 7 月第 3 期，第 5 頁。

上開闢了新的方向，提供了新的思維方式」[31]，它不但幫助人們確立了進步的歷史觀，也為生物學和其他許多學科的發展提供了重要的思想基礎。

眾所周知，生物進化論與相對論、量子力學等理論一起構成了現代科學的重要支柱。因為生物進化論的基本思想是本書的重要思維範式之一，為使讀者能夠更加清晰地理解本書的哲學基礎和邏輯方法，這裡需要對有關生物進化論的思想發展脈絡進行必要的梳理和介紹。

1、達爾文之前的進化論思想

在人類社會中，有關自然界演化的思想很早就已產生，而且一直處於發展之中。

古希臘哲學家阿那克西曼德（Anaximander，約公元前 610－公元前 545）認為，生物是從太陽所蒸發的濕元素中產生的，覆蓋地表的泥土裡孕育著原始生物，原始生物逐漸發展成動植物，經過漫長的歲月最後演化發展為人類；人的祖先是魚，人是由魚衍生而來的，因為人在胚胎的時候很像魚。他的觀念體現了一種原始的生物進化思想。古希臘偉大思想家和科學家亞里士多德認為，自然界是一個連續體，無機物為其低級階段，無機物通過變形成為有機物，有機物再轉變為生命，生命從原始的柔軟物向上演化為完善的形態，甚至可繼續發展為更高級的生命形態；自然界從無生命界進化到有生命的動物界，其發展過程是積微而漸進的；植物界中存在著一種延續不絕的等級秩序，這使植物界的進化逐步趨向於動物界。他的思想體現了一種早期漸變論的進化觀。[32]

從 18 世紀起，歐洲出現了一些進化論思想的先驅，如法國博物學家布豐（Georges-Louis Leclerc de Buffon，1707-1788）、拉馬克（Jean-Baptiste Lamarck，1744-1829）等，他們先後提出一些物種變異演化的言論，但由於時代的局限，這些言論還沒有達到科學的進化理論，直到 1859 年達爾文出版《物種起源》一書之後，才使生物進化論獲得人們的廣泛承認。

法國博物學家布豐於 1749-1788 年間出版了一套 36 冊的《自然史》，他在書中描繪了宇宙、太陽系和地球的演化，提出了地球起源和生命進化過程的設想，否定了物種神創論的觀點。布豐是以真正科學的精神探討生物進化的第一人。他認為，地球是從太陽中分離和演化出來的，生物不是以現成的狀態一下子被創造出來的，也不是從來就是這樣的，而是在地球的歷史發展過程中形成的，並隨著環境的變化而變異；地球上的物質演變產生了植物和動物，最後演化出人類；生命首先在海洋裡產生，以後才發展到陸地上，物

---

[31] 王澤榔：〈生物進化論的發展及其哲學思考〉，《大眾科技》2008 年第 3 期，第 184 頁。
[32] 王秋安：〈自然進化論與達爾文的生物進化論探析〉，《湖北社會科學》2012 年第 9 期，91 頁。

種在環境影響下不斷發生變化，一些相近的物種可能起源於一個共同祖先；在氣候、土壤、營養、栽培和馴化等環境條件的影響下，一個物種可以轉變為另一個物種。

1809 年，法國博物學家拉馬克出版了《動物學哲學》一書，他在書中提出了環境對生物體形和結構的直接影響、生物自然發生和按等級向上發展等生物演化的學說，由此創立了進化式的自然分類法，建立了第一個比較系統的生物進化學說，從多方面敘述了生物進化的圖景。他認為，地球上氣候條件是逐漸變化的，生命是連續的，地下的動植物化石是現代生物的祖先；他提出了「用進廢退」和「獲得性遺傳」這兩個著名的進化原則，即動物經常使用的器官會變得更加發達，而不經常用的器官就會越來越退化，生物在後天獲得的新性狀有可能會遺傳下去，新獲得的結構變化通過遺傳會得到進一步強化和發展；物種的變化是有其確定方向的，動物個體為了適應環境變化而發生身體改變，這些新特徵能遺傳給後代，這樣經過一代代的遺傳變化就產生了新物種；他按照生物從低級到高級發展的順序，把動物的分類系列作了重新安排，從而糾正了此前分類學從高級到低級的排列秩序。拉馬克把生物進化分為垂直進化和水平進化兩個方面，他用生物的自我緩慢進步來說明生物的垂直進化，用環境對生物變化的影響來說明生物的水平進化；他認為，最低等動物的進化動力來自環境的影響，在進化的過程中，生物會獲得更多的自主性，這就是「用進廢退」與「獲得性遺傳」機制[33]。當時在歐洲神權觀念占絕對統治地位的時代，拉馬克的進化學說無疑是一個重大的思想突破，它為達爾文進化論思想的形成奠定了基礎。但拉馬克的進化學說中包含著濃重的機械決定論和目的論的傾向，他認為環境的影響直接決定了生物的功能和性狀的變化，生物由低級到高級的方向性進化是由生物天生具有的向上發展的趨勢和要求完善化的意志或願望決定的[34]。

19 世紀，英國地質學家查爾斯·萊爾（Charles Lyell，1797-1875）將漸變論的思想引入地質學中，強調地球的地形、地貌是經過長時間緩慢變化形成的，他認為風力、雨滴、冰雪等微小力量持續千萬年後就可以改變地表的形貌。他的代表作《地質學原理》描繪了地殼運動變化的生動圖景，曾啟發和影響了達爾文生物進化論思想的形成。在地質變化的認識中，他只承認漸變而否認存在質變和飛躍，所以，他所提出的理論又被稱為「均變論」或「漸變論」。

1838-1839 年間，德國生物學家施萊登（Matthias Jacob Schleiden，1804-1881）和施旺（Theodor Schwann，1810-1882）提出了細胞學說。他們指出，

---

[33] 王秋安：〈自然進化論與達爾文的生物進化論探析〉，《湖北社會科學》2012 年第 9 期，第 92 頁。
[34] 吳曉江：〈初探非達爾文主義進化論〉，《哲學研究》1981 年第 6 期，第 31 頁。

植物和動物都是由細胞組成的，細胞是一切有機體共同的組成單位和發育基礎，動植物的細胞一般都含有細胞膜、細胞內含物和細胞核這三個部分。細胞學說的提出，在植物界與動物界之間搭起了一座橋樑，從而確立了生物界起源於細胞這一普遍聯繫的自然觀。細胞學說包含著鮮明的生物進化思想，從生物起源的統一性上為生物進化論提供了證據。細胞學說的提出，促使生物學的研究進入了細胞水平，直接導致了細胞生理學、細胞遺傳學的建立。

1850 年，英國社會學家赫伯特・斯賓塞（Herbert Spencer，1820-1903）出版了《社會靜力學》一書，他在書中提出了社會有機體論和社會進化論的思想，建立了社會普遍進化的框架。他認為，進化是一個普遍的規律，人類社會同生物一樣是一個有機體，在這兩種有機體之間存在著許多相似之處；社會的不同部分之間相互聯繫、相互依存，共同組成了複雜的統一體系；正如生物的不同器官一樣，社會的不同組織各有其複雜的功能，不同的組織結構服務於不同的社會功能，從而維持整個社會有機體的運行；人類社會的發展過程伴隨著勞動分工與社會組織的複雜化，是一個與生物有機體相似的進化過程，人類社會在從無差別的遊牧部落向複雜的文明社會發展過程中，勞動的不斷分化促進了人類社會的進化；社會發展遵循「適者生存」「優勝劣汰」的自然法則；社會進化的方向是從結構簡單、功能單一的低級社會向結構複雜、功能多樣的高級社會發展。儘管斯賓塞在達爾文發表《物種起源》之前就提出了「適者生存」的概念和社會進化的思想，但他把人類社會與自然之間的關係簡單化，忽視了人類社會與社會變遷的真實因果機制和過程。

2、達爾文的進化論思想

1859 年，英國博物學家查爾斯・達爾文出版了《物種起源》一書，這部著作為生物進化學說奠定了科學基礎。在這部書中，達爾文提出了進化論和自然選擇學說這兩個緊密相關的學說，重點強調了物種演變和共同起源、生存鬥爭和自然選擇以及生物漸進進化等思想。進化論的主要論點是：世界不是一成不變的，而是處於不斷的進化演變之中；生物類型不是一成不變的，而是在生命連續性之中發生著漸變，新物種不斷產生，舊物種不斷滅絕；生物進化是一個樹枝狀不斷分化的過程，所有的生命都起源於同一個原始細胞，後來逐漸進化演變成魚類、兩棲類動物、哺乳動物等，其中的一些哺乳動物再經過物競天擇演變成古代的類人猿，然後，類人猿又進化成今天的人類。自然選擇學說的主要觀點是：自然界中的生物是通過生存競爭實現自然選擇的，生存競爭是實現生物進化的唯一途徑；生物的發展變化是自然選擇的過程，在這一過程中，適應環境者生存，不適應環境者會被自然界淘汰；生物進化中只有漸變而沒有飛躍，生物對環境所表現出的各種適應是自然選擇的產物；自然選擇是生物進化的主要動力，而環境影響所產生的變異和器官用

進廢退及其遺傳是進化的輔助因素。達爾文指出，地球上形形色色的生物種類都有或近或遠的親緣關係，現存的各種生物物種都起源於簡單的原始祖先，生物界是一個歷史連續的整體，在進化過程中，生物通過遺傳、變異和選擇這三種機制，逐漸演化成現在的各種生物。從達爾文的觀點來看，自然選擇以變異為原料，以環境為條件，通過生存鬥爭而進行；選擇的結果決定了物種進化的方向，導致生物適應性的發展（所謂適者生存）；生存鬥爭包括物種內部和物種與環境之間的鬥爭，這是同一類鬥爭的兩種表現形式。在自然選擇作用下，生物的進化模式是沒有預定方向的，生物進化呈現出樹枝狀不斷分化的過程，而不像以前進化論先驅所理解的那樣是從低級到高級的有預定方向的直線式進化過程。

達爾文認為，不同類型的生物和同種生物個體之間都存在著生存競爭，在競爭中，適應環境者生存下來並得到繁衍機會，而不適應者則被淘汰，這就是自然選擇；生物之間激烈的生存競爭緣起於生物過度繁殖的傾向和有限的生存條件的矛盾，生物繁殖以幾何級數增加，表現為繁殖過剩，為了爭奪空間和食物，生物之間必然存在著生存鬥爭；在生存鬥爭中，生物有利的變異得到保存並傳給後代，有害的變異被淘汰，通過自然選擇的歷史過程，微小的變異逐漸累積成顯著的變異，由此引起生物性狀的改變，並最終形成新的物種或亞種；生物正是通過遺傳、變異和選擇，從低級發展到高級、從簡單演變到複雜，在演化過程中，生物的性狀發生了分歧，中間類型滅絕，新的物種不斷形成，生物的種類也由少到多，生物進化呈現出樹狀分叉式的演化圖景。

正如吳曉江先生所指出的那樣：「在進化思想發展史上，人們對生物進化的研究，主要是從進化歷史和進化機理這兩個方面進行的。在前一個問題上，進化論先驅布豐、拉馬克等人早已闡明了生物是演變的而非靜止的觀點。達爾文作出的高於前人的卓著功績主要有兩點：在研究進化歷史方面，提出了一切生物都有親緣關係，都淵源於共同的祖先的思想；在研究進化機理方面，提出了自然選擇的學說，第一次科學地說明了生物進化的原因和動力。」[35]生物進化論是人類對生物界乃至整個自然界認識的一次重要總結，它不但推動了現代生物學的發展，也對哲學思想產生了巨大的影響。達爾文提出生物進化論的劃時代意義在於，他不僅指出了生物物種是可變的，而且對生物的適應性和多樣性的演化歷史進行了科學解釋，從而對各種唯心主義的物種不變論、神創論和目的論給予了沉重的打擊。

但是，由於時代的局限性，達爾文提出的生物進化論也存在著一些不足。達爾文認定生物進化過程是一個連續的、漸變的過程，這一認識不能解釋生

---

[35] 吳曉江：〈初探非達爾文主義進化論〉，《哲學研究》1981 年第 6 期，第 27 頁。

物由於隨機的突變而導致複雜性遞增的結果，而且緩慢的自然選擇也很難解釋生物在連續進化中出現的急驟變化或突然飛躍。例如，在 30 多億年的生命進化史上，地球生物圈曾發生過多次大規模的生物集群滅絕和物種爆發現象，這用達爾文的漸變進化論是難以解釋的。達爾文並未正確認識到生物進化背後的遺傳機理。現代分子遺傳學研究證明，生物內在的某些遺傳因素或遺傳結構本身就可以推動生物的自我進化。達爾文的進化論過分強調生物之間「生存鬥爭」這個側面，而忽略了其他方面的種種聯繫。實際上，自然界各類生物之間並非僅存在簡單的鬥爭關係，而是既存在衝突也包含和諧，既存在對抗也包含合作。此外，達爾文把繁殖過剩所引起的生存鬥爭當作生物進化的主要動力，這也是不恰當的。事實上，即使沒有繁殖過剩，物種也會變異，舊種也會滅絕，新的、更發達的物種也會取代舊種。

3、達爾文之後的進化論思想新發展

就像達爾文進化論所闡述的進化思想那樣，生物進化論本身也在不斷進化和發展之中。在達爾文出版《物種起源》之後，經過各國科學家從不同方面的廣泛和深入研究，生物進化論獲得了進一步的修正、補充和發展，這主要表現在遺傳學、基因論、突變論、綜合進化論、分子生物學、分子中性進化學說、系統進化論、社會生物學等新學科或新理論的紛紛創建上。

下面，就以這些新學科或新理論為線索，簡要梳理一下生物進化論在各方面的進展情況。

（1）遺傳學

1865 年，奧地利植物學家孟德爾（Gregor Johann Mendel，1822-1884）在豌豆雜交試驗的基礎上發現，控制生物性狀的遺傳物質是以自成單位的因子形式存在的，他由此提出了「遺傳因子」的概念（即後來的「基因」概念）；他通過對雜交試驗的統計分析總結出兩條遺傳規律（即分離定律和自由組合定律）。其基本思想是：控制植物不同性狀的遺傳因子不能混合，而是分別獨立地進入不同的配子中，它們或者作為顯性因子在下一代配子中表現出來，或者作為隱性因子在隔代配子中表現出來。孟德爾的雜交試驗表明，植物的性狀從遺傳因子來分析是粒子性的，它可以作為自然選擇的原料通過選擇而定向發展，從而說明支配生物遺傳性狀的是遺傳因子而不是環境。孟德爾的雜交試驗和發現，從質量方面彌補了達爾文進化理論的不足，使人們發現存在於遺傳因子、變異與性狀之間的對應關係，也為現代遺傳學奠定了科學基礎，並導致粒子遺傳理論的興起。孟德爾的發現曾被科學界忽視長達三十餘年，直到 1900 年又重新被人們發現。

德國生物學家海克爾（Ernst Haeckel，1834-1919）把適應和遺傳交互作

用的概念引進進化論中，他認為，無論是人工選擇還是自然選擇，它們都是僅僅以有機體的適應和遺傳的交互作用為根據的，把物種變異看作是適應和遺傳交互作用的結果，從而擴大了自然選擇的觀念，把達爾文的進化論向前推進了一步[36]。

（2）基因論

1910 年，美國細胞遺傳學家托馬斯‧摩爾根（Thomas Hunt Morgan，1866-1946）在果蠅遺傳試驗的基礎上提出了「基因論」，並於 1926 年出版了《基因論》一書。他指出，基因是生物體細胞中染色體的分立單位，是生物個體遺傳變異的物質基礎，基因在染色體上呈直線排列，從而確立了不同基因與性狀之間的對應關係，由此可以根據基因的變化來判斷性狀的變化；生物的基因重組是按一定的頻率必然發生的，基因重組的發生與外界環境沒有必然的聯繫，基因的這種變異一經發生就以新的狀態穩定下來，因此，生物的獲得性狀是不遺傳的。托馬斯‧摩爾根從基因突變視角考察了生物進化，他認為自然選擇只是生物進化的外在力量，而隨機發生的基因突變才是新物種產生的原因。基因論將生物進化中外部的選擇力量與內部的自適應力量統一起來，從而對以往生物進化的定向性思想進行了必要修正。

（3）突變論

1901 年，荷蘭植物學家德弗裡斯（Hugo de Vries，1848-1935）通過對月見草變異的研究提出了「突變論」思想，並出版了《突變論》一書。他認為，生物進化不一定像達爾文所說的那樣通過微小的連續變異而形成，生物變異可以是一種不連續的突變，由此直接產生新的物種。在德弗裡斯看來，自然選擇在進化中的作用並不重要，選擇只對突變起過篩作用。

德裔美國遺傳學家戈德施密特（Richard Goldschmidt，1878-1958）在 1940 年出版了《進化的物質基礎》一書。在這部書中，他把生物細胞中由染色體重造引起的、涉及整個染色體系統的突變稱為生物的大突變，他認為生物界每一次大進化、每一個新種的產生都來源於躍變，對生物發育具有重大影響的大突變產生了一些「有希望的怪物」，這些「怪物」的進一步演化就產生了新的物種和類群。1953 年，杜布贊斯基（Theodosius Dobzhansky，1900-1975）、辛普遜（Simpson）、松村清二等人又進一步提出，生物的突變包括基因突變和染色體突變這兩種形式，而染色體突變又可以分為染色體數目的突變和染色體結構的突變[37]。

---

[36] 鍾安環：〈進化論的發展與科學實踐〉，《教學與研究》1979 年第 1 期，第 55 頁。
[37] 米景九：〈評論現代新達爾文主義的突變進化論〉，《生物學通報》1960 年第 1 期，第 20 頁。

1972 年，美國古生物學家艾爾德裡奇（Niles Eldredge）和古爾德（Stephen Jay Gould，1941-2002）發現，在古生物史上曾發生過多次新物種大爆發和多次物種大滅絕事件，他們由此提出了生物進化的「間斷平衡理論」，以解釋古生物進化中出現的明顯不連續性和跳躍性。他們認為，生物進化是一種間斷式的平衡過程，生物的跳躍式進化和物種形成是同時發生的，物種進化是一種不連續的大進化；而基於自然選擇作用的物種漸進進化是一種線性的漸變模式，這種進化機制不能夠解釋物種以上分類單元的起源，他們反對現代達爾文主義的唯漸進進化的觀點。[38] 間斷平衡論是建立在突變與漸變辯證統一的基礎上的，這一理論認為[39]：生物演化有突變與漸變兩種過程，大多數物種是在地質上可以忽視不計的短時間內形成的（即突變成種過程），物種形成以後再經歷一個長時期的相對穩定階段，在這一階段，生物在自然選擇的作用下發生十分緩慢的變異（即種系漸變過程）；突變成種作用是生物演化的主要力量，種系漸變雖然也可以產生新種，但其產生的變異量（或演化量）很小；對於成種作用過程，該理論強調突變是成種的原動力，突變成種方式最初是隨機的，地理隔離是產生成種作用的必要因素，但新種的最終形成也是自然選擇的結果。

從古生物學和地質學的研究成果來看，地球 38 億年以來生物演化的歷史變化過程並不像達爾文所認為的那樣是勻速漸進演化的，而是既有漸變又有突變，生物物種的長程演化呈現出漸變與突變相繼出現的週期性，每次突變都使生物的進化水平躍上一個新的臺階或新的層次。例如，在最近的 5.7 億年中，地球生物圈曾發生了 5 次生物物種大爆發事件：在寒武紀大爆發事件中，地球上開始出現魚類動物（如昆明魚、海口魚等），生物實現了從無脊椎動物到脊椎動物的飛躍；在泥盆紀大爆發事件中，地球上開始出現兩棲類動物（如魚石螈、中國螈等），生物實現了從魚類動物到兩棲類動物的飛躍；在晚古生代的石炭紀大爆發事件中，動物界實現了從兩棲類動物到爬行類動物的飛躍；在三疊紀大爆發事件中，地球上開始出現哺乳類動物（如三列齒獸、摩根獸等），動物界實現了從爬行類動物到哺乳類動物的飛躍；在古近紀大爆發事件中，地球上開始出現靈長類動物（如嬌齒獸、中華曙猿等），動物界實現了從原始哺乳類動物到先進靈長類動物（包括人在內）的飛躍。這一系列事件反映了生物界從魚類到智人的進化歷程，反映了生命系統從無到有、從低級到高級、從簡單到複雜的演化過程。[40]「間斷平衡理論」較好地解釋了地

[38] Eldredge N, Gould S.J. Punctuated equilibria: An alternative to phyletic gradualism. In: Models In Paleobiology (Ed. by T.J.M. Schopf) 1972, 82-115.

[39] 胡安娜、金新政：〈達爾文主義不是終極的進化理論〉，《衛生軟科學》2005 年 12 月第 6 期，第 379 頁。

[40] 徐欽琦：〈《周易》與達爾文的生物進化論〉，《化石》2007 年第 3 期，第 17 頁。

殼演化歷程中寒武紀、泥盆紀、石炭紀、三疊紀、古近紀這五個地質時期發生的物種大爆發現象，而達爾文的漸變演化模式是無法對此作出解釋的。

（4）綜合進化論

早在 20 世紀初，哈代（Hardy，1908）、溫伯格（Weinberg，1909）就將達爾文的自然選擇學說和孟德爾遺傳學成功地結合在一起，提出了遺傳平衡定律。費希（R.A. Fisher，1929）、霍爾丹（B.S. Haldane，1931）、瑞特（S. Wright，1932）用數學模式研究生物群體的基因頻率變化以及影響這種頻率變化的自然選擇作用，從而建立了群體遺傳學。在此基礎上，由杜布贊斯基（1937）和朱利安‧赫胥黎（Julian Huxley，1942）建立了綜合進化論，他們開始用定量的方法從種群水平上研究生物進化，從而進一步發展了達爾文進化論。綜合進化論強調種群是生物進化的單位；在選擇的壓力下，突變、重組、隔離等諸因素相互作用，促使生物種群逐漸分化並發展成為新種。[41]

1937 年，美國遺傳學家杜布贊斯基出版了《遺傳學與物種起源》一書，這標誌著現代達爾文主義理論的誕生；1970 年，他又出版了《進化過程的遺傳學》一書，對其理論進行修改完善。杜布贊斯基綜合了達爾文的自然選擇學說與孟德爾、托馬斯‧摩爾根的基因論等觀點，引入了群體遺傳學的原理，從選擇、隔離與基因突變等綜合因素來闡明物種的進化過程。他用分子生物學和群體遺傳學的原理和方法，闡明了生物進化過程中內因（生物的遺傳變異）和外因（環境的選擇）、偶然性（遺傳變異）和必然性（選擇）的辯證關係。他的主要觀點包括：種群是生物進化的基本單位；進化機制的研究屬群體遺傳學的範圍；突變、選擇、隔離是物種形成及生物進化中的三個基本環節；物種的形成必須通過隔離才能實現；在大多數生物中，自然選擇都不是單純地起過篩作用，在物種的雜合狀態中，自然選擇保留了許多有害的甚至致死的基因，其原因在於自然界存在著各種不同的選擇機制。[42] 杜布贊斯基不但豐富和發展了達爾文的自然選擇學說，也彌補了基因論的不足，從而使生物進化論研究從生物個體的外部表現形態層次推進到生物細胞的染色體層次。

現代達爾文主義理論也被稱為現代綜合進化論。現代綜合進化論將達爾文的自然選擇學說與現代遺傳學、古生物學以及其他學科結合起來，綜合說明生物進化的過程和機理。這一理論認為，遺傳物質突變和通過有性雜交實現的基因重組是生物進化的原材料；生物進化的基本單位是群體而非個體，進化緣於群體中基因頻率的變化；自然選擇是生物進化方向的決定力量，生

---

[41] 蔡德全：〈一種新的分子進化學說——中性學說〉，《生物學雜誌》1986 年第 4 期，第 1 頁。

[42] 馬鐵山、郝改蓮：〈達爾文主義‧新達爾文主義‧現代達爾文主義〉，《中學生物教學》2002 年第 4 期，第 39-40 頁。

物適應性的產生是長期選擇的結果；隔離導致新物種的形成——地理隔離的持續常使種群分化成亞種，在此基礎上因不同的環境條件而累積變異，就可能出現生殖隔離，進而由生殖隔離促成新物種形成。現代綜合進化論否定獲得性的遺傳，強調進化的漸進性，在群體水平上重新肯定自然選擇對生物進化的主導作用。[43]

現代綜合進化論的新進展指出，在生物演化過程中既存在著偶然性，也存在著必然性，如基因突變是隨機的、偶然的，而選擇作用是非隨機的、定向的；生物新種的形成包括漸變式和爆發式兩種形式；[44] 生物不連續的激烈的突變和連續的細微的漸變，都可以用相同的遺傳機制來說明，同時強調地理環境因素對新物種的形成具有重要作用[45]。該學派的新研究還指出，生物種群具有一定的結構組成和遺傳性，它作為一個整體與環境發生相互作用和相互影響，它像所有生物個體一樣具有生命週期（即其生存活動表現為生長、分化和分工、生存、衰老及死亡的歷史過程）[46]。

（5）分子生物學

1952 年，由赫爾希（A. Hershey）和蔡斯（M. Chase）主持的「噬菌體入侵細菌」的著名試驗證明：生物遺傳基因的物質載體是細胞核內的脫氧核糖核酸（DNA）分子[47]。1953 年，美國生物學家沃森（James Dewey Watson）和英國物理學家克裡克（Francis Harry Compton Crick，1916-2004）運用 X 射線衍射技術研究核酸分子，發現了 DNA 分子的雙螺旋結構，這一重要發現標誌著分子遺傳學的誕生。他們的研究成果指出，DNA 分子是兩條長鏈組成的雙重螺旋，鏈與鏈之間由成對的城基相連接，城基的配對是一定的，但排列的次序和比數是變異的，DNA 的雙鏈通過互補原則進行自我複製。在細胞分裂繁殖時，DNA 分子的兩條鏈分開，每條鏈都可以作為模板並形成新的互補鏈；生物在進行有性繁殖時，則是精細胞的一條 DNA 鏈與卵細胞的一條 DNA 鏈結合，形成受精卵細胞內的 DNA 雙鏈；生物細胞正是通過 DNA 分子的複製機制在親代與子代之間準確地傳遞遺傳資訊。DNA 雙螺旋結構的發現，為遺傳物質的自我複製、相對穩定性和變異性以及遺傳資訊的貯存和傳遞過程進行了合理解釋，不僅從分子層次上闡明了遺傳資訊的複製機制，也革新了遺

---

[43] 梁前進：〈望衡對宇，追求極致——生物進化論在爭鳴中發展〉，《生命世界》2009 年 11 期，第 12 頁。

[44] 盧浩然、葉永在：〈進化論的進化——達爾文主義、現代達爾文主義和非達爾文主義〉，《福建農學院學報》1982 年第 4 期，第 72 頁。

[45] 張麗娜：〈遺傳學的發展與現代達爾文主義的產生〉，《化石》2005 年第 2 期，第 32 頁。

[46] 孫毅：〈綜合進化論的發展現狀〉，《信陽師範學院學報（自然科學版）》1993 年 12 月第 4 期，第 437-438 頁。

[47] 閔家胤：《進化的多元論》，中國社會科學出版社 2012 年 8 月修訂版，第 336 頁。

傳概念，使遺傳進化的研究發展到又一個新階段。分子生物學的這一突破性進展，為人們從分子層次研究生物進化的內在機制奠定了科學基礎。

DNA 雙螺旋結構的發現，推動生物遺傳學研究從染色體水平發展到分子水平，也直接催生了分子遺傳學。此後，科學家們開始運用分子生物學的技術和方法，對生物進化的內在機制展開深入研究。人們發現，所有生物蛋白質中的氨基酸都是左旋的，生物的遺傳密碼都使用相同的三聯密碼子[48]，從而在分子水平上證實了物種的共同起源，通過對不同種類生物機體中同類蛋白質與核酸分子順序的比較，人們可以定量檢測出不同物種在進化序列上的相對位置和它們之間的親緣關係，從而勾畫出生物從低級到高級分歧演化的「系統進化樹」。分子生物學的進步，使生物進化研究從過去長期形成的定性研究的模式，發展成定性研究與定量研究相結合的新模式，從而推動了生物進化論的快速發展。

（6）分子中性進化學說

1968 年，日本分子生物學家木村資生（Kimura Motoo，1924-1994）提出了「分子中性進化學說」，他在 1983 年出版的《分子進化的中性理論》一書中系統地闡述了這一學說。該學說的主要觀點是[49]：生物在分子水平上的大多數突變是中性或近中性的（即這些突變對生物個體來說沒有好壞、利害之分）；中性突變在生物遺傳中的保存或消失是個隨機的變動過程（這個過程被稱為遺傳漂變）；生物在分子層次上的進化是隨機漂變的結果，而不受自然選擇的作用，遺傳漂變是生物分子進化的基本動力；中性突變的速率（即生物分子中核苷酸或氨基酸的置換速率）決定了生物進化的速率；生物進化的主導因素是中性突變本身，分子進化的方向具有隨機性和偶然性。木村資生指出，在生物機體中，不同種類的蛋白質分子的進化速率不同；在不同種類的生物機體中，同類蛋白質分子的進化速率是大致恆定的，具有重要功能的分子進化速度慢，而功能不重要的分子進化速度快；在生物進化過程中，容易發生不改變分子結構和功能的中性突變，當出現具有新功能的基因時，生物機體往往會先增加原先基因的複本；生物機體分子的中性突變不受自然選擇的制約，雌雄個體通過在群體中的隨機結合，一些中性突變基因在群體中消失，另一些中性突變基因則在群體中固定下來，從而造成生物基因的多型性和性狀的多態性；在分子水平上，生物的大多數進化改變和物種內的大多數變異不受自然選擇的支配，而是通過那些在選擇上呈中性的突變基因的隨機漂變

---

[48] 張亞平、施立明：〈現代生物進化論及其面臨的挑戰〉，《大自然探索》1992 年第 3 期，第 41 頁。
[49] 劉鶴玲、劉奇：〈分子進化中性學說對達爾文進化論的衝擊和完善〉，《廣西社會科學》2006 年第 4 期，第 14-15 頁。

引起的。1969 年，美國學者雅克・金（J.L. King）和托馬斯・朱克斯（T.H. Jukes）也引證了許多分子生物學的事實來支持這種分子中性進化學說，並稱這個學說是一種非達爾文主義的進化理論[50]。

分子中性進化學說是對達爾文進化論的微觀深入和分子水平上的重要補充，它進一步揭示了分子水平上絕大多數的演變都不是由自然選擇引起的，而是由中性突變基因通過隨機的遺傳漂變所引起的，這揭示出分子進化的途徑和方向並不像表現型進化那樣主要是由非隨機性和必然性決定的，而是在很大程度上由隨機性、偶然性決定的。分子中性進化學說的提出，擴充了人們對偶然性在生物進化中作用的認識，在進化思想史上，對於推翻唯心主義的目的論和形而上學的機械決定論具有特殊的意義。[51]

（7）系統進化論

1968 年，美籍奧地利生物學家、系統論的奠基者貝塔朗菲出版了《一般系統論：基礎、發展和應用》一書，這本書從生物與環境的關係考察了生物進化問題。貝塔朗菲提出，生物體是一個與外部環境不斷交換物質和能量的開放系統，只有這樣的開放系統才能保證生物不斷向高度有序的方向發展。比利時物理學家普利高津發展了系統進化的思想，他認為，生物是具有高度自組織能力的耗散結構系統，這一系統在遠離平衡態時通過漲落（即動態的擴張或收縮）形成新的有序化，從而達到更高級的有序狀態，這種漲落發生在生物演變過程中的不穩定階段；在生物進化的過程中，這種漲落表現為生物自身的調節能力，生命的起源和生物的進化正是通過這種漲落能力度過不穩定階段，從而使生物由暫時的無序結構演化出新的有序結構，在這個過程中就自然產生了新的物種和生態類型。[52]

1973 年，美國生物學家萬瓦倫（L. Van Valen）在研究生物演化時提出了協同演化理論。其主要觀點是生物個體與其環境在共同演化，每種生物必須緊跟環境變遷步伐才能保證自己相對競爭地位的穩定。協同演化理論擴展了自然選擇的動力範圍，強調生物之間由於競爭而相互促進的演化機制，從而闡釋了環境中生存競爭存在的長期性和不可消滅性。協同演化是生物不斷演化的重要推動力量，由於協同演化規律的存在，環境中的生存競爭成為一種常態，從而使得生物演化成為一個長期持續的過程。[53]

---

[50] King J.L., Jukes T.H. Non-Darwinian Evolution. Science,1969, 164(881): 788-798.

[51] 吳曉江：〈初探非達爾文主義進化論〉，《哲學研究》1981 年第 6 期，第 31 頁。

[52] 張美生、金正浩：〈學科間的相互作用是生物進化論發展的推動力〉，《遼寧教育學院學報（社會科學版）》1987 年第 3 期，第 9 頁。

[53] 錢輝、項保華：〈企業演化觀的理論基礎與研究假設〉，《自然辯證法通訊》2006 年第 3 期。

（8）社會生物學

　　1975 年，美國社會生物學家愛德華・威爾遜出版了《社會生物學：新的綜合》一書，這部書綜合了動物行為學、微觀進化的基因理論、生態學、群體遺傳學以及各個領域的進化論成果，並建立了社會生物學的理論模型，把數十年來生物學家關於動物社會行為的研究推向了高潮。威爾遜在這部書中提出[54]：「自然選擇」不僅決定了動物的生理結構，而且也是動物行為模式形成的必要條件；動物行為和社會結構如同生物的器官一樣是可以遺傳的；動物的固定行為模式和社會組織的功能是實現本社會群體的繁殖最大化，這些行為模式在基因層次可被解釋為基因的表現型，這些基因的表現型通過基因的複製而世代傳遞；一個群體的特有行為方式，是在它所依賴的生存環境中實現的適應的最大化；動物的社會特徵表現為一種普遍的進化優勢，生物的社會進化經歷了四個典型階段（這四個階段的標誌性成果分別是珊瑚、管水母類和其他無脊椎動物、社會性昆蟲以及社會性脊椎動物和人類）；動物的聚集、性行為和領地等群體的社會特徵，是由動物個體之間的行為以及群體與生態環境之間的相互作用造成的。威爾遜企圖用社會生物學來綜合人文學科和社會科學，在這部書的最後一章中，他提出「人類的行為可以用進化生物學的理論來解釋」，這引起了很大爭議。在此之前，關於動物社會行為的研究被人們嚴格地限制在生物學領域，威爾遜把社會生物學的研究對象從動物界延伸到人類社會，他由此建立了動物社會行為與人類社會行為之間的聯繫。正是因為他的這一開風氣之先的歷史性功績，把達爾文的進化論範式轉變成了社會科學領域中的一個基礎性研究範式。

4、生物進化論思想對其他學科的滲透與影響

　　由於生物進化論所包含的事物發展變化、相互聯繫的思想有利於促進不同學科之間的相互滲透和整體綜合，由達爾文創立的生物進化論被廣為傳播之後，它對人們的思想觀念和思維方式產生了巨大影響。正如控制論的創始人維納所言：甚至早在 19 世紀時，達爾文的進步觀點所產生的影響就不僅限於生物學領域了，所有的哲學家和社會學家都是從他們那個時代的種種富有價值的源泉中來汲取他們的科學思想的[55]。

　　自從生物進化論創立以後，它不僅導致了諸如生物化學、生物物理學、光生物學、仿生學、控制論、一般系統論等許多交叉學科和邊緣學科的產生，

---

[54] 趙敦華：〈文化與基因有無聯繫？——現代達爾文主義進軍社會領域的思想軌跡〉，《文史哲》2004 年第 4 期，第 18-19 頁。

[55] 王澤柳：〈生物進化論的發展及其哲學思考〉，《大眾科技》2008 年第 3 期，第 172 頁、第 184 頁。

同時它也滲透到一些對社會發展具有重要影響的其他學科中，並直接促進了這些學科的快速發展。僅從粗略的文獻綜合來看，受到生物進化論思想滲透的學科大致包括哲學、心理學、優生學、人類學、經濟學、社會學、政治學、法學、人工智能等眾多學科。

下面，簡要介紹一下生物進化論對這些學科的滲透與影響。

（1）哲學

進化論產生後就滲透到哲學領域，主要表現在進化認識論、進化倫理學及進化美學這三個領域。進化認識論認為，人類所擁有的知識或者認識的結果是人類賴以生存和繁衍的重要進化機制，其代表人物包括卡爾・波普（SirKarl Raimund Popper，1902-1994）、坎貝爾（Donald T. Campbell，1918-1996）和福爾邁（Gehard Vollmer）等哲學家。進化倫理學以進化的觀點來解釋道德的根源、性質和功能，認為諸如善、正義或公平等倫理學價值是從人的生物本性及其進化中發展而來的，一切有關物種生存和繁衍的生物結構、心理機制或文化傳統等都具有倫理學意義，其代表人物包括斯賓塞、托馬斯・赫胥黎（Thomas Henry Huxley，1825-1895）、克魯泡特金（Kropotkin，1842-1921）等。樸素的進化美學的出現應歸功於達爾文本人，他在《物種起源》最後一章寫道：「我們能夠在某種程度上理解整個自然界中怎麼會有這麼多的美，因為這大部分是由選擇作用所致」。[56]

（2）心理學

近代心理學是建立在達爾文進化論和辯證唯物主義奠定的基礎上的。被國際心理學界所推崇的皮亞傑（Jean Piaget，1896-1980）「發生認識論」，其理論淵源就是達爾文的進化論。達爾文在其進化論中論述人和動物在心理上具有連續性，他強調人與動物的心理能力只有程度上的差別而沒有本質上的差別；他列舉證據指出，動物也具有情感、好奇心、模仿性、注意力、記憶力、想像力、理性這些心理能力；他還提出了「本能」這一心理學的概念，並指出一切本能的起源離開了自然選擇就無法說明；他從種系演化和個體發展的途徑探索了人類心理的起源與發展，對兒童心理學的研究作出了貢獻。達爾文於 1872 年出版了《人類和動物的表情》一書，採用歷史方法與心理分析相結合的方法，對人類及動物的表情和情緒進行了比較研究，以習慣原理、對立原理和直接作用原理這三個基本原理為依據，確定了動物和人類的各種不同情緒所特有的表情在發生上具有共同的根源。達爾文把生物學的進化論注入心理學中，特別是發展觀點和歷史方法的運用，日益拓寬心理學的研究範

---

[56] 劉春興：〈進化論對人文社會科學的影響〉，《中國社會科學報》2013 年 3 月 4 日第 A08 版。

圍，從而促使心理學發生了深刻變化。[57]

進化心理學認為，人類的心理機制是進化的產物，人類的過去是理解當前人類心理機制的關鍵。目前，心理學中的進化論範式已開始嘗試以進化為主線，把認知心理學、社會心理學、人格心理學以及發展心理學等心理學的諸多分支學科整合起來。[58]

（3）優生學

達爾文的表弟高爾頓（Francis Galton，1822-1911）因受進化論的影響開始研究心理遺傳和個別差異，他根據對人的智力遺傳因素的統計分析發現人的智力有遺傳的趨勢，並於 1883 年創建了優生學[59]。優生學的建立，對減少人類遺傳疾病、保護新生嬰兒健康等均具有重要的意義。在第二次世界大戰期間，優生學被種族主義者們所濫用，成了希特勒發動侵略戰爭及屠殺猶太人的理論依據[60]，優生學也因此而背上了惡名。

（4）人類學

人類學作為一門獨立學科一經問世就與進化論緊密聯繫在一起，愛德華·B·泰勒（Edward Burnett Tylor，1832-1917）、路易斯·摩爾根（Lewis Henry Morgan，1818-1881）等人類學家都是堅定的文化進化論者。第二次世界大戰結束後不久，懷特（Leslie Whirt）、埃爾曼·塞維斯（Elman Rogers Service）等人類學家再度復興了人類學中的進化論範式。[61]

（5）經濟學

在達爾文創建進化論時，曾受到同時代的托馬斯·馬爾薩斯（Thomas Robert Malthus，1766-1834）的人口論和經濟學中「看不見的手」原理的影響[62]，當達爾文創立進化論以後，其思想及原理又反過來影響了經濟學的發展。將達爾文的進化機制和原理引入經濟學的鼻祖是美國經濟學家索爾斯坦·凡勃倫（Thorstein B Veblen，1857-1929），他建立了一個基於累積因果的經濟制度演進範式；制度經濟學在理論淵源上與達爾文的進化思想一脈相承，凡勃倫的制度變遷承襲機制被當代經濟學家道格拉斯·諾斯（Douglass C.North，

[57] 馬文駒：〈達爾文進化論對心理科學的歷史貢獻——紀念達爾文逝世一百周年〉，《心理學報》1983 年第 3 期。
[58] 劉春興：〈進化論對人文社會科學的影響〉，《中國社會科學報》2013 年 3 月 4 日第 A08 版。
[59] 馬文駒：〈達爾文進化論對心理科學的歷史貢獻——紀念達爾文逝世一百周年〉，《心理學報》1983 年第 3 期，第 297-298 頁。
[60] 江海平等：《複製人》，臺灣：漢宇出版有限公司 1998 年版，第 26-28 頁。
[61] 劉春興：〈進化論對人文社會科學的影響〉，《中國社會科學報》2013 年 3 月 4 日第 A08 版。
[62] 黃裕泉等編：《遺傳學》，高等教育出版社 1989 年版，第 376 頁。

1920-2015）發展成制度經濟學中的「路徑依賴」思想[63]。諾貝爾經濟學獎得主米爾頓·弗里德曼（Milton Friedman，1912-2006）和加里·S·貝克爾（Gary Stanley Becker，1930-2014）等著名經濟學家就用自然選擇的適者生存理論來證明經濟秩序中「看不見的手」的存在與合理性[64]。自然選擇的競爭機制如一隻「看不見的手」，通過一系列的環境變化調節著整個生物圈的演化，而市場經濟中的競爭機制也具有同樣強大的協調作用，這兩者之間確實具有很大的相似性。目前，演化經濟學已逐漸佔據西方經濟學的主流地位。例如，在《美國經濟評論》等美國頂尖經濟學雜誌上，人們經常能看到涉及進化論範式的經濟學論文。

（6）社會學

早在《物種起源》問世之前，西方在社會學領域就已存在社會進化的思想（主要以英國社會學家斯賓塞為代表）。當達爾文發表《物種起源》以後，生物進化的思想不僅滲入了社會學領域，甚至催生了「社會達爾文主義」理論的誕生。1871年，達爾文出版了《人類的由來》一書，他在這部書中確認了生物進化法則在人類社會中的適用性，他指出人口的快速增長會誘發嚴酷的生存競爭，而生存競爭的結果便是「優勝劣汰」和「種族滅絕」。隨後，斯賓塞於1874年出版了《社會學研究》一書，他將達爾文生物進化論中的生存競爭、自然選擇的原則移植到他的社會學理論中；他認為，社會的進化過程同生物進化過程相似，也是一個「生存競爭」、「優勝劣敗」、「自然選擇」的歷史，生物界生存競爭的原則在社會裡也起著支配作用。斯賓塞認為，社會是一個「超級有機體」，在「生存競爭」的驅動下，通過「自然選擇」機制，其發展同樣經歷了多樣化、專門化和功能分化的過程[65]。斯賓塞關於社會功能的思想觀點，開啟了社會學中結構功能理論的先河，直接影響了法國社會學家涂爾幹（Emile Durkheim[66]，1858-1917）、英國的拉德克利夫—布朗（Alfred Radcliffe-Brown，1881-1955）和馬林諾夫斯基（Bronislaw Malinowski，1884-1942）等人的功能主義社會學思想。但是，斯賓塞簡單地將社會演進與生物進化相類比，過於簡化了社會演化的複雜進程，同時也過分強調了「生存競爭」的作用，錯誤地認為戰爭是社會進化的動力。他的某些比較極端的社會

---

[63] 許文彬：〈經濟學中的達爾文主義：背離與複歸〉，《南開經濟研究》2004年第4期，第4-5頁。

[64] 崔之元：《看不見手的範式——比喻、論證和困境》；士柏諮詢網：http://www.pen123.net.cn，2002.3.19。

[65] 潘德重：《近代工業社會合理性的理論支撐：斯賓塞社會進化思想研究》，華東師範大學博士學位論文，2004年，第69-70頁。

[66] 國內其他書籍也有譯作「迪爾凱姆」「杜爾凱姆」「埃米爾·杜爾克姆」等的，本書統一譯作「涂爾幹」。

思想經德國生物學家海克爾等人發展以後，就演變成所謂的「社會達爾文主義」理論。在 19 世紀末 20 世紀初，作為一種世界觀和意識形態，「社會達爾文主義」不僅在歐美思想界擁有極其廣泛的影響，而且在當時的社會政治實踐中扮演著至關重要的角色[67]。在第二次世界大戰期間，「社會達爾文主義」曾被納粹德國所利用，變成納粹們瘋狂侵略其他國家、屠殺平民的理論依據，第二次世界大戰結束以後該理論遭到全世界有識之士的共同唾棄。

（7）政治學

進化論對政治學的影響目前主要反映在國際政治學層面，國家間戰爭行為的根源、國際秩序的形成以及國際權力集中的演化過程等都是進化政治學的研究熱點[68]。

（8）法學

19 世紀末以來，法學研究中的進化論範式主要體現為形形色色的法律進化理論。當前，人們已開始重視在具體法律問題研究中運用進化論範式。儘管進化論對法學的影響不可忽視，但至今還沒有形成一個可與自然法學、實證法學或社會學法學等相提並論的進化論法學流派。[69]

（9）人工智能數學

在人工智能數學中有一種計算方法被稱為「遺傳算法」，這種計算方法的基本思想以達爾文進化論和孟德爾遺傳學說為基礎，它一般是將要求解的問題表示成群體的進化問題，根據「適者生存」的原則，從中選擇出適應環境的個體進行複製，通過「交換」、「變異」兩種基本操作產生出新一代更適應環境的群體，最後再收斂到一個最優個體，從而求得問題的最優解。1975 年，美國科學家約翰‧霍蘭德出版了《自然和人工系統的適應性》一書，該書發展了一整套模擬生物自適應系統的理論，詳細闡述了遺傳算法的原理和方法，並為遺傳算法奠定了數學基礎。遺傳算法不是一種單純的優化算法，而是一種以進化思想為基礎的全新的一般方法論，是解決複雜問題的重要工具；由於具有許多突出的優點，它已經被廣泛地應用於工程中的各種優化問題。[70]

儘管達爾文創立的生物進化論影響了眾多的科學門類，極大地促進了人類對自然、自身及社會的認識，但生物進化論在總體上只是物種進化論。如

---

[67] 周保巍：〈「社會達爾文主義」述評〉，《歷史教學問題》2011 年第 5 期。
[68] 劉春興：〈進化論對人文社會科學的影響〉，《中國社會科學報》2013 年 3 月 4 日第 A08 版。
[69] 劉春興：〈進化論對人文社會科學的影響〉，《中國社會科學報》2013 年 3 月 4 日第 A08 版。
[70] 劉曙光、費佩燕、侯志敏：〈生物進化論與人工智能中的遺傳算法〉，《自然辯證法研究》1999 年第 12 期。

要全面理解人類活動，我們至少需要在生物、社會和文化這三個層次上對人類社會展開系統研究。自 19 世紀末 20 世紀初以來，遺傳學、動物行為學、行為生態學、社會生物學以及進化人類學等學科的建立和發展，對包括人類在內的動物社會結構、社會行為、行為演化以及文化現象等廣義生物學主題進行了大量卓有成效的研究，從而彌合了阻隔於人類與其他動物之間的認識鴻溝，這最終為進化論範式在人文社會科學領域的廣泛應用奠定了堅實基礎。所以，在達爾文發表進化論 150 餘年後的今天，經過眾多研究者發展與綜合後的現代生物進化論不但構成了現代生物學的範式，而且能夠成為自然科學的範式，還可以成為哲學社會科學的範式。也正是立足於現代生物進化論所奠定的這一基礎之上，本書才能夠在經濟的、社會的、政治的乃至於廣義文化的視角對人類社會進行全面的闡釋。

四、從生物進化論獲得的一些新認識和哲學啟示

通過對生物進化論思想發展脈絡的梳理和分析，結合系統科學的思維，綜合生物進化研究的新成果，我們可以獲得如下的一些新認識和哲學啟示：

1、生物進化論本身的發展也需要引入系統論方法

從研究生物的層次和方法來說，達爾文主義一般是從生物個體、群體或環境的宏觀方面和較高層次來考察生物進化規律的，即是從生物外部的形態、分類和生態等表型特徵來研究生物進化的，由此產生了生物解剖學、種群分類學、生態環境學等學科；現代達爾文主義則是從生物個體的中觀方面和中微層次來考察生物進化規律的，即是從生物個體內部的細胞、染色體、基因等層次來研究生物進化的，由此產生了細胞學、遺傳學、基因學等學科；而非達爾文主義則從生物個體的微觀方面和細微層次來考察生物進化規律的，即是從生物個體細胞內的核酸、蛋白質等大分子這個層次來研究生物進化的，由此產生了生物化學、分子生物學、分子遺傳學等學科。由此看來，從達爾文主義、現代達爾文主義到非達爾文主義的研究方法，實際上是還原論方法的層層深入過程。從前述生物進化研究的新成果來看，自然環境由外而內從生態、種群到個體等不同層次對生物施加著選擇作用，生物個體則是由內而外從微觀、中觀到宏觀的不同層次上都存在著變異和遺傳現象，生物進化是發生於從生態、種群到個體等各個層次的協同進化過程，它實際上是生物系統內外各種因素共同作用的綜合結果。因此，無論從宏觀層次、中觀層次還是從微觀層次的任何一個單一層次來考察生物進化現象時，我們都不可能對生物進化作出科學圓滿的解釋。真正的出路在於，引入系統論方法而淡化還原論方法，應用系統科學的視角和思維來重新綜合來自不同層次的研究成果，

從而構建一個將突變論、綜合進化論、分子中性進化學說和社會生物學等理論有機整合的、更富包容性和解釋力的生物系統進化理論。

2、生物圈是一組層層嵌套的複雜系統體系，每個層次的生物系統都有其特殊的進化規律

以系統科學的視角來觀察，地球的生物圈實際上是一組相互關聯、層層嵌套的複雜系統體系，這組系統體系以不同層次或不同等級的形式存在，每一個層次或等級都構成一個相對獨立的生物系統，每一個層次或等級的生物系統都有其自身特殊的結構和功能，都存在著有別於其他層次或等級的進化規律。例如，我們可以把哺乳動物系統劃分為個體、家族和種群這三個依次上升的基本層次，其中，每一個層次都構成一個相對獨立的生物系統，每一個層次都有其特殊的結構、功能和進化規律。動物家族的進化規律有別於動物個體的進化規律，動物種群的進化規律與動物家族的進化規律也不完全相同；存在於個體、家族和種群這三個層次的進化規律都有其各自的特殊性，儘管它們之間相互關聯，但卻不能簡單地相互替代，更不能混為一談。從系統科學的角度來看，如要全面完整地理解動物界的進化規律，僅研究動物個體（包括身體形態、組織器官、細胞、染色體、基因和分子等層次）的演化規律顯然是不夠充分的，還需要研究動物家族中成員之間的關係（包括親代與子代之間的遺傳關係、子代與子代之間的相互關係等），還需要研究種群內部各要素之間的關係（如不同亞種之間的競爭合作關係等），甚至還需要進一步研究種群與生態環境之間的關係。這樣一來，需要考察的研究範圍實際上就涉及動物界不同層次社會組織、社會行為等內容，而這些內容恰恰是社會生物學理論的研究主題。達爾文提出的進化論實際上是物種進化理論，它不以研究動物的社會行為為主旨，因此，它不能替代對生物社會組織和社會行為的研究。所以，要全面完整地解釋生物界的進化規律，還需要從社會生物學的視角來觀察問題。也正是由於探索生物演化規律的客觀需要，才促使人們提出並創建了社會生物學這門新興學科。

3、每一個生物個體都具有基因型和表現型這兩層結構

從基因論出發，我們可以獲得有關生物個體結構的一些重要認識。

每一個生物個體都包含著一種獨特的兩重性，這種兩重性表現為每一個生物個體都是由基因型和表現型這兩方面構成的。基因型可以決定表現型，但並不是任何基因型都能夠顯現為表現型。從系統的視角來看，生物個體的表現型不是完全由其內在的基因型決定的，而是由生物個體的基因型與環境因素共同作用的結果。在表現型層面，由於生物個體的性狀和功能明顯會受到外部環境的制約和影響，因此，生物個體在表現型層面的進化步伐就會因

生存競爭、自然選擇而加快或延緩，因而其進化速率就常常表現為差異性和非恆定性。在基因型層面，生物個體中存在著大量核酸分子，儘管它們也在不斷發生變異，但一般不會明顯改變生物個體的表現型，由於這些分子不受外部環境的直接影響，它們的進化步伐並不取決於自然選擇，所以，生物個體在基因型層面的進化速率就會表現為一致性和恆定性。

4、生物個體在各個層面之間的進化規律是相互聯繫、相互作用、相互影響的

從生物個體各個層面來看，都存在著有利、有害和中性這三種不同性質的生物變異。但是，這三種變異之間的關係並不是絕對的、固定不變的，在一定條件下它們的性質是可以轉化的。某種變異形式究竟屬哪種性質，它對生物個體到底是有利還是有害，這實際上都是相對於一定的環境條件而言的。在一種環境條件下是有利的變異，在另一種環境條件下可能就會轉變為有害的變異，與此類似的是，在一種環境條件下是中性的變異，在另一種環境條件下也可能會變成有利的變異。正是因為這一原因，我們才不能將「分子中性進化學說」所揭示的分子進化規律作絕對化的理解。另外，生物個體各個層面之間是相互聯繫、相互作用、相互影響的，無論是單從擇優淘劣的選擇學說來解釋，還是單從無利無害的中性學說來解釋，都不能全面地反映生物進化的根本機制。實際上，生物個體的進化是由內部結構改變（如基因突變、分子變異等）與外部環境自然選擇兩種機制共同作用的結果。自然選擇在生物個體的表現型、基因層次上，對生物的非中性變異（即有利或有害的變異）發揮著擇優淘劣的篩選作用，從而主導著生物個體表現型的進化方向；而遺傳漂變則在生物個體的表現型、基因和分子層次上，對生物的中性變異發揮著重要的主導作用。因為生物個體從外部形態、體型結構、組織器官等宏觀層面，到細胞、染色體、基因等中觀層面，再到細胞內的核苷酸、氨基酸、蛋白質等大分子這一微觀層面，其各個層面之間是緊密聯繫、相互協作的，它們共同組成了一個有機的統一整體，只有將反映生物個體各個層面的進化規律有機地整合在一起並形成新的綜合，我們才能比較全面完整地認識生物個體進化的原因、動力、方式和本質，才能科學地說明生物個體進化過程中的變異與適應、偶然與必然、平衡與不平衡、內因與外因等辯證關係，從而把生物進化論的研究推進到一個新的更高水平。

5、生物個體的進化過程是偶然性與必然性的統一

生物個體在進化過程中，既存在宏觀層次形態方面的進化，也存在中觀層次細胞、染色體方面的進化，同時還存在微觀層次分子方面的進化，這三個層面的進化是有機聯繫的，我們不應把它們截然分開。在分子層面上，由

有利突變或有害突變引起的進化，最終會反映到生物個體形態的表現型上，對於這種非中性的分子進化類型，自然選擇依然發揮著主導作用；而由分子中性突變引起的進化，中性突變基因能否遺傳下去，這最初是由遺傳漂變機制決定的，但當突變基因在生物群體內被固定下來之後，從生物個體的適應過程來看，外部環境的自然選擇機制就開始發揮篩選作用。因此，由分子中性突變引起的生物進化，實際上是遺傳漂變和自然選擇共同作用的結果。在生物個體變異、遺傳和適應的過程中，中觀層面在連接和傳導微觀與宏觀之間相互作用方面，實際上發揮著重要的樞紐功能。所以，在生物個體的進化過程中，無論是宏觀層次形態方面的進化，還是中觀層次細胞、染色體方面的進化，還是微觀層次分子方面的進化，都會受到自然選擇的制約，但不同層次所受影響的程度有所不同，宏觀層面所受影響最直接、最顯著，而微觀層面所受影響則比較間接而細微。綜合來看，生物個體的進化是由內部的「變異—遺傳」機制與外部的「適應—選擇」機制共同作用的結果，而「適應—選擇」作用最終決定了生物演化的方向。「變異—遺傳」作用反映了生物個體進化過程中的偶然性，而「適應—選擇」作用則反映了生物個體進化過程中的必然性。所以，生物個體進化過程既不是單純的偶然性現象，也不是單純的必然性現象，而是偶然性與必然性的統一。

6、生物進化機制不僅僅是生存競爭，還包含著更加豐富的內容

從系統進化論出發，我們可以獲得一些有關生物進化機制的重要認識。

從系統科學的視角來看，生物與環境之間的關係並非像達爾文所描述的那樣是單純的生存競爭與自然選擇的關係，而是非常複雜的互動關係。這種複雜性關係既表現為環境對生物物種施加的選擇作用、隔離作用和誘變作用而成為其生存進化的制約性條件，又表現為生物對環境的動態適應以及生存活動的反向影響。此外，在生物之間（種內、種間）、生物與非生物環境之間既存在相互競爭的關係，又存在「相互協作」、「和睦共處」的共生、共棲關係。在生物之間的競爭關係中，既有激烈的競爭，又有不激烈的競爭；既有類似狼和羊一類的直接競爭，又有類似兔子和羊、貓和三葉草之間的間接競爭；既有長期持續的連續性競爭，又有斷斷續續的間斷性競爭。

7、生物的多樣性起源於生物變異與生態環境組合的多樣性

從生物系統的組織層次來看，我們可以把一個生物系統劃分為個體、家族和種群這三個基本層次。在生物系統的個體層次，存在著分子變異、染色體變異和形態變異等變異現象；在生物系統的家族和種群層次，存在著基因組合、世代遺傳等遺傳現象。這些變異、遺傳因素的無窮組合與無窮變化，造成生物變異和遺傳的無窮潛能，這是一個生物系統向多樣化和複雜化進化

讀 者 回 函 卡

感謝您購買本書，為提升服務品質，請填妥以下資料，將讀者回函卡直接寄
回或傳真本公司，收到您的寶貴意見後，我們會收藏記錄及檢討，謝謝！
如您需要了解本公司最新出版書目、購書優惠或企劃活動，歡迎您上網查詢
或下載相關資料：http:// www.showwe.com.tw

您購買的書名：＿＿＿＿＿＿＿＿＿＿＿＿＿＿＿＿＿＿＿＿＿＿＿

出生日期：＿＿＿＿＿年＿＿＿＿＿月＿＿＿＿＿日

學歷：□高中 (含) 以下　　□大專　　□研究所 (含) 以上

職業：□製造業　□金融業　□資訊業　□軍警　□傳播業　□自由業
　　　□服務業　□公務員　□教職　　□學生　□家管　　□其它＿＿＿

購書地點：□網路書店　□實體書店　□書展　□郵購　□贈閱　□其他

您從何得知本書的消息？

　□網路書店　□實體書店　□網路搜尋　□電子報　□書訊　□雜誌
　□傳播媒體　□親友推薦　□網站推薦　□部落格　□其他＿＿＿＿＿

您對本書的評價：（請填代號　1.非常滿意　2.滿意　3.尚可　4.再改進）

　封面設計＿＿＿　版面編排＿＿＿　內容＿＿＿　文／譯筆＿＿＿　價格＿＿＿

讀完書後您覺得：

　□很有收穫　□有收穫　□收穫不多　□沒收穫

對我們的建議：＿＿＿＿＿＿＿＿＿＿＿＿＿＿＿＿＿＿＿＿＿

＿＿＿＿＿＿＿＿＿＿＿＿＿＿＿＿＿＿＿＿＿＿＿＿＿＿＿＿

＿＿＿＿＿＿＿＿＿＿＿＿＿＿＿＿＿＿＿＿＿＿＿＿＿＿＿＿

＿＿＿＿＿＿＿＿＿＿＿＿＿＿＿＿＿＿＿＿＿＿＿＿＿＿＿＿

11466
台北市內湖區瑞光路 76 巷 65 號 1 樓

秀威資訊科技股份有限公司　　　收

BOD 數位出版事業部

···

（請沿線對折寄回，謝謝！）

姓　　名：＿＿＿＿＿＿＿＿＿　年齡：＿＿＿＿　性別：□女　□男

郵遞區號：□□□□□

地　　址：＿＿＿＿＿＿＿＿＿＿＿＿＿＿＿＿＿＿＿

聯絡電話：(日) ＿＿＿＿＿＿＿＿＿　(夜) ＿＿＿＿＿＿＿＿＿

E - m a i l：＿＿＿＿＿＿＿＿＿＿＿＿＿＿＿＿＿＿＿

的內部原因。從生物系統的外部環境來看，生態環境中存在著眾多的生態因子，這些生態因子在長期進化中自然形成了各具特色的差異性，眾多差異化生態因子的無窮組合與無窮變化，造成多種多樣的生態環境，這些多樣化的生態環境對生物系統所施加的選擇、隔離和誘變等作用，是一個生物系統向多樣化和複雜化進化的外部原因。在生物系統進化過程中，這種內部原因與外部原因的對立統一，實際上就是現代綜合進化論所揭示的「遺傳─變異」與「適應─選擇」的聯合作用機制，這種聯合作用機制才是生物系統進化的根本動力。生物系統內部原因與生態環境外部原因的不同組合，導致同一類物種發生分化並向不同的方向演化，向不同方向演化的種群經過長期的變異累積，最終就形成了差異較大的物種。所以，生物的多樣性起源於生物變異與生態環境組合的多樣性，這種組合的無窮變化是生物進化永不枯竭的源泉。

8、關於生物系統進化動力機制的一些新認識

根據系統論的基本原理，系統演化的過程是內因與外因相互聯繫、相互作用、相互影響的過程，系統演化的狀態是內因與外因對立統一的結果。在生物系統演化過程中，生物的變異和遺傳是內因，生態環境的選擇、隔離和誘變等作用是外因，正是內因與外因這對矛盾的對立統一，才推動著生物系統向多樣化、複雜化的方向演化。當生物系統的內因與生態環境的外因相互協調時，生物系統就會出現暫時的穩定狀態（這時生物演化處於漸變階段），但隨著生物系統中新變異、遺傳的發生以及生態環境的變遷，內因與外因這對矛盾又會形成新的對立，生物系統就會出現暫時的不穩定狀態（這時生物演化處於驟變階段），此後又是新環境對新變異進行選擇，矛盾雙方又趨於暫時的統一，這實際上是一個循環往復的動態過程。這個過程就是生物系統演化歷程中「穩定─失穩」、「漸變─驟變」不斷交織的間斷平衡過程。

9、從生物進化論獲得的關於事物結構和演化的哲學啟示

（1）事物具有雙層資訊結構

從資訊的表現特徵來考察，事物一般都具有獨特的雙層資訊結構，即事物內部的資訊可分為兩個層面，一個是可見的顯性層面（表層結構），一個是隱蔽的隱性層面（深層結構）；事物的表層結構決定了事物的一般性，其所包含的可見資訊對外部環境一般是開放的，它與外部環境互動交流，從而構成事物所處環境的一部分；事物的深層結構決定了事物的特殊性，其所包含的隱蔽資訊對外部環境一般是封閉的，它是產生事物多樣性的根源；同一層次的同一類事物所包含的資訊既有相同成分，也有不同成分，其表層結構所含的可見資訊一般是差異性多於一致性，其深層結構所含的隱蔽資訊一般則是

一致性多於差異性。所以，從資訊的視角來看，事物與事物之間總會表現出某種程度的相似性，這表現為同類事物之間的相似性多於相異性，而不同類事物之間的相異性多於相似性。

（2）事物演化的發展趨勢

演化是指事物隨著時間的延續和空間的展開而發生的各種運動和變化，它一般包括進化、退化和停滯這三種發展趨勢。進化是指事物的結構、功能和外部聯繫從簡單到複雜、從無序到有序、由低級到高級的向前的、進步的、擴展的演化過程。與之相對，退化則是指事物的結構、功能和外部聯繫從複雜到簡單、從有序到無序、由高級到低級的向後的、退步的、收縮的演化過程。停滯則是指事物在變化過程中處於中性的、相對靜止的發展趨勢，這是一種處於進化與退化之間的混沌狀態。在事物演化過程的不同階段或不同層次，事物的發展狀態可能會分別呈現出進化、退化或停滯這三種趨勢中的某一種，也可能會呈現出三種趨勢的某種混合狀態（如有些部分進化、有些部分退化、有些部分停滯）。

（3）事物演化的本質特徵

任何一個事物的演化是與時間、空間緊密聯繫的歷史過程，這一過程是在一定時空中發生的進化、退化或停滯的統一。事物在進化的過程中，其內部某些結構或功能可能會發生某種程度的退化或停滯；同樣，事物在退化的過程中，其內部某些結構或功能也可能會發生某種程度的進化或停滯。從時間維度來看，事物的演化進程並不是勻速進行的，而是表現為時慢時快，有時漸變，有時突變。從空間維度來看，事物的演化進程並不是均質展開的，而是表現為疏密差異，有些方面擴展，有些方面收縮。因此，事物整體的演化過程是漸變與突變、量變與質變、有序與無序、進化與退化的統一。

在自然界的生物演化中，我們不難找到這種進化與退化相統一的案例。例如，古生物學研究表明，現代鯨類等水棲哺乳動物的祖先，在 5000 萬—6000 萬年前都是憑藉四肢在陸地上奔跑的動物，為適應地球自然環境的變遷，它們大約在 4500 萬年前返回到河流和海洋生活，在漫長的水生環境適應過程中，它們在整體的體型結構方面發生了從複雜到簡單的退化。通過對古鯨與現代鯨的身體結構相比較，人們發現，鯨的前肢縮短進化成平鰭狀，其後肢則大幅退化（尚存骨盆和股骨的遺跡），尾巴末端橫向變寬演化成平翼狀，它們的整體形態演化成流線型，變得更加適合在水中游泳和生存[71]。另一種水棲

---

[71] 湯姆·穆勒（Tom Mueller）撰，閻佳譯：〈古鯨之毅〉，《華夏地理》雜誌 2010 年 8 月號。

哺乳動物海豹，在長期演化過程中也發生了與古鯨相似的退化現象[72]。比較古海豹與現代海豹的身體結構就可發現，海豹的外耳已大幅退化（退化成兩個小孔），其四肢則進化成鰭狀（趾間有蹼）。再如，從人體的生理結構來看，人類個體的演化總趨勢是進化的，但人類的盲腸和尾骨等組織器官卻發生了顯著退化。在自然界，生物的演化不僅表現在生物個體在形態結構方面的進化或退化，也表現在生物群體在物種多樣性或適應性上的變化。

（4）事物演化的動力機制

　　事物演化的動力機制是內因與外因的對立統一，事物演化分叉的方向取決於內因與外因的相對地位，這是一個內因與外因反覆博弈的動態過程。在事物演化的一個階段或一定層次，內因可能處於主導地位，外因則處於從屬地位，這時，內因決定著事物演變的方向；在事物演化的另一個階段或另一個層次，內因與外因的地位可能會發生互換，即外因可能處於主導地位，內因則處於從屬地位，這時，外因決定著事物演變的方向。

---

[72] 閻錫海、曹娟雲：〈生物進化論中的若干基本概念探究〉，《延安大學學報（自然科學版）》1995年12月第4期，第84頁。

第三章　鳥瞰經濟社會的總體圖景

　　本章是全書的綱目，它基本反映了本書的總體面貌和核心思想。本章首先簡介了從自然系統到社會系統的基本層次；總結了人類社會演化發展所遵循的四大規律；概述了資源的基本分類及其形態；描述了人類社會再生產過程組成環節的變遷歷程，最後分析了社會生產中分配關係的長期變遷特徵。

本章的論述要點如下：

1. 在現代社會，一個完整的國家系統至少包括人文系統、經濟系統、政治系統、科學系統、教育系統和法制系統這六個子系統。一個國家的經濟系統至少可以分為微觀的企業層次、中觀的行業與產業層次、宏觀的國民經濟層次這三個基本層次。

2. 人類社會演化發展普遍遵循分叉律、協同律、分形律和週期律這四大規律。關於分叉律和週期律，各國學者（尤其是經濟學家）做過大量研究和論述，本書重點論述了協同律和分形律。本書在理論上的一個重要突破是，揭示出從企業系統、產業系統到國民經濟系統在一般結構方面的相似性，同時揭示出社會系統中人文、經濟和政治等子系統的雙層結構。

3. 人類社會的資源一般可以分為自然資源和社會資源兩大類；社會資源又可以分為人力資源、物質資源和知識資源三大類。其中，人力資源是一種重要的可再生資源，是所有可用資源中最有生產力的資源。知識資源是一種具有本源屬性的經濟資源。

4. 自 1803 年法國學者讓・巴蒂斯特・薩伊（Jean Baptiste Say，1767-1832）把經濟學劃分為生產、分配、交換和消費這四個部分以來，人們就把這四個部分看作是社會再生產總過程的組成環節。本章以圖示方式描述了從原始社會、農業社會、工業社會到現代社會中社會再生產過程的長期變遷情況。由此可以看出，隨著人類社會的不斷發展，社會再生產過程變得越來越複雜。從人類社會的長期歷史來看，社會經濟系統與生物有機體類似，也有其誕生、成長和演化的歷史。所以，人類的社會經濟活動更加適合用生物學的眼光進行觀察和研究，而不是用物理學的機械力學觀進行考察和分析。

5. 就人類的整個社會經濟生活來說，「分配」這一環節具有特殊的重要意義。從整個人類社會的歷史發展過程來看，人類社會的分配關係大致上經歷了一個從原始社會的基本「公平與平等」，到奴隸社會的極端「不

公平與不平等」、到封建社會和資本社會的一般「不公平與不平等」、再到現代社會的比較「公平與平等」的演化歷程。從長期歷史變遷來看，人們對社會生產的認識水平與社會分配結果之間存在著「作用—反作用」、「反饋—調整」的動態關係；一方面，人類認識的較低水平決定了人們不合理的價值取向，而不合理的價值取向又導致了不公平的社會分配結果；另一方面，不公平的社會分配結果又會導致被剝削階層的反抗或革命，這種反抗或革命又會迫使剝削階層調整不合理的分配制度，這些行為又會推動人們對社會生產認識水平的逐步提升。在一個社會的經濟系統中，生產要素投入比例結構與生產成果分配比例結構之間也存在著「作用—反作用」、「反饋—調整」的動態關係，它們之間的這種關係類似於「人類認識水平」與「社會分配結果」之間的互動關係。在人類社會發展過程中，人力（勞動力）、土地、資本、技術和知識等生產要素的相對地位始終處於不斷變化中。正是各種生產要素相對地位的不斷變化，引起了社會生產要素投入結構的長期演化，而生產要素投入結構的變化又推動了生產分配結構的變化。在一定時期內，生產要素投入關係對生產分配關係的決定作用是由當時的社會生產發展水平決定的，從本質上來說，是由當時人們的認識水平決定的；而生產分配關係對要素投入關係的反作用主要表現在分配制度的不斷調整和變革中。

6. 與亞當・斯密、卡爾・馬克思和維弗雷多・帕累托（Vilfredo Pareto，1848-1923）分別選取「價值」、「商品」和「經濟人」這三個核心概念作為研究經濟學的原點不同，本書選取了「系統」這個核心概念，並以「企業系統」作為研究的原點，從而分析了現代社會中社會再生產從微觀、中觀到宏觀各層次不同環節的有機聯繫和複雜運行過程。

一、從自然系統到社會系統的基本層次

人類是生物界的一個物種，人類社會是自然界長期演化的結果。梳理清楚從自然系統到社會系統的基本層次，有助於人類真正認清自己在整個世界中的位置，而不是依然傲慢地將自己凌駕於大自然之上。

1、宇宙系統的層次

從宇宙太空來觀察，如果從地球開始依次向外層延伸，那麼宇宙的天體系統可以分為地月系統、太陽系系統、銀河系系統、河外星系系統、大宇宙系統等層次。由此，我們可以畫出宇宙系統層次圖（見圖 3-1）。

從影響地球生物的主要因素來看，自然系統可以分為地殼土壤圈、水圈、

生物圈、大氣層、太陽系這五個層次。

　　人類是地球生物圈中眾多生物中的一個物種，因此，人類社會系統應該
屬生物圈系統的一個子系統。人是自然的一部分。

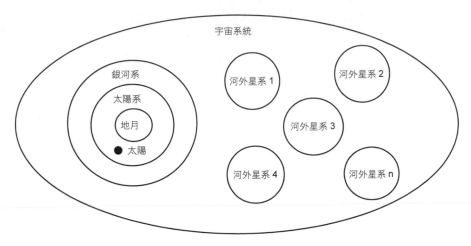

圖 3-1　宇宙系統層次圖

2、人類社會系統的層次

　　從系統的角度來看，人類社會系統是一個超級複雜的巨系統，是自然、
社會、政治、經濟、文化等系統的複合系統。人類社會系除了具有一般系
統所具有的整體性、相關性、開放性、動態性等特徵外，還具有自反饋、自
組織等功能，其複雜性主要體現為內部結構複雜、子系統種類數量多、子系
統層次多、子系統之間關係複雜、子系統之間具有很強的耦合作用。

　　從歷史發展過程來看，人類社會的產生要先於國家的產生（有關內容參
見本書第七章第二節）。從系統的層次來看，國家系統應該包含在人類社會系
統之內。人類社會發展到現階段，幾乎所有的人類群體都已被納入了不同的
國家中。所以，整個地球人類社會是由全世界所有國家組成的集合。從這個
意義上來說，人類社會系統也是國際系統。

　　目前，從全球範圍來看，除了自然系統以外，影響一個國家系統發展的
主要子系統包括人文系統、經濟系統、政治系統、科學系統、教育系統、法
制系統等系統。這些系統並不是從來就有的，而是隨著人類社會的演化從原
始社會中逐漸分化誕生的。有關這方面的詳細闡述，具體參見本書第七章。
其中，人文系統的「人文」是指「人」和由人所創造的「文化」，這裡的「人
文」一詞是個複合詞。有關人文系統的闡述參見本書第七章第四節的內容。

　　為便於讀者理解，我們可以畫出人類社會系統層次圖（見圖 3-2）。

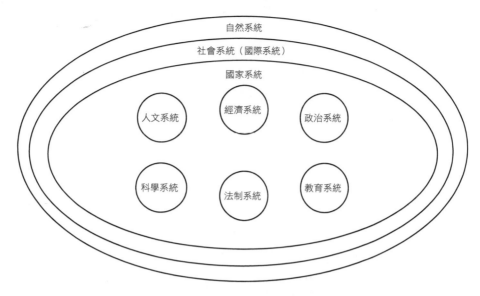

圖 3-2　人類社會系統層次圖

　　人類社會系統是由不同的子系統組成的一個有機整體，不同子系統之間、子系統與社會系統之間、社會系統與自然系統之間並不是孤立無關的，而是相互聯繫、相互作用、相互影響的。正如一個完整的人體由大腦及神經系統、血液循環系統、內分泌系統、呼吸系統、消化系統、泌尿系統、生殖系統和運動系統等部分組成一樣，儘管每一子系統都有自己特殊的結構和功能，但它們之間卻是有機聯繫不可分割的。圖 3-2 可以看作是對當前人類社會系統組成結構的一個簡單素描，儘管它看上去很簡單，但通過它我們可以比較清晰地認識人類社會各個子系統之間的相互聯繫、相互作用、相互影響，從而有助於我們從整體上理解人類社會系統的複雜運行過程。

3、社會經濟系統的層次

　　經濟系統是人類社會系統的一個子系統，其主要功能是進行物質產品的生產、交換、分配和消費。經濟系統本身也是一個複雜性系統，它除了具有整體性、相關性、開放性、動態性等特徵外，也具有自反饋、自組織等功能。

　　物質產品的生產活動是人類社會持續發展最基本的經濟活動，這一活動是依靠微觀經濟主體——人——完成的。在人類社會中，人們從事生產活動通常都是結成一定的社會群體，以分工、協作的形式進行的。在古代社會，從事物質產品生產活動的基本單位一般是家庭組織；而在現代社會，從事物質產品生產活動的基本單位則是企業組織。「企業」這種組織也不是從來就有

的，而是隨著人類社會經濟活動的發展逐漸從家庭中分化出來的。在現代社會中，生產同類產品的很多企業組成了某一種行業，相互聯繫的不同行業又組成了某一個地區的產業體系，而相互聯繫的不同經濟組織（包括產業組織、交換組織和分配組織等）又組成了一個國家的經濟系統。

從一個國家的內部來看，經濟系統至少可以分為微觀的企業層次、中觀的行業與產業層次、宏觀的國民經濟層次這三個基本層次。如果超越國界，我們從縱向層次來看，經濟系統又可以分為企業系統、產業系統、國家經濟系統、國際經濟系統、自然環境系統這五個不同層次。

二、人類社會演化發展遵循的四大規律

本書以系統科學的方法和生物進化論的範式，通過對社會系統的結構分析，特別是對國家系統中從企業系統、產業系統到國民經濟系統的結構和功能分析，闡述了人類社會演化發展的動力結構和基本特徵，進而描繪了人類社會演化發展的總體圖景。

從宏觀大尺度的範圍來看，整個人類社會是在分叉律和協同律這兩大基本規律的共同作用下演化發展的，人類社會在發展過程中又體現出分形律和週期律的顯著特徵，其演化發展的總趨勢是從簡單到複雜、從無序到有序、從低級到高級，其演化的路徑軌跡是一條逐漸展開的螺旋線。一個社會系統的演化過程是與時間、環境緊密聯繫的歷史過程，它既會受到自然環境和其他社會系統的影響，也會反作用於自然環境和其他社會系統。人類社會在演化過程中同時包含著進化、退化和停滯的階段或成分，在一定歷史階段內，社會系統在進化過程中，其內部某些結構或功能可能會發生某種程度的退化或停滯，另一方面，社會系統在退化階段內，其內部某些結構或功能也可能會發生某種程度的進化或停滯。從時間維度來看，社會的演化進程並不是勻速進行的，而是表現為有時漸變有時突變，有時發展緩慢有時發展較快。從社會系統的內部結構來看，社會的演化發展呈現出一定的差異性和不均衡性，這主要表現在人文、經濟、政治等社會子系統發展的不同步和相對地位的變化上，有些子系統進步較快，有些子系統進步緩慢；有些階段經濟子系統主導著社會的進步，有些階段則是政治子系統主導著社會的進步。總之，人類社會總體的演化過程是漸變與突變、量變與質變、有序與無序、進化與退化的統一。本書的分析和論述表明，人類社會演化的總體圖景是一張多維動力交織、螺旋式發展的「螺網圖」（參見圖7-14）！

本書綜合研究後發現，人類社會演化發展普遍遵循分叉律、協同律、分形律和週期律這四大規律。下面，我們就對這四個規律進行簡單闡述。

1、分叉律

分叉是指事物從一支生長成兩支或多支，從一個整體分化成兩部分或多個部分，從一種穩定狀態分裂成兩種或多種穩定狀態，從一個演化方向分歧出兩個或多個演化方向的現象。分叉是事物演化成長的一個重要機制，在分叉機制的作用下，事物沿著從簡單到複雜、從單層到多層、從低級到高級的方向演化，從而展現出日益細分化、專長化、層級化、多樣化的發展趨勢。無論在無機自然界、有機生物界，還是在人類社會，都包含著分叉式的演化規律。本書將這一規律總結為分叉律。有些文獻也把「分叉」稱為「分岔」，其本質含義是基本相同的。在自然界中，分叉現像是廣泛存在的。最常見的分叉現像是樹枝的分叉、河水的分流、山脈的分歧和道路的分岔等。

在生物界，分叉現像是非常豐富而多樣的，它們的存在為人們研究分叉規律提供了很直觀的形象。例如，樹木就是通過不斷分叉來生長的（見圖 3-3）。生物物種的演化分歧也是符合分叉律的。根據達爾文的生物進化理論，生物物種的進化歷程呈現出樹狀分叉式的演化圖景。現代分子生物學對分子進化特徵的研究已經證實，達爾文對物種分叉演化的描述是比較準確的。例如，科學家通過對人類與鯊魚分子結構的比較發現，人類和鯊魚是在大約 4億年前由共同祖先原始魚類分歧進化而成的，在 4 億年的漫長演化歷程中，一個物種的外表體形仍然保持了魚的外形，而另一個物種則從魚類進化到兩棲類，由兩棲類進化到爬行類，再進化到哺乳類，最終進化發展到具有高度智慧的人類，這兩個物種彼此之間的差異已經發展到異常懸殊的程度[1]。

圖 3-3　樹木的分叉現象

---

[1]　楊娟芬：〈分子進化的中性選擇學說〉，《生物學教學》1995 年第 2 期，第 41-42 頁。

分叉也是人類社會演化的一個重要機制。根據人類學的研究表明，人類社會從原始人群逐漸演化到原始國家的過程，就伴隨著社會組織的分化與社會分工的細化，這一過程實際上也呈現出樹狀分叉的特徵（參見本書第七章第二節）。正是在分叉機制的作用下，人類社會才從原始的遊團演化到氏族社會，從氏族社會演化到部落社會，又從部落社會演化到酋邦社會，最後又從酋邦社會發展到原始國家。本書按照社會系統的結構與功能的不同，將人類社會系統劃分為人文、經濟和政治等子系統，本書綜合前人各種研究成果的論述也證明，一個社會的人文系統、經濟系統和政治系統是先後從原始社會系統中逐漸分化出來的，也就是說，社會系統的結構與功能，其演化過程也呈現出樹狀分叉的特徵。本書通過對國家系統中經濟系統的結構分析也表明，無論是經濟系統的組成要素（如組織、資源、產品、知識、技術、制度等），還是經濟系統的不同層次（如企業、行業、產業等），還是經濟系統運行的各個不同環節（如生產、交換、分配和消費），它們的演化發展都呈現出逐級分叉的特徵。社會分工是經濟學研究的一類重要現象，本書的一個重要發現就是，社會分工與自然界的分叉現象具有相似的機制，社會分工背後的基本機制就是分叉律（具體闡述參見本書第七章第八節）。

2、協同律

協同是指事物的不同部分或者不同要素、不同環節、不同階段、不同層次之間相互聯繫、協調一致，共同組成事物的有序結構，從而形成事物整體的統一功能。協同是事物演化成長的另一個重要機制，在協同機制的作用下，事物才能夠將不同部分或者不同要素聯繫在一起，將不同環節、不同階段、不同層次組織成一個有序結構，從而在演化成長過程中保持其整體功能的協調性、一致性、完整性和統一性。在千差萬別的自然系統或社會系統中，都存在著各種形式的協同作用。物質世界是普遍聯繫的，這種普遍聯繫主要體現在物質世界的系統性和協同性方面。

產生於 20 世紀 70 年代的協同學指出，在複雜開放系統中，在一定的外部物質流、能量流和資訊流輸入的條件下，系統會通過大量子系統之間的相互作用而在時間、空間或功能等方面形成新的有序結構，當外部輸入達到某種臨界值時，子系統之間就會產生協同作用，這種協同作用能使系統在臨界點發生質變，從而使系統的運行狀態從無序變為有序，其整體結構也從不穩定結構轉變為穩定結構。根據協同作用的強弱或者協調程度的不同，事物就會表現出不同的有序結構和不同的功能效應，這種效應就是協同效應。協同效應是指複雜開放系統中大量子系統相互作用而產生的整體效應或集體效應。協同效應一般分為正效應、合效應和負效應三種情況。當系統的整體功能大於各個獨立組成部分（或要素）的功能總和時，系統的協同效應就是正

效應，這種情況常被表述為「1+1>2」。當系統的整體功能等於各個獨立組成部分（或要素）的功能總和時，系統的協同效應就是合效應，這種情況常被表述為「1+1=2」。當系統的整體功能小於各個獨立組成部分（或要素）的功能總和時，系統的協同效應就是負效應，這種情況常被表述為「1+1<2」。

無論在無機自然界、有機生物界，還是在人類社會，都廣泛存在著協同現象。

在無機自然界，隨著人們對各種物理現象的深入研究，存在於物質世界的一些協同現象首先被物理學家所發現和認識。例如，在流動液體繞圓柱體流動的過程中就存在著協同現象（見圖3-4）。當液體的流速低於某一臨界值時，這段流體呈現出均勻層流的流動狀態；但當流速高於這一臨界值時，在圓柱體後側就會形成一對靜態的漩渦；當進一步提高流速並達到第二個臨界值時，在圓柱體後側就會形成動態震盪的漩渦（這些漩渦是斷續產生的，並隨流體而移動）。這裡，流體所產生的靜態漩渦是一種空間上的有序結構，動態漩渦則是一種空間和時間上的有序結構（也可看作一種更複雜的有序結構），它們都是一部分流體分子因發生協同作用而產生了組織形態質變，從而使其整體結構從不穩定結構轉變為穩定結構。

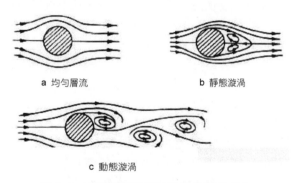

a 均勻層流　　　　　　　　b 靜態漩渦

c 動態漩渦

圖3-4　流體繞圓柱體流動時的協同現象

另一個典型的實例是晶體物質的激光現象。物理學家發現，當晶體物質受到高能光子的衝擊時，將會引發晶體原子核外的電子從高能級躍遷到低能級並輻射出光子。在這個過程中，微觀粒子之間也存在著協同現象：當發射光子的能量低於某一臨界值時，晶體輻射出的光子，其運動方向是錯雜混亂的，這時晶體發射的光線呈現出無序的發散狀態；但當發射能量高於這一臨界值時，晶體所輻射出的光子，其運動方向就變得統一起來，這時晶體發射的光線是頻率、相位和方向均一致的單色光，晶體呈現出發射連續激光的穩定狀態；當進一步提高發射能量並達到第二個臨界值時，這時晶體就發射出

斷續的脈衝式激光，這種激光呈現出規則的超短脈衝序列。在這個例子中，晶體受到激發所產生的連續激光是一種空間上的有序結構，而脈衝激光則是一種空間和時間上的有序結構，它們都是晶體內的電子、光子等微觀粒子因發生協同作用而產生了組織形態質變，從而使其整體結構從無序結構轉變成了有序結構。

在生物界，生物個體在發育、生長的各個層次和不同階段都普遍存在著協同現象和協同作用。例如，植物在從種子發芽到長成成熟植株的過程中，外部環境始終在向它提供光能、水分和養料等，當溫度和濕度達到一定值時，種子中的細胞就開始分裂和分化，當種子發芽後，其組織形態就發生了質變，隨著胚芽細胞群的進一步分化，幼芽就分別長出了根、莖和葉等組織器官，這時植物的組織形態再次發生了質變。在這個實例中我們看到，從微觀層面來看，植物種子細胞之間的協同作用保持了細胞分裂的有序性。例如，在植物的種子細胞中，有些細胞分裂成了根細胞，有些細胞分裂成了莖細胞，另一些細胞則分裂成了葉細胞，它們之間的分裂方向是有序的，而不是混亂無序的。從中觀層面來看，植物胚芽細胞群之間的協同作用保持了組織器官的差異性和協調性。例如，在植物胚芽的細胞群中，根細胞群、莖細胞群和葉細胞群等不同細胞群的自組織方式不同，導致它們形成了不同的有序結構，從而促使它們分別生長成具有不同結構和功能的組織器官，而不同細胞群之間的相互聯繫和協調一致維持了植物胚芽的整體性和分化生長的有序性。從宏觀層面來看，植物組織器官之間的協同作用保持了植物整體結構與功能的完整性和統一性。例如，植物的根、莖、葉等組織器官的結構與功能各不相同，根的主要功能是吸收水分和各種元素，莖的主要功能是運輸和分配水分和各種元素，葉的主要功能則是進行呼吸和光合作用，儘管這些組織器官的結構與功能各不相同，但它們之間卻協調一致、各司其職、相互支持，從而保持了植物整體的完整性和統一性。在動物的發育生長過程中，其身體各個部分、各個層次在不同階段中始終都存在著協同作用，這種協同作用比植物的協同機制更緊密、更高級和更複雜。生物發育生長的過程既是一個隨著時間延續和空間展開而進行的歷史過程，也是一個組織、結構和功能逐漸生長完善的過程。

人類社會也廣泛存在著各種不同形式和不同層次的協同現象和協同作用。在原始社會時期，一方面，由於生存的需要，為了共同狩獵和防禦猛獸，不同原始人之間相互協作，從而結成一定的社會群體；另一方面，由於種族延續的需要，在同一社會群體內的不同人之間因為婚姻關係而組成氏族公社。不同氏族公社之間因為相互通婚而發生緊密聯繫，這種聯繫又導致胞族或部落的產生，不同部落之間因為戰爭而發生聯盟或兼併，這種聯盟或兼併又導致酋邦社會的誕生，酋邦社會的進一步複雜演化最終產生了原始國家。人類

社會從氏族社會演化到部落社會，再從部落社會演化到酋邦社會，進而由酋邦社會再發展到國家社會，社會系統的組織形態和內部結構都發生了多次質變。在這個過程中，婚姻和戰爭這兩種因素發揮著重要的推動作用。隨著社會群體協同範圍的擴展和協同層次的提升，社會系統整體的有序化程度不斷提高，這是一個從簡單到複雜、從低級到高級、從單層次到多層次的歷史過程，也是一個社會組織、社會結構和社會功能逐漸分化不斷生長的過程。在現代社會，從企業、行業、產業到國民經濟系統和國家系統，實際上都存在著不同程度的協同作用（本書後面各章將對此進行較為系統的論述）。一個社會的成長演化過程與生物有機體的發育生長過程相似，也是一個隨著時間延續和空間展開而進行的歷史過程，在社會成長演化過程的每一階段，其內部的各個子系統都需要協調一致、相互配合，各個子系統之間一旦出現結構失當、比例失調、速度失衡，就會影響到整個社會系統的健康有序發展。在一個社會系統中，當各個子系統在組織、結構和功能等方面能夠相互配合與協調時，它們產生的協同效應就是正效應（或合效應），這種協同效應會推動整個社會健康發展、良性循環並持續進步；反之，當各個子系統在組織、結構和功能等方面相互衝突與對抗時，它們產生的協同效應就是負效應，這種負效應嚴重時就會導致整個社會畸形發展、惡性循環並停滯不前，如果各種衝突與對抗得不到及時消除和解決，將有可能使社會矛盾激化為社會革命，劇烈的社會革命往往會造成社會有序結構的破壞或崩潰。

3、分形律

事物的部分與整體之間在某些方面具有相似性，這種現象就是分形現象。分形現象中的相似性是指事物之間有差別的、近似的相似性，或者在統計意義上具有相似性。這些具體相似的方面稱為分形維度。分形維度包括時間、空間、質量、速度、能量、資訊、結構、功能、週期、運動過程等。

20 世紀 70 年代末興起的分形理論告訴我們，在自然界，那些外表極不規則或支離破碎的事物（如海岸線、山川外形等），卻具有自相似性、層次性、結構嵌套性等內在的一致性規律。這裡的自相似性是指事物局部的形態與整體的形態相似，或者說從整體中分離出來的部分能夠體現出整體的基本特徵；層次性是指事物從部分到整體之間，可以劃分出一定等級或序列的不同層次；結構嵌套性是指事物的結構之中嵌套著更細微的結構。一個具有典型分形特徵的事物，其基本特徵就是具有自相似性。自相似性是分形理論研究的核心內容。在分形理論中，把具有分形特徵的事物整體稱為分形體，把分形體內任何一個相對獨立的組成部分或要素稱為分形元；分形元與分形體相似，它內含並反映分形體的性質和資訊，但分形體的複雜性遠遠大於分形元；在一定的分形維度上，分形元在一定程度上都是分形體的再現和縮影。分形理論

所揭示出的這一規律性，與物理學所揭示的全息原理、生物學所揭示出的生物全息律在本質上是一致的。生物全息律指出，生命有機體的整體與部分之間具有相似性和對應性，生物體中具有生命功能而又相對獨立的每個局部（又稱全息元）都是這個生物體整體的縮影，都貯存著整體的全部資訊；生物體的全息元具有層次性，大全息元中又包含著小全息元，全息元的層次越高，它與整體的聯繫就越密切。例如，從遺傳資訊這個維度來看，生物個體就是一個分形體，而其內部的細胞就是一個分形元，細胞包含著生物個體的全部遺傳資訊。

系統論強調部分依賴於整體的性質，體現了從整體出發認識部分的方法；分形論則強調整體依賴於部分的性質，體現了從部分出發認識整體的方法，這兩種方法互相補充，極大地提高了人類認識自然界的能力[2]。通過對分形現象的深入研究，人們逐漸揭示出介於部分與整體、有限與無限、有序與無序、簡單與複雜之間的新層次、新結構和新秩序，從而勾畫出世界普遍聯繫與和諧統一的新圖景。

分形現象不僅存在於無機自然界、有機生物界，也普遍存在於人類社會領域中。我們把人類社會活動和社會體系中客觀存在的自相似性現象稱為社會分形。社會分形幾乎涉及了以社會各個不同側面為研究對象的所有社會科學部門，包括史學分形、語言分形、文藝分形、美學分形、社會結構分形、經濟分形、管理分形等眾多的社會學科。這些領域的分形現象，反映了社會生活中廣泛存在的一些自相似性、層次性、結構嵌套性等內在的一致性特徵。在社會生活中，一個地區、一個城市、一個工廠、一個學校，甚至一個家庭，都構成一個社會分形元，它們在一定程度上都是社會整體的再現和縮影。

本書從「企業」這個基本經濟單元入手，系統分析了從企業、行業、到產業直到國民經濟系統的結構、功能和運行規律，揭示出社會經濟體系的動力結構及演化規律，並進而描繪出國家系統乃至整個人類社會的發展軌跡。本書在理論上的一個重要突破是，揭示出從企業系統、產業系統到國民經濟系統在一般結構方面的自相似性、層次性、嵌套性等分形特徵，同時揭示出社會系統中人文、經濟和政治等子系統的雙層結構。如果把本書所繪製的從企業系統、產業系統到國民經濟系統、國家系統以及社會系統等各層系統的一般結構圖（參見圖4-6、圖5-2、圖6-1、圖7-1、圖7-2和圖7-10）組合起來看，我們將會看到一個類似於「曼德勃羅特集」[3]圖案（見圖3-5）一樣的幾何

---

[2] 張越川、張國祺：〈分形理論的科學和哲學底蘊〉，《社會科學研究》2005年第5期，第86頁。

[3] 由美國數學家曼德勃羅特於20世紀70年代發現的一種幾何圖形，這個圖形是利用一個迭代公式通過計算機運算後繪出的，現已被視為典型的分形圖。該圖的顯著特徵是，不管把圖案放大多少倍，都能夠顯示出更加複雜的局部，而這些局部的形狀既與整體圖案相似又有所不同。

圖形，這組結構勻稱、層層嵌套的幾何圖形就構成一組分形圖，而這正是本書所揭示的存在於社會系統中的分形律，它形象地反映了社會系統與子系統之間、子系統與子系統之間在內部結構方面的相似性。

圖 3-5　「曼德勃羅特集」圖案

4、週期律

物質世界的運動普遍體現出一定的週期性，這種物質運動的週期性就是事物的週期律。週期性運動是客觀世界中事物運動的普遍規律。無論是生物界、人類社會、無機自然界，還是更加廣闊的宇宙太空，從生物體、人類個體、社會組織到人類社會，從地球、地月系、太陽系到銀河系，整個宇宙世界都存在著週期性運動。

物質世界從宇觀、宏觀到微觀等不同層次，都存在著不同時長的週期性運動。目前，人類已經觀測到的物質，從宇觀天體到微觀粒子都在做週期性運動。例如，太陽及其八大行星圍繞銀河系中心做週期性運轉，地球及其他行星圍繞太陽做週期性運轉，月球圍繞地球做週期性運轉，電子圍繞原子核做週期性運轉，與此同時，太陽、行星（包括地球）、行星的衛星（包括月球）以及電子等基本粒子都在做週期性的自轉。生物有機體和人類社會的運行過程中也存在著週期性運動，但這種週期性運動與天體、電子等的直觀的週期性運動不同，而是表現為一種節律性的週期運動和新陳代謝活動。就生物有機體來說，在微觀層面，生物個體始終進行著細胞的新陳代謝活動，在中觀層面，生物個體始終進行著週期性的生命活動。例如，人體內存在著以 23 天為時長的體力盛衰週期和以 28 天為時長的情緒波動週期。再如，人體的不同組織始終都在進行著週期性的新陳代謝活動：人體的味蕾細胞更新週期是 10 天，皮膚表層細胞的更新週期是 2 周，人體血液中紅細胞的更新週期是 4 個月，肝臟細胞的更新週期大約是 300-500 天，骨骼細胞的更新週期是 10 年[4]。實際上，生物有機體的節律性週期運動與地球繞太陽運行的週期性運動是相關的。這種相關性主要表現在，地球繞太陽週期性運轉導致了地球生物圈在

---

[4]　孔會芬：〈美國《讀者》雜誌揭示──身體更新時間表〉，《生命時報》2012 年 6 月 1 日第二版。

光照、溫度、氣壓、濕度、季風、降水和磁場等氣候環境方面的週期性變化，而這些氣候環境因素的週期性變化又會導致植物生長的枯榮變化、農作物的豐歉變化、動物的休眠和遷徙變化、人體的生理參數變化等節律性變化。農作物的豐歉變化又會影響到人類社會農業收成的變化，進而就會影響到人類的社會生活。近半個世紀以來，人們對地球氣候環境影響社會發展的問題做了很多研究，結果表明，地球氣候的長期變遷對社會發展具有多方面的重要影響，地球氣候的週期性變遷甚至間接導致了中國古代社會的歷史循環週期[5]。

從系統的視角來看，處於不同層次的系統具有不同的運行週期，處於同一層次的不同系統，其運行週期也不完全相同。例如，從太陽系這個天體系統來看，木星繞日運行的公轉週期是 11.86 年，它的自轉週期為 9.84 小時（赤道部分），而地球繞日運行的公轉週期為 1 年，它的自轉週期為 24 小時；對於地月系統來說，月球繞地球公轉的週期是 27.32 日，它的自轉週期也是 27.32 日。現代天文學研究表明，月球中心與地球中心之間的距離在逐漸增大，如果以地心為坐標系原點進行觀察，月球繞地球的運動實際上是個逐漸擴展的螺旋式運動，當月球中心與地球中心的距離增大到一定程度後，它們之間的距離又開始逐漸縮小，這時，月球繞地球的運動又呈現出逐漸收縮的螺旋式運動。有趣的是，在地球與太陽之間也存在著相似的螺旋式運動，這體現了天體之間在運動過程上的分形特徵。從太陽系這些天體的運行規律中，我們可以得到這樣的哲學啟示：事物的週期性運動並不是在做簡單的機械圓周運動，而是在時空中進行著永不重複的螺旋式運動；事物每運行一周並不是重新回到原來的起點，而是上升（或者下降）到一個更新的層次或者演化到一個新結構；事物的整體運行過程是循環往復的，但從時間流逝的不可逆轉和空間位置的變化這兩方面來看，事物的運行又是時時不同日日常新的。

根據結構和功能的不同，本書將人類社會系統進一步劃分成人文系統、經濟系統和政治系統等不同子系統。在社會科學各門類中，經濟學是目前應用數理分析最多也最為成熟的一門學科，也是進行實證研究較為豐富的一門學科，就這兩點來說，經濟學是數理化、定量化程度最高的社會科學。自 19 世紀中葉以來，人們就發現經濟體系中存在著各種不同長度和類型的週期。例如，為期 3-4 年的短週期（又被稱為「基欽週期」），為期 9-10 年的中週期（又被稱為「朱格拉週期」），為期 15-25 年、平均時長為 20 年的中長週期（又被稱為「庫茲涅茨週期」、「建築業週期」），為期 50-60 年的長週期（又被稱為「康德拉季耶夫週期」）。從本書的觀點來看，這些經濟週期實際上反映了在不同社會條件下的不同歷史階段中，不同經濟系統在不同層次上的週期性運

5　參見本書附錄二之「五」《自然環境對社會歷史發展的影響》。

動，這些週期性運動實際上表現為永不重複的螺旋式運動。一個社會的經濟週期實際上是眾多因素共同作用、交互影響的結果，在經濟系統的各個層次都存在著大小不同的運行週期，這些週期之間相互聯繫、相互作用和相互影響，從而形成複雜的超循環結構，這些超循環結構本身又具有自相似性、層次性、結構嵌套性等分形特徵。

　　在一個具體的社會系統中，除了經濟系統具有週期性之外，人文系統、政治系統等不同子系統也存在著自身所固有的週期性。例如，英國著名歷史學家湯因比（Arnold Joseph Toynbee，1889-1975）發現世界歷史存在著大約600 年的週期[6]。在經濟學研究中，有關經濟週期的文獻可謂是汗牛充棟，相對而言，人們對人文系統、政治系統等其他社會子系統週期性的研究就顯得很不充分。本書對經濟系統週期性的形象化描述，將有助於啟發人們對人文系統、政治系統等其他社會子系統週期性特徵的深入研究。在實際的社會運行過程中，因為人文系統、經濟系統和政治系統等不同子系統實際上是相互聯繫、相互作用和相互影響的，只有充分研究了各個社會子系統的結構、功能和週期，我們才能真正理清它們之間的複雜關係，進而才能更加全面深入地認識人類社會發展的規律性。

三、資源的基本分類及其形態

　　人類社會的經濟活動離不開對各種資源的開發和利用。資源一般可以分為自然資源和社會資源兩大類；社會資源又可以分為人力資源、物質資源和知識資源三大類。

　　自然資源是指自然界已經存在，並且可供人類利用的物質。存在於自然界的陽光、空氣、水、土地、礦物、植物、動物等都是自然資源。例如，人類利用太陽光和風力來發電，用水來養殖魚、蝦，用土地來種植糧食等。從人類社會發展的歷史來看，人類社會對自然資源的利用是一個從少量到大量、從直接利用到改造利用、從初級加工到多次深度加工的過程。人類是否將一種自然資源納入到生產活動中，主要取決於在一定的歷史條件下人們對這種自然資源本身的認識水平和當時的社會生產技術發展水平。人們對自然資源價值的認識，一般是隨著人類對事物性質認識水平的提高而不斷豐富的。例如，人類對陽光的認識過程就體現了這種豐富性。最初，人類只是把陽光作為一種存在於自然界中的普通現象，對當時的人類來說，陽光除了具有驅散黑暗的照明功能以外，好像並沒有什麼其他特殊的價值。當人們發現用凹面鏡能夠把陽光彙聚起來時，可以利用陽光來燒水、煮飯，原來陽光還具有實

6　參見本書附錄二之「五」中第 4 節《氣候脈動對人類文明的衝擊》。

用熱源的價值。後來，人們發現利用 P 型半導體和 N 型半導體可以將太陽光轉化為電流，由此又發現陽光還可以被用來發電，於是，陽光又具有了實用電源的價值。從 2000 年開始，太陽能發電技術開始日趨成熟；在 2000-2006 年間，全球太陽能電池的產量增長迅速，每年平均增長率超過 40%[7]。目前，世界各國都很重視對陽光能源價值的開發利用，光伏產業也因此變成一個迅速成長的新興行業。

社會資源一般是指人類發明創造的產物，具體包括來自社會系統（包括政治系統、經濟系統、人文系統、科學系統、教育系統、法制系統等）的各種要素。存在於人類社會中的商品、貨幣、資本、機器、廠房等都是社會資源。當人類把生產出的各種產品再次投入社會領域，經過流通轉換之後，它們又會形成一些新形式的社會資源。因此，人類社會所創造的各種社會資源是隨著人類社會生產活動的發展而不斷豐富的。在社會生產活動過程中，社會資源一般具有多重屬性和功能，主要表現在同一種資源在不同的社會生產環節中往往表現出不同的功能和價值。例如，當人們把自己製作的家具用於自己生活消費時，這時的家具僅是普通的產品，當人們把同樣的家具運到市場上銷售時，這個家具就變成了一種商品；當他把家具賣掉以後，他就把作為普通商品的家具轉換成了特殊商品──貨幣。貨幣是人類的一大發明。眾所周知，貨幣作為一種社會資源，它具有價值尺度、流通手段、貯藏手段、支付手段和世界貨幣等五種功能。當人們將自己積累的一筆錢用來購買自己使用的小轎車時，這筆錢僅是普通的貨幣，其功能是充當支付手段的一般商品；而當他把同樣一筆錢用來創辦一家企業時，這筆錢就變成了企業的資本；當他再從企業的資本中拿出一部分資金用來購買生產工具（機器）時，這一部分資本就轉化成企業的生產資料。我們在這些實例中可以看到，社會資源的形態和功能實際上是隨著它的運動過程而不斷發生變化的。

當把人力本身作為一種生產投入要素分析時，我們也可以把它作為一種資源劃入社會資源的範疇，但人力資源是一種特殊的、不同於其他物質資源的社會資源（因為人有主體意識並且能夠主動創造物質）。人力資源是一種重要的可再生資源，是各種生產要素中最具有活力和主觀能動性的部分，具有不斷開發的潛力。美國著名管理學家彼得·德魯克（Peter F. Drucker，1909-2005）在其 1954 年出版的《管理的實踐》一書中指出：「人力資源──完整的人──是所有可用資源中最有生產力、最有用處、最為多產的資源。」「人力資源具有一種其他資源所沒有的特性：具有協調、整合、判斷和想像的能力。」人才資源是指一個國家或地區中掌握較多科學知識或專業技術，具有較強勞動技能，在價值創造過程中起關鍵或重要作用的那部分人。人才資源

7　郎咸平等：《產業鏈陰謀 I》，東方出版社 2008 年 9 月第一版，第 52-54 頁。

是人力資源的一部分，即優質的人力資源。在現代社會中，隨著科學技術在生產領域的廣泛應用，掌握現代知識和技術的高素質人才資源在社會經濟發展中發揮著越來越重要的作用。在一個企業的生存與發展中，人才具有其他資源不可替代的重要作用；而在企業的所有人才中，最重要的人才是企業家類型的人才。

在社會資源中，如果我們把人類本身對世界的認識——「知識」以及為記錄和表達「知識」而發明的各種符號（如文字、數字、字母、算式等）也作為一種資源，那麼本書提出的整個分析框架就可以用來解釋人類社會的文化生產活動了。

實際上，我們只要考察一下人類由類人猿、猿人、原始人、太古人、遠古人、古人直到現代人的演化歷程，分析一下人類進化歷程中每一個重要階段的特徵，將會清晰地看到，隨著人類的不斷進化，人類對世界的認識水平也在不斷提高，人類的生產活動也在發生著從簡單到較複雜、從低水平到較高水平的同步演化。自從人類發明語言、文字以後，隨著物質生產活動的進行，人類也在同時進行著知識的生產。只要分析一下人類社會的科技進步史，我們就會發現，在人類發展過程中每一階段的飛躍，實際上都是知識積累到一定程度後發生的人類認識水平的提升。

今天，當我們進入城市的大型書店或者公共圖書館時，我們就會看到各種門類的圖書擺滿了一排排書架，穿行於書林間常常會讓我們感到眼花繚亂，我們每個人即使用一生的時間來閱讀這些書籍，也只能讀完其中很少的一部分。我們再想像一下在人類剛發明文字的時代，古人用泥板、龜甲、竹簡、木片、植物葉等記錄文字，那時的書籍非常稀少，一個人用不了多久就可以全部讀完。今天，人類社會生產出了如此大量的知識，這顯然不是一兩代人在短期內創造出來的。實際上，人類社會每一個時代的每一個作者（包括哲學家、思想家、經濟學家、社會學家、數學家、物理學家、化學家、生物學家、教授、作家和詩人等）在寫作自己的著作時，他們都學習或參考了前人或同代人所創造的知識。人類社會的知識體系正是在不同時代、不同民族、不同學科的人們不斷創新中逐漸豐富起來的。因此，從人類社會知識生產的角度來看，知識本身也可以看作一類特殊的資源。作為一種資源，知識資源與物質形態的資源具有不同的形態和功能，其生產過程也具有不同於物質產品的特殊規律。在 20 世紀早期，美國經濟學家凡勃倫就提出人類的知識和能力是一個社會最重要的資產資本。幾十年後，威斯利‧C‧密契爾（Wesley C. Mitchell，1874-1948）將不同意見和主流經濟學結合起來，他斷言知識是「其他資源之母」，它是所有資源中最重要的[8]。本書完全贊同這一觀點。

---

[8] 弗蘭克‧N‧馬吉爾主編，吳易風主譯：《經濟學百科全書》，中國人民大學出版社 2009 年第

知識是人類在社會實踐中形成的對客觀事物運動規律的認識達到理性高度的反映[9]，是對普遍必然性的本質的把握[10]。知識與資訊既有區別也有聯繫。知識是客觀世界中的資訊經由主觀意識接收、加工、整理、綜合後轉化而來，「是人類主觀世界對客觀世界的反映和認識的結晶」[11]。資訊是知識的客觀基礎，知識是資訊的主觀綜合。正是由於客觀資訊與人類的認知能力相結合，才導致知識的產生。知識產生之後，其內容可用語言、文字、數字、圖形、手語、旗語或者其他符號來表述，從而獲得客觀化的存在形式。知識具備有用性和稀缺性。知識是經濟系統輸入其他經濟資源的前導、嚮導和指導，人們必須對某種資源的自然功能屬性和社會經濟特徵有所認知、熟悉和瞭解，具備相關的自然知識和社會知識後，才能獲取、輸入、使用和調配這種資源。事實上，知識從來都是人類社會生產活動的內在核心，而非什麼外生變量。知識生產是人類社會生產活動之源，不僅物質資料生產最終依賴於知識創新，而且精神文化產品生產也需借助於知識增長。知識是經濟之因，經濟是知識之果[12]。知識是一種具有本源屬性的經濟資源。[13]

四、社會再生產過程的組成環節

1803 年，法國學者讓‧巴蒂斯特‧薩伊在其出版的《政治經濟學概論》一書中闡述了英國經濟學家亞當‧斯密的經濟學思想，他把經濟學劃分為生產、分配和消費三部分，後來又加上了流通或交換，這一安排因其著作的廣泛流傳而被人們普遍接受[14]。正是受這種劃分的影響，作為經濟學家的卡爾‧馬克思也把社會再生產總過程看作是由生產、分配、交換和消費組成的不同環節。馬克思在《政治經濟學批判導言》中說：「生產製造出適合需要的對象；分配依照社會規律把它們分配；交換依照個人需要把已經分配的東西再分配；最後，在消費中，產品脫離這種社會運動，直接變成個人需要的對象和僕役，供個人享受而滿足個人需要。因而，生產表現為起點，消費表現為終點，分配與交換表現為中間環節，這中間環節又是二重的，分配被規定為從社會出發的要素，交換被規定為從個人出發的要素。分配決定產品歸個人的比例（數量）……生產決定於一般的自然規律；分配決定於社會的偶然情況，因此它

一版，第 1386 頁。
[9] 楊嵐：〈淺談知識與經濟的關係〉，《鄭州紡織工學院學報》2001 年 12 月增刊，第 25-26 頁。
[10] 柏拉圖著，嚴群譯：《泰阿泰德智術之師》，商務印書館 1963 年版，第 159 頁。
[11] 莊善潔：〈從情報學角度談知識地圖的應用〉，《現代情報》2005 年第 8 期，第 198-200 頁。
[12] 李宗華：〈新資源的開發利用與經濟發展〉，《桂海論叢》1999 年第 3 期，第 35-37 頁。
[13] 本段整理自戴天宇：《經濟學：範式革命》，清華大學出版社 2008 年 7 月第一版，第 198-199 頁。
[14] 亨利‧威廉‧斯皮格爾著，晏智傑等譯：《經濟思想的成長》（上冊），中國社會科學出版社 1999 年 10 月第一版，第 224 頁。

能夠或多或少地對生產起促進作用。」[15]馬克思從社會再生產的總過程考察，將分配和交換定義為連接生產與消費的中間環節，但他沒有深入分析分配與交換的具體連接形式。

按照薩伊和馬克思的論述，社會生產的完整過程由生產、分配、交換、消費這四個環節組成。這實際上是他們對 19 世紀資本主義社會生產活動的分析和描述。如果從社會演化的視角來考察社會生產過程，我們將不難發現，人類社會再生產過程的組成環節實際上也是在不斷演變的。

下面，我們就結合人類社會歷史發展的不同階段，對社會再生產過程組成環節的長期變遷情況進行簡要論述。

在原始社會初期，當時的人類生活在原始森林中，以採集野果、嫩葉或者捕捉魚獸為食，人們之間以血緣關係結成氏族群體。當時的社會結構極為簡單，人們以氏族群體為生產和生活單元，人們一起參加勞動，共同分享勞動成果。由於當時的社會規模很小，社會生產還沒有出現顯著的分工，再加上社會生產力水平極低，所以當時基本上沒有什麼剩餘產品可供交換。

所以，原始社會初期的社會再生產過程應該由如下三個環節組成（見圖 3-6）：

生產 ——— 分配 ——— 消費

圖 3-6　原始社會初期的社會再生產過程

在原始社會中期，由於氏族群體之間的合併，人類社會出現了一些分散於各地的部落，隨著社會規模的逐漸擴大，社會生產活動也隨之出現了分工。隨著社會分工的出現，人類社會最初的種植業、畜牧業、漁業等農業活動也隨之誕生並逐漸發展起來。人類社會在種植業、畜牧業、漁業等細分行業上的最初分工，很可能是由於各地不同的地理環境所造成的。例如，生活在江河流域附近平原地區的部落，由於當地土質鬆軟、灌溉便利，適宜種植粟、黍、稻等類植物，所以，人們就在這樣的環境中開始了植物種植活動。生活在溫帶草原地區的部落，由於當地青草茂盛、地域廣闊，適宜放牧牛、羊等動物，所以，人們就在這樣的環境中開始了動物畜牧活動。而生活在海邊或湖泊附近地區的部落，由於當地可以方便地捕撈到各種魚類，人們可以捕魚為生，所以，這裡的人群就在這樣的環境中開始了造舟織網的漁業活動。隨著社會分工的不斷發展，社會生產力有了一定發展，生產中開始有了少量剩餘產品，於是，分別從事不同行業的部落之間就開始相互交換剩餘產品。

---

[15] 《馬克思恩格斯選集（第 2 卷）》，人民出版社 1995 年版，第 7 頁。

所以，在原始社會中期，當農業出現進一步分化以後，社會再生產過程由如下四個環節組成（見圖3-7）：

圖 3-7　原始社會中期的社會再生產過程

　　在圖 3-7 中，「分配」和「交換」這兩個環節應該是同時並存的。當社會生產中的剩餘產品較少時，各部落之間所交換產品的種類和數量就比較少，隨著社會生產力的不斷發展，社會生產中的剩餘產品隨之增多，各部落之間所交換產品的種類和數量也隨之不斷擴大。隨著人們交換需求的不斷增長，人們相互間交換產品的地點和場所也逐漸固定下來，於是，人類社會最初的「市場」就隨之誕生了。

　　當人類社會發展到原始社會末期時，隨著社會的分化，階級和私有制隨之誕生，人類社會從部落社會發展到酋邦社會，又從酋邦社會發展到原始國家。在這一時期，隨著社會分工和社會生產力的進一步發展，手工業和商業逐漸從農業中分化出來，商品種類和數量的增多直接導致商品交換活動的繁榮，而商品交換活動的繁榮又推動了市場規模的擴大。當社會發展到封建社會時，隨著社會分工和社會生產力的進一步發展，更多細分行業不斷誕生並成長起來。隨著各地交換商品種類和數量的不斷增多，市場種類和數量也隨之增多。隨著各地商業流通的發展，原本各自獨立的市場開始逐漸聯通，各地市場由此交織成從村鎮集市到城市市場、再到地區市場和全國市場的市場交易網絡。從中國古代社會的市場經濟情況來看，由於受到朝代更迭、戰爭、動亂的嚴重影響，社會生產活動時常遭到破壞，因此，整個社會生產的「分配」與「交換」網絡表現出時聯時斷、時擴時縮的特點。

　　在奴隸社會（或原始國家）時期，社會土地制度開始逐漸私有化，在這一時期，地主階級向農民徵收的地租主要採取勞役地租和實物地租的形式。例如，在中國古代商周時期盛行的「井田制」[16]，其地租形式就是一種典型的勞役地租。在封建社會的早期和中期，地主階級一般以實物地租的形式向農民們徵收地租。無論是勞役地租還是實物地租，農民在生產出農產品後，都是先與地主分配產品，然後才將多餘的農產品運往市場銷售，以交換其他生

---

[16] 所謂「井田」是指，當時的統治階級將一大塊土地劃分為形似「井」字的九塊土地，中間一塊為公田，其他八塊為私田，由八家自耕農共用一井進行耕種，自耕農們需要先在中間的公田上耕作，然後才能對自家的私田進行耕作。井田制形成於商代，盛行於西周，到春秋中後期開始逐漸瓦解，戰國時期這一制度被廢除。

產或生活資料（如農具和衣服），最後才將交換回來的商品用以家庭消費。直到封建社會後期，隨著商品經濟的逐漸繁榮，地主階級向農民徵收的地租才從實物形式轉變成貨幣形式。在奴隸社會和封建社會時期，在社會經濟系統的所有產業中農業處於主導地位，因此，這一時期也可以被稱為農業時代。

　　總體而言，人類社會在農業時代的社會再生產總過程可以用圖 3-8 來表示。

生產 ── 分配 ── 交換 ── 消費

圖 3-8　農業時代的社會再生產過程

　　到 18 世紀工業革命後，英國等歐洲主要資本主義國家的社會生產方式從工場手工業逐步轉變為機器大工業，隨著科學技術的進步和社會分工的深入發展，這些國家的產業中更多細分行業被催生出來並快速成長。機器化大生產向市場推出更多更豐富的各種商品，再加上地理大發現連通了世界各大洲，不斷擴展的資本主義市場隨之躍出國界形成世界市場。從此，人類社會的生產活動將世界不同地區、不同國家的人們和資源連在一起，在更加廣闊的範圍內建立了「分配」與「交換」的複雜網絡。自資本主義社會初期開始，社會生產首先是為市場交換而進行的，各種商品經過市場交換後又經過多次分配與交換，最後才被不同地區的人們所消費。在資本主義社會的早期和中期，在社會經濟系統的所有產業中，工業處於主導地位，因此，這一時期也可以被稱為工業時代。

　　為探討工業時代社會再生產過程組成環節的具體情況，我們可以通過工廠生產的實例來進行分析。例如，一個生產棉布的工廠主，他的工廠在開始生產前首先需要用貨幣資本去購買機器、原料等生產資料，還需要雇傭一定數量的工人，當工廠生產出棉布這種商品後，他首先需要將這批棉布通過市場銷售出去，當工廠收回成本並實現一定的利潤後，這個工廠主才能在他本人、其他股東以及工人之間分配利潤，他還需要從所獲利潤中拿出一部分資金用來購買原材料，以便投入下一個生產週期中。這個工廠主在企業內部分配利潤的行為，實際上是收入分配中的初次分配活動。當這個工廠主、其他股東以及工人分配到一定的利潤或工資後，他們還需要向政府稅務部門交納一定數額的稅收，而這些稅收中的一部分將被分配給政府部門的公務人員作為他們的工資收入。在這一過程中，稅收的徵收和分配活動實際上是收入分配中的再次分配活動。收入分配活動經過初次分配和再次分配以後，無論是工廠主、其他股東、工人們，還是政府部門的公務人員等，此後他們才用自己的分配所得去交換各種生活用品（如轎車、食品或衣物等），最後才開始分別消費他們自己購買的各種商品。通過這個實例，可以清楚地看到，工業時

代的社會再生產過程顯然要比農業時代的社會再生產過程複雜得多，尤其是在「生產」和「消費」之間，「分配」與「交換」環節的連接方式更加複雜多樣。

　　所以，人類社會在工業時代的社會再生產總過程可以用圖 3-9 來簡單表示。

圖 3-9　工業時代的社會再生產過程

　　在近現代社會中，由於科學技術的高度發達和社會生產力的空前發展，社會經濟系統中各種產業在分工和專業化方面不斷深化，促使各種新興行業不斷誕生和發展，從而導致在社會生產中從「生產」到最終「消費」之間的「分配」和「交換」活動也變得更加複雜起來。與資本主義社會初期相比，近現代社會除了生產供私人消費的普通商品外，越來越注重生產供社會集體消費的公共產品。在現代國家的經濟系統中，從生產、分配、交換到消費的各個環節之間已經演化成了縱橫交錯、相互聯繫、相互影響、結構複雜的龐大網絡體系。

　　所以，現代社會的社會再生產總過程可以用圖 3-10 來簡單表示。

圖 3-10　現代社會的社會再生產過程

　　在圖 3-10 中，公共產品是指被社會集體消費而不是被社會成員單獨消費的產品或服務。公共產品一般由政府等公共部門來提供，通常難以分割銷售，也難以通過市場交易的形式收回成本。例如，道路、港口、機場、國防、公共安全、衛生防疫、優美環境等就是典型的公共產品。個人產品是指能夠被社會成員單獨消費的普通產品或服務。個人產品一般由企業等生產部門來提供，通常可以分割銷售，也可以通過市場交易的形式收回成本。在現代國家的經濟系統中，公共產品生產和個人產品生產已經形成社會生產領域的兩大基本體系，它們之間緊密聯繫、相互影響、相互制約。

　　從上面的幾個圖示中我們可以清晰地看到，隨著人類社會的不斷發展，

社會分工和產業分化促使越來越多的細分行業加入到社會生產體系之中，從而導致整個社會再生產過程變得越來越複雜。從人類社會的長期發展來看，社會再生產過程的演變趨勢表現為從單一到多元、從封閉到開放、從簡單到複雜。長期以來，靜態均衡的機械力學思維模式一直統治著各國主流經濟學界，實際上，這種思維模式已經嚴重阻礙了經濟理論的進一步發展，也是造成經濟學界思想僵化、教條盛行、理論脫離實踐的思想根源。與傳統經濟學的靜態均衡思維模式相比，本書實際上建立了動態非均衡思維模式的理論框架。從人類社會的長期歷史來看，人類的社會經濟活動更加適合用生物學的眼光進行觀察和研究，而不是用物理學的機械力學觀進行考察和分析。正如英國著名經濟學家馬歇爾（Alfred Marshall，1842-1924）所說：「經濟學應當接近生物學而不是力學。只因生物學難於用數學描寫，才借用力學的比方，但經濟學家頭腦裡應當有生物學的觀念」[17]。從圖 3-6 到圖 3-10 所揭示出的經濟學意義是，社會經濟系統與生物有機體類似，它也有其誕生、成長和演化的歷史，研究經濟現象不能脫離具體的時間和空間。所以，從本質上來說，經濟學是一門歷史學科。

為了分析清楚現代社會再生產過程中各種紛繁複雜的經濟關係，我們將另闢蹊徑，應用系統論和結構功能主義等方法來對整個社會經濟體系展開綜合研究。本書第四章、第五章和第六章將依次從微觀層次的企業系統、中觀層次的行業與產業系統、宏觀層次的國民經濟系統這三個層次，來闡述社會再生產總過程中各個環節之間的相互聯繫、相互作用和相互影響。

五、社會生產中分配關係的長期變遷特徵

就人類社會的整個經濟生活來說，「分配」這一環節具有特殊的重要意義。但長期以來，很多西方經濟學家把大量精力放在對產量增長和市場交換的分析中，而對社會經濟系統中的分配環節卻很少給予關注，由他們提出的經濟理論在某種程度上也導致了西方社會的畸形發展。人類社會從事經濟活動的根本目標是提高人類本身的生活質量和促進個人的充分發展；而所有忽視「分配」這一環節的經濟學家們卻恰恰忘記了這一點。對於人們盲目追求經濟增長、不考慮生活質量的行為，英國經濟學家約翰・穆勒（John Stuart Mill，1806-1873）早在 19 世紀中葉就提出了批評，他指出：「世界上只有落後的國家把增加生產當作重要的目標，在那些最先進的國家，需要做的最合算的事是更

---

[17] 轉引自陳平：《文明分岔、經濟混沌和演化經濟動力學》，北京大學出版社 2004 年 9 月第一版，第 458 頁。

好地分配。」[18]

就一個具體的社會群體來說，對勞動成果分配的結果是否合理與公平，會直接影響到社會群體中每個個體的生存質量和生活狀態。當一個社會出現勞動成果分配（也即收入分配）嚴重不合理或不公平時，這種分配方式不斷累積就會導致社會不同階層貧富懸殊、兩極分化的必然結果，這樣的社會必然是一個充滿著剝削、對抗與衝突的社會，在極端情況下往往就容易發生暴力革命，而社會秩序也常常會在革命衝擊下崩潰瓦解。關於這一點，已經被人類歷史上無數次的社會革命與國家覆亡的事實所一再證明。從這些基本事實出發，我們就會發現，實際上經濟學與社會學是緊密相連的，它們之間是不能絕對割裂開的。正是因為這一原因，本書才在最後一章中把對經濟學的論述延伸到社會學領域中。正如美國聖菲研究所經濟學家布賴恩·阿瑟（Brian Arthur）所指出的：「經濟學，就像任何歷史學家和人類學家可以告訴人們的那樣，是與政治和文化緊緊糾纏在一起的」[19]。

在人類社會的再生產過程中，不但各環節之間的聯結方式發生著長期變遷，而且其中的每一個環節也在發生著演化。僅從社會生產中的「分配」這一環節來看，它就經歷了一個長期的歷史變遷過程。

1、社會生產中分配關係的長期演化歷程

從整個人類社會的歷史發展過程來看，人類社會的分配關係大致上經歷了一個原始社會的基本「公平與平等」、到奴隸社會的極端「不公平與不平等」、到封建社會和資本社會[20]的一般「不公平與不平等」、再到現代社會的比較「公平與平等」的演化歷程。

在原始社會時期，原始人類組成的氏族或部落實行的是原始共產主義生產方式，人們共同採集野果、共同狩獵，也共同分享勞動成果，這時由於社會生產水平極端低下，人類社會尚未產生階級分化，可供氏族或部落分配的勞動成果很有限，社會生產體現出的是一種相互平等的生產分配關係。甚至到了原始社會末期，一些原始部落依然將公有土地平均分配給家庭使用，並在部落首領、村寨頭人或家族長主持下對集體勞動收穫進行平均分配。例如，生活在中國雲南的獨龍族人，在 20 世紀初仍然處於原始社會階段，他們每年大約有 200 天用來採集食物，在家族內年長婦女的主持下，對集體採集的食

---

[18] 亨利·威廉·斯皮格爾著，晏智傑等譯：《經濟思想的成長》（上冊），中國社會科學出版社 1999 年 10 月第一版，第 337 頁。

[19] 米歇爾·沃爾德羅普著，陳玲譯：《複雜》，北京：生活·讀書·新知三聯書店 1997 年 4 月第一版，第 20 頁。

[20] 資本社會是泛指在社會生產活動中，「資本」這一要素處於主導地位的社會階段。「資本社會」與「資本主義社會」在概念的內涵上是不同的。

物按人頭進行平均分配，沒有採集到食物者也同樣分到一份[21]。

在奴隸社會時期，由於部落集團之間的相互掠奪和頻繁戰爭，戰敗被俘者變成戰勝者進行奴役的對象，人類社會因而分化成了奴隸主階級和奴隸階級兩大階級，統治階級對被統治階級的奴役產生了對人本身的嚴重歧視，統治集團的最高首領往往被神化，而處於社會最底層的奴隸階級卻被非人化（奴隸往往被當作歸奴隸主所有的、沒有自由的動物）；這時奴隸主與奴隸之間是壓迫與被壓迫、剝削與被剝削的經濟關係，社會勞動成果主要被奴隸主階級所瓜分，社會生產體現出的是一種極端不平等的生產分配關係。

在封建社會時期，社會進一步分化為農民、地主、手工業者、商人、士兵和封建官吏等階級，由於農業在整個社會生產中佔據主導地位，這時農民與地主之間的土地租賃和契約關係是生產領域中主要的經濟關係；在地主的土地價值長期被高估而農民的勞動力價值長期被低估的社會背景中，地主與農民之間長期存在著剝削與被剝削的經濟關係，農民向地主交納的地租（包括勞役地租、產品地租和貨幣地租等）是兩者之間分配勞動成果的主要形式；在勞動成果分配中，儘管農民獲得了一部分勞動成果，但由於土地所有權在整個分配關係中具有絕對的支配力量，所以，社會生產依然體現出很多不公平和不平等的生產分配關係。

在資本社會時期，社會進一步分化為農民、地主、工人、商人、資本家、士兵和官吏等階級，由於工業在整個社會生產中逐漸佔據主導地位，這時產業工人與產業資本家之間的雇傭關係、農民與地主之間的契約關係是生產領域中主要的經濟關係；在資本和土地的價值被高估而工人和農民的勞動力價值被低估的社會背景中，資本家與工人、地主與農民之間依然存在著剝削與被剝削的經濟關係，工人和農民創造出主要的社會財富，而大部分勞動成果卻被資本家和地主所佔有；在勞動成果分配中，儘管工人和農民獲得了一部分勞動成果，但由於資本在整個分配關係中具有絕對的支配力量，所以，社會生產依然體現出一些欠缺公平和不夠平等的生產分配關係。

在工業革命以來的近現代社會中，現代技術對各國社會生產水平的大力提升，使人們認識到技術是推動社會生產力發展的一個重要因素，於是，擁有技術發明專利或掌握新技術的階層在社會生產分配中的地位隨之上升。自19世紀中葉以來，隨著企業規模的擴大和生產經營的日益複雜，企業管理隨之從生產過程中分離出來，變成企業生產經營中的一個重要因素，這導致以企業家為代表的專業化企業管理階層的興起；而隨著企業管理階層力量的增強，在與資本家的反復博弈中，企業管理階層的管理知識價值才得到人們的逐漸認識。隨著人們對企業管理規律研究的不斷深入，人們逐漸撥開了籠罩

---

[21] 姚順增：《雲南少數民族價值觀的歷史和發展》，雲南美術出版社1997年版，第1-33頁。

在人力資源上的重重迷霧，並發現人力本身所蘊含的獨特價值和多重功能。

通過對社會生產中分配關係演變過程的瞭解，我們可以從中看到，人類對自身價值的認識也經歷了一個從無意識（如把人當作動物來奴役）到有意識、從低價值（如勞動力價值低於土地價值）到高價值、從工具價值（如把人當作創造剩餘價值的工具）到資源價值的演變過程。這一過程既反映了人類社會文明的進步和發展，也反映出人類對自身價值認識水平的不斷提升。

2、人類認識水平與社會分配結果之間的關係

在人類社會再生產過程中，人們對社會生產的認識水平與社會分配結果之間是相互聯繫、相互作用和相互影響的，從長期的歷史變遷過程來看，它們之間存在著「作用—反作用」、「反饋—調整」的動態關係。一方面，人類認識的較低水平決定了人們不合理的價值取向，而不合理的價值取向又導致不公平的社會分配結果，這反映了人類認識水平對社會分配結果的決定作用；另一方面，不公平的社會分配結果又會導致被剝削階層的反抗或革命，這種反抗或革命又會迫使剝削階層調整不合理的分配制度，這些行為又會推動人們對社會生產認識水平的逐步提升，這反映了社會分配結果對人類認識水平的反作用。

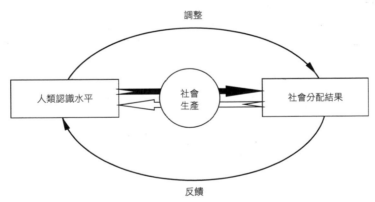

圖 3-11　人類認識水平與社會分配結果之間的互動示意圖

在社會再生產過程中，人類認識水平與社會分配結果之間的關係可以用圖 3-11 來表示。

上圖中，黑色箭頭表示人類認識水平對社會分配結果的決定作用，白色箭頭表示社會分配結果對人類認識水平的反作用，下邊的弧線箭頭表示社會分配結果對人類認識水平的反饋，上邊的弧線箭頭表示人類認識水平對社會分配結果的調整。

從系統的視角來看，我們可以把一個社會的經濟系統看作是輸入資源、輸出功能的複雜系統。為便於清晰地闡述上述這個互動過程，我們對從原始社會、奴隸社會、封建社會、資本社會直到現代社會中經濟系統的輸入與輸出關係作縱向比較。

在社會經濟系統的輸入輸出關係中，最重要的關係是生產要素投入關係和生產分配關係，在生產分配關係中關於生產成果的分配關係尤為重要。這裡的生產要素是指進行社會生產經營活動時所必須具備的基本因素。生產要素投入關係是指在社會生產過程開始前各投入要素間的相互聯繫及投入的比例結構關係。生產分配關係是指在社會生產經營過程中進行分配時各分配要素間的相互聯繫及分配的比例結構關係。在一個具體的社會中，生產成果分配關係具體體現為一系列相互聯繫的社會分配制度體系；社會生產成果分配（也即收入分配）制度的合理與否直接影響到社會分配的公平和公正程度。

在一個社會的經濟系統中，就長期的歷史變遷過程來看，生產要素投入比例結構與生產成果分配比例結構之間存在著「作用─反作用」「反饋─調整」的動態關係，它們之間的這種關係類似於人類認識水平與社會分配結果之間的互動關係。

在實際的經濟分析中，一般只能對投入要素和分配成果的相對價值進行比較。所以，我們就把社會再生產中要素投入價值結構與成果分配價值結構的長期歷史演變簡況用表 3-1 作簡要說明。

在人類社會的發展過程中，人力（勞動力）、土地、資本、技術和知識等生產要素的相對地位始終處於不斷變化中。例如，在農業經濟時代，土地具有主導地位，勞動力處於被支配的地位；在前工業經濟時代，土地的主導地位開始逐步下降，資本的地位開始逐步上升，自工業革命以後，資本取代土地而佔據主導地位，專業技術和管理知識的地位開始逐步上升，但在整個工業經濟時代，資本都佔據著主導地位；在後工業經濟時代（也可以說是服務經濟時代），隨著人力資源的價值得到普遍承認和重視，擁有各種技術和知識的智力勞動者的地位進一步上升；在資訊經濟時代（也可以說是知識經濟時代），知識和技術因素在生產領域中的作用更加重要，擁有各種知識和技術的智力勞動者的地位隨之上升並開始佔據主導地位，而資本的相對地位則開始逐漸下降。正是各種生產要素相對地位的不斷變化，引起了社會生產要素投入結構的長期演化，而生產要素投入結構的變化又推動了生產分配結構的變化。在社會生產過程中，如果人們認為分配結果是公平合理的，人們就會通過制度的形式把這種投入結構和分配結構確定下來，並在以後的生產分配活動中進一步強化它；如果人們認為分配結果不公平和不合理，人們就會通過各種途徑調整或改變這種投入結構和分配結構，並在以後的生產分配活動中不斷完善分配關係。

表 3-1 要素投入價值結構與成果分配價值結構歷史演變簡況一覽表

社會時代	生產要素	要素所有者	要素價值估值比較	要素價值比例結構	分配主體	分配價值比例結構	分配結果公平性
原始社會	勞動力（L）	勞動者	L>T L>J	前期較均等；後期出現差別	氏族或者部落全體成員	前期較均等；後期出現差別	前期較公平；後期不公平
	土地（T）	集體公有					
	簡單工具（J）						
奴隸社會	勞動力（L）	奴隸主	L≈動物 T>J	極不平等	奴隸主	極不平等；奴隸主佔有所有產品	極端不公平
	土地（T）						
	較複雜工具（J）						
封建社會	勞動力（L）	農民	T>L>P L 被低估	T>L+P （不平等）	政府（Z）	Z+D>N 不平等	欠缺公平
	簡單機械（P）	農民			地主（D）		
	土地（T）	地主			農民（N）		
資本社會	農業勞動力（L）	農民	T>L M>T M+P>G L、G被低估 （人被異化）	M>T>L M+P>G （不平等）	政府（Z）	Z+D>N 不平等	不夠公平
	土地（T）	地主			地主（D）		
	工業勞動力（G）	工人			農民（N）		
	資本（M）	資本家			資本家（B）	Z+B>R 不平等	
	機器設備（P）	資本家			工人（R）		
現代社會	資本（M）	資本家	工業領域： M+P> S+Y+L M↓；P↓ S↑；Y↑ L↓	M+P> S＋Y＋L 漸趨合理	政府（Z）	Z+B>Q+F+R； Q≥F+R； F>R； 較平等	漸趨公平
	專業知識（S）	企業家管理階層			資本家（B）		
	專業技術（Y）	發明家技術階層			企業家管理階層（Q）		
	資源（自然資源或社會資源）	政府、企業或社團			發明家技術階層（F）		
					工人（R）		
	土地（T）	地主（國家）	農業領域： M+P> L+T M↓；P↓ L↑；T↓	M+P> L＋T 漸趨合理	資本家（B）	Z+B≥N+D N≥D 較平等	
	勞動力（L）	工人、農民			地主（D）		
	機器設備（P）	資本家或農民			農民（N）		

說明：①為使表述更加簡潔，生產要素和分配主體分別用不同的字母來表示；

②表中的「>」、「≥」、「≈」表示價值比較的相對大小，分別表示「大於」、「大於或等於」、「約等於」；「↑」表示評估價值漸趨上升，「↓」表示評估價值漸趨下降；

③上表中的「要素價值」和「分配價值」都是指比較意義上的相對價值，其含義不同於傳統經濟學中的「勞動價值」。

　　從人類社會的發展歷史來看，在一定時期內，生產要素投入關係對生產分配關係的決定作用是由當時的社會生產發展水平決定的，從本質上來說是由當時人們的認識水平決定的；而生產分配關係對要素投入關係的反作用主

要表現在分配制度的不斷調整和變革中。這種制度變革的起因，通常是由於社會中被剝削階級對收入分配結果不滿，由此促使人們不斷重新調整、改造分配制度中那些不合理、不公平的因素，進而重新評估人力（勞動力）、土地、資本等生產要素的相對價值，在要素價值重估的基礎上，通過對投入要素價值比例結構的重新調整，進而實現生產成果分配價值比例結構的調整，從而使社會分配制度逐漸趨於合理化和公平化。在傳統農業時代，這個調整過程主要是以階級對抗、社會革命或國家政權重建等方式被動調整的。在資本主導的工業時代，這個調整過程一般是以週期性的經濟危機或國際市場格局重建等方式進行的。在人類社會歷史上，世界不同地區曾發生過千萬次奴隸對奴隸主的反抗、農民對地主的暴動、工人對資本家的鬥爭，正是這些階級對抗或社會革命不斷改變著人類社會中那些不公平和不平等的分配制度，從而推動著人類社會不斷進步並逐漸走向現代文明！

在現代社會，隨著人類社會文明程度的提高和人們對社會生產中經濟規律認識的逐步深化，人們一般會採取主動改革各種制度的方式來改善社會中那些不公平和不平等的因素，從而使分配制度日趨合理、公平和完善。例如，在工業經濟時代的前期，生產投入要素主要是資本和體力勞動，因為體力勞動者在企業生產中佔有重要地位，所以人們就提出了「按勞分配」的收入分配制度，從而使收入分配向體力勞動者傾斜。在工業經濟時代的中期，生產投入要素除了資本和體力勞動外，還有管理知識和專業技術，隨著市場範圍的拓寬和企業規模的擴大，經營管理階層和專業技術階層所發揮的作用日益重要，所以人們又提出了「按要素分配」的收入分配制度，從而使收入分配開始向經營管理階層和專業技術階層傾斜。在工業經濟時代的後期，生產投入要素主要是資本和智力勞動，智力勞動者的創新、創意、知識和技能在企業生產經營中發揮著日益重要的作用，由智力勞動所創造出來的無形資產越來越多、價值越來越大，有些高科技企業的無形資產甚至超過了企業有形資產的價值，如果在收入分配中依然向資本投入者傾斜，這顯然是不合理和不公平的。所以，人們又提出了「按貢獻分配」的收入分配制度，從而使收入分配開始向智力勞動者傾斜。

1993 年，美國管理學家彼得‧德魯克在其著作《後資本主義社會》一書中指出[22]：在西方社會，大約從 1750 年到 1880 年，知識被用來改良生產工具、工藝流程和產品，結果產生了「工業革命」；從 1880 年到 1945 年，知識被用於勞動，結果帶來了「生產力革命」；從 1945 年至今，知識被用於「知識自身」，這導致了「管理革命」，此後，除了資本和勞動力之外，知識很快成為一項生產要素，而且是其中最重要的一項生產要素。人類社會發展到 20

---

[22] 劉大椿、劉蔚然：《知識經濟──中國必須回應》，中國經濟出版社 1998 年版，第 137-162 頁。

世紀下半葉，科學知識已成為推動社會經濟發展的基本力量。正如美國未來學家約翰‧奈斯比特（John Naisbitt）所指出的「知識是我們經濟社會的驅動力」[23]。進入 21 世紀後，人類社會已經邁入了知識經濟時代，隨著知識要素在社會生產中逐步處於主導地位，知識智力勞動者所創造的社會財富將會越來越多。孫伯良先生分析指出：「到了知識經濟時代，資本在社會財富中的貢獻率將逐漸降低，社會生產轉為以大量使用知識為特徵。與此相適應，在社會財富的分配關係上，資本所分配的比例逐漸減少，而技術和知識分配的比例將逐漸增加。知識經濟意味著知識勞動成為經濟價值的主要來源，知識成為附加值最高的生產資源，生產過程中操作勞動的附加值將不斷降低。例如，1920 年一輛汽車成本的 85%以上支付給從事常規生產的工人和投資者；到 1990 年，這兩種人得到的份額不到 60%，其餘部分給了設計人員、工程師、經理人員等」[24]。美國未來學家阿爾文‧托夫勒（Alvin Toffler）也指出：「從今以後，體現價值並增殖價值的每一步，都是知識，而不是廉價勞動力，是符號，而不是原料。」[25] 正如知識造就了像比爾‧蓋茨（Bill Gates）那樣的世界巨富一樣，在知識經濟時代，具有創新精神的知識階層將會逐步取代傳統的資本家而成為社會中最富有的階層。

* * *

　　以上對社會再生產總過程組成環節和分配關係長期變遷特徵的簡單分析，實際上採用了歷史考察的分析方法，這一分析方法實際上也是馬克思歷史唯物主義的基本方法。

　　中國一些研究生產關係的學者，他們不從豐富多彩的歷史事實去分析社會生產活動的變遷過程，而是把研究的視野局限於某一個特定的歷史斷層，他們不去考察社會現實中的生產活動本身，而是在 100 多年前馬克思留下的遺稿中窮究詞句、反復咀嚼。如此遠離歷史和現實的「書蟲式」研究怎麼可能真正理解馬克思論述的內涵呢？就好像一些淺薄的基督徒，他們恭敬地反復念誦著《聖經》裡的一些段落，卻不瞭解這部經典的來歷，也不清楚整部經典到底講了些什麼，他們經常從中尋章摘句來議論現實，卻不敢越「雷池」一步提出一些新觀點，他們儘管發表了一篇篇所謂的「學術論文」，但其中卻

---

[23] 約翰‧奈斯比特著，孫道章譯：《大趨勢：改變我們生活的十個新趨向》，新華出版社 1984 年版，第 15 頁。

[24] 孫伯良：《知識經濟社會中的價值分配和經濟運行》，上海三聯書店 2008 年 8 月第一版，第 60 頁。

[25] 阿爾文‧托夫勒著，劉炳章譯：《力量轉移：臨近 21 世紀時的知識、財富和暴力》，新華出版社 1996 年版，第 93 頁。

沒有自己獨立的觀察和思考，更談不上提出什麼創新思想了！如此故步自封的學術研究怎麼可能取得觀念的進步和理論的突破呢？

從邏輯展開的起點來看，經濟學自從誕生以來，在其演化發展過程中曾出現過三種顯著不同的研究視角，這三種視角分別選取了「價值」、「商品」和「經濟人」這三個核心概念作為研究經濟學的原點。這三種研究視角分別是由亞當‧斯密、卡爾‧馬克思和維弗雷多‧帕累托在經濟學發展的不同歷史階段提出的，並進而成為古典經濟學、馬克思主義政治經濟學、新古典及現代西方主流經濟學的研究原點[26]。「價值」就其本質而言，既有其主觀的一面，也有其客觀的一面，正如本書前文簡單分析的那樣，它是隨著人類社會實踐的發展和認識水平的提高而不斷演變的。因此，只存在相對的價值，並不存在絕對的價值。「商品」是人類社會發展到一定歷史階段的產物，就其本質而言，它只是生產活動的客體，把生產活動的客體作為經濟活動的核心來分析人類的經濟生活顯然有其局限性。「人」是生產活動的主體，把「人」這一主體作為經濟活動的核心來分析人類的經濟生活顯然有其合理性。但是，現實的「人」是社會的人、是歷史的人，是具有複雜「人性」的多元複合的立體的人。把複雜的「人」僅僅簡化抽象成所謂收益最大化的「經濟人」顯然是很片面的。從系統的視角來看，無論是「人」，還是「商品」（或者「產品」），實際上都是一個具體經濟系統的組成要素，要完整地考察經濟系統的運行規律，除了需要分析「人」、「商品」等組成要素的相互關係以外，還需要同時分析經濟系統與其外部環境之間的相互關係。

2008 年，青年經濟學者戴天宇出版了《經濟學：範式革命》一書，他在批判西方主流經濟學、分析馬克思主義政治經濟學缺憾的基礎上，提出了「經濟元」[27]這個核心概念作為研究經濟學的原點，並由此創建了「經濟元—經濟流—經濟場」的經濟分析框架。就經濟思維範式而言，戴天宇先生提出的分析框架無疑具有重要的開創價值！其分析框架的主要不足是，沒有把經濟系統放在更加廣闊的社會環境中進行歷史的考察，沒有對經濟體系作出縱向的層次劃分，也沒有從結構、功能的角度對不同的「經濟元」進行區分。而本書在這些方面作了一些積極的探索。

為分析資本主義社會的社會再生產過程，馬克思在《資本論》中選擇了「商品」這個最普通、最常見、最基本的經濟元素作為研究原點，深刻分析了資本主義社會中生產力與生產關係的矛盾，並進而揭示了資本主義社會乃至整個人類社會的發展規律。本書則選擇了「企業」這一「經濟元」作為研究原點，從企業現實的生產經營過程出發，分析了現代社會中社會再生產從

---

[26] 戴天宇：《經濟學：範式革命》，清華大學出版社 2008 年 7 月第一版，第 24 頁。

[27] 戴天宇：《經濟學：範式革命》，清華大學出版社 2008 年 7 月第一版，第 20-21 頁。

微觀、中觀到宏觀各層次不同環節的有機聯繫和複雜運行過程，揭示了從企業、行業、產業直到國民經濟系統的結構、功能和動力機制，並在此基礎上重新解釋了整個人類社會的發展規律。

　　經濟學家們或者研究經濟問題的專家學者們，通過閱讀本書將會發現，本書將微觀經濟學、中觀經濟學和宏觀經濟學的基本思想融合在了一個統一的分析框架中（至少在整體邏輯上建立了統一的經濟學框架），從而為結束經濟理論長期以來四分五裂、零碎混亂、矛盾重重的局面奠定了思想基礎。當然，本書只是為形成一個統一的經濟學理論建立了一個初步框架，就像建築設計師畫好的一張最初藍圖一樣，作者只是勾畫出了整座經濟學大廈的基本輪廓，至於這座大廈的細節描繪和具體建設工作，還有待於世界各國的經濟學家和社會學家們的繼續艱苦努力才能夠最終完成。

　　我相信，一個經濟學統一的時代即將來臨！與此相伴，社會科學各領域迅速發展並獲得重大進步的時期也為期不遠！

第四章　經濟系統的微觀層次：
企業的動力結構及演化圖景

　　作為本書研究的基礎，本章首先介紹企業演化及企業生態理論的研究簡況；然後以蘋果樹作為隱喻，從而展現企業成長的複雜性，由此引出「生態位」的概念；從企業的本質特徵入手，在對企業內外環境、構成要素進行分析的基礎上，提出了企業的雙層結構模型；在描述企業生產經營過程的基礎上，分析企業內部的交換與分配關係；從生產要素組合結構的視角，探討提高企業生產效率的途徑。本章重新定義了「企業整體能力」的概念；從結構的視角，探討企業發展的動力因素和企業家的作用；從分工與協作、內外因子互動、漸變與突變這三個方面，簡要論述了企業演化的基本機制；從多因素關聯和互動的視角，描述了企業的生命週期和企業發展演化的軌跡。

本章的論述要點如下：

1. 有關企業演化研究方面的認識成果：

　　　　企業演化觀的理論基礎主要包括拉馬克的「用進廢退」及「獲得性遺傳」理論、達爾文的生物進化理論和萬瓦倫的協同演化理論。20世紀70年代後發展起來的企業生態理論，是自然生態理論在企業領域的應用，主要研究企業生態與企業演化這兩方面內容。

　　　　在企業演化的外因方面，許多學者強調資源、技術等因素，另一些學者則強調競爭、法規、政治等因素。在企業演化的內因方面，比較有代表性的研究成果是企業能力理論。不同的企業能力理論強調企業內部能力、資源、知識和技術以及組織學習等因素。達爾文主義者側重於演化的外因，這類學者傾向於認為外部環境對企業的自然選擇推動了企業或種群的演化；而拉馬克主義者側重於演化的內因，這類學者傾向於認為企業自身的變異導致企業能力提高，從而推動企業自身的演化。關於企業組織演化過程，學者們似乎傾向於「間斷均衡」的過程特徵，即長時間的漸變伴隨著短期的突變。綜合來看，企業演化過程與物種進化一樣呈現出多樣性、遺傳性和自然選擇這三大特徵。

　　　　從企業內外環境及因子互動角度對企業演化過程進行系統研究的成果較少，其中最有代表性的成果是錢輝和李曉明在這方面所做的創新研究。

本章綜合吸收了上述這些學者們的研究成果，特別是在借鑒錢輝和李曉明研究成果的基礎上，應用系統論和結構功能主義的基本方法，對企業的內外環境、關鍵要素進行了闡述和梳理，從而發現企業的一般結構與生物體的表現型和基因型很相似，是由表層要素鏈和深層要素鏈組成的雙層結構，並在此基礎上分析了企業的動力結構及演化規律。

2. 企業在社會經濟環境中所佔據的支持其生存和發展的特定資源空間形成企業的「生態位」。伴隨著企業的成長壯大，企業的生態位也在同時擴展變大。生態位不同，企業面臨的生存空間也不相同。

3. 關於企業的本質，正如彼得·德魯克所說，企業不同於任何其他組織之處在於企業經營產品和提供服務，任何一個通過經營商品（包括出售服務）來體現自己職能的組織都是企業。本書對企業的定義則是：企業是由人組成的將各種資源加工成產品以滿足社會正常需求的組織；從系統的視角來說，企業是具有價值創造功能的人工複雜適應系統。

4. 從企業系統的外部環境來看，影響企業發展的一般性外部因素可以劃分為需求因素和供給因素兩大類，而這些因素具體包括人、資源、產品、知識、制度、技術等因素。從企業系統的內部環境來看，企業是由人、資源、產品、知識、制度和技術等基本要素組成的。在企業組織的人中，處於中心位置的是企業家。企業是一個人工智能系統，能夠在發展過程中不斷學習，並不斷調整自身組織的層次結構與功能結構。為了能夠更好地適應外部環境，企業應該與時俱進地不斷調整自己內部的組織結構。

5. 企業的生產經營過程，是以生產為起點、以向顧客提供產品為終點的循環往復的過程。企業內部的生產活動實際上分為「生產→企業家→組織→資源→產品」和「生產→知識→制度→技術→產品」這兩條鏈，由此我們得到企業內部生產環節關係圖。從系統與環境的關係來看，一個企業完整的生產關係應該由其內部的生產關係網絡和外部的社會關係網絡共同組成。企業成長演化的過程，實質就是企業內外兩重關係網絡互相交織、互相作用、互相影響的動態演化過程，企業內外的兩重關係網絡構成一個多維的複雜動態圖景。

6. 在企業實際的生產經營活動中，在「生產」起點與「消費」終點之間的「分配」和「交換」，它們之間並不是簡單的前後連接關係，而常常是在一個大的「交換」中內含著一些較小的「分配」和「交換」活動，或者在一個大的「分配」中同時內含著一些較小的「分配」和「交換」活動，而在每一個小的「分配」或「交換」中又包含著一些更小的「分

配」和「交換」活動。企業的整個生產經營活動實際上就是由不同層次的「分配」和「交換」互相交織、內外嵌套而成的複雜網絡。

7. 在企業內部的「分配」和「交換」活動中，本書側重於分配關係的論述。本書對「分配」的定義是：分配是用以調節人們之間利益關係、促進社會公平與實現社會和諧的手段和工具；作為社會再生產過程的一個環節，其作用主要是對社會生產成果進行分割；作為分配主體意志的反映，其作用主要是調節資源在社會各部門、各產業、各階層等不同層面的合理配置。對生產成果中物質產品的分配，按層次可以分為初次分配和再次分配。分配一般由分配主體、分配客體、分配制度、分配標準等要素組成。在企業的生產經營過程中，從企業的表層因素來看，企業內部的「分配」活動主要包括企業家對人力、資源和產品這三類顯性因素的分配；從企業的深層因素來看，這實際上是對企業內部知識、技術和價值的分配，具體的分配關係形成了企業相應的制度體系。

8. 從系統的視角來看，企業是一個輸入資源、輸出功能的人工系統。從輸入端來看，輸入企業的內容包括人力、資源和生產要素投入關係；從輸出端來看，企業輸出的內容主要包括組織協同功能、價值創造功能和生產分配關係。在企業的再生產過程中，生產要素投入關係與生產分配關係之間是相互聯繫、相互作用和相互影響的，從長期來看，它們之間存在著「作用—反作用」、「反饋—調整」的動態關係；一方面，生產要素投入結構的不同決定了生產成果分配結構的不同；另一方面，不公平的分配結果又會導致企業內部各階層和外部各利益相關者要求調整不合理的分配制度；正是它們之間的這種動態機制，推動著企業的收入分配關係從「不公平與不平等」逐漸到「比較公平與平等」的長期演變。

9. 傳統的生產理論僅從生產投入的成本因素和技術因素這兩個方面考慮企業的生產效率問題。根據本書提出的企業一般結構框架，企業的生產效率需要同時考慮「企業家」「組織」「資源」「知識」「制度」「技術」這六個方面的效率問題。另外，提高企業的生產效率還應該包括提高企業內部的「分配效率」和「交換效率」。本章僅對企業的分配效率進行了簡單探討。

10. 本書沒有採納企業能力理論所提出的企業能力的概念，而是重新定義了更為一般性的企業能力概念。一個企業的整體能力，是指企業有效整合各類資源要素，為社會生產產品或提供服務，滿足社會消費需求的綜合能力。企業的整體能力一般由生產供給、企業家、組織、資源、知識、制度、技術、產品這八個方面的能力共同組成。

一個企業在這八個方面的能力越強，這個企業的整體能力就越強，其在市場上的競爭力就越強。本書由此畫出了企業能力「勢能圖」，通過這個圖，我們可以形象地描述出企業的成長狀態和能力情況。一個企業的整體能力越強，其勢能位置越高，其市場競爭力就越強，其對市場的供給能力也就越強。

11. 來自外部環境的需求因素是拉動企業發展的原生動力，來自外部環境的供給因素則是制約企業發展的必要條件。外部環境中的合作因素和競爭因素是影響企業發展的外部次生動力。影響企業發展的關鍵性內部動力來自企業內部的人、資源、產品、知識、制度、技術這六類因素。其中，最主要的動力因素是企業的人才，而在企業的所有人才中，企業家處於核心位置。本書由此畫出了企業發展動力因素關係圖。

12. 企業家是那些具有企業家精神特質的企業經營管理者。企業文化在企業經營中具有重要作用，它對企業長期經營績效影響深遠。企業文化的核心是企業精神，而企業精神的主要塑造者是企業家。在推動企業成長發展的過程中，企業家是通過「企業家→組織團隊→企業」和「企業家精神→企業精神→企業文化」這兩條鏈來發揮作用的；在企業成長發展中，這六個因素緊密聯繫、相互配合、協同一致，它們共同成長的軌跡是一條逐漸擴展的螺旋線。在企業外部環境中，人文因素也是影響企業發展的一個不可忽視的重要因素，它對企業家精神、企業精神和企業文化具有深層影響。

13. 在企業成長發展過程中，分工與協作、內外因子互動、漸變與突變是企業進行演化的重要機制。

   （1）分工能夠使企業向專業化、精細化發展；協作能夠使企業各部門相互配合、協同一致。分工實際上是分叉律在企業生產經營中的一個具體表現，協作是協同律在企業生產經營中的具體表現。

   （2）企業生態位因子與企業內部關鍵要素之間的互動，既是企業外部環境與內部環境進行供需交流的重要方式，也是企業之間進行合作、競爭、學習和創新的一般機制，正是企業內外因子的互動過程推動了企業的成長和發展。

   （3）企業的演化過程是一個漸變與突變交替進行的持續過程，這一機制促使企業從一個階段向另一個階段躍遷，從一種狀態向另一種狀態演變。企業演變過程中的突變是通過企業內外因子互動來實現的，引起企業發生突變的因素既可能來自外部環境，也可能來自內部環境。如果突變導致企業向進化方向演變，那麼突變的結果就是企業整體能力的提升和生態位的擴張；如果突變

導致企業向退化方向演變，那麼突變的結果就是企業整體能力的降低和生態位的收縮。

14. 本書認為企業也具有生命週期，但本書所論述的企業生命週期與伊查克‧愛迪思（Ichak Adizes）所論述的「組織生命週期」的階段劃分不同。從企業演化的方向和狀態來看，本書把企業生命週期劃分為成長進化、維持現狀、退化衰亡這三個階段。企業進化的最終決定因素不是來自外部，而是來自企業內部。不管外部環境競爭壓力是大還是小，只要企業內部發展動力很強，企業都會沿著持續進化的方向演化。在企業持續進化的過程中，企業能力演化的軌跡是一條逐漸擴展的螺旋線。無論外部環境競爭壓力大還是小，只要企業內部發展動力很弱，企業都會沿著持續退化的方向演化。在企業持續退化過程中，企業能力演化的軌跡是一條逐漸收縮的螺旋線。

15. 從企業成長發展角度來看，企業演化過程可以用「資源吸納→組織成長→交換效率提升→分配水平提高→生產能力增強」和「資訊吸納→知識積累→制度創新→技術創新→顧客價值增長」這兩條鏈來描述，由此可以畫出企業發展演化軌跡圖；在發展演化過程中，企業沿這兩條鏈的運行軌跡是兩條起點相同、逐漸擴展的螺旋線。企業生態位的演化與企業本身的演化是同時進行的，演化過程是通過企業內外因子互動來實現的，企業內外因子互動形成兩層（即表層和深層）網絡關係，構成了一個多維的複雜動態圖景。

一、企業演化及企業生態理論研究簡況[1]

人類的所有重要創新幾乎都是在前人基礎上進行的，本書的理論創新也不例外。因此，這裡有必要交代一下企業演化研究方面的有關成果。

企業演化觀的理論基礎主要包括拉馬克的「用進廢退」及「獲得性遺傳」理論、達爾文的生物進化理論和萬瓦倫的協同演化理論（又稱共同演化理論、紅皇后理論）。[2]

受達爾文進化論的影響，演化思想較早就被引入經濟理論的研究中。一般認為，馬克思、馬歇爾和凡勃倫是經濟演化思想的先驅者（盛昭瀚、蔣德鵬，2002）。其後，演化思想被米爾頓‧弗里德曼、伯恩斯和斯陶克（Burns，

---

[1] 本節文獻綜合了錢輝博士學位論文第二章文獻綜述和李曉明博士學位論文緒論的有關內容。錢輝：《生態位、因子互動與企業演化》，浙江大學管理學院博士學位論文，2004 年 12 月，第 17-26 頁。李曉明：《企業環境、環境因子互動與企業演化研究》，天津大學管理學院博士學位論文，2006 年 6 月，第 7-13 頁。

[2] 錢輝、項保華：〈企業演化觀的理論基礎與研究假設〉，《自然辯證法通訊》2006 年第 3 期。

Stalker）等經濟與管理學者們廣泛採用。伯恩斯和斯陶克（1961）認為，組織結構應與環境特性相匹配，他們強調有機的企業組織結構更能適應多變的外部環境，而機械式缺乏靈活性的組織結構更適合穩定的環境。其後，桑普森、勞倫斯和勞斯奇（Thompson，Lawrence，Lorsch，1967）根據「適者生存」原理提出企業組織結構設計要與變化的外部環境相適應，並通過案例研究論證了環境力量對組織結構形成的中心作用。

20 世紀 70 年代以後，西方學術界從社會學發展出一種組織生態學（organizational ecology），這是一種研究企業生態的理論。該理論是自然生態理論在企業領域的應用，主要研究企業生態與企業演化這兩方面的內容。

企業生態理論在企業演化方面的研究主要集中在企業演化條件、企業演化動因、企業演化過程和企業演化結果等幾個方面。

第一，企業演化的外部條件與動因。達爾文主義者認為，適應外部環境是企業得以演化的條件和動力，外部環境通過自然選擇的方式推動企業演化過程的實現。大部分學者認為資源獲取是企業生存與發展的關鍵，而外部環境中影響企業資源獲取能力的關鍵要素是技術的變化。如納爾遜（Nelson）、溫特（Winter）、圖斯曼（Tushman）等人認為技術是影響環境變化的關鍵力量。技術（尤其是技術標準）變遷和技術創新對企業的生死存亡產生決定性影響，企業要保持對外部環境的適應以及自身的不斷發展，就需要不斷進行「技術搜尋」以保持組織的創新能力。技術創新分為漸進創新與重大創新兩類，漸進創新影響企業競爭格局，而重大創新則會改變企業的行業地位及演化路徑。

另一些學者（Horwitch，1982；Starbuck，1983；Nobel，1984）認為外部環境的影響是由競爭、法規、政治和技術等因素綜合作用的結果，並對它們之間的相互關係與互動作了研究。但相對於環境技術論的充分研究，環境綜合因素論沒有說清這些因素是如何隨時間變化而變化的，以及它們是如何決定外部環境條件的。

伯納特和海森（Barnett 和 Hansen，1996）將「紅皇后理論」引入企業競爭演化的研究中，他們認為競爭是推動企業演化的重要因素，企業如果想要保持長期良好的演化態勢，就必須積極參與競爭。由於「紅皇后」效應，競爭對手和環境是不斷進步的，每個企業必須不停前進才能保證自己相對競爭地位不落後，雖然企業可以通過特色化、資源壟斷戰略來避免競爭，但這樣就失去了參與「紅皇后」演化的機會，從長期來看這對企業是非常不利的。競爭會促使企業更好地演化發展，企業應該勇敢地選擇和麵對競爭，而不是規避競爭。

第二，企業演化的內部條件與動因。與達爾文主義的自然選擇觀不同的是，拉馬克主義者提出了「用進廢退」和「獲得性遺傳」的企業演化思想，認

為企業演化取決於企業自身的適應能力。因為企業會有意識地改變自己以適應環境變化，因此，企業變異並不是無方向和隨機的。企業演化依賴其自身的能力情況，企業變異後獲得的功能可以遺傳下去。

在企業演化的內部條件與動因方面，比較有代表性的研究成果是企業能力理論。企業能力理論包括企業資源論（Wernerfelt，1984），企業知識論（Conner，1991，1996；Kogut 和 Zander，1992，1996；Spender，Prahalad，1996）、企業核心能力論（Prahalad 和 Hamel，1990；Langlois，1992；Teece，Pisano，Shuen 和 Fosse，1997）等內容。這些理論把企業內部因素作為企業適應環境的重點進行研究，認為企業內部能力、資源和知識的積累是企業得以生存、發展和保持企業競爭優勢的關鍵性要素。

企業資源論是對企業投入的研究，將企業內部資源作為企業競爭優勢的根本原因，企業能力的建立即是對資源的最優配置和使用。企業知識論把知識資源作為企業能力的源泉，認為企業間績效的差異是源於知識的不對稱和由此導致的企業能力的差異；企業能力具有知識專有性，形成企業能力的目的是從知識的專有中獲得經濟租金（Liebeskind，1996）。相比之下，企業核心能力論是一種更加概括和抽象的理論，它的研究載體與「資源論」和「知識論」基本相同，但所關注的範圍更加綜合和深入。1990 年，普拉哈拉德與哈默（Prahalad 和 Hamel）發表的《公司核心能力》一文被認為是企業能力理論進一步深化研究的起點。

企業能力理論認為，組織適應的發展過程是演進式的，企業競爭力更多地是依靠漸進的創新以更有效利用已有的企業能力，而不是跳躍式的大調整（Nelson 和 Winter，1982）。企業動態能力反映的是在路徑依賴[3]和現有市場環境條件下，企業爭取創新性競爭優勢的能力（Leonard-Barton，1992）。企業能力只有基於不斷建設性的學習才能避免「創造力破壞（creative destruction）」（Schumpeter，1934），並同時達到組織一致性和企業動態發展的動態均衡。

同時，企業能力理論認為「組織學習」是建立並不斷強化企業能力的根本途徑。企業能力來自企業組織的集體學習，來自經驗規範和價值觀的傳遞。能力的形成要經歷企業內部獨特資源、知識和技術的積累與整合的過程。通過這一系列有效積累與整合，使企業具備獨特的、持久的競爭力。而隱藏在核心能力背後並決定核心能力的是企業掌握的知識，因此，企業核心能力表現為知識和經驗，這些知識和經驗通過不斷的組織學習而得到和更新。知識的共享、經驗技能和失敗教訓的共享是企業組織學習的主要內容，通過知識共享，可以使個人的能力、知識轉化為企業集體的組織能力和知識。

---

[3] 路徑依賴是指企業演化對其發展道路和適用規則的選擇有依賴性，企業一旦選擇了某種發展道路，就很難更改。

綜合外因觀和內因觀，企業演化決定於企業外部環境與企業自身變異這兩個基本因素，具體通過如下四個基本規則發生作用：

（1）變異規則。企業在自身能力與適應性上出現變化；

（2）選擇。外部環境對某些企業變異有利，而對另外一些企業不利；

（3）遺傳。某些有利的變異被企業及種群繼承並傳承下去；

（4）競爭。企業均面臨生存競爭，可以更好地適應外部環境的企業或種群在競爭中處於上風。

達爾文主義者傾向於外部環境對企業的自然選擇過程，從而推動企業或種群的演化；拉馬克主義者傾向於企業自身變異導致企業能力提高，從而推動企業自身演化。上述兩種觀點並不矛盾，而是互補的，它們各自側重於企業演化的一個方面：達爾文主義者側重於演化的外部條件與動因；拉馬克主義者側重於演化的內部條件與動因。

第三，企業演化過程與結果。關於企業組織的演化過程，學者們似乎傾向於「間斷均衡」的過程特徵，即長時間的漸變伴隨著短期的突變。

20世紀30年代，約瑟夫・熊彼特（Joseph Alois Schumpeter，1883-1950）以創新為視角對經濟演化過程進行了研究。他認為，創新是經濟變化過程的實質，經濟發展本質上是一種動態演化的過程。他提出了「產業突變」的概念，並認為經濟發展的質變既可以是漸進的，也可以是非連續的，創造性毀滅過程是資本主義的基本事實。

1950年，阿門・艾爾奇安（Armen Alchian）發表了其經典論文《不確定性、演化和經濟理論》。他運用「自然選擇」的生物學理論，論證了經濟演化過程可以產生新古典經濟學的結果，並強調了環境不確定性對企業發展的重要影響，他用「進化」的競爭力量重新解釋了企業利潤最大化行為。

米爾頓・弗里德曼（1953）認為，在經濟演化過程中，只有那些力圖獲取最大化收益的行為主體才能在市場選擇中生存下來，因此，企業追求利益最大化的行為是市場選擇的結果（As-if理論）。

1977年，漢納和弗里曼（Hannan和Freeman）在綜合有關組織生態學論述的基礎上，提出了完整的組織生態學概念和研究框架，建立了可以衡量企業個體發展、變遷和演替的數學模型。他們認為企業變遷（適應）和環境選擇是種群演化的主要路徑，他們把種群密度作為影響企業生存的關鍵要素，種群密度的高低與企業死亡率有著直接的正關係或負關係。影響企業分類和種群密度的關鍵要素則是技術和制度，同時，技術創新和環境制度變化是企業變遷的主要途徑。另一些企業種群生態學者（Mckelvey，1978，1982；Mckelvey和Aldrich，1983）也把技術因素當作企業種群形成的重要因素，他們認為擁有類似技術和知識的企業逐漸形成一個種群。

伊查克・愛迪思（1979）從生命現象得到啟發，認為如同所有生物和社

會系統一樣，組織也有其產生、成長、成熟、衰退和死亡的過程。在其 1988 年的著作《組織生命週期》中，他又把這五個階段細分為孕育期、嬰兒期、學步期、青春期、盛年期、穩定期、貴族期、官僚化早期、官僚期、死亡期這十個時期。

1982 年，納爾遜和溫特出版的經典著作《經濟變遷的演化理論》被認為是演化經濟學形成的重要標誌。在這部著作中，他們提出了一個吸收了自然選擇理論和企業組織行為的綜合分析框架，系統地把演化思想運用到企業管理研究中。他們構建了一個包含企業慣例、戰略搜尋、技術創新和環境選擇等要素在內的企業演化模型，首次建立了比較系統的企業演化理論分析框架。他們認為企業要接受市場環境的「自然選擇」，企業在市場中互相競爭，盈利的企業增長擴大，不盈利的企業收縮衰弱，直至被淘汰出局。

此後，企業演化思想得到眾多學者的支持和深入探討。漢納和弗里曼繼續深化了企業生態學模型；伯格曼和保爾（Burgelman 和 Bower）提出了基於組織內生態互動的戰略決策 B-B 模型；圖斯曼和羅曼利（Romanelli）提出了企業演化隨著技術不平衡發展而間斷均衡的理論模型；鮑姆（Baum）從企業生態位的角度對企業演化進行了考證；肯·巴斯金（Ken Baskin）等對企業DNA 的構成和運作機理進行了研究；莫爾（James F. Moore）提出了企業生態系統共同演化理論（Business Ecosystem Coevolution）。企業資源基礎論（Wernerfelt，1984）、核心能力理論（Prahalad and Hamel，1990）以及組織學習理論（Peter M. Senge，1990）則被作為企業演化能力的主要來源而加以充分地研究和論證。

圖斯曼和羅曼利（1985，1994）進一步研究了企業的演化規律，認為企業變遷的規律是間斷均衡的，長期的漸進增長伴隨著短期的中斷突變，企業能否生存取決於它們能否不斷地順利完成重新定位及業務收斂的循環過程。

伯格曼（1983，1986，1987，1988，1991）從企業內部生態演化的角度對企業戰略進行了考察，認為戰略決策是企業內不同管理層互動演化推動的結果。他提出了組織內生態（intra-organization ecology）概念，認為組織的戰略制定與組織內各生態單元的互動密切相關，組織內部生態過程和不同組織適應模式之間存在特定聯繫，組織戰略制定與生存適應是一種內部的「變革—選擇—保留」過程。

1996 年，圖斯曼提出組織演化有持續增長、間斷突變和根本變革三種模式。對於管理者而言，應使組織文化與戰略既適應當前所處環境，又能保證組織具有應對將來環境突變的能力。

2000 年，艾森哈特（Eisenhardt）等研究了企業協同演化過程，認為協同演化是新經濟時代企業應該採用的非常重要的戰略過程。協同演化過程更易發生在結成聯盟的企業網絡內部。2001 年，他又提出邊緣競爭概念，認為傳

統穩定條件下的企業戰略模式常常失靈，企業應該在內部形成一套適應「混沌」的機制，以便在高速變化的環境下持續保持競爭優勢。邊緣競爭的總體目標是使混沌與秩序在企業內部恰當共存，以便保證企業內部創新變異的餘量，建立一系列不同方向的競爭力來徹底改造企業，以達到優勢組合。

　　歸納起來，企業演化過程與物種進化一樣呈現出多樣性、遺傳性和自然選擇性三大特徵。多樣性是指當企業組織進入演化創新過程時，至少會具備一個重要的、能夠引發它創新的特質，該特質將明顯地區別於其他企業組織；遺傳性是指在企業組織內存在某種類似生物基因特徵的組織複製機制。在複製過程中，它會同時進行遺傳的優化選擇，以保證組織能自低向高單向進化；自然選擇則強調企業組織在演化競爭中所具有的自適應系統的有效性。一些組織生存而另一些組織消亡，是因為環境對不同組織形式自然選擇的結果。自然選擇導致了組織變異，組織變異的結果產生了演化變遷，在相互選擇的過程中，組織與環境之間建立起新的和諧與平衡。一旦這種平衡被打破，新的選擇過程就會重新開始。企業組織演化並不是局部的適應性變化，而是一種組織形式對另一種組織形式的替代。替代過程有時表現為強制性演化，有時表現為漸進性演化。但無論採取哪一種演化方式，都是環境對組織提出變遷要求的結果。

　　從企業內外環境及因子互動角度對企業演化過程進行系統研究的成果較少，其中最有代表性的成果是錢輝和李曉明在這方面所做的創新研究。

　　2004 年，錢輝從生態位和因子互動的視角闡釋了企業與環境的戰略互動關係，總結並論證了企業生態位的基本構成因子，較為系統地闡述了企業生態位的特徵及概念，構建了「企業—生態位匹配鑽石模型」，提出了基於突變論的企業生態位評估方法，從企業生態互動角度歸納了企業演化路徑特徵，並結合案例進行了實證分析。

　　2006 年，李曉明梳理了經濟學與管理學中關於企業性質的研究成果，提出了基於企業環境的「企業行為過程模型」，並以此模型為基礎構建了較完整的企業環境理論框架，深入分析了企業內、外因子及其互動機理，提出了企業生態位因子突變模型，對企業環境因子互動的企業演化進行了研究。

二、一個隱喻：蘋果樹和企業

　　距今 350 年前，大約在 1666 年的一天，當英國著名科學家牛頓在花園中散步時，因為看到一個蘋果從樹上落下而引發靈感，他由此發現了萬有引力定律[4]。萬有引力定律的發現，統一了地面物體運動和天體運動的規律，對此

---

[4]　伏爾泰著，高達觀等譯：《哲學通信》，上海人民出版社 2003 年版。

後的物理學和天文學發展產生了深遠影響，極大地推動了人類認識自然世界的進程！

蘋果樹曾開啟了人類的智慧，使人類由此進入一個嶄新的時代。

這裡，我們也借用一棵蘋果樹的生長來比喻一個企業的成長過程。

當我們把一粒蘋果種子種入泥土中後，只要光照、溫度、水分、養料等適當，蘋果種子就會發芽並逐漸長成一棵蘋果樹苗。再假以時日，這棵蘋果樹幼苗就會漸漸長成一棵蘋果樹；幾年之後，這棵蘋果樹就可以開花甚至結果了。

蘋果種子能夠長成一棵蘋果樹，既有內因，也有外因。內因和外因都很重要，兩者缺一不可。

當我們種下蘋果種子後，它之所以沒有長成一棵梨樹或者一棵桃樹，就是因為我們種下的是「蘋果種子」。「蘋果種子」決定了它只能長成一棵蘋果樹。這裡，「蘋果種子」中所含的蘋果基因就是內因。

另一方面，如果沒有適當的光照、溫度、水分、養料等條件，蘋果種子同樣不能正常發芽、長大成樹並開花結果。這些「適當的光照、溫度、水分、養料等」條件就是外因。

我們知道，地球的生物圈是所有地球生物的生活環境。每種生物都有自己生存的活動空間和範圍。我們把構成生物生存空間的外部環境稱為生態環境。把生物個體所佔據的那一部分生態環境（或者小生境）稱為「生態位」[5]。

對於一棵蘋果樹來說，它的生態位就是其所佔據的那一小塊土地、樹冠所籠罩的那一方空間以及其中所包含的所有物質。蘋果種子在發芽、生長、長大成樹過程中所吸收的能量和物質（例如光照、水分、養料等）均來自它所佔據的生態位。也就是說，蘋果樹生長的所有外因都包含於它的生態位中。

那麼，構成蘋果樹生態位的因子有哪些呢？

我們知道，普通植物正常發育生長必須要有適當的光照、溫度、空氣、水分、無機物、有機營養等。同樣，這些內容也構成了蘋果樹生態位的因子。

那麼，這些生態位因子都來自哪裡呢？

我們可以列表分析一下這些生態位因子的來源（見表4-1）：

---

[5] 「生態位」這一概念首先由自然生態學家 Johnson 於 1910 年提出，生態學者 J. Grinnel 於 1917 年首次對生態位作出具體定義，他指出「生態位是生物棲息地的空間範圍，稱作空間生態位（space niche）或小生境（habitat）」（參見陳天乙編著：《生態學基礎教程》，南開大學出版社 1995 年版）。此後，有關生態位的定義在自然生態學領域一直處於爭論不休的狀態，至今仍沒有形成一個統一的結果。

表 4-1　蘋果樹生態位因子來源一覽表

系統層次	自然環境	因子來源	因子名稱	因子成分
高層	太陽系	太陽	陽光	光子
中層	大氣層	雲霧	雨水	H_2O
		空氣	水蒸氣→露水	H_2O
			氣體（氧氣等）	O_2、CO_2
低層	地球	河流	地表水	H_2O
		土壤	地下水	H_2O
			無機物	K、Ca、Mg、Na 等元素
			有機物	有機肥料等

　　從上表中我們看到，蘋果樹所需要的光照來自太陽系的太陽，它生長不可缺少的水分來自從土壤、地表到大氣層等不同層次的多個環境。這對我們分析企業的外部環境很有啟發性。

　　包括蘋果樹在內的樹木，一般都是通過吸收作用、蒸騰作用、光合作用、呼吸作用、新陳代謝等機制逐漸成長的。

　　除了具有誕生、成長、衰老和死亡的壽命期外，果樹還有溫度週期[6]、豐年週期[7]等週期現象。

　　與蘋果樹相似的是，一個企業也具有其誕生、成長、衰老和死亡的壽命期；企業在發展過程中也存在著生產週期和資金運轉週期等週期現象。

　　當一個滿懷激情和夢想的創業者將自己深思熟慮的創業計劃付諸實施時，一顆企業的「種子」就誕生了！一個市場機會、一項新技術、一件新發明、一個新穎的創意……這些企業的「種子」，一旦遇到合適的合夥人、投資者，它們就會在市場的土壤中發芽生長。在美國的矽穀，在北京的中關村，在上海的張江，在深圳的科技園，在很多城市的創業園，幾乎每天都在誕生著各種各樣的「企業種子」。它們中的有些得以發芽、生長並開花結果，有些尚未長大就已夭折，而更多的「種子」剛發芽不久就死了，還有成千上萬的「種子」因為缺乏適宜的溫度、水分和養料而未能發芽。

　　當一個企業創生後，為了生存和適應環境，它必須不斷地從社會環境中學習各種企業生存的知識和技術，就像蘋果樹一樣必須通過吸收作用不斷從自然環境中吸收水分和礦物質元素。與此同時，企業也將自己所擁有的各種知識和技術，通過產品和服務等途徑傳播到社會環境中，就像蘋果樹一樣通

6　也稱溫週期，指自然條件中的溫度週期性變化對植物的生長具有週期性影響，可以分為溫度
　　日週期和溫度年週期。
7　又稱大小年週期或結果週期，指果樹在不同年份結果數量呈現出明顯的高低波動，由此引起
　　果園豐收年（即大年）和低產年（即小年）交替出現的現象。不同的果樹種類，其大小年的輕
　　重程度差異很大。果樹的大小年週期會對果品產量和果園經濟收入帶來很大的影響。

過蒸騰作用不斷地將自己體內的水分散發到周圍的空氣中。這裡，企業的學習行為和傳播行為類似於蘋果樹的吸收作用和蒸騰作用。

企業在成長過程中需要從社會中招募各類人員，經過培訓後把這些人員變成自己組織的一部分；企業還需要吸納社會環境中的各種資源要素，經過生產加工把它們轉換為產品和服務後再返回到社會環境中供人們消費。這就像蘋果樹一樣需要從自然中吸收光能，經過光合作用後把光能轉化為有機能存儲在自己體內；從外界環境中吸收二氧化碳和水，將它們轉化為有機物並分解出氧氣後再返回到外界環境中。

企業在成長過程中，在創建新部門、擴大組織規模時，需要耗費資金、配置相應的場地、設備等，並淘汰一些陳舊的設備和設施等。這就像蘋果樹在生長過程中，在進行細胞分裂、植株生長時，需要通過呼吸作用消耗能量、氧氣並排出二氧化碳和水等。在成長過程中，蘋果樹與外界環境之間始終進行著物質和能量的新陳代謝；企業在生長過程中與其環境間也進行著類似的新陳代謝過程。

就像蘋果樹擁有自己的生態位一樣，企業也擁有自己的「生態位」。生態位不同，企業面臨的生存空間也不相同。一般來說，環境資源條件和生產能力相似的企業擁有相似的生態位。

不同學者對企業生態位的認識不同。漢納和弗里曼（1989）對企業種群生態位作了探討，認為企業生態位是由環境資源決定的多維位置空間，一個種群構成一個生態位，而企業種群可以看作由處於多維資源空間上佔據相同生態位的企業簇組成。鮑姆（1994，1996）提出了企業個體生態位的概念，他認為一個企業佔據一個生態位，企業生態位描述了群落中個體企業對不同資源的需求和生產能力情況。錢輝（2004）認為，企業生態位是企業在環境中形成的多維資源和需求空間的向量疊加集合，它是一個與空間和時間有關的函數。[8]

本書認為，企業在社會經濟環境中所佔據的支持其生存和發展的特定資源空間形成這個企業的「生態位」。當蘋果樹從幼苗長大成樹的過程中，它所佔據的生態位空間也在不斷擴展。與此相似，伴隨著企業的成長壯大，企業的生態位也在同時擴展變大。當成長到一定規模後，企業開始衍生新部門、設立分支機搆，以爭取更多的市場份額。這就像蘋果樹一樣，當樹體長到一定階段後，樹幹就開始分叉，經過多次分叉後樹木就生出很多樹枝和樹葉，以爭取更多的陽光、雨露和空間。這一不斷分叉的過程，其實就是自然界和人類社會普遍存在的分叉律在發生作用。

8　錢輝：《生態位、因子互動與企業演化》，浙江大學管理學院博士學位論文，2004 年 12 月，第 22 頁、第 47 頁。

在自然界中，植物的生長按照四季呈現出春華秋實、繁榮枯萎的週期性變化（見圖 4-1）。

圖 4-1　蘋果樹的四季

當春天來臨時，蘋果樹開始生出嫩葉，開出芬芳的花朵，一片盎然生機。當夏天來臨時，蘋果樹大量吸納陽光、水分和養料迅速瘋長，僅僅幾個月就變得枝繁葉茂。到秋天時，滿樹蘋果掛滿枝頭，一片豐收景象。而冬天一到，只見疏枝搖曳，樹下鋪滿一層枯葉，又是一片蕭瑟景象。

在人類社會中，經濟系統也存在著有規律的擴張和收縮的週期性變化。每一個經濟週期都包含有繁盛期和衰退期。經濟系統由衰退期到繁盛期的過渡階段，經濟由衰轉盛，就像春季時氣溫逐漸由冷變熱；經濟系統由繁盛期到衰退期的過渡階段，經濟由盛轉衰，就像秋季時氣溫逐漸由熱變冷；而經濟系統繁盛的頂峰和衰退的穀底，就像炎熱的盛夏和寒冷的嚴冬。

在經濟繁盛時期，有無數企業創生，又有大批企業「招兵買馬」，開始快速擴大規模，這多像盛夏中瘋長的蘋果樹，很短時間就變得「枝繁葉茂」了！而在經濟衰退時期，有無數企業破產、消亡，也有大批企業為度過困境開始大量裁員，這多像寒冬裡黃葉飄零的蘋果樹！

在現實社會的經濟系統中，有一類企業組織是連鎖性企業，這類企業的所有連鎖單元都具有統一的名稱、標識和形象，最具代表性的連鎖企業就是麥當勞與肯德基了。這類企業每年都按照一定的模式在不同城市創辦著一批又一批新企業。這類企業的創辦過程與蘋果樹的批量繁殖活動也很相似。蘋果樹每年都結出一批蘋果，蘋果的核中包含了蘋果樹的種子。當人們將蘋果種子種入土壤裡後，定期給它們澆水施肥，這批種子就會發芽、生長並最終成長為一棵棵蘋果樹。

三、企業的本質

我們知道，企業是現代社會最基本的經濟單位。那麼，企業的本質是什麼呢？

很多經濟學家從不同視角對企業的性質作了研究，但至今為止沒有取得明確的共同答案。美國管理學家彼得・德魯克認為，企業不同於任何其他組織之處在於企業經營產品和提供服務，任何一個通過經營商品（包括出售服務）來體現自己職能的組織都是企業。他指出：「企業只是一種工具，每一個企業都是用以執行某種社會功能的社會機構。」[9] 彼得・德魯克的觀點道破了企業的真正本質。

一般來說，企業是由人組成的將各種資源加工成產品以滿足社會正常需求的組織。在這裡，產品是指廣義的產品，它既包括有形的物化的產品，也包括無形的非物化的服務。組織是指按照一定規則結合起來的相互聯繫的人的集體。資源是指在企業從事生產經營活動中，來自自然系統和社會系統的各種必要的要素，包括自然資源和社會資源。國內外不少企業理論把企業中的人稱為「人力資源」，也列入企業「資源」的範疇，這樣劃分作為一種理論的分析視角未嘗不可。但在自然界的所有動物中，人是唯一有自我意識並會主動創造工具的動物，人在企業的發展中具有重要的能動作用。因此，為了突出人的主體作用，本書將「人」單獨作為企業的構成要素來分析。

「企業」是個歷史範疇，在人類社會發展的不同階段，它有不同的內涵和外延。

在人類歷史上，當市場出現的早期，個人和家庭作坊是社會經濟的基本單元，這時從事生產經營活動的個人和家庭作坊就是企業的原始形態。根據古典經濟學理論，在市場資訊充分的條件下，個人和家庭作坊之間可以很順利地完成商品交易，這時企業僅僅是一個生產單元，如單獨從經濟個體的角度來看，這時的企業與個人沒有多少區別。但隨著社會的不斷進步和發展，市場越來越多元和複雜，市場調節機制失靈、交易成本不斷提高、商貿資訊紛繁複雜等情況已使個人及家庭作坊難以承擔社會生產經營的任務，於是，企業組織取代個人和家庭作坊，成了社會經濟的基本單元，個人則成為企業組織的基本構成要素。企業組織一旦形成，它就隨著人類社會的不斷進步而逐漸演變發展。例如，在企業的演化歷程中，已經產生了科層組織、扁平組織、虛擬組織、網絡組織等企業的組織形態。

錢德勒（Alfred Dupont Chandler Jr.，1918-2007）通過對美國企業史的研究，勾畫出了企業發展過程。在 1840 年以前，美國企業通常是由所有者親自

---

[9] 轉引自蔡文燕、那國毅：〈企業是什麼？〉，《經理人》2002 年第 4 期。

管理的僅經營單一產品的小規模企業。由於規模小，企業的許多交易環節是由市場來協調的。1840 年以後，新的交通和通信技術的出現使得遠距離的大規模商品交易成為可能，而各種新技術的出現也大大提高了生產能力，於是，現代工商企業產生並蓬勃發展起來。隨著社會的不斷發展，一些原來由市場調節的交易活動更多地轉移到企業內部進行，企業便逐漸演變為能夠執行多種經濟功能的龐大的經濟組織。[10] 現代企業的這種演變，目前依然在世界各國持續進行著。

從不同的分析視角，可以對「企業」做出不同的定義。例如，潘羅斯（Penrose，1959，1995）、沃納菲爾特（Wernerfelt，1984）、巴尼（Barney，1986）等學者從企業資源觀的角度考察企業，將關注點集中在資源稟賦和要素市場上，認為企業是「資源的獨特集合體」；潘羅斯把企業定義為「被一個行政管理框架協調並限定邊界的資源集合」；科格特和贊德（Kogut 和 Zander，1992，1996）、斯彭德（Spender，1996）等學者卻認為，企業是「知識的獨特集合體」，企業的核心是知識[11]。李曉明從系統的角度提出：「企業本質上是個具有價值創造功能的人工系統。外部環境為企業提供資源、機會和約束，企業將這些輸入進行轉換，為外部環境提供產品（或服務），由外部環境評價企業的產出效果並據此決定將來給予企業的輸入。」「企業系統是個人工複雜適應系統。企業系統除了具有一般系統所具有的整體性、相關性、目的性和環境適應性等特徵外，還體現為結構複雜、關係複雜和行為複雜，是動態、開放的系統」[12]。

四、企業的環境、要素和結構

1、企業的內外部環境

企業存在於一定的社會經濟環境之中，它既有外部環境，也有內部環境，無論是其外部環境還是其內部環境，都具有一定的層次性。

目前，學者們對企業環境的研究偏重於對企業外部環境的研究，而缺乏對內部環境的研究，學術界至今尚未形成完整的企業環境理論體系。根據李曉明博士的研究綜述來看，學者們對企業內外部環境及因素的分析顯得雜亂

---

[10] 錢輝：《生態位、因子互動與企業演化》，浙江大學管理學院博士學位論文，2004 年 12 月，第 61 頁。

[11] 錢輝：《生態位、因子互動與企業演化》，浙江大學管理學院博士學位論文，2004 年 12 月，第 63-64 頁。

[12] 李曉明：《企業環境、環境因子互動與企業演化研究》，天津大學管理學院博士學位論文，2006 年 6 月，第 24 頁、第 44 頁。

紛呈，既不夠合理，也不夠系統[13]。下面，我們通過圖示的方法對企業內外部環境提出一個全新的框架，以對這一問題作探索性嘗試，但因本書的論述重點並不在這裡，所以，這裡只進行簡單分析而不作更深入細緻的探討。

（1）企業的外部環境

企業的外部環境是指存在於企業組織邊界之外，對企業生產經營活動產生影響的所有因素的集合。企業的外部環境包括自然環境和社會環境。社會環境又包括政治、經濟、人文、科學、教育、法制等環境。從系統的角度來看，企業屬產業系統和國民經濟系統的範疇。

從縱向層次來看，包含企業的外部系統由產業系統、國民經濟系統、國家系統這三個層次構成。其更外層的兩個大系統是社會系統和自然系統，社會系統包含於自然系統之中。

企業外部環境各系統的所屬層次關係如圖 4-2 所示。

影響企業發展的外部因素都有哪些呢？從圖 4-2 中可以看出，影響企業發展的外部因素很多，既有來自社會環境的因素，也有來自自然環境的因素。但來自社會環境的因素最多，具體包括經濟、政治、人文、科學、教育、法制等方面的因素。其中，最直接的外部因素是經濟系統內的因素。

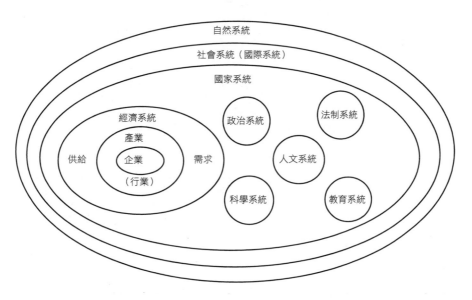

圖 4-2　企業外部環境系統層次圖

[13] 李曉明：《企業環境、環境因子互動與企業演化研究》，天津大學管理學院博士學位論文，2006年 6 月，第 14-15 頁。

我們可以列表分析一下這些因素的大致來源和類別（見表 4-2）。

表 4-2　影響企業外部因素一覽表

系統層次	系統名稱	影響來源	主要影響因素	因素歸類	影響方式
最外層	自然系統	太陽、地球	陽光、空氣、水、土地、礦物、生物等	資源	供給
外層	社會系統國際系統	世界各國的政府、企業、家庭、科研機構、大學、國際組織等	人、採購、供貨、投資、貸款、管理知識、專業知識、國際公約、貿易協定、國際標準、專利技術	人、產品、資源、知識、制度、技術	需求、供給
中層	國家系統	政治系統	公共服務、投資、採購、稅收等	資源、產品	需求、供給
		法制系統	法律制度、產業政策、行業規則	制度	供給
		人文系統	家庭生活、人口生育、社群組織	人	需求、供給
			人文精神、價值觀念、倫理道德	知識（人文）	供給
		科學系統	科學研究、基礎知識、技術研發	知識、技術	供給
		教育系統	人才培養、應用知識、知識傳授	人、知識	供給
內層	經濟系統產業系統	其他企業	人員交流（進入、離開）	人	需求、供給
			資訊交流（流入、流出）	資源	需求、供給
			資本交流（融資、投資）	資源	需求、供給
			採購、供貨	資源、產品	需求、供給
			專業知識、管理知識、文化知識	知識	需求、供給
			組織形式、制度規範、流程標準	制度	需求、供給
			生產技術、生產工藝、操作方法	技術	需求、供給

說明：本表只列出了影響企業外部因素中一些常見的主要因素，除了這些因素以外，
　　　顯然還存在著其他一些影響因素（如國家之間的戰爭、氣候變遷、自然災害等），
　　　為便於分析問題，我們將在以後的章節探討這些因素。

　　從表 4-2 中我們看到，影響企業發展的外部因素眾多，既有來自經濟系統的因素，也有來自國家系統的因素，還有來自社會系統（國際系統）的因素，還有來自自然系統的因素。儘管這些因素很多，但經過分類以後，我們都可以把它們劃歸為人、資源、產品、知識、制度、技術這六大類因素。按照

因素流動的方向來看，這些因素影響企業的方式有需求和供給兩種。

因此，影響企業發展的一般性外部因素可以劃分為需求因素和供給因素兩大類，而這些因素具體包括人、資源、產品、知識、制度、技術等因素。

需求是拉動企業發展的直接動力。如果外部環境中沒有對企業產品的具體需求，企業就失去了存在的基本依據。需求源於人們日益改善物質與文化生活的需要，它是社會經濟發展的必然結果。需求貫穿於社會經濟系統運動過程的始終，並伴隨社會經濟系統的發展而發展，社會經濟發展水平越高，需求數量越多，需求種類越豐富。需求是社會經濟系統中極其活躍的變革性因素。恩格斯曾指出：「社會一旦有技術上的需要，則這種需要就會比十所大學更能把科學推向前進」[14]。需求對企業的生產經營活動具有主導作用。外部環境中的需求是時刻變化的，企業必須隨時跟蹤這些需求的變化，及時調整生產經營策略、開發適銷的產品，企業才能順利發展。

企業要生產出社會所需要的產品或服務，必然需要外部環境提供各種資源要素。資源要素是企業生存和發展必需的條件，也是企業順利進行價值創造的前提。資源要素供給是社會經濟系統運行的一個必要環節和前提，它也貫穿於社會經濟系統運動過程的始終，並伴隨社會經濟系統的發展而發展，社會經濟發展水平越高，供給數量越多，供給種類越豐富。資源要素供給也是社會經濟系統中極其活躍的變革性因素。資源要素供給對企業內部組成要素具有支配作用。如果外部環境不向企業供給資源要素，企業就無法正常進行生產經營活動，更談不上企業的發展。資源要素的供給狀況支配著企業生態環境與企業內部組成要素的演化水平、速度和方向。

為便於分析問題，下面對影響企業發展的知識、技術和制度等因素的概念作一些必要的說明。

知識是人類認識自然和社會的成果或結晶，包括經驗知識和理論知識。知識的初級形態是經驗知識，知識的高級形態是系統的科學理論。知識按其內容可分為自然科學知識、社會科學知識和思維科學知識等。當然，從不同的分析視角，可以對「知識」作出不同的分類和定義。例如，科學哲學家邁克爾‧波蘭尼（M. Polanyi）把知識劃分為顯性知識（explicit knowledge）和隱性知識（tacit knowledge）兩種類型[15]。經濟學者戴天宇則把知識分為固化知識和活化知識，他指出，知識是「包含二者在內的廣義體系，前者包括那些印刷在書籍上的、刻錄在光盤上的、凝固在建築上的、定格在機器上的知識，等等；後者活動於人之大腦及其輔助或延伸——自控系統或電腦內存之中。」「知識，尤其是活化知識，作為生產力增長及生產率提升的主要源泉，

---

[14] 《馬克思恩格斯選集（第四卷）》，人民出版社 1972 年版，第 484 頁。

[15] Polanyi,M.The Study of Man [M].London:Routledge & Kegan Paul,1957:12.

是微觀經濟元系統和宏觀經濟體系生存發展的支撐基底和最終依託」[16]。達文波特和普賽克（Davenport 和 Prusak，1998）認為，知識由經驗、價值觀、情景資訊和專業洞察力等元素組成；知識是動態變化的，它隨著認識主體的學習而隨時更新；在組織中，知識不僅存在於文件與知識庫中，也存在於例行的工作、流程、實踐與文化中[17]。

技術的概念分為廣義和狹義兩種。廣義的技術是指人類改變或控制其周圍環境的手段或活動，是人類為實現社會需要而創造的手段、方法和技能的總和。作為社會生產力的社會總體技術力量，一般包括工藝技巧、勞動經驗、資訊知識和實體工具裝備以及涵蓋整個社會的技術人才、技術設備和技術資料等。狹義的技術是指人類社會根據生產實踐經驗和自然科學原理而發展出的各種工藝操作方法與技能，是人類日常生活和生產經營中所有工具、設施、裝備、數字數據、資訊記錄等的總和。這裡使用的是狹義的技術概念。

人類社會的技術應用史與人類自己的歷史一樣源遠流長。人類每個時代的標誌性技術都代表了人類生產力發展水平的高度。例如，根據技術影響來劃分的人類歷史發展階段，大致可以分為石器時代、青銅器時代、鐵器時代、蒸汽機時代、電氣時代和資訊時代。技術源於實踐活動，又高於實踐活動，它隨著人們認識的深化而不斷發展。隨著社會的發展，現代技術已日益向複雜化、多元化、全方位的多學科的技術工程演化。根據不同的功能，技術可分為生產技術和非生產技術。生產技術是技術中最基本的部分；非生產技術包括科學實驗技術、文化教育技術、公用技術、軍事技術、醫療技術等，是為滿足社會生活的多種需要而發展的技術。現代技術既可以表現為有形的工具裝備、機器設備、實體物質等硬件，也可以表現為無形的工藝、方法、技巧、程序等軟件，還可以表現為雖不是實體物質卻又有物質載體的資訊資料、設計圖紙等。

現代社會中，由於科學與技術的聯繫日益緊密，人們常常將科學與技術兩者合在一起使用（即科學技術）。實際上，科學與技術既有顯著區別，又有密切聯繫。科學是人類認識世界的方式和途徑，而技術是人類改造世界的方式和途徑。技術是從科學到生產的中間環節，是把科學理論轉化為生產力的橋樑，技術來源於實踐經驗的總結和科學原理的指導。一般地，技術的發明是科學知識和經驗知識的物化，使可供應用的理論和知識變成現實。一方面，現代技術的發展離不開科學理論的指導，現代技術已在很大程度上變成了「科學的應用」；另一方面，現代科學的發展同樣離不開技術，技術的現實需要往

---

[16] 戴天宇：《經濟學：範式革命》，清華大學出版社 2008 年 7 月第一版，第 199 頁。
[17] Davenport T H, Prusak L. *Working Knowledge:How Organizations Manage What They Know*. Boston[M]. Harvard Business School Press.1998.

往成為科學研究的目的，而技術的發展又為科學研究提供了必要的技術手段。科學與技術之間是一種互相聯繫、互相促進、互相制約的關係。科學和技術在任務、目的、形式等方面均有比較顯著的區別。科學和技術在任務和目的方面的主要區別是：科學的基本任務是認識世界，從事科學研究要有所發現，從而增加人類的知識財富；技術的基本任務是改造世界，從事技術研究要有所發明，以創造人類的物質財富。科學和技術的成果在形式上也有所不同：科學成果一般表現為概念、定律、理論、論文等形式；技術成果一般則以工藝流程、設計圖、操作方法等形式出現。科學成果一般不具有商業性，而技術成果有較強的商業性，往往可以直接轉化為現實的商品。

制度的概念也分為廣義和狹義兩種。廣義的制度，一般是指人類社會在特定歷史階段和在特定範圍內，為調節人與人之間、個人與組織之間或組織與組織之間在政治、經濟、社會、文化、科學、教育等方面的關係，而建立的公約、法律、法規、政策、規章等行為規範體系的總和，它一般由社會認可的非正式約束、國家規定的正式約束和實施機制三個部分組成。狹義的制度，是指組織為維持正常的運行秩序而制定並要求組織成員共同遵守的行為規範、規章或準則。制度具有規範性、程序性、指導性和約束性等特點，其內容要能夠為組織成員的行為提供可供遵循的依據。廣義的制度概念適用於社會、國家等較為宏觀的層面，而狹義的制度概念適用於社團、企業等較為微觀的層面。一般來說，微觀層面的制度要受到宏觀層面制度的制約。例如，企業制定的勞動制度、工資制度、保險制度等規章制度，必須要遵守所在地國家的法律、法規的規定，否則將會受到一定的制裁。

從不同的分析視角，可以對「制度」作出不同的定義。例如，美國經濟學家凡勃倫指出，制度是社會關係的固化形式，制度映射到人們的主觀意識上，它往往表現為「個人或社會對有關的某些關係或某些作用的一般思想習慣」[18]。當代制度經濟學家諾斯（1990）認為：「制度是社會的遊戲規則，它們是為人們的相互關係而人為設定的一些制約」，他將制度分為三種類型，即正式規則、非正式規則和這些規則的執行機制。正式規則又稱正式制度，是指政府、國家或統治者等按照一定的目的和程序有意識創造的一系列政治、經濟規則及契約等法律法規，以及由這些規則構成的社會的等級結構，包括從憲法到成文法與普通法，再到明細的規則和個別契約等，它們共同構成人們行為的激勵和約束；非正式規則是人們在長期實踐中無意識形成的，具有持久的生命力，並構成世代相傳的文化的一部分，包括價值信念、倫理規範、道德觀念、風俗習慣及意識形態等因素；實施機制是為了確保上述規則得以

---

[18] 索爾斯坦‧凡勃倫著，蔡受百譯：《有閒階級論──關於制度的經濟分析》，商務印書館 1983 年版，第 139 頁。

執行的相關制度安排，它是制度安排中的關鍵一環。這三部分構成完整的制度內涵，是一個不可分割的整體[19]。

諾斯定義的「制度」概念比較嚴密和完整，但其內涵有些寬泛。例如，其中的非正式規則所涵蓋的內容其實屬於社會文化的內容。一個概念的內涵如果過於寬泛，往往不利於人們深入細緻地研究這一概念所描述的問題。例如，當我們使用諾斯定義的「制度」概念來考察企業等微觀主體的生產經營活動時，往往會給研究者帶來一定的認識混亂。一般來說，一個企業的企業文化包含了企業制度，而不是企業制度包含了企業文化。但如果從諾斯定義的「制度」概念來看，人們就會得出相反的結論。

企業文化是指企業在生產經營活動中所創造的具有自身特色的企業精神、價值觀念、經營理念、道德規範、行為準則的總和。其中，企業精神是企業文化的核心，在整個企業文化中具有支配地位。企業精神是指企業基於自身特定的性質、目標、定位和發展方向，並經過有意塑造而形成的企業成員群體的精神風貌。企業精神以價值觀念為基礎，以企業目標為動力，對企業的經營理念、管理制度、道德風尚、團體意識和企業形象等起著決定性作用。企業精神是企業的靈魂，是企業成員觀念意識和群體心理的外化。

企業文化是一個內涵比較寬泛的概念，它不但包括人文知識的成分（如人文精神、價值觀念、倫理道德等），也包含制度規範的成分（如行為準則、管理制度等），還包含意識形態的內容。所以，企業文化實際上是一個複合概念，它適合描述企業的整體狀況，而不適合分析企業的構成要素。這也是本書未將其列入影響企業發展獨立因素的原因所在。

（2）企業的內部環境

企業內部環境是一個由人、資源和產品等要素組成的有機系統，系統內部各要素之間相互聯繫、相互作用、相互影響，構成了複雜的網絡關係。企業的內部環境具有一定的層次結構和功能結構，它將隨著企業的動態變化而不斷變化。

我們知道，一個完整的企業一般至少要包括人、資源和產品這三個要素，否則，就不是一個完整的企業了。此外，企業要進行正常的生產經營活動，還必須要有基本的知識、制度和技術這些因素，否則，這個企業也是難以順利完成其生產經營活動的。除了這些最基本的要素以外，從不同的視角來看，人們還可以列舉出一些構成企業的其他重要因素，如企業家、企業團隊、企業文化、企業戰略、企業管理、組織結構、顧客價值等。經過仔細分析後，我

---

[19] 道格拉斯·諾思著，杭行譯：《制度、制度變遷與經濟績效》，格致出版社、上海人民出版社 2008 年版。

們將不難發現，構成企業的這些因素實際上並不是處在相同層次上的，它們之中有些處於企業的核心位置（如企業家），有些處於企業的外層位置（如產品）。企業的核心要素與非核心要素具有不同的特徵和功能，核心要素規定著企業的價值導向和發展方向，提供了企業的穩定性與內在一致性；非核心要素則成為企業利潤導向的必要基礎，提供了企業的變化性和多樣性。

根據這些因素在企業內部所處的不同層次，我們可以繪出一張企業內部環境圈層結構圖，如圖 4-3 所示。

這裡所探討的企業內部環境圈層結構只是一個大致的劃分，根據分析的不同需要，我們可以對其中的有些因素或層次作進一步的細分和歸類。例如，對「企業文化」的具體層次，我們可以細分為「企業家精神、企業精神和企業文化」三個層次。對其中的有些因素，也可以根據其性質重新進行歸類。例如，把「制度規範」和「組織結構」劃到「制度體系」這一範疇中；把「資源要素」、「技術」、「設備」、「產品」以及硬件場所等統一劃入「物質環境」這一範疇中。因為企業是由人形成的組織，所以，人必然是企業的核心要素。而在企業組織的人中，處於中心位置的是企業家。在企業家外圍依次是企業團隊、企業文化、制度體系、物質環境等。

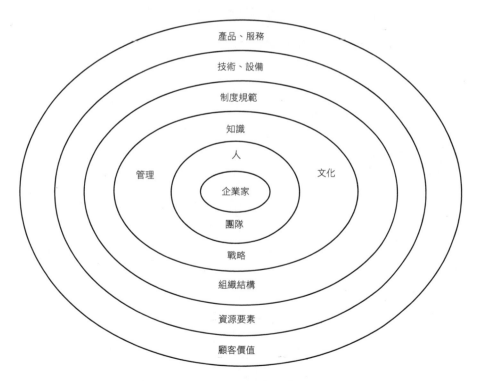

圖 4-3　企業內部環境圈層結構圖

在企業日常的生產經營活動中，企業家與其團隊的互動，伴隨著企業家精神與企業精神的互動，並塑造了企業文化的形成。在企業成長演化過程中，企業家與其團隊也在共同成長，與此同時，企業家精神、企業精神和企業文化也在共同成長。

需要指出的是，圖 4-3 中各因素的層次只是為便於分析而作的大致劃分，實際上，企業家與企業家精神是一體的，企業團隊與企業精神是一體的，企業整體與企業文化是一體的，這三者是高度耦合的；企業文化和制度體系也是高度耦合的，而物質環境是企業文化和制度體系的載體，這三者將隨著企業的成長和演化而從低級向高級、從簡單向複雜不斷演化。

企業是一個人工智能系統，企業中的人能夠從經驗中學習以不斷適應外部環境。所以，隨著時間的推移，企業內部環境的結構、功能、行為能夠不斷自我完善，並向更高級的有序化方向進化。企業內部環境演化的特徵表現為在不協調中協調，在組織中自組織，在適應中耦合。正如生物體要生存必須要適應外部環境一樣，一個企業在成長和發展的過程中也需要不斷適應外部環境。當外部環境發生變化時，企業內部環境必須要作出相應的調整，直至內外部環境相互耦合。企業內外部環境耦合程度越高，企業的生存和發展環境就越好。企業內外部環境的耦合過程，就是企業成長演化的過程。

2、企業的構成要素和組織結構

（1）企業的構成要素

一般來說，一個完整的企業除了必須具備人、資源和產品這三個基本要素外，還必須要有基本的知識、制度和技術這些因素，這六個因素是構成企業最基本的關鍵性要素。這六個關鍵要素可以分為以下兩類：

A、顯性因素（表層因素）：人、資源和產品

B、隱性因素（深層因素）：知識、制度和技術

結合前文的分析，我們知道在企業外部環境中也存在著以上六類因素。

企業中的人本身就擁有一定的知識。要進行生產經營，就必須將企業中的人按照一定的規則組織起來，企業的這些生產經營規則就是企業制度。同時，企業要生產出一定的產品，還需要使用一定的技術手段把有關資源加工成相應的產品。企業在成長過程中，需要不斷地從外部環境中吸納人員、資源、知識、制度、技術等因素，然後再把這些因素內化為自己的組成因素，企業通過向市場提供產品和服務等，不斷地向外部環境傳播企業內部的知識和技術等。

（2）企業的組織結構

　　企業是由許多人組成的集體。每個人都是一個有思想能夠獨立行為的個體，如果企業中的人不按照一定的制度規則形成有一定結構的組織，企業就無法順利完成生產經營活動。因此，一個正常的企業，在開始生產經營活動之前，其人員必然要按照一定的分工形成有機的組織。

　　企業的組織結構是指企業內部各組成要素按照一定的制度規則所確定的相互聯繫、相互協調、相互制約的秩序和形式。企業組織結構是企業制度的具體表現，又是企業制度得以形成、確立並正常運轉的基礎。

　　企業是一個人工智能系統，它具有自學習、自適應、自組織的特性和能力，能夠在發展過程中不斷學習，並不斷調整、重組和完善自身組織的層次結構與功能結構。為了適應日益複雜和動態的外部環境，企業需要不斷調整組織結構，使之與外部環境相協調。

　　企業生態理論在研究企業生態與演化時，都強調企業要適應外部環境，企業組織結構應該與所處的外部環境條件相適應，並強調只有當組織結構符合外部環境要求時，企業才能得到持續發展。當外部環境比較穩定時，要求企業內部組織結構採取正規的組織形式；當外部環境動盪多變時，要求企業內部組織結構採取靈活的組織形式。外部環境的複雜性要求企業組織結構也趨於複雜化；而相對簡單的外部環境，也要求企業以相對簡單的組織結構相對應。

　　如何科學地構建合理的組織結構，對一個企業未來的發展至關重要。因為組織的性質和功能主要取決於其內在結構。

　　關於結構與功能之間的關係，讓我們來看兩個比較典型的實例。

①金剛石與石墨

　　在自然界中，石墨和金剛石都是由碳元素組成的物質，但兩者的性狀卻相差巨大。

　　從外形看，石墨是黑色不透明的；而金剛石是無色透明的。從硬度看，石墨很柔軟，常被用作潤滑劑和鉛筆芯；金剛石卻很堅硬，常被用作鑽頭和玻璃刀。

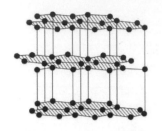

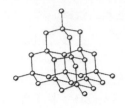

圖 4-4　石墨的內部結構　　　　圖 4-5　金剛石的內部結構

　　人們研究後發現，導致石墨和金剛石性質不同的根本原因在於它們內部的結構不同，也即它們內部碳原子的空間排列結構不同（見圖 4-4 和圖 4-5）。石墨內部的碳原子間以正六邊形排列，呈平面層狀結構，其層與層之間可以移動，造成石墨很柔軟。金剛石內部的碳原子間以正四面體排列，呈金字塔形網狀結構，這種結構具有高度穩定性，導致金剛石很堅硬。

　　這是事物因組成單元空間排列結構不同造成事物性質不同的一個實例。

②田忌賽馬的策略

　　《史記》卷六十五中記載了一則田忌與齊王賽馬的故事。

　　戰國時期，齊威王與其大將田忌賽馬，兩人各出上等馬、中等馬、下等馬三匹馬進行比賽。比賽中，田忌以自己的上等馬、中等馬、下等馬分別與齊威王的上等馬、中等馬、下等馬對抗。由於齊威王三個等級的馬都比田忌的馬優良，比賽結局總是田忌三戰三敗。後來，軍師孫臏給田忌出了個策略：以下等馬對齊威王的上等馬，以上等馬對齊威王的中等馬，以中等馬對齊威王的下等馬。田忌按照這種策略再與齊威王賽馬，三場比賽結束後，田忌一敗二勝，最終贏得了賽馬比賽的總體勝利。

　　在賽馬過程中，田忌和齊威王前後使用的還是原來的馬匹，由於田忌調換了一下比賽中馬匹出場的時間次序，從而實現了轉敗為勝的結果。

　　這個故事生動地表明，事物內部的組成單元因時間排列結構不同，往往會造成事物內部矛盾雙方力量的變化，最終導致事物整體性質的改變。

　　不同的企業有不同的組織結構。同一個企業在發展的不同階段，其組織結構也有不同的特點。從短期來看，一個企業的組織結構是相對穩定的。但從長時段來看（如以十年為單位），任何一個企業的組織結構都是在不斷發展變化的。為了能夠更好地適應外部環境，企業應該與時俱進不斷調整自己的內部組織結構。

五、企業的生產經營過程

　　一個企業的日常運營是以生產為起點，以向顧客提供產品滿足他們的消費需求為終點的循環往復的過程。在企業中，一次簡單的生產經營過程如下：

社會需求→企業生產→產品銷售→顧客消費

　　其中，企業進行產品銷售的過程，實際上是用企業的產品來交換顧客的貨幣的過程，其本質是交換。所以，上面的企業生產經營過程可以簡單表示如下：

需求→生產（要素組合→產品）→交換→消費

　　上面，括號中的過程就是企業內部的生產組織過程。如果結合企業的構成要素，將這個內部的生產過程作進一步的分解後，我們不難得到企業內部的生產環節關係圖（見圖4-6）。

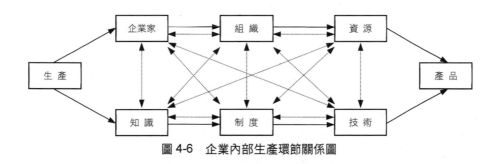

圖 4-6　企業內部生產環節關係圖

　　從圖 4-6 中可以看到，企業內部實際的生產經營活動分為兩條鏈（即圖中的實線箭頭）：

　　A 鏈（表層因素生產鏈）：生產→企業家→組織→資源→產品

　　B 鏈（深層因素生產鏈）：生產→知識→制度→技術→產品

　　通過 A 鏈的生產過程，企業為顧客生產出了產品的「有形價值」，也即「實物價值」；

　　通過 B 鏈的生產過程，企業為顧客生產出了產品的「無形價值」，也即「抽象價值」；

　　這兩個價值是合二為一的，它們共同組成了產品的「商業價值」，也即「顧客價值」。

以上生產的兩條鏈（A 鏈和 B 鏈）是為了便於分析企業的生產過程而人為作的劃分。在企業的實際生產過程中，這兩條鏈上的所有要素環節都是緊密聯繫、相互作用、不可分割的。也就是說，在企業的實際生產經營過程中，企業家、組織、資源、知識、制度、技術這六個要素需要協同一致、相互配合，企業才能順利實現產品的生產。

在企業的生產經營過程中，產品實物價值的生產過程是企業顯性要素內化、整合、加工的過程，產品抽象價值的生產過程是企業隱性要素內化、整合、運用的過程。這兩個生產過程是合二為一同時進行的，它們共同生產出具有完整顧客價值的產品。在整個生產經營過程中，企業中的人（即企業家和組織）發揮著重要的主導作用，這裡的人主要是指按照一定的制度規則形成的組織化的人。在將個體的人整合為組織的過程中，企業制度發揮著關鍵作用。在將不同的生產要素整合、加工成產品的過程中，企業技術發揮著關鍵作用。

在現代社會經濟條件下，一個企業組織生產經營活動的過程是相當複雜的。為便於分析問題，我們可以對企業完整的生產經營過程作簡單的概要梳理。企業家首先根據自己所掌握的有關市場、企業、產品等方面的知識確定企業的性質、目標、定位和發展方向。隨後，企業家根據自己所掌握的管理知識，確定企業的組織結構和管理方式，並依此來創建企業組織。然後，企業開始招聘各類人員，選擇合適的原料供應商。與此同時，企業組織根據自己所掌握的專業知識，從外部環境中選擇某項技術作為企業的主導技術，這項技術再被企業內化為企業自己可以自由使用的企業技術。企業組織在企業家的推動和制度規則的協調下，將企業技術與資源要素深度結合，通過一定的整合、加工等過程生產出企業產品。最後，企業將所生產的產品銷售給顧客。至此，企業完成一次生產經營過程。此後，企業在顧客新需求的刺激下，又開始了生產、銷售的新一輪生產經營過程。企業在進行再生產過程中，對所採用的主導技術不斷進行改進性創新，企業的生產能力隨之逐漸提升，直到該項技術的潛力用盡時，企業又開始在外部環境中搜尋新的技術。在企業成長發展的過程中，企業的生產經營過程就是這樣一個周而復始、循環往復、連續不斷的動態過程。

在企業的整個生產經營過程中，企業家、組織、資源、知識、制度、技術、產品等要素並不是各自單獨地、孤立地發揮作用的，而是相互協調、相互配合共同發揮作用的，也即每兩個要素之間都是相互聯繫、相互作用、相互影響的，它們共同組成了企業內部的生產關係網絡。在圖 4-6 中，用虛線雙箭頭來表示它們之間的這種關係。

一個企業在成長發展中，除了需要處理好企業內部的生產關係網絡以外，還需要處理好其外部的社會關係網絡。企業系統與其外部環境中的自然環境

因素、社會環境因素（如國家、政府、法律、企業、市場、家庭、科研機構、教育組織等，特別是供應商、銷售商、顧客、合作者、競爭者等利益相關者）所結成的各種關係，就組成了企業外部的社會關係網絡。從社會生產關係的角度來看，一個企業完整的生產關係應該由其內部的生產關係網絡和外部的社會關係網絡共同組成。企業成長演化的過程，實質就是企業內外兩重關係網絡互相交織、互相作用、互相影響的動態演化過程，企業內外的兩重關係網絡構成了一個多維的複雜動態圖景。在經濟學界，一些學者在研究生產關係時，僅僅注意到企業內部的生產關係，卻忽視了企業外部的社會關係，這就割裂了企業與外部環境之間的必然聯繫，從系統的視角來看，他們的觀點顯然是有失偏頗的。

六、企業內部的交換與分配

中小型企業內部的組織機構一般包括企業管理部、人力資源部、財務部、市場調查部、產品研究部、原料採購部、生產部、銷售部等部門。在企業成長過程中，不同部門需要協同一致、相互配合，企業才能開展正常的生產經營活動。

在企業的生產經營過程中，企業內部存在著廣泛的交換活動。在小型企業中，由於不同部門之間的分工，每個部門往往只負責完成一項複雜任務的一部分，不同部門之間需要相互交換工作成果，整個企業最後才能協作完成這項複雜任務。例如，人力資源部為企業各個部門招聘合適的人員；財務部為各個部門處理財務會計事務；市場調查部負責收集和分析顧客的需求資訊；產品研究部根據市場調查部提供的需求報告設計產品，然後再把設計圖紙交給生產部進行加工製造；採購部根據生產需要去購買各種原材料；生產部根據產品研究部的設計圖紙，使用採購部買回的原材料加工製造產品，再把生產出的產品交由銷售部去銷售；在這個過程中，企業管理部負責整個生產流程的協調、溝通、管理和監控，以提高整個組織的運行效率。在一些較大的企業中，企業本身就由一些較小的企業組成，這些企業之間也存在著分工，它們之間也需要相互交換產品或服務。例如，在汽車工廠中，其下屬單位中有的負責生產發動機，有的負責生產車架等，它們之間需要交換勞動成果，最終才能完成汽車的生產。

在企業的生產經營過程中，還廣泛存在著對人力、資源和產品的分配過程。

在現實的經濟環境中，為了適應快速變化的環境並取得比同業更多的競爭優勢，一些大型企業甚至在企業內部構造了複雜的「分配」和「交換」體制。例如，中國的海爾集團在經營層面用平行的市場機制代替了傳統的金字

塔型科層機制，以市場關係取代了傳統的權威關係和行政關係，從而在整個企業內部構建了市場鏈（Market Chain）。他們將外部市場訂單分解為一系列的內部市場訂單，直至分解到每個人；把上下級關係和部門關係變為市場交換關係，使不同單位、不同部門甚至個人之間形成以利益為紐帶的市場契約關係；把企業目標從利潤最大化改為用戶滿意度最大化，使相鄰工序上的單位或個人直接面對「客戶」；把低能激勵變為高能激勵，根據每個人每天完成訂單的情況和表現給予不同的報酬；自 1999 年開始，整個集團全部取消了原有的崗位工資，實行全員市場工資制，他們施行的收入分配制度，不是按勞分配，也不是按資分配，而是按市場結果分配。在實施這種體制後，企業不但增強了活力、提高了效率、降低了成本，同時還加快了對市場的反應速度。[20] 由此可見，在企業實際的生產經營活動中，在「生產」起點與「消費」終點之間的「分配」和「交換」，它們之間並不是簡單的前後連接關係，而常常是在一個大的「交換」中內含著一些較小的「分配」和「交換」活動，或者在一個大的「分配」中也同時內含著一些較小的「分配」和「交換」活動，而在每一個小的「分配」或「交換」中又包含著一些更小的「分配」和「交換」活動。企業的整個生產經營活動，實際上就是由不同層次的「分配」和「交換」環節互相交織、內外嵌套而成的複雜網絡。

自經濟學誕生以來，人們對基於市場的交換關係給予了充分重視，因此，學者們對經濟體系中的交換關係進行了廣泛而深入的分析研究，相對而言，人們對經濟體系中分配關係的分析研究卻不夠充分和深入。鑒於這一原因，本書決定在分配關係方面作一些較為系統的論述。

1、分配的含義及有關理論

作為人類社會關係中的重要內容之一，分配在社會經濟中具有非常重要的作用。自經濟學誕生至今，「分配」問題一直是經濟學研究中的一個重要主題。

在經濟學中，人們一般把「分配」一詞理解為對勞動成果的分割、對產品的分配或者是對收入的分配。就像對任何事物的認識一樣，人們對「分配」的認識也是不斷發展和逐步深化的。從亞當‧斯密、大衛‧李嘉圖（David Ricardo，1772-1823）直到馬克思，他們基本上是沿著價值決定的思路來研究和分析分配問題的。

在亞當‧斯密的分配理論中，他揭示出勞動（雇傭勞動者）、資本（資本所有者）和土地（土地所有者）之間的關係，他認為商品的價格和交換價值是由勞動的價值—工資、資本的價值—利潤、土地的價值—地租構成的，這是一個國家所有收入的來源，也是國家稅收的來源，在一定時期內，一國的

---

[20] 蘇慧文：〈海爾管理變革：市場鏈與流程再造〉，《南開管理評論》2001 年第 1 期。

收入是在工人、資本家和地主這三個階級之間分配的；他指出：「構成一國勞動全部年產的所有商品的價格，合起來看，也必然分成同樣的三個部分，作為勞動的工資、資本的利潤和土地的地租，分給該國不同的居民。……工資、利潤和地租是所有收入和所有交換價值的最初來源，所有其他收入最後都是來自這三種來源中的某一種。」[21] 在解釋分配問題時，斯密認為，經濟因素在短期發揮重要作用，但長期的影響因素主要是歷史和文化因素。

大衛・李嘉圖在繼承亞當・斯密分配思想的基礎上，提出分配應該遵循「剩餘原則」和「邊際原則」這兩項原則；他揭示出在工人、資本家和地主這三個階級分配社會總產品背後的支配力量是各不相同的，他認為勞動者的工資由最低生存工資水平決定，資本家的利潤由平均利潤率決定，土地的地租由土地的供求關係和不同土地的邊際生產率決定[22]。

馬克思繼承了亞當・斯密和大衛・李嘉圖分配思想的合理成分，將分配與生產過程聯繫起來考察，闡明了工資、利潤、利息、地租的性質、來源及內在關係；他把分配看作是由生產、分配、交換和消費組成的社會再生產總過程的一個環節，認為分配不僅是對勞動成果「產品」的分配，同時也是對生產工具、勞動力等社會資源的分配。他指出：「按照最淺薄的理解，分配表現為產品的分配，因此它離開生產很遠，似乎對生產是獨立的。但是，在分配是產品的分配之前，它是（1）生產工具的分配，（2）社會成員在各類生產之間的分配（個人從屬一定的生產關係）──這是同一關係的進一步規定。這種分配包含在生產過程本身中並且決定生產的結構，產品的分配顯然只是這種分配的結果。如果在考察生產時把包含在其中的這種分配撇開，生產顯然是一個空洞的抽象；相反，有了這種本來構成生產的一個要素的分配，產品的分配自然也就確定了。」[23] 馬克思的分配思想體現了綜合考察事物運動的系統思維，對人們全面分析分配問題很有啟發。例如，他所說的「有了這種本來構成生產的一個要素的分配，產品的分配自然也就確定了。」這句話，提醒我們「分配」本身就構成了生產的一個要素，其含義是在生產活動開始前、生產過程中、直到產品生產完成後，都存在分配問題；他所說的對「生產工具的分配」和「社會成員在各類生產之間的分配」，提醒我們不能忽視經濟資源在各部門、各產業和各行業的分配。儘管馬克思表述的語意有些令人費解，但其文字間透露出的這些思想卻是較為明晰的。

新古典經濟學的分配理論以邊際生產力分配理論和一般均衡分配理論最具代表性。邊際生產力分配理論認為，社會總收入是由勞動、資本、土地等

---

[21] 亞當・斯密著，楊敬年譯：《國富論》（上卷），陝西人民出版社 2001 年版，第 66 頁。
[22] 大衛・李嘉圖著，周潔譯：《政治經濟學及賦稅原理》，華夏出版社 2005 年版，第 43-89 頁。
[23] 《馬克思恩格斯全集》（第 30 卷），人民出版社 1995 年版，第 37 頁。

生產要素共同創造的，各要素在分配中的份額是由它們對社會總收入的邊際貢獻決定的，即工資等於勞動的邊際生產力，利息等於資本的邊際生產力，地租等於土地的邊際生產力，利潤則是企業家勞動的工資，這樣就把收入分配問題轉化為生產要素的價格決定問題。馬歇爾在均衡價格理論的基礎上建立了他的分配理論，他認為社會總收入是由勞動、資本、土地和組織（資本家對企業的管理和監督）這四個要素共同創造的，社會總收入相應地分為勞動—工資、資本—利息、土地—地租、組織—利潤，它們各自的數量規定就是各要素的價格，其中，工資由勞動的供給價格和需求價格共同決定，利息由資本的供給價格和需求價格共同決定，他認為土地沒有生產成本，因而沒有供給價格，地租僅受需求影響，從而由它的邊際生產率決定；他認為利潤是企業家管理企業應得的勞動報酬，資本家得到的利潤是資本家天賦才能的回報[24]。

如何通過收入分配來增進社會的經濟福利？這是福利經濟學研究的主題。通過對這類主題的研究，福利經濟學極大地拓展了分配理論的研究空間。以英國經濟學家庇古（Arthur Cecil Pigou，1877-1959）為代表的福利經濟學家將分配的功能從以往的收入分配轉向了社會公平和社會公正領域。他們認為，社會經濟福利的增減變化與國民所得的多少、與收入分配活動的合理與否直接相關：如果分配與再分配活動增進了社會總的經濟福利，那麼這種分配就是合理的，反之就是不合理的；社會總的經濟福利可以用一定時期的國民收入來表示，當國民收入增加時，如果不存在收入分配不公，那麼社會總的經濟福利就會增加；如果存在收入分配不公，國家可以通過稅收、轉移支付等方式將高收入階層的貨幣向低收入階層轉移，這樣同樣能夠提高社會總的經濟福利；要增加社會總的經濟福利，一方面要增加社會總產品（國民收入），另一方面要使收入分配更加合理。[25]

波蘭經濟學家米哈爾·卡萊斯基（Michal Kalecki，1899-1970）提出了存在階級鬥爭的分配理論，他把資本主義社會劃分為資本家階級和工人階級，他認為這兩大階級之間的對立關係影響著國民收入的分配和商品價格的決定等，資本家階級內部的對立關係則影響到資本主義的競爭方式和社會再生產運動規律；他認為，決定收入分配的因素包括階級差別、壟斷程度、產業結構、產品成本和價格決定等[26]。

各國對分配問題作過專門研究的學者很多，除了上面提到的亞當·斯密、大衛·李嘉圖、馬克思、馬歇爾、庇古和卡萊斯基等以外，還有約翰·貝茨·

---

[24] 馬歇爾著，陳良璧譯：《經濟學原理》（下），商務印書館 1965 年版，第 179-316 頁。
[25] 以上三段中有關分配的文獻資料整理自：王朝科、程恩富，《經濟力系統研究》，上海財經大學出版社 2011 年 12 月第一版，參見第 205-212 頁、第 236-239 頁。
[26] 來源：MBA 智庫百科，《米哈爾·卡萊斯基》，參見：http://wiki.mbalib.com/wiki。

克拉克（John Bates Clark，1847-1938，著有《財富的分配》），國內學者有孫洛平（著有《收入分配原理》）、何傳啟（著有《分配革命——按貢獻分配》）、于國安和曲永義（著有《收入分配問題研究》）等，這裡不再一一列舉。很多學者基本都是從產品分配或收入分配的角度考察分配問題的，較少從系統論的綜合視角來分析分配問題。王朝科和程恩富應用系統論的分析方法從經濟範疇、社會再生產環節、經濟政策工具和經濟制度四個層面分析了分配問題，他們賦予分配更加寬泛的內涵，突出了分配所具有的經濟政策工具和經濟制度等特質，分析了分配在配置經濟資源、分割生產成果、調節社會關係、實現社會公平與和諧等方面的效力[27]。他們的這些研究成果，對本書有關分配方面的闡述提供了很有價值的借鑒。

綜合上面的有關觀點，我們可以對分配作出一般性的定義。分配是人類社會在一定社會生產力水平基礎上形成的用以調節人們之間利益關係、促進社會公平與實現社會和諧的手段和工具，作為社會再生產過程的一個環節，其作用主要是對社會生產成果進行分割，作為分配主體意志的反映，其作用主要是調節資源在社會各部門、各產業、各階層等不同層面的合理配置。對生產成果中物質產品的分配，按層次可以分為初次分配和再次分配。分配一般由分配主體、分配客體、分配制度、分配標準等要素組成。這裡，分配主體是指進行分配活動的個人或組織（包括企業、社團或政府等）。分配客體是指被分配主體用來進行分配的各類資源或產品（包括物質產品、精神產品或服務）。分配制度是指人們根據經濟運行的內在規律和社會發展的現實要求，以調節人們之間利益關係、促進社會公平、實現社會和諧為目的，而制定的用來實現規範分配主體行為、劃分分配主體權利、調節社會分配關係、調整資源流向、評價分配成效等目標的一系列規則。分配標準是指用來衡量分配客體數量或測量分配成效的具體尺度，包括價值標準、時間標準、公平標準和效率標準等，而效率標準又可以分為政治效率標準、社會效率標準和經濟效率標準等。對不同的分配主體或分配客體，通常需要採取不同的分配標準。例如，對企業中的普通勞動者，人們一般是採用時間標準來衡量其勞動量並向其支付工資的。對社會生產成果的再次分配，人們一般是採用公平標準來作為最基本的分配尺度的。

2、企業系統中的分配活動

下面，我們首先從微觀經濟的企業層面來考察一下分配的情況。為使考察更加直觀，我們可以結合前文中的企業內部生產環節關係圖（即圖4-6）來

[27] 參見：王朝科、程恩富，《經濟力系統研究》，上海財經大學出版社 2011 年 12 月第一版，第 204-222 頁。

進行分析。

（1）企業系統中的三類分配活動

我們知道，人、資源和產品是構成一個企業的基本因素。在企業生產經營過程中，始終存在著對這三類因素的分配活動。

從企業家開始創辦一家企業開始，他就首先需要考慮這三類因素的分配問題。如果企業家擁有足夠的創業啟動資金，他就可以設立一家由他本人投資的獨資企業，這時，企業所需要的人力和設備等要素，可以分別通過人力市場和商品市場以購買方式獲得。當具體的人員和設備等要素進入企業後，企業家需要對企業內部的人員作出具體的分工安排（如有人做會計工作、有人做採購工作、有人做技術工作、有人從事具體的生產工作、有人從事銷售工作等），這實際上是對人力資源的一種分配；與此同時，企業家還需要對各種生產設備等物質資源進行必要的分配，有些物質資源公用（如複印機），有些物質資源專用（如每個員工使用的計算機），這實際上是對物質資源的一種分配。這裡，人力資源是指在一定時間和空間內人所具有的能夠被組織所利用的對創造價值具有貢獻作用的體力和腦力的總和。當企業生產出具體的產品後，企業首先需要將產品銷售出去並收回現金，企業家才能對這些實現價值的產品（即銷售收入）進行分配。在實際生產經營中，企業家一般是將銷售收入中的一部分拿來給員工發工資，一部分用於納稅，一部分投入企業進行再生產（如採購原材料等），一部分（工資或利潤）給自己，這個分配活動就是人們通常所理解的產品分配（或收入分配），實際上這是對產品（或收入）的初次分配。如果扣除投入企業的固定投資及各種支出以後，企業的銷售收入還有剩餘，企業就創造出了利潤。如果企業經營發生了虧損，企業就沒有剩餘價值可供分配。企業家作為企業的投資者，他所分得的真正收入只能來源於企業產生的利潤。如果企業沒有產生利潤，那麼企業家也就無從獲得收入。

對照圖 4-6 來看，上面描述的企業內部的分配活動，反映了企業家分別對人、資源和產品這三類顯性因素的分配，這三類分配活動既相對獨立，又組合成一個緊密聯繫的整體，它們共同包含於企業的生產經營過程中。在對企業人員的分配活動中，企業家是分配主體，企業員工是分配客體，分配制度是企業內部制定的有關人力資源方面的組織規則，分配標準是員工個人的專業才能和企業內部的分工需要。在對企業物質資源的分配活動中，企業家或者其代理人（如企業內部專門負責分管生產設備的管理者）是分配主體，企業的物質資源（如電腦）是分配客體，分配制度是企業內部制定的有關物質資源方面的管理規則，分配標準是物質資源的專有功能和企業內部的分工需要。

與前兩類分配活動相比，企業內部的產品分配問題要複雜一些。

當企業家本人是企業的唯一投資者時，這時參與企業產品分配的主體有企業家、企業員工、政府（稅務部門是代表政府收稅的專門機構）；如果企業利潤中還要提取一部分作為企業積累，則分配主體中還應包括企業本身。當企業家不是企業唯一的投資者時，這時的分配主體除了企業家、企業員工、政府之外，還有企業的其他投資者（即企業股東），他們將與企業家一起分配企業利潤。當企業家不是投資者，而僅僅是企業所聘請的經營管理者時，這時企業家的實際角色是企業經理人（也即他實際上是企業所有者的代理人），這時企業家參與企業產品分配的方式（是否參與利潤分配）一般由企業分配制度規定。而分配客體是在一定時期內企業的所有產品，實際上參與分配的只是被企業銷售出去的那一部分產品的價值。分配制度是企業內部的薪酬制度、獎勵制度、財務制度、企業章程等企業制度以及企業與員工個人所簽訂的有關雇傭協議等。這裡，企業內部的薪酬制度、獎勵制度、財務制度等收入分配制度，儘管是由企業內部的人員制定的，但其內容並不是隨意設計的，而是根據企業自身發展需要、企業實際支付能力、政府相關法律規定並結合市場工資水平等因素制定的。

企業的收入分配標準顯然是個多元化的體系，對不同的分配主體有不同的分配標準。對企業投資者（股東）來說，一般在正式創辦企業之前，他們就會協商好每個人所占的股份比例，並簽署相應的投資協議，當企業運營產生利潤之後，他們將按照協議約定的股份比例分配企業利潤。對企業家來說，如果他不是投資者，而僅僅是被聘用的企業經理人，他可能參加利潤分配，也可能不參加利潤分配（僅拿薪酬），這取決於企業家與企業所有者之間達成的協議，這實際上是個雙方談判的結果。優秀的企業經理人是市場中的稀缺資源，其經營管理能力是否能得到充分發揮，這對一個企業的生存發展來說具有很重要的作用。如果企業所有者與企業家之間所達成的協議和企業設計的分配制度，既能夠維護企業所有者的收益權利，又能夠最大限度地調動企業家的積極性，則將會有效地激勵企業家努力經營，從而帶動整個企業迅速成長壯大；反之，則可能抑制企業的迅速成長。因此，企業分配制度中對企業家能力和經營積極性的激勵將是一項很重要的內容。正是為了調動企業家的能力和經營積極性，現代企業的分配制度中往往將企業的經營績效與企業家的收入聯繫起來，並給予企業家一定比例的企業股份作為激勵手段。對企業的普通員工來說，當他們與企業簽訂聘用協議時，他們的工資、獎金等收入分配內容就被確定下來了；他們具體收入多少的分配標準，一般是由企業分配制度、個人專業能力、人力市場供求狀況等因素共同決定的。在現代企業中，一些企業為了留住具有特殊專長的人員，除了正常的工資以外，常常也會分給他們一定比例的企業股份，以調動他們的工作積極性。此外，政府

作為分配主體向企業收取稅收，這是國家意志的具體體現，具體稅款的徵收方式、比例和辦法等標準，每個國家都有相應的稅收法規作出明確規定。這裡，無論是企業投資者（企業股東）、企業家、普通員工，在他們創辦企業之前或者進入企業之前，還是企業在創建時向政府稅務部門辦理納稅登記之前，實際上這些分配主體參與企業產品分配（收入分配）的方式、比例和辦法等分配標準都已經確定了，到企業生產出產品並將產品銷售出去獲得利潤時，這些產品分配主體只是在實施具體的分配行為罷了。

在整個生產經營過程中，企業同時存在著對人力資源、物質資源和企業產品的分配活動，這是我們從企業的表層因素考察看到的結果。如果從企業的深層因素來考察，又是怎樣的情形呢？

企業家在對人力資源進行分配時，他所分配的實際上是內含在人力資源個體中的專業知識、專業技術和勞動能力。因為每個員工身上所擁有的專業知識、專業技術和勞動能力各不相同，從而決定了不同的員工擁有不同的勞動技能。在分配人力資源時，企業家的作用主要表現在兩個方面：一是依據企業內部分工的需要，結合企業員工專業能力的特點，將不同員工分配到最能發揮其個人特長的部門和崗位中去，以發揮出員工個人的專業分工效應；二是依據企業整體發展的需要，結合企業各部門專業能力的特點，將企業的各種專業能力調配、組合、凝聚成一定的能力結構，從而形成企業的綜合能力，以發揮出組織整體的協同效應。企業家在對物質資源進行分配時，他所分配的實際上是內含在物質資源中的技術手段、專有功能和使用價值等。與企業的員工類似，不同的物質資源具有不同的形態、性質、功能和價值。例如，陽光、土地和湖泊同樣是自然資源，但三者在形態、性質、功能和價值等方面具有顯著的區別。如果說企業家分配人力資源的基本原則是「人盡其才」，那麼企業家分配物質資源的基本原則就是「物盡其用」，對生產工具的分配主要是將其中的技術手段與人力勞動相結合，以提高勞動生產效率。

在企業的生產活動中，人力資源所內含的專業知識、專業技術和勞動能力一起創造出了產品的勞動價值。也就是說，人力資源的價值可以分為專業知識價值、專業技術價值和一般勞動價值三個部分，在企業生產過程中，這三部分價值通常是分期轉移到最終產品中去的。企業的物質資源可以分為自然資源和社會資源。自然資源通常是被作為原材料納入企業生產中的。在產品生產過程中，人們一般是把自然資源加工成一定的形態而將其所含的價值轉移到最終產品中去的。企業的社會資源一般包括資本、技術、生產工具（機器）、廠房等形態；其中，企業的資本作為購買各種生產要素的手段本身就具有價值，企業的生產工具（機器）、廠房等資產一般是通過資本購入企業的，它們是具有一定價值的企業財產。生產工具（機器）作為企業開展生產活動的技術手段，本身也包含著相應的知識和技術。企業的這些社會資源，儘管

它們的形態、性質和功能各異，但都可以將它們劃分為知識、技術或價值這三類要素。在企業生產活動中，企業的物質資源與一定的組織形式相結合，一起創造出了企業產品的功能價值。由人力資源創造出的勞動價值與由物質資源創造出的功能價值一起組成了企業產品的「有形價值」（即「實物價值」）。

這樣分析以後，我們就會發現，企業家對人力資源和物質資源的分配，從企業的深層因素來看，這實際上是對企業內部知識、技術和價值的分配，具體的分配關係就形成了企業相應的制度體系（如人力資源方面的組織規則、物質資源方面的管理規則等）。從企業的深層因素生產鏈來看，這兩類分配活動實際上是對企業內部知識和技術的分解、組合和應用過程，同時也是企業內部生產關係的建立、完善和調整過程，正是這一過程生產出企業最終產品的「無形價值」（即「抽象價值」）。結合圖 4-6，我們將會更加清晰地看到這兩類分配活動所包含的複雜過程。

我們知道，企業產品的有形價值（實物價值）和無形價值（抽象價值）是合二為一的，它們共同構成了產品的「商業價值」（即「顧客價值」）。企業內部的產品分配，實際上是分配主體針對產品有形價值和無形價值的雙重分割。

在企業內部，人力資源分配、物質資源分配和企業產品分配這三類分配活動有什麼本質區別呢？從上面的分析中可以看出，它們最本質的區別在於分配客體的所有權（或產權）是否發生了轉移。在人力資源分配和物質資源分配中，分配客體的所有權（或產權）最終都沒有發生轉移；而在企業產品分配中，分配客體的所有權（或產權）最終發生了轉移。在企業內部的產品分配中，分配客體是企業在一定時期內生產的產品，其所有權（或產權）屬企業，當這些產品被分配以後，它們的所有權按一定比例分別轉移到政府、企業股東、企業家和企業員工等分配主體。因此，在三類分配活動中，只有產品分配（收入分配）是真正意義上的分配。

在現代企業中，對人力資源、物質資源和企業產品的分配活動實際上已經被獨立出來，變成了企業管理工作的三個重要方面。由於現代企業管理的內容日趨複雜，所以，企業家的部分職能也被分解成相對獨立的不同部分，轉移到企業內部不同層次管理人員身上。例如，對人力資源的管理工作就被劃分成人力資源戰略與規劃、組織設計與職能分工、人員招聘與配置、培訓與職業規劃、績效考核與評價、薪酬福利管理、員工關係管理、人事檔案管理等一些既相對獨立又緊密聯繫的不同部分。

（2）企業系統中的輸入輸出關係

從企業系統的角度來考察，我們可以把企業視為一個輸入資源、輸出功能的系統。

從企業系統的輸入端來看，輸入企業的內容包括三個方面，即人力、資

源和生產要素投入關係；從企業系統的輸出端來看，企業輸出的內容也包括三個方面，即組織協同功能、價值創造功能和生產分配關係。這裡，組織協同功能是指企業系統按生產經營活動的內在要求將分散無序的個體的人力組合成一個有機整體的功能。價值創造功能是指企業系統吸納資源、生產產品並創造價值的功能。生產要素投入關係是指在企業生產過程開始前各投入要素間的相互聯繫及投入的比例結構關係。生產分配關係是指在企業生產經營過程中進行分配時各分配要素間的相互聯繫及分配的比例結構關係。

從企業再生產循環過程來看，企業系統的輸入與輸出之間有什麼規律可尋呢？

從企業系統的輸入、輸出端來看，輸入企業系統的關係是生產要素投入關係，企業系統輸出的關係則是生產分配關係。

本書第三章已對社會生產分配關係長期變遷特徵進行過簡單分析，從中我們看到，在生產要素投入關係與生產分配關係之間存在著內在的聯繫，生產要素投入結構的不同決定了生產成果分配結構的不同。在社會再生產過程中，人力（勞動力）、土地、資本、技術和知識等生產要素的不同組合，形成了不同的投入價值比例結構，而不同的投入價值比例結構決定了不同的生產分配價值比例結構，進而又決定了社會最終的生產成果分配結果。在社會生產總過程中，這種分配關係是以一定的制度形式固定下來的，並在一定時期內調節著社會各階層的經濟利益關係。這其中涉及人們對各種資源要素的價值評估問題，而人們對某種資源相對價值高低的判斷，顯然是由人們對這種資源的總體認識水平決定的。在現實的各種企業中，人們採用不同的分配制度是由人們的認識水平和實踐活動動態決定的。當一個企業引入一套新的分配制度以後，如果這套制度能夠調動企業內外各種因素推動企業迅速成長發展，那麼人們就會在生產經營活動中進一步強化這些制度；反之，人們就會調整、修改或者放棄這些制度。在促進企業制度改進完善的過程中，除了企業投資者（股東）、企業家、管理者和各級員工等企業內部人員發揮著直接的作用之外，供應商、銷售商、顧客、合作者、競爭者等利益相關者也發揮著重要的作用。如果人們認為分配結果不公平或不合理，他們就會通過各種途徑要求調整或改變這些不公平或不合理的分配制度，從而推動了企業生產分配關係的演變。

在企業生產經營過程中，要素投入關係與生產分配關係之間的關係可以用圖 4-7 來表示。

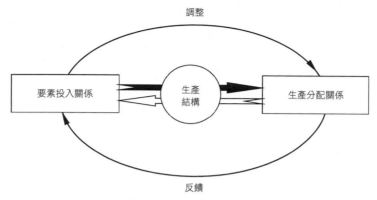

圖 4-7　要素投入關係與生產分配關係之間的互動示意圖

　　圖 4-7 中，黑色箭頭表示要素投入關係對生產分配關係的決定作用，白色箭頭表示生產分配關係對要素投入關係的反作用，下邊的弧線箭頭表示生產分配比例結構對要素投入比例結構的反饋，上邊的弧線箭頭表示要素投入比例結構對生產分配比例結構的調整。

　　在企業系統的再生產過程中，生產要素投入關係與生產分配關係之間是相互聯繫、相互作用和相互影響的，從長期的歷史變遷過程來看，它們之間存在著「作用─反作用」「反饋─調整」的動態關係：一方面，生產要素投入結構的不同決定了生產成果分配結構的不同，這反映了生產要素投入關係對生產分配關係的決定作用；另一方面，不公平的分配結果又會導致企業內部各階層和外部各利益相關者要求調整不合理的分配制度，這反映了生產分配關係對要素投入關係的反作用。生產要素投入關係與生產分配關係的互動過程是一個長期的歷史演變過程，正是它們之間的這種「作用─反作用」「反饋─調整」的動態機制，推動著企業系統內部各階層和外部各利益相關者的收入分配關係，從「極端不公平與不平等」演變到「一般不公平與不平等」，再從「一般不公平與不平等」演變到「比較公平與平等」。

七、企業的生產效率

　　企業在進行產品生產的過程中需要投入相應的要素和一定的費用，企業的這些支出就是企業在生產過程中的成本。企業的銷售收入扣除成本後所剩的部分就是企業的利潤。企業在生產經營中能夠獲得利潤，這是企業進行擴大再生產的一個必要條件。在一定時期內和一定的條件約束下，如果一個企業要想積累更多的利潤，這個企業就需要進行更有效率的生產經營。如果一個企業的生產經營效率比另一個企業更高，這個企業在市場中就更具有競爭力。

按照傳統的生產理論，企業的生產效率一般定義為：在成本水平一定時，企業實現產出最大化，或者在產出水平一定時，企業實現成本最小化。

對一個企業來說，實現一定的產出水平通常可以有多種途徑。例如，生產一定數量的農產品，既可以投入較多的勞動力和較少的農業機械（勞動密集型方法），也可以投入較少的勞動力和較多的農業機械（資本密集型方法），這兩種方法的成本是不同的。在產量一定時，企業要提高生產效率，就要選擇成本最低的投入組合。在傳統的生產理論中，已經考慮了技術因素對提高企業生產效率的作用，其中，技術效率體現在作為生產理論基本構成的生產函數中。生產函數是對企業生產中「投入—產出」關係的一種精確量化或數學表達，它反映了企業在一定投入組合下的最大產量。

參照前文的圖 4-6，我們可以看到，一個企業要順利完成產品的生產過程，從企業的表層因素來看，需要通過「企業家」、「組織」和「資源」這三個因素的共同參與、協同配合才能實現；從企業的深層因素來看，需要通過「知識」「制度」「技術」這三個因素的共同參與、協同配合才能實現。在現實的生產經營活動中，這六個因素顯然都會不同程度地影響到一個企業的生產效率。傳統的生產理論僅從生產投入的成本因素和技術因素這兩個方面考慮了企業的生產效率問題。根據本書提出的分析框架，企業的生產效率需要同時考慮這六個因素的效率問題，也即需要考慮企業在「企業家」「組織」「資源」「知識」「制度」「技術」這些方面的效率。

從社會再生產過程來看，生產活動一般包括「生產」「分配」「交換」「消費」這四個環節。這些環節顯然也會不同程度地影響到一個企業的生產效率。因為「分配」和「交換」這兩個環節一般是內含在企業生產經營過程中的，所以，提高企業的生產效率實際上也包括提高企業的「分配效率」和「交換效率」。這兩個環節的效率問題也是被傳統的生產理論所忽視的問題。但在具體的企業經營實踐中，一些企業家並沒有忽視這兩個問題。例如，前文中所提到的海爾集團在企業內部構造「市場鏈」的行為就是證明。

這裡，我們以企業內部的分配效率為主題作一些簡單探討。

（1）關於資源分配的問題

在企業的生產經營活動中，企業家經常需要將一些工作任務安排給企業員工去做，這裡就以企業內部的員工分配為例分析一下企業內部的分配效率問題。

假設有三項任務需要同時分配給三個員工來完成。因為不同員工所擁有的專業知識、專業技術和勞動能力不同，所以，不同員工完成同一項工作任務所花費的時間不同。假設三個員工分別用 A、B、C 來表示，三項任務分別用 1、2、3 來表示，具體的任務組合用這兩者來表示。我們將每個員工完成不同任務所需花費的時間列表如下（見表 4-3）：

表 4-3　每個員工完成不同任務所需時間

任務 員工	任務 1	任務 2	任務 3
A 員工	5 小時	6 小時	7 小時
B 員工	4 小時	4 小時	8 小時
C 員工	3 小時	2 小時	5 小時

根據排列組合，我們知道共有六種分配任務的方案可供選擇：

方案一：A1=5，B2=4，C3=5；總時間為 14 小時；

方案二：A2=6，B1=4，C3=5；總時間為 15 小時；

方案三：A3=7，B1=4，C2=2；總時間為 13 小時；

方案四：A1=5，B3=8，C2=2；總時間為 15 小時；

方案五：A2=6，B3=8，C1=3；總時間為 17 小時；

方案六：A3=7，B2=4，C1=3；總時間為 14 小時。

在上面六種方案中，方案三所花費的總時間最少（只需要 13 小時）。

對一個企業來說，利用有限的資源（如員工）花費最少時間完成同樣多的任務，這就是有效率的生產經營。因此，在上面六種方案中，企業家應該選擇的最優方案是方案三。

對一個具體企業來說，如果 A、B、C 是三種生產要素（如人力、技術和資本），這三種要素不同比例的組合就形成了企業投入的生產結構。從上面的分析來看，不同比例的要素組合代表著不同的生產結構，而不同的生產結構具有不同的生產效率。同樣，如果 A、B、C 代表企業內部的三個不同部門，這三者不同比例的組合就代表著不同的組織結構，不同的組織結構可以聚合成企業不同的能力結構，企業不同的能力結構也會形成不同的生產效率。因此，企業家在配置企業的內外資源時，最重要的是要體現出這種分配效率和協同功能，從而實現企業的綜合性生產效率。實際上，企業家的這類決策和選擇工作已經成了現代管理科學的重要內容之一。

（2）關於收入分配的問題

在企業的生產經營活動中，勞動成果分配（即收入分配）顯然是一個很重要的問題。一個企業的收入分配問題，直接關係到政府部門、投資人、企業家、管理階層、技術階層、普通員工、供應商和銷售商等利益相關者的利益。

從企業的外部環境來看，一個企業要順利實現生產經營活動，就需要調節好與其上下游供應商和銷售商的利益分配問題。如果一個企業只顧自己的利益而不考慮供應商和銷售商的利益，那麼這些供應商和銷售商就不會和這

家企業維持良好的合作關係，這對企業的長期發展顯然是不利的。但如果企業過多滿足供應商和銷售商的利益要求，又會降低自己的利潤空間，這對企業的生存發展同樣也是不利的。所以，企業需要在自身利益與供應商和銷售商的利益之間保持一種合理的分配關係。

從企業的內部環境來看，一個企業要實現有效率的生產經營，就需要調節好企業發展與投資人、企業家、管理階層、技術階層、普通員工之間的利益分配問題。企業內部的收入分配大致可以分為政府稅收、投資人利潤分成、企業家報酬、員工工資這四個部分。政府稅收是由國家的稅收政策決定的，對企業來說是一個相對穩定的分配因素。在企業利潤分配中，如果投資人僅考慮自己的利益最大化而把企業的大部分利潤拿走（這就是工業革命初期資本家所做的），那麼企業家和企業員工就會缺乏為企業發展而努力工作的積極性，企業就會因為缺乏內在動力而衰落。所以，由這樣的收入分配結構所決定的分配制度顯然是缺乏效率的。同樣，在企業家與企業員工的收入分配中，也存在著類似的情況。但另一方面，在企業利潤分配中，如果過多地滿足企業家報酬和員工工資要求，又會直接提高企業的生產成本，減少企業利潤，從而降低投資人的投資回報率，從長期來看，這會影響投資人再投資和擴大生產規模的積極性，這對企業的成長發展也是不利的。所以，由這樣的收入分配結構所決定的分配制度也是缺乏效率的。由此看來，企業如何分配收入這會影響到企業後續的生產效率和成長發展。為使企業能夠不斷地成長發展，就需要設計出一種能夠有效激勵投資人、企業家、管理階層、技術階層、普通員工等分配主體的收入分配制度，這種制度要在兼顧效率和公平的基礎上平衡企業發展與分配主體之間的利益關係。

從前文中分析過的要素投入關係與生產分配關係之間的動態關係來看，企業的分配制度需要根據企業內外環境的變化不斷進行動態調整，而不是一種分配制度一旦制定後就長期保持不變。從現實社會的實踐來看，這也是人們突破「按資分配」的舊制度，而先後提出「按勞分配」、「按要素分配」、「按貢獻分配」等收入分配制度的內在原因。從企業長期發展的角度來看，企業家對包括分配制度在內的制度體系不斷進行調整和變革，也是企業實現持續進化、基業長青的內在動力之一！

八、企業的整體能力

隨著「生產→消費→再生產→再消費」循環過程的進行，企業家和企業團隊也在不斷學習和進步，從而不斷地改進企業的經營管理水平，不斷的吸納新資源、引進新技術、調整組織結構、完善制度規範，使企業各部門與各生產要素協調一致，同時與企業外部各利益相關者協同一致，最終實現企業

整體能力的提高和企業的成長。

有關企業能力的思想，最早可以追溯到亞當‧斯密的勞動分工理論，斯密在勞動分工理論中隱含的結論是，通過勞動分工，企業可以更好地培育和提升生產能力。馬歇爾在 1925 年提出了企業內部成長理論，他認為企業各職能部門存在著差異分工，這種分工會產生一系列不同的知識和技能；伴隨生產進程中知識和技能的不斷積累，企業內部會發生可感知的進化。喬治‧理查德森（George Richardson）進一步指出，能力反映了企業積累的知識、技能和經驗，並蘊涵在生產、營銷、研發等企業具體活動中。[28]

由潘羅斯（1959）開闢，經由納爾遜和溫特（1982）、沃納菲爾特（1984）、普拉哈拉德和哈默（1990）、蘭格路斯（Langlois，1992）、福斯（Foss，1993）、哈默和賀尼（Heene，1994）以及其他學者加以拓展的企業能力理論認為，企業本質上是一個能力集合體，從表面來看，企業由有形的物質資源與無形的規則構成，但從深層次來看，物質資源與規則資源存在的意義和價值在於它們各自背後的能力[29]。這些學者的觀點值得借鑒，但本書沒有採納他們所提出的企業能力的具體概念，而是重新定義了更為一般性的企業能力的概念。

一個企業的整體能力是指企業有效整合各類資源要素，為社會生產產品或提供服務，滿足社會消費需求的綜合能力。企業的整體能力一般是由生產供給、企業家、組織、資源、知識、制度、技術、產品這八個方面的能力共同組成的。一個企業在這八個方面的能力越強，這個企業的整體能力就越強，其在市場上的競爭力就越強。

如果用生產供給、企業家、組織、資源、知識、制度、技術、產品這八個方面作為八個維度來描述企業的整體能力，則可以畫出企業的能力「勢能圖」，見圖 4-8。

---

[28] 轉引自徐飛：《企業發展理論之十：核心能力理論》，中國管理傳播網，2007 年 1 月 29 日；參見 http://manage.org.cn/Article/200701/42845.html。

[29] 李曉明：《企業環境、環境因子互動與企業演化研究》，天津大學管理學院博士學位論文，2006年 6 月，第 22 頁。

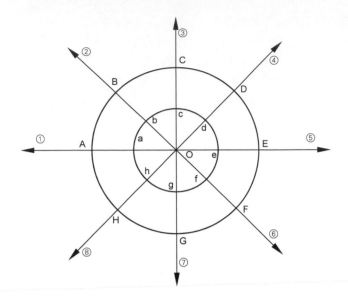

圖 4-8　企業能力「勢能圖」

在圖 4-8 中，八個維度分別是：

①生產供給；②企業家；③知識；④組織；⑤制度；⑥資源；⑦技術；⑧產品。

在第①維中，企業由 Oa→OA，表示企業整體的生產供給能力從 a 點提高到了 A 點；

在第②維中，企業由 Ob→OB，表示企業中企業家的經營能力從 b 點提高到了 B 點；

在第③維中，企業由 Oc→OC，表示企業知識的學習創新能力從 c 點提高到了 C 點；

在第④維中，企業由 Od→OD，表示企業組織的管理協調能力從 d 點提高到了 D 點；

在第⑤維中，企業由 Oe→OE，表示企業制度的構建完善能力從 e 點提高到了 E 點；

在第⑥維中，企業由 Of→OF，表示企業資源的吸納整合能力從 f 點提高到了 F 點；

在第⑦維中，企業由 Og→OG，表示企業技術的創新應用能力從 g 點提高到了 G 點；

在第⑧維中，企業由 Oh→OH，表示企業產品的研發更新能力從 h 點提高到了 H 點。

上述八個維度的能力劃分，是從企業生產經營的全過程進行考察所作的大致劃分。實際上，企業的每一項能力還可以再作更具體深入的細分。例如，企業家的經營能力可以細分為戰略制定、團隊激勵、管理創新、資產運營、資本運營等能力。企業在知識方面的能力，除了包括組織在專業知識、管理知識、文化知識等方面的學習、積累和創新能力以外，還包括建設品牌、商標和專利等知識產權以及企業文化等能力。企業在資源方面的能力包括發現、吸納、內化、整合、調度和優化各種資源的能力。企業在技術方面的能力，除了包括發現、吸納、內化和應用產業環境中新技術的能力外，還包括不斷改進、完善和創新企業現有生產技術的能力。企業在產品方面的能力包括企業在產品研發、設計、製造、包裝、營銷、配送等與產品緊密聯繫的所有環節上不斷改進、完善和創新的能力。

在圖 4-8 中，由 abcdefgha 圍成的小圓代表企業處於較低的勢能位置，此時，企業的整體能力較低，表示其市場競爭力較弱；由 ABCDEFGHA 圍成的大圓代表企業處於較高的勢能位置，此時，企業的整體能力較高，表示其市場競爭力較強。企業從 abcdefgha 狀態發展到 ABCDEFGHA 狀態，就是企業由小到大、從弱到強的成長過程。通過企業能力「勢能圖」，我們可以形象地描述出企業的成長狀態和能力情況。

企業對市場的供給是企業為滿足社會需求而向市場提供產品或服務的行為。企業正是通過生產經營活動來實現向社會供給產品這一行為的。企業向市場提供產品的種類、數量和質量，必須要能夠滿足市場的真實需求，只有滿足了市場的實際需求，企業才能實現利潤。一個企業的整體能力，主要是通過對市場的及時供給來體現的，具體衡量指標是市場佔有率。一個企業的整體能力越強，其勢能位置越高，其市場競爭力就越強，其對市場的供給能力也就越強。

錢輝（2004）在論述企業永續經營問題時提到：「有關企業的持續競爭優勢問題，企業理論已經作了大量的研究，其核心是圍繞需求、資源、技術、制度四個緯度構建企業可以長期保持的競爭優勢。而實踐也表明，需求、資源、技術、制度因素均可為企業帶來或長或短的競爭優勢。」[30] 從企業的「勢能圖」來看，這些企業持續競爭優勢的研究者們僅僅強調了其中的四個因素，而忽視了其他因素的影響。

當然，在企業實際的成長中，企業以上八個方面的能力一般是不可能同比例均勻提高的，可能有些能力提高很快，有些能力提高緩慢，甚至可能會出現波動。因此，企業實際的「勢能圖」一般不會形成規則的圓形。

---

[30] 錢輝：《生態位、因子互動與企業演化》，浙江大學管理學院博士學位論文，2004 年 12 月，第 104 頁。

事實上，一些學者已經注意到了企業能力是動態變化的。例如，1992 年，大衛・蒂斯（David J. Teece）、加里・皮薩諾（Gary Pisano）和艾米・舒恩（Amy Shuen）聯合出版了《動態能力和戰略管理》一書，提出了基於動態能力的企業發展戰略。動態能力理論強調，具有有限動態能力的公司不能培養持久的競爭優勢，隨著時間的推移，其優勢將會消失殆盡，並最終被競爭對手替代。具有強的動態能力的公司能使它們的資源和能力隨時間的變化而不斷積累增強，並能夠有效利用市場上新的機會來創造競爭優勢[31]。近代核心能力理論和動態能力理論視企業能力為企業競爭力的來源與基礎，但這些理論都沒有從企業生產經營的全過程來進行系統分析，也就難免陷入以偏概全的認識誤區，這是企業能力理論的重大缺陷與不足。

九、企業發展的動力

一般來說，一個系統的演化動力主要來自兩個方面：一是系統本身的內部結構；二是系統與其環境之間的相互作用。從辯證唯物主義的觀點來看，事物的發展都是由內因和外因共同作用決定的，外因是條件，內因是根源，外因通過內因而發生作用。從系統的視角來看，這裡的內因是指系統內部諸因素之間的相互作用，這裡的外因是指系統與其環境中諸因素之間的相互作用。

那麼影響企業發展的內因和外因都有哪些呢？

1、企業發展的動力因素

從外部環境來看，消費需求是拉動企業發展的外部原動力；如果市場中沒有消費需求，企業就失去了存在的依據。資源要素是企業生存和發展必需的條件，也是企業順利進行價值創造的前提；如果外部環境不向企業供給資源要素，企業就無法正常進行生產經營活動，更談不上企業的發展。

這裡借用李曉明博士提出的企業行為過程理論模型（見圖 4-9）來分析一下企業的發展動力問題。

---

[31] 李曉明：《企業環境、環境因子互動與企業演化研究》，天津大學管理學院博士學位論文，2006 年 6 月，第 6 頁。

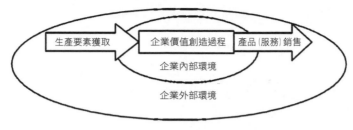

圖 4-9　企業行為過程理論模型圖[32]

　　企業的生產經營過程是：從外部環境中獲取各種資源要素，再將各種資源要素整合加工成產品，然後再把產品銷售給外部環境。

　　從企業外部來看，外部環境向企業提供資源要素的過程是外部供給；外部環境購買企業產品的過程是外部需求。

　　從企業內部來看，企業從外部環境吸納各種資源要素的過程是企業需求；企業向外部環境銷售產品的過程是企業供給。

　　企業內外的供給和需求是相互對應的，它們之間的對應關係如下：

$$外部供給 \longleftrightarrow 企業需求$$
$$外部需求 \longleftrightarrow 企業供給$$

　　所以，企業實際的生產經營過程可以表示如下：

外部供給 → 企業需求 →（要素組合 → 產品）→ 企業供給 → 外部需求

　　上面，括號中表示的是企業內部的生產過程，也就是企業價值創造的過程。

　　以上過程可以用企業內外供需關係圖（見圖 4-10）來描述，其中的實線橢圓表示企業的組織邊界。

---

[32]　來源：李曉明，《企業環境、環境因子互動與企業演化研究》，天津大學管理學院博士學位論文，2006 年 6 月，第 24 頁。

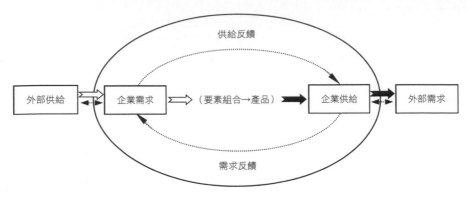

圖 4-10　企業內外供需關係圖

在圖 4-10 中，實線白色箭頭表示資源要素移動方向，實線黑色箭頭表示產品移動方向，而虛線箭頭表示供需資訊在企業內外的傳遞過程。

供需資訊的傳遞過程是這樣的：在企業與外部市場的互動交流中，市場中的需求資訊（如所需產品的品種、數量和質量等）從企業外部傳到企業內部（一般是市場調查部或銷售部），企業內部人員再將需求資訊轉給企業決策者，企業決策者依據市場需求資訊決定資源要素的需求數量（如需招聘多少人員、購買多少原料等），由此形成企業內部的需求資訊，企業相關部門（如人力資源部、採購部等）依據決策形成的企業內部需求資訊開始從外部環境引進所需的資源要素。這裡，外部市場的實際需求直接拉動了企業的內部需求。

通常來說，企業所需的資源要素並不一定能夠完全得到滿足。例如，企業只能從人力市場中招聘到部分所需的人員，只能採購到比預期價格要高的原材料。外部市場中資源要素的實際供給資訊（如原料的價格、數量和質量等）傳到企業內部（如採購部等）後，企業只能根據現有的能力引入相應數量和質量的資源要素，由此形成了企業內部的供給資訊，企業生產部門只能依據實際獲得的資源要素來生產產品。這裡，外部市場的實際供給直接制約了企業的內部供給。

所以，來自外部環境的需求因素是拉動企業發展的原生動力，而來自外部環境的供給因素則是制約企業發展的必要條件。

此外，在外部環境中，企業的供應商、銷售商、合作者、競爭者等利益相關者的共同作用，直接影響了市場對企業的需求和供給。企業與經營同類產品的其他企業之間形成了競爭關係，而與上游供應商和下游銷售商之間形成了合作關係。合作有利於企業獲取市場中更多的需求和供給機會，而競爭往往會減少企業獲取市場中需求和供給的機會。因此，市場中的合作因素和競

爭因素是影響企業發展的另一對矛盾。因為，合作因素和競爭因素是通過影響市場中需求和供給機會而發生作用的，所以也可以說它們是影響企業發展的外部次生動力。

前面在分析企業外部環境時，我們已經知道，在企業外部社會經濟環境中廣泛存在著人、資源、產品、知識、制度、技術等因素。從企業系統內部環境來看，企業系統本身就包含著人、資源、產品、知識、制度、技術這六大類因素。實際上，組成企業系統的最基本的關鍵性要素，與外部生態位中影響企業系統發展的具體因素是基本對應的，但外部環境因素更加複雜和多元。企業與企業之間展開的合作關係和競爭關係也大致可以劃歸到這六類因素方面。但企業實際可以直接使用和配置的資源要素一般只有企業內部的這六類因素。從長期來看，一個企業系統成長演化的過程，實際上就是不斷從外部生態位中搜尋、吸納、內化、整合這些要素的過程。因此，能夠影響企業系統生產經營的內部動因只可能來自企業系統內部的這六類要素。

所以，我們由此得出，影響企業發展的關鍵性內部動力來自企業內部的人、資源、產品、知識、制度、技術這六類因素。其中，最主要的動力因素是企業的人才，而在企業的所有人才中，企業家處於核心位置。

通過上面的分析我們得到，影響企業發展的關鍵性動力因素主要有以下八個：

外部因素：需求和供給；

內部因素：人才、資源、產品、知識、制度和技術。

為便於分析，我們將影響企業發展的關鍵性內部動力因素分為兩類：

A、顯性因素（表層因素）：人才、資源和產品

B、隱性因素（深層因素）：知識、制度和技術

如果將推動企業發展的外部動力因素、內部動力因素與企業生產過程相結合，就可以繪出企業發展的動力因素關係圖（見圖4-11）。

從社會經濟環境來看，除極端情況（如戰爭、政治動亂、自然災害等）外，企業外部環境中的需求因素和供給因素是相對穩定的，但從長期來看是不斷變遷的。一個人要正常生活就必須要吃、穿、住、行，而要實現吃、穿、住、行這些行為，他就產生了對食物、衣服、住房和交通工具等的需要；當他購買食物、衣服、住房和交通工具時，他的這些購買行為就是消費行為，他對這些物品（或商品）的實際需要就是消費需求。所以，這裡的消費需求是指個人的消費需求，也就是社會對最終產品的消費需求。個人消費需求是人與生俱來的欲望和需要，當原來的消費需求得到滿足後，隨著時間的推移，人們又會產生新的更多的欲望和需要。人類欲望的無限性決定了人類消費需求的無限性。因此，個人消費需求是綿延不絕、不斷變化的。在需求的拉動下，企業就為市場提供了種類和層次更多、更豐富的商品和服務。市場中的

商品和服務越多、越豐富，就意味著外部環境能夠為企業的生產經營活動提供越多、越豐富的資源要素。這實際上是一個生產與消費、需求與供給相互聯繫、相互作用、相互影響的動態過程。正是生產與消費、需求與供給的這種反復循環的動態過程，推動了企業的成長和演化。

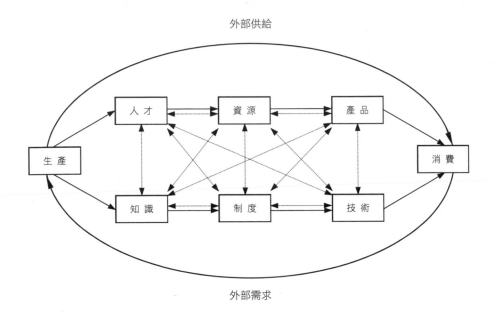

圖 4-11　企業發展動力因素關係圖

　　另一方面，為了生產出最終的個人消費產品，人們還需要生產中間產品。例如，為了生產衣服，人們還需要生產紡織機，而為了生產紡織機，人們又需要生產鋼鐵，這裡紡織機和鋼鐵都是中間產品。對於生產中間產品的企業來說，它們所面對的消費者就是那些需要它們產品的其他企業。例如，對於生產紡織機的企業來說，紡紗廠就是它們產品的消費者。紡紗廠購買紡織機的行為就是消費行為，紡紗廠對紡織機的實際需要就形成了紡紗廠對紡織機生產企業的消費需求。這裡的消費需求是指企業的消費需求，也就是社會對中間產品的消費需求。人類對最終產品的消費需求帶動了對中間產品的消費需求。因此，企業消費需求也是綿延不絕、不斷變化的。從上面的分析過程來看，對於生產中間產品的企業來說，它們的成長演化原理也是符合企業發展動力因素關係圖的。

　　企業在成長演化過程中，在外部環境中的需求因素和供給因素的共同推動下，企業始終進行著「生產→消費→再生產→再消費」的生產循環過程。

從企業內部來看，企業同時在人才、資源、產品、知識、制度、技術這六個方面不斷進行著搜尋、吸納、內化、整合的過程。在這個過程中，企業生態位及企業內部的這六類因素在企業家的協調和配置下共同推動了企業的成長和發展。在企業成長演化過程中，企業內部的這六類因素並不是各自單獨地、孤立地發揮作用的，而是相互協調、相互配合共同發揮作用的，也即每兩個要素之間都是相互聯繫、相互作用、相互影響的，它們共同組成了企業內部的動力關係網絡。在圖4-11中，我們用虛線雙箭頭來表示它們之間的這種相互關係。

　　企業是由人組成的組織，作為企業中的人，在生產經營過程中必然要將其掌握的知識運用到企業的日常運營中。因此，知識對於企業的成長發展必然具有重要的價值和作用。科格特和贊德（1992，1996）、斯彭德（1996）等學者認為：企業是「知識的獨特集合體」，蘊藏在企業或組織層次的社會知識和集體知識構成了企業成功的關鍵要素；企業的核心是知識，這不僅是因為企業具有的隱性知識是企業本身所特有的，而且還在於企業當前的知識存量所形成的知識結構決定了企業發現未來機會和配置資源的方法，企業內各種資源效能發揮程度的差別也都是由企業現有的知識所決定的；知識的獲取比使用更需要專業化，因此，企業生產的關鍵任務是對許多具有不同類型知識的個體專家進行協調[33]。

　　從宏觀層面來看，企業成長發展必然要受到整個經濟環境變遷的影響。現今大部分學者把技術變遷和制度變遷看作是眾多經濟現象背後的根本力量，並把技術變遷和制度變遷看作環境突變的主要形式；如劉漢民（2003）即認為經濟變遷包括技術變遷和制度變遷[34]。制度環境的變遷不僅影響社會經濟的運行，也決定著企業演化的路徑特徵。鄭江綏、何煉成（2003）認為社會經濟演化可以看作是多種制度進行選擇的過程；納爾遜認為，在發達工業國家，正是制度促使技術演化、企業組織的演變朝著有利於經濟可持續發展的方向發展[35]。

　　企業內部的制度體系規定了企業的決策形式與運行模式，從而規範了企業的日常行為，指導著企業的發展路徑。當企業建立一套制度並正常運轉後，企業就會對這套制度形成慣性化的接受與傳遞。在企業生產經營過程中，當這些制度能夠有效地促進企業成長時，企業內部各部門就會對這些制度產生

---

[33] 錢輝：《生態位、因子互動與企業演化》，浙江大學管理學院博士學位論文，2004年12月，第64頁。

[34] 錢輝：《生態位、因子互動與企業演化》，浙江大學管理學院博士學位論文，2004年12月，第140頁。

[35] 錢輝：《生態位、因子互動與企業演化》，浙江大學管理學院博士學位論文，2004年12月，第145頁。

普遍的認同和預期心理，從而導致企業在一定時期內對某些制度的鎖定。隨著外部條件的變化，企業需要對這些制度作相應的調整和修訂。企業制度體系的完善程度直接影響著企業成長的快慢和演化路徑。從企業外部環境來看，產業經濟系統中的制度因素往往有利於某些企業的制度模式，而不利於另一些企業的制度模式，適應環境的制度模式將會被企業界廣泛採用而不斷擴散，而那些不適應環境的制度模式將會逐漸消失。

企業的生產經營活動，必然與一定的技術條件緊密相連。技術對企業的生產經營活動具有重要作用，企業掌握具體行業中主導技術的程度，很大程度上決定了企業的生產水平和生產效率。企業一旦選擇了某種主導技術，也就基本確定了企業的主導性價值創造模式。而企業主導性價值創造模式的確立，又決定了企業資源要素的需求種類、數量和質量，從而使企業與上游供應商、下游銷售商共同構建起一個利益緊密聯繫的價值鏈，進而演化成一個相互支撐、相互促進、相互制約、協同演化的生態系統。因此，企業如何選擇主導技術直接關係到企業的生存與發展前景。從企業外部環境來看，產業經濟系統中的技術因素往往是企業模仿學習的對象，同時也是導致企業進行技術創新的前提和基礎。從更廣的範圍來看，一個社會的技術發展程度還決定了整個社會中分工與協作的深度和廣度。

2、企業家的作用

企業是由人組成的經濟組織，企業的核心是人。在企業發展內部動力的所有因素中，毫無疑問人才是最重要的因素。而在企業的所有人才中，最關鍵的人是企業家。

世界著名管理諮詢公司埃森哲（Accenture）曾在 26 個國家和地區與幾十萬名企業家交談，其中，有 79%的企業領導認為，企業家精神對於企業的成功非常重要；埃森哲的研究報告同時指出，在全球高級主管心目中，企業家精神是組織健康長壽的基因和要穴[36]。而企業家精神的承載者是企業家。企業家對企業的成長、發展和壯大具有舉足輕重的作用。

企業家是怎樣的人呢？他們一般具有哪些特質？

所謂企業家，就是那些具有創新精神、冒險精神、合作精神、敬業精神、學習精神、誠信精神、富有行動力、強烈使命感和責任感、積極追求卓越和成功等特質的企業經營管理者。這裡的創新精神、冒險精神、合作精神、敬業精神、學習精神、誠信精神、富有行動力、強烈使命感和責任感、積極追求卓越和成功等特質，就是許多學者所強調的企業家精神。因此，並不是所

---

[36] 引自徐飛：《企業發展理論（九）：企業家理論》，中國管理傳播網，2007 年 1 月 12 日；參見 http://manage.org.cn/Article/ShowArticle.asp?ArticleID=42258。

有的企業經營管理者都是企業家，只有那些具備企業家精神的企業經營管理者才有資格被稱為企業家。

富有創新精神和經營才能的企業家是社會經濟領域的稀缺資源。在經濟領域中，我們更常見的是普通的企業主、管理者和經理人，或者是發了財的富商。而類似於像微軟公司的比爾·蓋茨、通用公司的傑克·韋爾奇（Jack Welch）、英特爾公司的安迪·葛洛夫（Andy Grove，1936-2016）、松下公司的松下幸之助（Konosuke Matsushita，1894-1989）、索尼公司的盛田昭夫（Akio Morita，1921-1999）、宏碁公司的施振榮、聯想公司的柳傳志、海爾公司的張瑞敏等，這些具有企業家精神的真正的企業家卻比較稀少。

在現實的經濟領域中，每一個成功的企業都擁有一位優秀的企業家，而每一位優秀的企業家背後都有一個拼搏奮進的團隊。成功的企業往往都有自己優秀的企業文化，優秀的企業文化源自獨特的企業精神，而企業精神是企業家精神的組織體現。

企業文化在企業經營中具有重要作用，它無論對企業的生存發展，還是對企業長期競爭力的形成都很關鍵。約翰·科特（John P. Kotter）和詹姆斯·赫斯克特（James Heskett）經過近 20 年的研究得出結論：企業文化對企業長期經營績效影響深遠，它決定著企業未來十年的興衰成敗[37]。良好的企業文化能夠促使企業各部門與各生產要素緊密配合、協同一致，從而使企業能夠順利地實現預定的目標。企業文化的核心是企業精神，而企業精神的主要塑造者是企業家。企業文化中的核心價值觀的取向，決定了企業發展戰略的制定，而企業的發展戰略又對企業的市場定位、內部制度構建、專業知識學習、主導技術選擇等各個方面產生直接而重要的影響，並最終與這些因素一起決定著企業的發展方向與發展路徑。

在現實經濟領域中，一個企業的成長和發展同時伴隨著企業家與其團隊的共同成長和發展。企業家的成長和發展，除了其個人在知識、經驗、經營能力方面的積累之外，更主要在於其精神境界、社會責任感的提升，或者說是企業家精神的成長。企業家精神的提升，又重塑了企業精神，而企業精神的更新又促使企業文化的發展。

[37] 李曉明：《企業環境、環境因子互動與企業演化研究》，天津大學管理學院博士學位論文，2006年 6 月，第 41 頁。

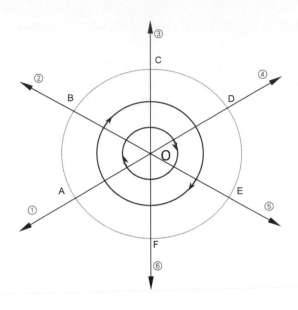

圖 4-12　企業家與組織團隊、企業良性互動圖

因此，在推動企業成長和發展的過程中，企業家是通過如下兩條鏈來發揮作用的：

A、表層因素鏈：企業家→組織團隊→企業

B、深層因素鏈：企業家精神→企業精神→企業文化

在企業成長過程中，這些因素緊密聯繫、協同一致，共同推動企業發展。

如用以上六個因素作為六個維度來描述企業成長的過程，則可以繪出企業成長的軌跡圖（見圖 4-12）。

在圖 4-12 中，六個維度分別是： ①企業家；②企業家精神；③組織團隊；④企業精神；⑤企業；⑥企業文化。

從靜態的角度來看，A 線上的因素形成了互相推動的良性循環，即圖 4-12 中的實線大圓。

這個過程可以描述為：企業家的成長→組織團隊成長→企業成長，而成長後的企業又推動了企業家的成長。

同時，B 線上的因素也形成了互相促進的良性循環，即圖 4-12 中的實線小圓。

這個過程可以描述為：企業家精神的發展→企業精神的發展→企業文化的發展，而發展後的企業文化又促進了企業家精神的發展。

在企業成長發展中，以上六個因素是緊密聯繫、相互配合、協同一致的。所以，實際上 A 線和 B 線是相互交織在一起共同發展的。

從動態的角度來看，一個正常發展的企業在這六個方面是不斷成長的，也即在六個維度上不斷向外擴展。我們不難發現，在企業由小到大、從弱到強的演化過程中，企業家與組織團隊、企業共同成長的軌跡實際上是一條逐漸擴展的螺旋線。與此同時，企業家精神、企業精神、企業文化共同成長的軌跡也是一條逐漸擴展的螺旋線。在企業成長演化過程中，這兩條螺旋線實際上是交織纏繞在一起的（見圖4-13）。

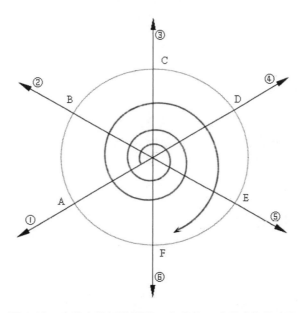

圖4-13　企業家與組織團隊、企業共同成長演化軌跡圖

　　在現實中，企業家的行為是由企業家的人文精神、價值觀、倫理道德等人文知識調控的，企業家的人文知識主導著企業家精神的價值觀取向，而企業家精神塑造了企業精神，企業精神又主導了企業文化中的核心價值觀取向。「三鹿奶粉事件」[38]說明，企業家的人文精神、價值觀和倫理道德等人文知識的不完善或缺失將會極大地制約一個企業的發展。一個現代企業如果僅僅執迷於追求利潤而忽視倫理道德和社會責任問題，那麼這家企業勢必會陷入發展的困境。由此，我們也可以看到，企業家的人文知識與企業精神和企業文化緊密聯繫，它們對一個企業的發展起著多麼重要的作用！

---

[38] 2008年，河北省石家莊三鹿集團生產的奶粉中被發現含有對人體有毒害作用的三聚氰胺，這一事件被媒體曝光後，不僅直接導致這家企業的破產，同時也重創了中國製造商品的信譽，導致多個國家開始禁止中國乳製品的進口。總結這一事件的根源，除了政府對於食品安全監管失職以外，主要原因在於該企業的領導及管理團隊唯利是圖、道德淪喪。

那麼，企業家的人文知識來自哪裡呢？人們可能會說來自企業家接受的教育，而教育系統中的人文知識又來自哪裡呢？追根溯源，人文知識只能來自社會的人文系統（有關人文系統的闡述參見本書第七章第四節的內容）。因此，在企業外部環境中，人文因素也是影響企業發展的一個不可忽視的重要因素，它對企業家精神、企業精神和企業文化具有深層影響。人文因素的重要性主要在於，它塑造了人的精神內核和思想境界，對社會的價值觀和倫理道德具有導向作用。目前，世界各地針對企業經營管理者開設的工商管理教育課程（MBA 或 EMBA 教育）往往只注重經濟管理知識的教育，而不重視人文知識的教育，這對培養健全的企業家精神顯然是個重大疏忽和缺失。

十、企業的演化機制

企業由小到大、從弱到強的成長發展過程，是企業隨著時間進程不斷演化的過程。在這個過程中，分工與協作、內外因子互動、漸變與突變是企業進行演化的重要機制。

1、分工與協作

在企業生產經營中，分工與協作是兩個最基本的必要機制。

分工能夠使企業向專業化、精細化發展；協作能夠使企業各部門相互配合、協同一致。如果沒有分工與協作，任何一個企業都無法順利實現產品的生產和正常的經營活動。

分工實際上是分叉律在企業生產經營中的一個具體表現，而協作是協同律在企業生產經營中的具體表現。

從長時段來看，企業的組織、資源、產品、知識、技術、制度等都在分叉律和協同律的共同作用下，不斷發生著從單一到多元、從低級到高級、從簡單到複雜的演變。

在經濟學研究中，人們很早就注意到了分工的作用，自亞當・斯密以來的古典經濟學以及後來的新古典經濟學理論，一直都把分工現象作為研究分析的重點。相比之下，人們對協作機制的認識顯得重視不夠。很多關於企業的微觀經濟學理論往往偏執一端的情況，就是這一現狀的具體反映。

在企業生產經營過程中，企業的組織、資源、產品、知識、技術、制度等因素之間實際上是相互聯繫、相互作用、相互影響、相互制約的，每一個因素都是在與其他因素的影響和制約中發揮作用的，其中任何一個因素的變化都會在不同程度上引起其他因素的變化。例如，技術的變化必然會引起組織、資源和產品乃至制度等不同程度的改變，反之亦然。當然，在企業發展的不同階段，這些因素的相對地位並不是固定不變的，而是經常處於交叉變換中。

例如，在某一段時間，技術對企業發展起著主導作用，而在另一段時間，制度對企業發展起著主導作用。因此，在企業經營管理實踐中，從企業內部因素來看，需要同時注意六個方面的動態協同管理，而不是僅僅關注其中的某個方面。

2、內外因子互動

企業生態位是企業在社會經濟環境中所佔據的支持其生存和發展的特定資源空間。企業生態位是企業與社會經濟系統的交接點。企業生態位的形成、變化與擴展，是企業與外部環境互動的結果，也是企業間競爭與合作的結果。

企業生態位由眾多因子構成，其中哪些因子是影響企業生存和演化的關鍵要素呢？

根據前文對企業內外環境影響因素的分析，我們知道影響企業發展的一般性外部因素是需求因素和供給因素，而具體的因素包括人、資源、產品、知識、制度、技術這六大類因素。同時，這六種因素也是構成企業的最基本的關鍵性要素。我們知道，企業的成長發展過程，實際上是不斷搜尋、吸納、內化和整合這六種因素的過程。

因此可以判斷，企業生態位中的人、資源、產品、知識、制度、技術這六種因素是影響企業生存和演化的重要因子，而需求因素和供給因素是另外兩個重要因子。錢輝（2004）論證並提出企業生態位由需求、資源、技術和制度這四個因子共同描述與決定[39]。本書認為他只注意到了八個因素中的四個因素，對企業成長演化來說，這顯然是不夠完整和充分的。

那麼，這些企業生態位因子是如何影響企業生存和演化的呢？

本書立論認為，企業生態位因子與企業內部關鍵要素（因子）之間的互動，既是企業外部環境與內部環境進行供需交流的重要方式，也是企業之間進行合作、競爭、學習和創新的一般機制，正是企業內外因子的互動過程推動了企業的成長和發展。

我們用人、資源、產品、知識、制度、技術這六種因子，再加上需求和供給這兩種因子共八類因素，來描述企業內外因子的互動過程。

為更加直觀形象一些，我們依然用八個維度來反映八類因子的變動狀態，從而畫出企業內外因子互動圖（見圖 4-14）。在圖中，八個維度分別是：①需求；②人；③知識；④資源；⑤制度；⑥產品；⑦技術；⑧供給。

實線大圓圈代表企業的生態位邊界，實線小圓圈代表企業的組織邊界；虛線大圓圈代表企業當前的生態位，其中，虛線大圓圈與八個軸的交點

---

[39] 錢輝：《生態位、因子互動與企業演化》，浙江大學管理學院博士學位論文，2004 年 12 月，第 72-87 頁。

A、B、C、D、E、F、G和H分別代表企業外部的需求、人、知識、資源、制度、產品、技術、供給這八個生態位因子;

虛線小圓圈代表企業當前的組織邊界,其中,虛線小圓圈與八個軸的交點a、b、c、d、e、f、g和h分別代表企業內部的供給、人、知識、資源、制度、產品、技術、需求[40]這八個關鍵因子。

通過前文對企業生產經營過程的分析,我們知道,當外部環境將需求(A)傳遞給企業後,企業很快會作出供給(a)的響應,這就形成外部環境與企業之間需求(A)和供給(a)之間的互動。這一互動過程,在圖4-14中標示為「A←→a」。

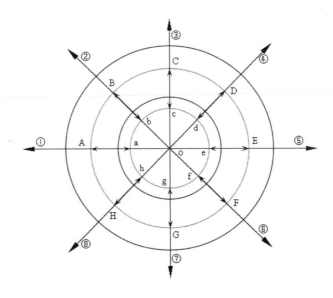

圖4-14 企業內外因子互動圖

另一方面,企業在進行生產經營中,也需要外部環境提供的各種資源要素,這時,企業對外部環境就會產生需求(h)。當企業將需求(h)傳遞給外部環境後,外部環境很快會作出供給(H)的響應,這就形成了外部環境與企業之間供給(H)和需求(h)之間的互動。這一互動過程,在圖4-14中標示為「H←→h」。

當企業與外部環境之間進行外部需求與內部供給(A←→a)或者外部供給與內部需求(H←→h)的互動時,首先必須要通過企業內外的人進行交流

---

[40] 這裡,外部需求與企業內部供給相對應,外部供給與企業內部需求相對應。它們之間的內在聯繫參見前文中的「圖4-10 企業內外供需關係圖」。

和互動，如詢價、談判、簽約、下訂單等。當然，企業與外部環境之間的人的互動，還包括人與人之間關於思想、文化和知識的相互交流和相互學習，也包括各種人才的交流等。這些互動過程，在圖中均標示為「B←→b」。

同樣，企業與外部環境之間進行資金、原料等資源要素的互動過程，在圖中標示為「D←→d」。企業與外部環境之間進行產品或服務的互動過程，在圖中標示為「F←→f」。

當企業與外部環境之間進行人、資源和產品的互動時，必然同時伴隨著知識的互動、制度的互動和技術的互動等過程。這些互動過程在圖中分別標示為「C←→c」、「E←→e」和「G←→g」。

我們知道，企業生產經營過程是「需求─供給」「生產─消費」的循環往復過程，在這個過程中，企業與外部環境之間在需求、人、知識、資源、制度、產品、技術、供給這八個方面始終進行著互動。正是這些企業內外因子的不斷互動，推動了企業由小到大、由弱到強地成長演化。在企業成長的不同階段，這些因子影響企業發展的強度和相對地位並不是固定不變的，而是處於動態的循環替換中。例如，在某一段時間，需求對企業發展起著主導作用，而在另一段時間，技術對企業發展起著主導作用。主導因子的改變會使企業的生存演化發生明顯變化，同時也引起其他因子發生明顯變化，這是一個協同一致的過程。

一個企業的最基本功能是為社會提供產品或服務，以滿足社會的消費需求。消費需求是拉動企業發展的直接動力，如果沒有社會的消費需求，企業就失去了發展的原動力。同時，一個企業要生產出社會所需要的產品或服務，還需要外部環境為它提供各種資源要素。因此，在企業生態位的諸多因子中，產品服務需求因子和資源要素供給因子顯然是影響企業生存和發展的兩個關鍵因子。

任何一個企業都生存於一定的經濟系統中，它與外部環境中的其他企業必然存在著各種各樣的關係。在企業之間的諸多關係中，最常見的關係是競爭關係與合作關係。

在產業系統中，提供同類產品的企業在人才、資源和顧客方面存在著競爭，相互之間經常處於競爭狀態。提供不同類產品的企業在人才、資源和顧客方面很少有競爭，但可能存在互補，相互之間存在互補的企業常常會建立合作關係。企業之間的競爭關係與合作關係並不是絕對的，這兩種關係在一定條件下是可以相互轉化的。

例如，企業 N 生產麵粉，企業 M 生產麵包，當企業 N 為企業 M 提供麵粉時，它們之間就形成了合作關係；但當企業 N 也開始生產並向市場銷售麵包時，或者當企業 M 也開始生產並向市場銷售麵粉時，它們之間的關係就變成了競爭關係。

在現實經濟中，企業之間除了競爭關係與合作關係之外，有時還存在「競爭＋合作」的關係，也即「競合關係」。例如，兩家生產經營同類產品的企業，它們之間原本是競爭關係，但當它們聯合開發某種新產品並共享市場時，它們之間的關係就是「競合關係」。

一個企業在成長發展中，會經常與市場中的其他企業在人才、資源和產品等方面展開競爭。例如，同類企業往往會提出高薪、優厚待遇等條件競相延攬行業內優秀的管理人才、技術人才和營銷人才等。為在競爭中佔據優勢，企業之間還會在知識、制度和技術等方面展開競爭。

企業間競爭的手段和途徑之一是創新。要進行創新，企業就需要向外部環境中的其他優秀企業學習。企業間的合作、競爭、學習和創新，正是通過企業內外因子的互動來進行的。企業內外因子的互動推動了企業的演化。企業的創新一般包括企業在文化、組織、資源、產品、知識、制度、技術等方面的創新。

企業間競爭的一個重要方面是產品競爭。企業在產品方面的競爭一般是通過產品創新進行的。而企業在產品方面的創新，往往是與行業中的資源、技術、知識、制度等方面的創新相互交織在一起的。例如，在市場中，當一家企業向市場推出一種新產品 f1 並因此獲得可觀利潤時，其他競爭性企業不久就會研發出比產品 f1 功能更強或質量更優的升級產品 F1。此時，生產 f1 產品的企業，其產品優勢就被替代，從而其競爭優勢就隨之減弱。為重新獲得新的競爭優勢，企業將會再次進行產品創新，研發推出一種比 F1 功能更強或質量更優的升級產品 f2。而市場中的其他競爭性企業不久又會研發出比產品 f2 功能更強或質量更優的新產品 F2。這一產品創新過程將會通過企業內外因子的反復互動持續進行。企業的產品創新活動是推動市場中產品種類日益豐富的重要原因。在企業產品創新的背後，同時也伴隨著行業中各種知識和技術的不斷進步。各種知識和技術的進步又催生了各種新發明的誕生。而各種新發明的誕生反過來又推動了企業產品的創新。

與以上過程相類似，產業系統中的不同企業正是通過內外因子的互動實現了企業在文化、組織、資源、產品、技術、知識、制度等各方面的創新。

任何企業都是由人組成的組織，人是企業所有要素中最能動的因素。一個企業經營的好壞、是否能夠在市場競爭中脫穎而出，關鍵在於企業中的人才，特別是創新型人才。因為一個企業在各個方面的創新，最終都是由人才來完成的。所以，企業之間的競爭歸根結底是人才的競爭。在企業成長過程中，企業家及其組織團隊也在不斷進步，其進步主要表現在企業知識、精神文化、管理水平、經營技能等方面的日益豐富和不斷提升。通過前文對企業發展動力的分析我們知道，企業家對一個企業的成長和發展具有舉足輕重的作用。而企業生態位系統中的人文因子，對企業家精神、企業精神和企業文

化具有重要影響。因此，在企業生態位的諸多因子中，人文因子也是影響企業生存和發展的一個不容忽視的重要因子。

通過上述分析，我們可以清晰地看到，正是通過內外因子的互動機制，使企業吸納整合了外部環境的資源供給，及時響應並滿足外部環境的產品需求，實現了企業間的合作、競爭、學習和創新，從而推動企業在文化、組織、資源、產品、知識、制度、技術等方面獲得進步和成長。在這一過程中，企業的整體能力獲得了提升，企業的組織邊界和生態位邊界也得到了相應擴展。

3、漸變與突變

自人類創造企業這種組織以來，企業就在不停地演化發展中。企業的演化經歷了一個從單一到多元、從低級到高級、從簡單到複雜的過程。

企業的演化過程可分為漸變階段和突變階段，漸變是突變的基礎，突變是漸變的結果。企業的演化過程表現為漸變階段與突變階段交替進行，這種機制促使企業從一個階段向另一個階段躍遷、從一種狀態向另一種狀態演變，從而使企業實現了從單一到多元、從低級到高級、從簡單到複雜的演化過程。引起企業發生突變的因素，既可能來自外部環境，也可能來自企業內部環境。企業演變過程中的突變是通過企業內外因子互動來實現的。

一個企業在演化過程中，除了其內部各要素之間發生互動以外，企業內部各要素與其外部環境生態位中的各種因素也在發生互動。這些互動導致企業在組織、資源、產品、技術、知識、制度等各方面發生緩慢的變化，這些緩慢變化就是企業演變過程中的漸變；當各種緩慢變化積累到一定程度時，企業內部各要素的性質就會發生質變，從而導致企業在結構、功能和行為等方面發生顯著改變，這些顯著改變就是企業演變過程中的突變。

通過前文對企業內外因子互動機理的分析，我們知道，正是企業內外環境中的創新因素在企業變革中發揮著重要作用。企業正是通過內外因子的互動實現了在文化、組織、資源、產品、技術、知識、制度等各方面的創新。企業在這些方面的創新，就導致企業內部諸要素逐漸發生變化，當變化量積累到一定程度時就會發生質變，從而導致企業演化過程中的突變。而突變將導致企業的整體能力和生態位狀況發生顯著改變。如果突變導致企業向進化方向演變，那麼突變的結果就是企業整體能力的提升和生態位的擴張；反之，則會導致企業向退化方向演變，那麼企業整體能力就會降低，生態位就會收縮。

企業的成長和發展與企業的創新能力直接相關。艾伯納西和厄特拜克（Abernathy & Utterback，1978）、蘇亞雷斯（Suarez，1993）、圖斯曼（1996）等從創新的角度指出，企業演化過程是一個「間斷均衡」過程，即一個相對較長的漸進創新過程被短期的突變所打斷，突變往往是一次根本性的技術創

新[41]。熊彼特把企業的創新形式分為五種：一是引入新產品或提供產品新質量；二是採用新的生產工藝；三是開闢新的市場；四是獲得新的資源供給來源；五是採用新的組織形式[42]。他提到的這五種創新形式，可以歸類為企業分別在產品、技術、市場、資源和組織方面的創新。其中，企業開闢新的市場這一過程，可以理解為企業外部生態位擴展的結果。從企業自身的內部因素來看，熊彼特可能忽視了企業在企業文化、知識、制度等其他方面的創新。

從企業外部環境來看，社會經濟環境在一定時期內是相對穩定的，但從長期來看卻一直處於變化中。企業外部環境變化分為漸變與突變，這決定了企業生態位的變化也分為漸變與突變。企業生態位的突變往往是由企業生態位中某一因子的突變引起的。當外部環境緩慢地漸變時，企業生態位相對穩定，企業通過自身局部調整就可以適應外部環境的變化。當外部環境發生劇烈地突變時，企業生態位將因受到劇烈衝擊而迅速變化，這時企業往往需要作出快速反應或進行全域性調整才能適應外部環境的變化。如果企業調整緩慢或者應對稍有不當，其發展乃至生存都將受到嚴重威脅。

通過前文分析我們知道，在企業生態位的諸多因子中，產品服務需求因子、資源要素供給因子是影響企業生存和發展的兩個關鍵因子。當顧客對企業產品需求突然發生變化時，或者企業所需某一資源要素的供給突然發生變化時，都會引起企業生態位的突變。例如，當彩色電視機出現後，人們對黑白電視機的需求量急劇減少；當數字信號手機出現後，人們對模擬信號手機的需求量急劇減少。那些生產黑白電視機和模擬信號手機的企業，都面臨著生態位急劇收縮的嚴重威脅，如果不及時作出適應性調整，它們只能得到破產的命運。

由法國數學家雷內・托姆於 1972 年正式提出、後經英國數學家齊曼（E.C. Zeeman）等人完善的突變理論，可以用來很好地解釋事物發展的不連續性或突變現象。突變理論的核心思想為[43]：穩定性是事物的普通特性，穩定態與非穩定態是事物運動的兩種基本狀態，是對立統一的兩個方面；漸變和突變都是事物實現質變的途徑，質變所經歷的中間過渡態是判斷事物質變的方式；事物漸變和突變與事物所處狀態密切相關，漸變和突變的區分以轉化過程中諸中間狀態是否穩定為依據，如果質變經歷的中間過渡態是不穩定的，則它是突變；如果中間過渡態是穩定的，則它是漸變；事物在一種結構穩定態中

---

[41] 李曉明：《企業環境、環境因子互動與企業演化研究》，天津大學管理學院博士學位論文，2006年6月，第88頁。

[42] 李曉明：《企業環境、環境因子互動與企業演化研究》，天津大學管理學院博士學位論文，2006年6月，第65頁。

[43] 李曉明：《企業環境、環境因子互動與企業演化研究》，天津大學管理學院博士學位論文，2006年6月，第69頁。

的變化是量變，在兩種結構穩定態之間或不穩定態之間的變化是質變。

下面利用突變理論的核心思想來解釋企業成長中的漸變與突變過程。

通過前文的分析，我們已經得到影響企業發展的重要因素主要有以下一些：

內部因素：人、資源、產品、知識、制度和技術；

外部因素：一般性因素有供給和需求；具體因素包括人、資源、產品、知識、制度和技術等。

我們用人、資源、產品、知識、制度、技術這六個因素，再加上需求和供給這兩個因素，共八個因素來描述企業漸變與突變的過程。

我們用八個維度來反映八種因素的變動狀態，從而畫出企業漸變與突變的過程圖（見圖4-15）。

在圖4-15中，八個維度分別是：①需求；②人；③知識；④資源；⑤制度；⑥產品；⑦技術；⑧供給。

圖中的虛線同心圓環表示企業的生態位，小圓圈表示企業處於較低勢能狀態的生態位，較大圓圈表示企業處於較高勢能狀態的生態位。隨著企業的不斷成長和發展，企業的組織邊界和生態位邊界都在逐漸由小變大。在這個過程中，影響企業發展的八種因素也發生著由小到大的變化。

從企業成長發展的動態過程來看，在企業從小到大、由弱到強的演化過程中，企業在八個維度方向的演化軌跡實際上是一條逐漸擴展的螺旋線（如圖4-15的實線螺線所示）。

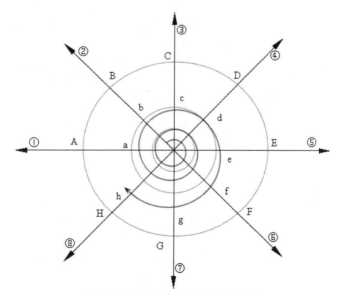

圖4-15　企業漸變與突變過程圖

企業從①軸演變到⑧軸、再回到①軸的一個完整過程稱為企業演化的一個週期。在企業演化的一個週期內，螺線與八個軸的交點分別以 a、b、c、d、e、f、g、h 來表示。

在企業演化的一個週期內，在外部需求的拉動下，企業由 a 狀態演變到 b 狀態，首先是企業中企業家及團隊的經營管理水平得到了提升；企業由 b 狀態演變到 c 狀態，反映的是企業組織學習和應用各種知識（管理知識、專業知識等）的程度得到了提升；企業由 c 狀態演變到 d 狀態，反映的是企業整合利用各種資源的程度得到了提升；企業由 d 狀態演變到 e 狀態，反映的是企業制度建設創新的程度得到了提升；企業由 e 狀態演變到 f 狀態，反映的是企業產品研發創新的程度得到了提升；企業由 f 狀態演變到 g 狀態，反映的是企業技術研發創新的程度得到了提升；企業由 g 狀態演變到 h 狀態，反映的是企業生態位對企業供給資源要素的程度得到了提升。

從突變理論來看，企業由「a→b」「b→c」「c→d」「d→e」「e→f」「f→g」「g→h」演變過程的中間階段，企業處於穩定態，這中間的過渡態是穩定的，所以企業發生的變化是漸變；而企業在 a、b、c、d、e、f、g、h 這八個點及附近的演變階段時，企業處於非穩定態，這中間的過渡態是不穩定的，所以企業發生的變化是突變。當企業完成一個週期的演化後，在外部新需求的拉動下，企業又開始進入下一個週期的演化過程，企業的演變又開始了新一輪漸變與突變的交替過程。如此循環往復下去，企業的整體能力就獲得了提升，企業的組織邊界和生態位邊界也得到了相應擴展。

總之，企業的演化過程是一個漸變與突變交替進行的持續過程，這一機制促使企業從一種狀態向另一種狀態演變。企業演變過程中的突變是通過企業內外因子互動來實現的，引起企業發生突變的因素，既可能來自外部環境（如市場需求的突然變化、產業政策的突然改變等），也可能來自企業內部環境（如企業管理制度的重大變革、企業技術或產品的重大創新等）。如果突變導致企業向進化方向演變，那麼突變的結果就是企業整體能力的提升和生態位的擴張；如果突變導致企業向退化方向演變，那麼突變的結果就是企業整體能力的降低和生態位的收縮。

十一、企業的生命週期

世界上的任何有機物都具有生命週期。由人組成的企業是個有機的組織，所以企業也具有生命週期。形象地說，企業也有一個誕生、成長、衰老、死亡的過程。從企業演化的方向和狀態來看，我們可以把企業生命週期劃分為成長進化、維持現狀、退化衰亡這三個階段。

企業演化的方向一般有兩個，即進化與退化。企業進化是指企業在內在

素質、管理水平、組織規模、整體能力和生態位質量等方面向有益於企業發展的方向演化，具體表現為企業內在素質比以前更好了，管理水平比以前提高了，企業規模比以前更大了，企業整體能力比以前更強了，企業生態位質量達到了一個更加良好的狀況。退化與進化正好相反，即企業退化是指企業在內在素質、管理水平、組織規模、整體能力和生態位質量等方面向不利於企業發展的方向演化，具體表現為企業內在素質比以前更差了，管理水平比以前降低了，企業規模比以前更小了，企業整體能力比以前更弱了，企業生態位質量跌到了一個更低、更糟的水平。

在外部壓力與內部動力的交互作用下，企業最終可能演化的結果只有三種，即持續進化、維持現狀、退化衰亡。在現實的經濟系統中，與這三種演化結果對應的企業狀態如下：

1、成長壯大的企業

企業進化的最終決定因素不是來自外部，而是來自企業內部。不管外部環境競爭壓力大還是小，只要企業內部發展動力很強，企業都會沿著持續進化的方向演化。當外部環境變化很快，同時企業內部發展動力很強時，在企業家積極進取、自強不息精神的驅使下，企業將通過學習和創新來應對外部環境的挑戰，隨著時間的推移，企業自身素質和能力將獲得提高，企業演化的結果將是市場競爭力的提高、企業規模將會相應擴大、企業生態位將會擴張。

如果從企業能力的「勢能圖」來分析，我們可以清楚地看到一個不斷成長壯大的企業是如何成長進化的。

在企業能力成長「勢能圖」（圖4-16）中，八個維度分別是：①生產供給；②企業家；③知識；④組織；⑤制度；⑥資源；⑦技術；⑧產品。

在圖4-16中，我們看到，起初企業的生產供給能力較弱，但在企業內部發展動力的驅動下，企業的各項能力都在不斷提高。從企業生產經營的表層因素來看，企業家積極進取，不斷克服外部環境的競爭壓力，其經營能力逐漸提高，企業組織的管理協調能力也隨之逐漸提高，進而促使企業資源的吸納整合能力逐漸提高。從企業生產經營的深層因素來看，企業家、企業組織和資源這三方面能力的提高，同時也推動企業在知識學習創新能力、制度構建完善能力和技術創新應用能力這三方面能力的提高，進而又推動企業產品研發創新能力的提高。而企業產品研發創新能力的提高，又增強了企業的生產供給能力。隨著生產循環的進行，企業的整體能力獲得了提高，企業市場競爭力隨之提高，企業規模不斷擴大，同時企業生態位也在不斷擴張。

我們不難發現，在企業成長進化過程中，企業能力經歷了一個由弱到強的演化過程，企業能力成長演化的軌跡實際上是一條逐漸擴展的螺旋線。

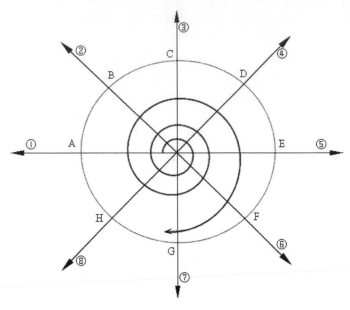

圖 4-16　企業能力成長「勢能圖」

2、保持穩定的企業

　　當外部環境競爭壓力較小，同時企業內部發展動力又較弱時，在一定時期內企業將保持相對穩定的狀態。當外部環境變化緩慢時，企業將面臨一個相對穩定的外部環境，與此同時，如果企業又沒有進一步發展的動力，那麼企業就可以維持原來的經營狀況，並一直延續到外部環境發生劇烈變化為止。這期間，企業就表現為市場競爭力相對穩定，企業規模不變，企業生態位穩定。但在經濟全球化、技術革新日益加快、顧客需求迅速變化的今天，這種穩定的外部環境已變得越來越少見，企業將面臨迅速變化的外部環境和日益激烈的競爭壓力。因此，維持現狀只是企業發展過程中一個相對短期的現象。

　　如果從企業能力演化「勢能圖」來看，一個保持相對穩定的企業，在一定時期內，企業各方面的能力也是基本維持現狀的。這時，企業能力演化的軌跡實際上是一個封閉的圓形（見圖 4-17）。

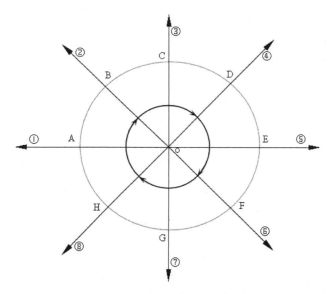

圖 4-17　企業能力演化「勢能圖」

在企業能力演化「勢能圖」（圖 4-17）中，八個維度分別是：①生產供給；②企業家；③知識；④組織；⑤制度；⑥資源；⑦技術；⑧產品。

在這種情況下，由於企業缺乏進一步發展的動力，從企業生產經營的表層因素來看，企業家的經營能力、企業組織的管理協調能力和企業的資源吸納整合能力都基本維持在原來的狀態。從企業生產經營的深層因素來看，企業在知識學習創新能力、制度構建完善能力和技術創新應用能力這三方面也都基本維持在原來的水平。在一定時期內，企業產品研發創新能力和企業的生產供給能力也都基本維持在原來的狀態。就總體而言，企業在整體能力、組織規模和企業生態位方面也都維持在原來的水平。

在現實經濟系統中，那些維持現狀保持穩定的企業，其經營管理者一般都是那些思想僵化、缺乏進取心的人。這類企業的經營者，其認知模式類似於「刻舟求劍」，外部環境在不斷發生著變化，而他們卻依然以過時的經營思路和策略應對變化了的外部環境。事實上，企業發展如同逆水行舟，不進則退。隨著外部環境的變化，企業將無法繼續維持現狀，如果企業經營管理者繼續不思進取，那麼企業最終將會沿著退化的方向演化。

3、停滯衰退的企業

無論外部環境競爭壓力大還是小，只要企業內部發展動力很弱，企業都會沿著持續退化的方向演化。當外部環境變化很快，同時企業內部發展動力又不足時，企業將不能主動適應外部環境的變化，隨著時間的推移，企業自

身素質和能力將會逐漸下降，企業演化的結果將是市場競爭力的下降、企業規模將被迫縮小、企業生態位將會收縮。如果企業經營者不能有效遏止這種退化趨勢，那麼企業面臨的最終命運將是破產或解體。

　　如果從企業能力的「勢能圖」來看，一個停滯衰退的企業，隨著時間的推移，企業能力在不斷減弱，企業能力演化的軌跡實際上是一條逐漸收縮的螺旋線（見圖 4-18）。

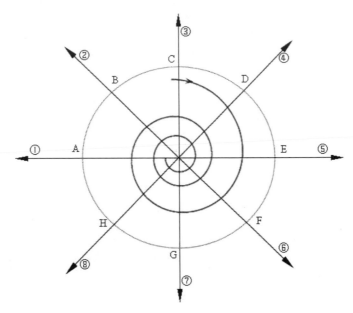

圖 4-18　企業能力衰退「勢能圖」

　　在企業能力衰退「勢能圖」（圖 4-18）中，八個維度分別是：①生產供給；②企業家；③知識；④組織；⑤制度；⑥資源；⑦技術；⑧產品。

　　在圖 4-18 中，我們看到，起初企業的生產供給能力較強，由於企業內部發展動力很弱，在外部環境競爭壓力下，企業的各項能力都在不斷降低。從企業生產經營的表層因素來看，企業家的經營能力在逐漸降低，企業組織的管理協調能力也隨之降低，進而促使企業資源的吸納整合能力逐漸降低。從企業生產經營的深層因素來看，企業家、企業組織和資源這三方面能力的降低，促使企業在知識學習創新能力、制度構建完善能力和技術創新應用能力這三方面的降低，進而又導致企業產品研發創新能力的降低。企業產品研發創新能力的降低，又減弱了企業的生產供給能力。隨著生產循環的進行，企業的整體能力在不斷降低，這導致企業市場競爭力的下降、企業規模被迫縮小、企業生態位不斷收縮。

李曉明博士以企業所從事的特定產業為標準來考察企業生命週期，把企業分為幼年夭折型、壽終正寢型、得道成仙型這三種類型。他指出，從事不同產業的企業其生命週期長短不一樣，有的產業生命週期很長，從事該產業的企業的生命週期自然就長；有的產業生命週期短，從事該產業的企業的生命週期就短；不分所從事的產業類型而絕對地比較企業生命週期長短是不科學的。在現實中，大多數企業的壽命是很短暫的。據統計，10 年前的《財富》500 強中，將近 40% 的企業已經銷聲匿跡；30 年前的《財富》500 強中，60%的企業已經被收購或破產。在 1900 年入圍道瓊斯指數的 12 家企業中，現在僅存留通用電氣（GE）一家。歐洲及日本的企業的平均壽命僅為 12.5 年。美國商務部調查報告顯示，美國每年有 50 萬戶企業誕生，一年內就有 40%倒閉，10 年內倒閉的達到 96%。中國的資料也顯示，中國中小企業的平均壽命只有 3.5 年，集團的平均壽命是 7-8 年。由此可見，大部分企業無法做到持續發展，究其原因是在激烈的市場競爭環境下，大部分企業都無法度過其幼年的生存危險期，有一部分企業能夠做到「壽終正寢」，只有極少數企業可以「得道成仙」。而企業能夠「得道成仙」的根本原因在於企業實現了持續進化。[44]

在現實經濟環境中，凡是那些能夠實現持續進化的企業都是基業長青的企業。例如，法國的人頭馬白蘭地酒業公司（249 年），德國的施坦威鋼琴公司（158 年），美國的通用電器公司（128 年）、可口可樂公司（123 年）、吉利安全剃刀公司（108 年）等著名的百年企業就屬這樣的企業。

十二、企業發展演化的軌跡

隨著時間的推進，企業的形態特徵也會不斷變化，這些變化的歷史過程就是企業演化的軌跡。企業演化是外在壓力與內在動力綜合作用的結果。當外部壓力大於內部動力時，企業將不能主動適應外部環境變化，企業相對競爭力將下降，企業規模將被迫縮小，企業生態位將收縮。當外部壓力小於內部動力時，企業將能夠主動適應外部環境變化，企業相對競爭力將提升，企業規模也會相應擴大，企業生態位將會逐步擴展。在兩者對企業演化的影響中，企業內部動力的影響要大於外部壓力的影響，企業最後的演化結果是進化還是退化，最終取決於來自企業內部的動力。

企業面臨的直接外部壓力來自企業的生態位系統，主要包括產品服務需求方面的壓力和資源要素供給方面的壓力。如果企業妥善處理好這兩方面的壓力，企業就能夠把外部壓力轉化成動力，企業能力將會日益提高，企業將

---

[44] 李曉明：《企業環境、環境因子互動與企業演化研究》，天津大學管理學院博士學位論文，2006 年 6 月，第 91-92 頁。

會獲得持續競爭的優勢；反之，如果企業不能妥善處理好這兩方面的壓力，企業的正常生產經營將會受到嚴重影響，企業能力將會降低，最終將會削弱企業的競爭力。此外，企業生態位系統中的人文因素也是影響企業演化的一個重要因素，其重要性主要在於它對企業家精神、企業精神和企業文化具有深層影響。

企業演化的內在動力來自企業內部的人才、資源、產品、知識、制度、技術這六類因素。其中，最主要的動力因素是人才因素，而在人才因素中起主導作用的是企業家。前文已經分析過，企業家對一個企業的成長與發展具有非常重要的作用。企業家通過自身的企業家精神塑造了企業精神和企業文化，同時也影響著企業組織團隊的成長。企業家的學習精神和創新精神會激勵企業組織團隊的學習行為和創新行為。而不斷學習和創新是企業內部人才提高自身能力的重要手段，是企業組織不斷提高自身素質和整體能力、持續獲得競爭優勢的重要途徑。通過不斷學習，能夠使企業組織與時俱進，持續適應外部環境的變化。通過不斷創新，能夠不斷優化企業的內部環境，不斷推動企業在人才、文化、組織、資源、產品、知識、制度、技術等方面獲得進步和成長。

從「企業發展動力因素關係圖」（圖 4-11）中可以清楚地看到，企業的生產經營活動以「生產」為起點、以「消費」為終點，在這個過程中，企業的發展動力因素由兩條鏈貫穿而成：

A 鏈（表層因素鏈）：生產→人才→資源→產品→消費

B 鏈（深層因素鏈）：生產→知識→制度→技術→消費

從企業一次生產活動的起點和終點來看，一方面，企業開始「生產」前首先是受到了生態位中消費者「需求」的誘導，正是這個「需求」誘導使企業作出開始生產某種產品的決策；另一方面，當企業生產出產品並銷售給顧客供他們「消費」時，企業的一次完整生產過程才結束。因此，企業的生產過程實際上是企業對生態位中「消費需求」的響應，也是企業向生態位進行「生產供給」的過程。從企業運行的現實過程來看，企業的再生產過程是一個不斷滿足生態位中消費者「消費需求」、為其創造「生產供給」的循環過程；從企業運行的深層因素來看，這實際上是一個不斷吸納消費者「消費需求」資訊、為其創造「顧客價值」的循環過程。

從「交換」這個環節來看，在企業內部各部門之間不斷進行著各種資訊和工作的「交換」，此外，企業與其生態位之間在人員、資訊、物質和「能量」等方面也進行著交換。這裡所說的資訊，包括企業內外的需求資訊、供給資訊、技術資訊、產品資訊等生產經營資訊。這裡所說的物質，包括外部環境對企業提供的各種資源和企業對外部環境供給的產品；其中，企業對外部環境的產品供給實際上就是企業銷售產品的行為。企業能否順利地將產品銷售

出去，這直接決定著企業能否順利實現顧客價值並獲得相應利潤；而企業能否獲得利潤，又決定著企業的生死存亡。另外，一個企業在短期內還是在長期內實現利潤，這對企業的再生產循環和擴大規模具有不同的意義。一個企業如果能夠在短期內實現利潤，企業家就可以更早地將所獲利潤用來擴大生產規模，使企業在與其他企業的競爭中取得有利地位，從而使該企業爭取到更多的生態位空間。「能量」一詞原本是物理學中的概念，在經濟系統中與「能量」對應的事物是「貨幣」，它可以表現為一定數量的金融資本，也可以表現為一定數額的流動資金。在現代社會，一個企業如果能夠順利籌集到所需的貨幣資本，這對於企業的成長壯大是非常有利的。一個企業通過生產經營活動所積累的貨幣越多，它就擁有越多的投資機會，從而使它獲得更多的發展空間。因此，企業與外部環境之間交換水平和交換效率的提高，對企業的生存發展具有重要的價值和作用。

從「分配」這個環節來看，分配過程是否有效率、分配結果是否合理，決定著企業組織運行是否有效率，這直接影響企業生產經營效率的高低，而企業生產經營效率的高低又關係到企業競爭力的強弱。競爭力強的企業顯然要比競爭力弱的企業能夠爭取到更多的生態位空間，從而能夠在較短的時間內快速成長壯大。從收入分配的結果來看，收入分配調節著企業投資人、企業家和企業員工之間的利益關係，分配結果是否合理影響著企業後續的生產經營效率和成長發展進程。一方面，分配結果能否激勵企業家和企業員工，這與他們所獲收入是否合理直接相關；另一方面，企業投資人能否獲得足夠的投資激勵（或資本積累），這又會影響企業再投資、擴大生產規模的能力。在企業的收入分配中，如果企業利潤分配過多地傾向於企業投資人，企業家和企業員工所獲得的收入就會相對較少，這對調動企業家的創新精神和企業員工的工作積極性不利。同樣，如果企業利潤分配過多地傾向於企業家和企業員工，企業投資人所獲得的收益就會相對較少，這對激勵企業投資人進行再投資、擴大生產規模也是不利的。因此，企業中分配效率和分配合理化水平的提高，對企業的生存發展同樣具有重要的價值和作用。

所以，從「交換」和「分配」這兩個環節來看，交換和分配構成了企業發展演化中的兩個關鍵環節。

從企業的內部環境來看，企業進行生產前必須要從生態位中獲取各種資源要素，企業能否獲得所需的資源要素，這決定於企業本身的資源吸納能力；企業將生態位中的資源要素納入企業內部，這實際上也是企業順利開展生產經營活動的必要前提。而從企業發展的角度來看，企業在「人才」方面的吸納、培養和成長，主要表現為企業組織團隊的成長。

綜合以上分析，圖 4-11 所表示的企業發展動力因素兩條鏈的運行過程就可以描述如下：

A 鏈：資源吸納→組織成長→交換效率提升→分配水平提高→生產供給能力增強

B 鏈：資訊吸納→知識積累→制度創新→技術創新→顧客價值增長

A 鏈反映了企業表象特徵的成長過程，而 B 鏈反映了企業本質特徵的成長過程。

在企業演化過程中，以上十個方面緊密聯繫，共同推動企業成長壯大。如用這十個方面作為十個維度來反映企業發展演化的情況，則可以繪出企業的發展演化軌跡圖（見圖 4-19）。

在圖 4-19 中，十個維度分別是：①資源吸納；②資訊吸納；③組織成長；④知識積累；⑤交換效率；⑥制度創新；⑦分配水平；⑧技術創新；⑨生產供給；⑩顧客價值。

在發展演化過程中，企業在這十個方面是不斷增長的，也即在十個維度上不斷向外擴展。我們不難發現，隨著時間進程的延續，企業在 A 鏈和 B 鏈的運行軌跡是兩條起點相同、逐漸擴展的螺旋線（在圖 4-19 中，已將 A 鏈和 B 鏈的運行軌跡合在了一起）。

在企業生產經營活動中，因為這十個方面是緊密聯繫、相互配合、協同一致的，所以，實際上 A 鏈和 B 鏈是相互交織在一起呈螺旋狀不斷發展演化的，其形態類似於生物的 DNA 雙螺旋結構。

企業的成長發展過程是一個隨時間不斷演化的歷史過程，企業從誕生、成長到發展壯大經歷著由單一到多元、由低級到高級、從簡單到複雜的過程。隨著企業規模和年齡的不斷增長，企業內部的部門日益增多，組織結構也日益龐雜，其內部各組成因素之間的相互關聯和相互作用也越來越複雜，因而其管理駕馭難度也越來越高。

在現實的經濟系統中，企業在這十個維度的發展往往並不是均勻同步的，可能有些因素（如技術）變化較快，而有些因素（如制度）變化較慢，甚至常常會有所波動。所以，實際上企業發展演化軌跡圖並不一定是平滑規則的螺旋線。

通過圖 4-19，我們也可以分析企業生態位因子的變化過程。如果我們用「螺旋線上的點與坐標原點相連形成的線段，圍繞坐標原點隨時間旋轉掃過的面積」來表示企業生態位的變化情況，那麼在企業由小到大、由弱到強的成長演化過程中，企業生態位也同樣經歷了一個由單一到多元、由低級到高級、從簡單到複雜的演化過程。企業生態位的演化與企業本身的演化是同時進行的，演化過程是通過企業內外因子互動來實現的，企業內外因子互動形成兩層（即表層和深層）網絡關係，構成了一個多維的複雜動態圖景。從圖 4-19 我們看到，企業生態位演化過程的軌跡實際上也是一條逐漸擴展的螺旋線。

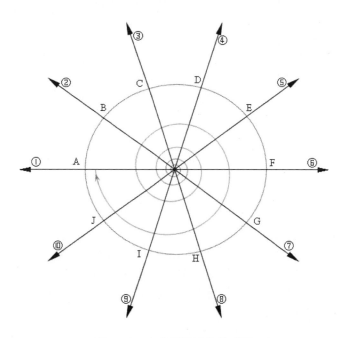

圖 4-19　企業發展演化軌跡圖

　　企業生存於一定的經濟系統中，企業生態位的演化只是其外部環境演變的一部分。實際上，企業的外部環境也處於不斷的演化過程中。企業的內部演化和外部環境演化是同時進行的，兩者之間互相聯繫、互相作用、互相影響，外部演化是內部演化的條件和前提，內部演化是外部演化的體現和載體。因此，企業演化過程的實質是企業內部因素與企業外部生態位因素在互動中隨時間不斷耦合的過程。

第五章　經濟系統的中觀層次：
產業的動力結構及演化圖景

　　本章首先簡述了有關經濟增長理論的核心思想；然後區分了行業和產業的基本概念；在對產業內外環境、組成要素進行分析的基礎上，提出了產業的雙層結構模型；介紹了產業的基本分類方法；簡析了產業的分化過程；從結構的視角探討了產業發展的動力因素，闡述了人類需求對產業的作用過程、需求的長期演變趨勢以及產業發展中核心企業的重要作用；從分工與協作、內外因子互動、競爭與合作、產業間互動這四個方面簡要論述了產業演化的基本機制；以實際的產業鏈為例，論述了產業間的關聯效應和產業內部的要素分配；提出了產業整體能力的概念；從多因素關聯和互動的視角，描述了產業的生命週期和產業發展演化的軌跡。

本章的論述要點如下：

1. 古典經濟增長理論最早闡述了分工、市場交易與經濟增長的關係。古典經濟增長理論指出，勞動分工和專業化協作的深化是經濟長期增長的持續源泉。本書繼承了這一重要思想。

2. 行業是指在一定時空範圍內，從事同類產品生產或提供同類服務的企業群體。產業是指在一定時期和一定地域範圍內，由相互關聯的不同行業組成的企業群體系統。「行業」和「產業」都是描述企業群體的概念，兩者都具有時間和地域的規定性，但「產業」的外延要大於「行業」的外延。

3. 從產業系統的外部環境來看，影響產業發展的一般性外部因素是需求和供給，具體因素包括企業、資源、市場、知識、制度、技術等。從產業系統的內部環境來看，產業是由企業、資源、市場、知識、制度和技術等基本要素組成的。市場是商品流通領域一切商品交易（交換）活動和關係的總和，一般由交易主體、交易對象、交易媒介、交易場所和交易規則等要素組成。「市場」是組成行業和產業的一個必不可少的要素，這是本書與其他產業經濟學對「產業」理解的重大不同之處，明白這一點有助於理解本章的論述邏輯。

4. 從產業運行的過程來看，產業成長演化的過程是一個投入產出循環往復的過程。產業內部實際的運行過程可以分為「投入→企業→資源→市場→產出」和「投入→知識→制度→技術→產出」這兩條鏈，本書

由此得到產業運行的一般結構圖。從社會生產關係的角度來看，一個產業系統完整的生產關係應該由其內部的生產關係網絡和其外部的社會關係網絡共同組成。

5. 按照不同的劃分標準，人們可以對產業作出不同的分類。主要的產業分類方法包括兩大部類分類法、三次產業分類法、四大產業分類法、標準產業分類法和要素密集度分類法等。本書在論述中基本採用了四大產業分類法。

6. 人類社會的產業分化過程實際上是一個逐漸分叉的過程，首先是手工業從農業中分化出來，其次是服務業從手工業和農業中分化出來，然後是資訊業從服務業中分化出來。人類社會的產業分化過程是完全符合分叉律的，實際上也是分叉律在產業演化中的具體體現。

7. 從產業系統外部環境來看，外部環境的需求是拉動產業發展的原始動力，外部環境對產業供給資源要素是產業成長演化的必要條件。影響產業發展的一般性外部因素是需求和供給，具體因素包括企業、資源、市場、知識、制度、技術等。影響產業發展的內部動力來自產業內部的企業、資源、市場、知識、制度、技術這六類因素；其中，最主要的動力因素來自產業中的企業，而在產業中的所有企業中，核心企業對產業的成長演化具有重要的示範和帶動作用。本書由此繪出了產業發展動力因素關係圖。

8. 人類需求對經濟系統的作用過程是一個動態過程，這個過程是通過「物質需求—農業—工業—服務業—資訊業」和「精神需求—知識—技術—制度—文化教育」這兩條鏈來傳遞的。由此，本書繪出了社會需求作用互動圖和社會需求演化圖。從歷史的長時段來看，人類社會物質需求和精神需求的演化軌跡都是一條逐漸擴展的螺旋線；在人類社會發展過程中，這兩條螺旋線實際上是交織纏繞在一起的。

9. 行業中的核心企業是指在一個行業中市場份額位居同行前列，同時在行業價格、行業技術、行業制度等方面處於主導和支配地位的企業。每個細分行業中的核心企業，對這個行業的發展具有重要的引領作用；在引領行業成長演化的過程中，核心企業主要是通過「核心企業→關聯企業→整個行業」和「行業知識→行業制度→行業技術」這兩條鏈來發揮作用的；在行業成長演化過程中，這六類因素是相互聯繫、相互作用、相互影響的，它們共同成長演化的軌跡是一條逐漸擴展的螺旋線。

10. 在產業成長發展過程中，分工與協作、內外因子互動、競爭與合作、產業間互動是產業進行演化的重要機制。

（1）分工能夠使產業內部各個行業向專業化、縱深化、精細化方向發

展；協作能夠使產業內部各個行業之間相互銜接、相互配套、協同發展。產業分工實際上是分叉律在產業運行中的具體表現，產業協作是協同律在產業運行中的具體表現。從長時段來看，組成產業的企業、資源、市場、知識、技術、制度等因素都在分叉律和協同律的共同作用下，不斷發生著從單一到多元、從低級到高級、從簡單到複雜的演變。從經濟系統整體來看，交換（或交易）網絡實際是經濟系統內部各子系統之間協同演化的基本形式。

（2）產業生態位因素與產業內部關鍵要素的互動和交流，既是產業外部環境與內部環境進行供需交流的重要方式，也是產業內外企業之間進行合作、競爭、學習和創新的一般機制，正是產業內外因素的互動和交流過程推動了產業的成長演化。

（3）在社會經濟系統中，正是產業之間的競爭與合作，導致人力、企業、資源、市場、知識、制度、技術等在產業間的交流與互動，進而又導致產業間的此消彼長。在產業系統內部，各行業之間的競爭與合作，也導致行業間的此消彼長。

（4）從人類社會主導產業的發生次序來看，主導產業依次是農業、工業、服務業和資訊業。這些產業之間的互動關係，一方面表現為新型主導產業對原有產業的滲透、改造和提升作用，從而推動原有產業發展到更高水平；另一方面，原有產業對新型主導產業在資源、產品、市場等方面也發揮著必要的支撐作用。

11. 從系統的視角來看，產業是一個輸入資源、輸出功能的複雜系統。從輸入端來看，輸入產業的內容包括資源、企業、市場和產業投入關係；從輸出端來看，產業輸出的內容包括協同功能、增值功能、交換功能和產業產出關係。

12. 產業關聯是指產業之間在生產、交換和分配上所形成的客觀聯繫，其實質是各產業相互之間的供給與需求的關係。產業之間客觀存在的關聯效應，反映出產業發展過程的協同功能。各個產業之間實際存在的關聯效應，要求相關產業之間提供的產品（或服務）在數量比例方面達到一定的動態均衡，在技術與質量方面達到相互適應和匹配。

13. 在經濟系統內部，中觀層面的分配活動分為行業系統內部的分配和產業系統內部的分配這兩個層次。行業系統內部的分配主要包括對資源、企業和市場等行業要素的分配；產業系統內部的分配主要包括對行業資源、關聯行業和市場體系等產業要素的分配。在產業系統運行過程中，從產業的表層因素來看，產業系統中的分配活動體現為外部環境對「資源」「企業」「市場」這三類因素在不同行業之

間的供給和配置；而從產業的深層因素來看，實際上表現為產業中的不同行業在「知識」「制度」「技術」這三個方面的吸納、融合、應用和創新的動態過程。在產業系統內部，各種產業要素的分配活動一般是通過市場機制與政府部門相互協調、共同配置資源的。政府部門的分配組織一般包括稅務組織、財政組織、金融監管組織等。

14. 本書提出了產業整體能力的概念。產業的整體能力，是指一個產業中所有企業有效整合各類資源，為社會提供產品或服務，滿足社會需求的總能力。產業的整體能力一般是由投入、企業、資源、市場、知識、制度、技術、產出這八個方面共同組成的。一個產業在這八個方面的能力越強，這個產業的整體能力就越強，其綜合競爭力就越強。本書由此畫出了產業能力「勢能圖」，通過這個圖，我們可以形象地描述出產業的成長狀態和發展水平。

15. 本書認為產業也具有生命週期。從產業演化的方向和狀態來看，本書把產業生命週期劃分為成長進化、保持穩定、退化衰亡這三個階段。產業進化的決定力量主要來自外部環境的社會需求。只要存在人類需求，產業都會沿著持續進化的方向演化。在產業成長進化過程中，產業能力演化的軌跡是一條逐漸擴展的螺旋線。當外部環境的需求不斷減弱甚至消失時，產業就會沿著持續退化的方向演化。在產業持續退化過程中，產業能力演化的軌跡是一條逐漸收縮的螺旋線。

16. 從產業成長發展角度來看，產業演化過程可以用「資源吸納→產業組織成長→市場交換效率提升→產業分配水平提高→產業能力增強」和「資訊吸納→行業知識積累→行業制度創新→行業技術創新→產業鏈價值增長」這兩條鏈來描述，由此可以繪出產業發展演化軌跡圖；在發展演化過程中，產業沿這兩條鏈的運行軌跡是兩條起點相同、逐漸擴展的螺旋線。產業生態位系統的演化與產業系統本身的演化是同時進行的，演化過程是通過產業系統內外的企業、資源和市場等因素的互動交流來實現的，產業系統內外因素互動交流形成兩層（即表層和深層）網絡關係，構成了一個多維的複雜動態圖景。

一、有關經濟增長的經典理論

在 18 世紀，亞當・斯密時代的古典經濟增長理論最早闡述了分工、市場交易與經濟增長的關係。古典經濟增長理論指出，勞動分工和專業化協作的深化不僅促進生產制度的創新，而且推動交易制度的規範與完善，由此帶來

收益遞增，從而構成長期經濟增長的持續源泉。1776 年，亞當・斯密出版了其代表作《國富論》，在這部經典著作中，他提出了系統的分工理論，論證了分工提高勞動生產率的效應，揭示了分工對促進發明創造、擴大交易規模與市場範圍、改善社會福利的作用。馬克思與恩格斯合著，於 1846 年完成的書稿《德意志意識形態》中提出了較系統的社會分工理論，後又在《哲學的貧困》和《資本論》等著作中進一步發展了其理論；馬克思從生產勞動出發考察了社會分工，闡述了社會分工對生產力的促進作用、對各種社會關係形成和發展的制約作用、對人的發展造成的雙重影響等問題，通過分析資本主義社會內部分工與工廠內部分工的矛盾，深刻揭示了資本主義社會的基本矛盾，批判了資本主義生產方式[1]。阿林・揚格（Allyn Abbott Young，1876-1929）在 1928 年發表的論文《收益遞增與經濟進步》中把亞當・斯密提出的「分工受市場範圍限制」的思想總結為「斯密定理」，並指出這是「經濟學中所能發現的最輝煌和最有成果的概括之一」；他把分工作為一個累積的自我擴張的過程，從中推演出了收益遞增[2]。阿林・揚格的研究思路成了啟發當代經濟增長理論的最重要的思想來源。1937 年，科斯（Ronald Harry Coase，1910-2013）根據企業制度與市場制度的運作成本，分析了個別企業的專業化選擇與經濟增長之間的聯繫。1951 年，施蒂格勒（George J・Stigler）綜合了廠商理論、競爭產業理論和科斯的企業性質論，進一步討論了收益遞增的產生機制，揭示出收益遞增是與產業成長、市場規模擴大和專業化分工不斷加深相伴隨的動態過程[3]。1986 年，羅默（Paul M. Romer）結合外部性、產品生產和新知識生產這三個要素，解釋了專業化知識積累與企業技術進步、長期經濟增長的聯繫[4]。1988 年，盧卡斯（Robert E. Lucas）分析了專業化人力資本積累機制與經濟增長間的關係[5]。1991 年，楊小凱（1948-2004）和博蘭德（Jeff Borland）從生產消費的微觀層面分析了分工機制與經濟增長間的關係；他們指出，一方面，在生產過程中，勞動力分工越細密，專業化協作程度就越高，勞動生產率也就越高；另一方面，在消費過程中，隨著勞動分工越深化，勞動者對市場交易的依賴程度越高，並且市場交易範圍越大，交易成本就越高；分工在交易中的負面效用會抵消分工在生產中的正面效用，從而使經濟增長達到一個穩定均衡[6]。[7]

---

[1] 楊芳：《馬克思的社會分工理論及其當代意義》，武漢大學博士學位論文，2010 年 10 月，第 49-65 頁。

[2] 阿林・揚格：《收益遞增與經濟進步》，[英]《經濟學雜誌》1928 年 12 月號。

[3] 施蒂格勒著，潘振民譯：《產業組織和政府管制》，上海三聯書店 1989 年版，第 22-37 頁。

[4] 羅默：《收益遞增與長期增長》，[美]《政治經濟學雜誌》1986 年第 5 期。

[5] 盧卡斯：《論經濟增長的機制》，[美]《貨幣經濟學雜誌》1988 年總第 22 期。

[6] 楊小凱、博蘭德：《經濟增長的一個微觀機制》，[美]《政治經濟學雜誌》1991 年第 3 期。

[7] 本段中有關文獻資料整理自：鄒薇、莊子銀，《分工、交易與經濟增長》，《中國社會科學》1996 年第 3 期，第 4-12 頁。

1993 年，楊小凱和黃有光運用序貫均衡模型[8]，通過對內生交易成本與瓦爾拉價格機制關係的探討，釐清了分工傳導機制的真正內涵，即「分工—信息分散—價格協調（瓦爾拉機制）—降低內生交易成本—生產力提高—分工進化」[9]。他們用數學方法分析了分工、專業化促進經濟增長的微觀經濟機理，證明了市場規模將隨著分工的演進而擴大，為亞當・斯密提出的分工與市場的互動關係奠定了形式基礎；闡述了市場不僅具有配置資源的功能，還能減少交易費用，發現有效率的經濟組織結構，而且能甄選有效率的分工水平、制度安排、產品種類、競爭程度、剩餘權結構、生產迂迴程度、交易分層結構等；他們同時還揭示了「社會分工水平決定專業知識累積的速度和人類社會獲得技術知識的能力，而人們對最優分工水平的知識決定均衡分工水平」、「人類對分工組織的知識決定分工水平，而分工水平決定人類獲取技術知識的能力及生產率」等經濟原理[10]。

以上這些有關經濟增長認識的經典理論，是不同經濟學家在不同時代對不同時空經濟體系進行觀察分析的結果，可以說，他們在不同側面揭示出了人類社會經濟系統運行的部分真理。從社會發展與經濟系統演化的動態觀點來看，這些經濟學家的發現只反映了他們所觀察時間階段內特定地區的經濟增長規律。因為研究對象所處時間和空間的不同，這使他們所獲得的認識具有一定的相對性和特殊性；由於他們進行研究時的基本假設和前提條件不同，從而使我們不能對他們所獲得的結論進行簡單疊加和整合。儘管如此，這些經濟學家所研究的對象畢竟是人類社會的經濟活動，這就決定了這些特殊認識中必然含有一般性規律的成分。要總結出人類社會經濟發展的一般性規律，就需要我們從系統的角度對他們所發現的部分真理進行更高層次的綜合與概括。

二、行業與產業

行業是指在一定時空範圍內，從事同類產品生產或提供同類服務的企業群體。產業是指在一定時期和一定地域範圍內，由相互關聯的不同行業組成的企業群體系統。行業和產業都是描述企業群體的概念，兩者都具有時間和地域的規定性，但產業的外延要大於行業的外延。在不少經濟學論著中，都

---

[8] 由賽爾坦恩和克雷普斯創建的一種在資訊不對稱條件下讓對策雙方按時間先後順序選擇策略的動態模型。

[9] 轉引自：胡曉鵬：《從分工到模塊化：經濟系統演進的思考》，《中國工業經濟》2004 年第 9 期，第 7 頁。

[10] 楊小凱、黃有光：《專業化與經濟組織——一種新興古典微觀經濟學框架》，經濟科學出版社1999 年版，參見該書中第 134、189、190、340、358、477 頁的有關評述性內容。

把行業和產業兩個概念混用，這很容易引起人們認識上的混亂。這裡，有必要對這兩個概念作一些區分。如果用生物學中的相似概念類比，那麼，行業就是企業「種群」，而產業則是企業「群落」。

為便於理解，我們可以把一個產業系統比喻成一個果園，這個果園中生長著不同的果樹，每棵果樹代表一個企業，不同的果樹代表不同行業的企業。整個果園中，同一種類的果樹形成一個果樹種群，不同的果樹種群共同組成一個果樹群落。例如，果園中所有的蘋果樹就形成一個蘋果樹種群，我們可以把蘋果樹種群形象地看作一個行業；同樣，果園中所有的桃樹就形成一個桃樹種群，我們也可以把桃樹種群形象地看作另一個行業。這樣，由蘋果樹、桃樹、梨樹、杏樹和李子樹等不同的果樹種群就共同組成一個果樹群落。因此，一個產業系統實際上就是由在一定地域內的不同企業種群組成的企業群落。

事實上，一些學者已經將生物學中的相關概念引入企業和產業的研究中。企業種群是指由同一地域同行業企業或者產品具有類似功能的企業所組成的企業群集（Hannan 和 Freeman，1977；Mckelvey 1978、1982；Mckelvey 和 Aldrich，1983）。企業種群概念包含兩個特徵：①處在同一地域；②產品功能相同或相近的企業群。企業種群也可以由一組類似的生態位構成，每個生態位上存在一個或多個企業（Baum 和 Singh，1994）。種群內企業存在著既合作又競爭的關係。企業群落是指一個連續地域空間內由若干不同類型企業或企業種群在一定的生境條件下所形成的並與環境相互作用的企業群體（陸玲，2001）。企業群落概念包含三個特徵：①處在一個連續地域；②兩個以上的不同類型企業或企業種群；③企業或企業種群之間聯繫緊密。企業群落成員一般包括同一地域不同行業的企業或者產品具有替代性、互補性、獨立性功能的企業集群。[11]

從概念的外延來看，行業屬於產業的子集。行業和產業的劃分是相對的，根據研究的需要，還可以對它們作更細的劃分。例如，一個國家的產業可以分為農業、工業和服務業三大類產業，其中，農業這一產業又可以分為種植業、畜牧業、水產業、林業等行業。

產業和行業是處於宏觀經濟與微觀經濟之間的經濟組織，它們之間既有區別又有聯繫。產業更多是從生產組織方式上來描述企業群體，而行業主要是從產品種類和產品功能上來描述企業群體。一個產業可以利用多個行業的產品（中間件）按照規模和範圍經濟的原則合理組織生產活動[12]。例如，汽車

---

[11] 錢輝：《生態位、因子互動與企業演化》，浙江大學管理學院博士學位論文，2004 年 12 月，第 7 頁。

[12] 章帆：《分工協同網絡與產業組織演進》，科學出版社 2010 年 8 月第一版，第 7 頁。

製造過程是由發動機、底盤、車身、轉向機構、電子設備和儀錶、輪胎等部件的生產組成的，汽車生產過程中需要使用眾多相關行業的產品並以一定的方式組織生產形成汽車產業；汽車產業與鋼鐵、橡膠、玻璃、電子等眾多行業緊密聯繫。

產業是一個歷史範疇，它是伴隨社會生產力的進步和社會分工的深化而產生和不斷擴展的，人們對產業的認識也是隨著社會經濟的發展不斷深入的。在人類社會的不同發展階段，隨著社會分工的不斷深化，產業逐漸形成了相互關聯的、多層次的、複雜的經濟系統。

社會分工通常被劃分為一般分工、特殊分工和個別分工。一般分工是指按其性質，把社會生產劃分為農業、工業、商業等產業大類的分工；特殊分工是指按其性質，把每個產業大類進一步劃分成若干小產業的分工；個別分工就是在企業內部的分工。從歷史上看，人類社會第一批產業是通過一般分工形成的，現在的新產業主要是通過特殊分工形成的。[13]

三、產業的內外部環境

產業存在於一定的社會經濟環境之中，它既有外部環境，也有內部環境，無論是其外部環境，還是其內部環境，都具有一定的層次性。

1、產業的外部環境

產業的外部環境是指存在於產業組織邊界之外，對產業的投入產出具有影響的所有因素的集合。產業的外部環境包括自然環境和社會環境。社會環境又包括政治、經濟、人文、科學、教育、法制等環境。從系統的角度來看，產業屬經濟系統的範疇。

從縱向層次來看，包含產業的外部系統由經濟系統、國家系統、社會系統（國際系統）和自然系統四個層次構成。產業外部環境各系統的所屬層次關係，具體可參看第四章的圖 4-2。

產業是由企業組成的企業群落，產業的成長演化表現為具體企業群落的成長演化。所以，我們可以通過分析企業群落的經濟行為來分析產業活動。

從第四章對企業系統的分析中我們知道，影響企業發展的外部因素，既有來自經濟系統的因素，也有來自國家系統的因素，還有來自社會系統（國際系統）和自然系統的因素。在影響企業系統發展的外部因素中，最直接的影響因素來自一個國家中經濟系統的各種因素，特別是來自產業系統內部其他企業的影響。具體影響因素包括人、資源、產品、知識、制度、技術六類因

---

[13] 陳曉濤：《產業演進論》，四川大學政治經濟學博士學位論文，2007 年 3 月，第 11 頁。

素。從行業的角度來看，這六類因素無論是在一個行業內部流動，還是在不同行業之間流動，都是通過具體企業的互動（合作或競爭）來實現的。企業之間在資源或產品方面的交流，一般是通過市場交易實現的。

來自國家系統的影響因素，主要來源於一個國家內部的政治系統、經濟系統、人文系統、法制系統、科學系統、教育系統六大系統。這些因素之間相互交織、相互聯繫、相互作用、相互影響，形成了立體網絡結構的複雜巨系統。一個國家的政治系統，其主要功能是提供公共服務、公共產品以及公共權利的組織、分配和使用等。一個國家的經濟系統，其主要功能是物質產品的生產、交換、分配和消費；經濟系統本身又可以劃分為企業、行業和產業等不同層次。一個國家的人文系統，其主要功能是人本身的培育和精神文化的創造；人文系統不但為企業提供了勞動力和消費需求，同時還為企業家精神提供了人文精神、價值觀、倫理道德等人文知識的原始內核。一個國家的法制系統，其主要功能是調節國家內部個人之間、個人與組織之間或組織與組織之間的各種關係，維護社會基本的秩序、公平和正義等；法制系統中的經濟法律、產業政策等對企業的發展具有重要影響。科學系統開展的科學研究、科學試驗等活動，對人類認識世界、探索新知識具有日益重要的作用；來自科學系統的基礎知識為企業的生產經營和技術創新奠定了科學基礎。教育系統對企業所需各類人才的培養和輸送具有不可替代的重要作用；來自教育系統的應用知識組成企業生產經營的重要因素。

來自國家系統的具體影響因素也可以劃分為人、資源、產品、知識、制度、技術六類因素，這些因素都是企業外部的因素。這其中，企業所需要的人力資源一般是通過人力市場招聘獲得的，而人力資源本身就擁有企業所需要的各種知識；政府部門所提供的公共服務、投資等可以劃入企業外部公共資源的範疇，而企業向政府部門繳納的稅收，可以看作是企業因消費公共資源而支付的必要成本；政府部門和家庭對企業產品的需求，一般是通過商品市場交易來實現的；來自法制系統的法律制度、產業政策、地方法規等，都可以劃入制度的範疇；來自科學系統的各種實用技術成果、技術專利等，都可以劃入技術的範疇。

來自社會系統（國際系統）的影響因素來源於世界上的其他國家，來自每一個國家的影響實際上都包括這個國家內部的政治系統、經濟系統、人文系統、法制系統、科學系統、教育系統六個方面的影響。來自國際系統的影響因素，遠遠要比來自一個國家系統內部的影響因素要龐雜和複雜得多，這些因素之間相互交織、相互聯繫、相互作用、相互影響，形成立體網絡結構的超級複雜巨系統。儘管來自國際系統的影響因素非常紛雜，但對產業作分析研究時，我們可以從國家系統層面的六個方面作分析，一般只重點關注各國的政府、政策、企業、家庭、科研機構、大學以及國際性組織等因素對企

業的影響。例如，對跨國企業的分析，我們可以分別對其設立分支機構的國家系統作重點分析，然後再對所有被跨駐的國家系統作綜合研究。這樣，來自國際系統的主要影響因素也可以劃分為人、資源、產品、知識、制度、技術六類因素。對一家跨國企業來說，這些因素是分佈於世界不同國家的。在當今全球化時代，跨國企業集團是在全球範圍內配置各種資源的，他們可以聘用世界不同國家的人才，整合不同國家的各種資源，面向世界不同地區的市場銷售自己的產品。這些因素中，世界各國的政府、企業、家庭等組織對企業產品的採購以及各國企業的供貨，一般都是通過商品市場交易（如先是國際貿易，再是國內貿易，然後是批發和零售）來實現的；世界各國的政府、企業以及國際性組織等對企業的投資、貸款等因素，可以劃入企業外部資源的範疇；來自國際系統的各種國際公約、貿易協定、國際標準等，都可以劃入制度的範疇；此外，一家企業與外國的企業、科研機構、大學等組織之間的交流，主要體現在知識和技術方面的合作與競爭。

來自自然系統的影響因素主要來源於太陽和地球。具體影響因素主要是陽光、空氣、水、土地、礦物、生物等自然資源。自然環境是人類社會賴以生存的基礎，它對人類的生存空間和活動範圍具有制約作用。自然資源的豐裕程度和人類對自然資源的開發、利用和保護程度，直接影響人類社會的經濟活動。自工業革命以來，人類社會對自然資源無節制地開發和利用，已造成許多自然資源面臨枯竭的危險，人類生產活動所排放的各種廢棄物質已經嚴重污染了自然生態環境。現代天文學的研究表明，在整個太陽系中地球是唯一適合人類生存的星球。來自地球科學的研究已經證實，人類生產活動排放的廢氣已經污染了大氣層，酸雨日益增多，湖泊的污染、土質的沙化、森林的減少以及一些物種的消失等，眾多因素的共同作用已導致地球生態系統正在惡化。地球生態系統惡化的直接結果，首先是潔淨空氣、清潔水源和無污染食物的減少，然後是引起地球氣候的大變遷。潔淨空氣、清潔水源和無污染食物的減少，將會直接威脅到人類本身的健康和生存。地球氣候的變遷又會影響地表生物的生長，這將會直接影響人類社會的農業生產收益（主要是糧食的生產）。如果沒有糧食等食物，人類何以為生？人類不可能拿黃金、白銀或錢幣來充饑吧！因此，人類的經濟活動必須要考慮自然系統的影響因素，必須要將人類的生產經營活動控制在自然生態環境能夠承載和再生的範圍以內。如果人類社會依然毫無節制地大肆掠奪性開發自然資源，依然任憑地球生態環境不斷惡化下去，那麼，侏羅紀時代恐龍大滅絕的命運也將是地球人類社會的未來！

綜合以上分析，儘管影響產業發展的外部因素很多，但經過分類以後，我們都可以把它們劃歸為企業、資源、市場、知識、制度、技術這六大類因素。按照因素流動的方向來看，這些因素影響產業的方式有需求和供給兩種。

我們知道，影響企業系統發展的一般性外部因素是需求和供給。外部環境對一個行業（或產業）內所有企業的需求的總和，就形成了這個行業（或產業）的外部總需求。外部環境對一個行業（或產業）內所有企業提供的各種條件和資源的總和，就是對這個行業（或產業）的外部總供給。外部環境的需求是拉動企業發展的最終動力；外部環境對企業所需資源要素的供給是企業正常開展生產經營活動的必要條件。因為行業和產業是由企業組成的群體，所以，外部環境的需求也是拉動行業（或產業）發展的動力；外部環境對行業（或產業）所需資源要素的供給也是行業（或產業）成長演化的必要條件。

因此，影響產業發展的一般性外部因素是需求和供給，具體因素包括企業、資源、市場、知識、制度、技術等因素。

2、產業的內部環境

產業內部環境是一個由企業、資源和市場等要素組成的有機系統，系統內部各要素之間相互聯繫、相互作用、相互影響，構成了複雜的網絡關係。產業內部環境具有一定的層次結構和功能結構，它將隨著產業的動態變化而不斷變化。

市場是商品流通領域一切商品交易（交換）活動和關係的總和，一般由交易主體、交易對象、交易媒介、交易場所和交易規則等要素組成。市場體系是由各類專業市場（如商品市場、勞務市場、資本市場、技術市場、資訊市場、產權市場等）組成的交易（交換）體系。在市場體系中的各專業市場均具有其特殊功能，它們之間相互聯繫、互相依存、相互制約，共同推動著產業經濟系統的演化發展。這裡，交易主體是指進行交易的個人或組織（包括企業、社團或政府等）。交易對像是指被交易主體用來進行交換的商品，包括產品、勞務、資本、技術、資訊、產權等。人類社會的交易媒介，最初是貝殼、金屬和普通商品等，後來逐漸固定在金、銀等貴金屬上，現代社會的交易媒介包括貨幣和信用這兩大媒介。交易規則是指交易主體在進行交易活動時，共同遵守的各種正式的或非正式的規章制度。在市場形成和發展過程中，市場從無到有，交易場所從不固定到逐漸固定，而且交易規模不斷擴大，種類越來越多樣化。隨著資訊時代的來臨，各種市場具有向網絡化、虛擬化方向發展的趨勢。今天，許多商品的買賣都可以通過計算機網絡來實現，所以，現代的很多市場不一定具備有形的交易場所。如中國的電子商務網站天貓、京東商城等，其實都是提供商品交易的虛擬市場。按照不同的分類方式，我們可以對市場作出不同的分類。例如，按交易對象的最終用途來分類，市場可以分為生產資料市場和生活資料市場；按交易對象是否具有物質實體來分類，市場可以分為有形產品市場和無形產品市場；按交易對象的具體內容不

同來分類，市場可以分為商品現貨市場和商品期貨市場，等等。

　　企業的主要功能是生產產品，而市場的主要功能則是交換產品。從人類社會歷史發展過程來看，市場的誕生時間要早於企業的誕生時間，在現代企業組織形式出現之前，人類社會的物質生產功能主要是由家庭組織來承擔的（如古代社會中普通家庭的「男耕女織」活動）。從本書的基本觀點來看，企業組織形式的出現是社會分工的必然結果，這是一個自然的歷史過程。自英國經濟學家科斯於 1937 年發表了《企業的性質》論文（他由此發現：市場經濟中企業不僅具有生產功能，而且具有交易功能；市場交易是有成本的，即交易成本）以來，一批承傳科斯衣缽的新制度經濟學家們就堅持認為「企業的出現是對市場的替代」[14]，好像「企業」與「市場」是兩個可以相互替代的經濟組織，這種觀點是很荒謬的！他們撇開企業的生產功能而僅從交易成本這一維度去理解企業與市場之間的關係，卻忘記了企業的主要功能是生產，而生產功能是市場無法替代的。

　　一個完整的行業一般至少要包括企業、資源和市場三個要素，否則就不是一個完整的行業了。此外，行業中的企業要進行正常的生產經營活動，還必須要有基本的知識、制度和技術這些因素，否則，行業中的企業也是難以順利完成其生產經營活動的。在一個行業內，不同企業所擁有的各種專業知識的總和，就形成這個行業的行業知識。同樣，在一個行業內，不同企業所擁有的各種專業技術的總和，就形成這個行業的行業技術。在一個國家的產業系統內，一個行業為了規範行業內企業的生產經營行為，常常會制定一些在行業內具有一定約束力的行業規範或行業標準（如飲料行業所制定的「衛生標準」等），這裡的行業規範或行業標準其實就是中觀層面的制度因素，可以稱為行業制度。因此，行業知識、行業技術和行業制度也是構成行業的重要因素。

　　行業的資源既有來自自然系統的因素（如土地、水等），也有來自社會系統的因素（如人員、資金等），還有來自國家系統的因素（如公共服務等），但更多資源來自經濟系統內部（如其他企業的資訊、產品等）。在經濟系統內部，不同行業的企業形成相互聯繫、相互作用、相互影響的網絡，一個行業的產品往往形成其他行業的資源要素。例如，麵包行業屬輕工業的產業範圍，這個行業所使用的廠房是建築行業的產品，所使用的加工機械設備是機械行業的產品，所使用的主要原料小麥是農業的產品，其生產的麵包又需要通過商場、超市等商業企業進行銷售。機械行業的主要原料鋼材又需要冶金行業的產品。冶金行業的礦石原料又需要採掘行業的產品。

　　一個行業在其成長過程中，它所需要的各種資源中，除了來自政府部門

---

[14] 楊瑞龍、胡琴：〈企業存在原因的重新思考〉，《江蘇社會科學》2000 年第 1 期，第 1-7 頁。

的政務服務、投資、特許條件等以外，其他資源一般是通過市場交易獲得的。例如，麵包行業所使用的加工機械設備、主要原料小麥等資源要素，都可以在商品市場中向其他行業的相關企業購買。麵包行業用來採購這些資源要素的貨幣資金，既可以來自該行業本身的積累，也可以來自行業外的金融服務行業。例如，向金融企業（銀行）貸款，也可以通過多種方式向其他企業融資（企業可以通過產權交易市場出售部分股權從而獲得所需的資金）。無論是向銀行貸款，還是向其他企業融資，企業這些行為的本質都是市場交易行為，其區別僅在於交易方式、交易效率和交易費用不同。因此，市場是組成產業的一個必不可少的要素。在一個國家的經濟系統中，市場已經形成了包括商品市場、人力市場、資本市場、技術市場、資訊市場、產權市場等在內的多層次、多元化的市場體系。

通過上述簡單分析，我們可以畫出一個國家經濟系統的產業內部環境組成圖（見圖 5-1）。

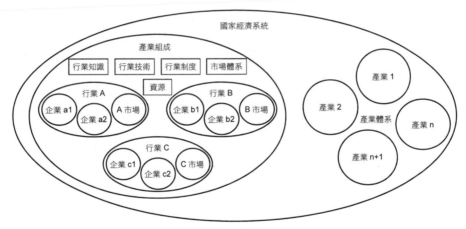

圖 5-1　產業內部環境組成圖

一個國家的經濟系統是由眾多不同產業組成的有機系統，不同產業之間相互聯繫、相互作用、相互影響，形成了具有複雜網絡結構的產業體系。在每個產業系統內部，從縱向來看又可以分為企業、行業和產業三個層次。在現代社會，組成產業的基本單元是企業，也即企業是一個國家經濟系統的微觀基礎。從歷史發展來看，一個國家經濟系統的成長演化是通過企業、行業、產業的共同演化實現的，是一個從單一到多元、從低級向高級、從簡單到複雜的歷史過程。

正如在一個生態環境中，一個生物種群或生物群落要生存和發展必須要適應外部環境一樣，一個行業或產業在成長和發展過程中，也需要不斷適應

外部環境。當外部環境發生變化時，行業或產業內部環境必須要作出相應的調整，直至內外部環境相互耦合。行業或產業內外部環境耦合程度越高，行業或產業的生存和發展環境就越好。行業或產業內外部環境的耦合過程，就是行業或產業成長演化的過程。

隨著科技的不斷進步，人類社會將會不斷誕生一些新行業，在新行業誕生的初期，從事新行業的企業數量極少，其生產規模還未能形成一個行業，隨著市場的逐漸成熟，從事新行業的企業數量越來越多，當這些企業的總產出達到一定規模後就形成了一個新的行業。因此，富有創新精神的企業是創生新行業的母體。當一個新行業誕生以後，這個行業內所有企業協同演化的過程，就推動了這個行業的演化進程。在一個行業的成長發展過程中，行業中的核心企業對這個行業的演化速度和演化方向具有重要的示範和帶動作用。

四、產業的組成要素和一般結構

1、產業的組成要素

一般來說，一個完整的產業除了必須具備企業、資源和市場三個基本要素外，還包括產業內基本的行業知識、行業制度和行業技術等因素，這六個因素是組成一個產業的最基本的關鍵性要素。這六個關鍵要素可以分為以下兩類：

A、顯性因素（表層因素）：企業、資源和市場

B、隱性因素（深層因素）：知識、制度和技術

結合前文的分析，我們知道，在產業外部環境中也同樣存在著以上六個方面的因素。

一個行業（或產業）在成長演化過程中，需要不斷地從外部環境中吸納各種資源要素，然後再把這些資源要素內化為自己的組成部分。如果外部環境不向這個行業（或產業）供給資源要素，那麼這個行業（或產業）是無法成長發展的。在一個產業系統內，資源要素無論是在一個行業內部流動，還是在不同行業之間流動，一般是通過具體企業的互動（合作或競爭）來實現的，而企業之間在資源或產品方面的交流，一般需要通過市場交易來實現。如果沒有市場的中介作用，企業之間將難以順利實現資源要素的交易過程，這也會阻礙一個行業（或產業）的成長和發展。因此，資源和市場是組成產業的兩個必要因素。

任何企業要開展正常的生產經營活動，它都是在一定的知識、制度和技術的基礎上進行的，這也就決定了一個行業（或產業）的成長發展也必然是

在一定的知識、制度和技術的基礎上進行的。在這裡，行業制度要比企業內部的企業制度高一個層次，而比國家制定的經濟法律、產業政策等要低一個層次，其內容既要能夠促進行業內企業的發展，又要受到國家法律、產業政策的制約。例如，一個國家食品行業的行業制度，其內容必須要符合國家食品衛生法的規定。關於制度對經濟發展的重要影響，道格拉斯·諾斯的研究最為人們熟知。諾斯在 1968 年發表的一篇重要論文中指出[15]：在 1600-1860 年間，世界海洋運輸業中並未發生諸如輪船取代帆船這樣的重大技術變革，但海洋運輸業的生產率卻大幅度提高了，其原因是航運制度與市場發生了重大變化，從而大幅度降低了海洋運輸的成本；他指出，在沒有發生技術變化的情況下，通過制度創新也能提高生產效率和實現經濟增長。

2、產業的一般結構

　　產業的一般結構是指在產業動態演化過程中，產業內部各組成要素之間所形成的相互聯繫、相互作用、相互影響的一般秩序和形式。產業的一般結構反映一個產業投入產出的功能模式，是企業、市場、行業與產業系統協同演化的基礎。

　　產業是由企業組成的企業群落。企業是具有自學習、自適應、自組織特性和能力的人工智能系統，能夠在發展中不斷調整自身組織以適應外部環境的變化。產業的成長演化是通過產業內部企業之間、產業內外部企業之間進行互動交流來實現的，這就決定了產業本身也是個自適應、自組織的系統。

　　從產業運行的過程來看，一個產業成長演化的過程，其實是一個不斷投入產出的循環往復的過程。結合產業的組成要素，我們可以畫出產業運行的一般結構圖（見圖 5-2）。

　　從圖 5-2 中可以看到，產業內部實際的運行過程可以分為兩條鏈（即圖中的實線箭頭）：

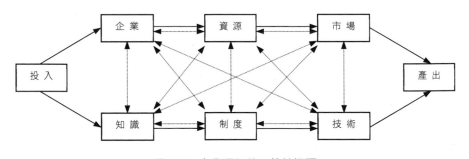

圖 5-2　產業運行的一般結構圖

---

[15] 徐建龍：〈科技革命條件下社會發展動力系統的思考〉，《系統辯證學學報》2001 年第 2 期。

A 鏈（表層因素運行鏈）：投入→企業→資源→市場→產出

B 鏈（深層因素運行鏈）：投入→知識→制度→技術→產出

在產業運行過程中，A 鏈反映的是產業內的企業通過市場交易不斷吸納、內化、整合各種資源的過程，也是企業數量不斷增加、市場體系不斷完善的過程；B 鏈反映的是產業內的企業不斷學習、內化、整合各種行業知識和行業技術的過程，也是企業制度不斷調整、行業制度不斷完善的過程；A 鏈和 B 鏈這兩個過程是合二為一同時進行的，它們共同實現了產業運行的投入產出過程。在產業運行過程中，企業中的人（即企業家及其團隊）始終發揮著重要的主導作用。

以上產業運行的兩條鏈（A 鏈和 B 鏈）是為了便於分析產業運行過程而人為作的劃分。而在產業實際運行過程中，這兩條鏈上的所有要素環節都是緊密聯繫不可分割的。也就是說，在產業實際運行過程中，投入、企業、資源、市場、知識、制度、技術、產出（產品）等要素並不是各自單獨地、孤立地發揮作用的，而是協同一致、相互配合共同發揮作用的，也即每兩個要素之間都是相互聯繫、相互作用、相互影響的，它們共同形成了產業系統內部的生產關係網絡。在圖 5-2 中，我們用虛線雙箭頭來表示它們之間的這種關係。

一個產業在成長演化過程中，還與其外部環境之間始終進行著各種人員、物質、貨幣、商品、知識、制度、技術和資訊的交流。一個產業系統與其外部環境中的自然系統、社會系統（包括國家系統中的人文、經濟、政治、科學、法制和教育等系統）所結成的各種關係，就形成了這個產業系統外部的社會關係網絡。從社會生產關係的角度來看，一個產業系統完整的生產關係應該由其內部的生產關係網絡和其外部的社會關係網絡共同組成。一個產業系統成長演化的過程，實質就是產業系統內外兩重關係網絡互相交織、互相作用、互相影響的動態演化過程，產業系統內外的兩重關係網絡構成了一個多維的複雜動態圖景。

五、產業的分類方法

在一個國家的經濟系統中，產業門類眾多，產業之間的關係錯綜複雜。隨著人類社會的不斷發展和科學技術的不斷進步，各種新興產業和新興行業還會不斷誕生。要對不同產業進行分析研究，首先必須要對產業進行一定的分類。因此，這裡有必要介紹一下產業的分類方法。

目前，經濟學界對產業的分類方法很多，不同國家對本國產業的分類方法也不盡一致。按照不同的劃分標準，人們可以對產業作出不同的分類。下

面介紹幾種主要的產業分類方法[16]：

1、兩大部類分類法

兩大部類分類法是由馬克思提出來的。馬克思把全社會的物質生產部門分為兩大部類：生產資料生產部門（即第 I 部類）和消費資料生產部門（即第 II 部類）。第 I 部類包括生產各種生產工具、設備、原料、材料的生產部門，其產品用於生產消費；第 II 部類指生產各種個人消費品的生產部門，其產品用於個人生活的消費[17]。馬克思的兩大部類分類法簡潔明瞭，比較容易理解。但這種分類法沒有把一切物質生產領域包括進去，只關注物質產品的生產，而沒有把精神文化產品的生產包括進去。按照這種分類法，很難對現實中的有些生產部門進行歸類和劃分。

2、三次產業分類法

三次產業分類法最初由費希爾（A. G. D. Fisher）提出，經過科林‧克拉克（Colin.G.Clark，1905-1989）完善發展後廣為傳播。三次產業分類法是按產業發生時序和勞動對象的特徵，把人類社會全部經濟活動劃分為三次產業。1935 年，英國經濟學家費希爾在《安全與進步的衝突》一書中把人類經濟活動的歷史分為三個階段：第一階段是以農牧業為主的初級生產階段，對應的生產部門（活動）為第一產業；第二階段是以工業大規模發展為標誌的生產階段，對應的生產部門（活動）為第二產業；第三階段是以服務業為主導的生產階段，對應的生產部門（活動）為第三產業。1940 年，英國經濟學家科林‧克拉克在《經濟進步的條件》一書中明確提出：第一次產業指廣義的農業，主要包括農業、畜牧業、遊牧業、漁業及林業等；第二次產業指廣義的工業，主要包括製造業、建築業、通訊業、煤礦業等；第三次產業指廣義的服務業，主要包括商業、金融、飲食等服務業，以及科學、教育、醫療衛生和政府等公共行政事業等。此後，美國經濟學家西蒙‧庫茲涅茨（Simon Smith Kuznets，1901-1985）又對三次產業分類法進行了補充和完善，他在 1971 年出版的《各國經濟增長》一書中把國民經濟明確劃分為農業、工業和服務業三大產業。三次產業分類法適用於對經濟發展過程中三次產業相關變動的內在聯繫作分析研究，能夠較好地反映一個國家一定時期內的產業發展水平。

中國所採用的產業分類法基本上也屬於三次產業分類法，但又具有一些與其他國家不完全相同的特點。1985 年，中國國家統計局對中國三次產業的

---

[16] 產業分類方法引用了陳曉濤博士論文的部分內容，參見陳曉濤：《產業演進論》，四川大學政治經濟學博士學位論文，2007 年 3 月，第 12-14 頁。

[17] 馬克思、恩格斯著，郭大力、王亞南譯：《資本論（第二卷）：資本的流通過程》，人民出版社 1953 年版，第 486 頁。

劃分是：

第一次產業：農業（包括種植業、林業、牧業和漁業等）；

第二次產業：工業（包括採掘業、製造業、自來水、電力、蒸氣、熱水、煤氣）和建築業；

第三次產業：除上述第一、第二次產業以外的其他各產業，具體分為四個層次：第一層次為流通部門；第二層次為生產和生活服務的部門；第三層次為提高科學文化水平和居民素質服務的部門；第四層次為社會公共需要服務的部門。

3、四大產業分類法

四大產業分類法是在三次產業分類法的基礎上，由弗里茲‧馬克盧普（Fritz Machlup，1902-1983）提出，經過馬克‧波拉特（Mac Uri Porat）完善而形成的一種產業分類法。1962年，美國經濟學家弗里茲‧馬克盧普在他的《美國的知識生產與分配》一書中提出了「知識產業論」，在三次產業之外又增加了「知識產業」部門。在此基礎上，1977年，美國經濟學家馬克‧波拉特在其《資訊經濟》一書中提出了以農業、工業、服務業、資訊業來對產業進行分類的四大產業分類法。四大產業分類法突出了資訊業在人類經濟活動中的重要作用，更加準確地描述了當前人類社會資訊化程度不斷提高的現實狀況。

4、標準產業分類法

標準產業分類法是聯合國為了統一世界各國的產業分類標準而頒佈的產業分類法。1971年，聯合國頒佈了《全部經濟活動的國際標準產業分類索引》，把人類社會「全部經濟活動」分為十大項，每一項包括大、中、小、細四級，並且對每一級都規定了統一的編碼。標準產業分類法與三次產業分類法之間保持著密切聯繫，標準產業分類的大部門可以很容易地組合為三個部分而與三次產業相對應，三次產業分類的三個部分也可以再細分為不同的產業分支而與標準產業分類相對應。標準產業分類法對產業的劃分比較完整，具有廣泛的適應性。

5、要素密集度分類法

要素密集度分類法是根據生產過程中產業對不同資源要素依賴程度的差異對產業進行分類的一種方法。按照這種分類法，可將產業劃分為勞動密集型產業、資本密集型產業和技術密集型產業等。在勞動密集型產業中，企業對勞動力的依賴比重較高，而貨幣資本的有機構成較低。例如，食品工業、紡織工業、服裝工業和各類生活服務業等都屬於比較典型的勞動密集型產業。

在資本密集型產業中，企業對貨幣資本的依賴比重較高，貨幣資本的有機構成較高。例如，鋼鐵工業、石油化學工業等產業就屬於資本密集型產業。在技術密集型產業中，企業對技術的依賴比重較高，其產品一般物耗小而附加價值較高。例如，電子計算機、精密儀器、航天工程和生物工程等產業就屬於技術密集型產業。要素密集度分類法能夠比較客觀地反映一個國家的經濟發展水平和產業中不同資源要素的相對比重情況。

六、產業的分化過程

根據馬克盧普和波拉特提出的四大產業分類法，一個國家經濟系統中的產業至少可以劃分為農業、工業、服務業和資訊業這四大產業門類。下面，我們對每一個產業門類作進一步的細分，並對其分化過程進行簡單分析。

1、農業的分化

農業是利用植物、動物等生物的生長發育規律，通過人工培育來獲得產品的產業。農業是人類衣食之源、生存之本，是人類賴以為生的基礎生產活動。在國民經濟中，農業屬第一產業。農業生產的主要對像是有生命的動植物，獲得的產品是動植物本身。廣義的農業包括種植業、畜牧業、水產業（漁業）、林業等細分行業；狹義的農業僅指種植業，包括生產糧食作物、經濟作物、飼料作物和綠肥等農作物的生產活動。根據生產力的性質和發展水平，農業可分為原始農業、古代農業、近代農業和現代農業。近代農業是指勞動工具由人畜力農具向機械化農具轉變、生產活動由直接經驗向近代實驗科學轉變的農業。現代農業是指廣泛應用現代科學技術、現代機械化工具和生產資料、採用現代生產管理方法的社會化農業。

隨著農業分工的深入發展，農業中不斷分化出一些細分行業。例如，因為人們對水果的需要，在林業中分化出了果園行業；而隨著商品經濟的專業化發展，果園行業又被分為專門的蘋果果園、荔枝果園、櫻桃果園、葡萄果園等；甚至每一種水果又可以進一步細分成不同的品型，如葡萄就被分為食用葡萄、釀酒葡萄、製葡萄乾的葡萄等不同品型。隨著人類社會城市化的發展，人們對牛奶、乳酪、黃油等各種乳製品的消費需求不斷增加，農業的畜牧業中又分化出乳品農業，世界各地的奶牛農場隨之誕生。隨著人們對農耕文化體驗需求和農業休閒觀光需求的增加，觀光休閒農業由此悄然興起。

此外，隨著人類社會科學技術的不斷進步，各種現代技術推動著農業生產向更高水平發展。例如，以衛星定位系統為核心的技術應用於農業生產，導致了精準農業的產生；這種技術是在播種機、施肥機或聯合收割機上安裝衛星定位儀，定位儀可以將資訊隨時傳遞給控制中心的計算機，從而實現農

業生產的精確播種、精確施肥和精確收穫，這大大提高了農業的生產水平。再如，以基因工程為核心的現代生物技術應用於農業領域，導致基因農業的產生，這將使農業領域能夠培育出更多質量更優、產量更高、適應性更強的新品種，從而使農業的自然生產越來越多地受到人類的直接控制。

2、工業的分化

工業是指將自然資源和原材料經過人類生產加工後轉化為產品的產業。工業是一個國家經濟系統中最重要的物質生產部門之一，它為工業本身和經濟系統中其他各部門提供原材料、燃料、動力以及生產技術手段。在一個國家的經濟系統中，工業屬第二產業。人類社會的工業經過了手工業、機器工業、現代工業等發展階段。在古代社會，手工業原來是農業的副業，隨著社會分工的發展，直到原始社會晚期，手工業才逐漸脫離農業，形成獨立的生產部門。到 18 世紀英國發生工業革命，使原來以手工技術為基礎的工場手工業逐步轉變為機器大工業；隨著科學技術的進步，19 世紀末到 20 世紀初，工業進入了現代工業的發展階段。根據產品最終使用對象的不同，現代工業大致可以分為輕工業和重工業兩大類。

按照中國國家統計局對輕重工業的劃分標準，輕工業主要是指為人類提供生活消費品和製作手工工具的工業。按其所使用的原料不同，又可以將輕工業劃分為兩大類：（1）以農產品為原料的輕工業，主要包括食品製造、飲料製造、煙草加工、紡織、縫紉、皮革和毛皮製作、造紙以及印刷等工業；（2）以工業品為原料的輕工業，主要包括文教體育用品、化學藥品製造、合成纖維製造、日用化學製品、日用玻璃製品、日用金屬製品、手工工具製造、醫療器械製造、文化和辦公用機械製造等工業。重工業主要是指為國民經濟各部門提供物質技術基礎和主要生產資料的工業。按其生產性質和產品用途的不同，又可以將重工業劃分為三大類：（1）採掘工業，主要包括石油開採、天然氣開採、煤炭開採、金屬礦開採、非金屬礦開採和木材採伐等工業；（2）原材料工業，指向國民經濟各部門提供基本材料、動力和燃料的工業，主要包括金屬冶煉及加工、煉焦及焦炭、化學、化工原料、水泥、人造板以及電力、石油和煤炭加工等工業；（3）加工工業，包括裝備國民經濟各部門的機械設備製造工業、金屬結構、水泥製品等工業，以及為農業提供生產資料（如化肥、農藥）等工業。

隨著工業分工的廣泛和深入發展，工業中將會不斷分化出一些細分行業。上面對工業的劃分只是一個粗略的劃分，實際上每一個工業類別還可以作出進一步的細分。例如，機械工業按服務對象不同，可進一步分為工業設備機械製造行業、農業機械製造行業、交通運輸機械製造行業等。交通運輸機械製造業又可以進一步細分為鐵路機車車輛製造業、汽車製造業、船舶製造業

和飛機製造業等。再如，電力工業可以劃分為火電工業、水電工業和核電工業等。

　　隨著人類社會科學技術的不斷進步，各種技術集群推動著現代工業向更高水平發展，同時一些新興行業也由此產生。例如，電子控制技術在工業領域的廣泛應用，使工業生產實現了以機器自動化為基礎的生產過程自動化；以微電子技術為中心的技術集群，催生了包括生物工程、光導纖維、新能源、新材料和機器人等新興工業的興起。在新能源領域，隨著人類對風力發電、太陽能發電和生物能發電技術的掌握，風電工業、太陽能工業和生物質能工業等隨之誕生。在交通運輸機械方面，隨著人類對新型動力和航天技術的掌握，太空運載火箭、人造地球衛星和載人航天飛船等航天工業隨之誕生。

3、服務業的分化

　　服務業是指提供和銷售服務性商品，為社會提供各種服務的產業。與其他產業的產品相比，服務性商品一般具有非實物性、不可儲存性和生產與消費同時性等特徵。服務業在一國經濟系統中各個部門之間發揮著連結作用和協調作用。服務業從為商品流通服務到為人類生活服務，進一步發展到為生產經營服務，經歷了一個很長的歷史過程。

　　商業是人類社會最早的服務業。商業是通過商品買賣等交換行為而實現商品流通的經濟活動。一般認為，人類社會的商業活動起源於原始社會以物易物的交換行為。為了分析服務業逐漸分化的過程，讓我們先瞭解一下中國古代商業的發展簡況。

　　中國古代社會很早就出現了商業交易活動。在商代，當時就出現了許多牽著牛車或乘船從事長途販運的商賈，到商代後期，都城裡已出現了專門從事商品交易的商人，姜子牙[18]就曾在朝歌以宰牛為業，又曾在孟津以賣飯為生。到西周時，商業已成了社會的一個經濟部門，商業由政府壟斷，市場上的商品主要包括農作物、絲帛、珠寶、兵器、牛馬、奴隸等；西周時的貨幣除貝殼以外，已開始使用銅幣。春秋戰國時期，各地出現了許多商品市場和大商人，范蠡（公元前 536－公元前 448）、弦高、白圭、呂不韋（公元前 292－公元前 235）等都是當時著名的大商人。秦始皇（公元前 259－公元前 210）統一中國後，他統一了度量衡，還統一了貨幣的形制，修建了馳道，這些都促進了商業的發展。兩漢時期，伴隨著農業（種植業）、畜牧業、手工業的發展，商業獲得了進一步發展；當時的都城長安和洛陽，以及邯鄲、臨淄、宛（南陽）、

---

[18] 又稱姜太公，姓姜，名尚，字子牙，他是中國商周之際傑出的政治家、軍事家，是西周文王、武王、成王三代的主要政治、軍事宰輔，史稱其「佐天子為聖臣，治邦國為聖」，為西周王朝的建立和鞏固立下了卓著功勳。

成都等大城市都發展成了著名的商業中心，每個城市都設有專供商品交易的「市」，由政府設置的專職官員進行管理；這期間，漢朝開通了陸上和海上兩條「絲綢之路」，從而推動了中外貿易的發展。隋朝時，開鑿了貫通南北的大運河，航運交通的發展促進了商品流通範圍的擴大。公元 713 年，唐代出現了專營貨幣存放和借貸業務的「櫃坊」（這其實是中國最早的銀行雛形），後來又出現了「飛錢」[19]，「櫃坊」和「飛錢」的出現為商業交易活動帶來了更多便利。唐朝政府允許外商在境內自由貿易，一時間西域、波斯、大食等地的商人彙聚集市，使長安城的商業呈現出一片繁榮景象。唐代時，農村集市也獲得了進一步發展，特別是在水陸交通要道附近，集市不斷增多，有些還發展成了重要的市鎮。宋代時，農業、手工業的高度發展，為商業的興盛提供了堅實的物質基礎，政府逐漸放鬆了對商品交易的限制，從而使國內貿易、邊境貿易和對外貿易齊頭並進，北宋時已開始發行紙幣「交子」（這是世界上最早的紙幣），這些都使全國商業出現了空前繁榮。北宋的都城東京（今開封）當時已發展成人口超過百萬的特大城市，城內既有繁華的商業街區，又有專業的交易場所。北宋畫家張擇端的《清明上河圖》就形象地描繪了當時東京城內商業的繁華景象。南宋的都城臨安（今杭州），全盛時期的人口也達百萬，是當時世界上最大的都市，城內店鋪林立，商業興隆，早市、夜市晝夜相連，酒樓、茶館隨處可見。當時，糧食、竹木器等農產品和手工業品都進入市場成了重要的商品。隨著商品種類增多，各種類型的集市隨之出現。城市中出現了定期和不定期、專業性和節令性的各種不同類型的集市，與此同時，商稅收入也逐漸成了政府的重要財源。北宋時，東南亞、南亞、阿拉伯半島以至非洲的幾十個國家與中國進行貿易。南宋時，海外貿易更加發展，外貿稅收已成了國庫財富的重要來源之一。元代時，重新疏浚的大運河連通了從杭州到元大都的航運，同時開闢了從長江口經黃海、渤海抵達直沽（天津）的海運交通；元政府還在各地遍設驛站，橫跨歐亞的陸上絲綢之路又再度開始繁榮，這些都促使元代商業繼續發展。當時，元大都是繁華的國際商業大都會，城內各種集市三十多處，從日本、朝鮮、東歐、中亞、南洋各地甚至非洲海岸都有商隊來到這裡，國內外各種商品川流不息地彙聚於此進行著繁忙的交易。明清時期，小農經濟與市場的聯繫日益緊密，農產品商品化得到了發展；城鎮經濟空前繁榮，許多大城市和農村市場都很繁盛。其中北京和南京是全國性的商貿城市，彙集了四面八方的特產。當時，在全國各地湧現出許多地域性的商人群體，其中，人數最多、實力最強的是徽商和晉商。徽商經

---

[19] 「飛錢」又稱「便換」，出現于唐憲宗元和年間（公元 806 年），是一種在異地間移轉匯兌錢幣的憑證，類似於今天的匯票，是中國最早的匯票，也是世界上最早的匯票。參見《新唐書（卷 54）‧食貨志》。

營鹽業積累起商業資本之後，又開始經營茶葉、木材、糧食等行業，活動範圍遍及全國各地；他們除了經營大宗商品交易和從事長途販運以外，還經營典當等金融行業。晉商也以經營鹽業致富，當積累起巨額商業資本之後，他們開始逐漸經營販賣絲綢、鐵器、茶葉、棉花、木材等商品。到清代乾隆年間，晉商開始興辦經營存款、放貸、匯兌等業務的金融機構「票號」。晉商的活動範圍很廣，許多人甚至到日本、東南亞、俄羅斯等地去做生意。

通過從西周（公元前 1046 年建立）到清朝結束（1911 年）的近 3000 年的中國古代商業簡史的粗略瞭解，我們可以看到，商業和市場是隨著商品交換的發展而逐漸產生的，隨著社會分工的發展和專業商人的產生，商業隨之從農業和手工業中分化出來形成了獨立的行業；隨著商業和市場的進一步發展，交通運輸業、餐飲業、旅館業、金融業等服務行業隨之陸續產生並逐漸發展起來。伴隨著市場交易從簡單到複雜、從低級到高級、從內貿到外貿的演進和擴展，越來越多的商品和行業被捲入商業流通和市場交易中，從而催生了越來越多服務行業的誕生，而這些服務行業對農業、手工業的生產、經營、管理、銷售等不同方面的各個環節進行滲透、改造和完善，從而推動著農業、手工業不斷向縱深化、專業化、精細化方向發展，使更多的細分行業從農業和手工業中分化出來。正是這樣一個正反饋循環過程，不斷催生了越來越多服務行業的誕生，從而推動著市場交易規模和範圍的不斷擴張，並進而推動整個社會經濟系統的成長和發展。

在經濟系統的產業體系中，服務業是一個包含眾多細分行業的產業門類。在中國現行的國民經濟核算實際工作中，將服務業視同為第三產業，即將服務業定義為除農業、工業之外的其他所有產業部門。根據中國 2012 年印發的《三次產業劃分規定》及《國民經濟行業分類》（GB/T4754-2011）等標準，中國將服務業劃分為 15 個門類和 3 個大類：（1）批發和零售業；（2）交通運輸、倉儲和郵政業；（3）住宿和餐飲業；（4）信息傳輸、軟件和信息技術服務業；（5）金融業；（6）房地產業；（7）租賃和商務服務業；（8）科學研究和技術服務業；（9）水利、環境和公共設施管理業；（10）居民服務、修理和其他服務業；（11）教育；（12）衛生和社會工作；（13）文化、體育和娛樂業；（14）公共管理、社會保障和社會組織；（15）國際組織；以及農、林、牧、漁業中的服務業；採礦業中的開採輔助活動；製造業中的金屬製品、機械和設備修理業。按照聯合國和世界貿易組織的分類方法，服務業主要包括 11 大類：A、商務服務（其中又分為專業服務、計算機服務、租賃服務等類別）；B、通訊服務（其中又分為郵政服務、速遞服務、電信服務、視聽服務等類別）；C、建築和相關工程服務；D、分銷服務（其中又分為傭金代理服務、批發服務、零售服務、特許經營服務等類別）；E、教育服務；F、環境服務；G、金融服務（其中又分為保險和保險相關服務、銀行和其他金融服務、證券服務等類

別）；H、與健康相關的服務和社會服務；I、旅遊和與旅行相關的服務；J、娛樂、文化和體育服務；K、運輸服務（其中又分為海運服務、內河運輸服務、航空運輸服務、航天運輸服務、鐵路運輸服務、公路運輸服務、管道運輸服務、運輸輔助服務等類型）。

隨著社會進步、社會分工的專業化發展，具有智力要素密集度高、產出附加值高、資源消耗少、環境污染少等特點的現代服務業獲得了迅速發展。現代服務業有別於商貿、住宿、餐飲、倉儲、交通運輸等傳統服務業，以教育培訓業、金融保險業、會計諮詢業、法律服務業、資訊傳輸和計算機軟件業、租賃和商務服務業、科研技術服務和地質勘查業、文化體育和娛樂業、房地產業及居民社區服務業等為代表。

隨著服務業分工的廣泛和深入發展，服務業中將會不斷分化出一些細分行業。隨著互聯網應用的普及，傳統服務業紛紛與網絡相結合，從而產生了許多新業態和新行業，如網絡金融、網絡票務、網絡招聘、網絡婚介、電子商務等。例如，從零售業中分化出網絡零售業，網絡零售業與快遞服務業相結合，為人們帶來了更加便捷的購物服務。以往，人們購買書籍和生活用品等需要前往書店和商店去購買，而現在只需要坐在家裡通過瀏覽網頁、輕點滑鼠就可以實現購物了。更方便的是，在挑選商品時，人們不僅可以「貨比三家」，甚至可以實現「貨比十家」，而且不用出門就有人會將你所訂購的商品送到你家裡。例如，當我們在亞馬遜網站上購買書籍的時候，可以很方便地選擇世界各地不同語言的書籍，可以很方便地比較同類書籍的價格、內容等資訊，然後再作出是否購買的決策。

4、資訊業的分化

資訊業又稱資訊產業、知識產業，是指為社會提供各種資訊產品和資訊服務的產業。狹義的資訊產業是指資訊服務業，即與資訊生產、採集、轉換、存儲、傳輸、交換、分配、檢索、使用以及與資訊系統建設有關的各行業，包括新聞、出版、廣播、影視、網絡、通訊、廣告、情報、圖書、音像、數據庫、檔案、印刷等部門。廣義的資訊產業是指一切有關資訊生產、存貯、流通、利用等方面的產業部門，包括資訊服務業、軟件技術業和資訊設備（如計算機、通信設備、電視機、攝像機、放映機、照相機、收錄機等）製造業等。資訊業是從服務業中逐漸分化出來的一類知識、技術和資訊密集的產業部門。在一國的經濟系統中，資訊業屬於第四產業。自馬克盧普首次提出知識產業的概念以來，各國學者都先後對資訊產業的概念和範圍等問題進行了廣泛探討。但由於人們基於不同的研究目的和視角，關於資訊產業的概念目前仍然是眾說紛紜。

美國商務部按照該國 1987 年《標準產業分類》，在其發佈的《數字經濟

2000 年》中，把資訊產業分為硬件業、軟件業和服務業、通訊設備製造業以及通訊服務業。北美自由貿易區（美國、加拿大、墨西哥三國）在他們於 1997 年聯合制定的《北美產業分類體系》中，把資訊產業分為出版業、電影和音像業、廣播電視和電訊業、資訊和數據處理服務業等四種行業。歐洲資訊提供者協會（EURIPA）對資訊產業的定義是：資訊產業是提供資訊產品和資訊服務的電子資訊工業。日本科學技術與經濟協會把資訊產業分為軟件產業、數據庫業、通訊產業和相應的資訊服務業。儘管不同國家和地區對資訊產業有不同的劃分標準，但總體而言，資訊產業包括資訊內容服務業、資訊軟件技術業和資訊硬件設備業三大部分。資訊產業作為一個新興的產業門類，其內涵和外延將會隨著該產業的不斷成熟而發展變化。

　　隨著資訊業的分工和專業化發展，資訊業中將會不斷分化出一些細分行業，而且每一個資訊業類別還可以作出進一步的細分。例如，新聞業按照資訊載體的不同，可分為紙質報刊新聞業、廣播新聞業、電視新聞業等。當互聯網興起以後，又產生了網絡報刊、網絡廣播和網絡電視等。僅新聞類網站又可以進一步細分為綜合性新聞網站（如新浪網、搜狐網）和專業性新聞網站（如化工新聞網、建材新聞網）等。再如，圖書出版業可以劃分為紙質出版業、電子出版業、網絡出版業和手機出版業等。

　　現代通信技術、數字技術和網絡技術等各種技術集群的不斷進步，有力地推動著資訊業向更多領域滲透並向更高水平發展，同時也催生了一些新興行業。例如，互聯網與商業交易活動相結合產生了電子商務，互聯網與政務管理相結合產生了電子政務，互聯網與醫療服務相結合產生了遠程診斷，互聯網與教育培訓相結合產生了遠程教育。再如，隨著互聯網與電話網和電視網的融合、互聯網與物聯網的連接，智能建築、智能家居、智能醫療、智能物流等將會進入人們的生活，這些將會極大地延伸人類的感知能力，給人們的生活帶來更多便捷。現代資訊業正在迅速改變著人們的學習、工作和生活方式，對人類社會發揮著深遠的影響！

＊　　＊　　＊

　　通過以上對農業、工業、服務業和資訊業的進一步細分和分化過程的簡單分析，我們會驚奇地發現，從長期的歷史演化過程來看，人類社會的產業演化很像是一棵不斷分叉成長的巨大樹木：農業是這棵大樹最初的樹根和基幹，工業、服務業和資訊業是從基幹上長出的較大分支，幾大產業中的細分行業是大樹上更細的枝條，而各類企業等微觀經濟組織就是附著在不同枝條上的樹葉。農業不斷從自然界中吸納和轉化著自然資源，從而支撐了工業、服務業和資訊業的成長，這些產業反過來又提升著農業的生產水平和發展層

次。這就好像樹根不斷地從土壤中吸收著水分和養料，從而支持了樹幹和枝條的生長，而枝條上的樹葉通過光合作用和呼吸作用等也為樹根和樹幹提供了能量和動力。

從世界範圍來看，每一個國家的經濟系統中都包含農業、工業、服務業和資訊業四大產業，由於不同國家這四大產業的產業結構、成長階段、發展水平等各不相同，因此形成了各國經濟發展情況的差異。這就好像生長在不同地區的同種樹木，由於不同地區土壤、水質和氣候等條件的差異，因而生長成各具特色的形體一樣。德國哲學家萊布尼茨曾說：「世界上沒有完全相同的兩片樹葉。」其實，世界上也沒有完全相同的兩棵樹木。對不同國家來說，世界上也沒有完全相同的兩個經濟系統。從這個意義上來說，每個國家都應該根據本國特殊的國情來選擇適合自己經濟發展的路徑！

綜上所述，我們可以得到，人類社會的產業分化過程實際上是一個逐漸分叉的過程，首先是手工業從農業中分化出來，其次是服務業從手工業和農業中分化出來，然後是資訊業從服務業中分化出來。而農業、工業、服務業和資訊業這四大產業中每一個產業的細分行業，也是從原產業的分叉中逐漸誕生的。人類社會的產業分化過程是完全符合分叉律的，實際上也是分叉律在產業演化中的具體體現。正是在分叉機制的作用下，人類社會的四大產業實現了從單一到多元、從簡單到複雜、從低級到高級的成長演化。

七、產業發展的動力

影響產業成長發展的因素眾多，但總體來看可以把它們劃分為內部因素和外部因素兩大類。

1、產業發展的動力因素

從產業系統外部環境來看，外部環境的需求是拉動產業發展的原始動力，外部環境對產業供給資源要素是產業成長演化的必要條件。影響產業發展的一般性外部因素是需求和供給，具體因素包括企業、資源、市場、知識、制度、技術等。

從產業系統內部環境來看，產業系統本身就包含著企業、資源、市場、知識、制度、技術六大類因素。實際上，組成產業系統的最基本的關鍵性要素，與影響產業系統發展的外部具體因素是基本對應的，但外部環境因素更加複雜和多元。從長時段來看，一個產業系統成長演化的過程，實際上就是不斷從外部環境中吸納、內化、整合這些要素的過程。因此，能夠影響產業系統投入產出運行的內部動因，也只可能來自產業系統內部的這六類要素。

所以，我們由此得出，影響產業系統發展的內部動力來自產業內部的企

業、資源、市場、知識、制度、技術這六類因素。其中，最主要的動力因素來自產業中的企業，而在產業中的所有企業中，核心企業對產業的成長演化具有重要的示範和帶動作用。

通過上面的簡要分析可以得到，影響產業系統發展的關鍵性動力因素主要有以下八個：

外部因素：需求和供給；

內部因素：企業、資源、市場、知識、制度和技術。

為便於分析，我們將影響產業系統發展的內部動力因素分為兩類：

A、顯性因素（表層因素）：企業、資源和市場

B、隱性因素（深層因素）：知識、制度和技術

如果將推動產業系統發展的內部動力因素、外部動力因素與產業投入產出循環過程相結合，就可以繪出產業發展的動力因素關係圖（見圖5-3）。

在成長演化過程中，產業系統在外部環境中需求因素和供給因素的共同推動下，始終進行著「投入→產出→再投入→再產出」的循環運行過程。從產業系統內部環境來看，產業同時在企業、資源、市場、知識、制度、技術這六個方面不斷進行著吸納、內化、整合的過程。在這個過程中，產業生態位中的這六類因素與產業內部的這六類因素之間互動交流，共同推動了產業的成長和發展。在產業系統成長演化過程中，產業內部的這六類因素並不是各自單獨地、孤立地發揮作用的，而是相互協同、相互配合共同發揮作用的，也即每兩個要素之間都是相互聯繫、相互作用、相互影響的，它們共同組成了產業內部的動力關係網絡。在圖 5-3 中，我們用虛線雙箭頭來表示它們之間的這種相互關係。

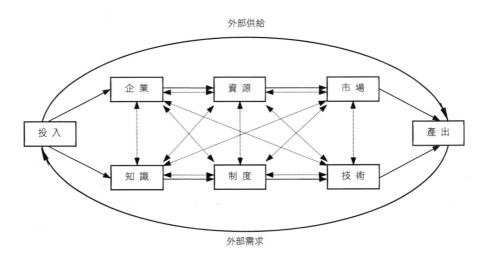

圖 5-3　產業發展動力因素關係圖

2、產業發展的原始動力

人類的社會生產活動首先是為人類本身的生活需要服務的，而且最終也是圍繞人類本身的生存發展需要進行的。人類的需求是拉動產業發展的原始動力。

按照馬克思的觀點，在人類社會生產活動中，消費資料生產和生產資料生產這兩大部門的比例應該相互協調，只有這兩大部門的生產比例實現了協調，整個社會大生產才能實現良性循環。從系統的觀點來看，馬克思的這一思想是很有見地的。

人類社會發展到現階段，社會經濟系統的產業門類至少可以分為農業、工業、服務業和資訊業這四大產業。從系統的觀點來看，這四大產業部門的比例也應該相互協調，只有這四大產業部門的生產比例實現了協調，整個社會大生產才能實現良性循環。

人類社會各大產業部門比例相互協調的基本依據是，所有產業部門生產的產品既不過多也不過少，而是在一定時期內剛好能夠滿足人類社會的需求。在一個國家系統中，各大產業部門比例相互協調的依據就是，所有產業部門生產的產品在一定時期內能夠滿足全體國民的實際需求。因此，我們有必要分析一下人類需求在各大產業部門的作用和傳遞過程。

社會經濟系統發展的外部動力來自人類的需求，這種需求首先是作用於消費資料生產部門，再傳遞到生產資料生產部門，然後又回到消費資料生產部門，從而實現社會大生產的一次完整循環。隨著社會分工的發展，產業部門不斷增多，人類的需求又貫穿了更多的產業部門。從產業主導地位的先後順序來看，這種需求首先是作用於農業部門，其次傳遞到工業部門，再次傳遞到服務業部門，然後傳遞到資訊業部門，最後又回到農業部門，從而實現社會大生產的一次完整循環。在這一過程中，隨著人類的知識不斷增加和豐富，人類的生產技術也在不斷增加和進步，與此同時，人類社會的經濟制度也在不斷更新和發展。在社會大生產的循環過程中，人類的需求同時也在不斷增加和豐富，並且隨著人類社會的不斷進步而由低層次需求向高層次需求發展，而發展後的人類需求又拉動生產經濟活動向更高層次發展。

因此，人類需求對經濟系統的作用過程實際上是一個動態過程，這個過程可以通過如下兩條線來分析：

A、需求→物質需求→物質生產→物質產品

B、需求→精神需求→精神生產→精神產品

人類社會精神產品中最核心的部分是知識，知識與生產活動相結合產生了技術，在協調組織社會生產的過程中又產生了制度。此外，人類社會在進行精神生產的過程中離不開對以往文化知識的學習和繼承，所以，文化教育

就構成社會精神生產過程中的一個重要環節。因此，結合各主導產業出現的先後順序，可以把人類需求對經濟系統的作用過程描述為如下兩條鏈：

A、表層因素鏈：物質需求─農業─工業─服務業─資訊業

B、深層因素鏈：精神需求─知識─技術─制度─文化教育

如用以上十個因素作為十個維度來描述需求對經濟系統作用的過程，則可以畫出社會需求作用互動圖（見圖5-4）和社會需求演化圖（見圖5-5）。在圖中，十個維度分別是：①物質需求；②精神需求；③農業；④知識；⑤工業；⑥技術；⑦服務業；⑧制度；⑨資訊業；⑩文化教育。

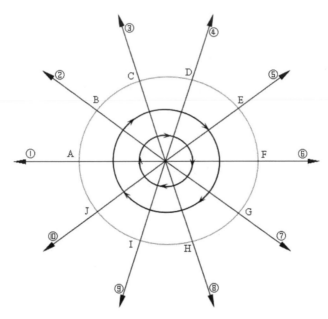

圖 5-4　社會需求作用互動圖

從經濟系統的表層因素鏈來看，A 鏈中需求的作用過程形成一個循環，即圖 5-4 中的實線大圓。

這個過程可以描述為：人類物質需求→農業發展→工業發展→服務業發展→資訊業發展→物質生產發展，而物質生產的發展又推動人類物質需求的發展。這個過程是一個循環往復的過程。

從經濟系統的深層因素鏈來看，B 鏈中需求的作用過程也形成一個循環，即圖 5-4 中的實線小圓。

這個過程可以描述為：人類精神需求→知識增長→技術進步→制度更新→文化教育發展，而文化教育的發展又推動人類精神需求的發展。這個過程

也是一個循環往復的過程。

　　在需求作用和傳遞過程中，農業、工業、服務業、資訊業等產業是相互聯繫、相互作用、相互影響的，其中每一個產業的成長演化都同時伴隨著人類社會在知識、技術、制度和文化教育四個方面的發展和進步；知識、技術、制度和文化教育的發展和進步推動了產業的成長演化，而產業的成長演化反過來又促進了知識、技術、制度和文化教育的發展和進步，這個過程是一個循環往復的過程。所以，實際上 A 鏈和 B 鏈是相互交織在一起共同演化發展的。

　　從歷史的長時段來看，人類社會的農業、工業、服務業、資訊業四大產業是不斷成長演化的，同時人類社會在知識、技術、制度和文化教育四個方面也是不斷發展進步的，人類社會的需求也是不斷豐富和提高的。所以，從動態的角度來看，人類社會在以上十個維度上是不斷向外擴展的。我們不難發現，隨著時間的推移，人類社會物質需求演化的軌跡實際上是一條逐漸擴展的螺旋線。與此同時，人類社會精神需求的演化軌跡也是一條逐漸擴展的螺旋線。在人類社會發展過程中，這兩條螺旋線實際上是交織纏繞在一起的（見圖 5-5）。

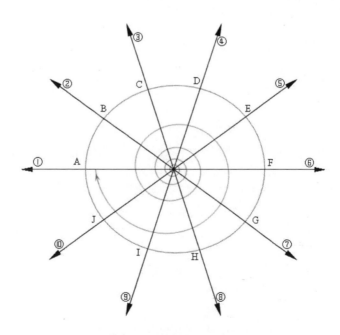

圖 5-5　社會需求演化圖

隨著人類社會的發展，人類本身的需求也在不斷增多和擴展。美國心理學家亞伯拉罕·馬斯洛（Abraham Harold Maslow，1908-1970）於 1943 年提出的需求層次理論認為，人類的需求由低到高依次分為生理需求、安全需求、社交需求、尊重需求、自我實現需求五個層次。馬斯洛的需求層次理論是從個人發展的角度來談一個人的需求的。從人類社會歷史的長時段來看，人類的需求在每個時代都有那個時代的特色。總體來說，人類需求的種類是在不斷增多的，人類需求的層次也是在不斷上升的。例如，工業時代人們的需求要比農業時代人們的需求更多，資訊時代人們的需求要比工業時代人們的需求更多。因為不斷分工的各種產業，生產出越來越豐富多樣的商品，從而為人們提供了越來越多的消費選擇。如一個生活在 18 世紀的人，他不可能想要購買一輛汽車，因為那時汽車還沒有在這個世界上誕生。人類社會每一次新型主導產業的出現，都會催生出一批全新的行業，這些全新的行業總會為人類社會帶來一些全新的產品和服務，從而刺激出人們新的消費需求。當人們的這些消費需求再次傳遞到產業領域時，就轉化成了拉動產業發展的原始動力。現代經濟學原理和世界發達國家經濟發展的歷史已證明，社會總需求不斷上升的變動趨勢是人類社會經濟發展的客觀規律，它反映了人類社會的不斷進步和社會經濟發展水平的不斷提高。

3、核心企業的作用

產業是由企業組成的企業群落，企業是組成產業的基本單元。在產業發展內部動力因素的所有因素中，企業是最能動、最重要的因素。在一個產業的所有企業中，最關鍵的企業是核心企業。核心企業對一個產業的成長和發展往往起著非常重要的引領和帶動作用。

在現實的產業系統中，幾乎每一個細分行業都存在幾個規模較大、佔據重要市場地位的核心企業。而在每一個核心企業中，都有一位優秀的企業家。

行業中的核心企業是指在一個行業中市場份額位居同行前列，同時在行業價格、行業技術、行業制度等方面處於主導和支配地位的企業。從產業發展的地理範圍來看，我們可以把核心企業分為地區性、全國性、跨國性三個層次。例如，微軟公司就是全球軟件行業中的跨國性核心企業。隨著全球經濟一體化進程的廣泛和深入發展，跨國性核心企業一般是以跨國企業集團的形式出現的，這些跨國企業集團往往包含許多細分行業，它們主導和支配著這些行業在全球市場的佈局和發展。

每個細分行業中的核心企業，對這個行業的發展具有重要的引領作用。核心企業往往代表了該行業在一個產業中的主導地位，常常擁有該行業最先進的知識、技術、制度和組織結構。核心企業的組織結構、企業文化和管理制度乃至企業行為等，常常被行業內的其他企業所仿效，核心企業所擁有的

先進知識和技術在行業內的不斷擴散，直接帶動了行業知識和行業技術的更新與發展。同時，核心企業也常常是行業標準、行業規範等行業制度的制定者。

核心企業一般是在市場競爭中自然產生的，它與行業中其他企業以及整個行業共同演化成長。從行業演化的表層來看，核心企業首先帶動行業中與之業務聯繫緊密的關聯企業的成長演化，進而引領整個行業的成長演化。從行業演化的深層來看，核心企業首先是因為擁有先進的行業知識才佔據行業的領先地位，又利用自身優越的市場地位制定了行業制度，同時利用行業制度把自己的企業技術變成行業中的主導技術，從知識、制度和技術等方面影響著行業中其他企業的成長演化，從而引領整個行業的成長演化。

因此，在引領行業成長演化的過程中，核心企業是通過如下兩條鏈來發揮作用的：

A、表層因素鏈：核心企業→關聯企業→整個行業

B、深層因素鏈：行業知識→行業制度→行業技術

在一個行業成長過程中，以上這些因素是相互聯繫、相互作用、相互影響的，從而共同推動該行業的成長演化。如用這六個因素作為六個維度來描述一個行業成長的過程，則可以繪出核心企業與關聯企業、整個行業良性互動圖（見圖5-6）和它們共同成長演化的軌跡圖（見圖5-7）。

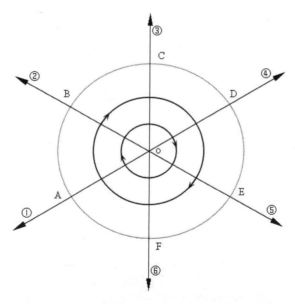

圖5-6　核心企業與關聯企業、整個行業良性互動圖

在圖中，六個維度分別是：①核心企業；②行業知識；③關聯企業；④行業制度；⑤整個行業；⑥行業技術。

從靜態的角度來看，A 鏈上的因素形成了互相推動的良性循環，即圖 5-6 中的實線大圓。

這個過程可以描述為：核心企業的成長→關聯企業的成長→整個行業的成長，而成長後的行業又推動了核心企業的成長。

同時，B 鏈上的因素也形成了互相促進的良性循環，即圖 5-6 中的實線小圓。

這個過程可以描述為：行業知識的進步→行業制度的進步→行業技術的進步，而進步後的行業技術又促進了行業知識的進步。

在行業成長演化過程中，因為以上這六個因素是相互聯繫、相互作用、相互影響的，所以，A 鏈和 B 鏈是相互交織在一起協同演化的。

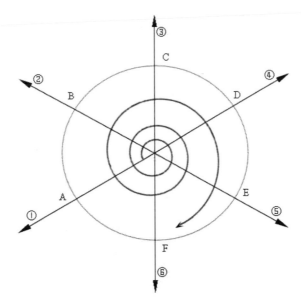

圖 5-7　核心企業與關聯企業、整個行業共同成長演化軌跡圖

從動態的角度來看，一個正常發展的行業在這六個方面是不斷成長的，也即在六個維度上不斷向外擴展。我們不難發現，在一個行業從小到大、從弱到強的成長演化過程中，核心企業與關聯企業、整個行業共同成長演化的軌跡實際上是一條逐漸擴展的螺旋線。與此同時，行業知識、行業制度和行業技術共同成長演化的軌跡也是一條逐漸擴展的螺旋線。在行業成長演化的過程中，這兩條螺旋線實際上是交織纏繞在一起的（見圖 5-7）。

一個產業系統的成長演化，同時伴隨著企業、市場和行業的協同成長演化。在這個過程中，企業演化、市場演化和行業演化是互相耦合的，三者之間形成了相互耦合的協同演化。任何一個行業的成長都必然伴隨著行業市場的成長，隨著行業逐漸成長，行業內的企業數量不斷增多，該行業產出的產品數量也不斷增加，從而推動行業市場的形成和擴大。因此，行業市場的成長演化是內含於行業的成長演化中的。

　　在企業、市場和行業的協同演化中，核心企業發揮著重要的引領作用。從產業系統演化的表層因素來看，核心企業首先帶動了行業中其他關聯企業的成長演化，核心企業與關聯企業之間的分工與協作帶動了整個行業內部企業之間的分工與協作行為，這在提高整個行業運行效率的同時，也推動整個行業生產出品種更豐富、數量更多的各種產品投入市場，這直接推動了行業市場的成長和規模的擴大。從產業系統演化的深層因素來看，核心企業通過自身擁有的先進知識、技術和制度，首先影響了關聯企業的知識、技術和制度，進而影響了行業市場的知識、技術和制度，最終影響了整個行業的知識、技術和制度；在這個過程中，實際上包含了核心企業、關聯企業、行業市場與整個行業之間在知識、制度、技術等方面的互動過程。這個互動過程可以用圖 5-8 簡單表述。

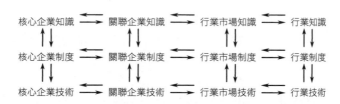

圖 5-8　核心企業、關聯企業、行業市場與整個行業關聯互動圖

　　以上三個方面的互動過程並不是彼此分離、孤立進行的，而是相互聯繫、相互作用、相互影響的。在現代社會，行業市場就其本質而言，也可以看作是一類特殊的企業，它們的產品是為其他企業提供交易服務。所以，有關核心企業、關聯企業、行業市場之間的互動過程，具體參見第四章企業演化機制中的「內外因子互動」過程。

　　當然，行業市場在成長演化過程中，除了受到行業內部核心企業、關聯企業和整個行業的影響外，還會受到行業外部其他因素的影響，特別是外部環境中其他市場的影響。

　　因此，在推動行業市場成長演化的過程中，核心企業是通過如下兩條鏈來發揮作用的：

　　C、表層因素鏈：核心企業→關聯企業→行業市場

D、深層因素鏈：市場知識→市場制度→市場技術

從靜態的角度來看，C 鏈和 D 鏈上的因素互動過程與圖 5-6 類似，我們可以分別用圖中的實線大圓和實線小圓來表示。

C 鏈上的因素形成了互相推動的良性循環。這個過程可以描述為：核心企業的成長→關聯企業的成長→行業市場的成長，而成長後的行業市場又推動了核心企業的成長。

同時，D 鏈上的因素也形成了互相促進的良性循環。這個過程可以描述為：市場知識的進步→市場制度的進步→市場技術的進步，而進步後的市場技術又促進了市場知識的進步。

在行業市場成長演化的過程中，以上六個方面是相互聯繫、相互作用、相互影響的。所以，實際上 C 鏈和 D 鏈是相互交織在一起協同演化的。

從動態的角度來看，這一演化過程的軌跡與圖 5-7 類似，也是逐漸擴展的螺旋線。也即在一個行業從小到大、從弱到強的成長演化過程中，核心企業與關聯企業、行業市場共同成長演化的軌跡是一條逐漸擴展的螺旋線。與此同時，市場知識、市場制度和市場技術共同成長演化的軌跡也是一條逐漸擴展的螺旋線。在行業成長演化的過程中，這兩條螺旋線實際上是交織纏繞在一起的。

一個產業是由許多行業組成的，每個行業都形成具有自身行業特色的市場，不同的行業市場共同組成了這個產業的市場體系。一個產業系統的演化，包含著產業中企業、市場和行業的共同演化。第四章的分析表明，企業的演化過程是一個螺旋循環過程，而產業的演化過程實際上是個超級螺旋循環過程。也就是說，一個產業的演化過程包含著眾多的企業螺旋循環、市場螺旋循環和行業螺旋循環，即在一個大螺旋循環過程中包含著小螺旋循環過程，而在小螺旋循環過程中又包含著微小螺旋循環過程。由此我們可以看到，影響一個產業成長發展的因素實際上是一個多層次、多種類、多結構而又錯綜交織的複雜巨系統。

八、產業的演化機制

產業由小到大、從弱到強的成長發展過程，是產業隨著時間進程不斷演化的過程。在這個過程中，分工與協作、內外因子互動、競爭與合作、產業間互動等是產業進行演化的重要機制。

1、分工與協作

在產業投入產出運行中，分工與協作是兩個最基本的必要機制。在一個經濟系統內，產業的分工與協作中，同時還包含著行業的進一步分工與協作。

分工能夠使產業內部的各個行業向專業化、縱深化、精細化方向發展；協作能夠使產業內部的各個行業之間相互銜接、互相配套、協同發展。如果沒有分工與協作，任何一個產業都無法順利實現從弱小到強大的成長演化過程。

　　產業分工實際上是分叉律在產業運行中的具體表現，產業協作是協同律在產業運行中的具體表現。

　　在經濟領域中，人們很早就注意到了產業不斷分叉的現象，這從經濟學家對產業所作的分類隨著社會的發展而不斷增多的事實中也可以得到印證。例如，19世紀六十年代，人類社會的產業比較初級和簡單，因此馬克思把社會的生產部門分為生產資料和消費資料兩大部類；到20世紀三四十年代時，人類社會的產業開始趨於複雜，服務業已得到較大發展，因此費希爾和科林·克拉克把社會經濟活動分為農業、工業和服務業三大產業；到20世紀六七十年代時，人類社會的產業進一步趨於複雜，資訊業得到較大發展，因此馬克盧普和波拉特又進一步把產業劃分為農業、工業、服務業、資訊業四大產業。與分叉機制相比，人們對經濟活動中協同機制的認識顯得重視不夠。例如，在經濟學研究中，人們長期將微觀經濟學理論與宏觀經濟學理論相互分離的情況，其實就是這一現狀的具體反映。

　　從歷史發展過程來看，人類社會的農業、工業、服務業和資訊業這四大產業部門都是隨著社會分工的發展，相繼從原來的產業中誕生並逐漸發展起來的。在人類社會的不同發展階段，這四大產業相繼主導著人類社會的經濟活動。實際上，在分叉律的作用下，四大產業中每一個產業都進一步分化成了更細的行業。例如，原始農業就從最初的採集—漁獵活動分化成了種植業、畜牧業、漁業、手工業等。手工業又分化成了陶土手工業、竹木手工業、石器手工業、編織手工業（材料最初是樹枝、藤蔓，後來是葛、麻，再後來是蠶絲等）。

　　從長時段來看，組成產業的企業、資源、市場、知識、技術、制度等因素都在分叉律和協同律的共同作用下，不斷發生著從單一到多元、從低級到高級、從簡單到複雜的演變。例如，西方發達國家從19世紀中期到20世紀中後期的工業化過程中，產業組織、技術和制度就發生了這樣的變遷。在19世紀中葉前，產業組織是簡單的作坊形式，生產技術形式是水平分工的簡單生產，制度形式是以作坊主與雇員之間形成的學徒制，代表行業是簡單工具製造業；在19世紀中葉到20世紀初，產業組織演變為以直線制組織（U型組織）為主的機械化工廠，生產技術形式是垂直分工的大規模生產，制度形式是集中式等級管理制，代表行業是紡織業和機械設備製造業；在20世紀初至中葉，產業組織演變為分權事業部制組織（M型組織）為主的大型現代企業，生產技術形式是垂直分工與空間分工相結合的大規模定制生產（福特製生

產），制度形式是分散式等級管理制，代表行業是鋼鐵業和汽車製造業；在 20
世紀中後期，產業組織演變為網絡型組織（如企業集群、企業聯盟、產業區
等產業網絡），生產技術形式是垂直分工、空間分工和模塊分工相結合的柔性
生產和外包生產，制度形式是等級制與市場制相結合的網絡化管理制，代表
行業是汽車製造業和計算機製造業[20]。

在本章第一節中，我們簡要介紹了有關經濟增長的經典理論。在此基礎
上，我們從分工、市場和產業發展的相互聯繫來闡述經濟發展的一般性規律。

為便於說明問題，我們首先需要引入「產業鏈」的概念。產業鏈是指從
資源（包括自然資源和社會資源）到最終消費品之間的，以企業鏈為載體，
以價值鏈為基礎，相互之間通過需求鏈、供應鏈、技術鏈、資訊鏈等結成的
一組生產經營性網絡組織。這裡，企業鏈是指在生產經營活動中，由於實際
供需關係而形成的企業間的連接關係。價值鏈是指企業在生產經營活動中創
造價值的動態環節；在企業內部各業務單元的價值聯繫構成了企業的價值鏈，
在行業內部上下游關聯企業之間的價值聯繫構成了行業價值鏈，在產業內部
各關聯行業之間的價值聯繫就構成了產業價值鏈（網絡）。需求鏈是指因對企
業產品（或服務）的需求而形成的需求關係鏈條，包括消費者需求鏈和生產
者需求鏈。供應鏈是指在企業生產經營過程中，為企業提供資源要素而實際
形成的供應關係鏈條。技術鏈是指在同一個產業鏈中企業與其上下游環節之
間所形成的技術連接關係，包括技術標準鏈、產品技術鏈和技術服務鏈等。
資訊鏈是指在企業與消費者、企業與企業、企業與政府以及企業與其他社會
組織之間的資訊交流關係，包括需求資訊鏈、供應資訊鏈、知識資訊鏈、制
度資訊鏈、技術資訊鏈等。在現實的經濟系統中，產業鏈的發育、成長和完
善程度反映了一個產業系統的發展程度。一般來說，一個產業系統的產業鏈
越長，產業層次越完善，生產環節聯繫越緊密，其內部的企業鏈、需求鏈、
供應鏈、技術鏈、資訊鏈等組成部分之間的分工協作越和諧，產業內外的人
員、資源、商品、資金和資訊等交流越順暢，則這個產業系統的發展程度就
越高。

這裡借用吳金明和邵昶提出的產業鏈形成的蛛網模型（見圖 5-9）來說明
經濟系統中產業成長演化的一般過程。

---

[20] 鄧智團：〈產業網絡化的系統經濟學解讀：以計算機全球生產網絡為例〉，《上海經濟研究》2009
年第 9 期，第 45 頁。

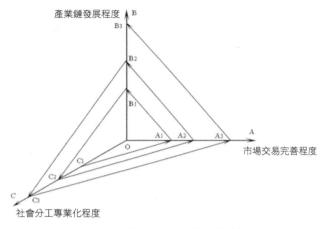

圖 5-9　產業鏈形成的蛛網模型[21]

　　在圖 5-9 中，A 軸表示市場交易完善的程度，其中，$A_3 > A_2 > A_1$ 表示市場交易完善程度的不斷提高；B 軸表示產業鏈發展的程度，其中，$B_3 > B_2 > B_1$ 表示產業鏈發展程度的不斷提高；C 軸表示社會分工專業化的程度，其中，$C_3 > C_2 > C_1$ 表示社會分工專業化程度的不斷加深。三個坐標軸相交的原點 O，表示既無社會分工也無市場交易更無產業鏈誕生的初始狀態。

　　社會分工 C_1 的存在促進了市場交易程度 A_1 的產生，在 A_1 作用下，需要 B_1 的產業鏈形式與它對接。B_1 這種產業鏈形式的產生，又促進了社會分工專業化的進一步發展，社會分工專業化就從 C_1 演化到 C_2。相應地，在 C_2 的作用下，市場交易程度從 A_1 發展到 A_2，A_2 又促進了產業鏈形式從 B_1 發展到 B_2。按照同樣的原理，B_2 促使 C_2 發展到 C_3，C_3 又促使 A_2 發展到 A_3，A_3 又促使產業鏈從 B_2 發展到 B_3……這一過程循環往復地進行下去，從而實現了市場交易制度不斷完善、市場交易規模不斷擴大，產業鏈不斷延伸、產業發展水平不斷提高。這一模型所反映的產業運行機制，實際上就是對從亞當‧斯密到楊小凱等經濟學家所闡述的分工、市場交易與經濟增長思想的形象化描述。

　　從產業系統的成長演化過程來看，分工專業化首先在經濟單元內部開始，隨後在經濟組織之間開始，當市場和行業產生以後，最後又在行業與產業之間展開，這是一個分工專業化層次不斷提高的過程。分工專業化的發展在提高生產效率的同時，也促使產品種類不斷增多，人們為了滿足多樣化的消費

---

[21] 來源吳金明、邵昶：〈產業鏈形成機制研究——「4+4+4」模型〉，《中國工業經濟》2006 年第 4 期，第 38 頁。吳金明和邵昶所繪的這個「蛛網模型」圖非常具有想像力，正是這個圖啟發了本書作者關於產業發展的很多形象思維。愛因斯坦曾說過：「想像力比知識更重要，想像力是知識進化的源泉」、「想像力是科學研究中的實在因素」，此言甚確！

需求，就產生了相互間交換產品的需要。隨著產品交換的發展，市場隨之誕生並不斷發展。市場交換的發展又促進了個人之間、個人與社會群體之間、不同社會群體之間的分工專業化，從而促進了產業鏈的形成和成長。產業鏈的成長延伸包含著產業內部價值鏈的增值過程，因此產業的成長就產生了收益遞增的經濟增長。

　　早在新石器時代，人類社會的生產活動就出現了以性別為基礎的自然分工。例如，人類學家通過對陝西省境內華縣元君廟和寶雞北首嶺墓葬（屬仰韶文化前期，約在公元前 5000 年－公元前 4000 年）的研究表明，當時男子主要從事工具製造、狩獵及部分農業活動，而婦女主要從事農業、紡織及縫紉活動[22]。從經濟史上看，人類社會在最原始的部落中就已經存在某種按照性別和年齡劃分的分工專業化活動，但這種分工專業化很粗淺[23]。在原始社會晚期，隨著社會分工的發展，手工業逐漸脫離農業形成獨立的生產部門。大約在公元前 3500 年－公元前 3000 年時，在中國一些社會群體的手工業生產中，石器和陶器已經有了專業化生產。例如，湖北省宜都紅花套和河南省淅川下王崗的石器作坊、甘肅省蘭州白道溝坪的陶器作坊，都是當時規模很大的手工業基地，這些石器和陶器都是為交換而進行生產的[24]。再如，大約在公元前 3500 年稍後，在中國東部地區已從石匠中分化出了專門製造玉器的玉匠；約在公元前 3500 年－公元前 2700 年時，中國社會已經出現了製銅業以及掌握煉銅技術的銅匠[25]。當國家出現後，社會分工專業化進一步深入發展，社會分化成了農民、工匠、商人、士兵和官吏等不同階層。大約成書於春秋末至戰國初期的《考工記》一書，記述了陶工、木工、玉工、金工、皮革、染色等六大類 30 個工種的內容，反映了當時齊國官營手工業的分工和技術情況；其中的「鄭之刀，宋之斤，魯之削，吳粵之劍，遷乎其地而不能為良，地氣然也」一句，實際上指出了當時各諸侯國在一些手工產品上的區域分工和比較優勢。隨著農業、手工業的專業化發展，商業開始興起，市場交易活動隨之逐漸繁榮。在傳統農業時代，一個家庭組織就是一個生產單元，當時已產生了「男耕女織」的分工形態，後來出現地主莊園之後，分工專業化有了進一步發展。據東漢時的農家月令書《四民月令》記載，當時洛陽的地主農莊除了從事農業耕作（從耕地、播種、分栽、耘鋤到灌溉、收穫等）、蠶桑（從種桑、養蠶

---

[22] 蘇秉琪主編，張忠培、嚴文明撰：《中國遠古時代》，上海人民出版社 2014 年 5 月第一版，第 77-78 頁。

[23] 鄒薇、莊子銀：〈分工、交易與經濟增長〉，《中國社會科學》1996 年第 3 期，第 7 頁。

[24] 蘇秉琪主編，張忠培、嚴文明撰：《中國遠古時代》，上海人民出版社 2014 年 5 月第一版，第 489-491 頁。

[25] 蘇秉琪主編，張忠培、嚴文明撰：《中國遠古時代》，上海人民出版社 2014 年 5 月第一版，第 407-409 頁。

到紡、織、染和製絲綿等）、釀造（酒、醬）等家庭手工業以外，同時還用農作物、紡織品、絲綿等作商品來進行商業交易；在地主農莊中，已經產生了女紅（以紡、績、織、染等為專職的女工）、典饋（專管飲食製備烹調）、蠶妾（專管養蠶）、縫人（專管縫紉拆洗）等勞動分工[26]。這裡的地主農莊其實就相當於一個集農、工、商一體化的小型家庭農場。在封建王朝時代，由政府設立的官營工場和官營商業其實就是古代社會的企業，只不過其服務的主要對像是封建統治集團。

為了解釋市場交易的演化過程，這裡借用楊小凱和黃有光的圖例（見圖5-10）來說明這個過程。

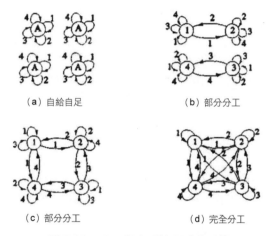

（a）自給自足　　　　　　　　　（b）部分分工

（c）部分分工　　　　　　　　　（d）完全分工

圖 5-10　分工與市場協同演化圖[27]

圖5-10描繪了隨著分工的發展，個人從自給自足狀態發展到交易4種產品的市場交易演化過程。在圖中，細線表示產品流，箭頭表示產品流動方向，細線旁的數字表示涉及的產品，帶數字 i 的圓圈表示賣產品 i 的個人。

在圖（a）中，每個人都自己生產所需要的產品（即自給自足）；在圖（b）中，每個人賣一種產品，買一種產品，自己生產三種產品；在圖（c）中，每個人賣一種產品，買兩種產品，自己生產兩種產品；在圖（d）中，每個人賣並自給一種產品，買三種產品，買賣四種產品。

從圖（a）到圖（d）描述了人們從自給自足、部分分工到完全分工等不同分工狀態下的市場交易演化過程。從圖（d）中可以看到，在完全的社會分工

[26] 石聲漢：《中國古代農書評介》，農業出版社1980年5月版。
[27] 楊小凱、黃有光：《專業化與經濟組織——一種新興古典微觀經濟學框架》，經濟科學出版社1999年版，參見該書中第185頁的「分工演進」圖示。

狀態下，市場形成了一個相互聯繫的交易網絡。

在上面的分工與市場協同演化過程中，我們其實也可以把參與產品買賣的主體從「個人」置換成「家庭組織」「地主莊園」「自然村落」「集鎮」甚至「城市」，以考察傳統農業時代的市場演化過程。

分工與市場之間的協同演化是一個互動過程。一方面，社會分工推動了市場的形成和演化，市場是社會分工和商品交換發展的必然產物；另一方面，市場在其發育和成長過程中，也推動著社會分工和商品交換的進一步發展。在人類社會早期，人們生產和消費的產品都很少，當時社會分工程度和商品交換水平都很低，人們的商品交換活動既沒有固定場所和固定時間，也沒有共同的交易慣例和準則。隨著商品交換種類的豐富和交換頻率的增加，交易活動逐漸由不定點、不定期向固定地點和固定時間發展，市場逐漸由無組織到有組織、由簡單到多元、由低級向高級方向演化。人們通過市場中的交換活動瞭解到商品供需資訊，這些供需資訊直接影響著人們生產什麼、生產多少、什麼時間上市、怎樣銷售等。市場聯結了商品經濟發展過程中的生產者、銷售者和消費者，為產、供、銷各方提供了交換場所、交換時間和其他交換條件。隨著專業商人產生以後，商業從農業中分化出來並不斷發展。商業將一個個原本自給自足的「自然村落」「集鎮」和「城市」聯繫起來，推動著市場規模的不斷發展壯大，從而形成了縱橫交錯的市場交易網絡。

從地域空間來看，隨著社會分工和商業流通業的發展，市場交易的規模和範圍在不斷擴大。在農業時代，市場交易首先在自然村落內部進行，從而形成了村落集市；自然村落之間進行市場交易，就形成了村鎮集市；市場交易在一定區域內的村鎮之間進行，促進了城市商品交易網絡的誕生和發展，城鄉之間商品經濟的發展推動了城市市場的形成和發展。不同城市之間進行市場交易，從而形成了規模和範圍更大的地區市場。在一個國家內部，隨著道路交通的發展，從而使相互隔離的各個地區市場之間實現了互聯互通，市場網絡從局部到整體縱橫相連，最後就形成了全國性的市場交易網絡。當市場交易跨出國界在國家與國家之間進行時就誕生了國際貿易，國際貿易的不斷成長和發展，推動了世界市場的形成和發展。從市場演化的這一過程可以看出，正是道路航運交通的發展和新型運輸工具的發明，對推動人類社會區域市場之間互聯互通、促進市場交易範圍不斷擴大發揮了重要作用。從市場發展的過程來看，推動市場範圍擴大的內在因素主要包括市場交易的知識、制度和技術三個方面。人類社會在道路航運交通和新型運輸工具等方面的進步，我們首先可以把它們看作是人類社會在商業流通領域的技術進步，從更廣泛的範圍來看，我們也可以把它們劃入市場交易技術進步的範疇內。

在現代社會，從產業劃分的角度來看，一個國家的經濟系統包含著農業系統、工業系統、服務業系統和資訊業系統等子系統，每個產業系統內部都

存在著三個層次的產業組織，每個層次產業組織的內部都形成了網絡形式的協同關係，這三個層次由低到高依次是企業內協作網絡、行業內協作網絡和產業內協作網絡。從企業內部來看，一個企業內部各部門（或各分公司）之間存在著分工、協作的交換網絡，其中發揮協同作用的主導者是企業家。從企業外部來看，存在著三個層次的市場交易網絡，由低到高依次是企業間市場交易網絡、行業間市場交易網絡（體系）和產業間市場交易網絡（體系），在這三個層次的市場交易網絡中，發揮協同作用的主導者分別是企業組織、行業核心企業、產業核心企業集團。因此，從經濟系統整體來看，交換（或交易）網絡實際是經濟系統內部各子系統之間協同演化的基本形式。

綜上所述，我們將經濟系統分叉協同機制的層次結構總結如下（見表5-1）：

表 5-1　經濟系統分叉協同機制層次結構簡表

大系統	大系統分叉後形成較小系統	每個產業系統內部的協同層次和協同形式	每個產業內部子系統之間的協同層次和協同形式	協同主導者
經濟系統	資訊業系統	產業內協作網絡 ↑	產業間市場交易網絡（體系）	產業核心企業集團
	服務業系統	行業內協作網絡 ↑	行業間市場交易網絡（體系）	行業核心企業
	工業系統	企業內協作網絡	企業間市場交易網絡	企業組織
	農業系統		企業內部交換網絡	企業家

在分叉與協同機制的作用下，一個國家經濟系統中的新行業與新行業、新行業與老行業之間會相互交叉、互相融合，從而催生出一批新行業，這些新行業又與其他新老行業交叉融合，又會催生出一批更新的行業。眾多相互關聯的行業組成一個產業，而產業之間會相互交叉、互相融合，從而催生出一批新產業，這些新產業在更廣的範圍和更深的程度上又與其他國家或地區的產業交叉融合，又會催生出一批更新的產業。這一交叉、融合、創新的過程會不斷循環往復地進行下去，類似於自然界動物的交配、孕育、繁殖的過程。在這一過程中，在不同企業、行業和產業之間始終進行著各種人員、資源、商品、資金和資訊等的交流，從而促使企業、行業和產業內部環境的自我調整和自我適應，並向更高級的有序化方向演化。隨著時間的推移，一個國家的經濟系統就逐漸實現了從單一到多元、從簡單到複雜、從低級到高級的演化歷程。

在產業系統運行過程中，產業中的企業、資源、市場、知識、技術、制度等因素之間實際上是相互聯繫、相互作用、相互影響、相互制約的，每一個因素都是在與其他因素的影響和制約中發揮作用的，其中任何一個因素的變化都會在不同程度上引起其他因素的變化。例如，人類在基礎知識方面的新

發現，往往會導致新技術的誕生（如人類對原子結構的認識導致核能技術的誕生）。而新技術的誕生必然會引起企業、行業、資源、市場和制度等各方面不同程度的變化，反之亦然。當然，在產業發展的不同階段，這些因素的相對地位並不是固定不變的，而是經常處於交叉變換中。例如，在某一段時間，技術對產業發展起著主導作用，而在另一段時間，制度對產業發展起著主導作用。因此，在研究產業發展問題時，必須要以動態的視角來分析產業，從產業內部因素來看，我們至少需要同時注意這六個方面的問題，而不是僅僅關注其中的某個方面。

2、內外因子互動

產業生態位是一個產業在社會經濟環境中所佔據的支持其生存發展的特定資源集合。一個行業的生態位可以看作是由組成這個行業的眾多企業的生態位的總和。同樣，一個產業的生態位可以看作是由組成這個產業的眾多行業的生態位的總和。產業生態位的形成、變化與擴展，是產業與外部環境互動的結果，也是產業內外諸多因素互相競爭與合作的結果。

根據前文對產業內外環境影響因素的分析，我們知道影響產業成長演化的一般性外部因素是需求和供給，而具體的因素包括企業、資源、市場、知識、制度、技術六大類因素。同時，這六種因素也是組成產業的最基本的關鍵性要素。我們知道，產業的成長演化過程實際上是不斷吸納、內化和整合這六種要素的過程。

因此可以判斷，在產業生態位中，除了需求和供給這兩類一般性因素之外，包括企業、資源、市場、知識、制度、技術這六類具體因素是影響產業成長演化的重要因子。

那麼，這些產業生態位因子是如何影響產業成長演化的呢？

產業生態位因子與產業內部關鍵要素（因子）的互動和交流，既是產業外部環境與內部環境進行供需交流的重要方式，也是產業內外企業之間進行合作、競爭、學習和創新的一般機制，正是產業內外因子的互動和交流過程推動了產業的成長演化。

第四章中已經分析了企業之間進行合作、競爭、學習和創新的一般機制，這裡不再重複。產業外部環境與內部環境進行供需交流的過程與企業內外環境進行供需交流的過程類似，但在企業中交流活動的主體是人，而在產業中交流活動的主體是企業等經濟組織。產業內外供需交流過程要比企業內外供需交流過程更複雜。在產業成長演化過程中，除了產業內外企業之間展開合作、競爭、學習和創新的互動以外，在產業內部各行業之間、在行業內部各企業之間都在進行著這樣的互動。與此同時，在產業內外的市場之間也在進行著各種交流與互動，主要包括在資源和產品方面的交流以及在市場交易知

識、制度和技術等方面的相互學習和創新。此外，在產業內外所進行的知識、制度和技術方面的交流與互動，也要比企業內外的交流與互動更為複雜，既有產業和行業層面的交流與互動，也有企業層面的交流與互動。

在產業系統運行過程中，產業與外部環境之間在需求、供給、企業、資源、市場、知識、制度、技術八個方面始終進行著交流和互動。正是這些產業內外因子的不斷互動，推動了產業由小到大、由弱到強的成長演化。在產業成長演化的不同階段，這些因子影響產業成長演化的強度和相對地位並不是固定不變的，而是處於動態的循環替換中。例如，在某一段時間，制度因素對產業成長演化起著主導作用，而在另一段時間，技術因素對產業成長演化起著主導作用。主導因素的改變會使產業成長演化發生明顯變化，同時也會引起其他因素發生明顯變化，這是一個協同互動的過程。

外部環境中的社會需求是拉動產業發展的原始動力，如果沒有社會需求，產業就失去了發展的動力。同時，一個產業要成長和發展還需要外部環境為它提供各種資源要素。因此，在產業生態位的諸多因子中，需求因子和供給因子顯然是影響產業成長和發展的兩個關鍵因子。

3、競爭與合作

任何一個產業都生存於一定的社會經濟系統中，它與經濟系統中的其他產業必然存在著各種各樣的關係。在產業之間的諸多關係中，最基本的關係是競爭關係與合作關係。

產業之間的競爭與合作關係也要比企業之間的競爭與合作關係複雜，既有產業和行業層面的競爭與合作，也有企業層面的競爭與合作，既有在同一國家或地區內部產業間的競爭與合作，也有在不同國家或地區產業間的競爭與合作。

在產業系統中，同種行業之間和不同行業之間普遍存在著競爭關係與合作關係。同種行業之間的競爭關係要多於合作關係，行業內部的企業在人才、資源、產品和市場等方面存在著直接競爭。不同行業之間的合作關係要多於競爭關係，行業內部的企業在人才、資源等方面存在著間接競爭。產業之間的競爭關係與合作關係並不是絕對的，這兩種關係在一定條件下可以相互轉化。

產業之間的競爭與合作具體是通過產業內外的企業展開的。產業內外企業間的合作、競爭、學習和創新，是通過產業內外因子的交流與互動來進行的。在一個經濟系統內，正是產業內外因子的交流與互動，推動了企業、市場、行業與產業的協同演化。

在社會經濟系統中，正是產業之間的競爭與合作，導致了人力、企業、資源、市場、知識、制度、技術等在產業間的交流與互動，進而又導致產業間的此消彼長。從長期來看，人類社會三大產業主導地位的變遷歷程，實際

上就是各產業此消彼長的過程。在人類社會經濟活動中，首先是農業處於主導地位，而工業革命後，社會中的人力、資金等資源要素開始從農業領域向工業領域流動，農業的就業人口和投入不斷下降，農業產出占一國總產值的比重也隨之下降，而工業的就業人口和投入不斷上升，工業產出占一國總產值的比重也隨之上升，最終導致工業處於主導地位，而農業退居其次；隨著社會的進一步發展，服務業逐漸處於主導地位，而工業又退居其次。在產業系統內部，各行業之間的競爭與合作也導致行業間的此消彼長。

在經濟系統中，產業內部的適度競爭對保持一個產業的整體活力，促進其內部企業、市場、行業與整個產業的協同演化具有積極的作用。產業中的競爭因素往往有利於產業中行業或者企業的健康成長。一般來說，長期處於競爭環境中的企業，競爭壓力可以促使企業提高學習與適應能力，可以促使企業不斷提高自身素質和整體能力，從而使企業獲得生存和發展。

關於競爭的積極作用，可以用生物界的「鰻魚效應」來說明。日本北海道出產一種鰻魚，這種魚的生命力很脆弱，只要一離開深海區，不到半天就會全部死去。由於鮮活的鰻魚比死亡的鰻魚售價要高，當地漁民希望能夠儘量延長鰻魚的鮮活期，但漁民們想盡辦法都無濟於事。後來有人發現，在一倉鰻魚群中放進幾條鰻魚的天敵——狗魚以後，原本死氣沉沉的一倉鰻魚就變得活蹦亂跳起來，鰻魚群的整體活力由此大增，死亡率也顯著下降。原來，狗魚一見鰻魚就會追逐獵食，鰻魚怕被兇猛的狗魚吃掉，就會四處遊動、拼命逃脫，這反而激發了鰻魚的生命力，所以這些鰻魚就存活了下來。這就是所謂的「鰻魚效應」。「鰻魚效應」說明，一個生物群體如果沒有競爭對手，其個體往往會因為相互依賴而養成生存惰性，群體也會因為安於現狀而陷入懈怠，從而導致整個群體喪失生機與活力；而引入競爭對手之後，反而會激發個體和群體的生命活力。

「鰻魚效應」對現實經濟活動的啟示是：競爭有利於激發產業活力、提高產業的整體能力，產業只有生存於充滿競爭的環境中才更容易發展壯大，而處在保護性環境（如政策壁壘、市場隔離等）中的產業反而成長緩慢。中國的出版業為何規模總做不大、國際競爭力很弱？其主要原因就是受到政策的長期保護，行業中缺乏必要的競爭因素，從而導致大多數出版社缺乏危機感，長期安於現狀養成了生存惰性。

1973 年，萬瓦倫在研究生物演化時提出的協同演化理論（又稱「紅皇后理論」）認為，生物個體與其環境在共同演化，生物之間由於競爭而相互促進，協同演化是生物不斷演化的重要推動力量，由於協同演化規律的存在，環境中的生存競爭成為一種常態，從而使生物演化成為一個長期持續的過程[28]。伯

---

28 錢輝、項保華：〈企業演化觀的理論基礎與研究假設〉，《自然辯證法通訊》2006 年第 3 期。

納特和海森（1996）將該理論引入企業競爭演化的研究中，他們認為，「競爭是推動企業演化的重要因素，企業如果想要保持長期良好的演化態勢，就必須積極參與競爭。由於競爭對手是不斷進步的，外部環境是不斷變化的，每個企業都必須不斷前進才能保證自己相對競爭地位的穩定或不落後。雖然企業可以通過特色化、資源壟斷戰略來避免競爭，但這樣一來就失去了參與『紅皇后』演化的機會，從長期來講對企業發展非常不利；而經常在競爭中接受洗禮的企業，其失敗率則會大大降低。因此，競爭會促進企業更好地演化，企業應該勇敢地選擇和麵對競爭，而不是規避競爭」[29]。

協同演化理論的上述觀點與傳統企業戰略理論主張避免競爭或消除競爭的思想恰好相反。從企業長期發展考慮，企業在戰略上要敢於投身到激烈的競爭環境中去，在競爭中不斷提高自身素質和增強自身整體能力，並隨同環境一起實現協同演化，以保證自身不被淘汰並有所發展。當前，隨著資訊技術的廣泛和深化發展，企業生態環境的變遷速度越來越快，這對企業不斷增強環境適應能力提出了新的要求，而企業為適應環境和取得競爭優勢也加快了變革和創新的步伐，這反過來又促進了企業生態環境的變遷速度，這就使企業與其生態環境間形成了一個協同演化的正反饋循環。

4、產業間互動

根據產業主導地位的不同，我們可以把人類社會的發展階段分為原始時代、農業時代、工業時代、服務業時代和資訊業時代五個歷史階段。在每一個時代，人類社會在知識、技術和制度等方面都取得了一定的發展和進步。從人類社會的經濟活動來看，這些知識、技術和制度都是與主導產業相對應的。與主導產業對應的知識、技術和制度具體見表 5-2。

從經濟發展史來看，人類社會主導產業從低級階段向高級階段的發展過程，一般是沿著波浪形曲線向前推進的，即在原來的主導產業還沒有進入發展高峰前，新的主導產業就已經產生了，而當原來的主導產業發展高峰過去後還沒有完全進入衰退前，新的主導產業就逐步增強，直到佔據絕對優勢地位。例如，在世界很多國家，在農業還沒有進入發展高峰前，工業就已經產生了，而當農業發展高峰過去後還沒有完全進入衰退前，就迎來了工業革命，工業在國民經濟中的比重逐步增強，直到佔據主導地位。

---

[29] 李曉明：《企業環境、環境因子互動與企業演化研究》，天津大學管理學院博士學位論文，2006年6月，第11頁。

表 5-2　與主導產業對應的知識、技術和制度一覽表

主導產業＼要素	知識	技術	制度	說明
農業	農業知識	農業技術	農業制度	包含了原始時代的知識、技術、制度等成分
工業	工業知識	工業技術	工業制度	包含了農業時代的知識、技術、制度等成分
服務業	服務業知識	服務業技術	服務業制度	包含了工業時代的知識、技術、制度等成分
資訊業	資訊業知識	資訊業技術	資訊業制度	包含了服務業時代的知識、技術、制度等成分

　　人類社會每一次新型主導產業的出現，都會對原來主導產業的生產方式造成一定衝擊，並以更新的技術手段和產業制度對原有產業的技術手段和經濟制度進行替代、改造和提升，從而推動原有產業達到一個更高的發展水平。另一方面，原有產業對新型主導產業在資源、產品、市場等方面也發揮著必要的支撐作用。例如，農業為工業提供了糧食、原料、勞動力和市場等，從而支撐了工業的發展。

　　在原始時代，人類社會的經濟活動主要是採集和狩獵活動，人們主要使用簡單加工的竹木或石塊等作為採集和狩獵的工具，那時，人類所積累的與原始經濟活動有關的知識、技術和制度還很簡單、很原始。

　　大約在距今 1 萬—1.2 萬年前的新石器時期，由於人類發明了植物種植和動物馴養技術，包括種植業和畜牧業在內的原始農業隨之誕生並逐步發展起來[30]。在農業生產活動中，人們逐漸積累了各種與農業有關的知識、技術和制度。在農業時代，人類對原始經濟的技術手段和經濟制度進行替代、改造和提升，從而使人類社會從原始時代向農業時代轉化和過渡。

　　約 1750-1880 年間，由於人類在煉鋼、鐵路、蒸汽機、電動力、石油能源、機器製造等方面大量技術的發明和廣泛應用，由此引發了工業革命，從而使人類社會生產活動進入工業主導的時代。在工業時代，人類對農業經濟的技術手段和經濟制度進行著替代、改造和提升，從而推動人類社會從農業時代向工業時代轉化和過渡。與此同時，人類的工業活動也對社會殘餘的原始經濟活動進行著改造和提升。例如，採集野果、捕魚等原始經濟活動，在工業時代就被現代果園、池塘養魚等生產方式所取代。

　　與農業時代和工業時代相比，人類社會進入服務業時代並沒有一個非常顯著的時刻或標誌。在一個國家的經濟系統中，當服務業的產值在整個國民

---

[30] 彼得‧考克萊尼斯撰，蘇天旺譯：〈世界農業制度的歷史變遷與功效〉，北京《世界歷史》2009年第 6 期。

經濟總產值中佔據主導地位時，我們就可以說這個國家跨入了服務業時代。人類社會在服務業領域的重要發明包括貨幣（如貝殼、金屬幣、紙幣等）、匯票、股票、電話、運輸工具（如車輛、船舶、飛機等）等。

在服務業時代，人類對工業經濟的技術手段和經濟制度進行著替代、改造和提升，從而推動人類社會從工業時代向服務業時代轉化和過渡。與此同時，服務業也對農業經濟活動進行著改造和提升。例如，選種、育種、農產品銷售等農業經濟活動，在服務業時代就被專業化的選種機構、育種機構、農產品銷售企業等經濟組織所取代。

自 20 世紀中葉起，人類社會就逐漸進入資訊業時代。1946 年 2 月，世界上第一台電子計算機誕生，這是現代資訊技術產生的重要標誌；此後，1969年計算機連接技術的發明、1973 年網絡資訊傳輸技術的發明以及 1989 年萬維網技術的發明，都是互聯網資訊技術發展的重要事件。

在資訊業時代，人類對服務業經濟的技術手段和經濟制度進行著替代、改造和提升，從而推動人類社會從服務業時代向資訊業時代轉化和過渡。與此同時，資訊業也對工業經濟和農業經濟活動進行著改造和提升。

實際上，人類社會每一次新型主導產業產生後都對以前的所有產業發生重要影響，這種影響是全方位的，具體表現為從知識、技術、制度、組織、產業結構等方面對原有產業的滲透、改造和提升。例如，在現代社會，工業的發展推動了農業的商品化發展，而農業的商品化發展又帶動了農業本身的發展和農業技術進步；現代工業知識和工業技術在農業生產領域中的廣泛應用，直接推動了農業工具的機械化進步，同時也促進了農產品在生產、運輸、加工、營銷和金融服務等方面的各種創新；現代工業為農業生產提供了各種先進高效的農業機械、農業設備等農業工具，這極大地提高了農業的生產效率和生產水平。又如，現代服務業對農業的影響表現為對農業生產、經營、管理等不同方面各個環節的滲透、改造和完善，同時進一步推動農業的分工和專業化發展，促使農業不斷向縱深化、精細化、現代化方向演化，從而提升了農業的生產水平和發展層次。再如，資訊業對農業的影響主要表現在資訊技術對農業生產活動的廣泛滲透和作用，並在工業、服務業對農業現代化影響的基礎上，進一步提升了農業的現代化水平、質量和層次；現代資訊技術對農業的推動作用表現為對農業生產、經營、管理、服務等不同方面各個環節的滲透、改造和完善，推動現代農業向自動化、智能化、資訊化等方向發展。

從人類社會主導產業的發生次序來看，主導產業依次是農業、工業、服務業和資訊業。如果我們用圓圈來表示每個主導產業，以箭頭表示主導產業之間的相互影響關係，那麼，這四大主導產業之間的相互關係就可用圖 5-11來表示。

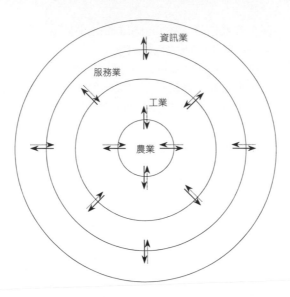

圖 5-11　主導產業相互影響示意圖

在圖 5-11 中，實線箭頭表示原有產業對新產業的支撐作用（主要包括在資源、產品、市場等方面的支撐），虛線箭頭表示新產業對原有產業的滲透、改造和提升作用。

從圖 5-11 中，我們可以看到，資訊業目前處於人類社會經濟系統的最高層次，它擁有巨大的產業「勢能」，能夠對農業、工業、服務業這些原有產業進行全面滲透、改造和提升。資訊業對原有產業的影響可以分為以下三個層面：

第一層面：[資訊業]→服務業；

第二層面：[資訊業＋服務業]→工業；

第三層面：[資訊業＋服務業＋工業]→農業。

在第一層面，資訊業對服務業直接進行全面滲透、改造和提升；在第二層面，資訊業通過與服務業融合共同對工業進行全面滲透、改造和提升；在第三層面，資訊業通過與服務業、工業融合共同對農業進行全面滲透、改造和提升。

農業是人類社會賴以生存的最古老、最基礎的一個產業。以往，不少經濟學論著認為農業是一個不斷衰退的產業，認為農業已沒有多少發展潛力。事實果真如此嗎？這種論調的堅持者顯然只注意到歷史發展的某些階段，而忽視了人類社會發展的長期趨勢和人類的偉大創造力！實際上，工業、服務業和資訊業都可以對農業進行全面滲透、改造和提升，因此，農業領域依然存在著巨大的發展潛力！

關於原有產業對新產業的支撐作用，國內外已有學者進行了相關研究。例如，早在 20 世紀 40 年代，中國經濟學家張培剛（1913-2011）就在《農業與工業化》[31]一書中，從糧食、原料、勞動力、市場、資金五個方面論述了農業對工業化的重要作用。1961 年，美國經濟學家庫茲涅茨在《經濟增長與農業的貢獻》一書中提出，農業部門對經濟增長具有產品貢獻、市場貢獻、勞動力要素貢獻以及外匯貢獻等。20 世紀 60 年代以前，在西方經濟主流思想的影響下，許多發展中國家實施了重視工業、忽視農業的工業化戰略，導致農業的衰敗和工業化進程的中斷，最終造成了難以估量的經濟損失[32]，這一事實也從反面證實了農業對工業具有支撐作用。工業對服務業的支撐作用，主要表現在工業為服務業提供了大量現代化的機器設備和技術手段，從而提高了服務業的運行效率、服務水平和發展層次。例如，船舶工業、鐵道工業、汽車工業和航空工業的發展，不僅極大地提升了現代運輸服務業的運作效率，同時也擴展了運輸服務業的規模和範圍。再如，冰箱及冷櫃工業為現代大型商場和超市等商業企業提供了保鮮儲藏的技術手段，這使大型商場和超市能夠儲存和銷售更多易腐商品。服務業對資訊業的支撐作用，主要表現在服務業為資訊業提供了人力、資本等社會資源以及在運輸、商業、市場等方面的支持。例如，教育服務業為資訊業的發展提供了專業化的人力資源；風險投資等金融服務業提供的創業資本直接推動了早期互聯網業的興起。如果沒有運輸業、倉儲業等服務業的支持，戴爾、惠普等計算機銷售企業要想在全球不同地區銷售其計算機商品，這是令人難以想像的！

當前，人類社會已經發展到資訊時代。在社會經濟系統中，資訊產業已逐漸處於主導地位，它將對人類社會的政治、經濟、人文、科學、教育、法制等系統產生廣泛而深刻的影響。今天，包括互聯網資訊技術、數字通信技術、衛星遙感技術、物聯網技術、傳感網技術、機器人技術等在內的現代資訊技術集群，對推動傳統農業向現代農業轉型、促進傳統工業向新型工業升級、引領傳統服務業向現代服務業發展，正在發揮著日益重要的作用。

---

[31] 《農業與工業化》一書最初為英文，是張培剛先生於 1945 年在美國哈佛大學攻讀經濟學博士時撰寫的博士學位論文，這篇論文奠定了農業國工業化的發展理論基礎，1947 年，該文獲得 1946-1947 年度哈佛大學經濟學專業最佳論文獎「大衛·威爾士獎」；該書英文版最初由哈佛大學出版社於 1949 年出版，1969 年再版；中文版由華中工學院出版社於 1984 年出版，1988 年再版。

[32] 畢豔峰：〈近代中國農業工業化道路的探索與爭鳴〉，「中國經濟思想史學會第 13 屆年會」論文，2008 年 11 月 15 日-11 月 17 日。

九、產業系統中的分配

在這一部分，我們從中觀經濟的產業層面來考察一下分配問題。

在經濟系統內部，中觀層面的分配活動分為行業系統內部的分配和產業系統內部的分配兩個層次。行業系統內部的分配主要包括對資源、企業和市場等行業要素的分配；產業系統內部的分配主要包括對行業資源、關聯行業和市場體系等產業要素的分配。在產業系統運行過程中，從產業的表層因素來看，產業系統中的分配活動體現為外部環境對「資源」「企業」和「市場」這三類因素在不同行業之間的供給和配置；從產業的深層因素來看，實際上表現為產業中的不同行業在「知識」「制度」和「技術」這三個方面的吸納、融合、應用和創新的動態過程。在產業系統內部，各種產業要素的分配活動一般是通過市場機制與政府部門相互協調、共同配置資源的。政府部門的分配組織一般包括稅務組織、財政組織、金融監管組織等。

產業系統內部的分配活動，從系統的縱向層次來看可以分為企業、行業和產業三個層次。在第四章中，我們已經分析了企業系統內部的分配問題。這裡我們著重探討一下行業和產業這兩個層次上的分配問題。行業是由生產同類產品的不同企業組成的集合，產業是由相互關聯的不同行業組成的集合，所以，行業或產業之間的交換過程實際上是由具體的企業來進行的。不同行業（或產業）之間的交換，從其結果來看實際上也是產出分配的過程，這個分配過程是初次分配活動。

我們知道，在企業系統內部的分配中，有一部分是政府部門徵收的稅收。政府向企業徵收稅收的行為，並不是通過市場交換實現的，而是依靠實施稅收政策等國家的強制手段來實現的。一國內部各級政府將所徵集的稅收集中起來就形成了國家的財政收入。政府部門把所獲得的財政收入在國家內部進行分配的過程，這實際上是再次分配活動。從組成國家系統的子系統來看，國家內部的再次分配活動包括政府部門在政治、經濟、人文、法制、科學和教育等系統的財政支出。有關稅收和財政方面的經濟問題是財政經濟學（或公共經濟學）研究的主題。政府部門的再次分配行為已經超出了產業系統的功能範圍，實際上屬於產業系統外部分配的範圍。關於產業系統外部的分配，從更高層次的系統來看，可以分為國民經濟系統、國家系統、國際系統和生物圈系統等層次上的交換與分配。在現代社會，因為世界各國的經濟系統實際上都已融入了全球經濟體系中，所以這些不同層次的交換與分配，它們之間相互聯繫、相互作用、相互影響、相互制約，從而形成了一個異常龐大、結構複雜的交換與分配網絡體系。

為使我們的考察更加直觀，這裡需要結合前文的產業運行的一般結構圖（即圖 5-2）和產業發展動力因素關係圖（即圖 5-3）來進行分析。我們知道，

企業、資源和市場是構成一個行業（或產業）的必備因素。通過前文對產業成長演化的分析我們知道，一個產業的成長壯大實際上是對環境中這三類因素的吸納、融合過程。這其中，企業是最活躍的因素，在企業家的帶動下，一個企業可以從一個行業轉移到另一個行業，甚至同時進入幾個不同的行業發展。正是大量企業在不同行業的轉移，帶動了人力、資本、物質等資源在不同行業之間的流動和分配，而不同行業之間的相互關聯又帶動了各種專業市場的興衰和變遷。

一個產業成長發展的必要條件是，其外部環境必須要向它提供各種資源要素。在一個國家的經濟系統中包含著許多不同的產業，不同的資源配置方式會造成不同的產出效果，從而引起不同產業（或行業）的此消彼長。對一個產業系統來說，通過什麼手段或方式分配資源，才能在不同行業間合理配置資源，從而實現經濟系統產出收益最優呢？西方古典經濟學給出的答案是依靠自由市場的「無形之手」來配置資源，而以馬克思和凱因斯（John Maynard Keynes，1883-1946）等為代表的經濟學家則主張依靠政府部門的「有形之手」來配置資源。本書的基本觀點是通過市場機制與政府部門相互協調來共同配置資源。

1、產業系統中的輸入輸出關係

從圖 5-2 中我們知道，從產業的表層因素來看，一個產業的運行鏈是「投入→企業→資源→市場→產出」。

從系統的角度來考察，我們可以把一個產業視為一個輸入資源、輸出功能的系統來看。

從產業系統的輸入端來看，輸入產業的內容包括四個方面，即資源、企業、市場和產業投入關係；從產業系統的輸出端來看，產業輸出的內容也包括四個方面，即協同功能、增值功能、交換功能和產業產出關係。這裡，協同功能是指產業系統按生產經營的供需關係將分散無序的上下游企業連接成一個相互聯繫的企業網絡的功能。增值功能是指產業系統內所有企業分工、協作共同創造價值的功能。交換功能是指產業系統內所有市場相互聯繫共同促進商品交換的功能。產業投入關係是指在產業成長過程中各投入要素間的相互聯繫及投入的比例結構關係。產業產出關係是指在產業運行過程中各行業產出成果間的相互聯繫及其在不同行業間分配的比例結構關係，它反映了產業系統中不同行業的分配關係。

從產業投入產出再循環過程來看，產業系統的輸入與輸出之間有什麼規律可尋呢？

我們先從產業系統的輸入端進行分析。

從產業系統的外部環境來看，其外部環境包括自然環境和社會環境。從

社會環境中的國家系統來看，國家系統包括人文系統、經濟系統、政治系統、法制系統、科學系統和教育系統等。從產業成長演化的角度來看，存在於外部環境中能夠被產業所吸納、整合的因素都可以看作是產業的資源。所以，產業的資源可以分為自然資源和社會資源兩大類，社會資源又可以分為人文、經濟、政治、法制、科學、教育等資源。

不同產業所依賴的資源要素不完全相同。例如，對農業來說，土地是其核心資源要素；對採掘業來說，煤、鐵等礦藏是其核心資源要素；對金融業來說，貨幣是其核心資源要素；對出版業來說，知識是其核心資源要素。除了核心資源以外，所有產業的正常發展還必須要有其他一些共同的資源，例如人力、資本、場地、法律、政策、公共服務、公共安全、公共秩序、基礎設施等。

按環境系統的分類來看，產業發展需要的所有資源都可以劃分到自然、經濟、政治、法制、人文、科學和教育等資源分類中。例如，土地和礦藏屬於自然資源，商品和資本屬於經濟資源，法律和政策屬於法制資源，人力屬於人文資源，基礎知識和技術屬於科學資源，應用知識屬於教育資源。而像公共服務、公共安全、公共秩序、公共基礎設施等屬於公共產品的範疇，一般應由政府組織負責提供，政府組織是政治系統的核心要素，所以，公共產品可以劃入廣義政治資源的範疇內。

對一個具體的行業來說，我們也可以把存在於這個行業外部環境中的企業和市場看作是這個行業的特殊要素資源。當一個新興行業誕生以後，除了行業內新創建的企業以外，行業外部環境中的企業也會不斷轉移到這個行業內部，隨著行業內企業數量的不斷增多，這個行業隨之成長壯大起來。隨著行業內企業與環境中其他企業在產品和服務方面交換的增長，行業內部的市場也隨之創建並成長壯大起來。一個行業要正常、順利、健康地發展，投入這個行業的資源、企業和市場這些要素之間就需要保持一種適當的比例關係。任何一個行業在發展的不同階段，這些要素之間的比例關係是不同的，它們之間的這種比例結構關係就形成了這個行業的投入結構關係。

從產業系統的深層因素來看，一個產業的運行鏈是「投入→知識→制度→技術→產出」。其中，「知識」實際上包括資源、企業和市場這三個方面的知識，同樣，「制度」實際上也包括資源、企業和市場這三個方面的制度，「技術」實際上也包括資源、企業和市場這三個方面的技術。因為所謂「行業」其實是同一類企業的集合，所以，關於企業的知識、制度和技術，實際上是關於行業的知識、制度和技術。一個行業要正常、順利、健康地發展，投入這個行業的知識、制度和技術這些要素之間就需要保持一種適當的比例關係。任何一個行業在發展的不同階段，這些要素之間的比例關係是不同的，它們之間的這種比例結構關係實際上就是這個行業投入關係的深層結構。

在以往的經濟學中，一般都將資源的配置問題作為研究的中心問題，而忽略了對企業和市場本身的配置問題。實際上，對一個行業的正常、健康發展來說，對企業和市場本身的配置同樣很重要。在一個行業中，如果上、下游企業配套比較齊全，環境所提供的基礎設施和法律制度又比較完善，這個行業就會迅速成長壯大。同時，一個行業的成長壯大也離不開各類行業市場的配套。配套齊全的行業市場會促進行業之間的商品（或服務）交易，交易規模的擴大能夠促進行業的發展，行業的發展又會進一步推動市場交易的繁榮。在實行市場經濟的國家，配置資源的方式一般包括市場配置和政府配置兩種方式，市場配置資源是通過市場供需、價格機制等「無形之手」發揮作用的，而政府配置資源則是通過政策工具、財稅手段等「有形之手」發揮作用的。與此類似，對企業和市場本身的配置，也可以採取這兩種方式。當人們還沒有意識到合理配置企業和市場有利於促進行業發展時，人們往往任由行業中的企業和市場自發成長，這實際上是依靠市場的供需機制在發揮調節作用。當人們意識到合理配置企業和市場有利於促進行業發展時，人們就可以通過實施一定的產業政策、行政手段等來主動配置行業中的企業和市場。

我們再從產業系統的輸出端進行分析。

在產業輸出的協同功能、增值功能、交換功能和產業產出關係這四個方面，以往的經濟學對其中的增值功能和交換功能已經有很多研究和論述，而對協同功能和產業產出關係的研究卻不足。對於產業的增值功能，我們可以從企業整合資源從而創造價值的過程中得到很直觀的理解。對於產業的交換功能，我們也可以從市場交換商品從而實現價值的過程中得到很直觀的理解。對於產業的協同功能，我們可以從企業在生產經營中所結成的供需關係鏈（產業鏈）中得到一些比較直觀的認識。實際上，產業中各種行業的產業鏈相互連接、縱橫交錯，最終形成了一個複雜的企業網絡。產業的協同功能主要體現在其內部各行業之間的關聯效應上。正因為產業系統中各行業之間存在著關聯效應，所以使得產業投入和產出關係變得異常複雜。

由於產業系統實際運行過程的複雜性，要理清產業系統中的輸入輸出關係，我們還需要對產業間關聯效應、產業要素分配等問題展開論述。為使敘述更加清晰，我們將在下文中分別對這些問題進行闡述。有關產業系統中的輸入輸出關係問題，由於還涉及許多宏觀經濟層面的問題，所以要到第六章第五節的論述中才可以獲得比較完整的解決。因為產業系統的各個方面是相互聯繫的，所以讀者在閱讀這些內容的時候要注意將前後文聯繫起來閱讀，而不能作片面化、斷章取義式的理解。

由於現代學科體系分工過細，世界各國不同流派的不同經濟學家都分別從資源、企業、市場、知識、制度和技術等不同角度研究了行業（或產業）運行的規律或特點，但卻很少有人將這些因素整合在一個統一的框架中進行系

統研究，這就造成今天的經濟學呈現出支離破碎的圖景。我們只有將這些因素有機結合、綜合考慮和統一研究，才能避免得出片面化的結論。

2、產業之間的關聯效應

產業關聯又稱產業聯繫，是指產業之間在生產、交換和分配上所形成的客觀聯繫。產業關聯反映了經濟活動中各產業之間廣泛存在的複雜而密切的經濟技術聯繫。產業關聯的實質是各產業相互之間的供給與需求的關係[33]。

下面以麵包生產中所涉及的產業關聯問題為例，對各行業之間的產品供需鏈進行分析。

圖 5-12 是麵包生產中行業間主要產品供需鏈示意圖，其中，箭頭方向表示資源或產品流動方向，橢圓表示不同的行業市場。

圖 5-12　麵包生產中行業間主要產品供需鏈示意圖

我們知道，麵包廠在生產麵包時，除了需要投入人力、資本、原料和場地等生產要素以外，還需要使用一定的生產工具（如麵粉機、麵包機、烘烤機等機器設備）。在現代社會分工條件下，麵包廠要順利實現麵包的整個生產過程，必須要使用其他企業（或組織）提供的有關產品或服務，否則，要順利實現整個生產過程是難以想像的。在整個生產過程中，麵包廠需要很多行業所提供的產品或服務。例如，麵包廠需要的人力資源涉及人力培訓和教育行業，所需要的資本來自金融行業（向銀行貸款），所需要的小麥、玉米等原料來自農業，所用的廠房、倉庫等建築房屋來自建築行業，工廠所佔據的土地來自土地所有者（政府或其他組織），所使用的公共服務、道路設施等公共產品來自政府部門。麵包廠所使用的麵粉機、麵包機、烘烤機等食品加工機器來自機器製造廠。如果我們沿著所有的產品、資源供需鏈分別上溯或下溯，我們將會發現，由此構成的供需鏈縱橫交錯，相互連接成了一個結構複雜的龐大網絡。如要完全梳理清楚其中涉及的所有行業或企業之間的關係，這將是很困難的。

這裡，我們只重點分析一下沿著食品加工機器生產交換過程展開的產品供需鏈（如圖 5-12 所示）。為使分析顯得簡明，這裡對每個環節所涉及的其

---

[33] 楊公樸、夏大慰主編：《產業經濟學教程》，上海財經大學出版社 1998 年版，第 110 頁。

他生產要素進行大幅簡化。例如，採礦場生產中顯然也需要資本、採礦機械等其他資源，鋼鐵廠在生產鋼材時還需要人力、機器、焦炭、石灰、燃油等資源，機器製造廠在生產機器時還需要人力、資本、電力等資源，在圖中我們僅分別標示出了「勞動力」「資本」和「技術」等關鍵性要素。

從圖 5-12 中我們看到，在麵包生產過程中至少涉及採掘業、冶金業、機器製造業、食品工業和農業等五個行業。涉及的自然資源包括鐵礦藏、土地等，社會資源包括人力、資本、技術、機器和公共產品等。涉及的企業種類包括採礦場、鋼鐵廠、機器廠、麵包廠等。涉及的行業市場包括礦石市場、鋼材市場、食品機器市場、麵包市場等。這些行業之間形成了密切的經濟技術聯繫，一個行業的產出為其他行業提供了要素投入，不同行業之間通過行業市場聯繫在一起。一個行業的規模過小或產出不足，將會影響到另一個行業的要素投入，從而會影響到這個行業的成長壯大。同樣，一個核心行業的成長壯大，也會帶動與它聯繫緊密的其他行業的發展。在經濟系統中，不同產業之間這種興衰相關、互相聯繫的現象，就是產業之間的關聯效應。

產業關聯有很多種類型，按照產業之間相互依託的方式不同，可以將產業關聯分為產品（或服務）關聯、技術關聯、價格關聯、投資關聯、就業關聯等[34]。例如，採掘業的產品是鐵礦石，採掘業為冶金業提供了鐵礦石這種原料（即要素投入），採掘業與冶金業之間就形成了產品關聯。再如，在機器製造業和食品工業之間，機器製造業為食品工業提供了各種食品加工機械，食品加工機械是生產工具，實際上體現了生產的技術手段，所以，機器製造業與食品工業之間就形成了技術關聯。不同行業之間通過行業市場聯繫在一起，一個行業產品的價格波動會直接引起相鄰行業產品的價格波動，這實際上就是行業之間的價格關聯。在圖 5-12 中，在採掘業、冶金業、機器製造業、食品工業等行業的市場之間實際上就存在著一定程度的價格關聯。再例如，在電力行業和冶金業之間，電力行業為冶金業提供了電力能源，當冶金業擴大規模後，如果電力行業不相應提高電力的供應能力，這將會直接影響到冶金業的正常生產活動。所以，當冶金業擴大投資規模後，也需要擴大對電力行業的投資，因此，電力行業與冶金業之間實際上存在著投資關聯。產業之間的就業關聯是普遍存在的，一個產業的發展會帶動另一個產業的發展，當這個產業發展時，就會相應地帶動勞動就業的增加。當然，也存在相反的情況，即一個產業的發展也可能會導致另一個產業勞動就業的減少。

在產業關聯的多種類型中，產業之間的產品（或服務）關聯是最基本的聯繫，其他方面的關聯都是在這一聯繫的基礎上派生出來的聯繫。加快一個國家的經濟發展，不可能僅僅通過加快某一產業的發展來實現，而必須要通

---

[34] 簡新華主編：《產業經濟學》，武漢大學出版社 2001 年 11 月第一版，第 68-69 頁。

過相關產業體系的協同發展來實現。各個產業之間實際存在的各種關聯效應，要求相關產業之間提供的產品（或服務）在數量比例方面達到一定的動態均衡，在技術與質量方面達到相互適應和匹配。否則，一個國家的產業系統是難以保持長期、穩定、健康發展的。產業之間客觀存在的關聯效應，實際上反映出產業發展過程的協同功能。當政府部門實施的產業政策或行政手段能夠促進產業系統的協同功能時，一個國家的產業體系就會進入良性發展軌道；反之，則會阻礙產業體系的健康發展。

3、產業系統的要素分配

在這一小節，我們結合前文的產業發展動力因素關係圖（即圖 5-3）對產業系統的要素分配情況展開簡要分析。從產業系統的「投入」端來看，一個產業在開始運行前，必須要有「外部供給」作為必要條件，否則，即使有強大的「外部需求」存在，這個產業也是不可能生存發展下去的。

這些「外部供給」具體包括哪些內容呢？

從產業發展動力的表層因素來看，我們可以從組成產業的「資源」「企業」和「市場」這三個方面來分別對產業進行「外部供給」。「外部供給」的過程也可以看成外部環境對產業系統進行要素分配的過程。為便於理解，下面我們依然以上面提到的麵包生產過程為例來展開探討。

（1）在資源方面的分配

在麵包生產過程中，從資源方面來看，土地、鐵礦藏、人力、資本、技術、機器和公共產品等資源中的任何一項短缺或不足，都會影響到最終麵包的生產和供應。這其中，對土地、礦藏這類不可再生自然資源的分配往往會產生比較長遠的影響。

在世界上，像土地、礦藏這些自然資源，在有些國家它們是歸國家所有的，而在另一些國家它們是歸私人所有的。即使是在土地公有制國家，如果法律法規不夠健全，或者實施分配的政府官員違法亂紀，那麼在最初分配這些自然資源的過程中，同樣可能會造成資源分配的不公。

那麼，資源最初的分配不公會產生什麼樣的後果呢？我們可以作個簡單分析。

例如，如果一個國家的鐵礦藏被少數私人企業所壟斷，同時鐵礦石的進口貿易又被限制，這將會直接導致該國礦石市場中鐵礦石的價格被人為操縱，在獲得更多利潤的驅使下，這些壟斷企業一般會傾向於提高鐵礦石的價格。因為相關行業之間存在著價格關聯效應，鐵礦石價格的提升，將會通過「鐵礦石→鋼材→食品機械→麵包」這個產品供需鏈的傳導，最終導致麵包價格也上升。人們原本只需要花費 3 元錢就可以買到 1 塊麵包，可現在卻需要花

費 5 元錢才能買到同樣質量的 1 塊麵包。在麵包消費中，每個購買者為此多花費了 2 元錢，消費者的利益顯然受到了侵害。可是，在現實生活中，很少有消費者真正清楚，他們多花費的 2 元錢是因為國內鐵礦藏被少數企業壟斷所造成的後果之一！也許有人會認為才多花了 2 元錢，這只是微不足道的損失。實際上，一個看似微小的分配不公，通過一定的市場傳導後往往會被放大成一系列的分配不公。

這裡，我們可以進一步算一筆賬。每個人每天多花 2 元錢買麵包，經過上溯四個環節後，假設鐵礦場僅僅分得其中的 0.5 元錢，則每人每年就向鐵礦場多付了 182.5 元錢。如果全國有 2 億人全年每天都消費 1 塊麵包（這個數字是完全有可能的），則鐵礦場每年就多收入 365 億元。如果鐵礦場主把 365 億元中的 1/3 拿出來進行房產投機，那麼 120 億元資金在經過金融信貸市場放大後，我們中國的樓市怎麼能不火熱呢？當這些富豪們與其他各類投機者把從樓市中獲得的千百億資金再次投入樓市之後，房價怎麼可能不節節攀升呢[35]？如果政府部門不通過再分配政策（如徵收房產稅、對低收入家庭進行補貼等）縮小國民貧富差距，市場傳導的結果就會導致社會不同階層的收入差距進一步拉大，最終就會出現少數人依靠壟斷和投機大發橫財、大多數普通百姓被巧取豪奪而日益貧困的社會怪現象！這個例子說明，資源最初的不合理分配往往會導致國民收入貧富懸殊的結果，這實際上是一個把公眾分散的小錢逐級彙集、最終轉移至少數人錢包的過程。這就是中國社會收入分配中的一個微小差距，經過一系列中間市場的不斷放大後所造成的巨大差距！

上面的簡單分析說明，對資源最初的分配不公，可能會造成一些企業（或行業）的壟斷行為，而壟斷行為不但會使公眾利益遭受損失，甚至可能導致收入分配的巨大差異。所以，在資源初始配置不公平的情況下，單靠市場的自發調節不僅不能縮小國民收入的分配差距，相反，還會通過市場關聯效應將不同階層間微小的收入分配差距不斷擴大。自改革開放以來，中國在城市與農村之間資源配置的差異，在市場機制的作用下使城鄉居民收入分配差距不斷擴大的事實也證明了這一點。

再如，當國內小麥種植因天災影響而歉收時，政府如果不通過各種手段（如進口小麥、開倉調出儲備小麥等）及時供給國內市場需求，在一定時期內麵包價格也會上漲，消費者的利益同樣也會受到侵害。再比如，在「鐵礦石→鋼材→食品機械→麵包」這個產品供需鏈的諸多環節中，如果其中的某一個環節發生中斷（如因地區市場割據造成「鋼材→食品機械」環節中斷），如果政府不及時採取措施消除地區市場割據、疏通商品流通環節，那麼缺乏

---

[35] 中國房地產市場價格不斷攀升是由多種因素造成的，其中最主要的原因是各地政府的土地財政問題。

食品機械地區的人們可能就會長期買不到麵包或者因此消費著高價麵包。這樣，這些地區的消費者的利益也會遭到侵害。在這個過程中，從表面看是因資源供給鏈發生中斷而造成地區民眾利益的損失，從深層次來看則是因為政府沒有盡到為社會提供公平環境的職責（至少是政府所提供的商業政策等公共產品欠缺或不足造成的）。

從以上這幾個例子來看，無論是對資源源頭（如土地、礦藏等）的配置，還是對資源供給鏈條（或通道）的調控，如果政府部門不能夠統籌兼顧、科學合理地配置資源並主持社會公平，往往就會造成資源分配的不公平，進而會損害社會公眾的利益，甚至可能導致收入分配的不公平。

根據資源配置理論，一般把資源配置分為兩個層次，即資源 I 次配置和資源 II 次配置。資源 I 次配置是指在一定時期內，社會資源在產業部門之間、地區之間、企業之間的配置；資源 II 次配置是指資源在 I 次配置後，各種資源在產業部門之間、地區之間、企業之間的流動及其重組所形成的再一次配置。通過資源 I 次配置，在一定時期內形成了生產要素配置比例的初期狀態；通過資源 II 次配置，則調整了後續期的生產要素配置比例，從而形成了新的產業結構。資源的 I 次配置和 II 次配置都存在著政府配置和市場配置兩種機制。政府配置資源機制，是指通過政府的行政權力、行政手段來配置人力、物力、財力等資源，一般通過財政撥款來實現增加投資的目的。市場配置資源機制，是指通過供求關係形成的價格信號來促使市場主體配置人力、物力、財力等資源。政府配置和市場配置這兩種機制互為補充，都發揮著不可替代的資源配置功能。[36]

（2）在企業方面的分配

企業在各行業中的分配（分佈）往往是由企業家的個人偏好和主觀判斷決定的。不同的企業家由於個人偏好的不同，他就會選擇進入不同的行業進行創業。當一些企業家判斷進入另一個行業將會獲得更高的利潤回報時，他們就會向這些領域進行投資，或者將原來所經營的企業轉移到這個新行業中。一般來說，進入一個行業中的企業數量越多，這個行業的成長將會越快。

在麵包生產過程中，從企業方面來看，採礦場、鋼鐵廠、機器廠、麵包廠等企業中的任何一類企業短缺或不足，都會影響到最終麵包的生產和供應。

例如，在一個國家範圍之內，如果某一地區的機械製造行業不夠發達，各類專業化機器製造企業數量不足，它們所提供的食品加工機械種類和數量也將會很有限，如果全國的食品機械商業流通和市場網絡又比較落後，就會

---

[36] 夏興園、李洪斌：〈經濟結構理論及其在中國的發展〉，《廣西經濟管理幹部學院學報》1999 年第 4 期，第 8 頁。

限制當地食品加工行業的發展。這樣一來，就會造成兩個結果：一方面，當地的食品加工企業數量就會比較少，它們生產的食品（包括麵包）種類和數量將會很有限；另一方面，當地的食品加工企業（包括麵包廠）提高技術水平和擴大生產規模的步伐就會比較緩慢。比如，當地的麵包廠如要提高技術水平，就往往需要從其他地區購買甚至從國外進口所需要的食品加工機械，這樣就增加了麵包廠的實際生產成本（至少增加了一定的長途運輸成本）。這兩個方面都會導致當地生產的麵包價格較高，進而使當地的消費者利益遭受侵害。在生產工具供應鏈中，機械廠為麵包廠提供食品加工機械，所以，機械製造行業位於食品加工行業的上游。這個例子反映出，上游行業的發展程度將會制約下游行業的發展。

如果再沿著食品加工企業的原料供應鏈往上溯，我們將會發現，一個地區的食品加工行業如果不發達，同樣也會制約或限制該地區農產品的商業化發展。因為瓜果、蔬菜、糧食等農產品都比較容易腐爛，一般不易長期保存。如果某一年當地的農產品獲得大豐收，當地又不能夠在短期內完全銷售掉這些農產品，一種解決辦法是把當地多餘的農產品運往其他地區銷售[37]，較好的解決方法是把多餘的農產品就地深加工成各類保存期更長的食品（如醃製品、罐頭、果乾、餅乾等），以供給更廣泛的市場需求。如果當地的食品加工行業不夠發達，那麼當地的食品加工企業對農產品的需求種類和數量也將會是很有限的，這樣就直接制約了當地農業的發展。在生產原料供應鏈中，農業為食品加工企業提供瓜果、蔬菜、糧食等農產品原料，所以，食品加工行業位於農業的下游。這個例子反映出，下游行業的發展程度同樣會制約上游行業的發展。

實際上，這裡得出的行業上下游之間的這種相互聯繫、相互影響、相互制約的關係，同樣存在於採掘業（採礦場）與冶金業（鋼鐵廠）之間、冶金業（鋼鐵廠）與機械製造行業（機械廠）之間。所以，從產品供需鏈來看，上游行業的發展將會影響和制約下游行業的發展；同樣，下游行業的發展也會反過來影響和制約上游行業的發展。從深層次來看，這實際上涉及一國之內產業（或行業）之間的比例結構和地理佈局問題。

（3）在市場方面的分配

市場作為行業本身的組成要素，它本身的交換功能對一個行業（或產業）的發展具有不可缺少的作用。在麵包生產過程中，從市場方面來看，礦石市場、鋼材市場、食品機械市場、麵包市場等行業市場中的任何一類市場短缺

---

[37] 這樣做的實際結果往往是，農產品的銷售收入還抵不上運輸費用的花費，農民們感覺得不償失，通常，他們就會讓這些銷售不掉的農產品爛在田裡，或者拿它們來餵家畜。

或不足，都會影響到最終麵包的生產和供應。

　　例如，在一個國家的範圍內，當鐵礦石市場網絡不夠發達或商業流通渠道比較落後，首先會影響鋼鐵企業的原料供給，鐵礦石市場網絡不夠發達，往往會增加鋼鐵企業尋找原料的成本，而商業流通渠道落後往往會導致鋼鐵企業運輸成本的上升，這樣就會導致鋼材市場中鋼材商品價格的上升；而鋼材商品價格的上升，將會通過「鋼材市場→食品機械市場→麵包市場」傳導給最終端的麵包零售市場，從而使消費者的利益遭到侵害。同樣，在商品供需鏈條中，如果鋼材市場或食品機械市場的市場網絡不夠發達或商業流通渠道比較落後，最後也會影響到終端麵包零售市場。

　　從行業市場是每個行業的構成要素這一點來看，任何一類市場的短缺或不足，都會直接影響和制約這個行業本身的成長和發展。這裡，「市場」本身所具有的交換功能發揮著重要的商品分配作用。例如，在 1978 年以前，中國經濟系統中普遍推行的是計劃經濟模式，各行業之間的產品通過國家統購統銷來分配，這種分配方法由於缺乏自由靈活的價格調節機制，所以常常不能真實反映出每類商品的綜合成本，分配中往往會造成商品價格扭曲，從而造成需求和供給之間的經常脫節，致使經濟系統中整個產業體系效率低下、發展緩慢，最終導致社會中各類商品普遍短缺。而自 1978 年後中國政府實行改革開放政策以來，特別是自 1992 年中國正式建立市場經濟體制以後，中國大地上各類市場如雨後春筍般紛紛湧現，各類商業流通渠道聯通了原來相互隔絕的地區，不同的大小市場縱橫交錯相互交織成呈立體結構的複雜網絡，各地的商品借助市場網絡的「無形之手」實現了高效而廣泛的交換，長期被壓抑的市場力量終於被喚醒了。從此，中國逐漸走出短缺經濟時代，不同地區的人們都能夠有機會購買到種類更多、更豐富的各類商品。

　　在市場經濟條件下，各類行業中的企業發揮著主體作用，但這並不意味著政府對「市場」本身的配置就無所作為。在一個國家的經濟系統中，只有當各類產業之間保持合理的比例結構時，才有利於整個產業體系的協同發展。而每個產業由眾多細分行業組成，每個行業中都內含著一個行業市場，這也就決定了在一個產業內部，所有的行業市場需要保持一定的比例結構，才能維持整個產業的協同發展。更進一步來說，在一個國家的經濟系統內部，所有的產業市場需要保持一定的比例結構，才能維持國家經濟系統內整個產業體系的協同發展。具體來說就是，在一個國家的經濟系統內部，當農業市場、工業市場、服務業市場和資訊業市場等產業市場之間保持合理的比例結構時，才更加有利於整個國家產業體系的協同發展。同時，在每個產業門類內部的各個細分行業市場之間也需要保持合理的比例結構。例如，在一個國家農業系統的內部，當種植業、畜牧業、水產業（漁業）、林業等細分行業的行業市場之間保持合理的比例結構時，才更加有利於整個農業的協同發展。因此，

在對「市場」本身的配置中，政府部門可以在促進市場本身的要素完善、合理佈局、比例結構調整中發揮重要的調節作用。

外部環境對產業在「資源」「企業」和「市場」這三個方面進行供給，從產業系統發展動力的深層因素來看，實際上表現為產業在「知識」「制度」和「技術」這三個方面的吸納、融合、應用和創新的動態過程。這裡不再展開論述。

十、產業的整體能力

隨著「投入→產出→再投入→再產出」產業運行循環過程的進行，產業內部的企業通過市場交易不斷吸納、內化、整合各種資源，不斷增加的交易需求推動了市場的成長演化，而成長壯大後的市場又吸引更多的企業進入產業，企業數量的不斷增加推動了產業的成長壯大。在這個過程中，產業內的企業也在同時成長演化，也在不斷搜尋、學習、內化、整合各種知識和技術，也在不斷調整更新企業制度；行業內大量企業的持續創新活動，直接推動行業知識和行業技術的不斷進步以及行業制度的不斷完善。企業知識和企業技術的不斷進步，直接推動了市場交易知識和技術的進步，而市場交易知識和技術的進步又推動了市場交易制度的發展，這一過程與市場本身的成長演化是協同一致的。在一個產業系統內，正是眾多企業、市場與行業的協同演化實現了產業的成長演化。一個產業從弱小到強大的成長過程中，產業的整體能力也是不斷提高和成長的。

在產業系統成長演化過程中，產業除了其內部企業、市場與行業的協同演化以外，它同時還與其外部環境中的政府、企業、家庭、科研機構、大學等社會組織之間始終進行著各種人員、物質、貨幣、商品、知識、制度、技術和資訊的交流。一個國家的政府部門對產業的發展常常發揮著重要的作用，主要包括建設公共基礎設施、建立產業創新體制、制定實施相關產業政策、引導調整產業比例結構、培育完善市場交易體系等內容。產業成長演化的過程實際上也是產業不斷適應外部環境、不斷實現內外環境耦合的動態過程。

一個產業的整體能力是指這個產業中所有企業有效整合各類資源，為社會提供產品或服務，滿足社會需求的總能力。產業的整體能力一般是由投入、企業、資源、市場、知識、制度、技術、產出這八個方面共同組成的。一個產業在這八個方面的能力越強，這個產業的整體能力就越強，其綜合競爭力就越強。

如果用投入、企業、資源、市場、知識、制度、技術、產出這八個方面作為八個維度來描述一個產業的整體能力，則可以畫出這個產業的能力「勢能圖」（見圖 5-13）。

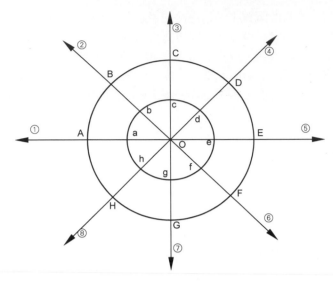

圖 5-13　產業能力「勢能圖」

在圖 5-13 中，八個維度分別是：①投入；②企業；③知識；④資源；⑤制度；⑥市場；⑦技術；⑧產出。

在第①維中，產業由 Oa→OA，表示外部環境對產業的整體投入從 a 點提高到了 A 點；

在第②維中，產業由 Ob→OB，表示產業中企業的數量、規模和生產能力從 b 點提高到了 B 點；

在第③維中，產業由 Oc→OC，表示產業學習、整合和應用知識的能力從 c 點提高到了 C 點；

在第④維中，產業由 Od→OD，表示產業吸納、轉化和利用資源的能力從 d 點提高到了 D 點；

在第⑤維中，產業由 Oe→OE，表示產業構建、調整和完善制度的能力從 e 點提高到了 E 點；

在第⑥維中，產業由 Of→OF，表示產業中市場的數量、規模和交易能力從 f 點提高到了 F 點；

在第⑦維中，產業由 Og→OG，表示產業學習、應用和創新技術的能力從 g 點提高到了 G 點；

在第⑧維中，產業由 Oh→OH，表示產業對外部環境的整體產出水平和能力從 h 點提高到了 H 點。

上述八個維度的能力劃分，是從產業運行的投入產出全過程進行考察所作的大致劃分。實際上，產業每一方面的能力還可以再作更具體深入的細分。

例如，外部環境對產業的投入包括人力資源投入、產業資本投入、產業政策投入、科研創新投入、基礎設施建設等。產業在市場方面能力的提高，不單指商品市場數量的增多、規模的擴大、交易效率和交易水平的提高，而是指包括商品市場、人力市場、資本市場、技術市場、資訊市場、產權市場等在內的多層次、多元化市場體系在數量、規模、效率和水平等各方面的增多、提高和完善。其中的每一種市場又可以再作進一步的細分，如資本市場又可以分為信貸市場、債券市場、股票市場等。產業中的知識和技術除了包括行業知識和行業技術以外，也包括市場交易的知識和市場交易的技術，而市場交易知識和市場交易技術又可以根據產業、市場和商品種類的不同進行更細的劃分。產業中的制度除了包括行業制度以外，也包括市場交易的制度，例如市場准入規則、市場交易規則、交易競價規則、交易仲裁規則等。

在圖 5-13 中，由 abcdefgha 圍成的小圓代表產業處於較低的勢能位置，此時，產業的整體能力較低，表示其發展水平較低、綜合競爭力較弱；由 ABCDEFGHA 圍成的大圓代表產業處於較高的勢能位置，此時，產業的整體能力較強，表示其發展水平較高、綜合競爭力較強。產業從 abcdefgha 狀態發展到 ABCDEFGHA 狀態，就是產業由小到大、從弱到強的成長演化過程。通過「勢能圖」，我們可以形象地描述出產業的成長狀態和發展水平。

在產業實際的成長演化中，產業在以上八個方面的能力一般是不可能同比例均勻提高的，可能有些能力增長提高得較快，而有些能力增長提高得緩慢，甚至可能會出現起伏波動。因此，產業實際的「勢能圖」一般不會形成規則的圓形。

產業整體能力的概念和產業能力「勢能圖」的提出，為不同經濟系統中同一類產業的橫向對比提供了一套相對全面的比較尺度，也為政府扶持有關產業的發展提供了一個比較全面的思維框架。當然，這裡對產業整體能力的探討比較粗淺，有關這方面的研究還有待於進一步深入。

十一、產業的生命週期

產業是由企業組成的企業群落。企業具有生命週期，這決定了產業也具有生命週期。一般來說，產業都有其誕生、成長、衰老、消亡的生命週期過程。在現實的經濟系統中，有些產業的生命週期很長（如種植農業），而有些產業的生命週期比較短（如採掘業）。從產業演化的方向和狀態來看，我們可以把產業生命週期劃分為成長進化、保持穩定、退化衰亡這三個階段。

產業演化的方向一般有兩個，即進化與退化。產業進化是指產業在企業數量、資源轉化、市場規模、整體產出和生態位質量等方面向有利於產業發展的方向演化，具體表現為產業中企業數量不斷增加、資源轉化能力增強、

市場規模不斷擴大、整體產出能力提高，產業生態位質量達到更好狀況。產業退化是指產業在企業數量、資源轉化、市場規模、整體產出和生態位質量等方面向不利於產業發展的方向演化，具體表現為產業中企業數量不斷減少、資源轉化能力減弱、市場規模不斷縮小、整體產出能力降低，產業生態位質量跌到了更差的狀況。

在外部動力與內部動力的共同作用下，產業最終可能演化的結果只有三種，即持續進化、維持現狀、退化衰亡。在現實的經濟系統中，與這三種演化結果對應的產業狀態如下：

1、成長壯大的產業

產業進化的決定力量主要來自外部環境的社會需求。只要存在人類需求，產業都會沿著持續進化的方向演化。人類社會的需求越強烈，產業進化的動力就越充足。在一個國家的經濟系統中，除了發生戰爭、社會動亂、自然災害等特殊情況以外，這個國家的農業、工業、服務業等產業一般都會不斷成長壯大。

如果通過產業能力的「勢能圖」來觀察，我們可以清楚地看到一個不斷成長壯大的產業是如何成長進化的。

在產業能力成長「勢能圖」（見圖 5-14）中，八個維度分別是：①投入；②企業；③知識；④資源；⑤制度；⑥市場；⑦技術；⑧產出。

在圖 5-14 中，我們看到，起初產業的產出能力很小（圖中所示的起點為零），但在產業外部需求的拉動下，產業的各項能力不斷提高，產業不斷成長壯大。

從產業運行的表層因素（企業、資源和市場）來看，當代表一個新興行業的企業誕生以後，在社會需求的拉動下，不斷有新企業進入該行業，各種人才、資本等資源要素不斷進入該行業，從而促使一個新行業誕生並逐漸成長。行業內企業之間的分工與協作，推動整個行業生產出品種更豐富、數量更多的各種產品投入市場，這直接推動了行業市場的成長和擴大。而市場的擴大又吸引更多企業進入該行業，從而推動該行業進一步成長壯大。從產業運行的深層因素（知識、制度和技術）來看，隨著該行業在企業、資源和市場這三方面能力的提高，同時也推動這個行業在知識學習創新能力、制度構建完善能力和技術創新應用能力這三方面能力的提高，進而又推動整個行業產出能力的提高。而行業產出能力的提高，又增強了行業的再生產投入能力。

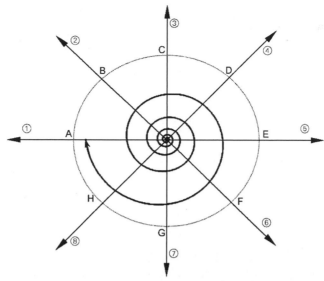

圖 5-14　產業能力成長「勢能圖」

　　在分叉與協同機制的作用下，從該行業不斷分化出新的細分行業，新舊行業相互交叉與融合又催生出一批更新的行業，從而使產業中的行業數量不斷增多。隨著投入產出循環的進行，產業的整體能力不斷提高，產業的規模不斷擴大，產業競爭力隨之提高，同時產業生態位也在不斷擴張。

　　由此，我們不難發現，在產業的成長進化過程中，產業能力經歷了一個由弱到強的演化過程，產業能力成長演化的軌跡實際上是一條逐漸擴展的螺旋線（見圖 5-14）。

2、停滯不前的產業

　　當外部環境的需求較弱，同時產業內部又缺乏競爭性因素時，在一定時期內產業將保持相對穩定的狀態。當外部環境變化緩慢時，產業將面臨一個相對穩定的外部環境，產業就可以保持在一個相對平穩的運行狀況，並一直延續到外部環境發生劇烈變化為止。在這一時期，產業就表現為產業規模保持不變、競爭力相對穩定、產業生態位穩定等。

　　在古代社會，當一個王朝發展到一定階段後，由於社會制度變革的滯後嚴重阻礙了社會生產力的發展，同一時期如果沒有出現重大技術創新，那麼社會經濟常常就會處於停滯狀態。在中國古代歷史上，幾乎每個封建王朝的中後期，社會經濟就處於這樣的停滯狀態。最典型的是中國清朝後期的農業。在從 1800-1900 年的一個世紀中，中國的農業生產幾乎沒有什麼發展，基本上處於停滯不前的狀態。

當前，在經濟全球化、知識和技術創新日益加快的條件下，產業的外部環境變化一日千里。在激烈變化的外部環境中，任何產業都無法長期維持現狀。因此，保持穩定只可能是產業發展過程中一個相對短期的現象。

3、衰敗退化的產業

當外部環境的需求不斷減弱甚至消失時，產業就會沿著持續退化的方向演化。當外部環境變化很快，同時產業內部發展動力又不足時，產業將不能主動適應外部環境的變化，隨著時間的推移，產業的整體能力將會逐漸下降，產業演化的結果將是產業規模不斷縮小、競爭力不斷下降、產業生態位不斷收縮。對於像煤礦、鐵礦等資源性行業來說，當這個行業的資源被用盡後，這個行業將會自然衰退消亡，而該行業中的原有企業就需要轉換到新的行業中發展。大量企業轉換行業，就形成了產業轉移現象。

如果通過產業能力的「勢能圖」來觀察，一個衰敗退化的產業，隨著時間的推移，產業能力經歷了一個由強到弱的演化過程，產業能力衰退演化的軌跡實際上是一條逐漸收縮的螺旋線。

在產業能力衰退「勢能圖」（見圖 5-15）中，八個維度分別是：①投入；②企業；③知識；④資源；⑤制度；⑥市場；⑦技術；⑧產出。

在圖 5-15 中，我們看到，起初產業的產出能力較強，由於產業外部需求動力逐漸減弱，產業的各項能力都在不斷降低，產業不斷衰退縮小。

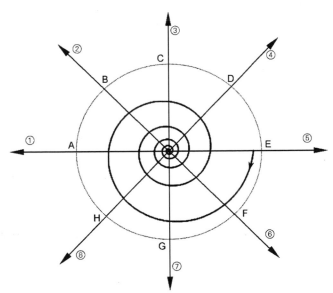

圖 5-15　產業能力衰退「勢能圖」

從產業運行的表層因素來看，在社會需求逐漸減弱的情況下，由於企業利潤不斷減少，不斷有企業會退出該產業，各種人才、資本等資源要素隨之轉移到其他產業，從而使該產業規模逐步縮小，這直接導致行業市場的收縮。而行業市場的縮小又迫使更多企業退出各細分行業，從而導致各細分行業收縮。產業中各細分行業的收縮，又進一步加劇了該產業的收縮衰退。從產業運行的深層因素來看，隨著該產業在企業、資源和市場這三方面能力的降低，同時也導致產業在知識學習創新能力、制度構建完善能力和技術創新應用能力的不斷降低，進而又導致整個產業產出能力的降低。而產業產出能力的降低，又削弱了產業的再生產投入能力。隨著投入產出循環的進行，產業的整體能力不斷降低，產業的規模不斷縮小，產業競爭力隨之降低，同時產業生態位也在不斷收縮。

十二、產業發展演化的軌跡

隨著時間的延續，產業的形態特徵也會不斷變化，這些變化的歷史過程就是產業演化的軌跡。產業演化是外部動力與內部動力綜合作用的結果。當外部的需求和供給強勁時，產業將向進化方面演化，產業規模將會不斷擴大，產業生態位將會逐步擴展。當外部的需求和供給減弱時，產業將向退化方面演化，產業規模將會不斷縮小，產業生態位也將會逐步收縮。對於像煤礦、鐵礦等資源性行業的衰退現象，一般直接表現為由於礦藏資源的逐漸枯竭而導致外部供給的逐漸減少，從而導致該行業的自然衰退。與微觀層次的企業系統演化不同，在影響產業系統演化的內外動力中，外部動力的影響要大於內部動力的影響，一個產業系統最後的演化結果是進化還是退化，最終取決於來自產業系統外部的動力因素。

產業系統演化的外部動力來自產業外部環境的生態位系統。在產業的生態位系統中，產品服務需求因素、資源要素供給因素、政治因素、法制因素、人文因素、科學因素和教育因素等是影響產業系統的主要因素。其中，最直接的影響因素是產品服務需求因素和資源要素供給因素，它們對產業系統中企業的成長發展具有重要影響。產業生態位系統中的人文因素是影響產業演化的一個核心因素，因為是人本身的生存發展需要引起了對產品服務的需求，人類對世界的認識水平制約著資源要素的供給程度。此外，人文因素也從企業深層影響著產業系統中各類企業的演化和發展。

產業系統演化的內部動力來自產業內部的企業、資源、市場、知識、制度、技術六類因素。其中，最主要的動力因素是企業因素，而在企業因素中起主導作用的是行業的核心企業。前文已經分析過，核心企業對一個行業的成長發展具有重要的引領作用。正是核心企業帶動關聯企業發展，從而帶動

各個細分行業的成長壯大，進而推動了整個產業的發展。

從產業發展動力因素關係圖（圖5-3）中我們可以清楚地看到，產業運行過程以「投入」為起點、以「產出」為終點，在這個過程中，產業的發展動力因素由兩條鏈貫穿而成：

A鏈（表層因素鏈）：投入→企業→資源→市場→產出

B鏈（深層因素鏈）：投入→知識→制度→技術→產出

從產業投入產出過程來看，一方面，一個產業在開始「投入」前首先是受到產業生態位系統中其他組織（如政府、企業或家庭）「需求」的誘導，正是這個「需求」誘導使產業中的具體企業作出開始生產某種產品的決策，從而將有關資源投入生產過程；另一方面，當企業生產出產品並通過市場交換將產品提供給顧客時，產業的一次運行過程才結束。因此，產業的運行過程實際上是產業對生態位中「消費需求」的響應，也是產業向生態位進行「生產供給」的過程。產業的投入產出再循環過程，實際上是一個不斷滿足生態位中其他組織「消費需求」、為其創造「生產供給」的循環過程；從產業運行的深層因素來看，這實際上是一個不斷吸納生態位中「消費需求」資訊、為其創造「顧客價值」的循環過程。

從「交換」環節來看，除了產業內部各行業之間、各行業內部不同企業之間的交換以外，產業與其生態位系統之間也進行著各種人員、物質、商品、資金、知識、制度、技術和資訊的交換，這種交換是通過產業內的企業與環境中的其他組織實現的。這裡所說的交換，包括外部環境對產業的資源供給和產業對外部環境的產品供給這兩個方面。產業系統內外的交換過程是否通暢，直接影響著一個產業能否順利成長壯大。另外，一個產業中不同行業的先後發展順序（也即時序結構），對這個產業的規模擴張和發展速度具有不同的價值和意義。如果產業中的核心行業能夠得到優先發展，那麼這個核心行業就可以拉動其他關聯行業共同成長，從而帶動整個產業快速成長。相反，如果產業中的核心行業得不到優先發展，那麼該產業中核心行業的關聯效應就得不到發揮，從而就會延緩整個產業的快速成長。我們知道，產業中不同行業間的關聯是通過企業之間的產品供需鏈相互連接的，而企業之間的產品供需一般是通過市場交換實現的，市場交換水平和交換效率的高低直接影響產業的發展程度。因此，產業與其外部環境之間、產業內不同行業之間交換水平和交換效率的提高，對一個產業的規模擴張和發展速度具有重要的價值和作用。

從「分配」環節來看，分配過程是否有效率、分配結果是否科學，直接影響著整個產業運行效率的高低，而產業運行效率的高低又關係到產業競爭力的強弱。競爭力強的產業顯然要比競爭力弱的產業能夠爭取到更多的生態位空間，從而能夠在較短時間內快速成長壯大。從資源分配過程來看，如果資

源分配過多傾向於公共產品行業，個人產品行業的投入就會受到抑制；同樣，如果資源分配過多傾向於個人產品行業，公共產品行業的投入也就會受到抑制。而公共產品行業和個人產品行業是相互聯繫、相互影響、相互作用、相互制約的，如果不能統籌兼顧、協調好兩者間的分配關係，將會影響到整個國民經濟的健康發展。從產業分配的結果來看，收入分配調節著產業中不同行業、行業中不同企業、企業中不同階層之間的利益關係，分配結果是否科學合理將會影響到產業後續的運行效率和成長發展。另外，在社會經濟系統中，各種資源是有限的，如果有限的資源被非核心行業過多佔用，也就意味著核心行業所需要的資源會相對減少，這樣就會出現非核心行業擠壓核心行業成長的情況，這對整個產業的規模擴張和快速發展是很不利的。因為非核心行業比核心行業的關聯效應要小，它所產生的產業規模擴張和行業帶動作用也就比較有限。因此，產業系統中分配效率和分配合理化水平的提高，對產業的成長發展同樣具有重要的價值和作用。

所以，從「交換」和「分配」這兩個環節來看，交換和分配就構成了產業發展演化中的兩個關鍵環節。

從產業系統的內部環境來看，產業進行生產前必須要從生態位中獲取各種資源要素，產業能否獲得所需的資源要素，這決定於產業本身的資源吸納能力；產業將生態位中的資源要素納入產業內部，這實際上也是產業順利成長演化的必要前提。從產業系統成長演化的角度來看，產業在資源要素方面的吸納、整合過程，實際上也表現為產業內部具體的企業、行業和行業市場等產業組織的成長發展過程。

綜合以上分析，圖 5-3 所表示的產業發展動力因素兩條鏈的運行過程就可以描述如下：

A 鏈：資源吸納→產業組織成長→市場交換效率提升→產業分配水平提高→產業能力增強

B 鏈：資訊吸納→行業知識積累→行業制度創新→行業技術創新→產業鏈價值增長

A 鏈反映了產業系統表象特徵的成長過程，B 鏈反映了產業系統本質特徵的成長過程。

在產業系統演化過程中，以上十個因素緊密聯繫，共同推動產業成長壯大。如用這十個因素作為十個維度來反映產業系統發展演化的情況，則可以繪出產業的發展演化軌跡圖（該圖形態與圖 4-19 相似，這裡從略）。在圖中，十個維度分別是：①資源吸納；②資訊吸納；③產業組織；④知識積累；⑤市場交換；⑥制度創新；⑦產業分配；⑧技術創新；⑨產業能力；⑩產業價值。

在發展演化過程中，產業系統在這十個方面是不斷增長的，也即在十個維度上不斷向外擴展。我們不難發現，隨著時間進程的延續，產業系統在 A

鏈和 B 鏈的運行軌跡是兩條起點相同、逐漸擴展的螺旋線。

在產業系統運行過程中,這十個方面是緊密聯繫、相互配合、協同一致的。所以,實際上 A 鏈和 B 鏈是相互交織在一起呈螺旋狀不斷成長演化的,其形態類似於生物的 DNA 雙螺旋結構。該圖的具體形狀與第四章中企業發展演化軌跡圖(即圖 4-19)相似,這裡不再重複繪製。

產業的成長發展過程是一個隨時間不斷演化的歷史過程,產業從誕生、成長到發展壯大,經歷著由單一到多元、由低級到高級、從簡單到複雜的過程。隨著產業規模的不斷擴大,產業內部的細分行業和行業市場不斷增多,產業結構和市場網絡也日益龐雜,產業內部各行業和市場之間的相互關聯、相互作用和相互影響也越來越複雜。

在現實的經濟系統中,產業系統在這十個維度的發展往往並不是均勻同步的,可能有些因素(如企業和市場)變化較快,而有些因素(如分配體制)變化較慢,甚至常常會有所波動。所以,實際上產業發展演化的軌跡圖並不一定是平滑規則的螺旋線。

在產業系統由小到大的發展演化過程中,產業生態位系統也同樣經歷了一個由單一到多元、由低級到高級、從簡單到複雜的演化過程。產業生態位系統的演化與產業系統本身的演化是同時進行的,演化過程是通過產業系統內外的企業、資源和市場等因素的互動交流來實現的,產業系統內外因素互動交流形成了兩層(即表層和深層)網絡關係,構成了一個多維的複雜動態圖景。

產業系統存在於一定的社會經濟環境中,產業生態位系統的演化只是其外部環境演變的一部分。實際上,產業系統的外部環境,無論是自然環境還是社會環境(如國家系統中的人文、經濟、政治、科學、法制和教育等系統),均處於不斷的演化過程中。產業系統的內部演化和外部環境演化是同時進行的,兩者之間互相聯繫、互相作用、互相影響。因此,產業系統演化過程的實質是產業內部因素與產業外部生態位因素在互動交流中隨時間不斷耦合的過程。

第六章　經濟系統的宏觀層次：
國民經濟的動力結構及演化圖景

　　本章首先簡述了有關產業結構代表性理論的主要思想，對所涉及的關鍵詞彙進行了列表歸類；在對國民經濟系統內外環境、組成要素進行分析的基礎上，提出了經濟系統的雙層結構模型；然後從結構的視角，探討了經濟系統發展的動力因素，闡述了經濟系統中社會需求的傳導過程、市場和政府的作用；從國民經濟的宏觀層次，簡要闡述了國民經濟系統內部的分配和國家系統內部的分配，回顧了市場經濟和計劃經濟兩種體制對資源配置的社會實踐歷史；分析了影響產業結構演變的主要因素，闡述了產業結構演變的一般趨勢，論述了產業投入結構與產出結構之間的關係以及調節產業結構的方向；最後闡述了本書理論框架的開放性和包容性。

本章的論述要點如下：

1. 從威廉・配第（William Petty，1623-1687）、弗朗斯瓦・魁奈（Francois Quesnay，1694-1774）、亞當・斯密等的古典經濟思想，到霍夫曼（W.G. Hoffmann）的工業結構經驗法則、赤松要（Kaname Akamatsu，1896-1974）的「雁行形態理論」，再到費希爾和科林・克拉克指出的勞動力流動規律以及讓・富拉斯蒂埃（Jean Fourastié，1907-1990）所作的經濟學解釋，從庫茲涅茨對產業結構研究的實證分析及其「人均收入影響論」、瓦西里・里昂惕夫（Wassily Leontief，1905-1999）首創的投入產出分析法，到威廉・阿瑟・劉易斯（William Arthur Lewis，1915-1991）提出的「二元經濟論」和經濟增長理論，再到筱原三代平提出的「產業—貿易結構論」，從阿爾伯特・赫希曼（Albert Otto Hirschman，1915-2012）提出的經濟發展戰略、瓦爾特・羅斯托（Walt Whitman Rostow，1916-2003）提出的「經濟成長階段理論」和「主導產業擴散效應理論」，到霍利斯・錢納里（Hollis Burley Chenery，1918-1993）提出的產業發展「標準結構」和「工業化階段理論」，再到林毅夫提出的「新結構經濟學」理論框架，等等，各國經濟學家們運用不同方法從不同角度研究探討了國民經濟系統的結構特徵和運行規律。

　　儘管這些思想和理論所涉及的各種因素紛繁複雜，但經過對其關鍵詞彙進行分類列表之後，本書發現它們大致可以分為經濟系統結構因素、經濟運行動態因素、外部環境需求因素、外部環境供給資源因

素、社會生產因素、產業體系因素、交換體系因素、分配體系因素、社會消費因素、科學技術因素、經濟制度因素、文化教育因素和其他社會因素等 13 類因素。這些因素分別反映了國民經濟系統的基本結構、運行特徵、外部供求、組成環節和動力因素。

　　以上經濟學家所提出的各種思想和理論，是他們在不同時代對不同時空的經濟體系進行觀察、分析和總結的結果。從系統的、整體的、聯繫的觀點來看，他們觀察到的只是人類社會經濟運行整個過程的某些階段、某個方面或者某些局部，不同之處在於各有側重、各有詳略、各有發現！正像本書開篇所談到的「盲人摸象」一樣，他們所揭示的僅是社會經濟系統運行的部分真理。因為本書的要旨在於系統綜合（而不是比較分析），所以，他們的思想和研究成果都為本書的理論框架建構提供了有益的借鑒和參考。

2. 從國民經濟系統的外部環境來看，影響經濟系統發展的一般性外部因素是需求和供給，具體因素包括自然資源、人文、經濟、政治、科學、法制和教育等方面的因素。從國民經濟系統的內部環境來看，經濟系統是一個由生產、產業、市場、分配、消費等表層因素與知識、技術、制度、文化、教育等深層因素組成的有機系統；其中，生產因素是指社會的物質生產活動，它又包括個人產品生產和公共產品生產兩大部分。需要強調的是，人類社會的生產體系至少包括人口生產、精神生產和物質生產這三個方面，本書將社會生產體系中的人口生產和精神生產放入人文系統和科學系統中進行探討（參見第七章第四節）。

3. 從國民經濟系統運行的過程來看，經濟系統成長演化的過程是一個不斷生產、不斷消費的循環往復過程。經濟系統內部實際的運行過程可以分為「社會生產→產業體系→交換體系→分配體系→社會消費」和「社會生產→科學技術→經濟制度→文化教育→社會消費」兩條鏈，本書由此得到經濟系統運行的一般結構圖。從社會生產關係的角度來看，一個經濟系統完整的生產關係應該由其內部的生產關係網絡和其外部的社會關係網絡共同組成。

4. 從國內環境來看，一國經濟系統演化的直接外部動因，主要來自其國內環境中的人文、政治、科學、法制、教育等因素。從國際環境來看，一國經濟系統演化的間接外部動因，主要來自國際環境中的人文、經濟、政治、科學、法制、教育等因素。影響經濟系統發展的一般性外部因素是需求和供給，具體因素包括人文、經濟、政治、科學、法制和教育等方面的因素，其中，經濟方面的影響因素又可以進一步劃分為社會生產、產業體系、交換體系、分配體系、社會消費等因素。外部環境的需求因素是拉動經濟系統發展的原始動力，外部環境的資源

要素供給是經濟系統發展的必要條件。

影響一國經濟系統發展的內部動因，來自經濟系統內部的生產、產業、市場、分配、消費、知識、技術、制度、文化、教育等因素。其中，最主要的動力因素來自經濟系統中的產業體系和消費體系，而在產業體系中的所有產業中，主導產業對經濟系統的成長演化具有重要的帶動作用。

結合經濟系統發展的外部動因、內部動因與生產消費循環過程，本書由此畫出經濟系統發展動力因素關係圖。這個圖是本書的精華所在，它以極簡潔的形式形象地概括了人類社會經濟系統的一般結構、基本動力及運行原理。

5. 人類需求對國民經濟系統的作用過程是一個動態過程，這個過程是通過「人類需求—產業體系—交換體系—分配體系—消費體系」和「人類需求—科學技術—經濟制度—文化教育—消費體系」這兩條鏈來傳遞的。由此，本書繪出了經濟系統中人類需求作用過程圖和經濟系統中人類需求傳導演化圖。從歷史的長時段來看，在需求作用和傳遞過程中，人類社會在產業體系、交換體系、分配體系、消費體系這四個方面的演化軌跡是一條逐漸擴展的螺旋線；與此同時，人類社會在科學技術、經濟制度和文化教育等方面進步成長的軌跡也是一條逐漸擴展的螺旋線；在人類社會的發展過程中，這兩條螺旋線實際上是交織纏繞在一起的。從長期來看，人類社會需求的演化軌跡也是一條逐漸擴展的螺旋線。

6. 對於經濟系統中市場和政府的關係問題，本書認為它們之間並不是互相對立、非此即彼的關係，而是各有功能、相互補充、相互協同的關係。也即，在經濟系統運行中，既要重視市場體系的交換功能，讓「市場」這隻「看不見的手」發揮其應有的作用，同時也要重視分配體系的調節功能，讓「政府」這隻「看得見的手」發揮其應有的作用。只有做到「市場」與「政府」的有機協調，才能夠避免經濟運行中出現「市場失靈」或「政府失靈」的現象。

7. 在國家系統內部，宏觀層面的分配活動分為國民經濟系統內部的分配和國家系統內部的分配這兩個層次。國民經濟系統內部的分配，主要包括各類資源在產業體系、交換體系、分配體系、科學技術、經濟制度和文化教育等經濟系統各子系統之間的分配。國家系統內部的分配，主要包括各類資源在人文系統、經濟系統、政治系統、科學系統、法制系統和教育系統等國家系統各子系統之間的分配。

在一個具體國家的內部，個人產品的分配活動一般是通過經濟系統中交換體系的市場組織來實施的；經濟系統內部的公共產品，其分

配活動一般是通過經濟系統中分配體系的分配組織來實施的；而經濟系統外部的公共產品，其分配活動一般是通過政治系統中的政權組織來實施的；對於混合產品的分配，一般可以通過市場機制與政府調控相結合的方式進行分配。在公共產品分配方面，能否做到統籌兼顧、科學合理、效率最優，這直接關係到一國整體能否持續、穩定、健康地發展。世界各國的經濟實踐證明，無論是實行高度市場經濟，還是實行高度計劃經濟，都是不利於一國經濟長期、穩定、健康發展的。

8. 從經濟系統內部來看,影響產業結構演變的主要因素包括需求、供給、知識、制度、技術、企業、行業和市場等因素。

影響產業發展的外部需求因素包括個人消費需求和企業消費需求這兩大類基本需求。在產業需求結構中，個人消費需求結構的變化首先影響了企業消費需求結構的變化，企業消費需求結構的變化又引起具體行業消費需求結構的變化，許多相關行業消費需求結構的變化又引起具體產業消費需求結構的變化，而企業、行業和產業這三個層次消費需求結構的變化又引起了相應層次資源要素供給結構的變化，資源要素供給結構的變化導致產業內各種要素相對數量的此消彼長，從而導致產業組成結構的變化，而產業組成結構的變化最終決定了產業產出結構的變化。在產業消費需求結構中，個人消費需求與企業消費需求之間的比例處於不斷變化之中，這兩者之間的比例關係直接決定了消費資料產業與生產資料產業之間的比例關係。

從人類社會的長期歷史來看，人類投入生產領域的各種資源要素體現出由簡單到複雜、從有形到無形、從低級到高級的演變規律。從資源要素供給因素來看，產業資源結構的演變趨勢是「勞動密集型→資本密集型→技術密集型→知識密集型」，這是一個產業結構依次升級和不斷高級化的過程。從現實世界來看，把投資或貨幣資本作為影響產業結構的一個重要因素來分析依然具有現實意義。

9. 經濟增長的動力傳導機制是「消費結構→需求結構→供給結構→生產結構→交換結構→分配結構→新消費結構」，而新消費結構又帶動需求結構發生變化，這是一個循環往復的動態過程。在這一過程中，生產結構、交換結構和分配結構始終發生著從簡單到複雜、從粗放到精細、從低級到高級的演變，這是經濟系統內部產業結構演變的過程，同時也是經濟系統內部主導產業不斷更替的過程。在產業從簡單到複雜、從低級向高級演化的過程中，始終伴隨著人類科學的進步、制度的完善和技術的創新。與此同時，經濟系統中的消費結構、需求結構和資源供給結構也發生著從單一到多元、從簡單到複雜、從低層次到高層次的演變升級。採用本書提出的經濟系統結構框架，能夠比較清晰地

解釋庫茲涅茨與羅斯托之間爭論的「產業結構演變與經濟增長關係」的問題。

10. 如果用消費結構、需求結構、供給結構、生產結構、交換結構、分配結構這些經濟結構因素，再加上產業成長和國民收入這兩個因素，以這八個因素作為不同維度來描述產業系統的運行過程，則可以畫出產業結構演化的軌跡圖。在一個產業從小到大、從弱到強的成長演化過程中，產業結構演化的軌跡也是一條逐漸擴展的螺旋線。

11. 從工業化發展的階段來看，世界各國產業結構演進的總體趨勢是沿著以第一產業為主導、到以第二產業為主導、再到以第三產業為主導的方向依次發展的。從農業、工業和服務業三大產業內部來看，世界各國的產業結構、資源結構和市場層次的演變，體現了從簡單到複雜、從粗放到精細、從低級向高級的發展規律。

12. 從產業系統運行的過程來看，產業結構包括產業在投入結構、生產結構、交換結構、分配結構和產出結構等方面的結構，產業結構的演變過程實際上是一個長期的動態調整過程。通過分析，本書畫出了產業結構演變的動態機製圖。通過這一圖示，我們可以比較清晰地理解國民經濟系統中產業結構長期變遷的動態過程。

在人類社會的再生產過程中，產業之間的分配是通過具體的企業生產、市場交換和政府再分配的形式實現的，其中既包含市場的自發調節作用，又包含政府的主動調節作用。在產業的投入產出運行過程中，產業投入關係與產業分配關係之間是相互聯繫、相互作用、相互影響、相互制約的互動關係，從長期來看，它們之間存在著「作用—反作用」、「反饋—調整」的動態關係。一方面，產業投入結構的不同決定了不同的生產結構，不同的生產結構決定了不同的產業交換結構，不同的產業交換結構進而又決定了不同的產業分配結構，這反映了產業投入關係對產業分配關係的決定作用；另一方面，不均衡和不合理的分配結果又會導致資源、企業和市場等產業要素在不同產業之間的流動和重新分配（或分佈），同時，產業系統內部不同階層和外部各利益相關者也會要求調整不合理的分配制度，這反映了產業分配關係對產業投入關係的反作用。存在於產業結構變遷之中的這種「作用—反作用」過程，其中還包含著生產結構與交換結構、交換結構與分配結構、分配結構與消費結構、消費結構與生產結構之間的「作用—反作用」過程，這是一個連鎖互動的複雜的非線性過程。

在一個國家的經濟系統中，產業投入關係與產業產出關係的互動過程是一個長期的歷史演變過程，這個過程的作用機制是「產業

投入結構→產業生產結構→產業交換結構→產業分配結構→產業產出結構→新的產業投入結構」，這是個循環往復的動態過程。正是社會再生產過程中的這種「作用—反作用」、「反饋—調整」的動態機制，推動著世界各國的產業結構和社會分配制度從「不合理與不公平」逐漸演變到「比較合理與公平」的長期變遷。

13. 在產業發展過程中，除了需要市場進行自發調節以外，同時還需要政府進行主動調節。政府主動調節產業結構的根本目的在於合理配置資源、優化產業結構、促進社會分配公平。

政府部門調節產業結構的總體方向是，保持產業成長的動力沿著「消費結構→需求結構→供給結構→生產結構→交換結構→分配結構→國民收入增長→新消費結構」的路徑良性循環、暢通無阻。

為優化產業結構，政府應該從資源、行業和市場這三個方面來調節產業結構，特別是從這三個方面的法律制度、基礎設施等公共產品的投入來著手促進產業體系的協調發展。在調整產業結構的過程中，政府的主導作用是在全社會範圍內公平合理地分配資源，為各類行業或產業的協同發展提供良好的外部環境；政府部門主要應在產業的中觀層面或宏觀層面發揮作用，而不應干預微觀層面企業的經營活動。

本書所構建的理論框架是一個開放的系統，它具有較強的綜合性和包容性。本書提出的從企業系統、產業系統、國民經濟系統直到國家與社會系統的結構框架，不但能夠很好地包容林毅夫先生提出的「新結構經濟學」的理論框架，而且還能夠包容一些典型的宏觀動態經濟學理論框架。本書從整體的思想邏輯上，將微觀經濟學、中觀經濟學和宏觀經濟學統一在一個完整的理論框架之中！當然，這一理論框架還顯得很粗糙，還有待於各國學者的修正完善。

一、有關產業結構的代表性理論[1]

產業結構理論是人們將經濟分析深入到產業結構層次，在進行「產業結構」分析和「產業結構政策」實踐的探索過程中逐步產生、發展起來的[2]。不

---

[1] 本節有關產業結構理論的內容主要參考了以下三部書籍的相關敘述：蘇東水主編《產業經濟學》，高等教育出版社 2000 年 2 月第一版，第 226-230 頁、第 237-239 頁；劉志迎主編《現代產業經濟學教程》，科學出版社 2007 年 4 月第一版，第 158-165 頁；楊建文主編《產業經濟學》，上海社會科學院出版社 2008 年 8 月第一版，第 162-174 頁。這些書籍的敘述中存在一些矛盾和錯謬之處，本書參照其他有關文獻對這些內容進行了必要的糾正(如霍夫曼比值等)。

[2] 蘇東水主編：《產業經濟學》，高等教育出版社 2000 年 2 月第一版，第 224 頁。

同國家的經濟學家結合各國的經濟實踐，對產業結構和經濟發展問題展開了多層次、多角度、多領域的研究，從而形成了不同的產業結構理論。下面，我們根據不同理論的內在聯繫和提出時間的先後順序，對有關產業結構的代表性理論進行簡要的梳理。把握這些理論的實質性內容，將會有助於對本書立論的全面理解。

人們對產業結構的研究經歷了一個較長的歷史過程，關於產業結構的思想淵源可以追溯到 17 世紀。英國古典政治經濟學創始人威廉・配第早在 17 世紀就已經發現了農業、工業和商業這三個產業之間的收入差距，他指出「工業的收益比農業多得多，而商業的收益又比工業多得多」[3]，這種產業間的相對「收入差」推動著勞動力從低收入產業向高收入產業流動；為促進經濟發展，他主張國家應該減少非生產性支出，增加生產性支出；他指出，世界各國國民收入水平的差異和經濟發展階段的不同，其關鍵原因是由於各國產業結構和職業人口結構的不同；反映他產業經濟思想的重要著作包括《賦稅論》（1662）、《政治算術》（1672）等。法國古典政治經濟學的主要代表、重農學派的創始人弗朗斯瓦・魁奈分別於 1758 年和 1766 年發表了他的重要論著《經濟表》和《經濟表分析》，他把一國的國民劃分為「土地所有者階級」、耕種土地的「生產階級」和從事工商業的「不生產階級」這三大階級，他通過圖表的形式說明一國每年的總產品怎樣在這三大階級間流通和分配、怎樣為每年的社會再生產服務，從而揭示出資本主義社會財富的生產、交換、分配的運行過程。魁奈的這些經濟思想對其後政治經濟學的發展產生了很大影響，其經濟表的基本原理甚至是後來投入產出經濟分析的最早思想起源。

其後，英國經濟學家亞當・斯密在 1776 年出版的《國富論》一書中提出他的價值學說、分工學說和交換學說，從而為經濟整體性思想（即以後發展起來的經濟結構理論）奠定了基礎；他從資本要素投向的角度指出社會資本「首先是大部分投在農業上，其次投在工業上，最後投在國際貿易上」，他認為，隨著社會的進步，資本投向從農業→工業→貿易業的順序變更是一個自然規律，他指出引發這一變更順序的基本動因是社會需求的有序變動[4]；針對當時盛行的重商主義阻礙工業進步的情況，他提出各國應該按照絕對成本的高低進行國際分工，從而就會實現合理配置資源和優化產業結構的目的。

德國學者霍夫曼在對 20 多個國家從 1770 年到 20 世紀前期的工業歷史和統計資料研究的基礎上，指出了各國在工業化前期工業結構演變的「重工業化」趨勢；他在 1931 年出版的《工業化的階段和類型》一書中提出工業結

---

[3] 威廉・配第著，陳冬野譯：《政治算術》，商務印書館 1978 年版，第 19-20 頁。
[4] 亞當・斯密著，郭大力、王亞南譯：《國民財富的性質和原因的研究》（上卷），商務印書館 1972 年版，第 349 頁、第 331 頁。

構演變的經驗性法則（又稱為「霍夫曼定理」），即在一國工業化過程中，消費資料工業的比重在持續下降，而生產資料工業的比重在持續上升，兩部門工業淨產值的比值（即「霍夫曼比值」）逐漸趨於下降，從而使工業結構由輕工業占主導逐漸演變為由重工業占主導；根據霍夫曼比值的變化趨勢，他把工業化過程劃分為四個階段：第一階段（霍夫曼比值為 5±1.5），消費資料工業占主導地位；第二階段（霍夫曼比值為 2.5±1），生產資料工業增長快於消費資料工業增長，但其規模仍小於消費資料工業的規模；第三階段（霍夫曼比值為 1±0.5），生產資料工業繼續快速增長，最終達到與消費資料工業相平衡的狀態；第四階段（霍夫曼比值小於 1），生產資料工業的規模超越消費資料工業的規模並占主導地位[5]。霍夫曼於 1958 年又出版了《工業經濟的成長》一書，進一步闡述了工業部門之間結構變動的一般類型。他認為，工業化過程中各工業部門的成長率並不相同，因而形成工業部門之間特定的結構變化；各工業部門不同的成長率是由以下因素相互作用引起的：①生產要素（自然資源、資本、勞動力）的相對數量；②國內市場與國際市場資源配置；③技術進步；④勞動者的技術熟練程度、消費者的興趣愛好等[6]。

日本經濟學家赤松要於 1932 年提出產業發展的「雁行形態理論」，他指出一國的經濟發展需要有完善的內貿與外貿相結合的全方位的產業結構，他主張將本國的產業發展與國際市場相結合，使產業結構國際化[7]；他發現產業在國際間轉移時，先行國（地區）與後起國（地區）之間是依照一定的產業梯度進行傳遞和吸納的動態過程，即在一定時期內，後起國（地區）的貿易結構一般會經歷產品進口、替代生產、產品出口三個階段，與此相聯繫的產業結構依次為勞動及資源密集型、資本密集型和技術密集型這三個梯度，國際間（或地區間）的產業循環和連鎖變化機制，促進了先行國（地區）與後起國（地區）產業結構不斷向更高層次轉換，產業結構層次的轉換一般是由消費資料產業轉向生產資料產業，或由輕工業轉向重化工業，進而轉向技術密集型產業。其後，日本經濟學家山澤逸平在 1984 年出版的《日本的經濟發展和國際分工》一書中對赤松要提出的「雁行形態理論」進行了擴展，他提出產業發展一般要經歷「引進→進口替代→出口成長→成熟→逆進口」這五個階段，從而更加詳盡地揭示出後進國家如何通過引進先進國家的產品和技術、先自己生產滿足國內需求、再進行出口、最終實現經濟起飛的過程[8]。「雁行形態理論」側重描述了由產業轉移引起產業結構的國際性變動情況。

5　紀玉山、代栓平：〈霍夫曼理論適合中國的工業化模式嗎？〉，《吉林大學社會科學學報》2007年第 2 期，第 94-97 頁。
6　楊建文主編：《產業經濟學》，上海社會科學院出版社 2008 年 8 月第一版，第 168 頁。
7　蘇東水主編：《產業經濟學》，高等教育出版社 2000 年 2 月第一版，第 239 頁。
8　楊建文主編：《產業經濟學》，上海社會科學院出版社 2008 年 8 月第一版，第 173 頁。

1935 年，英國經濟學家費希爾指出，產業中生產結構的變化表現為各種人力、物力資源將不斷地從第一產業轉向第二產業，再從第二產業轉向第三產業，即使政府進行干預也無法阻止這一進程[9]。英國經濟學家科林·克拉克在威廉·配第的研究成果基礎上，通過整理和比較 40 多個國家和地區不同時期三次產業勞動投入和總產出的統計資料，總結出勞動力在三次產業中的結構變化規律；他在 1940 年出版的《經濟進步的條件》一書中提出，隨著國民人均實際收入的提高，勞動力將首先從第一產業流向第二產業，然後再從第二產業流向第三產業（這個規律被後人稱為「配第—克拉克定律」），他認為勞動力在產業間移動的原因是由於經濟發展中各產業間的收入相對差異造成的。法國經濟學家讓·富拉斯蒂埃指出，勞動力在產業間轉移和在產業內轉移同時並存，他認為技術進步是引起勞動力產業分佈結構演變的主要原因，一方面，技術進步提高了生產總量；另一方面，技術進步也改變了生產結構，生產結構的改變又會相伴產生需求結構的改變，因而技術進步豐富了供給，而富足的供給在滿足人類需求後又會刺激人類產生新的需要；這種情況造成，一方面技術進步支配著一個不斷成長的生產結構，另一方面人類日益增長的需求願望又決定著日益增長的消費結構，這兩者間的不協調迫使生產結構適應強烈的消費需求，並促使勞動力從需求已飽和的產業部門轉向那些需求旺盛的產業部門[10]。

美國經濟學家庫茲涅茨以人均國民收入作為「基準點」，把勞動力在產業間的分佈與國民收入結合起來，對經濟結構的演進與經濟發展的關係作了實證分析，使產業結構研究從投入結構（勞動力結構）發展到產出結構（國民收入結構），從而大大推進了經濟結構理論的發展[11]。他在經濟結構方面的重要著作包括《現代經濟增長》（1966）和《各國的經濟增長》（1972）等。他在分析歐美主要國家長期統計數據的基礎上，考察了各國經濟總產值變動與就業人口結構變動之間的關係，揭示了產業結構變動的總方向，從而進一步驗證了「配第—克拉克定律」，說明了產業結構演變過程是一種階段發展的有序過程，產業結構的變動受人均國民收入變動的影響（他的這一理論也被人們稱為「庫茲涅茨人均收入影響論」）[12]。庫茲涅茨分析了農業、工業、服務業這三大產業結構變化的趨勢，他指出，隨著經濟的發展和人均國民收入的不斷提高，社會中各產業不論是產值結構還是勞動力結構都在發生著變化，它們的結構變化趨勢為：農業部門的產值份額和勞動力份額都趨於下降，而工業部門和服務業部門的產值份額與勞動力份額都趨於上升；其中，工業部門

---

9 於刃剛：《配第-克拉克定理評述》，《經濟學動態》1996 年第 8 期，第 63 頁。
10 於刃剛：《配第-克拉克定理評述》，《經濟學動態》1996 年第 8 期，第 63-64 頁。
11 馮海發：《結構變革的歷史順序》，《當代經濟科學》1989 年第 3 期，第 46-47 頁。
12 蘇東水主編：《產業經濟學》，高等教育出版社 2000 年 2 月第一版，第 237 頁。

在產值份額持續上升的同時，其勞動力份額大體不變或略有上升，服務業部門在產值份額大體不變或略有上升的同時，其勞動力份額則呈現大幅上升的趨勢；在工業部門內部，製造業的份額上升幅度最大，大約占工業部門份額上升的三分之二，而在製造業內部，與現代技術密切聯繫的新興部門增長最快，它們在整個製造業總產值和勞動力中所占的相對份額都呈上升趨勢，相反，一些較老的生產部門（如紡織、服裝、木材、皮革加工等），它們在整個製造業總產值和勞動力中所占的相對份額則呈下降趨勢；在服務業部門內部，教育、科研及政府行政部門的相對份額趨於上升[13]。他認為，促成產業結構變化的基本動因有三個：一是需求誘導；二是對外貿易；三是技術革新[14]。庫茲涅茨揭示出發達國家在進入現代經濟增長階段後產業結構所出現的新變化，他的研究深化了「配第—克拉克定律」，進一步明晰了產業結構演變與經濟發展之間的關係。

美國經濟學家、投入產出分析法的創始人瓦西里·里昂惕夫在繼承魁奈經濟表基本原理的基礎上，結合馬克思的兩大部類再生產理論和瓦爾拉斯（Leon Walras，1834-1910）的一般均衡理論首創了投入產出分析法[15]。里昂惕夫早在 1931 年就採用投入產出分析法對美國的經濟結構進行了分析，他於 1941 年出版的《美國經濟的結構，1919-1929》一書闡述了投入產出分析法的基本原理和應用，他於 1966 年出版的《投入產出經濟學》一書建立了比較完整的投入產出分析體系，包括投入產出分析法、投入產出模型和投入產出表等；他創建的投入產出分析法為研究社會生產各部門之間的相互依賴關係，特別是系統地分析經濟體系內部各產業之間錯綜複雜的交易提供了一種實用的經濟分析方法，這種方法在經濟領域中發揮了重大作用，他也因此榮獲了 1973 年的諾貝爾經濟學獎。目前，投入產出分析法已成為世界各國進行產業結構分析運用得最普遍的經濟分析工具。

美國經濟學家威廉·阿瑟·劉易斯分別於 1954 年、1958 年和 1979 年發表了《勞動無限供給條件下的經濟發展》、《無限的勞動力：進一步說明》和《再論二元經濟》等論文[16]，提出並創建了著名的「二元經濟論」。劉易斯指出，發展中國家的經濟結構是典型的二元經濟結構，即發展中國家的經濟由強大的傳統農業經濟部門和弱小的現代經濟部門兩個部門組成，傳統農業經

[13] 西蒙·庫茲涅茨著，常勳譯：《各國的經濟增長：總產值和生產結構》，商務印書館 1985 年版，第 330-332 頁。

[14] 西蒙·庫茲涅茨著，常勳譯：《各國的經濟增長：總產值和生產結構》，商務印書館 1985 年版，第 344-347 頁。

[15] 楊建文主編：《產業經濟學》，上海社會科學院出版社 2008 年 8 月第一版，第 165 頁。

[16] 原文分別刊於《曼徹斯特學報》第 22 卷第 2 期、第 26 卷第 1 期和第 47 卷第 3 期。參見：阿瑟·劉易斯編著，施偉、謝兵、蘇玉宏譯：《二元經濟論》，北京經濟學院出版社 1989 年版。

濟部門勞動生產率很低、人口過剩，存在大量的剩餘勞動力，而現代經濟部門包括現代工業和少量的高效農業、現代商業，這一部門勞動生產率較高，就業人數較少，所需勞動力從傳統農業經濟部門逐漸轉移過來；他認為在發展中國家，發展經濟的戰略就是要擴大現代經濟部門，縮小傳統農業經濟部門，應通過擴張工業部門來吸收農業中的過剩勞動力，促進工業的增長與發展，消除工農之間、工農業內部的結構失衡；隨著經濟的進一步發展，勞動力由傳統農業經濟部門向現代經濟部門逐步轉移，二元經濟結構將逐步向一元經濟結構轉變。他於 1958 年出版了《經濟增長理論》一書，全面分析了影響經濟發展的經濟因素和非經濟因素，包括資本積累、技術進步、人口增長、社會結構、經濟制度、宗教、文化、歷史傳統、政治、心理等[17]，對經濟結構特別是產業結構進行了更加深入的分析和論述。

日本經濟學家筱原三代平在 1955 年提出了「產業—貿易結構論」（又被稱為「動態比較成本論」），指出產業結構和貿易結構的相互適應及其動態合理化是增強一國比較優勢的重要途徑，強調後起國的幼稚產業經過扶持可以由劣勢轉化為優勢，即形成動態比較優勢；他把產業結構調整與貿易政策相聯繫，強調優化產業結構和貿易結構合理化相互協調，主張國家對幼稚產業實行適當的保護政策，以扶持其形成比較優勢從而取得貿易優勢；他指出一國經濟的發展不僅取決於資源的豐裕程度，同時還取決於政府的支持，一國的國際貿易優勢應與合理的產業結構保持一致，政府應以增強國際競爭力為目的，扶植和促進國內重點產業的發展。1957 年，他又提出規劃產業結構的「收入彈性基準」和「生產率上升基準」這兩個基本準則。收入彈性基準是指以需求收入彈性的高低作為選擇戰略性產業的基本準則。需求收入彈性（也稱收入彈性）指人們對某一產業產品需求量的變化對收入變化的敏感程度。一般來說，只有需求收入彈性大的產業才能在未來的發展中佔據較高的市場份額，獲得較大的成長空間。生產率上升基準是指優先選擇發展生產率上升快、技術進步率高的產業作為受保護的幼稚產業，提高其在整個產業結構中的比重。一般來說，生產率上升快的產業，技術進步較快，相應地，生產成本下降也快，產業的增長速度較快、經濟效益較好，這類產業在短時期內就能夠創造出更多的國民收入，向這些產業優先配置資源就可以提高整個社會的經濟效益。「筱原基準」的實質在於從供求兩方面反映產業結構演進的內在根源，主張把這兩類產業作為主導產業予以重點發展，使之上升為一國的支柱產業。他在產業結構方面的重要研究成果包括《產業構成論》、《現代產業論（產業構造）》等著作。

美國經濟學家阿爾伯特·赫希曼在其 1958 年出版的《經濟發展的戰略》

---

[17] 李善明、周成啟、趙崇齡主編：《外國經濟學家辭典》，海天出版社 1993 年 2 月第一版。

一書中為發展中國家設計了非平衡增長的經濟發展戰略，他提出發展中國家應集中有限的資源和資本優先發展少數主導產業和部門，通過部門間的關聯效應帶動其他部門的發展，從而解決發展中國家的貧困問題；他將產業之間的關聯方式分為前向關聯關係、後向關聯關係和環向關聯關係，並將產業關聯效應最大作為主導產業選擇的基準之一；他認為凡有關聯效應的產業，都能通過主導產業的擴張和優先增長，逐步帶動後向聯繫部門、前向聯繫部門和整個產業部門的發展，從而在總體上實現經濟增長；他指出發展中國家在制定國民經濟計劃時要注重「關聯效應」和「最有效秩序」，同時強調在經濟發展的初期階段必須重點實施非平衡發展戰略，而在經濟發展的高級階段就要開始實施國民經濟各部門的協調和平衡發展戰略。

美國經濟史學家瓦爾特·羅斯托結合歷史階段分析法、主導部門分析法和心理欲望分析法提出了著名的「經濟成長階段理論」和「主導產業擴散效應理論」，他指出產業結構的變化對經濟增長具有重大影響，在經濟發展中要重視發揮主導產業的擴散效應，他認為決定社會經濟發展的最終動因是人的主觀傾向[18]。在他 1960 年出版的《經濟成長的階段》一書中，他把經濟社會的發展劃分為傳統社會階段、起飛準備階段、起飛階段、成熟階段、大眾消費階段五個階段（1971 年他又補充了第六個階段，即追求生活質量階段），解釋了西方各國經歷過的工業化歷程，通過分析他得出其中每個階段的經濟演進都是以主導產業部門的更替為特徵的結論，他認為人類欲望更替是經濟成長階段依次更替的動力之一。他在《主導部門和起飛》（中譯本，1998）一書中提出了「產業擴散效應理論」和主導產業的選擇基準（即「羅斯托基準」），他認為經濟增長之所以能夠保持是因為少數主導產業迅速擴大及其對其他產業部門進行擴散的結果，他指出一個國家應該選擇那些具有較強擴散效應（包括前瞻效應、回顧效應和旁側效應）的產業作為主導產業，將主導產業的產業優勢輻射傳遞到關聯產業鏈上的各產業中，以帶動整個產業結構的升級，促進區域經濟的全面發展[19]。主導產業的擴散效應主要表現在三個方面：①前瞻效應，指主導產業能夠誘發新興行業、新技術、新質量、新能源或新的經濟活動的出現；②回顧效應，指主導產業高速增長，對各種要素產生新的投入要求，從而刺激這些生產投入品的行業發展；③旁側效應，指主導產業的興起會影響當地經濟、社會的發展，如制度建設、國民經濟結構、基礎設施、人口素質等。

美國經濟學家霍利斯·錢納里提出了產業發展的「標準結構」和「工業化階段理論」，對產業結構理論的發展作出了很大貢獻，其重要著作包括《工

[18] 蘇東水主編：《產業經濟學》，高等教育出版社 2000 年 2 月第一版，第 228 頁。
[19] 曹芳萍、朱滿華：〈區域主導產業選擇的基準研究〉，《煤炭經濟研究》2007 年第 7 期。

業化進程》（1969）、《發展型式，1950-1970》（1975，錢納里與賽爾昆合著）、《工業化和經濟增長的比較研究》（1986）等。他通過對發展中國家工業化進程的比較研究，分析了各國經濟發展與產業結構變動的不同特點，歸納出一些產業發展的基本模式，並揭示了經濟發展和產業結構變動的「標準形式」，從而為不同國家或地區根據經濟發展目標制定產業結構轉換政策提供了理論依據；通過對經濟長期發展中工業內部各產業部門地位和作用的考察，揭示了工業內部產業結構轉換的原因在於產業間存在著關聯效應，他指出工業發展受人均國民生產總值、需求規模和投資率的影響大，而受初級產品和工業製成品輸出率的影響小。他認為要保持經濟增長，就必須不斷調整生產結構，要使生產結構適應需求結構的變化，同時還要有效利用各種技術；他還指出勞動和資本從生產率較低的部門向生產率較高的部門轉移能夠加速經濟增長。他把工業化階段劃分為初級產品生產階段、工業化階段和發達經濟階段這三個依次提高的階段，又將這三個階段進一步細分為六個時期：第一時期，產業結構以農業為主；第二時期，產業結構由傳統的農業結構向現代工業化結構轉變，工業以初級產品生產為主；第三時期，製造業由輕工業向重工業迅速轉變，非農勞動力開始占主體，第三產業開始迅速發展；第四時期，在第一、第二產業協調發展的同時，第三產業由平穩轉入持續高速增長；第五時期，製造業內部結構由資本密集型產業向以技術密集型產業為主導轉換，同時社會生活方式開始現代化，高檔耐用消費品逐步普及；第六時期，第三產業開始分化，智能密集型和知識密集型產業從服務業中分離出來並開始佔據主導地位，同時人們的消費欲望呈現出多樣性和多變性，社會生活消費趨向追求個性化。

　　中國經濟學家林毅夫於 2009 年提出了「新結構經濟學」的理論框架。該理論強調經濟發展中的要素稟賦（即各種生產要素的相對豐裕程度）和基礎設置[20]、不同發展水平下產業結構的差異，注重分析政府與市場在經濟發展過程中的不同作用；該理論指出，經濟發展本質上是一個技術、產業不斷創新、結構不斷變化的過程，在經濟發展過程中不僅要求現有產業必須持續引入新的更好技術，而且還要求現有產業必須不斷地從勞動力（或自然資源）密集型產業向新的資本密集型產業升級，要實現這樣的產業升級，發展中國家首先需要升級其要素稟賦結構（即自然資源、勞動力、人力資本和物質資本的相對豐裕程度），隨著要素稟賦結構和產業結構的升級，相應的基礎設置也需要同時升級；在經濟發展過程中，必須要同時發揮政府和市場的協同作用，

20　按林毅夫的原注，「基礎設置」包括「硬性」和「軟性」兩類，「硬性基礎設置」包括能源、交通和通信系統等；「軟性基礎設置」包括金融體系、管制、教育體系、司法體系、社會網絡、價值體系及經濟體中其他無形的結構。

因為經濟增長會不斷地改變對制度服務的需求，這造成現有的制度安排逐漸變得過時，因此，政府的政策和各種制度安排必須要考慮不同發展水平的經濟結構特徵。該理論的主要思想可以概括為以下三點：第一，包括產業、技術、金融、法律和其他結構在內的最優經濟結構隨經濟發展的不同階段而不同。一個經濟體的要素稟賦及其結構在每一個特定的發展階段是給定的，它將隨經濟發展階段的不同而不同，因而經濟體的最優產業結構也會隨經濟發展階段的不同而不同；不同的產業結構不僅意味著不同的產業資本密集度，還意味著不同的最優企業規模、生產規模、市場範圍、交易複雜程度以及不同的風險種類。因此，每個特定的產業結構都要求與之相適應的基礎設置來盡可能地降低經濟的運行和交易費用。第二，經濟發展是一個連續過程，不同國家或地區的經濟發展階段並非僅有「窮」與「富」或者「發展中」與「發達」這兩點式分佈，而是一個從低收入的傳統農業階段、到中等收入的工業化階段、再到高收入的後工業化階段的發展過程。因此，傳統的對經濟發展階段的「兩分法」並不適用。對於發展中國家或地區來說，處於任何發展階段的經濟體，其產業和基礎設置的升級目標，並不必然是比自己所處階段更高的發達經濟體的產業和基礎設置。第三，在經濟發展的每個確定階段，市場都是配置資源最有效率的根本機制，但在經濟向更高階段轉變的過程中，同時也需要政府發揮積極的因勢利導的作用。作為一個連續變化過程，經濟發展階段的變化要求產業多樣化、產業升級和基礎設置的相應改進。產業多樣化和產業升級的本質是一個創新過程，在這個過程中，儘管一些先驅企業會為其他企業創造公共知識，但僅靠個體企業的投資無法完全改進經濟發展所需要的基礎設置。因此，在經濟發展過程中，除了市場機制以外，政府還必須要發揮積極的協調和補償作用，以改進基礎設置、促進產業多樣化和產業升級。[21]

以上所介紹的有關理論只是產業結構理論中一些比較有代表性的基本理論，它們基本反映了產業結構理論發展的大致脈絡。實際上，從事這方面研究並對產業結構理論作出貢獻的經濟學家還有許多（如丁伯根、拉尼斯、費景漢、希金斯、馬場正雄、宮澤健一等[22]），這裡不再一一介紹。

以上這些經濟學家們所提出的各種思想和理論，是他們在不同時代對不同時空的經濟體系進行觀察、分析和總結的結果。從這些思想和理論所表述的內容來看，人類社會經濟系統和經濟增長所涉及的各種因素可謂是紛繁複雜。當我們對這些思想和理論所表述內容的關鍵詞彙進行仔細歸類後就會發

---

[21] 林毅夫：〈新結構經濟學——重構發展經濟學的框架〉，《經濟學（季刊）》2010 年 10 月第 1 期，參見第 1-3 頁、第 12 頁、第 14 頁、第 17 頁。
[22] 蘇東水主編：《產業經濟學》，高等教育出版社 2000 年 2 月第一版，第 229-230 頁。

現，從經濟系統的基本結構、組成環節與其外部環境的視角來看，這些關鍵詞彙大致可以分為經濟系統結構因素、經濟運行動態因素、外部環境需求因素、外部環境供給資源因素、社會生產因素、產業體系因素、交換體系因素、分配體系因素、社會消費因素、科學技術因素、經濟制度因素、文化教育因素和其他社會因素等 13 類因素。為表述簡潔、直觀，我們用表 6-1 列表說明。

表 6-1　國民經濟系統和經濟增長涉及因素分類表

序號	因素類別	產業結構代表性理論表述內容所涉及的關鍵詞彙
1	經濟系統結構因素	需求結構、生產結構、消費結構、產業結構、工業結構、貿易結構、勞動力結構、產值結構、國民收入結構、投入結構、產出結構、職業人口結構、就業人口結構、要素稟賦結構
2	經濟運行動態因素	勞動力流動、產業成長率、產業梯度傳遞、產業轉移、產業關聯效應、主導產業更替、產業創新、產業升級、產業多樣化
3	外部環境需求因素	社會需求、需求規模、需求願望、需求誘導、消費需求、人的主觀傾向
4	外部環境供給資源因素	人力資源、物力資源、生產要素、消費資料、生產資料、資源豐裕程度、要素稟賦、人力資本、物質資本、社會資本、資本密集度、硬性基礎設置[23]
5	社會生產因素	財富生產、絕對成本、國際分工、替代生產、資本要素投向、投資率、資本積累、產業勞動投入、總產出、生產總量、經濟總產值、人均國民生產總值、勞動生產率、最優企業規模、生產規模
6	產業體系因素	農業、工業（輕工業、重工業）、商業、服務業、第一產業、第二產業、第三產業、消費資料產業、生產資料產業、勞動及資源密集型產業、資本密集型產業、技術密集型產業、智能和知識密集型產業
7	交換體系因素	市場、財富交換、產品進口、產品出口、國際貿易、對外貿易、國內市場與國際市場的資源配置、進出口貿易與國際市場、金融體系中的金融市場、市場範圍、交易複雜程度、交易費用
8	分配體系因素	產業間收入分配、財富分配、總產品分配、人均國民收入、財政支出、金融體系中的金融監管組織
9	社會消費因素	人口增長、人口過剩、消費欲望、消費者的興趣愛好、心理
10	科學技術因素	科研、公共知識、技術、技術進步、技術革新、技術創新
11	經濟制度因素	經濟制度、制度安排、政府政策、產業政策、貿易政策、管制、財政政策、貨幣政策、資源管理政策
12	文化教育因素	文化、宗教、歷史傳統、價值觀體系、教育、勞動者技術熟練程度、教育體系
13	其他社會因素	政治系統因素（政治、政府作用、政府支持等）、法制系統因素（國家法律、司法體系等）、社會結構、社會網絡

---

[23] 本表對林毅夫先生提出的「軟性基礎設置」各因素已作了分解處理，所以，這裡不再列入「軟性基礎設置」詞彙。具體分解內容參見本章第六節的闡述。

在表 6-1 中，第 1 類因素反映國民經濟系統的基本結構，第 2 類因素反映國民經濟系統運行的動態特徵，第 3 類和第 4 類因素反映外部環境對國民經濟系統的供求因素，第 5-12 類因素反映國民經濟系統的組成環節和動力因素。

通過表 6-1，我們可以看到，儘管人類社會經濟系統和經濟增長所涉及的各種因素紛繁複雜，但從系統的、整體的、聯繫的觀點來看，國民經濟系統的整體結構還是很清晰的。本書正是在綜合以上這些經濟學家思想和理論的基礎上，獲得了經濟系統發展動力因素關係圖（見圖 6-2）。所以，以上有關產業結構的代表性理論為本書的理論框架建構提供了有益的借鑒和參考。

二、經濟系統的環境、要素和結構

在一個具體的國家中，國民經濟系統的主要功能是進行物質產品的生產、交換、分配和消費，它一般包括產業體系、交換體系、分配體系和消費體系等。

1、經濟系統的內外部環境

在現代社會中，一個具體的經濟系統存在於一定的國家系統之中，它既有外部環境，也有內部環境。

（1）經濟系統的外部環境

經濟系統的外部環境是指存在於經濟組織（包括產業組織、交換組織和分配組織等）邊界之外，對經濟系統的生產、交換、分配、消費等活動具有影響的所有因素的集合。經濟系統的外部環境包括自然環境和社會環境。從縱向層次來看，包含經濟系統的外部系統由國家系統、社會系統（國際系統）和自然系統三個層次構成。經濟系統外部環境各系統的所屬層次關係，具體可參看本書第三章的圖 3-2。在國家系統中，與經濟系統並存的系統至少包括人文、政治、科學、法制和教育等系統。存在於外部環境的這些系統，或多或少、或直接或間接地都會對經濟系統的成長演化發生一定的影響。對於一個具體國家的經濟系統而言，就影響的直接性和強度來說，無疑來自國家系統內部的因素是最直接和最強烈的。與此同時，來自國際系統和自然系統的某些因素也會對一國經濟系統的成長演化發生一定的影響。自 15 世紀地理大發現以來，隨著經濟全球化趨勢的展開，世界不同國家或地區之間的經濟貿易聯繫不斷增加，各國的經濟系統日益融入全球經濟網絡中。

從國家系統這個層次來看，在一個具體的國家內部，來自人文、政治、科學、法制和教育等系統的有關因素都會對該國經濟系統的成長演化發生影

響。這些影響主要是通過對經濟系統中的企業和市場所施加的需求和供給來發揮作用的，具體影響因素參見本書第四章的表 4-2。例如，人文系統中的家庭組織既為企業提供消費需求，又為企業提供一般勞動力；另一方面，人文系統中的人文知識對企業家精神、企業精神和企業文化具有深層影響，特別是塑造了企業家的精神內核，從而對企業組織的價值觀和倫理道德具有導向作用。政治系統對經濟系統的直接影響是通過經濟系統中的分配組織（如稅務部門、財政部門和金融部門等）發揮作用的，特別是通過稅收徵管、財政分配和貨幣管控這三種基本方式；此外，政治系統中的行政組織（政府部門）也通過制定實施有關產業政策等對產業體系中的資源、企業和市場進行配置（參見第五章第九節的有關內容）。科學系統中的科學研究、基礎知識為企業與行業提供基本的知識和技術基礎，特別是科學研究中的重大發現往往會引發產業領域的技術革命，而重大技術革命可能會導致某些行業迅速衰亡，又會催生另外一些新興行業。法制系統為經濟系統的正常運行提供基本的秩序環境和各種法律制度支持。教育系統為企業與行業培養了各種人力資源，從而支持了經濟系統的持續發展。

從社會系統（國際系統）這個層次來看，對一國經濟系統具有影響的因素，既有來自其他國家內部的各種因素，也有來自國際組織的各種因素。無論是來自其他國家內部的因素，還是來自國際組織的因素，大致上都可以分為人文、經濟、政治、科學、法制和教育等方面的因素；其中，在經濟方面的影響因素又可以進一步劃分為社會生產、產業體系、交換體系、分配體系、社會消費等因素（參見本章第一節的列表分析）。在現代社會，由於經濟全球化的廣泛影響，幾乎所有國家的經濟系統都已融入了國際經濟體系中。一國經濟系統與國際經濟體系是通過國際貿易、國際投資、國際信貸和技術交流等形式發生緊密聯繫的。

從自然系統這一層次來看，影響一國經濟系統的因素主要是自然資源供給、氣候和地理環境。自然資源主要包括陽光、空氣、水、土地、礦物、生物等。不同的氣候和地理條件影響各國在水、土地、礦物、生物等自然資源的類型、分佈和數量，各種自然資源的豐裕程度又會影響到不同國家的比較優勢，從而影響不同國家在國際市場中的產業分工。

通過以上簡單分析我們就得到，影響一國經濟系統發展的一般性外部因素是需求和供給，具體因素包括自然資源、人文、經濟、政治、科學、法制和教育等方面的因素，其中，經濟方面的影響因素又可以進一步劃分為社會生產、產業體系、交換體系、分配體系、社會消費等因素。從經濟系統成長演化的視角來看，外部環境對經濟系統的需求和供給具有重要的意義。外部環境的需求是拉動經濟系統發展的最終動力；外部環境對經濟系統供給資源要素是經濟系統成長演化的必要條件。這裡，外部環境對一個經濟系統內所有

經濟組織需求的總和，就形成外部環境對這個經濟系統的總需求；外部環境對一個經濟系統內所有經濟組織供給資源的總和，就形成外部環境對這個經濟系統的資源總供給。

（2）經濟系統的內部環境

人類社會物質產品的完整生產過程是一個包括生產、交換、分配和消費等各個環節組成的整體，在這個整體內部，「生產表現為起點，消費表現為終點」[24]。因此，一個經濟系統的運行過程應該包含人類社會完整的生產過程。

經濟系統內部環境是一個由生產、交換、分配和消費等要素組成的有機系統，系統內部各要素之間相互聯繫、相互作用、相互影響，構成了複雜的網絡關係。經濟系統內部環境具有一定的層次結構和功能結構，它將隨著經濟系統的動態變化而不斷變化。

經濟系統內部環境中的生產、交換、分配這三個要素，已經在第四章和第五章分析企業和產業的運行過程中作過詳細分析，這裡的「生產」這一要素對應著產業體系，「交換」這一要素對應著交換體系（或市場體系），「分配」這一要素對應著分配體系。「消費」這一要素在第四章的企業生產活動中曾作過一些分析，但主要是從微觀層次上分析的；實際上，在一個國家系統中，「消費」這一要素本身也是由許多因素組成的系統，其內部各因素之間相互聯繫、相互交織，形成了具有複雜網絡結構的消費體系。在具體的社會經濟系統中，產業體系、交換體系、分配體系和消費體系都形成了具有一定層次和功能的系統，從系統的層次來看，它們屬經濟系統的子系統。

這裡，對經濟系統內部的「消費」這一要素作一些說明和分析。

作為人類社會完整生產過程的終點，消費在社會經濟中具有十分重要的意義。自經濟學誕生至今，「消費」就一直是經濟學研究中一個重要的主題。亞當‧斯密在批判重商主義的「工商業的目的是生產而不是消費」這一論點時指出：「消費是所有生產的唯一目的，只是在為了促進消費者的利益時才應當去注意生產者的利益。這個原則完全是自明之理，試圖去證明它倒是荒謬的。」[25] 古典經濟學家薩伊以效用價值論為基礎，認為消費意味著效用的消滅，而不是物質或產品的消滅；他明確把消費細分為生產消費與非生產消費、個人消費與公共消費、公共消費中的國家消費與私人消費。馬歇爾繼承並發展了薩伊的思想，認為人類所能生產和消費的只是效用，而不是物質本身。馬克思則是從生產和消費的對立統一中來認識消費的，他不僅把消費看成是社會生產過程的終點和最後目的的結束，而且把消費作為社會再生產中的一

---

[24] 《馬克思恩格斯全集》（第 30 卷），人民出版社 1995 年版，第 30 頁。
[25] 亞當‧斯密，楊敬年譯：《國富論》（下卷），陝西人民出版社 2001 年版，第 725 頁。

個既反作用於再生產過程的起點又重新引起再生產過程開始的環節；他指出：「生產直接是消費，消費直接是生產。每一方直接是它的對方。可是同時在兩者之間存在著一種中介運動。生產中介著消費，它創造出消費的材料，沒有生產，消費就沒有對象。但是消費也中介著生產，因為正是消費創造替產品創造了主體，產品對這個主體才是產品。產品在最後消費中才得到最後完成。」、「消費在觀念上提出生產的對象，把它作為內心的圖像、作為需要、作為動力和目的提出來。消費創造出還是主觀形式上的生產對象。沒有需要，就沒有生產。而消費則把需要再生產出來。」[26] 這些經濟學家的觀點反映出人們對消費的認識是在不斷發展和逐漸深化的。其中，馬克思的消費觀體現了一種整體的系統思維，從本質上揭示出消費在人類社會再生產過程中的地位和作用。這裡，馬克思所說的「生產中介著消費，它創造出消費的材料」這句話，說的是初次生產過程，而「消費也中介著生產，因為正是消費創造替產品創造了主體」這句話，說的是由消費引起的再次生產過程，它反映了消費對生產的反饋作用；他所說的「沒有需要，就沒有生產。而消費則把需要再生產出來。」這句話，反映出消費引致新需求的觀點。馬克思的這些思想，在本書第四章和第五章的企業和產業「發展動力因素關係圖」（即圖 4-11 和圖 5-3）中都得到了形象的反映，本書從社會再生產整個過程的系統分析中再次印證了馬克思經濟思想的豐富性和科學性。

根據上面的簡要分析，我們可以對消費作出具體定義。消費是與生產相對立的範疇，作為人類社會再生產過程的重要環節之一，它既是人們為滿足生產和生活需要而使用產品功效的行為，它又引起了人們對再生產產品的新需求。廣義的消費一般包括生產性消費和生活性消費，而狹義的消費僅指生活性消費。在實際生產或生活過程中，消費一般是與產品交易（交換）行為相聯繫的活動，它一般由消費主體、消費對象、消費媒介、消費方式等要素組成。這裡，消費主體是指進行消費的個人或組織（包括家庭、企業、社團或政府等）。消費對像是指被消費主體用來進行消費的產品（包括物質產品、精神產品或服務）。消費媒介是指將消費主體和消費對象聯繫起來的介質，主要包括貨幣和貨幣衍生品等。隨著資訊時代的來臨，人們又創造了互聯網這種新型的消費媒介。消費方式包括單次消費、多次消費、現貨消費、期貨消費等方式。隨著人類社會的發展和現代科技的進步，人們已創造出「產銷合一」等新的消費方式。

通過本章第一節的列表分析，我們知道，影響社會經濟系統成長的因素，

---

[26] 《馬克思恩格斯全集》（第 30 卷），人民出版社 1995 年版，第 32-33 頁。本段中有關消費的文獻資料整理自：王朝科、程恩富，《經濟力系統研究》，上海財經大學出版社 2011 年 12 月第一版，參見第 275-279 頁。

除了社會生產體系、產業體系、交換體系、分配體系、消費體系這些因素以外，還包括科學技術、經濟制度和文化教育等因素。其中，科學技術和經濟制度這兩個因素實際上是與企業和產業的深層因素相對應的。在第四章的圖4-6和第五章的圖5-2中，企業和產業一般結構的深層因素都是「知識」、「技術」和「制度」。但從企業系統到產業系統、再到國民經濟系統，隨著系統層次的升高，其所包含的「知識」、「技術」和「制度」因素也越趨複雜和多元。例如，產業系統中的「知識」、「技術」和「制度」因素，不但包含了企業和行業方面的「知識」、「技術」和「制度」因素，還包含著商品交換方面的「市場知識」、「市場技術」和「市場制度」因素，其複雜程度顯然要比企業系統中的「知識」、「技術」和「制度」因素更為複雜和多元。與此類似，國民經濟系統中的「知識」、「技術」和「制度」因素，其複雜程度也要比產業系統中的「知識」、「技術」和「制度」因素更為複雜和多元。在國民經濟系統運行過程中，它所涉及的「知識」、「技術」和「制度」因素，除了包含產業和市場這兩個方面的「知識」、「技術」和「制度」因素以外，還包含著分配體系和消費體系的「知識」、「技術」和「制度」因素。例如，現代國家的分配組織一般包括稅務管理部門、財政管理部門和金融管理部門等機構，他們調控國民經濟運行的主要方式是稅收征管、財政分配和貨幣管控等，具體是通過制定實施相應的稅收政策、財政政策和貨幣政策來發揮作用的。這裡所說的稅收政策、財政政策和貨幣政策就是國民經濟系統中的分配制度，與此相聯繫的科學知識和技術手段就是國民經濟系統中的「分配知識」和「分配技術」。實際上，這些內容正是現代經濟學分支學科中稅收經濟學、財政經濟學和金融經濟學所研究的主題。

　　一個國家的經濟系統在成長和發展過程中，需要不斷適應外部環境。當外部環境發生變化時，經濟系統內部環境也必須作出相應的調整，直至內外部環境相互耦合。經濟系統內外部環境耦合程度越高，經濟系統的發展環境就越好，經濟系統的發展就越有序、越健康。經濟系統內外部環境的耦合過程，就是經濟系統成長演化的過程。

2、經濟系統的組成要素和一般結構

（1）經濟系統的組成要素

　　一個完整的經濟系統一般至少要包括產業體系、交換體系、分配體系、消費體系四個要素，否則就不是一個完整的經濟系統。此外，經濟系統中的產業組織要進行正常的生產經營活動，還必須要有基本的科學知識、經濟制度和生產技術這些因素，否則，經濟系統中的產業組織也是難以順利完成其生產經營活動的。在現代社會的宏觀經濟管理中，為了規範經濟系統中產業

組織的生產經營行為，政府部門常常會制定實施一些約束產業組織行為的法律規範（如反對企業集團壟斷市場的「反壟斷法」等）或鼓勵產業發展的產業政策，這裡的法律規範或產業政策就是宏觀層面的經濟制度。因此，科學知識、生產技術和經濟制度也是構成經濟系統的重要因素。另外，在現代社會的生產經營活動中，一方面，企業對文化要素的投入在增多（主要表現在產品文化含量、企業文化建設、市場品牌形象宣傳等方面），特別是文化產業直接是以文化資源為核心要素來開展生產經營活動的，而這些需要投入相應的文化資源；另一方面，企業對掌握各種專業知識的高素質人才的需求越來越多，企業核心競爭力的建立對專業技術的依賴度在加大，而這些都需要教育系統的支持。因此，文化因素和教育因素也是組成經濟系統的重要因素。

所以，一個國家的經濟系統一般是由生產、產業、市場、分配、消費、知識、技術、制度、文化、教育等要素組成的有機系統，其中，每個要素都形成具有一定結構和層次的子系統，這些子系統之間相互交織、相互聯繫、相互作用、相互影響，形成了具有立體網絡結構的複雜巨系統。例如，人類社會的生產系統至少包括人口生產、物質生產和精神生產這三個方面，每個方面都可以看作是一個子系統，這些子系統之間相互交織，形成了具有複雜網絡關係的生產體系；產業系統可以劃分為農業系統、工業系統、服務業系統、資訊業系統等子系統，這些子系統之間相互交織，形成了具有複雜網絡關係的產業體系；市場系統可以劃分為人力市場、商品市場、資本市場、技術市場、產權市場等子系統，這些子系統之間相互交織，形成了具有複雜網絡關係的市場體系。

上面這些組成經濟系統的要素可以分為以下兩類：

A、表層因素：生產、產業、市場、分配、消費

B、深層因素：知識、技術、制度、文化、教育

由於人口生產活動和精神生產活動具有與物質生產活動不完全相同的特殊規律，所以本書將這兩類生產活動放入人文系統和科學系統中進行探討（參見本書第七章第四節的論述）；物質生產活動（它又包括個人產品生產和公共產品生產兩大部分）本身就是經濟系統所要研究的中心內容。由於人口生產、物質生產和精神生產這三類生產活動具有緊密的聯繫，它們之間是相互作用、相互影響、相互制約的，因此在分析物質生產活動時也必然需要牽涉到對這兩類生產活動中一些因素的分析探討。例如，經濟系統中的知識、技術、制度、文化、教育等因素，實際上就涉及了人口生產活動和精神生產活動的一些因素。

（2）經濟系統的一般結構

國民經濟系統的一般結構，是指在經濟系統動態演化過程中，系統內部

各組成要素之間所形成的相互聯繫、相互作用、相互影響、相互制約的一般秩序和形式。經濟系統的一般結構反映一個國家中社會生產與社會消費的功能模式，是社會物質生產、產業體系、交換體系、分配體系、社會消費體系與國民經濟系統協同演化的基礎。

從國民經濟系統運行的過程來看，一個經濟系統成長演化的過程，是一個不斷生產、不斷消費的循環往復過程。結合經濟系統的組成要素，我們可以畫出經濟系統運行的一般結構圖（見圖6-1）。

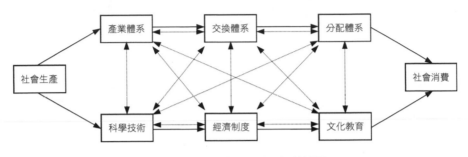

圖 6-1　經濟系統運行的一般結構圖

從圖 6-1 可以看到，經濟系統內部實際的運行過程可以分為兩條鏈（即圖中的實線箭頭）：

A 鏈（表層因素運行鏈）：社會生產→產業體系→交換體系→分配體系→社會消費

B 鏈（深層因素運行鏈）：社會生產→科學技術→經濟制度→文化教育→社會消費

在經濟系統運行過程中，A 鏈反映的過程是，經濟系統內的經濟組織不斷生產、交換、分配和消費各種產品的過程，也是社會生產體系、產業體系、交換體系、分配體系和社會消費體系不斷完善的過程；B 鏈反映的過程是，經濟系統內的經濟組織不斷學習、內化、整合、創新和應用各種科學知識和專業技術的過程，也是經濟制度不斷調整、不斷變革、不斷完善的過程，同時也是文化產品日益豐富、專業學科不斷分化和教育體系不斷完善的過程；這兩個過程是合二為一協同進行的，它們共同實現了經濟系統運行的社會生產與社會消費循環過程。

在社會生產體系中，A 鏈的各個環節更多地體現個人產品的生產過程，B 鏈的各個環節則更多地體現公共產品的生產過程。在社會經濟系統運行中，這兩條鏈上的所有因素實際上互相滲透、互相交織在一起的。在現代社會的社會分工中，科學技術和經濟制度這兩類公共產品的生產功能被劃入了社會系統中的科學子系統和法制子系統，而文化教育這類公共產品的生產功能則

被劃入了社會系統中的文化子系統（本書稱為「人文系統」）和教育子系統。為了便於說明經濟系統運行過程，這裡只是一個大致的社會功能劃分，而現實社會對社會系統結構和功能的劃分則顯得更為複雜精細。例如，在當代中國，人們一般將對自然知識的研究探索功能劃入科學院體系，將對人類社會知識的研究探索功能劃入社會科學院體系，將各類應用技術的研究探索功能劃入工程研究院和技術院校體系，而將各類政策制度的研究實施功能劃入了從中央到地方的各級政府體系中。對社會系統的分類問題，實際上涉及對社會分工、社會結構和社會功能等問題的探討，這些問題實際上屬於社會學的主題。

以上經濟系統運行的兩條鏈（A 鏈和 B 鏈）是為了便於分析經濟系統運行過程而人為做的劃分。在經濟系統實際運行過程中，這兩條鏈上的所有要素環節都是緊密聯繫不可分割的。也就是說，在經濟系統實際運行過程中，社會生產體系（這裡指物質生產活動，包括個人產品生產和公共產品生產兩大部分）、產業體系、交換體系、分配體系、科學技術、經濟制度、文化教育和社會消費體系等要素並不是各自單獨地、孤立地發揮作用的，而是協同一致、相互配合共同發揮作用的，也即每兩個要素之間都是相互聯繫、相互作用、相互影響的，它們共同形成了經濟系統內部的生產關係網絡。在圖 6-1 中，我們用虛線雙箭頭來表示它們之間的這種關係。

一個具體的經濟系統在成長演化過程中，同時還與其外部環境之間在人員、資源、貨幣、商品、知識、制度、技術和資訊等方面始終進行著各種形式的交流。一個經濟系統與其外部環境中的自然系統、社會系統（國際系統）、國家系統以及國家系統中的其他子系統之間所結成的各種關係，就形成了這個經濟系統外部的社會關係網絡。從社會生產關係的角度來看，一個經濟系統完整的生產關係應該由其內部的生產關係網絡和其外部的社會關係網絡共同組成。一個經濟系統成長演化的過程，實質就是經濟系統內外兩重關係網絡互相交織、互相作用、互相影響的動態演化過程，經濟系統內外的兩重關係網絡構成了一個多維的複雜動態圖景。

三、經濟系統發展的動力結構

在現代社會，能夠對一國經濟系統的演化產生影響的因素非常多，在眾多因素中哪些是關鍵因素呢？在這一小節我們就來探討這個問題。

儘管影響經濟系統的因素眾多，但總體來看可以把它們劃分為外部因素和內部因素兩大類。我們知道，對於一個國家具體的經濟系統而言，就影響的直接性和強度來說，來自國家系統內部的因素是最直接和最強烈的。因此，要找到影響經濟系統的關鍵因素，需要將關注重點集中於國家系統的內部因

素。但是，這樣做並不意味著影響經濟系統的關鍵因素只來自國家系統內部，一些來自國際系統和自然環境的因素也不容忽視。例如，對食品不能自給而主要依賴國際貿易的國家來說，國際市場因素對該國的經濟系統來說就是關鍵因素；再如，在工業革命之前的農業社會中，地理、氣候等自然環境因素對各國的經濟系統來說都是個關鍵因素。

1、經濟系統發展的動力因素

一國經濟系統的外部環境至少可以分為國內環境和國際環境兩個基本層次。下面分別從這兩個層次展開論述。

（1）國內環境

在現代社會，在一個國家的內部，與經濟系統並存的系統至少包括人文、政治、科學、法制和教育等系統。從國家系統運行的整體性和協同性來看，經濟系統與國家內部的人文系統、政治系統、科學系統、法制系統、教育系統等子系統都具有一定的聯繫。經濟系統在運行過程中與這些系統之間形成了需求和供給的關係。這裡，國內環境對經濟系統內所有經濟組織的需求總和，就形成了這個國家對經濟系統的國內總需求；國內環境對經濟系統內所有經濟組織供給資源的總和，就形成了這個國家對經濟系統的國內總供給。

從系統演化動力的視角來看，一國經濟系統內部的因素與該國人文、政治、科學、法制、教育等系統內部因素之間的互動，就形成了該國經濟系統持續演化的直接動力。所以，一國經濟系統演化的直接外部動因，主要來自其國內環境中的人文、政治、科學、法制、教育等因素。

（2）國際環境

在當代社會，由於經濟全球化的廣泛和深入發展，國際社會之間在自然資源、人文、經濟、政治、科學、法制和教育等方面的交流越來越頻繁，特別是不同國家之間在經濟方面的互動交流日益增多。從國內經濟與國際經濟的關聯性和互動性來看，一國經濟系統與其他國家內部的人文、經濟、政治、科學、法制、教育等系統都具有一定的聯繫。該國經濟系統在運行過程中與其他國家這些系統之間也形成了需求和供給的關係。這裡，國外環境對該國經濟系統內所有經濟組織的需求總和，就形成國際環境對該國經濟系統的國外總需求；國外環境對該國經濟系統內所有經濟組織供給資源的總和，就形成國際環境對該國經濟系統的國外總供給。

從系統演化動力的視角來看，一國經濟系統內部的因素與他國人文、經濟、政治、科學、法制、教育等系統內部因素之間的互動，就形成了該國經濟系統持續演化的間接動力。所以，一國經濟系統演化的間接外部動因，主

要來自國際環境中的人文、經濟、政治、科學、法制、教育等因素，特別是來自與該國具有貿易、投資、信貸等經濟聯繫的社會環境因素。

所以，從國民經濟系統的外部環境來看，影響經濟系統發展的一般性外部因素是需求和供給，具體因素包括人文、經濟、政治、科學、法制和教育等方面的因素，其中，經濟方面的影響因素又可以進一步劃分為社會生產、產業體系、交換體系、分配體系、社會消費等因素。外部環境的需求因素是拉動經濟系統發展的原始動力，外部環境的資源要素供給是經濟系統發展的必要條件。

從國民經濟系統的內部環境來看，經濟系統本身就包含生產、產業、市場、分配、消費、知識、技術、制度、文化、教育等因素。實際上，組成經濟系統的最基本的關鍵性要素與影響經濟系統發展的外部具體因素是基本對應的，但外部環境因素更加複雜和多元。從長時段來看，一個國家或一個地區的經濟系統成長演化的過程，就是不斷從外部環境中吸納、內化、整合這些要素的過程。因此，能夠影響經濟系統演化的內部動因，也只可能來自經濟系統內部的這些因素。

所以，我們可以得出，影響一國經濟系統發展的內部動因，來自經濟系統內部的生產、產業、市場、分配、消費、知識、技術、制度、文化、教育等因素。其中，最主要的動力因素來自經濟系統中的產業體系和消費體系，在產業體系中的所有產業中，主導產業對經濟系統的成長演化具有重要的帶動作用。

如果把影響經濟系統演化的外部動因、內部動因結合起來考察，就會得到影響經濟系統發展的關鍵性動力因素：

外部因素：需求和供給；

內部因素：生產、產業、市場、分配、消費、知識、技術、制度、文化、教育

為便於分析，我們將影響經濟系統發展的內部動力因素分為兩類：

A、表層因素：生產、產業、市場、分配、消費

B、深層因素：知識、技術、制度、文化、教育

如果將影響經濟系統發展的外部動力因素、內部動力因素與經濟系統生產消費循環過程相結合，就可以畫出經濟系統發展的動力因素關係圖（見圖6-2）。

在現代社會，由於經濟全球化的深刻影響，影響一國經濟系統的「總需求」，實際上包括來自國內環境的「國內總需求」和來自國際環境的「國外總需求」兩部分。同樣，影響一國經濟系統的「總供給」，實際上也包括來自國內環境的「國內總供給」和來自國際環境的「國外總供給」兩部分。

在成長演化過程中，國民經濟系統在外部環境中需求因素和供給因素的

共同推動下，始終進行著「生產→消費→再生產→再消費」的循環運行過程。
從經濟系統內部環境來看，經濟系統同時在產業體系、交換體系、分配體系、
科學技術、經濟制度、文化教育等方面不斷進行著吸納、內化、整合的過程。
在這個過程中，經濟系統內外環境中的這些因素之間互動交流，共同推動了
經濟系統的成長和發展。在經濟系統成長演化的過程中，經濟系統內部的這
些因素並不是各自單獨地、孤立地發揮作用的，而是相互協同、相互配合共
同發揮作用的，也即每兩個要素之間都是相互聯繫、相互作用、相互影響的，
它們共同組成了經濟系統內部的動力關係網絡。在圖 6-2 中，用虛線雙箭頭
來表示它們之間的這種相互關係。

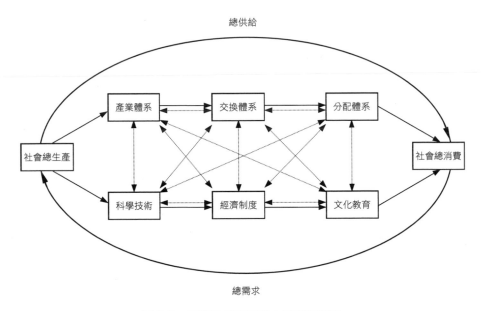

圖 6-2　經濟系統發展動力因素關係圖

　　需要說明的是，上面分析的經濟系統是指開放性的系統，所以需求和供
給就是影響經濟系統發展的外部因素。對於封閉性經濟系統來說，需求和供
給這兩個因素是指由經濟系統內部產生的內因，在這種封閉系統中，上圖實
際上反映了「自給自足」、「自產自銷」的經濟運行機制。例如，一個與其他
國家之間沒有經濟交流（主要指貿易、投資和信貸等）的國家，其經濟體系
就是一個封閉經濟系統。封建社會時期，中國的自然村落、西歐的封建莊園
以及 9 世紀中葉日本的貴族莊園實際上也屬這樣的封閉經濟系統。在西歐的
封建莊園中，有磨坊、麵包房、釀酒坊和店鋪，有鐵匠、金匠、銀匠、木匠、
鞋匠、旋工等十餘種工匠，還有精神文化活動場所──教堂，每個莊園都自

己生產莊園中人們所需要的食物、衣服、工具和其他貨物，莊園本身就形成一個自給自足程度很高的經濟單位[27]。

在圖 6-2 中，我們可以清晰地看到，在影響國民經濟系統發展的外部因素中，人類社會的消費需求是無止境的，而外部環境對經濟系統的資源供給卻是有限的，特別是自然資源，它幾乎是制約一個具體經濟系統發展的最大邊界。當人類社會生存的生態環境遭到破壞而不能持續供給自然資源時，經濟系統的發展將是不可持續的。從這裡也可以得出充分保護自然環境、利用自然資源、維持自然資源的再生性對人類社會持續發展的重要意義。要使社會經濟系統能夠持續地發展，從經濟系統的外部動力因素來看有兩個途徑，一是限制人類社會消費需求的過度膨脹，二是不斷開發出新的可供人類社會利用的資源。從經濟系統的內部動力因素來看，至少有六個方面的途徑，這就是完善產業體系、交換體系、分配體系、科學技術、經濟制度和文化教育等因素的結構和功能，不斷提高整個經濟系統的運行效率和發展水平，從而使人類社會在現有的資源供給條件下實現經濟系統的持續發展。但是要做到上面這一切，僅僅依賴經濟系統自身是無法做到的，這顯然需要社會系統中人文系統、經濟系統和政治系統的相互協同、共同配合才能夠實現。對一個具體的國家系統來說，就需要這個國家中人文、經濟、政治、科學、法制和教育等系統的相互協同、共同配合才能夠實現。而要實現這些子系統之間的相互協同，這顯然涉及整個社會系統中公共權利的組織、交換、分配和使用的問題，其中，政治系統發揮著重要的主導作用，這實際上正是現代政治經濟學需要發揮作用的地方。

2、經濟系統中需求的傳導過程

在現實社會中，人們要生活就需要吃、穿、住、行，還需要戀愛、結婚、生育、撫育孩子、贍養父母等。人們為了獲得所需要的生活資料，就需要就業、工作，從而獲得收入（即分配到勞動成果，如工資等），然後再以自己的收入去購買所需要的各種生活資料，買回各種生活資料後再進行消費。在這個過程中，實際上包含了「需求→生產→交換→分配→消費→需求」這一循環往復的過程。對一個國家的經濟系統來說，實際上也包含著這樣的循環過程，但其中所涉及的因素眾多、過程更為複雜。下面簡單分析一下經濟系統中需求的傳導過程。

在一個社會中，經濟系統發展的原始動力來自人類的需求，這種需求首先作用於產業體系（如企業），再傳遞到交換體系（如市場），經過分配體系

---

[27] 金觀濤、劉青峰：《興盛與危機——論中國社會超穩定結構》，法律出版社 2011 年 1 月第 1 版，第 25 頁。

（如稅收、財政）的多次分配後，然後傳遞到消費體系（具體表現為人們的產品消費行為），從而實現社會大生產的一次完整循環。在這一過程中，隨著社會的科學技術不斷增加和進步，社會的經濟制度也在不斷更新和發展，與此同時，社會的文化教育也在不斷完善和提高。在社會大生產的循環過程中，人類的消費種類和消費層次也在不斷增加和提高，並且隨著人類社會的不斷進步而由低層次向高層次發展，而發展後的人類消費需求又拉動社會生產活動向更高層次發展。

因此，人類需求對國民經濟系統的作用過程實際上是一個動態過程，這個過程可以通過如下兩條鏈來分析：

A、表層鏈：人類需求─產業體系─交換體系─分配體系─消費體系

B、深層鏈：人類需求─科學技術─經濟制度─文化教育─消費體系

如用以上八個因素作為八個維度來描述需求對經濟系統的作用過程，則可以分別畫出人類需求作用過程圖（見圖6-3）和人類需求傳導演化圖（見圖6-4）。在圖中，八個維度分別是：①人類需求；②產業體系；③科學技術；④交換體系；⑤經濟制度；⑥分配體系；⑦文化教育；⑧消費體系。

從經濟系統的表層來看，A鏈中需求的作用過程形成一個循環，即圖6-3中的實線大圓。

這個過程可以描述為：人類需求→產業體系發展→交換體系發展→分配體系發展→消費體系發展→社會發展，而社會的發展又推動了人類需求的發展。這個過程是一個循環往復的過程。

從經濟系統的深層來看，B鏈中需求的作用過程也形成了一個循環，即圖6-3中的實線小圓。

這個過程可以描述為：人類需求→科學技術進步→經濟制度改善→文化教育提高→社會發展，而社會的發展又推動了人類需求的發展。這個過程也是一個循環往復的過程。

在需求作用和傳遞過程中，產業體系、交換體系、分配體系、消費體系之間是相互聯繫、相互作用、相互影響的，其中每一個體系的成長演化都伴隨著人類社會在科學技術、經濟制度和文化教育這三個方面的發展和進步；科學技術、經濟制度和文化教育的發展和進步推動產業體系、交換體系、分配體系、消費體系的成長演化，而產業體系、交換體系、分配體系、消費體系的成長演化反過來又促進了科學技術、經濟制度和文化教育的發展和進步，這個過程是一個循環往復的過程。所以，實際上A線和B線是相互交織在一起共同演化的。

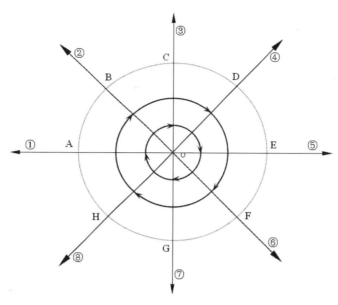

圖 6-3　經濟系統中人類需求作用過程圖

　　從歷史的長時段來看，一個社會的產業體系、交換體系、分配體系、消費體系是不斷成長演化的，同時，人類社會在科學技術、經濟制度和文化教育等方面也是不斷發展進步的，人類社會的需求也是不斷豐富和提高的。所以，從動態的角度來看，人類社會在以上八個維度上是不斷向外擴展的。我們不難發現，在需求作用和傳遞過程中，隨著時間的推移，人類社會在產業體系、交換體系、分配體系、消費體系這四個方面的演化軌跡實際上是一條逐漸擴展的螺旋線。與此同時，人類社會在科學技術、經濟制度和文化教育等方面進步成長的軌跡也是一條逐漸擴展的螺旋線。在人類社會的發展過程中，這兩條螺旋線實際上是交織纏繞在一起的（見圖 6-4）。從長期來看，人類社會需求的演化軌跡也是一條逐漸擴展的螺旋線。

　　在國民經濟系統中，經濟體系的演化包含著產業體系、市場體系、分配體系、消費體系的共同演化。第五章的分析表明，產業系統的演化過程是一個螺旋循環過程，而國民經濟系統的演化過程實際上是個超級螺旋循環過程。也就是說，在國民經濟系統的演化過程中包含著眾多的產業系統螺旋循環、市場系統螺旋循環、分配系統螺旋循環和消費系統螺旋循環，即在一個大螺旋循環過程中包含著小螺旋循環過程，而在小螺旋循環過程中又包含著微小螺旋循環過程。由此可以看到，影響國民經濟系統演化的因素實際上是一個多種類、多層次、多結構而又錯綜交織的複雜巨系統。

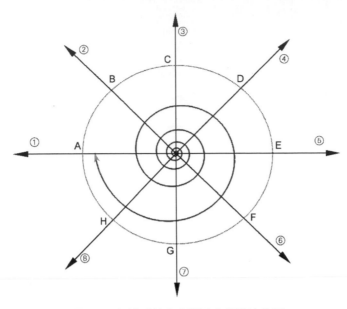

圖 6-4　經濟系統中人類需求傳導演化圖

　　在國民經濟系統的運行過程中，其中的產業體系、市場體系、分配體系、消費體系、科學技術、經濟制度和文化教育等因素之間實際上是相互聯繫、相互作用、相互影響、相互制約的，每一個因素都是在與其他因素的影響和制約中發揮作用的，其中任何一個因素的變化都會在不同程度上引起其他因素的變化。例如，人類在電子微觀知識方面的新發現，導致電子計算機和互聯網新技術的誕生，而電子計算機和互聯網技術的應用和普及又促使社會分工與專業化的深入發展，進而引起產業、市場、分配、消費、制度、文化、教育等各方面不同程度的變化。當然，一個國家的經濟系統在成長演化過程中往往是非均衡的，即在經濟系統發展的不同階段，這些因素的相對地位並不是固定不變的，而是經常處於交叉變換中。例如，在某一個時期，科學技術的進步主導著經濟系統的發展，而在另一個時期，文化教育的繁榮主導著經濟系統的發展。經濟系統發展中的這種非均衡性，一般是由一個國家中政治系統的決策次序決定的。因此，在研究經濟發展問題時，必須要以動態的視角進行分析，從影響經濟系統演化的因素來看，我們至少需要同時注意這八個方面的問題，而不是僅僅關注其中的某個方面。

3、經濟系統中市場和政府的作用

　　我們知道，一個經濟系統一般包括社會生產、產業體系、市場體系、分配體系、科學技術、經濟制度、文化教育、社會消費等要素。其中，市場體系

的主要功能是實現各種資源的自由交換，以促使整個國民經濟系統的高效運轉；分配體系的主要功能則是實現各種資源的合理配置，以實現各種資源在社會經濟體系各層次、各系統的統籌分配，並最終達到社會各部門、各階層收入的和諧公平。從國民經濟系統運行的整體性、關聯性和協同性來看，市場體系和分配體系是否發達與完善同樣會影響一個經濟系統的健康發展。

關於市場在優化資源配置、提高經濟運行效率等方面的重要作用，自亞當·斯密以來的自由主義經濟學家都進行了廣泛而深入的論述。自從 20 世紀 30 年代發生世界經濟危機之後，經濟學家們對市場失靈現象的認識也不斷深入，以凱因斯主義經濟學為代表的國家干預經濟的思想由此引起了各國政府的廣泛重視。但是，自 20 世紀 70 年代以來西方各主要資本主義國家的經濟實踐表明，政府對經濟過度干預同樣會影響經濟的健康發展，在經濟系統運行過程中所產生的一些問題（如國家經濟運行中出現的經濟停滯、大量失業和物價上漲同時並存的情況），即使通過政策干預也是無效或低效的，由此經濟學家們發現在經濟運行中也存在政府失靈的問題。從本書所提出的整體思想和理論框架來看，這主要是由於經濟學理論的孤立性、片面化和不完善所導致的結果。

從本書提出的經濟系統整體結構來看，任何一個國家如要使本國的經濟系統健康成長、持續發展，都需要從經濟系統的整體進行調控，根據本國的國情進行統籌兼顧、制定差異化的發展戰略，既要重視產業體系、市場體系的建設，也要重視分配體系、消費體系的完善，同時也不可忽視本國在科學技術、經濟制度和文化教育這三個方面的協同配套。在經濟系統運行中，既要重視市場體系的交換功能，同時也不能忽視政府部門通過分配體系合理配置資源的功能。

在自由市場機制中，由於企業之間的相互競爭，勢能強的企業將會戰勝勢能弱的企業，這既會使一些競爭力強的企業佔據更多的市場份額、獲得更多利潤，也會導致一些競爭力弱的企業喪失市場份額，陷入虧損狀態甚至破產，這就是市場的優勝劣汰機制。從分配這個環節來看，優勢企業與劣勢企業之間就會自然出現收入分配差異，這種差異無論對企業的投資者（資本家階層）、經理階層來說，還是對企業的技術階層、普通工薪階層來說都會產生。如果沒有其他社會制度（如最低工資制度、失業救濟制度、收入再分配制度等）的保障和調節，這種分配差距經過經濟系統循環運行的累積後就會不斷拉大，最終就會導致貧富懸殊、收入兩極化的結果。在國民經濟系統中，由於各種產業的不均衡發展，市場機制的這種分配效應也表現在不同產業的收入分配格局中。對一些經濟制度（特別是收入再分配制度）不夠健全和完善的經濟系統來說，社會各階層收入不均、貧富懸殊問題就會更加突出。人們看到，幾乎在所有引入市場經濟的國家中，貧富懸殊、收入兩極化都是一個

嚴重的社會問題。在中國古代社會中，儘管市場經濟並不發達，但也出現過類似的貧富懸殊、收入兩極化的問題，其中的更多原因表現為官僚貴族階層和地主階層對土地資源的不斷兼併和集中化，社會貧富懸殊的結果最終導致無法生存的貧民掀起了暴力革命。社會貧富懸殊、收入兩極化問題如果不能被很好地解決，它將會變成影響一個社會長治久安的社會問題。所以，任何一個國家有責任的政府都有必要建立健全本國的法律制度（特別是收入再分配制度），並根據實際情況對這些制度進行動態調整控制，最大限度地消除收入不均、貧富懸殊問題，從而建立一個更加公平、公正與和諧的社會。

總之，對於經濟系統中市場和政府的關係問題，本書認為它們之間並不是互相對立、非此即彼的關係，而是各有功能、相互補充、相互協同的關係。在經濟系統運行中，既要重視市場體系的交換功能，讓市場這隻「看不見的手」發揮其應有的作用，同時也要重視分配體系的調節功能，讓政府這隻「看得見的手」發揮其應有的作用。只有做到市場與政府的有機協調，才能夠避免經濟運行中出現市場失靈或政府失靈的現象。

四、宏觀經濟中的分配

在國家系統內部，宏觀層面的分配活動分為國民經濟系統內部的分配和國家系統內部的分配兩個層次。國民經濟系統內部的分配主要包括各類資源在產業體系、交換體系、分配體系、科學技術、經濟制度和文化教育等經濟系統各子系統之間的分配。國家系統內部的分配主要包括各類資源在人文系統、經濟系統、政治系統、科學系統、法制系統和教育系統等國家各子系統之間的分配。

在一個具體國家的內部，個人產品的分配活動一般是通過經濟系統中交換體系的市場組織來實施的；經濟系統內部的公共產品，其分配活動一般是通過經濟系統中分配體系的分配組織來實施的；而經濟系統外部的公共產品，其分配活動一般是通過政治系統中的政權組織來實施的；對於混合產品的分配，一般可以通過市場機制與政府調控相結合的方式進行分配。在公共產品分配方面，能否做到統籌兼顧、科學合理、效率最優，這直接關係到一國整體能否持續、穩定、健康地發展。世界各國的經濟實踐證明，無論是實行高度市場經濟，還是實行高度計劃經濟，都是不利於一國經濟長期、穩定、健康發展的。

1、國民經濟系統內部的分配

為更加直觀，我們需要結合前文中的經濟系統運行的一般結構圖（即圖6-1）來進行分析。一個完整的經濟系統至少應包括生產體系（包括人口生產、

精神生產和物質生產）、產業體系、交換體系、分配體系、消費體系、科學技術、經濟制度、文化教育等因素。通過第五章的分析我們知道，在物質產品生產活動中，個人產品是由企業來生產的，一般通過市場交換活動進行分配，公共產品是由政府部門來組織生產的，一般通過財政支出或行政手段來進行分配。有關個人產品的分配問題，已經在第四章和第五章中作過分析，這裡不再重複。這裡簡單探討一下公共產品的分配問題。

在一國的經濟系統內部，科學技術、經濟制度、文化教育等因素基本上都屬公共產品的範圍，而分配體系中的稅務組織和財政組織實際上是一個國家政權組織的具體職能機構。所以，在經濟系統內部，公共產品的分配主要包括科學技術、經濟制度、文化教育等因素在產業體系、交換體系、分配體系和消費體系等方面的分配。例如，公共產品在分配體系自身建設中的分配活動就包括在稅務和財政方面的科技投入、制度構建、文化教育投入等。這實際上涉及一個國家的人力、物力、財力、知識、技術、制度、教育等資源，在經濟系統內生產、交換、分配和消費等各個環節的合理配置問題，同時也涉及這些資源在經濟系統內的科學技術、經濟制度、文化教育這三個方面的投入問題。

一個國家政府部門的分配組織對其經濟系統的分配活動，包括對產業資源的分配、公共產品的投資和產業稅收的調節等內容。例如，政府將原來被少數企業所壟斷的資源（如土地、礦藏、特許經營權等）重新分配給更多的企業，這就是對產業資源的再分配活動。當政府將財政收入中的一部分資金拿出來用於提供公共產品（如進行交通、能源和通訊等基礎設施建設等）時，這就是對公共產品的再投資活動。當政府為了扶持或鼓勵某些產業（或行業）的發展，政府常會對這些產業（或行業）實行減免稅收或者財政補貼的政策措施，這就是對產業稅收進行再調節的活動。從分配的角度來看，政府的這些行為實際上都屬再次分配的範疇。當政府將財政收入中的一部分資金拿出來用於救濟因天災、失業、疾病而生活困難的公民或者提高低收入群體的收入時，政府的這種分配行為主要是針對公民個人的再次分配活動，這也是以往經濟學中經常強調的收入再分配問題。一些經濟學者常常將再分配的研究範圍僅限定在公民個人收入再分配這個層次上，從以上的簡要分析來看，這種研究視野顯然是比較狹隘的。因為這種研究視野往往忽視了不同層次、不同系統以及不同主體之間廣泛存在的交換與分配的內在聯繫和相互影響，他們由此所提出的政策措施就難免會陷入片面化、顧此失彼、相互抵觸的困境中。

在國民經濟系統的運行過程中，從經濟系統的表層因素來看，經濟系統中的分配活動體現為外部環境對產業體系、交換體系和分配體系等子系統在不同層次的供給和配置；從經濟系統的深層因素來看，實際上表現為經濟系

統中的不同子系統在科學技術、經濟制度和文化教育等方面的吸納、融合、應用和創新的動態過程。

2、國家系統內部的分配

在一個國家的發展過程中，國家系統中的分配活動可以分為兩個方面，一方面是政府分配部門對國家總收入在人文系統、經濟系統、政治系統、科學系統、法制系統和教育系統等國家子系統在不同層次的分配，另一方面也包括政府分配部門對科學技術、法律制度、人文知識和專業教育等公共產品在國家內部各子系統的合理配置。

為更加直觀，這裡需要結合第七章的國家系統運行的一般結構圖（即圖7-1）來進行分析。在現代社會，一個完整的國家系統至少應包括自然環境、人文系統、經濟系統、政治系統、科學系統、法制系統、教育系統等因素。其中，自然環境為人類社會提供了生存空間和各種自然資源；人文系統為社會提供了基本的人力資源，同時進行精神產品中人文知識的生產；經濟系統進行物質產品的生產、交換、分配和消費；政治系統為社會提供公共服務、公共產品以及社會公共權利的組織、交換、分配和使用等；科學系統進行精神產品中自然知識和社會知識的生產；法制系統主要進行各類、各層次法律制度的制定和監督執行；教育系統主要進行各類、各層次專業人才的文化教育和培養。

在一個具體的國家系統中，人口生產活動是由人文系統中的家庭來完成的，而專業人才的培養是由教育系統中的各類學校來完成的；精神生產活動主要是由人文系統、科學系統、法制系統、教育系統等共同來完成的；物質生產活動主要是由經濟系統完成的；而公共服務、公共產品和公共權利主要是由政治系統組織完成的。無論是物質產品還是精神產品，都可以按照一定的標準把它們分為個人產品、公共產品和混合產品（就是既含有個人產品的成分，又具有公共產品的成分）三種類型。一般來說，個人產品可以通過市場交換的方式進行分配，公共產品則通過政府財政支出或行政手段來進行分配，而混合產品可以通過市場機制與政府調控相結合的方式進行分配。

在一個國家系統的內部，個人產品的生產、交換、分配和消費等活動可以劃入經濟系統範圍內。而公共產品的分配活動主要包括人文知識（特別是價值觀念、精神信仰和倫理道德）、科學知識（包括自然科學知識和社會科學知識）、法律制度、專業教育等因素在自然環境、人文系統、經濟系統、政治系統等方面的分配。例如，公共產品在經濟系統自身建設中的分配活動就包括在經濟人文（主要包括人文精神、經濟信仰、經濟倫理等）、經濟科學、經濟法律、經濟教育等方面的系統投入。這實際上涉及一個國家的人力、物力、財力、知識、技術、制度、教育等資源，在國家系統內自然環境、人文系統、

經濟系統、政治系統、科學系統、法制系統、教育系統等各部分之間的合理配置問題。

在一個國家的內部，經濟系統內部的公共產品，其分配活動一般是通過經濟系統中分配體系的分配組織來實施的；而經濟系統外部的公共產品，其分配活動一般是通過政治系統中的政權組織來實施的。在公共產品分配方面，能否做到統籌兼顧、科學合理、效率最優，這直接關係到一國整體能否持續、穩定、健康地發展。如果分配結果比較科學合理，國家系統的整體結構就會比較勻稱，社會功能就會比較健全；如果分配結果不合理，國家系統的整體結構就會比例失調，社會功能就會殘缺不全。在人類社會中，我們通常看到的國家形象往往是：國家政權組織中的官僚體系在不斷膨脹，他們因佔用了大量社會資源而變得異常「肥碩臃腫」，而科學研究和文化教育等這些本應該投入更多資源的組織機構卻因為缺乏營養而發育不良，與物質生產體系的「血肉豐滿」相比，精神生產體系經常顯得「骨瘦如柴」！這是一個組織器官比例失調、結構畸形、面貌醜陋的巨型怪物，它實際上就是病態社會的漫畫像！

在經濟系統領域，由於人們長期忽視了經濟因素與人文因素之間的關係，導致經濟學與社會學的脫節和經濟學的片面化，在各種片面化經濟學指導下制定的各種經濟政策往往顧此失彼、相互矛盾，結果導致社會結構的畸形成長和社會協同機制的失衡；由利潤導向造成市場機制過度發達、消費主義氾濫和拜金主義盛行，進而造成整個社會人文系統中人文精神的衰落、精神信仰的物化和社會道德的潰敗，這一切不但加劇了人類對自然環境的破壞，同時也污染了社會環境，造成社會對人本身的扭曲和異化。經濟系統中的物質生產活動原本是為人類生活得更好服務的，但在當代社會中它卻走向了反面（例如中國的「地溝油」[28]生產活動），這一點不能不引起各國經濟學家、社會學家和政府部門的注意和重視。也正是在這個意義上，建立在「經濟人」假設基礎上的傳統經濟學才需要深刻反省，並有必要進行全面重建！

3、資源分配的不同體制及社會實踐的歷史選擇

關於資源分配方式問題，是不同流派和不同觀點的經濟學家們長期爭論不休的一個主題。人們對資源分配方式問題的認識，經歷了一個較長的歷史過程。只有通過對人類實踐歷史的理性分析，我們才能剔除謬誤、理清思想、

---

[28] 地溝油，是一種將城市下水道中的油膩漂浮物或者將飯館的泔水、剩菜經過過濾、加熱、沉澱、分離等簡單加工後提煉出的劣質油，其中含有砷、鉛、黃麴黴素、苯並芘、細菌等多種能夠導致人體致病、致癌的毒性物質。人食用這種油以後，一般會造成消化不良、腹瀉、腹痛、胃癌和腸癌等疾病。但是，中國大陸一些不法商販受利益驅動生產加工地溝油，並作為食用油低價銷售以謀利，從而對人們的身體健康造成極大傷害。2010 年 3 月，一些企業製售的地溝油重返餐桌的事件經媒體曝光後，才引起中國各級政府的積極管治和嚴厲打擊。

化解分歧，從而提升對這一問題的認識水平。

下面分別從資本主義國家市場經濟體制和社會主義國家計劃經濟體制兩個方面，簡單回顧一下人類在資源分配方式、社會體制方面的實踐歷史及選擇情況。

在資本主義社會歷史上，市場經濟制度大體經歷了自由放任市場經濟和現代市場經濟這兩個大的發展階段。自由放任市場經濟體制形成於 17 世紀中葉到 18 世紀中葉，鼎盛於 18 世紀中葉到 19 世紀中葉，它是西歐早期資本主義國家從農業時代向工業時代轉變過程中逐步建立的一種資源配置制度，其基本原則是：由市場機制自發調節資源配置；政府不干預市場經濟運行。亞當・斯密在《道德情操論》（1759）和《國富論》（1776）兩部著作中對這兩條基本原則作了經典論述。[29] 在亞當・斯密之後，自由主義市場經濟理論經過馬歇爾、瓦爾拉斯和帕累托等經濟學家的發展而不斷完善，他們認為資本主義市場經濟是具備自我均衡機制的完善體系，市場機制本身足以保證經濟的長期均衡運行，他們強調市場這隻「看不見的手」能夠自行調節資源的最佳配置，而不需要任何外來干預[30]。自由放任市場經濟制度適應了工業革命的需要，極大地推動了當時資本主義各國社會化大生產和商品經濟的發展。18 世紀 60 年代至 19 世紀 30 年代，英國率先完成了工業技術革命，實現了社會化機器大生產；隨後，歐美等主要資本主義國家都相繼完成了工業技術革命；亞洲的日本也在 1867 年明治維新之後，迅速完成了資本主義工業化。但到 19 世紀中葉之後，自由放任市場經濟制度的弊端逐漸暴露出來，市場調節機制失靈以及不斷爆發的週期性經濟危機等，嚴重制約了資本主義經濟的順利發展。到 19 世紀末 20 世紀初，改革自由放任市場經濟體制已成為當時西方各國促進經濟發展的必然選擇。1929 年爆發的世界性經濟危機，為變革資本主義自由放任市場經濟體制提供了契機。1933 年，美國政府出臺「羅斯福新政」，對宏觀經濟活動進行適度調控，這首次衝擊了自由放任市場經濟舊體制。[31]

1929 年爆發的世界性經濟危機，使自由主義市場經濟理論的解釋力陷入困境。在這一背景下，資本主義世界誕生了國家干預經濟的有關理論。國家干預經濟理論的主要代表是英國經濟學家凱因斯於 1936 年出版的《就業、利息和貨幣通論》一書。凱因斯在這部書中指出，有效需求不足使資本主義經濟不能自動實現供需均衡，為解決這一問題，他主張放棄經濟自由主義，代之以國家干預經濟的方針和政策；國家干預經濟的手段包括實行財政政策和貨幣政策，通過收入分配政策刺激有效需求，通過擴大公共消費和公共投資

---

[29] 顧海良：〈市場經濟歷史發展的階段性〉，《中國特色社會主義研究》1995 年第 1 期。
[30] 蘇東水主編：《產業經濟學》，高等教育出版社 2000 年 2 月第一版，第 224 頁。
[31] 顧海良：〈市場經濟歷史發展的階段性〉，《中國特色社會主義研究》1995 年第 1 期。

支出來促進經濟增長；他認為只有依靠政府對經濟的全面干預，資本主義國家才能擺脫經濟蕭條和失業問題。凱因斯理論指出了市場機制存在缺陷、政府干預經濟的必要性，使人們對市場經濟運行規律有了更深的認識。凱因斯的政府干預經濟運行的思想，在西方資本主義世界發揮了廣泛影響。此後，資本主義各國政府開始主動參與調控經濟運行過程，現代市場經濟體制由此應運而生。第二次世界大戰結束後，西方資本主義各國幾乎都按照現代市場經濟制度的要求，構築了本國市場經濟體制的新模式。自 1945 年以來的七十多年間，世界各國經濟都發生了很大變化。一般來說，歐洲和北美絕大多數國家以及亞洲的日本，已經步入成熟的資本主義市場經濟階段；而亞洲、非洲和拉丁美洲的絕大多數發展中國家則依然處於由傳統農業經濟階段向現代市場經濟階段過渡中。

市場經濟制度從自由放任市場經濟制度向現代市場經濟制度過渡，這是社會化大生產和商品經濟高度發展的內在要求，也是人類社會經濟制度不斷進步的必然結果。在現代市場經濟制度中，現代企業被確立為市場主體，市場機制在資源配置中仍然發揮著重要的基礎性作用，同時國家調控經濟的職能也日臻完善。國家調控經濟的職能包括：根據市場經濟運行的實際需要，實施財政政策、貨幣政策、產業政策和收入分配政策；根據市場體系發展的需要，制定相應的市場運行規則，監督市場運行秩序，維護市場公平競爭，保護消費者權益；根據社會經濟發展的實際需要，建立和完善社會保障體系；建立健全相應的法律法規，維護市場經濟的順暢運行等。[32]

在前蘇聯和一些東歐社會主義國家以及 1978 年之前的中國，在國家經濟系統的所有領域幾乎都實行由政府計劃安排的資源配置方式。19 世紀 40 年代，基於對資本主義社會基本矛盾和當時社會經濟結構的關注和透視，馬克思和恩格斯提出了社會主義計劃經濟的最初設想；列寧（Lenin，1870-1924）繼承了馬克思和恩格斯關於計劃經濟的思想，並於 1918-1924 年在蘇聯的國家建設中付諸了實踐；斯大林（Joseph Vissarionovich Stalin，1878-1953）從 1926 年開始在蘇聯逐步建立了集中計劃經濟模式，這種模式的核心內容是把全國各種生產和交換活動納入統一的計劃體系，通過國家計劃來解決資源配置、收入分配以及個人消費等問題，其典型特徵是排斥市場機制對經濟的調節作用，具有高度的社會經濟政治統一性；這種經濟模式在 1945 年後傳播到波蘭、匈牙利、捷克斯洛伐克等東歐社會主義各國，之後又傳到中國[33]；斯大林於 1952 年出版的《蘇聯社會主義經濟問題》一書和蘇聯科學院於 1954 年出版的《政治經濟學教科書》就是對這種模式的理論總結。英國經濟學家和

---

[32] 顧海良：〈市場經濟歷史發展的階段性〉，《中國特色社會主義研究》1995 年第 1 期。
[33] 歐陽北松：〈對計劃經濟從理論到實踐過程的再反思〉，《社會科學戰線》2005 年第 1 期。

政治哲學家哈耶克（Friedrich August Hayek，1899-1992）早在 1944 年出版的《通往奴役之路》一書中，就對計劃經濟模式的種種弊端給予言辭激烈的批駁，但當時他的警告卻未對蘇聯及東歐一些國家的計劃經濟實踐產生實質影響，而這些國家甚至在一段時期內還取得了經濟上的輝煌成就。但是，由於這種集中計劃經濟模式本身所固有的高度集權、資訊滯後、機制僵化等弊端，造成了大量決策失誤、資源浪費、效率低下等問題，計劃手段調控失靈導致國民經濟結構嚴重失衡，改革失敗又引發各種社會矛盾集中爆發，最終導致 1989-1991 年間蘇聯及東歐各國發生了連鎖崩潰[34]。

　　1949 年中華人民共和國成立前，中國大陸地區是一個典型的傳統農業經濟國家，到 1949 年時，工業總產值在工農業總產值中所占的比重為 30%，其中，重工業的比重為 7.9%，國民經濟呈現出二元結構特徵[35]。1949 年後，新中國在短短三年內迅速治癒戰爭創傷，恢復了社會生產活動，並在政府推動下從 1953 年開始走上計劃經濟的道路。當時，中國的計劃經濟模式具有典型的「金字塔式等級制」特點，在這種高度集權的計劃經濟體制下，長期投資決策由國家計委作出，短期投資決策者和執行者是各級政府，但一般不會是企業；企業不能有自有的資本性資金，在一些極端的情況下，企業甚至不能獨立地建一座公共廁所[36]。這種僵化的計劃經濟體制，嚴重束縛了企業的活力，同時也造成整個社會商品供給的不足和長期短缺。

　　1978 年 12 月中共十一屆三中全會之後，中國政府對源於前蘇聯的集中計劃經濟模式進行了一系列改革；1984 年，中共十二屆三中全會提出發展有計劃的商品經濟的戰略；1992 年，中共第十四次全國代表大會提出建立社會主義市場經濟體制的目標。自 1978 年以來，經過三十餘年的不斷改革，中國已基本上建立了市場經濟體系，步入了市場經濟國家行列。與中國改革開放大約同時，前蘇聯和東歐諸國也在 20 世紀 80 年代進行了各具特色的經濟改革，到 80 年代末 90 年代初，這些國家相繼完成了從計劃經濟國家向市場經濟國家的轉型。

　　通過以上對歷史事實的簡單描述，我們可以看到，世界資本主義各國從自由放任市場經濟走向政府干預調控經濟的道路，而一些社會主義國家卻從政府計劃調控經濟轉向市場調控經濟的道路，資本主義國家與社會主義國家儘管社會經濟起點、社會制度和發展道路相差懸殊，但從調節經濟運行的方式和配置經濟資源的手段來看，兩者卻在某種程度上實現了殊途同歸。從世界各國的經濟實踐來看，無論是實行高度市場經濟，還是實行高度計劃經濟，

---

[34] 歐陽北松：〈對計劃經濟從理論到實踐過程的再反思〉，《社會科學戰線》2005 年第 1 期。
[35] 劉志廣：〈中國經濟結構理論研究述評〉，《上海行政學院學報》2003 年第 3 期，第 123 頁。
[36] 賀曉東：《經濟結構與整體主義》，經濟日報出版社 1991 年 9 月第一版，第 129-130 頁。

都是不利於一國經濟長期、穩定、健康發展的。當前，世界各國調節經濟運行的方式和配置經濟資源的手段，其實都是市場經濟與計劃經濟之間不同比例的混合。

五、產業結構演變趨勢及其調節

分析影響產業結構演變的因素有助於我們把握產業結構變動的內在規律，從而有利於人們制定科學的產業結構政策，通過實施這些產業政策來調整產業結構，以促進產業結構不斷合理化。當掌握了影響產業結構演變的關鍵因素以後，我們就可以根據這些關鍵因素有效調整和不斷優化產業結構，從而促進經濟系統的健康發展。

1、影響產業結構演變的主要因素

影響產業結構演變的關鍵因素有哪些呢？

從第四章的企業外部環境系統層次圖（即圖 4-2）中可以看到，產業系統的外部環境由內而外依次環繞著經濟系統、國家系統、社會系統（國際系統）和自然系統，在國家系統中，與經濟系統並存的系統至少包括人文、政治、科學、法制和教育等系統。存在於外部環境的這些系統，或多或少、或直接或間接地都會對產業系統的成長演化發生一定的影響。對一個國家具體的產業而言，就影響的直接性和強度來說，來自經濟系統內部的因素是最直接和最強烈的。因此，要找到影響產業結構演變的關鍵因素，我們需要將關注點集中於一個國家的經濟系統內部。但是，這樣做並不意味著影響產業結構演變的關鍵因素只來自經濟系統內部，一些來自經濟系統外部的因素也不容忽視。例如，政治因素對經濟系統常常具有非常重要的作用，這些作用會直接影響到產業系統的結構演變。

下面從經濟系統內部著眼，來對影響產業結構演變的主要因素進行考察和探討。

從第五章產業發展動力因素關係圖（即圖 5-3）中可以清楚地看到，影響產業發展的一般性外部因素包括需求和供給，具體的內部因素包括企業、資源、市場、知識、制度和技術等。

（1）需求因素

從人類生產活動的最終目的來看，生產活動首先是為滿足個人生活消費服務的，為了更有效率地生產出供個人生活消費的產品，人類社會又必須要進行為滿足生產性消費服務的生產活動（如機器的生產）。所以，從消費的角度來看，人類社會的產品可以分為生活消費資料和生產消費資料這兩大類，

與此相對應的消費需求就是生活消費需求和生產消費需求。在現實的家庭中，生活消費活動最終是由具體的個人完成的，因此，可以把生活消費需求稱為「個人消費需求」。在現實的產業中，生產消費活動最終是由具體的企業組織完成的，因此，可以把生產消費需求稱為「企業消費需求」。所以，影響產業發展的外部需求因素就包括個人消費需求和企業消費需求這兩大類基本需求。

在產業需求結構中，個人消費需求結構的變化首先影響了企業消費需求結構的變化，企業消費需求結構的變化又引起具體行業消費需求結構的變化，許多相關行業消費需求結構的變化又引起具體產業消費需求結構的變化，而企業、行業和產業這三個層次消費需求結構的變化又引起相應層次資源要素供給結構的變化，資源要素供給結構的變化導致產業內各種要素相對數量的此消彼長，從而導致產業組成結構的變化，而產業組成結構的變化最終決定了產業產出結構的變化。為更加簡潔地表述這一系列前後連續的相關變化，我們用表 6-2 列表來說明。

通過表 6-2 可以看到，個人消費結構不僅直接影響企業最終產品的生產結構和生產規模，而且間接地影響中間產品的需求結構，進而影響中間產品的行業結構和行業規模，由於行業之間的相互關聯，從而會間接影響到整個產業的產業結構和產業規模。隨著國民收入水平的提高，在個人消費數量擴大的同時，個人消費結構也會逐步升級，個人消費需求趨向多層次和多樣化，而多層次和多樣化的個人消費結構將會帶動產業結構向多層次和多樣化遞進升級。

在產業消費需求結構中，個人消費需求與企業消費需求之間的比例是處於不斷變化之中的，這兩者之間的比例關係直接決定了消費資料產業與生產資料產業之間的比例關係。正是個人消費需求與企業消費需求之間的比例變化導致了消費資料產業與生產資料產業之間的此消彼長，從而推動整個產業結構的不斷演化和發展。在世界各國工業化的前期，霍夫曼提出的關於產業結構演變的經驗法則（即「霍夫曼定理」），就很好地解釋了工業結構由消費資料產業（輕工業）占主導逐漸演變為由生產資料產業（重工業）占主導的產業結構演變過程。

表 6-2　需求、供給引起產業結構演變的內在機制表

需求層次	供給層次	資源配置	要素投入	產業結構	產出結構
↑產業需求→	↑產業供給→	政府為主，市場為輔	產業要素投入組合→	產業組成結構→	產業產出結構
↑行業需求→	↑行業供給→	市場為主，政府為輔	行業要素投入組合→	行業組成結構→	行業產出結構
↑企業需求→	↑企業供給→	市場交易配置資源	企業要素投入組合→	企業組成結構→	企業產品結構

說明：表中，「↑」表示層次的遞升方向；「→」表示前一因素引起了其後因素的變化。

如果進一步對個人消費結構進行分析，就可以把個人消費結構分為人口數量規模和人口組成結構兩個因素。一般來說，人口數量越多，個人消費需求的絕對量就越大。但是，對實際經濟增長有效的個人消費需求還與人均收入水平緊密相聯。例如，人口數量規模相同的兩個地區，經濟發達地區和經濟落後地區的個人消費需求數量顯然是有較大差距的。即使是對同樣地區的兩個人來說，由於個人收入水平的差異，也會造成他們個人消費需求的不同。所以，人均收入水平的變化對產業結構的變化具有重要影響。隨著人均收入水平的提高，必然會促使個人消費需求總量的增長，而個人消費需求總量的增長又會推動產業結構不斷向更高層次升級。另一方面，對任何一個國家或地區來說，人口本身的新陳代謝和人口的遷移流動，都會使該國或地區的人口組成結構發生變化（如新生人口的增加、勞動力人口的變化、人口的自然老化等），人口組成結構的變化將會引起個人消費需求結構的變化，個人消費需求結構的變化又會影響產業結構的變化，這實際上是人口經濟學研究的主要內容。

（2）供給因素

　　在開始生產經營活動前，企業首先必須要獲得外部環境供給的各種資源要素，才能夠順利進行生產。同樣，一個行業或產業的成長，也必須要獲得外部環境供給的各種資源才能夠順利成長和發展。在投入生產經營領域的各種資源要素中，第一要素是人力，其次是自然資源（如土地、礦物、植物、動物等），其三是社會資源（如機器、商品、貨幣、資本、技術、制度、知識等）。從人類社會長期的歷史發展過程來看，人類社會投入生產經營領域的各種資源要素體現出由簡單到複雜、從有形到無形、從低級到高級的演變規律。

　　在古代農業社會，傳統農業在一國的產業體系中處於主導地位，發展農業所需要投入的資源要素除了勞動力（農民）要素以外，主要是自然資源（如土地、植物、動物等），由於當時人類的科學技術水平很低，因此所採用的生產工具、農業技術等也比較簡單和初級，人們在農業生產中投入的貨幣資本也很有限，就總體而言，傳統農業的資源結構屬於勞動及資源密集型。自 1800 年以來，部分西方國家的農業生產開始逐漸轉向產業化，隨著人類科學技術水平的提高，各種高效的生產工具和農業技術被越來越多地應用於農業生產中，這使得人們在農業生產中投入的貨幣資本也越來越多；隨著農業領域投入貨幣資本數量的逐步增多，從而導致農業生產領域的資源結構從勞動及資源密集型演變成資本密集型。自 19 世紀中葉以來，隨著生物學、化學、生理學、遺傳學、昆蟲學、微生物學、土壤學和氣象學等自然科學的研究成果被世界不同國家逐漸應用於農業生產中，各種現代化的生產工具和農業技術也被普遍應用於農業領域，這使得人們在農業生產中投入的各種技術也越來越

多；隨著農業領域投入技術數量的逐步增多，從而導致農業生產領域的資源結構從資本密集型逐漸演變成技術密集型。自 20 世紀中葉以來，當人類社會進入資訊時代以後，農業生產領域的資源結構又從技術密集型逐漸演變成知識密集型。

自 18 世紀工業革命以來，在英國、德國和美國等西方國家的產業體系中，工業開始逐步超越農業而處於產業體系的主導地位。關於各國工業和服務業發展過程中資源要素供給結構的變化情況，日本經濟學家赤松要、英國經濟學家費希爾和科林‧克拉克、美國經濟學家霍利斯‧錢納里等人都進行過比較深入的研究。在本章第一節有關產業結構理論的介紹中我們知道，赤松要從國際貿易的角度研究了產業在國際間轉移時產業結構的演變規律，他指出一國產業結構是按照勞動及資源密集型、資本密集型和技術密集型這三個梯度依次升級的。費希爾將研究視野擴展到人類社會三大產業生產結構的變化，指出人力、物力資源依次在三次產業之間轉移的現象。科林‧克拉克通過分析歷史統計資料，總結出勞動力在三次產業中的結構變化規律。霍利斯‧錢納里提出的「工業化階段理論」，可以說是對「霍夫曼定理」的進一步發展與完善，他對工業化高級階段（即發達經濟階段）的研究指出，各國工業內部主導產業的演變趨勢是從資本密集型產業轉向技術密集型產業，其後第三產業開始分化，智能密集型和知識密集型產業從服務業中分離出來並開始佔據主導地位。這些經濟學家的研究，從不同側面反映了資源要素供給因素對產業結構變化的影響。他們的研究結論表明：人類社會三次產業內部的資源結構演變總趨勢是，從勞動密集型轉變為資本密集型，再從資本密集型轉變為技術密集型，進而從技術密集型再轉變為知識密集型，這是一個產業結構依次升級和不斷高級化的過程。

有些研究者把投資或貨幣資本作為影響產業結構的一個獨立因素來考察，也得出一些很有價值的結論。其實，從企業、行業和產業成長演化的角度來看，我們完全可以把投資或貨幣資本作為資源要素供給因素中的一種要素來看待。因為從資源的角度來看，貨幣資本是社會資源中的一種類型；而所謂的「投資」，其實就是把一定數量的貨幣資本投放到某一類企業、行業或產業領域的具體行為和過程。從人類社會三大產業的成長演化過程來看，除了貨幣誕生之前的原始農業以外，此後的人類生產經營活動投入的資源要素中都有貨幣資本參與，只不過在傳統農業中貨幣資本的投入量所占比重很少，而在近現代農業中貨幣資本的投入量所占比重開始逐漸增多，而到工業革命以後，貨幣資本在產業體系的資源要素投入結構中才處於主導地位。商業是服務業中最早誕生的一個行業，而商業經營自始至終都與貨幣資本的使用具有密切的聯繫。從世界範圍來看，當前大部分發展中國家的經濟發展階段仍然處於工業化階段，因此把投資或貨幣資本作為影響產業結構的一個重要因

素來分析依然具有一定的現實意義。

從企業、行業和產業成長演化的角度來考察，在這三個層面的投資活動都會影響產業結構的變化。一個企業家在創辦一家新企業的時候，如果他有充足的創業資本，顯然是有利於這家企業快速成長的。如果他缺乏充足的創業資本，那麼他創辦的企業只能依靠自我積累而緩步前行。在一個資本積累比較薄弱的地區，即使人們有很好的創業項目，創辦企業也是一件極為艱難和充滿風險的事情。這時，如果政府能夠建立企業孵化基地、設立創業投資基金、給予貸款支持等，這對於扶持新辦企業和新興行業的成長都會發揮重要的推動作用。對一個新成長起來的行業而言，如果這個行業中的某些環節存在缺失或不完善，這也會影響到這個行業的正常發展。這時，如果政府能夠對這些環節進行投資或者出臺有關政策引導民間資本進行投資，就會消除這個行業成長中的障礙。在一個產業內部，如果加強對其中一部分行業的投資比重，將會推動這些行業比那些投資比重較少或者沒有投資的行業更加快速地成長和發展，從而改變整個產業內部的產業結構。

（3）知識因素

從人類社會生產經營活動的歷史過程來看，除了原始社會以外，人類的生產經營活動中都有知識參與，只不過在傳統農業中所投入的知識比較簡單、比較初級，且在生產要素投入結構中所占比重很少，而在近現代農業中所投入的知識漸趨複雜、漸趨高級，且所占比重逐漸增多，到工業革命以後，知識在產業體系的資源要素投入結構中更加複雜化、多元化、高級化，且所占比重更多，到後工業化時期特別是知識經濟時代，科學知識與專業技術緊密結合，並在產業體系的資源要素投入結構中逐漸處於主導地位。

在原始社會，人類的生產活動主要是採集和狩獵活動，為了生存，人們只是被動地從原始叢林中採集野果嫩葉、捕捉魚獸為生，這時的人類還談不上進行主動的物質生產活動。當人類發明農業以後，人類才開始主動從事植物種植、動物馴養等物質產品生產活動，隨著人類積累的各種知識逐漸豐富，人們不斷發明出各種各樣的勞動工具和生產技術，這些勞動工具和生產技術的使用又反過來提升了人們對自然世界和生產活動的認識水平，正是在這樣一個互相促進的過程中，人類的知識生產活動開始成為人類的主動行為並逐漸發展起來，於是，人類社會生產的各種知識由此開始逐漸豐富起來。當人類把生產中積累的各種知識作為生產要素投入到社會生產活動中後，各種知識因素融入物質產品中，從而使物質產品中所含的知識因素越來越多。現代高科技產品中往往包含著大量的知識和技術，它們與物質材料緊密結合，形成了產品的結構和功能。例如，現代人常用的計算機產品就很有代表性，它既有塑料、金屬等物質材料，也有軟件程序、微電子集成芯片等知識和技術；

物質材料與知識因素、硬件技術與軟件技術，它們緊密聯繫、有機結合共同形成了計算機的結構和功能。如果人們比較一下古代機器與現代機器，就會輕易地發現：古代的機器構造很簡單，其中所蘊含的知識和技術比較少，而現代的機器構造異常複雜，其中所蘊含的知識和技術也很多。例如，古代的馬車一般只有二三十個構件，結構簡單，製造容易；而現代的汽車有上萬個零部件，不但結構複雜、功能多樣，而且設計製造時涉及數學、物理、化學、材料、機械、工藝等眾多學科的知識和一系列複雜的現代技術。

當前，人類社會已經進入知識經濟時代，由於科學技術高度發達，社會生產力空前發展，資訊技術與互聯網的廣泛應用，使各種科學知識和現代技術廣泛滲透於人類社會的所有產業領域中，這極大地提高了社會生產率，從而使從事第一產業和第二產業的人數逐漸下降到占社會總就業人數的較少比例，更多人將逐漸轉向第三產業從事現代服務業或資訊業。與此相對應，第一產業和第二產業在整個國民生產總值中的比重也將逐漸下降，而第三產業所占的比重將會逐漸上升。在這一發展趨勢下，一個國家的科學系統（或科研體系）在整個社會生產中將會發揮越來越重要的作用，它們一般承擔著最新科學知識的研究和生產功能。

（4）制度因素

為了實現一定的經濟發展目標，不同國家的政府常常會制定實施一些產業發展戰略和產業政策，通過鼓勵或限制某些產業發展的辦法，來促進本國經濟系統中產業結構的優化和升級。政府還可以通過實施包括資源配置制度、財政政策、貨幣政策、分配政策、產業管制等手段來調整本國的產業結構和國民收入分配。這裡所涉及的資源配置制度（如市場經濟制度或計劃經濟制度）、財政政策、貨幣政策、分配政策、產業政策等，都屬於廣義的制度範疇。

從產業系統的內外環境來看，我們可以把影響產業結構的制度因素分為產業內部制度因素和產業外部制度因素兩大類因素。從產業投入產出運行的角度來看，我們可以把影響產業結構的制度分為資源制度、企業制度和市場制度三個方面的制度；從縱向的系統層次來看，我們又可以把這三個方面的制度分為企業、行業和產業三個層次。從縱向系統的更高層次來看，制度因素還可以分為經濟系統、國家系統、社會系統（國際系統）和生物圈系統（屬於自然系統的一部分）等層次。隨著國際貿易的發展和世界市場的形成，世界各國的經濟系統實際上都已融入全球經濟體系中。因此，這些不同層次的制度因素之間相互聯繫、相互作用、相互影響，從而形成了一個結構複雜的制度網絡體系。

不同種類的制度因素，對不同類型產業的產業結構影響程度不同。例如，對於鐵礦場等資源類產業來說，資源制度會直接影響這些產業的產業結構變

動。對於依賴國際貿易的產業來說，市場制度（如國際貿易政策）會直接影響這些產業的產業結構變動。不同層次的制度因素，對同一產業的產業結構影響程度不同。例如，對於一國內部某一個具體的產業來說，與該國的法律制度相比，來自經濟系統的產業政策一般會更加直接地影響該產業的結構變動。

正因為制度因素種類眾多、層次豐富，它們對產業結構的作用機制和影響程度各不相同，所以，在探討制度因素對產業結構的影響時，我們有必要對這些制度因素進行認真分類。以往的一些制度經濟學論著，在分析研究經濟問題時，往往不分層次、不分種類、不分性質地論述制度因素對經濟發展的影響，這種做法是很不科學的，這樣不但容易引起敘述的混亂，而且容易陷入認識的誤區。

資本主義國家實行的市場經濟制度與一些社會主義國家實行的計劃經濟制度，實際上是國家系統這一層次上的資源配置制度的兩種基本形式。從世界不同國家的經濟實踐來看，這兩種資源配置制度對經濟系統的不同層次發揮著互相補充的作用。從企業、行業和產業成長演化的角度來看，不同國家在這三個層次上配置資源的形式和手段有所差異，這更多體現了不同國家所實行的資源配置制度的差異。例如，一些實行市場經濟制度的資本主義國家，一般在企業層次和行業層次上基本由市場交易來配置各類資源，而在產業層次或更高的經濟系統層次，政府才參與一部分資源的配置活動。而在前蘇聯等一些實行計劃經濟制度的社會主義國家，計劃經濟制度幾乎涵蓋經濟系統中從企業、行業到產業等層次的資源配置活動，一般僅在國際系統這一層次上才進行市場交換。

（5）技術因素

與知識因素一樣，從人類社會生產經營活動的歷史過程來看，除了原始社會以外，人類的生產經營活動中都有技術因素參與，只不過在傳統農業中所投入的各種技術比較簡單、比較初級，且在生產要素投入結構中所占比重很少，而在近現代農業中所投入的技術漸趨複雜、漸趨高級，且所占比重逐漸增多，到工業革命以後，技術在產業體系的資源要素投入結構中更加複雜化、多元化、高級化，且所占比重更多，到後工業化時期特別是知識經濟時代，由各種科學知識轉化而來的現代高新技術在產業體系的資源要素投入結構中逐漸處於主導地位。

在古代社會，人類對世界的認識以及將這種認識成果——知識應用於生產實踐中往往是一種偶然行為，也即在古代社會科學發現和技術發明之間的聯繫並不緊密，它們之間的聯繫往往是時斷時續的，所以造成古代社會技術進步速度很緩慢。自工業革命以來，科學和技術之間的聯繫越來越緊密，從

而加快了科學知識轉化為應用技術的步伐，由此也大大推動了社會生產力的迅速發展。而社會生產力的發展，一方面使得一部分人從生產領域中分化出來專門從事科學研究工作，另一方面又為科學研究提供了更新、更豐富的物質條件，從而使人類能夠研究出比以往更多的科學知識。當人類把各種科學知識與社會生產活動相結合以後，各種應用技術就隨之誕生了。在現代社會，科學和技術是相互聯繫、相互作用、相互促進的。古代技術的發展一般是建立在實踐經驗基礎上的，而現代技術的發展則是建立在科學實驗基礎上的。自 19 世紀以來，人類社會的一系列重大技術發展（如電力技術、無線電技術、計算機技術、航天技術、原子能技術等），都是在科學上先取得突破，然後才轉變為技術成果的。知識積累和技術進步對推動產業的成長和發展具有重要作用。可以說，人類社會每一個新興產業的出現總是建立在新知識的發現和新技術的應用基礎上的。例如，當人們掌握電力知識後，電力技術就被發明出來，當電力技術產生以後，電力工業及電器產業就隨之誕生了；當人們掌握電磁波知識後，無線電技術就被發明出來，當無線電技術產生以後，無線通信產業及電視傳媒產業就隨之誕生了。

技術進步對產業結構的影響主要體現在對需求結構和對供給結構的影響兩個方面。從需求結構方面來說，技術進步將會使企業產品的成本下降，使市場銷量擴大，從而引起需求的變化；技術進步使資源消耗下降，使可替代資源增加，從而引起生產需求結構的變化；技術進步使消費品升級換代，從而引起消費需求結構的變化。從供給結構方面來說，技術進步將會產生新材料、新工藝和新生產工具，這將會大幅提高社會生產率，從而促進產業分工深化和產業經濟發展；技術進步將會促使新興產業出現，從而引起產業結構向高級化發展；技術進步能夠改變國際競爭格局，從而引起一國產業結構的變化。[37]

此外，技術還通過影響具體企業和行業的生產率，進而會影響到產業結構的變化。不同行業由於技術創新和技術進步不同，由此形成不同行業之間生產率的差異。在同一時期內，生產率較高的行業能夠比生產率較低的行業創造出更多的收入，從而引起不同行業之間的收入差異；而不同行業之間的這種收入差異，將會吸引勞動力、資本等生產要素從生產率較低的行業流向生產率較高的行業，從而引起產業結構的變化。從長期來看，人類社會的技術是不斷創新和進步的，由於不同行業吸收、消化和應用各種新技術的能力各不相同，從而造成新技術在不同行業的擴散速度和滲透深度的差異，而這些差異將會造成不同行業增長率的差異，進而導致產業結構的長期變遷和不斷升級。

---

[37] 參見楊建文、周馮琦、胡曉鵬：《產業經濟學》，學林出版社 2004 年 9 月第一版，第 160 頁。

（6）企業、行業和市場因素

當單個企業的規模不斷擴大時，其分支機構（或業務網絡）所分佈的地理空間由一個城市擴展到其他城市，由一個地區擴展到其他地區，進而由一個國家擴展到其他國家，從微觀層面來看，表現為企業不斷從外部環境吸納、整合、配置各種資源要素（包括人力資源、自然資源和社會資源等）的過程。隨著各類企業的分工和專業化發展，必然伴隨著各類專業市場的成長和發展。隨著大量企業在地理空間上的規模擴張，必然會導致各類專業市場在地理空間上的同步擴展，從市場網絡演化的角度來看，具體表現為各類專業市場從村鎮集市發展到城市市場，從城市市場發展到地區市場，再從地區市場發展到全國市場，進而從全國市場擴展到國際市場。大量同類企業與專業市場的協同演化，從微觀層面來看，表現為各種資源要素（包括人力資源、自然資源和社會資源等）的流動和動態組合，從中觀層面來看，各種資源、企業和專業市場不同數量和比例的組合，就形成了具體的行業組成結構。同樣，各種資源、相關行業和行業市場不同數量和比例的組合，就形成了具體的產業組成結構。從微觀層面來看，如果大量人力、資本和有關技術等資源要素流入一個特定行業，從中觀層面來看就表現為這個特定行業的迅速成長壯大。同樣，如果大量同類企業與專業市場在地理空間上不斷擴展，從中觀層面來看就表現為這個特定行業在地理空間上的規模擴張。

傳統經濟學中有一個重要分支學科——國際貿易學或國際經濟學，主要研究不同國家之間的貿易關係及其規律。所謂「貿易」就是指交易或交換商品，其本質上反映的是一種商品交換關係。貿易一般分為兩大類，即國際貿易和國內貿易。國際貿易是指在國家與國家之間進行的貿易活動。國內貿易是指在一個國家內部不同地區之間進行的貿易活動，也叫區際貿易或地區貿易。國際貿易其實是區際貿易在地理空間上的進一步外延，兩者的基本原理都是一樣的，從本質上來看它們體現的都是市場交換關係。從市場交換範圍的大小來看，區際貿易對應的是地區市場和全國市場，而國際貿易對應的則是國際市場和全球市場。當然，由於不同國家所實行的關稅政策、貿易制度不同，開展國際貿易的複雜程度一般要遠遠大於進行國內貿易。開展貿易活動包括兩個方面，一方面是出口商品，即把本國（或本地區）的產品銷售給其他國家（或地區），另一方面是進口商品，即把其他國家（或地區）的產品採購到本國（或本地區）。出口商品可以擴大本國（或本地區）產品的市場銷售範圍，能夠有效地帶動當地相關產業的生產需求，從而可以促進當地經濟的發展；而進口商品可以增加本國（或本地區）商品供給的種類和數量，能夠調節當地相關產業的生產結構，也可以豐富當地的消費需求。

在一個國家內部不同地區之間開展區際貿易，有利於發揮不同地區各自

的獨特優勢，從而獲得比較利益。開展區際貿易的積極作用包括：能夠提高區域專業化程度；擴展社會經濟的分工網絡，使各地區有能力集中資源發展對本地區有利的產業；推動本地區產業結構逐步升級，促進本地區發展水平和人均收入不斷提高。傳統貿易理論認為，區際貿易取決於兩點：一是區域之間的需求；二是區域之間的貿易障礙。如果說區域之間的需求與區際貿易成正比的話，那麼區域之間的貿易障礙與區際貿易就構成了反比例關係。瑞典經濟學家戈特哈德‧貝蒂‧俄林（Bertil Gotthard Ohlin，1899-1979）將區域間的貿易障礙概括為「轉運費用」[38]，包括運輸商品的進出口關稅、在不同區域銷售商品所遇到的各種特殊困難等。如果某種商品的轉運費用高於當地生產該產品的成本，那麼這個地區就不會採取貿易的方式獲得該產品，而是採取自己生產的方式來滿足當地的需求。因此，只有在商品轉運費用小於地區間生產成本差別的情況下，才可能開展區際貿易。[39]

通過第五章對行業和產業的定義來看，市場本身就是組成行業或產業的一個重要因素，一個行業或產業的成長演化同時內含著其內部市場的成長演化。當一個地區內某個行業或產業的企業業務範圍超出這個地區的界限時，該行業或產業所內含的市場範圍也就隨之超出這個地區的界限，這時區際貿易就自然發生了；進一步來說，當這個行業或產業內的企業業務範圍超出所在國家的界限時，這時國際貿易就自然發生了。隨著大量企業進入某個行業，這個行業的規模就隨之開始擴張，隨著這個行業生產經營活動範圍從一個村鎮擴展到一個城市，再從一個城市擴展到一個地區，進而從一個地區擴展到全國時，這個行業所內含的市場也隨之從村鎮集市發展到城市市場，從城市市場發展到地區市場，再從地區市場發展到全國市場。這其中，企業、行業和市場實際上是一種協同演化的關係，它們之間的相互關聯和演進關係可以用第五章第八節提到的「產業鏈形成的蛛網模型」（即圖 5-9）來作出很好的解釋和分析。簡單來說就是：「分工與專業化發展→市場交易規模擴大→產業鏈成長（產業結構演化）→產業（或行業）成長→分工與專業化進一步發展」。在這裡，我們可以看到，只要一個地區由分工與專業化所帶來的收益（或者好處）大於由市場交易規模擴大所帶來的成本（即交易成本），那麼國際貿易就會發生；反之，就不會發生。交易成本是指商品交易過程中所發生的所有成本的總和，包括顯性成本和隱性成本兩大類。顯性成本是指交易主體在交易之前可以測算出來的有關費用，例如資訊搜尋費用、談判簽約費用、商品運輸費用、稅收費用等。隱性成本是指交易主體在交易之前難以測算出來的有關費用，這些費用往往在交易之後才被發現，例如由於資訊不對稱、誠

---

[38] 奧林著，王繼祖等譯：《地區間貿易和國際貿易》，商務印書館 1981 年版。
[39] 參見楊建文、周馮琦、胡曉鵬：《產業經濟學》，學林出版社 2004 年 9 月第一版，第 157-158 頁。

信問題、制度限制、文化差異等引起的有關費用。這裡的交易成本概念完全可以涵蓋俄林所概括的因貿易障礙而產生的「轉運費用」。所以，從本書的立論來看，區際貿易和國際貿易是產業成長演化過程中市場交易規模擴大在地理空間上的具體反映，它們實際上是市場成長演化中的兩個比較高級的階段（或層次）。

從本書第五章產業運行的一般結構圖（即圖5-2）可以看到，產業的表層因素運行鏈是「投入→企業→資源→市場→產出」，產業的深層因素運行鏈是「投入→知識→制度→技術→產出」。從第五章產業的演化機制中我們知道，產業演化最基本的機制是分工與協作，因此我們可以從分工和協作這兩個方面來考察產業的演化過程。從分工這個方面來考察產業演化過程，企業、行業和市場之間的相互關聯和演進關係就是「產業鏈形成的蛛網模型」所揭示的過程。而從協作這個方面來考察產業演化過程，企業、行業和市場之間的相互關聯和演進關係就是「經濟系統分叉協同機制」（參見表5-1）所揭示的層次結構。從經濟系統整體來看，交換（或交易）網絡實際是經濟系統內部各子系統之間協同演化的基本形式。從市場本身演化的過程和結果來看，伴隨著市場規模的不斷擴大，市場交易的知識會不斷增多和豐富，市場交易的制度會不斷改進和完善，同時市場交易的技術也會不斷進步和提高。與此相聯繫的是，從產業演化的過程和結果來看，伴隨著產業規模的不斷擴大和產業結構的不斷升級，產業知識會不斷增多和豐富，產業制度會不斷改進和完善，產業技術也會不斷進步和提高。

如果我們用「產業鏈形成的蛛網模型」（即圖5-9）來分析，那麼企業、行業和市場之間的相互關聯和演進關係的深層機制就是：

分工與專業化發展→市場規模擴大{市場交易知識↑＋市場交易制度↑＋市場交易技術↑}→產業結構升級{產業知識↑＋產業制度↑＋產業技術↑}→產業（或行業）成長→分工與專業化進一步發展

上面的關係鏈中，「→」表示前面的因素導致後面的結果；「↑」表示該因素在數量、質量或層次、水平上的升高。

參照表5-1，我們知道，在上面的關係鏈中，「市場規模擴大」實際上包含了企業內部交換網絡、企業間市場交易網絡、行業間市場交易網絡、產業間市場交易網絡這四個層次交易網絡的擴大，與此相對應，「產業結構升級」實際上包含了每個具體產業內部「企業內協作網絡、行業內協作網絡、產業內協作網絡」這三個層次協作網絡的升級。同樣，「分工與專業化」實際上也包含了「企業內部、企業之間、行業之間、產業之間」這四個層次的分工與專業化。從地理空間的角度來看，區際貿易是生產在一國內部不同地區之間進行分工的結果，同理，國際貿易則是生產在不同國家之間進行分工的結果。與分工和專業化相伴隨的是，整個產業體系內部知識的積累、制度的完善、

技術的進步和生產率的提高，而長期來看，產業結構的演化就表現為「勞動密集型→資本密集型→技術密集型→知識密集型」的變遷。

結合本章第一節介紹的產業結構有關理論，我們可以看到，這裡實際上真正揭示出赤松要所發現的在國際貿易中產業結構依照一定梯度進行轉換、筱原三代平在「產業─貿易結構論」中強調把優化產業結構和貿易結構合理化相互協調、霍利斯·錢納里所揭示的工業內部產業結構轉換階段等理論背後的深層原理。讀者認真分析將不難發現，本書所提出的產業一般結構及演化機理具有更廣泛的涵蓋性和更具包容性的解釋力。

此外，從本書第五章產業發展動力因素關係圖（即圖 5-3）中我們可以清楚地看到，影響產業發展的因素除了需求和供給以外，還包括企業、資源、市場、知識、制度和技術等因素。因為這些因素之間是相互聯繫、相互影響、相互作用的，所以，影響產業發展的這些因素實際上也是影響區際貿易和國際貿易發展的因素。而傳統貿易理論只注意到其中的需求、技術和交易成本等因素，顯然是有失偏頗的。

2、產業結構演變的一般趨勢

一個國家在經濟發展過程中，其產業結構是不斷變化的，一國當前的產業結構既是其經濟長期演化的結果，同時也是其經濟未來發展的基礎。一國經濟發展的過程其實就是其產業結構不斷演變的過程。產業結構演變與經濟增長之間存在著必然的內在聯繫。

產業結構演變與經濟增長之間的關係是怎樣的呢？

關於現代經濟增長的本質這一問題，有些經濟學家從國民經濟總量的分析角度出發，把產業結構置於經濟總量框架之內，從經濟總量的變化過程來研究產業結構的變化趨勢（持這種觀點的代表人物是庫茲涅茨）；另一些經濟學家則從產業部門經濟的分析角度出發，強調產業部門結構變化對國民經濟總量增長的作用，從產業部門的變化過程來分析經濟總量增長的規律（持這種觀點的代表人物是羅斯托）。由於所採取的視角和方法不同，他們對同一經濟過程進行分析卻得出了相差懸殊的結論。

庫茲涅茨認為：「經濟增長是一個總量過程；部門變化和總量變化是互為關聯的，它們只有在被納入總量框架之中才能得到恰當的衡量；缺乏所需的總量變化，就會大大限制內含的戰略部門變化的可能性。」在他看來，在產業結構變化與經濟增長的關係中，首要的問題是經濟總量的增長，只有總量的高速增長才能導致結構的快速演變。沒有總量足夠的變化，產業結構變化的可能性就會大大受到限制。其主要理論依據是：消費者需求結構的變動直接拉動生產結構的轉換，而消費者需求結構的變化是和經濟總量的變化直接聯繫的。同時，人均產值的增長率越高，消費者需求結構的改變也就越大。

由其觀點所得出的結論是：經濟總量的高增長率引起消費者需求結構的高變化率，消費者需求結構的高變化率又拉動了生產結構的高轉換率。

羅斯托則認為：現代經濟增長本質上是產業部門增長的過程；現代經濟增長根植於現代技術在生產過程中的累計擴散，這些發生在技術和組織中的變化只能從產業部門角度加以研究；各個產業部門相互之間是緊密聯繫的，經濟總量指標不過是產業部門經濟活動的總和。其主要理論依據是：新技術的吸收本來就是基於具體產業部門的吸收過程；向某個產業部門新引進重要技術或其他創新，這是一個與其他產業部門關聯並與整個經濟系統運轉縱橫交錯的極其複雜的過程。其主要結論是：部門分析是解釋現代經濟增長原因的關鍵；經濟增長過程是主導產業部門依次更迭的結果。他說：「增長的進行，是以不同的模式、不同的主導部門，無止境地重複起飛的經歷」。[40]

庫茲涅茨與羅斯托的分析都很有道理，雙方的論據也很充分，他們之間究竟誰是誰非呢？

實際上，他們從各自的視角出發都只看到了整個經濟系統運行過程中的某些方面，也就是說他們發現的僅僅是局部「真理」，只有把他們的發現有機結合在一起時，我們才能得到一個比較完整的「真理」。

如果我們把一個國家的經濟系統比作一列由幾部火車頭同時拉動的列車，那麼這輛列車的幾部火車頭並不是同時啟動運轉的，而是依次更迭交替運轉的；當一個火車頭啟動運轉時，其他火車頭或被推動向前運行、或被拉動向前運行，而其後的所有車廂都隨著火車頭的啟動而被拉動前行。這裡，不同的火車頭就像經濟系統中不同時期的主導產業，而不同車廂就像經濟系統中被主導產業拉動的相互關聯的各類產業。事實上，庫茲涅茨側重於觀察這輛列車的總體運行速度和燃料消耗，他發現這輛列車運行速度越快，火車頭消耗燃料的速度就越快，由添加更新燃料引起不同火車頭交替運轉的頻率就越高。而羅斯托則側重於觀察不同火車頭各自的運行情況和運轉速度，他強調了列車運行中不同火車頭交替運轉的事實，他注意到火車頭交替運轉的頻率越高，這輛列車的總體運行速度就越快，他還注意到動力從火車頭向其他各節車廂傳遞過程的複雜性。

我們發現，這些經濟學家之間的爭論與「盲人摸象」寓言中那些盲人之間的爭論很相似。不同之處僅在於，盲人們爭論的是大象的形狀，經濟學家們所爭論的則是經濟系統運行的過程。

如果結合本書第四章所分析過的企業發展動力因素關係圖（即圖 4-11）和第五章的產業發展動力因素關係圖（即圖 5-3），我們不難得到，從企業的

---

[40] 以上三段內容參見：蘇東水主編，《產業經濟學》，高等教育出版社 2000 年 2 月第一版，第 233-234 頁。

角度來看，經濟增長的動力傳導機制是「消費結構→需求結構→資源供給結構→生產結構→交換結構→分配結構→新消費結構」，從產業的角度來看，經濟增長的動力傳導機制是「需求結構→資源供給結構→投入結構→生產結構→交換結構→分配結構→產出結構→新需求結構」。在產業系統運行中，一種產業的產出實際上構成另一種產業的投入（其中蘊含了產業間廣泛存在的關聯效應），因而我們可以將兩者結合起來考慮。這樣，經濟增長的動力傳導機制就是「消費結構→需求結構→供給結構→生產結構→交換結構→分配結構→新消費結構」，而新消費結構又帶動需求結構發生變化，這是一個循環往復的動態過程。在這一過程中，生產結構、交換結構和分配結構始終發生著從簡單到複雜、從粗放到精細、從低級向高級的演變，實際上這就是經濟系統內部產業結構演變的過程，也是經濟系統內部主導產業不斷更替的過程。從企業、資源、市場和行業演化的深層因素來看，在產業從簡單到複雜、從低級向高級演化的過程中，始終伴隨著人類科學的進步、制度的完善和技術的創新。與此同時，經濟系統中的消費結構、需求結構和資源供給結構也發生著從單一到多元、從簡單到複雜、從低層次向高層次的演變升級。

在產業系統的成長演化過程中，消費結構、需求結構、供給結構、生產結構、交換結構和分配結構之間是相互聯繫、相互作用、相互影響、相互制約的，從而共同推動了產業系統的成長演化。

在一國的經濟系統中，當一個產業成長時，不但表現為這個產業在知識積累、制度完善和技術進步等方面的成長，還體現在其產值的增長上；而產業產值的增長具體表現為產業內部企業平均收入的增長，在經過企業內部的收入分配後，這一收入增長就體現為企業人員的收入增長和政府稅收收入的增長。政府稅務部門將來自各行各業的稅收收入集中起來以後，就彙聚成了一國的財政收入。因此，產業的成長隨後就體現為國家財政收入的增長。當政府部門將財政收入在國家系統中進行一系列的多次分配以後，財政收入的增長最終就體現為國民收入的增長。當每個國民的個人收入增長後，他們的實際購買能力就會相應增強；隨著國民個人收入的持續增長和購買能力的不斷增強，他們的消費領域就會隨之擴展，消費水平也會隨之提高。在一個國家中，當大多數國民的個人收入增長後，就會引起這個國家消費結構的變遷。例如，當一個地區的人們還沒有解決溫飽問題時，他們的消費結構就會比較簡單，這時在他們的消費支出中食物必然佔有較大的比重，同時他們的消費水平也處於很低的水平；而當他們的收入大幅提高（比如不但解決了溫飽問題，而且有能力購買住房和小汽車）後，他們的消費結構就會變得多元化（如購買住房、小汽車、外出旅遊等），這時在他們的消費支出中食物所占的比重就會顯著減少，同時他們的消費水平也會相應提高。

在一個國家中，隨著經濟的發展，當大多數國民的個人收入增長到一定

水平時，國民實際購買能力的提升就會推動該國消費結構的升級，而升級後的消費結構又會通過「消費結構→需求結構→供給結構→生產結構→交換結構→分配結構→產業成長」這一傳導過程，最終推動具體產業的成長。在一國的經濟系統中，所有產業產值的總和就是該國的國民生產總值。由此來看，無論是從產業發展的視角還是從國民收入的視角來分析經濟系統的運行問題，都是完全可行的。所以，庫茲涅茨與羅斯托所爭論的問題實際上是同一個過程的不同方面，但他們可能忽視了經濟系統中交換與分配這兩個緊密聯繫的重要環節。

如果用上述經濟結構的各種因素作為不同維度來描述產業系統演化過程，就可以畫出產業結構演化的軌跡圖（見圖6-5）。在圖中，八個維度分別是：①消費結構；②需求結構；③供給結構；④生產結構；⑤交換結構；⑥分配結構；⑦產業成長；⑧國民收入。

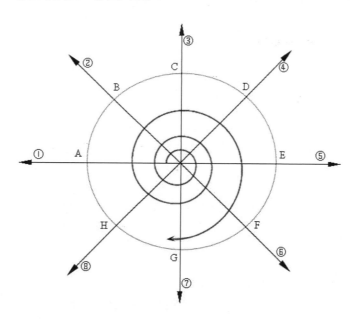

圖6-5　產業結構演化的軌跡圖

從動態的角度來看，產業系統的結構優化和良性發展將會推動這八個方面協同成長，也即在八個維度上不斷向外擴展。我們不難發現，在一個產業從小到大、從弱到強的成長演化過程中，產業結構演化的軌跡實際上也是一條逐漸擴展的螺旋線。

那麼，產業結構演變的一般趨勢是怎樣的呢？

從世界範圍來看，除了美國等少數發達國家的經濟已處於資訊產業主導

階段，一些較發達國家的經濟處於服務產業主導階段之外，大部分發展中國家的經濟主要處於工業主導階段，更多經濟落後國家還處於農業主導階段。

從工業化發展的階段來看，世界各國產業結構的演變經歷了前工業化時期、工業化初期、工業化中期、工業化後期和後工業化時期這五個階段。在這五個階段中，產業結構演進的總體趨勢是沿著以第一產業為主導、到以第二產業為主導、再到以第三產業為主導的方向依次發展的。在每一個階段，三次產業所占地位各不相同，具體情況如下表所示：

表 6-3　不同時期三次產業所占地位一般趨勢表[41]

時期 產業	前工業化時期	工業化初期	工業化中期	工業化後期	後工業化時期
第一產業	占主導地位	地位下降	維持	維持	維持
第二產業	有一定發展	占主導地位	占主導地位	地位下降	地位下降
第三產業	微弱地位	有一定發展，但仍較弱	地位逐漸上升	占主導地位	占支配地位

從農業、工業和服務業這三大產業內部來看，世界各國的產業結構、資源結構和市場層次的演變，體現了從簡單到複雜、從粗放到精細、從低級向高級的發展規律。具體情況如下表所示：

表 6-4　三大產業內部產業結構演變一般趨勢表

三大產業	農業	工業	服務業
產業內部 結構演變	粗放型農業→集約型農業→機械化農業→精准化農業	輕工業→基礎型重工業→加工型重化工業→精益化柔性工業	商品流通服務業→傳統型服務業→現代型服務業→資訊知識服務業
產業資源 結構演變	勞動密集型→資本密集型→技術密集型→知識密集型	勞動密集型→資本密集型→技術密集型→知識密集型	勞動密集型→資本密集型→技術密集型→知識密集型
產業市場 層次演變	村鎮集市→城市市場→地區市場→全國市場→國際市場	村鎮集市→城市市場→地區市場→全國市場→國際市場	村鎮集市→城市市場→地區市場→全國市場→國際市場

本表來源：本書作者整理。

3、產業投入結構與產出結構之間的關係

在第四章第六節中，我們通過分析得出，在經濟系統微觀層面的企業運行中，在生產要素投入關係與生產分配關係之間存在著內在的必然聯繫，生產要素投入結構的不同決定了生產成果分配結構的不同。從經濟系統的中觀

---

[41] 來源：劉志迎主編，《現代產業經濟學教程》，科學出版社 2007 年 4 月第一版，第 162 頁。

層面來看，在產業要素投入關係與產業產出分配關係（即產出中分配主體之間的分配關係）之間同樣存在著內在的必然聯繫，產業要素投入結構的不同決定了產業產出分配結構的不同。這裡，資源、企業、市場、知識、制度和技術等產業要素的不同組合，形成了不同的產業投入比例結構。在產業系統中，由於投入產業的要素組合形式不同，從而形成了不同的產業投入比例結構，而不同的產業投入比例結構決定了產業產出比例結構的不同。由於產業運行過程的複雜性和產業關聯效應的存在，產業系統中要素投入關係與產出分配關係之間的聯繫，要比企業系統中的生產投入關係與生產分配關係之間的聯繫更為複雜。

在產業分類方法中有一種要素密集度分類法，這種分類方法是根據生產過程中產業對不同資源要素依賴程度的差異對產業進行分類的。按照這種分類法，可將產業劃分為勞動密集型產業、資本密集型產業、技術密集型產業和知識密集型產業等。這種產業分類方法實際上突出了產業內部資源結構的組成特點。例如，在食品工業、服裝工業等勞動密集型產業中，企業投入的生產要素中勞動力要素佔據了很大比重，此外，資本和技術也佔有一定的比重。對於這類產業，在產業輸出的分配結構中，勞動者應該佔據較大的比重結構，否則，就存在著對勞動者的分配不公，其背後反映出的是社會對勞動力價值的低估和對勞動者創造價值的侵佔。這類產業的發展顯然需要建立相應的勞動力市場、勞動者工資保障制度等與之相配套，否則，將會直接影響到這類產業的健康發展。在石化工業、冶金工業等資本密集型產業中，企業投入的生產要素中資本要素佔據了很大比重，此外，勞動力和技術也佔有一定的比重。對於這類產業，在產業輸出的分配結構中，投資者應該佔據較大的比重結構，否則，就存在著對投資者的分配不公，其背後反映出的是社會對資本價值的低估和對投資者創造價值的侵佔。這類產業的發展顯然需要建立相應的資本市場、投資者資本收入分配制度等與之相配套，否則，將會直接影響到這類產業的健康發展。在電子計算機、生物工程等技術密集型產業中，企業投入的生產要素中技術要素佔據了很大比重，此外，資本和勞動力也佔有一定的比重。對於這類產業，在產業輸出的分配結構中，技術投入者應該佔據較大的比重結構，否則，就存在著對技術投入者的分配不公，其實質同樣是社會對技術價值的低估和對技術投入者創造價值的侵佔。這類產業的發展需要建立相應的技術市場、技術專利分配制度等與之相配套，否則，也會影響到這類產業的健康發展。在出版業、傳媒業等知識密集型產業中，企業投入的生產要素中知識要素佔據了很大比重，此外，資本和技術也佔有一定的比重。對於這類產業，在產業輸出的分配結構中，知識投入者同樣應該佔據較大的比重結構，否則，就存在著對知識投入者的分配不公，其實質同樣是社會對知識價值的低估和對知識投入者創造價值的侵佔。這類產業的

發展，同樣需要建立相應的知識產權市場、知識產權分配制度等與之相配套，否則，也會影響到這類產業的健康發展。

在工業社會的初期，企業中的技術人員往往是作為企業的普通雇員參與勞動成果分配的（即只領取工資報酬而無權參與利潤分配）。隨著社會的發展和科學技術的進步，現代技術在生產活動中發揮著越來越重要的作用，在這種背景下，專利發明者和技術階層在生產活動中的地位隨之不斷提升。在現代企業中，專利發明者或重要的技術人員佔有一定比例的企業股權並以股東身份參與企業利潤分配，這反映了社會分配制度的逐漸進步。當前，知識經濟時代已經來臨，知識智力因素在生產活動中所創造的價值日益增多，因此，知識智力要素的投入者也應該獲得與其創造價值相對等的收入回報。根據中國最新《公司法》，以知識產權作價出資入股有限公司，已經取消了入股所占公司註冊資本的比例不得超過 70%的規定。這說明，知識智力要素所有者的分配主導權已經被中國的法律制度所確認。

在人類社會的發展過程中，農業、工業、服務業和資訊業等產業的相對地位始終處於不斷變化中。例如，在農業社會時代，農業處於主導地位；在工業社會時代，工業處於主導地位；在後工業社會時代，服務業處於主導地位；在資訊社會時代，資訊業處於主導地位。引起不同產業主導地位變化的直接原因是產業之間的分配差異，正是產業之間的分配差異導致社會中的人力資源、社會資本等資源要素從一個產業流向另一個產業。這背後所反映的產業結構變化的邏輯是，產業系統中生產要素投入結構的變化推動了產業組成比例結構的演化，產業組成比例結構的變化又推動了不同產業相對地位的長期變遷。

在人類社會的不同歷史階段，因為產業系統中產業要素的組合形式不同，從而形成不同的產業組成比例結構，而不同的產業組成比例結構決定了產業產出分配結構的不同。從產業系統投入端的資源結構來考察，人類社會產業結構的長期變遷經歷了「勞動密集型→資本密集型→技術密集型→知識密集型」的演變過程，這實際上也體現出了微觀層次中生產結構的長期變遷特徵；與此同時，產業系統中市場交換的地域和層次也經歷了「村鎮集市→城市市場→地區市場→全國市場→國際市場」的長期變遷，這實際上也體現出了微觀層次中交換結構的長期變遷特徵。

在人類社會的發展過程中，產業系統中主導產業的演變經歷了「農業→工業→服務業→資訊業」的長期變遷過程。從產業發展的表層因素來看，產業結構的這一變遷過程實際上是通過資源、企業和市場這些產業要素在不同產業之間的分配來實現的；而從產業發展的深層因素來看，產業結構的這一變遷過程則是通過知識、制度和技術這些要素在不同產業之間的分配來實現的。我們知道，企業是一個由人力、資源和產品組成的系統。企業在不同產

業間的分配，從企業組成要素上來看就表現為人力（勞動力）、資源（如資本）和產品（如各種中間產品）在不同產業之間的分配。隨著產業的分工深化和專業化發展，市場在不同產業之間的分配，促進了各種行業市場和專業市場的誕生和成長。從市場成長演化的地域和層次來看，市場就表現為「村鎮集市→城市市場→地區市場→全國市場→國際市場」的長期變遷。正是通過各級市場的交換作用，不同產業之間實現了產出（成果）的多次分配。從微觀層面來看，這種分配是通過個人與企業、企業與企業之間的交換來實現的。從中觀層面來看，這種分配是通過不同行業之間的交換來實現的。從產業大門類來看，這種分配是通過農業、工業、服務業和資訊業等不同產業門類之間的交換來實現的。對實行計劃經濟體制的國家來說，這兩個層次的交換功能實際上是被政府部門的行政手段所代替了。從產業的輸出端來看，不同產業之間的分配結果，體現出農業、工業、服務業和資訊業等產業的產值依次佔據主導地位的長期變遷。從中觀層面來看，這種變遷就體現為不同行業之間的收入變遷和此消彼長。從微觀層面來看，這種變遷就體現為社會不同階層分配關係中主導地位的演變。與此相對應，除原始社會以外的社會形態中，社會生產活動中分配主體的主導地位經歷了「奴隸主階層→地主階層→資本家階層→技術階層→知識階層」的長期變遷過程，這實際上也體現出微觀層次中分配結構的長期變遷特徵。這裡，我們實際上從產業運行的歷史過程解釋了「配第—克拉克定律」的內在機理。

在產業系統中，產業投入關係與產業分配關係之間的聯繫可以用圖 6-6 來表示。

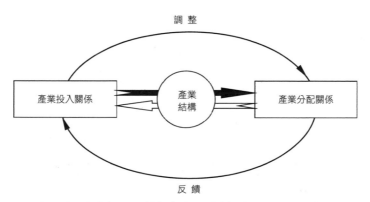

圖 6-6　產業投入關係與產業分配關係之間的互動示意圖

在圖 6-6 中，黑色箭頭表示「產業投入關係對產業分配關係的決定作用」，白色箭頭表示「產業分配關係對產業投入關係的反作用」，下面的弧線箭頭表

示「產業分配比例結構對產業投入比例結構的反饋」，上面的弧線箭頭表示「產業投入比例結構對產業分配比例結構的調整」。

　　從人類社會生產的歷史過程來看，在一定時期內，產業投入關係對產業分配關係的決定作用是由當時的社會生產發展水平決定的，從本質上來說，是由當時人們對社會經濟規律的認識水平決定的；產業分配關係對產業投入關係的反作用，主要表現在社會分配制度（包括產業分配制度）的不斷調整和變革中。這種制度變革的起因，通常是由於經濟危機引起產業結構變化或社會革命引起社會結構的變化，由此促使人們不斷重新調整、改造分配制度中那些不合理、不公平的因素，從而使社會分配制度逐漸趨於合理化和公平化。在傳統農業時代，這個調整過程主要是以週期性的社會革命或國家政權重建等方式被動調整的。在資本主義主導的工業時代，這個調整過程一般是以週期性的經濟危機或國際市場格局重建等方式進行的。

　　從產業系統運行過程來看，產業結構包括產業在投入結構、生產結構、交換結構、分配結構和產出結構等方面的結構，產業結構的演變過程實際上是一個長期的動態調整過程。通過前文分析，再結合圖 6-6 所揭示的產業投入與產業分配之間的互動關係，我們可以畫出產業結構演變的動態機制圖（見圖 6-7）。通過這一圖示，我們可以比較清晰地理解國民經濟系統中產業結構長期變遷的動態過程。

　　在圖 6-7 中，黑色箭頭表示「前一因素對後一因素的決定作用」，白色箭頭表示「後一因素對前一因素的反作用」，下面的弧線箭頭表示「產業產出關係對產業投入關係的反饋」，上面的弧線箭頭表示「產業投入關係對產業產出關係的調整」。

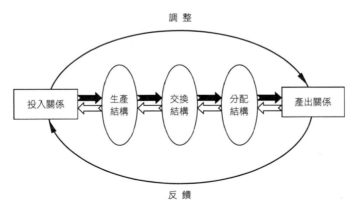

圖 6-7　產業結構演變的動態機制圖

在人類社會的再生產過程中，產業之間的分配是通過具體的企業生產、市場交換和政府再分配的形式實現的，其中，既包含市場的自發調節作用，又包含政府的主動調節作用（如稅收、補貼、採購、救濟等措施）。在產業的投入產出運行過程中，產業投入關係與產業分配關係之間是相互聯繫、相互影響、相互作用、相互制約的互動關係，從長期的歷史變遷過程來看，它們之間存在著「作用—反作用」、「反饋—調整」的動態關係。一方面，產業投入結構的不同決定了不同的生產結構，不同的生產結構決定了不同的產業交換結構，不同的產業交換結構進而又決定了不同的產業分配結構，這反映了產業投入關係對產業分配關係的決定作用；而另一方面，不均衡和不合理的分配結果又會導致資源、企業和市場等產業要素在不同產業之間的流動和重新分配（或分佈），產業系統內部不同階層和外部各利益相關者也會要求調整不合理的分配制度，這反映了產業分配關係對產業投入關係的反作用。存在於產業結構變遷之中的這種「作用—反作用」過程並不是簡單的線性過程，其中還包含著生產結構與交換結構、交換結構與分配結構、分配結構與消費結構、消費結構與生產結構之間的「作用—反作用」過程，這是一個多維網絡交織、連鎖互動的複雜的非線性過程。

在一個國家的經濟系統中，產業投入關係與產業產出關係的互動過程是一個長期的歷史演變過程，這個過程的作用機制是「產業投入結構→產業生產結構→產業交換結構→產業分配結構→產業產出結構→新的產業投入結構」，這是個循環往復的動態過程。當社會分配制度比較合理和公平時，這一機制就能夠促進整個產業體系良性循環，從而推動一個國家的產業體系不斷成長和發展；當社會分配制度不合理、不公平時，這一機制就會抑制整個產業體系良性循環，甚至會阻礙一個國家的產業體系健康成長；當社會分配制度極端不合理、不公平時，它就會導致產業結構比例嚴重失調，如果嚴重失調的產業結構不能得到及時調整，就會阻礙產業增長動力的順利傳導，最終就會引起經濟危機爆發；經濟危機往往又會激化各種社會矛盾，從而引起階級對抗甚至社會革命，經濟危機在國際之間傳導還會引發國際貿易爭端甚至國際貿易戰爭。各國統治階級為了避免發生經濟危機和社會革命，就會被迫不斷調整社會分配制度，從而使社會分配制度逐漸趨於合理和公平。正是社會再生產過程中的這種「作用—反作用」、「反饋—調整」的動態機制，推動著世界各國的產業結構和社會分配制度從「極端不合理與不公平」演變到「一般不合理與不公平」，從「一般不合理與不公平」演變到「比較合理與公平」。

自從 1825 年英國爆發世界上第一次經濟危機以來，資本主義各國的經濟就陷入了週期性爆發危機的循環中，最近一次世界性的經濟危機是 2007 年 8 月由美國次級房屋信貸引發的全球金融危機。馬克思把資本主義經濟危機的根源歸結為生產社會性與生產資料私有制度之間的矛盾（即資本主義的基本

矛盾）；他認為，經濟危機之所以週期性爆發的原因在於資本主義基本矛盾運動過程本身的階段性，只有當資本主義基本矛盾發展到尖銳化程度，從而使社會再生產的比例嚴重失調時，資本主義生產才會發生經濟危機；為克服經濟危機，他提出的解決辦法是用生產資料公有制代替資本主義私有制，讓全社會佔有生產資料，由社會統一安排生產活動。馬克思提出的消除經濟危機的辦法，實際上是通過社會制度變革的方式來解決資源產權分配制度的問題。通過本書以整體主義視角對產業結構的分析，我們可以知道，一個社會如果想要避免發生經濟危機，就必須要根據社會經濟的實際情況，不斷主動地調整產業結構和優化社會分配制度，從而促使社會分配關係更加合理與更加公平，防止社會各階層出現貧富懸殊、兩極分化；而要持續做到產業結構合理與社會分配公平，僅僅依靠資源產權分配制度是不夠充分的，還必須要建立包括資源產權分配制度在內的從微觀（如企業制度）、到中觀（如行業制度和產業制度）、到宏觀（如國家的經濟制度和法律制度）甚至到超宏觀（如國際貿易制度、國際法律制度）等在內的一整套有機聯繫、相互協調、富有實效的制度體系，並在科學預測的基礎上，同時利用政治、經濟、法律、政策等各種手段引導國民經濟各部門按比例協調發展，促進社會經濟系統持續、健康、有序地發展。

4、調節產業結構的方向

當一個社會從傳統農業社會向工業社會轉型時，整個社會的知識積累和技術進步，使經濟系統中的工業比農業具有更高的社會生產率，從而使工業比農業創造出更多的價值，因此在工業領域就業比在農業領域就業能夠獲得更高的收入，從而使勞動力從農業領域流向工業領域。對資本家來說也具有同樣的效應，他所擁有的同一筆貨幣資本，如果投入工業領域比投入農業領域能夠獲得更多利潤，他顯然會選擇將資本投入工業領域。當大量勞動力和資本從農業領域流向工業領域之後，工業在國民經濟結構中就會處於主導地位，這樣一來，產業結構就從以農業為主導轉變成以工業為主導的結構。在實行市場經濟的國家，這是一個通過市場機制自發調節資源流動的過程。經濟系統內產業結構的這種演變過程，同樣也適用於解釋同一產業內部不同細分行業之間的結構變遷過程。但是，世界各國的產業發展實踐活動已經證明，市場機制並不是萬能的，當市場機制由於自身的缺陷而出現調節失靈或收效甚微時，產業結構就會出現比例失調。當一個國家的產業結構比例嚴重失調時，就會阻礙產業增長動力的順利傳導，如果各種阻滯因素得不到及時消除，最終就會引發經濟危機，從而造成大量企業破產、工人失業，進而激化各種社會矛盾。經濟危機實際上是對嚴重失調的產業結構進行被動調節的一種內在經濟機制，只要國民經濟體系中引起產業結構不合理、分配不公平的因素

不消除，經濟危機就會週期性地爆發。為了避免經濟危機，政府有責任不斷主動調整產業結構，不斷優化產業資源配置，不斷促進社會分配更加公平。

因此，在一個國家的產業系統發展過程中，除了需要市場這個「無形之手」進行自發調節以外，同時還需要政府這個「有形之手」進行主動調節。政府主動調節產業結構的根本目的在於合理配置資源、優化產業結構、促進社會分配公平。

在一個經濟系統內部，從宏觀層面來看，如果農業、工業、服務業和資訊業之間的比例結構不協調，這將會影響整個國民經濟系統的成長和發展，產業比例結構嚴重失調甚至可能會阻礙整個經濟系統的正常發展；從產業系統內部來看，在農業、工業、服務業和資訊業等每個產業門類內部的細分行業之間也需要保持適當的比例結構，如果產業內部各細分行業之間的比例結構不協調，將會影響這個產業整體的成長和發展；從微觀層面來看，同一行業內不同專業化企業之間也需要協調發展，如果行業內部各類專業化企業之間的比例結構不協調，也會影響這個行業整體的成長和發展。

從圖 6-6 來看，要優化一個經濟系統內的產業結構，就需要不斷調整產業投入與產業分配之間的關係，從而使社會分配制度更加合理與公平。產業結構包括投入結構、生產結構、交換結構、分配結構和產出結構等方面的結構。從產業系統內部來看，要優化產業結構，首先就要保持產業系統在投入結構、生產結構、交換結構和分配結構等方面運轉正常、暢通無阻。從產業系統外部來看，要優化產業結構，同時還需要使產業系統與消費結構、需求結構和供給結構保持動態聯繫。從前文產業結構演化的軌跡圖（即圖 6-5）來看，政府部門調節產業結構的總體方向是，保持產業成長的動力沿著「消費結構→需求結構→供給結構→生產結構→交換結構→分配結構→國民收入增長→新消費結構」的路徑良性循環、暢通無阻。

為了說明調節產業結構的重要性，這裡舉個產業結構失調的典型例子。20 世紀 80 年代的前蘇聯，整個國家的國民經濟發展比例失調，特別是工業體系中輕工業與重工業比例失調問題比較突出，當時蘇聯的工業結構中比較偏重於發展以冶金、化工、飛機製造等為主的重工業，生產民用生活消費品的輕工業卻發展遲緩，這樣的產業結構所造成的一個後果是國內民用日用品嚴重不足甚至短缺。當時，中國生產的輕工業消費品有些相對過剩，重工業的發展正處於起步階段。中國重慶民營企業家牟其中在比較了中、蘇兩國的經濟結構後，發現了存在於兩國之間的貿易商機。1989 年，牟其中率領南德集團成功完成了兩國之間民間貿易史上最大的一筆單項易貨貿易——用中國300 多家工廠生產的生活日用品、輕工業產品及機械設備（這些貨物裝滿了800 多節火車車廂），從前蘇聯換回了 4 架圖-154M 型民航飛機和相當於一架

飛機價值的航空器材；這筆著名的跨國貿易使牟其中一夜之間名聞遐邇[42]。從產業發展的角度來看，牟其中所實施的這項跨國貿易正好連接了中蘇兩國之間的產業供需。這場跨國貿易的成功實施，充分顯示了中國民營企業家的聰明才智和傑出的商業組織能力。當然，如果當時蘇聯的工業體系內部不存在比例結構嚴重失調的問題，那麼牟其中也是很難順利實施這項貿易的。事隔兩年之後，也即在 1991 年 12 月，蘇聯這個存在了 69 年的超級大國解體了，導致蘇聯解體的原因很多，除了體制僵化、改革失敗、政黨腐敗、民族矛盾等問題以外，整個國民經濟發展比例嚴重失調顯然是一個不容忽視的重要原因。

為優化產業結構、促進各產業協調發展，政府部門負有在各產業之間合理配置資源的職責。為此，政府部門應該消除資源配置中的不公正、不公平因素，積極推進制度創新和產業演進，通過轉變產業結構來提高資源配置效率。

但是，政府部門應該從哪些方面入手來優化產業結構呢？

為優化產業結構，政府應該從資源、行業和市場這三個方面來調節產業結構，特別是從這三個方面的法律制度、基礎設施等公共產品的投入來著手促進產業體系的協調發展。在調整產業結構的過程中，政府的主導作用是在全社會範圍內公平合理地分配資源，為各類行業或產業的協同發展提供良好的外部環境；政府部門主要應在產業的中觀層面或宏觀層面發揮作用，而不應干預微觀層面企業的經營活動。

具體來說，政府部門可以從以下幾個方面來促進產業系統的協調發展：一是根據不同地區的資源特點做好產業規劃和合理佈局，制定出臺引導產業發展的有關產業政策；二是投資興建交通、能源和通訊等基礎設施，為產業發展提供基礎性條件；三是建全社會信用體系，完善法律制度體系，維護社會的公平和正義，為經濟發展提供一個有序、公平、安全、良好的社會環境；四是重點扶持特色行業和新興產業，消除產業鏈順利成長中的各種阻礙因素，促進行業間相互配套並形成有機的產業網絡；五是加快衰退行業的重組、整合、淘汰步伐，促進各類生產要素在產業之間、行業之間的互動交流進程，推動產業結構不斷優化和升級；六是加強各類專業市場之間的互聯互通，建立多層次的市場體系，不斷完善市場的交換功能。

對中國這樣一個幅員遼闊、地理複雜的國家來說，地區之間的資源稟賦差異很大，各地區應根據當地的人口、資源、經濟發展水平等制定適合本地區特點的產業比例結構，在保持產業間協同發展的基礎上，同時注意突出當地的特色產業。例如，山西省富有煤炭資源，就應該突出發展以煤炭為中心的能源產業；雲南省富有植物資源和民族文化資源，就應突出發展以植物花卉生產、民族文化旅遊為中心的相關產業。一個地區的各類產業能否健康發

---

[42] 來源：百度百科，牟其中；參見 http://baike.baidu.com/view/414586.htm。

展，與當地的公共基礎設施、法律制度、社會信用、社會秩序等外部環境有很大的關係。如果一個地區的道路、電力和通信等基礎設施建設不完善，就會直接影響相關企業順利開展生產經營活動。例如，一家遠離城市的鐵礦場，如果沒有從鐵礦場到城市之間的道路，那麼這家礦場所生產的鐵礦石就無法及時運往城市銷售；如果沒有相應的電力供給這家礦場，這家礦場就難以順利進行生產活動。除基礎設施以外，如果一個地區社會信用缺失、道德失範、治安混亂、缺乏公平和安全，外部的投資者就會望而卻步，即使當地擁有再多很好很獨特的待開發資源，也難以吸引投資者前來投資；而如果缺乏足夠資金投入，任何行業都是難以迅速成長發展的。對於一些新興行業，在行業剛起步時，企業數量一般較少，這些企業往往面臨著人才、資金和市場開拓等方面的諸多困難，政府如果能夠在這一階段給予企業積極扶持，對這些新興行業的快速成長將會很有幫助。政府可以採取的扶持措施包括設立企業孵化基地、成立創業投資基金、對企業提供無息貸款或財政貼息、減免稅收、產品（或服務）採購等手段，待企業和行業成長壯大起來之後再逐步取消這些扶持措施。對於一些衰退的行業，政府應制定實施有關產業政策，以重組或整合這些行業中的各種要素資源，淘汰一些污染環境、技術落後的企業，引導其中的企業逐步向其他新興行業轉移。

與那些市場經濟體制比較完善的國家相比，像中國這樣剛邁入市場經濟體制不久的國家，在完善市場交換功能方面還有大量的基礎性工作需要做。

我們知道，市場一般由交易主體、交易對象、交易媒介、交易場所和交易規則等要素組成。

在促進市場要素完善方面，政府部門需要做的事情包括：①完善交易規則，規範交易主體行為，消除市場壟斷。交易規則是指在交易活動中，所有交易主體都需要共同遵守的各種規章制度。②針對不同特點的交易對象，設立不同類型的專業市場。例如，針對產品、人力、資金、技術、資訊、產權等不同的交易對象，可以分別開設商品市場、人才市場、資本市場、技術市場、資訊市場、產權市場等專業市場。③完善交易媒介，規範交易媒介的使用。現代社會的交易媒介包括貨幣和信用兩大類。政府需要做的就是完善貨幣體系和信用體系，合理控制市場流通中的貨幣數量，制定信用評價標準並定期對交易主體進行信用評價。④配套完善交易場所，針對不同專業市場的特點和實際需要，配套建立不同形式的交易場所。例如，為便於股票的批量交易，就需要設立比較集中的股票交易所；為滿足各地不同層次人力資源的交易需求，就需要設立不同層次的人力資源交易場所。

在市場的合理佈局和結構調整中，政府部門可以在以下幾個方面發揮重要的調節作用：一是根據不同地區的資源特點和產業發展情況，做好產業內部市場的規劃和合理佈局，制定實施引導市場建設的有關市場政策；二是按

照產業發展的實際要求，以適當比例在不同地區建立不同層次的各類專業市場，最終形成配套齊全、結構合理、功能完善的市場體系；三是完善市場交易制度，建全市場信用制度，維護市場的公平交易，為產業發展提供有序、公平、公正的市場環境；四是消除商業流通渠道中阻礙商品流通的各種因素，促進不同行業市場之間的縱向聯網以及不同地區之間各類市場的橫向聯網，構建一個分工協作、相互配套、縱橫交錯的呈立體網絡結構的市場體系。

六、本書理論框架的開放性和包容性

1、本書理論框架的開放性

本書應用系統論基本方法所構建的社會經濟理論框架本身就是一個開放的系統，一方面，它是在綜合眾多微觀經濟理論、中觀經濟理論和宏觀經濟理論的基礎上產生的；另一方面，它面對國內外各種社會經濟理論時，可以與它們在各種層次和不同方面進行銜接和聯繫。

本書理論框架的開放性主要表現在以下四個方面：

從微觀經濟學層面來看，本書第四章可以與企業經濟學、企業生態學、企業管理學等學科的有關內容進行銜接和聯繫。

從中觀經濟學層面來看，本書第五章可以與產業經濟學、區域經濟學和產業管理學等學科的有關內容進行銜接和聯繫。

從宏觀經濟學層面來看，本書第六章可以與國民經濟學、國內貿易學、國際經濟學、公共經濟學、稅收經濟學、財政經濟學、金融經濟學和經濟管理學等學科的有關內容進行銜接和聯繫。

從經濟學與人文社會科學結合的層面來看，本書第七章可以與社會經濟學、政治經濟學、人口經濟學、文化經濟學、公共管理學、社會學、政治學、文化學、人類學、歷史哲學等學科的有關內容進行銜接和聯繫。

2、本書理論框架的包容性

本書的理論框架具有很大的包容性，本書所提出的經濟系統的一般結構框架能夠包容許多傳統經濟學理論的思想要義。為闡釋社會發展的動力問題，本書實際上躍出了單純經濟學的範疇，還將論述內容延伸進了社會學領域（參見第七章）。本書提出的從企業系統、產業系統、國民經濟系統直到國家系統和社會系統的結構框架，不但能夠很好地包容中國經濟學家林毅夫先生於2009年提出的「新結構經濟學」的框架，而且還能夠包容一些典型的宏觀動態經濟學理論框架。在撰寫本書的過程中，本書除了注重各種典型的社會經濟理論（如亞當·斯密的「分工─市場」理論、配第─克拉克要素流動定律、

里昂惕夫投入產出理論、錢納里的產業結構理論、楊小凱等的新興古典經濟學框架、馬爾薩斯的人口理論等）的新綜合以外，還特別注重社會發展長期變遷的因素分析。正是因為這些原因，與其他僅僅從宏觀、中觀或微觀的某個層次、某個側面或某個局部來分析社會經濟的經濟學論著相比，本書更加富有綜合性和包容性。

（1）對林毅夫「新結構經濟學」理論框架的包容

在當代經濟學家中，中國著名經濟學家林毅夫先生於 2009 年提出的「新結構經濟學」框架在各國經濟學界具有一定的代表性和創新性。如果把林毅夫先生提出的「新結構經濟學」框架（參見本章第一節的內容）的概念和基本思想與本書的有關概念和基本思想進行對照，我們將不難發現，本書提出的經濟系統的一般結構能夠很好地包容林毅夫的理論框架結構。

在林毅夫的理論框架中，要素稟賦和基礎設置是兩個基礎性概念。他指出，經濟活動中企業用於生產的要素稟賦由土地（或自然資源）、勞動力和資本（包括物質資本和人力資本）構成；經濟發展所需要的基礎設置包括硬性（有形的）基礎設置和軟性（無形的）基礎設置，像高速公路、港口、機場、電信系統、電力設施和其他公共設施等，都屬硬性基礎設置，而像制度、規制、管制、社會資本、金融體系、教育體系、司法體系、社會網絡、價值觀體系以及其他社會和經濟安排等，都屬軟性基礎設置。[43] 在林毅夫的理論框架中，要素稟賦這一概念相當於本書的資源要素概念，但本書把其中的勞動力或人力資本獨立出來作為組成企業的關鍵因素來分析；而基礎設置相當於本書中外部供給的環境條件和公共產品，但本書實際上對軟性基礎設置中的各種因素作了進一步的細分[44]。例如，本書把軟性基礎設置中的制度、規制、管制、政策等因素列入了經濟制度因素範疇，把其中的社會資本列入了社會資源範疇，把教育體系和司法體系分別列入了國家系統中的教育系統和法制系統中，把社會網絡看作是經濟組織（如企業、市場或產業等）外部的社會關係網絡，把價值觀體系列入了人文系統的深層因素中。其中，金融體系可以分為金融企業（包括證券公司、保險公司和商業銀行等）、金融市場（包括各類貨幣資本市場等）和金融監管組織三個部分，它們可以分別列入本書國民經濟系統的產業體系、交換體系和分配體系之中。此外，林毅夫理論所論述的政府部門所實施的財政政策、貨幣政策、資源管理政策，本書可將它們劃

---

[43] 林毅夫：〈新結構經濟學——重構發展經濟學的框架〉，《經濟學（季刊）》2010 年 10 月第 1 期，第 3 頁、第 10 頁。

[44] 需要說明的是，本書作者在 2012 年 12 月完成本書的經濟系統結構框架內容以後，才讀到林毅夫先生有關「新結構經濟學」方面的論文，本書所採用的系統科學方法與林毅夫先生所採用的新古典經濟學的方法也是不同的。

入經濟系統分配體系的分配制度中；林毅夫理論所論述的金融發展和外國資本問題，實際上涉及資本要素供給和金融市場建設的問題；貿易政策問題實際上涉及國際市場建設的問題；而林毅夫理論所論述的人力資本的發展政策和發展戰略問題，可以列入本書國家系統的教育系統中考慮。這裡所探討的各類政策或戰略問題，實際上都與包括企業制度、行業制度、產業制度到經濟制度、法制系統等在內的制度體系是緊密相連的。

經過這樣的對照和比較之後，我們就不難看到，本書提出的從企業系統、產業系統直到國民經濟系統、國家與社會系統的結構框架，實際上能夠很好地包容林毅夫先生所提出的「新結構經濟學」的框架結構。當然，相比較而言，林毅夫先生提出的經濟結構框架分析得更加細膩、更加專業化一些，並偏重於經濟政策的應用性研究，而本書提出的經濟結構框架則更加系統、更加普適化一些，並突出了經濟體系的層次性、聯繫性和一般結構特徵。

（2）對三個典型宏觀動態經濟學理論框架的包容

在宏觀動態經濟理論中，最有代表性的理論是馬克思的社會再生產理論、卡萊斯基的有效需求理論和凱因斯的貨幣理論，他們都從不同側面分析了需求對經濟系統的作用過程。下面，從經濟發展動力方面簡單介紹一下他們的有關思想。

馬克思把整個社會分為工人與資本家兩大階級，把社會的生產體系分為兩大部類（即生活資料生產部門和生產資料生產部門），把經濟產出分為兩個部分（即工人的工資和資本家的利潤），通過對兩大階級收入分配結構和分配關係的分析，他指出工人階級的消費不足會導致整個社會的有效需求不足，而社會有效需求不足是導致資本主義經濟週期波動的重要原因。馬克思認為，社會再生產要順利進行，這兩大部類間進行交換的產出價值必須相等，而且彼此之間產生這一交換的需求也必須相等。由於經濟系統的擴張和衰退是由有效需求與總供給的關係決定的，而總供給在短期內是相對穩定的，因此，有效需求的變化就成為決定經濟系統運行方向的關鍵。根據馬克思的分析，在資本主義制度下，一方面，每個資本家在外在壓力（市場競爭）和內在動力（追逐利潤）的驅使下，促使資本家不斷向自己的企業追加投資、擴大生產規模，而生產的社會化又為擴大生產規模提供了物質基礎，這導致資本主義經濟的社會生產力顯示出不可遏止的發展趨勢。另一方面，從收入分配方面來看，資本家的利潤增長要快於工人工資的增長，這極大地限制了工人階級的消費能力，由於資本家階級的實際消費有限，所以造成整個社會消費能力下降，進而導致整個社會有效需求的下降，這就使社會生產出現了相對過剩。隨著社會生產力的不斷擴張和社會有效需求的相對下降，社會生產中的供求矛盾不斷加劇，最終就引發資本主義的經濟危機。在馬克思看來，導致

資本主義經濟危機的直接原因在於社會需求方面，即以工人階級為代表的大多數人處於貧困狀態而導致的需求限制與消費不足。從現象上看，有效需求不足是導致資本主義經濟危機的直接原因，但在有效需求不足的表象背後，還存在著更深層次的原因。馬克思認為，資本主義的生產資料私有制和雇傭勞動制度決定了資本主義的收入分配制度是一種對抗性的分配制度，這種對抗性分配制度決定了工人階級的消費需求只能局限在狹小的界限之內。因此，他認為資本主義生產資料私有制和生產的社會化這一資本主義基本矛盾的運動，是社會消費需求不足進而導致有效需求不足的深層次原因，也是資本主義經濟危機產生的根本原因。[45]

波蘭經濟學家米哈爾・卡萊斯基在 1933 年出版的《經濟週期概論》一書中提出資本主義經濟是需求決定的體系，資本主義失業和產量下降的原因是總需求不足，有效需求不足是引起資本主義經濟週期波動的根本原因；他把投資看作是決定總需求從而決定產出的關鍵因素，他認為投資不足的主要原因是壟斷競爭和資本主義的收入分配格局[46]。卡萊斯基的有效需求理論深受馬克思再生產理論的影響，但在意義上則與凱因斯的有效需求思想比較接近（他在 1932-1935 年發表的論文中已經包含了現被稱為「凱因斯理論」的精髓，他運用馬克思再生產理論的思想方法對有效需求問題所作的分析，不僅早於凱因斯，而且更深刻地表明了有效需求問題的性質[47]）。卡萊斯基也把整個社會分為工人與資本家兩大階級，但他把社會的生產體系擴展為三個部門（即工人工資商品生產部門、資本家消費品生產部門、投資品生產部門），他把經濟產出分為兩個部分：工人的工資和資本家的利潤，其中，工人取得工資並全部用於消費，其儲蓄傾向為零，資本家獲得利潤並分別用於投資和消費。他認為，在不完全競爭條件下，資本家的投資是不足的。從收入分配方面來看，工人工資的增長幅度趕不上資本家的利潤增長幅度，而資本家的消費支出在長期非常穩定，其增長相當緩慢，這就造成整個社會的消費增長很緩慢，消費不足就會造成企業產品積壓、利潤下降，從而導致資本家減少投資，進而造成整個經濟系統中出現投資不足。從生產投入的角度來分析，他指出資本家的投資支出和消費支出是決定整個經濟系統有效需求變動的主要原因，從長期來看，資本家消費支出的變化是相對穩定的，所以他認為資本家的投資支出是決定整個經濟系統有效需求變動的主要原因，投資在經濟增長中居於主導地位。他認為，造成有效需求不足的原因是投資需求不足，投資需求

---

[45] 本段內容參考整理自寧軍明：〈馬克思與卡萊茨基有效需求理論的比較研究〉，《經濟縱橫》2010年第 3 期。

[46] 寧軍明：〈馬克思與卡萊茨基有效需求理論的比較研究〉，《經濟縱橫》2010 年第 3 期。

[47] 陳祥、靳衛萍：〈有效需求：馬克思、凱因斯與卡萊茨基經濟學〉，《南開經濟研究》2004 年第2 期，第 52 頁。

不足導致社會生產能力達不到充分利用，而投資的決定依賴於企業資本積累、預期利潤率、現有資本存量和技術進步。企業資本、利潤率與技術進步對提高投資起促進作用，而資本存量對投資行為起抑制作用。他認為，投資在資本主義經濟活動中具有雙重作用，它既是經濟繁榮的源泉，又能引起經濟蕭條。一方面，在經濟上升時期，資本家將大量資本投入企業，而到經濟繁榮時，利潤水平不變但資本存量卻在增加，這就導致企業的利潤率下降，利潤率下降又會導致投資下降，投資下降進一步導致有效需求不足，而有效需求不足又會導致企業的產量、收入和利潤進一步下降，進而使整個經濟系統陷入一個向內收斂的螺旋運動之中，直到衰退的最低點。另一方面，隨著資本存量的收縮，企業的利潤率開始逐步回升，這促使資本家加大投資力度，投資的增加導致整個經濟系統又進入一個向外擴張的螺旋運動之中，直到繁榮的頂點。如此反復，從長期來看，資本主義經濟活動就形成了週期性的波動。

　　凱因斯對有效需求的表述是以總需求與總供給達到均衡時的價格進行描述的。按照凱因斯的定義，有效需求是指社會中所有企業提供的商品總供給數量和市場總需求數量正好相等時的商品價格，這實際上是經濟系統中的一個供需均衡點，它產生於社會中所有企業家利潤最大化的決策，這一均衡點決定了經濟系統中產業體系的實際產出量和現實的社會就業量。凱因斯認為，在封閉經濟體系中有效需求包括消費需求和投資需求，投資需求又決定消費需求，原因在於社會消費隨著國民收入的增減變化而變化，投資通過乘數作用最終會影響國民收入和社會消費。他認為消費取決於收入且消費傾向遞減（指消費者用於消費支出的增長幅度小於收入本身的增長幅度），因為富人比窮人有更高的儲蓄傾向，所以，在資本主義經濟關係中邊際消費傾向是遞減的。在凱因斯的有效需求構成中，投資需求起著決定作用，投資波動是導致有效需求不足和國民收入波動的主要原因。在凱因斯的投資理論中，一個重要的概念是資本的邊際效率。資本的邊際效率是一種貼現率，是指企業在計劃一項投資時預期可獲得的按複利方法計算的利潤率。在凱因斯看來，資本邊際效率是一個貨幣價值量，而不是一個實物量，它決定於企業對未來的預期收益。他認為在資本主義貨幣經濟體系中，企業之間的競爭關係是通過資本邊際效率與市場利率的比較反映出來的，正是通過對這兩者之間的比較，決定了企業的投資需求以及相應的產出量和就業量。他還指出，企業對未來預期的不穩定導致資本邊際效率的劇烈波動，而這種波動可以解釋經濟的週期性波動現象。通過資本邊際效率的概念，凱因斯分析了資本存量和收入流量（儲蓄和投資）同時均衡的問題，他發現每一收入流量的變動都會影響資本存量價值，進而影響到投資，而投資的變動又會影響收入流量；由此，他解釋了資本主義經濟體系中動態的貨幣關係，並構建了動態均衡的貨幣理

論。[48]

　　從上面的簡單描述中可以看到，馬克思的社會再生產理論側重於從剩餘價值（或利潤）的生產、收入分配結構和經濟制度等方面對宏觀經濟運行過程進行分析；卡萊斯基的有效需求理論側重於從生產要素投入（投資）、收入分配決定因素等方面對宏觀經濟運行過程進行分析，他同時注意到投資行為與企業資本積累、預期利潤率、現有資本存量和技術進步之間的聯繫；凱因斯的貨幣理論則側重於從生產要素投入（投資）、社會就業、貨幣市場等方面對宏觀經濟運行過程進行分析，他同時注意到心理預期、資本存量和收入流量之間的聯繫。

　　從圖 6-2 來看，無論是馬克思的社會再生產理論、卡萊斯基的有效需求理論，還是凱因斯的貨幣理論，他們的理論框架都是本書所提出的經濟系統整體結構的一部分。如果聯繫本書第四章和第五章對企業系統和產業系統運行過程的分析，再結合圖 6-2 來看，本書所提出的經濟系統整體結構基本上可以容納他們的理論要義。

　　總之，從整體的思想邏輯上來說，本書將微觀經濟學、中觀經濟學和宏觀經濟學統一在一個完整的理論框架中。當然，本書所提出的整個理論框架還比較粗糙，在細節方面還需要做大量的整合與完善工作。我相信，這需要一大批各國經濟學家和社會學家的共同努力，才有可能將這一理論框架構建得更加完善！

---

[48] 本段整理自陳祥、靳衛萍：〈有效需求：馬克思、凱恩斯與卡萊茨基經濟學〉，《南開經濟研究》2004 年第 2 期。

第七章 國家與社會系統的結構、功能和演化圖景

本章首先梳理了古今中外有關國家的概念，以最近的人類學和歷史學研究成果為基礎，簡要描述了中國境內原始國家的誕生過程；在對國家系統內外環境、組成要素進行分析的基礎上，提出了國家系統的雙層結構模型；然後在理清「文化」內涵本質的基礎上，重新定義了「人文」的概念；在對人文系統內外環境、組成要素進行分析的基礎上，提出了人文系統的雙層結構模型；闡述了人文系統的主要功能、生產活動和進化機制，並從社會變革的視角探討了社會進化的問題；在梳理中外學者有關政治觀念的基礎上，重新定義了「政治」的概念；在對政治系統內外環境、組成要素進行分析的基礎上，提出了政治系統的雙層結構模型；從結構的視角，簡要論述了社會系統發展的動力因素；從社會分工、社會協同、分層與分化、漸變與突變四個方面，論述了社會系統發展演化的主要機制；從多因素關聯和互動的視角，描述了社會系統發展演化的軌跡；最後闡述了本書的歷史哲學和社會演化觀。

本章的論述要點如下：

1. 國家是人類社會演化到一定階段的社會組織形式。人們對國家的認識和定義是隨著社會的發展而不斷變化的。

2. 原始國家的出現是人類進化史上的重大事件，它的出現標誌著人類從自然人階段進化到社會人階段。原始國家的誕生過程，實際上是一個社會組織不斷分化、社會結構分層化、社會功能多元化的過程，一方面，社會組織發生著從「社群組織→公共組織→政權組織」的分化；另一方面，社會形態發生著從「氏族社會→部落社會→酋邦社會」的逐步演化，同時伴隨著人類社會在人口生產、精神生產和物質生產方面的不斷進步。

3. 人類的社會生產是由人口生產、物質生產和精神生產等全部社會生產所構成的一個複雜體系，人類社會的生產關係也是由人口生產關係、物質生產關係和精神生產關係等全部生產關係所構成的一個複雜體系。在社會發展歷程中，處於主導地位的社會生產活動和社會生產關係並不是一成不變的；在漫長的原始時代，人口生產活動和人口生產關係一直處於主導地位；進入文明時代之後，物質生產活動和物質生產關係才取而代之處於主導地位；自從人類社會進入資訊時代以後，

以科學技術、文化藝術為核心內容的精神生產活動和精神生產關係開始逐步處於主導地位。

4. 國家系統是一個由人文、經濟和政治等子系統組成的有機系統，每個子系統都是相對獨立的，它們都具有自己獨特的功能。其中，人文系統的主要功能是人本身的生育和人文知識的生產創新。經濟系統的主要功能是進行物質產品的生產、交換、分配和消費。政治系統的主要功能是提供公共服務、公共產品以及社會公共權利的組織、交換、分配和使用等。從社會發展歷史來看，人類社會最先形成的社會子系統是人文系統，其次是經濟系統，然後才是政治系統，它們都是先後從原始社會組織中逐步分化出來的。

5. 從結構功能主義的視角來看，國家系統內部實際的運行過程可以分為「資源開發→人文系統→經濟系統→政治系統→社會發展」和「資源開發→科學系統→法制系統→教育系統→社會發展」這兩條鏈，本書由此得到國家系統運行的一般結構圖。從社會經濟系統的角度來看，一個國家系統完整的生產關係應該由其內部的生產關係網絡和其外部的社會關係網絡共同組成。

6. 本書所說的「人文」是個複合詞，它實際上包含「人」和由人所創造的「文化」這兩方面的含義。本書認為「文化」的本質是人類精神世界的進化。文化是人類在與環境互動過程中發生的個體意識與群體意識的協同進化，進化的內容主要包括知識、思想、感情、價值觀念、精神信仰、倫理道德、制度規範等意識形態；這種進化的結果，一方面表現為人類個體智力水平的提升和知識的專業化，另一方面表現為人類群體認識水平的提升和知識的多樣化。

7. 從人文系統的外部環境來看，影響人文系統演化的具體因素包括自然、人文、經濟、政治、科學、法制和教育等方面的因素，其中，來自自然環境方面的因素包括氣候、地理、生物等方面的因素。從人文系統的內部環境來看，人文系統是一個由個人、家庭組織、社群組織、人文知識、社會制度、文化教育等因素組成的有機系統。

8. 從人文系統運行的過程來看，人文系統成長演化的過程是一個不斷進行人口生育和文化創新的循環往復的過程。人文系統內部實際的運行過程可以分為「人口生產→個人→家庭組織→社群組織→社會進化」和「精神生產→人文知識→社會制度→文化教育→意識進化」這兩條鏈，本書由此得到人文系統運行的一般結構圖。從社會經濟系統的角度來看，一個人文系統完整的生產關係應該由其內部的生產關係網絡和其外部的社會關係網絡共同組成。

9. 一個社會群體對其個體的生產和培養，是一個從「生物人」到「社會

人」的文化教育過程。在一個人從嬰兒到成年的過程中，社會群體在精神信仰、社會道德和社會制度等方面對個體意識的形成和成長發揮著非常重要的文化教育作用。這種文化教育作用正是一個社會中人文系統的重要功能之一。

精神信仰、社會道德和社會制度三者之間具有一定的層次遞進關係。一般來說，信仰是道德的基礎，而道德又是制度的基礎；在社會生活中，對於超出道德規範約束的人類行為，一般是通過法律等社會制度來調節和規範的。

（1）精神信仰形式包括宗教信仰、科學信仰、權力信仰、物化信仰等類型。其中，宗教信仰是人類社會最常見、最持久的精神信仰形式。宗教是人類所創造的整合社會意識最有效的文化工具。作為文化的重要內容之一，宗教在社會變遷中具有一定的穩定性。在人類早期社會中，宗教承擔了解釋世界、司法審判、社會教化、道德培養和心理安慰等功能；在現代社會中，宗教依然承擔著社會教化、道德培養和心理安慰等功能。從社會發展的角度來看，宗教在整合社會意識、進行社會教化、化解社會矛盾、穩定社會秩序、增強社會凝聚力等方面往往發揮著其他社會力量難以替代的重要作用。

（2）道德和制度都是規範和調節人們行為的準則，但它們的作用形式和特點有所差別。道德是個體對自己行為進行自我約束的規則，具有主動性、內在性、自律性、非強制性等特點；制度是社會組織對個體行為進行約束的規則，具有被動性、外在性、他律性、強制性等特點。在人類社會的不同組織系統中，道德和制度具有不同的形式和特點。

（3）信仰行為是個人意識的內化行為，道德行為是個人意識對自我行為的調控，制度行為是個人意識按照外部的規則對自我行為的調控。從信仰行為到道德行為、再到制度行為，參與主體的實踐性在逐級增強，而其主動性在逐級減弱。信仰是支撐人類道德生活的基石，它從根本上決定著人們道德實踐的範圍、層次和方式。道德是維持一個社會穩定、和諧、有序運行的基本動力，它在人類社會的實踐活動中具有重要的價值和功能。在一個法治化的社會，在道德與法律的「交叉地帶」，個人行為既受道德調控，也受法律約束。

10. 在現代社會中，人文知識分子是人文系統中精神文化產品的生產者，他們肩負的重要歷史使命是「啟蒙社會公眾思想，引領社會意識潮流」，從而帶動社會大眾不斷修正和完善整個社會的價值觀念體系、精神信仰體系和倫理道德體系。

11. 本章所提出的社會結構框架，吸收了馬爾薩斯的人口理論和有效需

求理論的思想要義、馬克思和恩格斯關於物質生產與精神生產相聯繫的觀點、馬克斯・韋伯（Max Weber，1864-1920）關於精神信仰和倫理道德促進經濟發展等重要思想，不但建立了人文系統與經濟系統、人文系統與政治系統、經濟系統與政治系統之間的聯繫，而且建立了它們與科學系統、法制系統和教育系統之間的聯繫，從而涵蓋了文化經濟學、人口經濟學、政治經濟學、文化政治學等學科的主題。

12. 關於物質世界進化機制的問題，美國系統哲學家歐文・拉茲洛提出了物質世界的廣義進化理論，中國文化哲學家牛龍菲揭示出了物質世界進化的內在機制。應用牛龍菲提出的「正反饋——自生」和「負反饋——自穩」這兩種機制，可以科學地解釋物質世界從「物理結構→化學結構→生物結構→社會結構」的一般進化過程；而人類社會從動物社會中分化出來，又經過漫長的文化進程，最終創生了具有人文結構的高級社會系統。整個物質世界的進化過程，是一個各種結構系統分層進化的歷時過程，同時也是不同層次系統共時耦合的過程，這一過程可以用牛龍菲提出的物質世界進化的一般模型圖來表示。

13. 本書將人文系統運行的一般結構圖與牛龍菲「正—負反饋往復循環」的思想相結合，從而畫出人文系統進化機製圖。這個圖示可以比較清晰地解釋人類社會中人文系統的進化過程。

　　社會進化過程是一個從「微觀擾動」到「宏觀放大」的過程，同時也是一個「認識」與「實踐」不斷循環的過程。在遠古時代，人們受到外界環境某種「刺激」或「擾動」而進行創新時，這些「刺激」或「擾動」常常具有偶然性或隨機性，這些偶然性或隨機性往往決定了人文系統的進化路徑和發展程度。外界環境的「刺激」或「擾動」，甚至可以影響到某些社會群體宗教信仰的形式。在一個社會群體中，如果人文系統中的負反饋力量過於強大，往往就會壓制人們的創新活動，進而就會抑制社會系統中新結構的出現和成長。只有開放的社會系統才會獲得持續創新並不斷進化，而封閉的社會系統只會陷入僵化或停滯。

14. 一個系統在演化變遷過程中，當其「正反饋自生」的「動態」一面發展到臨界的極點之後，是返回到原先層次的「負反饋自穩」的「穩態」結構，還是躍遷到一個新層次上的「穩態」結構，這取決於該系統內外環境中的具體影響因素，而這些因素對系統演化變遷方向的影響往往是隨機的。在系統演變的關鍵時期，一些偶然性因素往往會影響系統變遷的方向和路徑。

15. 歷史學家黃仁宇（1918-2000）先生通過歷史直覺認識到人類歷史進程是以螺旋線的形式運行的。本書則是通過對人文、經濟、政治等社會子系統的結構考察，通過多種學科的系統綜合，從而論述了人類歷史的螺旋式演化規律。正是在這個意義上，本章所揭示出的社會演化思想也反映了本書的歷史哲學思想。

16. 政治是人類社會發展到一定時期所產生的社會結構，政治活動出現在社會產生階級對立和產生國家的時候，它總是直接或間接地同國家相聯繫。本書從系統角度對「政治」進行定義，政治是具有一定結構和功能的社會系統，它是由政權組織、公共權利和公共制度等要素組成的一個有機整體，其核心功能是通過對公共權利的組織、交換、分配和使用，對公共事務進行管理和協調；政治活動具體表現為社會中社群組織、公共組織和政權組織等組織，在憲法等公共制度的規範約束下共同處理公共事務的互動過程，其最終目的是通過公共權利的使用促進整個社會的持續進步與發展。

17. 從政治系統的外部環境來看，影響政治系統演化的具體因素包括國際、人文、經濟、科學、法制和教育等方面的因素，其中，來自國際方面的因素包括國際組織和其他國家的有關因素。從政治系統的內部環境來看，政治系統是一個由社群組織、公共組織、政權組織、社會知識、公共制度和公共權利等因素組成的有機系統。

18. 從政治系統運行的過程來看，政治系統成長演化的過程是一個不斷進行社會組織創新和政治進化的循環往復的過程。政治系統內部實際的運行過程可以分為「社會組織創新→社群組織→公共組織→政權組織→政治組織進化」和「社會觀念創新→社會知識→公共制度→公共權利→政治觀念進化」這兩條鏈，本書由此得到政治系統運行的一般結構圖。從社會經濟系統的角度來看，一個政治系統完整的生產關係應該由其內部的生產關係網絡和其外部的社會關係網絡共同組成。

19. 從社會系統外部環境來看，外部生態環境對社會供給資源要素是社會成長演化的必要條件；從社會系統內部環境來看，來自社會內部的人類需求是推動社會發展的原始動力。從國家這一層次的社會系統來看，影響社會發展的一般性因素是人類需求和資源供給，具體因素包括人文、經濟、政治、科學、法制、教育等因素。將影響社會發展的一般因素、具體因素與社會運行過程相結合，本書由此畫出社會發展動力因素關係圖。

在人類社會的演化過程中，社會系統在人類需求因素和資源供給因素的共同推動下，始終進行著「生態投入→資源產出→資源利

用→社會發展」的循環運行過程。從社會系統內部環境來看，一個社會系統的演化過程表現為人文系統不斷進行創生、分化、成長的過程，社會的經濟、政治、法制、教育、科學等子系統先後從人文系統中分化出來。

20. 在社會發展的動力系統中，如果人文、經濟、政治等子系統之間能夠互相配套、互相協調、互相支持，社會的整個動力系統就會發揮出「1+1≥2」的協同效應，從而就會推動社會的發展進步；相反，如果各個子系統之間互不配套、互不協調、互相抵觸，那麼社會的整個動力系統就會顯示出「1+1＜2」的負效應，從而就會阻礙或延緩社會的發展進步。

在社會系統的人文、經濟、政治三個子系統中，人文系統的核心調控機制是信仰和道德，經濟系統的核心調控機制是市場和政府，政治系統的核心調控機制是民主和法治。從人類社會的長期演化歷程來看，在社會發展的所有動力因素中，最重要的動力因素來自社會系統中的人文系統，而在人文系統中，人類精神境界的高低和社會道德的水平最終決定著一個社會的文明程度。

21. 在社會的成長發展過程中，分工與協同、分化與分層、漸變與突變是社會進行演化的重要機制。

（1）人類社會的第一次社會大分工是原始農業（包括種植業和畜牧業活動）從原始社會的採集—狩獵活動中分化出來；第二次社會大分工是手工業從原始農業中分化出來以及專業工匠階層的形成；第三次社會大分工是商業從農業和手工業中分化出來以及專業商人階層的形成；第四次社會大分工是公共組織從一般社群組織中分化出來，從而催生了社會管理階層和原始國家的誕生。

從更廣泛的社會意義來說，可以把社會分工理解為社會組織的分工和社會職能的分工兩個方面。從人類社會的長期歷史來看，無論是社會組織的分工，還是社會職能的分工，它們的演化過程都是一個逐級分化的歷史過程，它們分化的抽象形式是一個與自然界樹木的分叉相似的過程。把社會分工過程理解為一個自然分叉過程，這具有重要的認識價值，這至少有助於人們對社會分工過程建立數學模型，從而進行相應的形式化邏輯分析。

（2）社會分工能夠使一個社會系統的各個子系統向專業化、縱深化、精細化方向發展；社會協作能夠使社會系統中的各個子系統相互銜接、互相配合、協調發展。社會分工實際上是分叉律在社會發展中的一個具體表現，而社會協作是協同律在社會發展中的

具體表現。從長時段來看，一個國家的人文、經濟、政治、科學、法制、教育等子系統都在分叉律和協同律的共同作用下，不斷發生著從單一到多元、從低級到高級、從簡單到複雜的演變。

（3）社會分化至少有社會分工、社會分層和系統功能分化這三個最基本的維度。縱觀人類社會的歷史變遷就可發現，社會變遷是社會分化在這三個維度上的歷時性與共時性的漸次展開。社會分工是社會分層和系統功能分化的基礎與條件，是社會分化的前提。社會分工所導致的社會分化會引起社會結構的演變，當社會結構演變到一定程度時就會引起社會結構的分化，與社會結構分化相伴隨的是社會功能的分化。社會分化的結果是促成社會系統中誕生了新的子系統，從宏觀方面來看，就是社會產生了新的社會結構和新的社會功能；從中觀方面來看，就是社會產生了新的社會組織和新的專業部門；從微觀方面來看，就是社會產生了新的社會職業和新的個人角色。社會分工越精細，社會分化就越複雜。一方面，社會分工推動了社會變遷與社會發展；另一方面，社會分工也促進了人類理性意識的不斷增長。人類社會進化的過程，實際上就是社會系統不斷分化和重新整合的過程，同時也是社會結構與社會功能不斷優化和完善的過程。

（4）人類社會在演化過程中，社會系統的結構和功能都在逐漸發生變化，當變化量積累到一定程度時，社會內部各要素的性質將發生質變，從而引起社會系統的突變。社會系統演化過程中的漸變與突變是一個反復持續的過程，這一機制促使社會從一種狀態向另一種狀態演化、從一個層級向另一個層級躍遷。正是由於漸變與突變這一演化機制，從而使社會系統實現了從單一到多元、從低級到高級、從簡單到複雜的演化過程。

從社會創新的角度來看，社會演化過程是一個「間斷平衡」的過程，即一個相對較長的漸進創新過程被短期的突變創新所打斷，其後又是一個相對較長的漸進創新過程。一個社會系統正是通過在人文、經濟、政治、科學、法制和教育等各方面的間斷創新，從而實現了社會的發展和變遷。

22. 社會演化是外部壓力與內部動力綜合作用的結果。一個社會系統當外部的資源供給充分和內部人類發展需求強勁時，這個社會將向進化方向演化；當外部的資源供給不足和內部人類發展需求減弱時，這個社會將向停滯或退化方向演化。

23. 從社會系統發展角度來看，社會系統演化過程可以用「生態優化→人文系統→經濟系統→政治系統→社會發展」和「資源利用→科學

系統→法制系統→教育系統→文化進化」這兩條鏈來描述，由此可以畫出社會系統發展演化軌跡圖（即螺網圖）；在發展演化過程中，社會系統沿這兩條鏈的運行軌跡是兩條起點相同、逐漸擴展的螺旋線。本書的螺網圖以簡化而形象的方式描述了人類社會的演化歷史，它無論對人類認識社會進化機制、重新整合碎片化的知識體系，還是對指導社會實踐活動都具有重要意義。

24. 關於人類社會的發展動力問題，本書的基本觀點是，人類社會的發展動力是由人文、經濟、政治、科學、法制和教育等諸要素之間的合力共同決定的，在社會發展的不同歷史階段，其中的主導因素（或主導力量）並不是固定不變的，而是始終處於動態變換之中。

從宏觀時空的大尺度來考察，整個人類社會系統的長期演化機制遵循分叉律和協同律兩大基本規律，同時，社會系統又體現出了整體的複雜性、運行的週期性、結構的分形性等顯著特徵，其演化發展的總趨勢是從簡單到複雜、從無序到有序、從低級到高級，其演化的路徑軌跡是一條逐漸擴展的螺旋線。人類社會演化的總體圖景是一張多維動力交織、螺旋式發展的螺網圖！

人類社會在發展過程中，儘管其總趨勢是逐漸進步的，但這種總體的進步過程並不是簡單的、線性的進化，而是充滿了各種各樣的複雜性。人類社會系統整體的演化過程是分叉與協同、漸變與突變、量變與質變、有序與無序、進化與退化的統一。

我們把同一物種以協作方式組織起來的一群個體，稱為一個社會。這裡，「社會」實際上是生物學中的概念。人們通常見到的具有社會性的生物有螞蟻、蜜蜂等物種。本書這裡所探討的社會是指人類社會。國家是人類社會演化到一定階段的產物，現代社會一般都以國家的形式進行組織。

一、有關國家的概念

我們現代人都生活於具體的國家中，但是國家卻並不是從來就有的，它有個誕生、成長、演化的過程。所以，人們對國家的認識和定義也是隨著人類社會的發展而不斷變化的。

古今中外，不同時代、不同地域的人們對「國家」給出了不同的概念表述。例如，美國政治學家戴維·伊斯頓（David Easton，1917-2014）於 1931年就曾宣稱，他搜集到了 145 種關於「國家」的不同定義[1]。在秦朝之前的古

---

[1] 戴維·伊斯頓著，馬清槐譯：《政治體系：政治學狀況研究》，商務印書館 1993 年版，第 102 頁。

代中國，「國」和「家」具有不同的含義，人們稱諸侯的封地為「國」，稱卿大夫為首的貴族家族統治的地盤為「家」，而把天子統治的疆域稱為「天下」。秦始皇統一中國以後，實行中央集權制，「國家」遂與「天下」通用。在西方，「國家」最初是指古希臘的城邦[2]，在羅馬時代，人們把「國家」稱為「共和國」，中世紀稱「國家」為「王國」。1513 年，意大利政治學家尼可羅‧馬基雅維里（Niccolò Machiavelli，1469-1527）用「status」一詞表示「國家」，它含有「政權」的意思；他指出，國家是「一切政體的總體名詞」[3]。恩格斯指出，「國家是社會在一定發展階段上的產物」，是緩和社會矛盾和階級衝突並「把衝突控制在秩序的範圍之內」、「從社會中產生但又自居於社會之上並且日益同社會相異化的力量」[4]。列寧則認為「國家是階級統治的機關，是一個階級壓迫另一個階級的機關。」[5] 德國社會學家馬克斯‧韋伯指出「國家是在某一特定的領土範圍內能夠宣稱合法地壟斷強制力的人類集團。」[6]他對「國家」的定義強調了國家作為強制性機構的一面。美國政治學家西達‧斯考克波爾（Theda Skocpol）主張擴展「國家」的內涵，他認為國家除了強制性以外，還有社會管理與社會服務的職能；他在研究國家與社會革命的關係時指出：「我們只有嚴肅地把國家視為一種宏觀結構，才能正確理解社會的革命性轉變的意義……強制與管理機構不過是全部政治體系的一部分。這些體系中可能還包括社會利益在國家制度中得以表達的機構和制度，以及動員非國家行為者參與政策實施的機構和制度。當然，強制與管理機構依然是國家權力的基礎」[7]。中國學者唐士其指出：「國家是在特定的領土範圍之內，根據某些確定的原則，通過合法壟斷強制力而對該領土範圍內的全體居民進行協調、組織與管理的各種機構及其運行規則的總和」[8]，他對「國家」的這一定義概括了現代國家的實際行為，具有時代特徵。[9] 從有關「國家」的概念變化來看，清晰地顯示出人們對國家的認識和定義是隨著社會的發展而不斷變化的。

關於現代國家的概念，我們可以從狹義和廣義兩個方面進行定義。狹義的國家是指在特定地域空間內，以社會公共權力為基礎，以協調社會各階層

---

[2] 古希臘的城邦「Polis」一詞，是指構築圍牆從而形成可以守衛的社會共享空間，它具有公共權力和地域空間這兩層含義。在古希臘人的觀念中，城邦就是國家，它包括了社會生活的政治、經濟、文化等各方面的實際內容。

[3] 馬基雅維里：《君主論》，商務印書館 1985 年版，第 3 頁。

[4] 《馬克思主義經典著作選讀》，人民出版社 1995 年版，第 140 頁。

[5] 列寧：《論國家》，人民出版社 1985 年版，第 59 頁。

[6] Max Weber, Essays in sociology, Translated and edited by H.H. Gesth and C.Wright, London: Routllege and Kegan Paul, 1970,p.78.

[7] Skocpol, *State and social revolution,* Harvard university press, 1985,p.29.

[8] 唐士其：《國家與社會的關係》，北京大學出版社 1998 年版，第 32 頁。

[9] 本段文獻轉引自：馮志峰，〈國家起源說的博弈和博弈的國家起源說〉，《文學界（學術版）》2008 年第 8 期。

權利分配、保障社會群體共同利益為目的，進行社會管理與社會服務的權利體系。廣義的國家是指在特定地域空間內，以一定的人類群體為基礎，以消除社會衝突、建立社會合作、維護社會秩序、促進社會發展為目的，由政治、經濟、文化等相互聯繫、相互作用、相互制約的要素組成，具有一定結構和功能的綜合性社會組織系統。現代國家是國際法的基本主體。

本書基於整體的思維，從系統論的角度認為，國家是個人工複雜巨系統，它除了具有一般系統所具有的整體性、層次性、相關性和環境適應性等特徵外，還體現為結構複雜、關係複雜和行為複雜，是一個動態、開放的複雜系統。作為一個複雜的巨系統，國家的功能是豐富多樣的，但其基本功能是協調系統內外環境各社會群體、不同階層的利益關係，平衡人類社會與自然環境之間的衝突，促進人類社會與自然環境的協同進化和持續發展。自西方「文藝復興」以來，「人類中心主義」思想曾一度廣泛影響了世界各國的發展，但鑒於工業革命之後人類社會對自然環境所造成的嚴重破壞已經開始制約人類社會的可持續發展，因此，我們需要對「人類中心主義」思想進行深刻反省和認真思索。本書的基本主張是：摒棄以往的「人類中心主義」思想，弘揚中華傳統文化中的「天人合一」思想，建立人類社會與自然環境的和諧關係。任何一個民族國家，其創建國家的最終目的應該是促進人類社會的可持續發展。也就是說，任何民族創建國家的目的在於，在兼顧自然環境和其他社會發展的同時，為本國人民創造幸福生活。

二、原始國家的誕生過程

原始國家的出現是人類社會發展史上的里程碑，標誌著人類社會從自然狀態進入到較高級的文明狀態。原始國家的出現也是人類進化史上的重大事件，它的出現標誌著人類從自然人階段進化到社會人階段。下面就簡要描述一下人類原生型國家的產生過程。

在原始社會，為便於抵禦猛獸襲擊和進行協作捕獵，人們就結成一定規模的社會群體，過著群聚生活。一般認為，人類社會最初的社群組織，其最小單位是氏族。這裡，社群組織是一個超越核心家庭組織以外，包括氏族、胞族、部落等組織在內的亞層社會組織。所謂「亞層社會組織」，是指其社會組織水平低於國家層次的組織水平，其社會規模也小於國家層次的社會規模，在國家形成之前，它是處於主導地位的社會組織形式，在國家形成之後，它是組成國家的眾多構成因素之一。從人類社會的進化歷程來看，社群組織最初是由原始人群組成的氏族公社，社群組織的成長演化表現為氏族公社的組織分化和演化。所以，我們可以通過分析氏族公社的演變歷史來分析原始社群組織的變遷過程（具體見下文所述的原始國家誕生過程）。

氏族是由類人猿的群體轉化而來的人類第一個比較正式的社會組織形式。比氏族規模更大的社群組織包括胞族、部落、酋邦等。氏族是指成員出自一個共同祖先、以血緣關係為紐帶而形成的社會經濟單位，又稱氏族公社。胞族是指由幾個具有血緣聯繫的不同氏族結成的社會共同體。部落是指生活在一定地域的由幾個氏族或胞族聯盟而形成的社會共同體。酋邦是指在原始社會晚期國家產生之前人類社會的一種大型組織形態，一般由部落聯盟組成。人類學研究表明，人類社會的婚姻形態先後經歷了集團婚、對偶婚和個體婚三種形式，與這三種婚姻形態相對應的家庭制度分別是群婚制、對偶婚制（包括「一妻多夫制」和「一夫多妻制」）和個體婚制（即「一夫一妻制」）。在氏族社會形成之前，人類過著群婚亂倫的野蠻生活。進入氏族社會時期以後，人類社會先後經歷了母系氏族社會和父系氏族社會兩個階段[10]，大約在銅石並用時期，由於私有制的產生和發展，氏族社會逐漸解體。在母系氏族社會時期，社會的整個家庭組織是圍繞母系血緣關係而建立的，當時實行「一妻多夫制」的家庭制度，人們只知其母而不知其父。在母系氏族公社中，婦女在社會經濟生活中居於支配地位，所以家族世系按母系來計算，家族財物也歸母系血緣親族來繼承。隨著社會生產力的進一步發展，男子在社會經濟生活中逐漸處於支配地位，人類的家庭制度也開始由「一妻多夫制」逐漸向「一夫多妻制」的形態過渡，男女居住方式也由母系氏族社會的「夫從妻居」轉變為父系氏族社會的「妻從夫居」，最終家庭關係中的母權制遂被父權制所取代。在父系氏族社會時期，男子是維繫整個氏族的中心，社會的整個家庭組織是圍繞父系血緣關係而建立的，所以家族世系按父系來計算，家族財物也由父系血緣親族來繼承。氏族公社的主要特徵是：依靠血緣紐帶維繫，有婚配禁忌（在氏族內禁止長輩與晚輩之間、兄弟姐妹之間婚配，甚至禁止與祖母或祖父最遠的旁系親屬婚配），實行族外婚配；生產資料歸氏族公有，成員地位平等，集體勞動，平均分配產品；公共事務由選出的氏族長管理，重大事務（如血親復仇、收容外族人等）由氏族成員組成的氏族會議決定。氏族公社在共同經濟生活的基礎上形成了共同的語言、習慣和宗教信仰，他們往往用一種動物或植物作為本氏族的圖騰標記。

　　關於母系氏族社會和父系氏族社會的問題，也有些學者認為這兩種形式不是社會發展的前後兩個階段，而是兩種同時並存的社會組織類型。美國政治學家弗朗西斯·福山（Francis Fukuyama）指出，父系社會普遍存在於中國、

---

[10] 瑞士法學家巴霍芬（Johann Jakob Bachofen，1815-1887）於 1861 出版的《母權論》一書中最早提出，在原始社會早期人類家庭形式曾存在過一個母權階段，並論證了母權制先於父權制存在的觀點。德國思想家恩格斯（F. V. Engels）肯定了巴霍芬的這一觀點，並認為這是家庭史研究中的一個革命。參見：恩格斯，《家庭、私有制和國家的起源》1891 年第四版序言；《馬克思恩格斯選集》（第 4 卷），北京：人民出版社 1995 年版，第 5-8 頁。。

印度、中東、非洲、大洋洲、希臘和羅馬等地域的社會中；母系社會比較罕見，但仍出現在世界一些地域，如南美洲、美拉尼西亞、東南亞、美國西南部、非洲[11]。在巴布亞新幾內亞，高地居民是父系社會，而很多沿海群體卻是母系社會[12]。

由於農業、手工業和商業三次社會大分工的發展，使人類社會的社會生產力得到較大提高，從而為人類社會生育更多人口奠定了物質基礎。在原始社會的人口生產活動中，一方面，由於氏族公社實行族外婚配制度，氏族之間出於相互通婚的需要，一個氏族就會與相鄰的一個或幾個氏族建立緊密的聯繫，從而組成一個部落或部落聯盟；另一方面，在一個氏族公社內部，隨著人口的不斷繁衍增長，一些子族便從原來的氏族公社中分離出來，形成一個「大氏族」或胞族，隨著這些「大氏族」或胞族人口的不斷繁衍增長，從而就會形成一個又一個「大氏族」或胞族，這些「大氏族」或胞族緊密聯繫，就會形成一個部落或部落聯盟。人類社會的這種由於婚姻關係而建立的社會聯繫，是推動社群組織規模不斷擴大的一個重要原因。其中，人類社會的婚配禁忌、族外通婚等婚姻制度發揮了重要的作用。無論是在氏族之外由兩個或兩個以上氏族由於通婚而聯合成部落，還是由氏族內部由於繁衍發生分化而組成胞族、再由胞族而衍生成部落，實際上都是這種婚姻制度不斷得到鞏固和傳承的結果。正是由於這種婚姻制度的不斷鞏固，才使人類的婚姻關係遠離了族內婚而不是回到族內婚，正是這種婚姻制度的不斷傳承，才使人類社會區別於其他靈長類動物而進一步擺脫了以往的野蠻狀態。

在氏族社會時期，人們經常需要處理一些屬於氏族內部的公共事務，如召集氏族會議、分配獵物、組織慶典、埋葬族人、宗教祭祀等。隨著社會規模逐漸由氏族、胞族向部落、酋邦等大型化方向發展，社群組織中的公共事務也日趨增多和複雜，參與公共事務的人員也隨之不斷增多，最後這些人員逐漸從生產活動中分化出來，形成了專門從事公共事務的公共組織。在原始社會時期，社會中不直接從事農業和手工業生產活動的人員，除了專業化商人以外，主要是從事公共事務的公職人員（如部落首領、宗教祭司等）。這一社會階層的形成，為私有制的形成奠定了組織基礎。根據美國文化人類學家路易斯·摩爾根對處於原始野蠻時期的美洲易洛魁人的研究，氏族公社的公共組織和公職人員包括公民大會、酋長和軍事首領。「公民大會是氏族所有成員參加的群眾集會，它是氏族的最高權力機構。氏族內部和外部的一切重大決策，都由公民大會討論決定，其中包括選舉、罷免酋長和軍事首領，處理

---

[11] 弗朗西斯·福山著，毛俊傑譯：《政治秩序的起源——從前人類時代到法國大革命》，廣西師範大學出版社 2012 年 10 月第一版，第 55-56 頁。

[12] 埃爾曼·塞維斯（Elman R Service）：《原始社會組織：進化的視角》英文版，第 110-111 頁。轉引自福山上書第 485 頁第 28 條注釋。

氏族成員間的糾紛和訴訟，決定向外氏族進行血親復仇以及接收外族人等。酋長兼最高祭司和軍事首領是常設的公職人員。這種職位並不固定在某些人身上，而是由全體氏族成員根據人們的德行和才幹選舉產生的，並且可以隨時罷免。酋長的權力是父親般的、純粹道德性質的。軍事首領的權力也很有限，僅在戰爭時帶領武裝群眾和發佈命令。在更高級的社會組織——胞族和部落中，大體也是這樣」[13]。公共組織從一般社群組織中分化出來，這是一個漫長的歷史過程，它大致經歷了世襲貴族和政府官吏兩個階段。在第一階段，氏族公社的公共權力由氏族會議轉移到氏族中的少數貴族，與此相聯繫的權力組織制度也從原始民主制逐漸轉變成貴族特權制。在這個階段，公共職能從氏族公社中分離出來，逐漸固定在少數顯貴家族範圍內，最後變成這些貴族的專職和特權。起初，氏族首領或部落酋長還保留著過去民眾選舉的傳統，後來便取消了選舉這一表面形式，改由一定家族世襲這些職位。在第二階段，公共權力由世襲貴族轉移到由酋長、軍事首領等轉化來的政府官吏，與此相聯繫的權力組織制度也從貴族特權制轉變成具有階級性的政府集權制。通過這兩個階段的演變，社會的公共職能從一般社群組織中分化出來，變成了凌駕於整個社會之上的政權組織的基本職能。公共職能的演變和政權組織的形成，最終導致國家的誕生。國家產生之後，政權組織「一方面把社會公共職能完全集中在一個特殊階級範圍內，造成一批在社會中專幹行政事務並享有特權的官吏，另一方面又徹底改革了過去的權力機構，增設了常備軍、監獄、行政機關等一整套龐雜臃腫的公共機關和職能。這個階段，公共職能同社會具體勞動的分離得到最後完成，公共職能的性質也發生了本質性的變化：人民公僕變成社會主人，公共機構變為剝削、壓迫勞動人民的暴力工具」[14]。

20 世紀 70 年代末 80 年代初以來，中國學術界在中國文明起源和國家形成時間等問題上主要分為兩種觀點。一種觀點認為，中國古代文明和國家形成於夏代之前的「五帝時代」，其中有人主張是距今 5000-4000 年前的龍山文化時代，有人則主張是龍山文化之前的大汶口文化或紅山文化時期；另一種觀點認為，中國古代文明和國家形成於夏代，或考古學上的二里頭文化時期。這兩種觀點都是從考古學與歷史學相結合的角度進行論述的，但主張第一種觀點的人愈來愈多，已逐漸成為一種主流觀點。[15] 例如，美籍華裔考古人類學家張光直（1931-2001）就指出，從公元前 3000 年左右的龍山時代初期開始，在中國的黃河流域、長江流域和東海岸地區的平原河谷中分佈著成千上萬的大小古國，這些古國的內部已經存在階級分化，上層統治階級對下層階

---

[13] 劉佑成：《社會分工論》，浙江人民出版社 1985 年 5 月第一版，第 55 頁。

[14] 劉佑成：《社會分工論》，浙江人民出版社 1985 年 5 月第一版，第 57 頁。

[15] 王震中：《中國古代文明的探索》，雲南人民出版社 2005 年版，第 2-49 頁；參見《中國文明起源研究的現狀與思考》一文。

級存在經濟剝削，而在古國與古國之間存在著鬥爭，他們通過戰爭的方式將敵國的物質財富和人力資源據為己有[16]。考古學研究發現，在仰韶文化後期、紅山文化後期、大汶口文化中後期和龍山文化時期，各地挖掘的墓葬反映出當時社會已出現了貴族階層和社會貧富分化；早在龍山時代之前的大溪文化晚期和仰韶文化晚期，城邑已經出現，而在龍山時代，各地普遍都有城邑崛起，城內建有宮殿等高大建築物；這一時期，在許多地方都發現了被稱為「刻化符號」或「陶文」的文字或符號；許多地方還發現了冶煉銅器，江浙地區的良渚文化則以豐富的玉器為特色。這些證據都表明，在龍山文化時期，在華夏大地上就誕生了一批規模不大、小國寡民式的原始「邦國」（對於這些簡單的原始國家，有些學者也將它們稱為初始國家或族邦）。龍山文化時期，華夏大地上已出現一批「邦國」這一情況，與史書中稱堯舜禹時期為「萬邦」的描述是比較吻合的。當然，在所謂的「萬邦」中，其中有些社會群體已演化進入原始國家層次，有些社會群體只發展到「酋邦」（酋長制族落）社會，而有些社會群體還停留在部落社會。[17]

沈長雲和張渭蓮從歷史與考古整合的角度研究指出[18]，中國最早產生的國家，普遍存在著由各種血緣親屬關係結成的社會組織；中國古代早期國家的產生路徑，與古希臘羅馬奴隸制國家的產生路徑不同，中國古代早期國家產生過程中沒有經歷軍事民主制，氏族社會中各級管理人員因權力集中而形成了一個統治階級，這使中國古代早期國家的基本階級結構和社會形態也不同於古希臘羅馬奴隸制國家；他們指出：「我國古代國家的形成走的是原始共同體內部各級職事人員因其管理職能的『獨立化』傾向，而由『社會公僕』發展成為『社會的主人』，從而演變成為對共同體普通成員進行奴役的統治者階級的道路」[19]。他們指出，在夏代以前，中國各文明先進地區的社會進化經歷了由平等的氏族社會向不平等的氏族社會發展的歷程，這不平等氏族社會的基本組織就是現代人類學者所稱的「酋邦」，他們認為，中國古代文獻中「天下萬邦」或「天下萬國」的「邦」和「國」，其內部和外部結構均符合「酋邦」的特徵；到龍山文化晚期，在黃河下游出現了堯、舜、禹酋邦聯合體，經過「大禹治水」這一公共工程以後，諸侯權力開始上升，從而使他們由「社會公僕」轉變為「社會主人」；他們認為，「塗山之會」是禹確定王權建立夏王朝的重要標誌；對於中原夏商周之外其他地區的早期國家，他們選取古蜀王國進行了重點研究，他們認為「三星堆文化」所代表的社會已發展到早期國

---

[16] 張光直：〈中國古代王的興起與城邦的形成〉，《燕京學報》，1997 年第 3 期。

[17] 本段文獻整理自：王震中，〈中國文明與國家起源研究中的理論探索〉，《中國社會科學院研究生院學報》2011 年第 3 期，第 120-128 頁。

[18] 沈長雲、張渭蓮：《中國古代國家起源與形成研究》，人民出版社 2009 年 4 月第 1 版。

[19] 沈長雲、張渭蓮：《中國古代國家起源與形成研究》，人民出版社 2009 年 4 月第 1 版，第 70 頁。

家階段。

王震中先生研究指出，在夏代之前的萬邦時期，堯、舜、禹各自所統治的社會實體都是初始國家形式的「邦國」，而中原地區曾有過的堯舜禹聯盟，實際上是「邦國聯盟」或「族邦聯盟」。也就是說，堯、舜、禹具有雙重身份，他們既是自己邦國的邦君，又都曾先後擔任過邦國聯盟的「盟主」或「霸主」。他認為，夏、商、周三代王朝之王的「天下共主」地位，就是由堯舜禹聯盟時期的邦國「盟主」或「霸主」轉化而來的。夏代之前龍山文化時期的國家是中國最初出現的原始邦國，夏代則屬中國第一個以王國為核心的多元一體的統一王朝國家。為此，他把中國古代國家形態的演進劃分為三大階段：邦國（顓頊堯舜禹時期）——王國（夏商周三代）——帝國（秦至清朝）；與此相對應的國家結構也可分為三種形態：單一制的簡單邦國——複合制多元一體的王朝——郡縣制結構的統一國家。[20] 按照他的解釋，邦國與王國的區別主要在於社會組織中有無王權的存在；邦國可以沒有王權或僅有萌芽狀態的王權，邦國中強制性權力經過進一步發展後就形成了王權，所以邦國形態的進一步發展就是王國形態，當王權出現以後，一個社會的權力系統才真正呈現出金字塔式的結構；在王國中，君王位於權力的頂點，君王與臣下的差別是結構性的、制度化的；從夏、商、周諸王朝的情況來看，這種王權是在家族或宗族的範圍內世襲的；在邦國發展到王國的過程中，戰爭發揮了重要作用，戰爭使邦國中處於萌發狀態的王權獲得發展，從而促進了社會由邦國走向王國的進程[21]。從公元前 3000 年第一批邦國出現到夏王國建立（約公元前 22 世紀末），大約經歷了 900 多年的時間。夏王國建立之後，華夏大地上就出現了多元一體的社會格局，整個社會的政治實體表現為多元化、多層次並存的特點，既有位於中原地區的王國，也有各地的諸多邦國，還有酋邦型社會，甚至也有原始的氏族部落社會。

據張光直先生研究指出，在夏代之後，各邦國（或酋邦）之間通過戰爭的方式相互兼併，到約公元前 11 世紀西周開國時，邦國（或酋邦）的數量已經減少為一千二百個，到戰國時（公元前 475 年）只剩下了七個諸侯國。在夏代和商代，社會組織進一步分化為不同的等級，公共組織和政權組織逐漸產生，一直到商代末期，建立在家庭血緣聯繫上的社群組織仍然是中國社會組織的主要形式。到周代時，社會組織的結構發生了顯著變化，公共組織中湧現出了常備軍隊和行政機構，真正的國家政權組織才最終形成。[22] 自夏朝建立開始算起，從王國形式的社會組織發展到比較正式的國家組織，大約經

---

[20] 王震中：〈夏代「複合型」國家簡論〉，《文史哲》2010 年第 1 期。

[21] 王震中：〈中國古代文明和國家起源研究中的幾個問題〉，《史學月刊》2005 年第 11 期。

[22] 弗朗西斯・福山著，毛俊傑譯：《政治秩序的起源——從前人類時代到法國大革命》，廣西師範大學出版社 2012 年 10 月第一版，第 99 頁。

歷了 1000 多年的時間。中國早期的諸侯國，脫胎於部落中的家庭組織。周朝早期的中國社會，整個社會的土地及定居於此的民眾為一系列封地君主和其親戚團體所擁有，這些土地和民眾是可被傳給後裔的家族財產，每個占統治地位的宗族都可以徵兵徵稅，並作出自認妥善的司法裁決；即使在春秋時期，當時的國家仍像一個放大了的家庭，諸侯國的君主統而不治，卿大夫們不是君主的親戚就是顯赫家庭的家長，貴族與君主之間的權力等級差距並不十分巨大[23]。

路易斯・摩爾根在《古代社會》（1877）一書中指出，古代社會中公共職能的演化過程是：「在開化時期的低級階段為酋長會議一權制；在開化中級階段為酋長、軍事首領二權制；在開化高級狀態中則是酋長會議、人民大會和軍務總指揮官三權制。」[24] 隨著人口彙集和公共事務的增加，這些最初的公共職能就進一步獨立、分化，最終就形成了完全與社會脫離的一套複雜機構。在中國古代社會，公共組織和公共職能從社群組織中逐漸分化的過程與西方社會大致相同。傳說在上古時曾有堯、舜、禹相繼禪讓的事情，這說明中國古代最初的公共職能不是世襲的，當時公共權力沒有固定在某一部分人手中。後來，從有文字記載的時期起，社會的公共權力才變成部落貴族的特權，到西周時才形成所謂的「天子」、「諸侯」等稱謂。在中國的原始社會時期，由於社會分工不夠充分和發達，整個社會沒有建立起超出家族宗法關係的民主制政權組織，國家政權始終建立在家族宗法關係的基礎上，這就造成中國歷史上歷代王朝都是「家天下」的基本格局。

在原始國家誕生、成長和演化的過程中，人類社會精神意識的成長和演化是一個很重要的方面。人們在紅山文化、良渚文化等文明遺址中都發現了大型的祭祀遺跡，這些實際上就是當時人們進行宗教活動的場所。人們所修建的宗廟祠堂就是當時社會的公共產品，其中包含著人們的精神信仰和宗教生活。人們的祖先崇拜、生殖崇拜、祭祀、祭奠、巫術等活動，是原始宗教內容在各方面的展開。在早期的國家中，人們往往將宗教意識與公共權力緊密地結合在一起，從而使兩者共同發揮著社會團結的重要作用。在夏商時期，當時的國家統治具有神權政治的特點，社會的公共管理活動往往與宗教活動聯繫在一起。直到商代時，整個社會依然彌漫著濃厚的宗教氣氛，當時由於占卜的需要，人們留下了大量甲骨文字。當然，殷人占卜敬神主要是借助占卜等巫術活動來統一社會各階層的思想，從而將商王的意志神聖化，以達到鞏固王權、加強國家統治的目的。人們在宗教活動中的禮儀規範，後來約定

---

[23] 弗朗西斯・福山著，毛俊傑譯：《政治秩序的起源——從前人類時代到法國大革命》，廣西師範大學出版社 2012 年 10 月第一版，參見第 108 頁、第 106 頁。

[24] 劉佑成，《社會分工論》，浙江人民出版社 1985 年 5 月第一版，第 58-59 頁。

俗成為一個社會群體的社會制度，這些制度又逐漸演變成早期國家的「禮制」。據張光直研究，在夏商周三代時期，當時社會中宗族的活動儀式已被編纂成一系列法律，這些儀式涉及對共同祖先的崇拜，在祭有祖先神位的廟堂舉行，廟堂內分割不同的祭殿，對應不同層次的宗族，宗族領袖掌控儀式以加強自身權力；如果有人未能正確遵守儀式或命令，將會引來國王或宗族領袖的嚴苛處罰[25]。中國社會在西周以前，宗教一直統治著整個社會，宗教意識調整著社會中人們的行為規範，西周初年的「宗教改革運動」，導致宗教意識形態失去對社會的統治地位，與宗教活動相聯繫的「禮制」則從宗教中獨立出來，再加上周人的整套意識形態解釋，從而構成了西周時代的社會行為規範，與此同時，原來的宗教法器也變成了象徵國家權力的禮器[26]。

在國家的誕生、成長和演化過程中，同時伴隨著人類社會的人口生產、精神生產和物質生產活動，這三種生產活動實際上是緊密聯繫、相互作用、相互影響的。人們正是在社會交往中逐漸發明了語言、文字，正是在日常生產生活中創造了宗教信仰、倫理道德和家庭制度等。隨著社會生產力的發展和剩餘產品的增多，使一些專門從事宗教、哲學、文學和藝術等精神生產的人群逐漸從具體的生產活動中分化出來。在原始社會，人類的精神文化活動主要是宗教祭祀活動和原始藝術活動。史料表明，人類社會中精神生產與物質生產的分工，產生於階級社會的初期，精神生產活動主要是從社會公共職能中派生出來的。最初專門從事精神生產的公職人員是祭司和史官，中國最早的書籍《尚書》和《易經》的內容就表明了這一點。中國古代偉大哲學家老子（約公元前 571 年—約公元前 471 年）就曾做過周朝的「守藏史」。東漢歷史學家班固（32-92）認為，諸子百家都在王室中做過官吏；他在《漢書·藝文志》中說：「儒家者流，蓋出於司徒之官。」「道家者流，蓋出於史官。」「陰陽家者流，蓋出於羲、和之官。」「法家者流，蓋出於理官。」「名家者流，蓋出於禮官。」「墨家者流，蓋出於清廟之守。」「縱橫家者流，蓋出於行人之官。」「雜家者流，蓋出於議官。」「農家者流，蓋出於農稷之官。」「小說家者流，蓋出於稗官。」後來，一些文士開始在民間講學、培養弟子、編撰書籍等，一些專門的文人階層才逐漸形成。在中國古代，自從孔子（公元前 551－公元前 479）首開私人辦學這一先河之後，真正從事獨立精神生產活動的中國知識分子階層才形成。中國最早的專職藝人是宮廷舞女、樂師、奢侈藝術品工匠等，他們是因統治階層的娛樂需要而產生的。

在人類社會發展過程中，科學技術的進步是一個重要的推動因素。人類

---

25 弗朗西斯·福山著，毛俊傑譯：《政治秩序的起源——從前人類時代到法國大革命》，廣西師範大學出版社 2012 年 10 月第一版，第 99-100 頁。

26 尹弘兵：〈關於中國文明起源研究的若干問題〉，《社會科學》2007 年第 4 期。

科學技術的進步實際上是人類利用自然物質為自己所用的過程，其中最重要的一個方面是創造工具及對工具的不斷改進。從製造工具的材料來看，竹木、石塊、動物骨骼等是人類最早利用的材料，後來，人們發明了陶器（這是對泥土的新利用，主要用來製作碗、罐等生活用具），此後人們又發明了冶金技術，銅、錫、鐵等金屬又先後成了人們製作工具的新材料。1989 年，在江西新幹縣大洋洲的商代大墓中出土了 475 件商代中後期的青銅器，其中，有6 種 75 件屬於手工工具，有 12 種 68 件屬於青銅農具；這些出土的青銅工具表明，中國社會至少在公元前 1300 年前後的殷商後期，青銅就被應用於生產活動中了[27]。金屬材料的利用，不斷改進著各種工具的質量和性能，而生產工具的不斷改進又提高了人類社會的物質生產效率。例如，由於金屬銅比石塊更有可塑性，人們用金屬銅可以製造出更輕便、更複雜的各種工具，而鐵比銅更堅硬，人們用鐵可以製造出更鋒利的刀、犁等工具，鐵製工具顯然比銅製工具更有效率。所以，每次新材料的發現和利用都在不同程度上提高了人類的物質生產效率。每次物質生產效率的提高，使人們能夠在同等人力、物力條件下生產出更多的剩餘產品用於交換，這直接推動了商品交換活動的擴張和繁榮，而擴張後的商品交換市場又刺激了農業和手工業的發展，進而推動農業、手工業和商業的分工深化和專業發展，這實際上是一個互動循環的過程。

　　人類社會的物質生產活動與精神生產活動是緊密相關、相互影響、相互促進的。一方面，人類物質生產活動本身就是精神生產活動的直接結果（如新材料、新工具的發明創造本身就是人類對自然物質認識的結果）；另一方面，人類物質生產活動又促進了精神生產活動不斷豐富和深化（這不但表現在人類對自然存在物認識的豐富和深化上，同時也表現在人類對自身及社會認識的豐富和深化上）。考古發現，中國最早的冶鐵技術產生於公元前 5 世紀春秋時代的早期，至少到戰國時代時鐵器使用已推廣到當時社會生產和生活的各個方面[28]。所以，自春秋時代起，中國社會就開始逐漸進入鐵器時代。在戰國時，諸侯爭霸，各國對鐵製兵器的需求激增，這不但推動了冶鐵技術的進步，同時也促進了鐵器的普及。我們知道，中國古代思想史上著名的「諸子百家」就活躍在春秋戰國時期，從物質生產與精神生產互動的角度來看，「百家爭鳴」發生在這一時期顯然不是孤立的、偶然的社會現象。所謂的「諸子百家」，具體包括儒家的孔子、曾子、孟子、荀子等；道家的老子、子華子、列子、莊子、彭蒙、尹文、田駢、環淵、楊朱等；法家的管仲、子產、晏子、李悝、商

---

[27] 王東：《中華文明論——多元文化綜合創新哲學》，黑龍江教育出版社 2002 年版，第 683 頁。
[28] 韓汝玢、柯俊主編：《中國科學技術史》（礦冶卷），科學出版社 2007 年 5 月第一版，第 364-370 頁、第 362 頁。

軼、申不害、慎到、李斯、韓非等；兵家的孫武、司馬穰苴、孫臏、吳起、尉繚、魏無忌、白起等；縱橫家的鬼谷子、張儀、蘇秦等；墨家的墨子、禽滑釐、孟勝、田襄子等；名家的鄧析、惠施、公孫龍、桓團等；陰陽家的鄒衍等；醫家的扁鵲；農家的許行；雜家的呂不韋；此外，還有以收錄神話、傳說、地理、物產、巫術、宗教、民俗、民間軼聞等為著作內容（如《山海經》）的小說家。僅從「諸子百家」所涵蓋的大致類別來看，我們就會發現當時精神生產的範圍是多麼寬廣，幾乎涉及人類思想文化的方方面面。

通過以上對原始國家誕生過程的描述，我們可以看到，原始國家的誕生過程是一個社會組織不斷分化、社會結構分層化、社會功能多元化的過程。一方面，社會組織發生著從「社群組織→公共組織→政權組織」的分化；另一方面，社會形態發生著從「氏族社會→部落社會→酋邦社會」的逐步演化，同時伴隨著人類社會在人口生產、精神生產和物質生產方面的不斷進步。當然，上面只描述了原生型國家誕生的一般演化模式，由於人類社會的多樣性和複雜性，這就決定了世界不同地區國家形式的多樣性。例如，在歐洲誕生了古希臘式的民主制國家，而在東方卻誕生了古中國式的集權制國家。

三、國家系統的環境、要素和結構

下面，我們分析一下現代社會中國家系統的內外部環境、組成要素和一般結構。

1、國家系統的內外環境

國家存在於一定的自然環境和社會環境之中，它既有外部環境，也有內部環境，無論是其外部環境還是內部環境，都具有一定的層次性。

（1）國家系統的外部環境

國家的外部環境是指存在於國家領土邊界之外，對國家行為活動產生影響的所有因素的集合。國家的外部環境包括自然環境和社會環境。這裡的社會環境主要指由其他國家以及國際組織組成的社會系統（或國際系統）。從系統的角度來看，國家是人類社會這個大系統的組成單位。整個人類社會是由全世界所有國家以及國際組織組成的集合。目前，在世界上除了存在大約兩百個主權國家以外，還有大約一萬個國際或政府間組織，有一千多家跨國公司，它們形成了呈網絡狀結構的國際體系；這些國際組織包括聯合國、歐洲聯盟、獨立國家聯合體、東南亞國家聯盟、阿拉伯國家聯盟、加勒比國家聯盟、美洲國家組織等國家共同體，此外，還有世界貿易組織、世界衛生組織、國際金融組織、世界航運組織、世界航空組織、國際奧林匹克委員會、國際

足球聯合會等國際性經濟文化組織[29]。自然環境是指人類社會賴以生存的由地球表層、大氣層和地磁場等組成的空間，它可以分為土壤圈、水圈、生物圈、大氣圈等組成部分。從宇宙的更廣視域來看，地球本身也是一個自然系統。從縱向層次來看，包含地球的外部系統由地月系統、太陽系系統、銀河系系統三個層次構成，其更外層還有河外星系、總星系等更大的自然系統。

影響國家發展的外部因素既有來自社會環境（國際系統）的因素，也有來自自然環境的因素，但來自社會環境的因素最多，具體包括其他國家和國際組織在政治、經濟、人文、科學、教育、法制等方面的影響。在人類歷史上，社會群體之間的戰爭、貿易、人口流動、文化交流等因素曾極大地影響了不同國家的文明發展進程。同時，我們也不能忽視氣候變遷、自然災害等自然因素對社會發展所施加的重要影響。

（2）國家系統的內部環境

國家的內部環境是一個由人文、經濟和政治等要素組成的有機系統，系統內部各要素之間相互聯繫、相互作用、相互影響，構成了複雜的網絡關係。國家內部環境具有一定的層次結構和功能結構，它將隨著國家的動態變化而不斷變化。

從人類社會發展的歷史過程來看，國家經歷了一個從無到有、從簡單到複雜、從低級到高級的演化歷程；在這個過程中，組成國家的各要素同樣也經歷了一個從無到有、從簡單到複雜、從低級到高級的演化歷程。

國家系統的內部環境為什麼是由人文、經濟和政治等要素組成的？或者說，為什麼人文系統、經濟系統和政治系統這些系統是組成國家系統的子系統？

要回答這個問題，我們必須要從社會發展的基本前提和社會生產活動來分析才行。我們知道，一個人類群體要求得生存，他們必須要做兩方面的事情：一是進行食物、衣服和住房的生產（也即從事物質產品的生產活動），以維持個體生存的需要；二是進行種族繁殖（也即從事人口本身的生產活動），以維持群體生存的需要。在原始社會，人類除了要面對地震、冰雹、洪水和野火等自然災害以外，還需要與虎、豹、豺、狼等各種猛獸搏鬥，在與這些環境中的險惡因素鬥爭時，單獨的個體之間結成相互協作的群體顯然更加有利於人類的生存。正是在物質生產活動、種族繁殖活動以及與環境因素的鬥爭過程中，人類逐漸增長了對周圍環境和自身的認識，從而不斷提升著人類自身的智慧和文明程度。人類由野蠻逐漸走向文明的過程，實際上也是人類發現知識、積累知識、傳遞知識的過程。與從事物質產品的生產活動相比，

---

[29] 閔家胤：《進化的多元論》，中國社會科學出版社 2012 年 8 月修訂版，第 264 頁。

人類社會從事人口生產活動，不是進行簡單的技術加工，而是必須要對下一代進行必要的培養教育，要向他們傳授必要的生存知識和生活技能。所以，在社會發展中人文系統顯然是一個必不可少的因素，它擔負著社會人口生育和人文知識生產的雙重職能。另外，社會中每個人要生存還必須要吃、穿、住、行等，這就決定了一個社會要發展還必須要從事物質產品的生產活動。所以，在社會發展中經濟系統顯然是一個必不可少的因素，它擔負著物質產品生產的重要職能。隨著社會的進一步發展和社會分工的深化，社會產生了對公共產品生產和分配的需要，公共權力由此在個體權力的基礎上分化出來，經由集體權力逐漸演化為社會權力，社會權力又逐漸演變為國家政權，國家政權又進一步分化並最終演變成更為複雜的政治系統。從人類社會的發展歷程來看，與人文系統和經濟系統相比，國家系統中的政治子系統其形成的時間要相對較晚。

　　人類社會的生產活動至少包括人口生產、物質生產與精神生產三個方面。馬克思和恩格斯在創立唯物史觀之初就形成了人口生產、物質生產與精神生產同時並存的思想，恩格斯在《家庭、私有制和國家的起源》一書中又發展了這一思想；他們還特別強調指出：「不應把社會活動的這三個方面看作是三個不同的階段，而只應看作是三個方面……看作是三個『因素』。從歷史的最初時期起，從第一批人出現起，三者就同時存在著，而且就是現在也還在歷史上起著作用。」[30]從馬克思和恩格斯關於社會生產的思想，特別是恩格斯在《家庭、私有制和國家的起源》一書中所闡述的思想，我們可以合乎邏輯地得到這樣的認識：其一，人類社會從事的物質生產活動以及由此形成的物質生產關係，並不是人類社會所從事的全部社會生產活動以及在其中所形成的全部生產關係；人類的社會生產是由人口生產、物質生產和精神生產等全部社會生產所構成的一個複雜體系，相應地，人類社會的生產關係也是由人口生產關係、物質生產關係和精神生產關係等全部生產關係所構成的一個複雜體系；其二，在人類社會的發展歷程中，處於主導地位的社會生產活動和社會生產關係並不是一成不變的；在漫長的原始時代，人口生產活動和人口生產關係一直處於主導地位，進入文明時代之後，物質生產活動和物質生產關係才取而代之處於主導地位[31]。進入 21 世紀的今天，人類社會的物質生產活動空前繁榮，一些經濟發達國家甚至出現了物質產品生產的相對過剩。自從人類社會進入資訊時代以後，以資訊產業、創意產業、文化產業等為主導的新興產業逐漸在社會生產領域佔據主導地位，而這些產業實際上就是以科學技術、文化藝術為核心內容的精神產品的生產活動。

30　《馬克思恩格斯選集》（第 1 卷），人民出版社 1972 年版，第 33 頁。
31　胡皓：〈生產關係體系的構成和演化〉，《東疆學刊》2000 年 10 月第 4 期，第 86-87 頁。

整個人類社會正是在人口生產、物質生產與精神生產三種生產活動的推動下，發生著從簡單到複雜、從無序到有序、從低級到高級的進化歷程；與此同時，人類個體也在這個過程中發生著從古猿、直立人、智人、原始人、到古代人、再到現代人的生物進化。有關人類生物學的研究表明，在距今 300 萬年前的南方古猿，其大腦容量為 400-500 立方釐米，僅相當於現代非洲黑猩猩和大猩猩的腦容量；在距今 200 萬年後，由古猿進化來的直立人，其大腦容量約有 1000 立方釐米；又過了 100 萬年後，智人（即尼安德特人）的大腦容量增加到 1400-1700 立方釐米；而現代人的大腦容量已經增加到 900-2000 立方釐米[32]。隨著大腦容量的增大，人類個體的智力水平和精神生產能力也隨之不斷提高。

通過以上的簡單分析可以得出，一個完整的國家系統一般至少包括人文、經濟和政治三個要素，否則就不是一個完整的國家系統了。此外，一個國家要進行正常的社會生產活動，還必須要有基本的知識、制度和技術這些因素，還需要將所積累的各種知識、制度和技術通過教育的方式傳承給後代的人們，否則，這個國家將會陷入停滯、衰敗，或者導致社會文明的衰退而最終瓦解。

2、國家系統的構成要素和一般結構

（1）國家系統的構成要素

一般來說，一個完整的國家系統除了必須具備領土、人文、經濟和政治四個基本要素外，還必須要有基本的知識、制度、技術和教育這些因素，這些因素是構成國家系統的最基本的關鍵性要素。其中，領土是一個國家主權控制的地域空間，也是其進行社會生產的物質基礎，它為社會發展提供各種自然資源；考察領土的來源，實際上它應該屬自然環境的一部分，所以可以把它歸入環境因素的範疇。制度因素在國家這個宏觀層面主要表現為各種形式的法律制度，例如憲法、土地法、婚姻法、公司法等。這裡，知識因素包括自然知識（環境知識）、人文知識、經濟知識和政治知識等。

組成國家系統的這些關鍵要素可以分為以下兩類：

A、顯性因素（表層因素）：環境、人文、經濟、政治

B、隱性因素（深層因素）：知識、技術、法制、教育

因為國家系統是由公民（個人）組成的社會組織，公民首先是具體的個人，個人來源於人文系統，所以人文系統應該是國家系統的核心要素。在人文系統中，處於中心位置的是個人，其次是家庭，再次是社群組織，最後才

---

[32] 愛德華·威爾遜著，毛盛賢等譯：《社會生物學——新的綜合》，北京理工大學出版社 2008 年 5 月第一版，第 513 頁。

是國家層面的社會組織。一個社會之所以要建立經濟組織和政治組織，之所以要從事經濟活動和政治活動，其最終目的是為了個人的生存和發展，而不是相反。因此，那些不管個人的生存和發展、壓抑個人的權利和自由，而片面強調政治或經濟的社會制度是違背人性的，也是不科學的；隨著社會的不斷進步，相信這樣的制度必然會被人們扔進歷史的垃圾堆。

從系統的角度來看，組成國家的要素也是組成國家的子系統。國家系統是一個由人文、經濟和政治等子系統組成的有機系統，每個子系統都是相對獨立的，它們都具有自己獨特的功能。其中，人文系統的主要功能是人本身的生育和人文知識的生產創新。經濟系統的主要功能是進行物質產品的生產、交換、分配和消費。政治系統的主要功能是提供公共服務、公共產品以及社會公共權利的組織、交換、分配和使用等。從社會的發展歷史來看，人類社會最先形成的社會子系統是人文系統，其次是經濟系統，然後才是政治系統，它們都是先後從原始社會組織中逐步分化出來的。

正如生物體要生存必須要適應外部環境一樣，一個國家在成長和發展的過程中，也需要不斷適應外部環境。當外部環境發生變化時，國家內部環境也必須要作出相應的調整，這種調整主要表現在內部各子系統的組成結構和耦合關係發生變化，直至內部環境與外部環境相互耦合。一個國家的內外部環境耦合程度越高，這個國家的生存和發展環境就越好。國家內外部環境的耦合過程，就是國家成長演化的過程。如果一個國家在環境、人文、經濟、政治這些子系統之間不能維持良好的耦合，在遭受外力（如外國侵略、戰爭、氣候突變、自然災害等）衝擊下，往往會導致社會組織出現分裂，進而使社會規模縮小，甚至可能導致國家系統的崩潰。

（2）國家系統的一般結構

國家系統的一般結構，是指在國家系統動態演化過程中，其內部各組成要素之間所形成的相互聯繫、相互作用、相互影響的一般秩序和形式。國家系統的一般結構反映一個國家的社會組織功能模式，是生態環境系統、人文系統、經濟系統、政治系統與國家系統協同演化的基礎。

國家系統是由人文、經濟、政治等子系統以及生態環境組成的社會系統。國家系統的人文、經濟、政治等子系統都是相對獨立的系統，它們能夠在發展中不斷調整自身組織以適應外部環境的變化。國家系統的成長演化是通過國家內部各子系統之間、各子系統與國家外部環境之間進行互動交流來實現的，這就決定了國家系統本身也是個自適應、自組織的複雜系統。

在前文分析國家系統的構成要素時，我們提到組成國家的隱性因素（深層因素）包括知識、技術、法制、教育等。在現代社會，知識和技術聯繫日益緊密，它們已經滲透到社會生產的各個領域，並形成了推動社會發展的強大

力量。所以，我們可以把知識和技術這兩類因素劃入科學系統。同時把法律制度因素劃入法制系統，把社會教育因素劃入教育系統。另外，一個國家對領土上自然環境的利用主要是通過資源開發的方式進行利用的，而一個國家發展的結果主要體現為一個社會的整體發展。

所以，從國家系統運行的過程來看，一個國家成長演化的過程其實是一個不斷進行資源開發、社會發展的循環往復的過程。結合國家系統的組成要素，我們可以畫出國家系統運行的一般結構圖（見圖7-1）。

類社會最先形成的社會子系統是人文系統，其次是經濟系統，然後才是政治系統，它們都是先後從原始社會組織中逐步分化出來的。

正如生物體要生存必須要適應外部環境一樣，一個國家在成長和發展的過程中，也需要不斷適應外部環境。當外部環境發生變化時，國家內部環境也必須要作出相應的調整，這種調整主要表現在內部各子系統的組成結構和耦合關係發生變化，直至內部環境與外部環境相互耦合。一個國家的內外部環境耦合程度越高，這個國家的生存和發展環境就越好。國家內外部環境的耦合過程，就是國家成長演化的過程。如果一個國家在環境、人文、經濟、政治這些子系統之間不能維持良好的耦合，在遭受外力（如外國侵略、戰爭、氣候突變、自然災害等）衝擊下，往往會導致社會組織出現分裂，進而使社會規模縮小，甚至可能導致國家系統的崩潰。

（2）國家系統的一般結構

國家系統的一般結構，是指在國家系統動態演化過程中，其內部各組成要素之間所形成的相互聯繫、相互作用、相互影響的一般秩序和形式。國家系統的一般結構反映一個國家的社會組織功能模式，是生態環境系統、人文系統、經濟系統、政治系統與國家系統協同演化的基礎。

國家系統是由人文、經濟、政治等子系統以及生態環境組成的社會系統。國家系統的人文、經濟、政治等子系統都是相對獨立的系統，它們能夠在發展中不斷調整自身組織以適應外部環境的變化。國家系統的成長演化是通過國家內部各子系統之間、各子系統與國家外部環境之間進行互動交流來實現的，這就決定了國家系統本身也是個自適應、自組織的複雜系統。

在前文分析國家系統的構成要素時，我們提到組成國家的隱性因素（深層因素）包括知識、技術、法制、教育等。在現代社會，知識和技術聯繫日益緊密，它們已經滲透到社會生產的各個領域，並形成了推動社會發展的強大力量。所以，我們可以把知識和技術這兩類因素劃入科學系統。同時把法律制度因素劃入法制系統，把社會教育因素劃入教育系統。另外，一個國家對領土上自然環境的利用主要是通過資源開發的方式進行利用的，而一個國家

發展的結果主要體現為一個社會的整體發展。

所以，從國家系統運行的過程來看，一個國家成長演化的過程其實是一個不斷進行資源開發、社會發展的循環往復的過程。結合國家系統的組成要素，我們可以畫出國家系統運行的一般結構圖（見圖 7-1）。

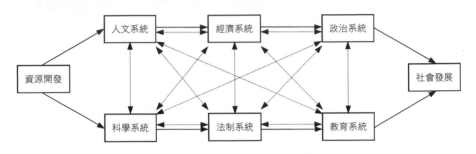

圖 7-1　國家系統運行的一般結構圖

美國著名社會學家塔爾科特·帕森斯（Talcott Parsons，1902-1979）提出，一個社會系統至少應包括文化系統、經濟系統、政治系統和法律系統四個子系統，他所說的「模式維持系統」（即「文化系統」）實際上包含了本書的人文和教育兩個系統[33]，但他沒有像本書一樣對「文化系統」作進一步的細分。中國系統哲學家閔家胤提出的社會系統模型[34]包括人的生產系統、物質生產系統、文化信息生產系統、文化信息庫、管理系統這五個子系統；他所說的管理系統相當於本書這裡的政治系統，其中的物質生產系統可以劃入本書的經濟系統中，人的生產系統可以劃入本書的人文系統，而他所說的文化信息生產系統和文化信息庫實際上可以分成人文知識生產、科學知識生產和文化知識教育三個部分，分別劃入本書的人文系統、科學系統和教育系統中。因為人的生產並不是簡單的「生物人」的生產過程，而是一個「社會人」的生產過程（或者說是「生物人」的社會化過程），其中包含著社會的文化教育和個體的主動學習過程。因此，本書對社會系統內部結構的劃分是更加合理的。

本書在第三章第三節中曾對資源及其形態進行了簡單分析，如果將文化資訊也劃入資源範疇中，本書的經濟系統就可以涵蓋一部分文化資訊的生產活動。從社會的發展歷史來看，特別是在 1945 年第二次世界大戰結束後，西方發達國家的大眾傳媒和文化娛樂日益產業化，隨著文化資訊商品化的深入發展，文化資訊的生產活動已逐漸變成了經濟系統中的一類不斷壯大的活躍產業（即文化產業）。當然，像價值觀、精神信仰、倫理道德等文化資訊的

---

[33] 帕森斯、斯梅爾瑟著，劉進等譯：《經濟與社會》，華夏出版社 1989 年版，第 43-45 頁。
[34] 閔家胤：〈社會系統的新模型〉，《系統科學學報》2006 年第 1 期。

核心部分顯然是不可能商品化、產業化的，它們只能劃入人文系統的深層因素中。

從圖 7-1 可以看到，國家系統內部實際的運行過程可以分為兩條鏈（即圖中的實線箭頭）：

A 鏈（表層因素運行鏈）：資源開發→人文系統→經濟系統→政治系統→社會發展

B 鏈（深層因素運行鏈）：資源開發→科學系統→法制系統→教育系統→社會發展

在國家系統運行過程中，A 鏈反映的過程是，人文系統內的個人、家庭和社群組織通過市場交換不斷消費經濟系統生產的物質產品，並向經濟系統的企業提供人力資源、人文知識和消費需求，這一方面直接推動了經濟系統內部企業和行業的數量不斷增加、市場體系不斷完善，另一方面，人文系統和經濟系統又向政治系統提出生產更多公共服務和公共產品的需求，這又推動政治系統內部組織不斷分化、結構日益複雜、分配體系不斷完善，人文系統、經濟系統、政治系統的協同發展最終推動了社會發展。B 鏈反映的過程是，科學系統不斷發現和生產出各種知識和技術，這一方面提升了人類認識環境、自身和社會的水平，從而推動人們不斷調整、修正和完善國家的各類法律制度，另一方面，科學系統和法制系統又向教育系統提出培養更多專業人才的需求，這又推動教育系統內部組織不斷分化、學科日益增多、教育體系不斷完善，而科學系統、法制系統、教育系統的協同發展也推動了社會發展。實際上，A 鏈和 B 鏈這兩個過程是合二為一協同進行的，它們共同推動了國家系統運行中的社會組織過程。在國家系統運行過程中，政治系統經常發揮著重要的協調和組織作用。

以上國家系統運行的兩條鏈（A 鏈和 B 鏈），是為了便於分析國家系統運行過程而人為做的劃分。在國家系統的實際運行過程中，這兩條鏈上的所有要素環節都是緊密聯繫、不可分割的。也就是說，在國家系統的實際運行過程中，資源開發（生態環境）、人文、經濟、政治、科學、法制、教育和社會發展這些因素並不是各自單獨地、孤立地發揮作用的，而是需要協同一致、相互配合共同發揮作用的，也即每兩個因素之間都是相互聯繫、相互作用、相互影響的，它們共同形成了國家系統內部的生產關係網絡。在圖 7-1 中，用虛線雙箭頭來表示它們之間的這種關係。

一個國家系統在成長演化過程中，它同時還與其外部環境之間始終進行著各種資源、人文、經濟、政治、科學、法制和教育等方面的交流。一個國家系統與其外部環境中的自然系統、各類國際組織以及其他國家的人文、經濟、政治、科學、法制、教育等子系統等所結成的各種關係，形成了這個國家系統外部的社會關係網絡。從社會生產關係的角度來看，一個國家系統完整的

生產關係應該由其內部的生產關係網絡和其外部的社會關係網絡共同組成。一個國家系統成長演化的過程，實質就是國家系統內外兩重關係網絡互相交織、互相作用、互相影響的動態演化過程，國家系統內外的兩重關係網絡構成了一個多維的複雜動態圖景。

四、國家系統中的人文子系統

前文在分析國家系統的內部環境時，我們談到了人文系統，但沒有對它們具體展開論述，這一小節對此作更多的闡述。

1、關於人文的概念

本書所說的「人文」實際上包含「人」和由人所創造的「文化」這兩方面的含義，這裡的「人文」一詞是個複合詞。為了便於分析問題，我們需要對「文化」一詞進行定義。說起「文化」一詞，這可能是我們這個時代人們說得最多、用得最廣泛，同時也是含義最多、詞義最為混亂的一個詞彙了。各國學者們為「文化」所下的定義也是數不勝數。例如，美國人類學家阿爾弗雷德·克魯伯（Alfred Louis Kroeber，1876-1960）和克萊德·克羅孔（Clyde Kluckhohn，1905-1960）在《文化，關於概念和定義的檢討》一書中羅列了從 1871 年到 1951 年這 80 年間有關「文化」的定義就有 164 種之多[35]。鑒於本書的主旨，這裡不可能從「文化」的觀念史進行詳細的分析（這樣做顯然需要撰寫一部專著才能完成），只能擇要存錄一些前人的重要認識成果，並在此基礎上提出一些新的認識。

《美國傳統詞典》對「文化」的解釋是：「人類群體或民族世代相傳的行為模式、藝術、宗教、信仰、群體組織和其他一切人類生產活動、思維活動的本質特徵的總和」[36]。被譽為「人類學之父」的英國人類學家愛德華·B·泰勒於 1871 年在其代表作《原始文化》一書中給「文化」下的定義是：「文化是一個複合的整體，其中包括知識、信仰、藝術、道德、法律、風俗以及作為社會成員而獲得的其他方面的能力和習慣。」[37]

古羅馬哲學家西塞羅（Marcus Tullius Cicero，公元前 106－公元前 43）曾說過：「文化是心靈的哲學或修養」，這說明他已經意識到：文化產生和存在於人的心靈。法國人安托萬·菲雷蒂埃於 1690 年編撰的《通用辭典》定義的「文化」是：「人類為使土地肥沃、種植樹木和栽培植物所採取的耕耘和改

---

[35] 董大中：《文化圈層論》，臺灣：秀威資訊科技股份有限公司，2011 年 9 月第一版，第 56 頁。

[36] 約翰·科特、詹姆斯·赫斯克特著，曾中、李曉濤譯：《企業文化與經營業績》，華夏出版社 1997 年版，第 2-3 頁。

[37] 湯正如主編：《國際市場營銷學》，大連理工大學出版社 1995 年版，第 51 頁。

良措施。」由此可知，文化的一個起源是農業勞動知識的積累。在前蘇聯哲學家羅森塔爾（Rozentali，1906-1975）和尤金所編的《哲學小辭典》中，他們對「文化」的定義是：「文化是人類在社會歷史實踐過程中創造的物質財富和精神財富的總和。」1952年，美國人類學家克魯伯和克羅孔對「文化」下的定義是：「文化由外顯的和內隱的行為模式構成；這種行為模式通過象徵符號而獲致和傳遞；文化代表了人類群體的顯著成就，包括他們在人造器物中的體現；文化的核心部分是傳統的（即歷史的獲得和選擇的）觀念，尤其是他們所帶來的價值；文化體系一方面可以看作活動的產物，另一方面則是進一步活動的決定因素。」[38] 這一定義基本為現代東西方學術界所認可，具有廣泛的影響。[39]

關於文化的概念，儘管學術界有各種不同的觀點，但多數觀點都認為文化有廣義和狹義之分；廣義的文化，是指人類社會在其發展過程中所創造出來的全部物質財富和精神財富的總和，包括人類社會的所有物質活動和精神活動過程及其創造物，它涉及人類社會生活的方方面面，是與「文明」範疇相一致的層次；狹義的文化，是指一定物質生產方式基礎上發展起來的，相對於經濟和政治而言的社會精神領域生活，主要指觀念和精神領域的社會現象，包括社會意識形態以及與之相適應的社會現象，如社會教育、科學、文學、藝術、哲學、道德、法律、宗教及思想、理論、理想、信念、理智、情感、意志等[40]。中國《辭海》對「文化」的解釋是：「廣義指人類在社會實踐過程中所獲得的物質、精神的生產能力和創造的物質、精神財富的總和。狹義指精神生產能力和精神產品，包括一切社會意識形式：自然科學、技術科學、社會意識形態。有時又專指教育、科學、文學、藝術、衛生、體育等方面的知識與設施。作為一種歷史現象，文化的發展有歷史的繼承性；在階級社會中，又具有階級性，同時也具有民族性、地域性。不同民族、不同地域的文化又形成了人類文化的多樣性。作為社會意識形態的文化，是一定社會的政治和經濟的反映，同時又給予一定社會的政治和經濟以巨大的影響。」[41]

中國系統哲學家閔家胤對「文化」下的定義是[42]：文化是社會系統內社會—文化遺傳信息的總和，是歷代社會成員在生存和生產過程中心靈創造的積累，是社會的靈魂；其核心是所有成員共同的圖騰、信仰、世界觀、思維方式、價值和行為準則，其外圍則是科學—技術、生活常識和生活技能；文化

---

[38] 馮天瑜、何曉明、周積明：《中華文化史》，上海人民出版社1990年版，第22頁。

[39] 本段資料轉引自閔家胤：《進化的多元論》，中國社會科學出版社2012年8月修訂版，第350頁、第364頁、第365頁。

[40] 張海燕、黃尚峰：〈文化動力理論的思想淵源〉，《河北北方學院學報》2007年第6期，第25頁。

[41] 《辭海》（彩圖本），上海辭書出版社2009年9月第六版，第1975頁，參見「文化」詞條。

[42] 閔家胤：《進化的多元論》，中國社會科學出版社2012年8月修訂版，第378-379頁。

為社會系統個體的心靈結構和行為編碼，為社會系統的結構和行為編碼，以確保它們能在自然和社會環境中生存，並且通過生產不斷複製和創造相應的文明表型；文化是社會系統內的最終決定因素，它最終決定社會系統的存在、停滯、變革和進化。閔家胤先生的這一定義強調了文化的信息屬性和結構特徵，可以說基本上把握住了「文化」的主要特徵，其缺點是要素描述有餘而精確概括不足。中國文化哲學家牛龍菲先生指出，「文化」即「文而化之」，它「是人類在生物進化基礎上的體外非生物進化」，它不是某種具體的「事物」，而是指人類社會進化的動態過程[43]。牛龍菲先生的這一定義強調了文化的動態進化特徵，可以說抓住了「文化」的一部分本質，比之前很多學者的認識水平提升了一步。但文化如果僅僅是人類「體外」進化的話，那文化來源於哪裡呢？這一定義的主要缺陷是忽視了文化的創造主體。

我們知道，人類的進化實際上包括兩個方面的進化，一方面是人類個體在身體方面的進化，這一方面的進化可以稱為人的「生物進化」；另一方面是人類個體在大腦意識方面的進化，這一方面的進化可以稱為人的「精神進化」。人類個體在這兩方面的進化實際上都是在與外部環境的相互作用中逐漸展開的。在人類由古猿逐漸進化到直立人再進化到智人的過程中，人類所面對的環境可以分為兩類，一類是自己的同類，一類是其他自然存在物。原始人類個體在誕生後首先面對的是自己的家族成員，然後才是其他同類和其他自然存在物。所以，在其意識形成中，首先形成的是「我」與「他人」、「家族」與「他族」、「同類」與「異類」的認知判斷（最初的認知判斷意識顯然是模糊的、朦朧的），在形成這樣一個初步的判斷之後，才能進一步確定該如何處理人際關係。對於原始人來說，他所處理的人際關係首先是血親家族內部的關係（如母子關係、兄弟關係等），然後才是血親家族之外與其他人之間的關係。人類正是在處理這樣的人際關係中逐漸建立了人倫關係，形成了倫理道德。一旦這些倫理道德形成群體意識，它們又會作用於人類個體，從而塑造個體的意識。正是基於這樣的思考，本書從人類進化的源頭來考察文化的內涵，把文化定義為是人類精神世界的進化。文化是人類在與環境互動過程中發生的個體意識與群體意識的協同進化，進化的內容主要包括知識、思想、感情、價值觀念、精神信仰、倫理道德、制度規範等意識形態；這種進化的結果，一方面表現為人類個體智力水平的提升和知識的專業化，另一方面表現為人類群體認識水平的提升和知識的多樣化。這裡，知識、思想、感情、價值觀念、精神信仰、倫理道德等詞彙的概念，它們之間在內含上顯然存在著某些交叉，還有待於我們作進一步的深入研究和細化分類。例如，就「知識」這一項內容來說，我們就至少可以分為三大類：其一，關於人類個體發展規律

---

[43] 牛龍菲：《人文進化學》，甘肅科學技術出版社 1989 年 9 月第一版，第 1 頁、第 5 頁。

的知識，可以稱之為人文知識（其中最核心的部分是價值觀念、精神信仰和倫理道德），與此相聯繫的科學知識體系就是人文科學（或稱人文學科）；其二，關於人類群體發展規律的知識，可以稱之為社會知識，與此相聯繫的科學知識體系就是社會科學；其三，關於自然環境發展規律的知識，可以稱之為自然知識，與此相聯繫的科學知識體系就是自然科學。

為了進一步明確文化的概念，這裡有必要對「文化」與「文明」這兩個概念作出區分。荷蘭文化學者馮‧皮爾森（C.A. Van Peursen）明確指出：「文化（culture）不是名詞，而是動詞」，「文明（civilization）」則是名詞，是人類文化物化後的結果。中國學者張申府（1893-1986）也指出：「文化是活動，文明是結果」[44]。中國哲學家閔家胤指出，文化是社會系統內的遺傳信息（社會文化遺傳基因），文明則是文化的社會表型；「文化」與「文明」之間的關係，類似於生物學中的「基因型」和「基因表現型」之間的關係[45]。所以，文明通常是指人類社會在某一特定階段所取得的文化成果，它一般表現為一些具體的、物化的文化產品。也正是在這個意義上，英國歷史學家湯因比才說：「文明是死去的文化，文化是活著的文明」[46]。例如，古希臘所遺留下來的衛城、帕特農神廟、露天劇場、柱廊、廣場等建築，就代表了西歐社會古典時期的文明程度，這些建築物就是西方文化發展到公元前8世紀－公元前6世紀的文化成果。我們可以形象地用一條河流來比喻人類文化的發生發展過程。自遠古到古代、經中世紀、再到近現代，人類的文化進程從最初的涓涓細流逐漸彙聚成一條小河，又從一條寂靜的小河逐漸彙聚成一條浪花飛濺的大江，這條大江正流過現代社會，然後又波濤洶湧地流向未來。世界各國眾多學者之所以對「文化」給出了紛繁的定義，主要是因為「文化」這條江水流到現代已經彙聚了太多人類創造的文化成果，以至於人們只注意到五彩紛呈、形態各異的文化產品的表象，而沒有把握住文化的真正本質。

2、人文系統的內外環境

在現代社會，一個具體的人文系統存在於一定的國家系統之中，它既有外部環境，也有內部環境。

（1）人文系統的外部環境

人文系統的外部環境是指存在於家庭組織和社群組織邊界之外，對一個社會系統的人口生產及人的社會化、人文知識生產以及社會制度、文化教育

---

[44] 轉引自閔家胤：《進化的多元論》，中國社會科學出版社2012年8月修訂版，第371頁。
[45] 閔家胤：《進化的多元論》，中國社會科學出版社2012年8月修訂版，第372頁。
[46] 轉引自牛龍菲：《人文進化學》，甘肅科學技術出版社1989年9月第一版，第24頁。

的創新等活動具有影響的所有因素的集合。人文系統的外部環境包括自然環境和社會環境。從縱向層次來看，包含人文系統的外部系統由國家系統、社會系統（國際系統）和自然系統三個層次構成。人文系統外部環境各系統的所屬層次關係，具體可參看第三章中的圖 3-2。在國家系統中，與人文系統並存的系統至少包括經濟、政治、科學、法制和教育等系統。存在於外部環境的這些系統，或多或少、或直接或間接都會對人文系統的成長演化發生一定的影響。對於一個具體國家的人文系統而言，就影響的直接性和強度來說，來自國家系統內部的因素無疑是最直接和最強烈的。與此同時，來自國際系統和自然系統的某些因素也會對一國人文系統的成長演化發生一定的影響。例如，來自印度的佛教就對中國社會的人文系統產生了深遠的影響。

這裡，「人的社會化」是指將一個出生後的、沒有社會意識的嬰兒，經過文化教育把他培養成一個具備一定社會意識、人格健全的成人的過程，也可以說是把一個「生物人」轉化為「社會人」的過程，這其中包含著社會的文化教育和個體的主動學習過程。「人文知識」是指有關人類個體成長發展的各種知識，包括價值觀念、精神信仰、倫理道德、人生哲學、行為規範、文學藝術等（這些因素之間在內含上存在著某些交叉，還有待於人們作進一步的深入研究和細化分類），其中最核心的部分是價值觀念、精神信仰和倫理道德。社會制度包括個人成長、婚姻家庭、社群組織、人文知識、文化教育等方面的有關制度。

從自然環境來看，在人類社會的早期，不同地區的氣候、地理、生物等因素曾對不同地區的人類群體施加了不同的影響，因為生產生活環境的不同導致不同地區的人類群體形成了不同特色的族群文化。例如，在傳統農業時代，生活在黃河流域中原地區的人類群體形成了農耕文化，而生活在北方草原地區的人類群體形成了遊牧文化。不同地區由於氣候、地理條件不同，適合不同種類的植物、動物生存，由此也會影響到不同社會群體的文化藝術。例如，生活於中國東北黑龍江地區的赫哲族，他們生活地區的河流和湖泊中盛產多種魚類，所以該民族自古就以漁獵為生，他們用魚皮製作各種服飾（包括宗教服飾）、繪畫作品等，以獨特的魚皮藝術表現了他們族群集體的審美意識。

從社會環境來看，一個特定地區的社會系統會受到其外部環境中其他社會系統的各種影響，具體影響因素包括戰爭、貿易、人口流動、文化交流等。在前文所闡述的原始國家誕生過程中，我們曾提到，在龍山文化時代，華夏大地上曾有成千上萬個古國，這些古國之間就通過戰爭、貿易、人口流動等形式發生著相互影響。在夏代之後，不同邦國之間通過戰爭方式相互兼併，到約公元前 11 世紀西周開國時，邦國數量已經減少到約一千二百個，而到戰國時（公元前 475 年）邦國數量只剩下七個。正是在反復的戰爭實踐中，人們逐漸積累了關於戰爭的知識。春秋戰國時期的《孫子兵法》和《孫臏兵法》，

就是當時社會在軍事戰爭方面的文化成果。在現代社會，來自其他國家和國際組織的有關因素也會對一國內部人文系統發生一定程度的影響，這些影響具體包括在政治、經濟、人文、科學、教育、法制等方面的影響。

所以，從人文系統的外部環境來看，影響人文系統演化的具體因素包括自然、人文、經濟、政治、科學、法制和教育等方面的因素，其中，來自自然環境方面的因素包括氣候、地理、生物等方面的因素。

（2）人文系統的內部環境

人文系統的內部環境是一個由個人、家庭組織和社群組織等要素組成的有機系統，系統內部各要素之間相互聯繫、相互作用、相互影響，構成了複雜的網絡關係。人文系統的內部環境具有一定的層次結構和功能結構，它將隨著人文系統的動態變化而不斷變化。

美國著名社會生物學家愛德華‧威爾遜通過對比人類與其他靈長類動物社會行為的差異，他得出人類獨有的社會性狀包括：A、真正的語言，精細的文化；B、貫穿於月經週期的連續的性活動；C、明確規定禁止亂倫和具有不同血緣關係的婚配規則；D、成年男女間勞動的協作分工[47]。第一點反映了人類在文化方面的獨特之處，第二點和第三點反映了人類在生殖力和婚姻制度方面的獨特之處，第四點反映了人類在物質生產活動方面的獨特之處，這三個方面正好對應了人類在精神生產、人口生產和物質生產這三個方面的社會生產活動。

人類最初的亂倫禁忌和婚配規則（也即婚姻家庭制度）起源於何時，這有待於人類學家的研究和考證，這些制度對於人類的生物進化特別是種族的優化發揮了重要作用，至少使人類避免了由於近親繁殖而導致的遺傳疾病和種族退化。所以，婚姻家庭制度應該是人文系統內部環境中的一個重要因素。在人類社會眾多的社會制度中，婚姻家庭制度只是關於人口生產方面的一類社會制度。

人類的語言、文字、繪畫、音樂、舞蹈等文化藝術形式，都是人類在社會生產生活中所創造的特殊文化工具，每一種文化工具往往具有多種功能，它們的組合形式又具有更加複雜多樣的功能。這些文化工具在個體意識與群體意識之間建立了各種聯繫，它們所承載的內容包括人類的知識、思想、感情、價值觀念、宗教信仰、倫理道德等意識資訊。而人文知識就是人類對自身所創造文化工具的理解和認識。人文知識包括價值觀念、精神信仰、倫理道德、人生哲學、行為規範、文學藝術等很多內容，其中最核心的部分是價值觀念、

---

[47] 愛德華‧威爾遜著，毛盛賢等譯：《社會生物學——新的綜合》，北京理工大學出版社 2008 年 5 月第一版，第 517 頁，見表 27-1。

精神信仰和倫理道德。

　　在人類進化過程中，語言的出現顯然具有非常重要的意義，正如一些學者所指出的：「語言的出現不僅意味著腦子的發達和意識的發展，而且意味著人類學習能力的進步和新的遺傳方式的出現」[48]。語言就其本質而言也是人類創造的工具，它是一種特殊的文化工具，它的主要功能是在人際之間交流思想和感情。當人們用符號或圖畫來表達自己的思想意識時，符號或圖畫本身也就成了工具，當它們沿著兩種路徑演化時，就分別形成了具有記錄語言功能的文字和具有審美功能的繪畫。當人們在狩獵歸來吹響竹笛、敲擊瓦罐、手舞足蹈的時候，原始的音樂和舞蹈也就隨之誕生了，這時音樂和舞蹈本身就成了人們娛樂的工具。事實上，音樂和舞蹈本身也是可以被用來表達思想、感情的。例如，莫紮特旋律優美的小夜曲就表達了作曲家甜蜜、愉悅的感情；貝多芬氣勢雄壯的交響樂就表達了作曲家對人生、命運的深刻思想。我們看到，無論是語言、文字、繪畫，還是音樂、舞蹈，實際上都是人類為表達思想、感情所創造的特殊的文化工具，這些工具像人類所創造的其他實物工具一樣，都在隨著人類社會的進步而發生著從簡單到複雜、從單一到多元、從低級到高級的演化。例如，語言自從被人類創造出來以後就開始了不斷的演化歷程，先後演化出了自然語音語言、書面文字語言、科學符號語言（如化學中的分子式）、數理形式語言（如數學中的代數運算）、計算機程序語言等不同形式，其抽象性、精確度、含義的豐富性和應用的廣泛性不斷提高。一方面，承載著人類的知識、思想、感情、價值觀念、宗教信仰、倫理道德等意識內容的文化工具（如語言、文字、繪畫、音樂、舞蹈等），當它們與相應的物質載體相結合時，這些文化工具就形成了具體的文化成果（或文化產品）。另一方面，同一種文化工具往往具有多種功能，它們的組合形式又具有更加複雜多樣的功能。例如，同樣是文字，我們既可以用來記錄事情（如記載歷史事實），也可以用來表達感情（如創作詩歌），還可以表述理性思想（如撰寫哲學著作），還可以用來反映複雜的現實生活（如寫作小說），有些文字還可以被當作一種書法藝術。不管這些文化工具（或文化產品）多麼紛繁複雜，也不管由它們又生髮出多少種衍生品，它們都有一些共同的特點：①它們都是由人類所創造的，其主體是人類本身；②它們都是人類意識的產物，它們是人類與環境互動的結果；③它們與實體物質有顯著區別；④它們都隨同人類社會發展而不斷進化。我們每個人在出生以後就開始接觸、學習、掌握和應用這些環境中的文化工具（特別是語言和文字），從而使我們的自我意識得以逐漸成長和豐富，知識和人格也隨之不斷增多和成長。每個人身體成長的過程，同時也是知識增長和人格養成的過程。所以，從個體的成長和發展的

---

[48] 方宗熙、江乃萼：《生命發展的辯證法》，人民出版社 1976 年 10 月版，第 204 頁。

角度來看，人文知識也是人文系統內部環境中的一個重要因素。

我們知道，一個人的成長發展是與社會的文化教育和個體的主動學習緊密聯繫的，其中很重要的一個方面是個人對各種知識的學習、掌握和應用，特別是其中對人文知識的學習和內化，這不但塑造了一個人的基本素質，而且也培育了一個人的基本人格。從這個意義上來說，一個未充分學習和吸納人文知識和人文精神的人類個體，其實只是一個沒有健全人格的人（或者說只是一個沒有充分社會化的人）。在「人的社會化」過程中，社會群體在價值觀念、精神信仰、社會道德和社會制度等方面對個體意識的文化教育發揮著非常重要的影響。因此，文化教育也是人文系統內部環境中的一個重要因素。

綜上所述，在一個社會的人文系統中，除了個人、家庭組織和社群組織這些基本因素以外，人文知識、社會制度和文化教育等因素也是組成人文系統內部環境的一些重要因素。

3、人文系統的組成要素和一般結構

（1）人文系統的組成要素

通過前文的簡單分析，我們知道，一個完整的人文系統除了必須具備個人、家庭組織和社群組織這三個基本要素外，還要具備人文知識、社會制度和文化教育等重要因素，這六類因素是組成一個人文系統的最基本的關鍵性要素。

德國哲學家尤爾根‧哈貝馬斯（Jürgen Habermas）指出，人類發展史是「由生物的和文化的發展機制的相互交織決定的」，生物混雜是異族通婚，「文化混雜清楚地表現在多種多樣的社會學習過程中」[49]。美國遺傳學家杜布贊斯基於 1953 年在其《遺傳學與物種起源》一書中指出：「人類生物學和人類文化，乃是同一個系統的兩部分」、「現今文化上的進化過程，比生物學上的進化更為迅速和更為有效」[50]。正是基於這一原因，我們可以從人類個體的「生物」因素和「文化」因素這兩個層面來分析人文系統的演化發展過程。

所以，上面組成人文系統的六類關鍵要素可以分為以下兩個層面：

A、生物因素（表層因素）：個人、家庭組織、社群組織

B、文化因素（深層因素）：人文知識、社會制度、文化教育

事實上，一些科學家在 20 世紀六七十年代就已經意識到了人類進化的這兩個層面。例如，1970 年法國分子生物學家雅克‧莫諾（Jacques Lucien Monod，1910-1976）指出，同其他動物物種相比，人類更是依賴體質的和觀念的雙重進化的力量，人就是這種雙重進化過程的繼承人；1973 年意大利分子遺傳學

---

[49] 哈貝馬斯著，郭官義譯：《重建歷史唯物主義》，社會科學文獻出版社 2000 年版，第 8-14 頁。

[50] 牛龍菲：《人文進化學》，甘肅科學技術出版社 1989 年 9 月第一版，第 3 頁。

家薩爾瓦多・盧里亞（Salvador Edward Luria，1912-1991）指出，和生物進化（即基因的差異積累）平行的文化進化（即符號形式的經驗和思想積累）早已開始。加拿大哲學家沃傑西喬斯基（Jerry A. Wojciechowski，1985）指出，由於人類具有智能，他成了生物進化和文化進化這兩種進化過程的主體。[51]

　　一個社會的人文系統在成長和發展過程中，需要不斷適應外部環境。當外部環境發生變化時，人文系統內部環境必須要作出相應的調整，直至內外部環境相互耦合。人文系統內外部環境耦合程度越高，人文系統的發展環境就越好，人文系統的發展就越有序、越健康。人文系統內外部環境的耦合過程，就是人文系統成長演化的過程。

（2）人文系統的一般結構

　　人文系統的一般結構，是指在人文系統動態演化過程中，系統內部各組成要素之間所形成的相互聯繫、相互作用、相互影響、相互制約的一般秩序和形式。人文系統的一般結構反映了一個社會中人文生產與社會進化的功能模式，是個人、家庭組織、社群組織與整個人文系統協同演化的基礎。

　　從人文系統運行的過程來看，一個人文系統成長演化的過程，其實是一個不斷進行人口生育、文化創新的循環往復的過程。結合人文系統的組成要素，我們可以畫出人文系統運行的一般結構圖（見圖7-2）。

　　從圖7-2中可以看到，人文系統內部的實際運行過程可以分為兩條鏈（即圖中的實線箭頭）：

　　A、生物因素（表層因素）運行鏈：人口生產→個人→家庭組織→社群組織→社會進化

　　B、文化因素（深層因素）運行鏈：精神生產→人文知識→社會制度→文化教育→意識進化

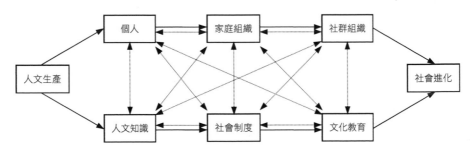

圖 7-2　人文系統運行的一般結構圖

---

[51] 轉引自牛龍菲：《人文進化學》，甘肅科學技術出版社 1989 年 9 月第一版，第 17 頁。

在人文系統運行過程中，A 鏈反映的是人口生產、社會組織和社會進化的過程，B 鏈反映的是精神生產、文化創新和意識進化的過程。實際上，這兩條鏈並不是相互分離的，而是相互交織的；也就是說，這兩條鏈上的所有要素環節都是相互聯繫、相互作用、相互影響的，它們共同形成了人文系統內部的生產關係網絡。在圖 7-2 中，用虛線雙箭頭來表示它們之間的這種關係。

從生物遺傳的角度來看，人文系統內不同代際（如父代和子代）的個人不斷組合成家庭、不斷生育出新一代人口的過程，實際上是不斷重新組合生物遺傳基因的過程，這一方面推動了人類生物基因資訊的多樣化，另一方面也增加了人類社會群體的適應性；從個體的成長發展來看，這是一個不斷學習、掌握和應用人文系統中的文化工具（特別是語言和文字），從而使自我意識得以逐漸成長和豐富，知識和人格也隨之不斷增多和成長的過程；從文化創新的角度來看，這是一個群體與個體互動不斷創造新思想、新觀念和新道德，不斷創新、修正和完善社會制度（包括家庭婚姻制度），從而使個人不斷得到解放和自由的過程；從社會系統進化過程來看，這是一個社會中人文知識體系（特別是價值觀念體系、精神信仰體系和倫理道德體系）不斷得到創新、豐富和完善，文化工具的效率和功能不斷得到改善和提高，文化教育的種類、數量和質量不斷得到豐富和提高，從而推動整個社會意識不斷進化的過程。正是在這些多種力量和多重效應的綜合作用下，最終推動了整個社會中個人、家庭組織和社群組織的協同進化過程。人類社會的進化過程，就是人類創造的外部文化成果（也即文明）與人類個體大腦的內部意識的協同進化過程。正像牛龍菲先生所指出的那樣，這是一個「外化與內化無限地擴張」的過程[52]。

一個人文系統在成長演化過程中，它同時還與其外部環境之間在人員、資源、物質、資訊、知識、制度和教育等方面始終進行著各種形式的交流。人文系統與其外部環境中的自然系統、社會系統（國際系統）、國家系統以及國家系統中的其他子系統之間所結成的各種關係，形成了人文系統外部的社會關係網絡。從社會生產關係的角度來看，一個人文系統完整的生產關係應該由其內部的生產關係網絡和其外部的社會關係網絡共同組成。人文系統成長演化的過程，實質就是人文系統內外兩重關係網絡互相交織、互相作用、互相影響的動態演化過程，人文系統內外的兩重關係網絡構成了一個多維的複雜動態圖景。

孫隆基先生所著的《中國文化的深層結構》一書用結構主義的方法，從現象本身考察了中國大陸、臺灣、香港三地的中國人文化行為的主要特徵，他在這本書中一再強調中國人注重飲食、「身體化」傾向、人格依賴性、情感

---

[52] 牛龍菲：《人文進化學》，甘肅科學技術出版社 1989 年 9 月第一版，第 21 頁。

壓抑與氾濫、缺乏「個性」和理性精神等[53]，可以說比較準確地描繪出了當代中國人的群體形象。這本書堪稱是自魯迅（1881-1936）、柏楊（1920-2008）之後對中國文化進行深入批判和反省的又一部力作。但由於作者過於注重對現象本身的描述，實際上並沒有真正把握住中國文化的深層結構。從本書提出的人文系統運行的一般結構圖來看，孫隆基先生實際上更多描述的只是中國「人文系統」中的一些表層因素。另外，按照本書的觀點，實際上任何一個社會的文化結構（或者說人文系統）都不是一成不變的，而是在不斷發生變遷的，如果要真正揭示出一個社會的文化結構，需要以動態的、系統的視角進行考察才能獲得比較完整、客觀的結論。

4、人文系統的主要功能

人文系統作為國家系統的一個子系統，它的主要功能是進行人本身的生產和培養（特別是人格培養），同時進行精神產品中人文知識（特別是價值觀念、精神信仰和倫理道德等）的生產、社會制度和文化教育的創新。這裡的人文知識是指關於人類個體成長發展的所有知識的總和。經過系統化、理論化的人文知識體系可以稱為人文科學（或稱為人文學科）。例如，人本哲學、語言學、心理學、文學、藝術學、倫理學等都屬人文科學的範疇（當然，這其中有些學科與社會科學有所交叉）。與此相區別的是社會知識與社會科學、自然知識與自然科學，前文已作過簡單定義，這裡不再重複。

在本書提出的國家系統中，實際上是將社會科學和自然科學劃入科學系統中了，也就是說，本書把人類精神產品中的社會知識和自然知識的生產劃入科學系統的功能中了。之所以這樣劃分，只是為了便於分析，實際上，人文知識、社會知識和自然知識之間本身就有密切的聯繫。

一個社會群體對其個體的生產和培養，是一個從「生物人」到「社會人」的文化教育過程。在一個人從嬰兒到成年的過程中，社會群體在精神信仰、社會道德和社會制度等方面對個體意識的形成和成長發揮著非常重要的文化教育作用。這一文化教育作用，正是一個社會中人文系統的重要功能之一。

下面著重分析一下精神信仰、社會道德和社會制度這些因素在社會組織中的主要功能以及它們之間的聯繫和區別。這牽涉到倫理學和宗教學的研究主題。

精神信仰、社會道德和社會制度三者之間既有緊密的聯繫，也有顯著的區別，同時它們之間還具有一定的層次遞進關係。一般來說，信仰是道德的基礎，道德又是制度的基礎；在社會生活中，對於超出道德規範約束的人類行為，一般是通過法律等社會制度來調節和規範的。

---

[53] 孫隆基：《中國文化的深層結構》，廣西師範大學出版社 2011 年 6 月第二版。

精神信仰是指人們對某種主張、主義、說教、現象或力量的深刻相信、信服或尊崇，從而在自我的意識中建立起來的核心價值觀念，人們據此來判斷事物的價值並作為自己行動的指南。人類社會最常見、最持久的精神信仰形式是宗教信仰。在社會生活中，除宗教信仰外，我們還可以遇到其他一些信仰類型，如科學信仰、權力信仰、物化信仰等。在當代中國，有很多人信仰馬克思主義的學說，所以，馬克思主義信仰也是一種精神信仰。權力信仰是指人們對社會權力的強烈癡迷和深度依賴。在政治生活中，我們經常可以看到那些對政治權力懷有深刻信仰的人們，有些極端的權力信仰者也常常被人們冠以「權力崇拜狂」的稱謂。所謂物化信仰，是指人們對某種有形的具體事物的信仰。在原始社會的部落中，人們對自己部落圖騰的崇拜就是一種物化信仰，儘管具體的圖騰符號（如「龍」形圖案）是抽象的，但這些圖騰符號所代表的事物卻是具體的。在現代社會，由於商品充斥於社會的各個領域，要獲得商品一般需要以金錢（即貨幣）來交換。所以，有些人就認為「只要有了錢，就有了一切」，於是在這些人的意識中就形成了「金錢就是上帝」、「金錢就是一切」的思想觀念，這就是所謂的「金錢拜物教」或「拜金主義」的信仰。實際上，「金錢拜物教」或「拜金主義」信仰也是一種典型的物化信仰。我們知道，金錢只是貨幣的一種形式，它是用來進行商品交換的媒介，其本質是商品，即充當一般等價物的一種特殊商品。金錢既然是一種商品，所以金錢信仰就是一種物化的信仰，更準確地說，它是一種缺乏精神內涵的庸俗的物化信仰。

　　宗教生活是人類社會生活的重要組成部分，宗教在社會演化過程中具有多種重要功能。從文化的視角來看，宗教是人類所創造的整合社會意識最有效的複雜文化工具之一。作為文化的重要內容之一，宗教在社會變遷中具有一定的穩定性。

　　宗教是人們對神秘力量或超自然存在物（如神靈）的信奉與崇敬，它通常包括宗教組織、教義（信仰觀念）、戒律規範和儀式活動等幾個部分。早在原始社會時，宗教就已經產生了。中國考古學家在遼寧省凌源牛河梁紅山文化遺址（約公元前 3500－公元前 2900 年）發現了一座「女神廟」，其中有神像、豬龍及禽的大型泥塑和陶質祭器等，這說明當時社會的宗教已發展到了一定規模和較高水平[54]。宗教起源於原始人類對自然的依賴和敬畏；因為人類依賴的自然對象各不相同，因而原始宗教中一般都有眾多的神靈。宗教活動一般通過參加者的祈禱、祭獻、修行、冥思、儀式、音樂和念頌等形式來表現，它是人們社會意識的具體反映。馬克思在《黑格爾法哲學批判導言》中

---

[54] 蘇秉琪主編，張忠培、嚴文明撰：《中國遠古時代》，上海人民出版社 2014 年 5 月第一版，第 433-435 頁。

指出，宗教是支配人們日常生活的外部力量在人們頭腦中的幻想的反映。所以，宗教的本質是社會意識形態，它反映了人類與外部神秘力量的獨特關係。

意大利思想家維柯（Giovanni Battista Vico，1668-1744）在他的《新科學》一書中指出，各民族有三種共同的習俗：某種宗教、結婚儀式和葬禮[55]。這說明宗教、禮儀等在社會生活中具有重要作用。英國歷史學家湯因比比較研究了人類歷史上 21 個文明的誕生—消亡史，他指出：文化是文明的核心，而宗教又是文化的核心；一種文明毀滅了，作為核心的宗教還會繼續下去[56]。[57] 這說明，在社會變遷中人類的宗教信仰具有一定的延續性和穩定性。

在人類早期社會中，宗教承擔了解釋世界、司法審判、社會教化、道德培養和心理安慰等功能；在現代社會中，解釋世界、司法審判等功能已經從有些宗教中分離出來，但社會教化、道德培養和心理安慰等功能還繼續存在。由宗教所形成的信仰體系和社會意識是人類社會思想文化和意識形態的一個重要組成部分，歷史上它在塑造人類信仰體系方面曾發揮了巨大影響。從社會發展的角度來看，宗教在整合社會意識、進行社會教化、化解社會矛盾、穩定社會秩序、增強社會凝聚力等方面往往發揮著其他社會力量難以替代的重要作用。在歷史上，一方面，宗教常常被統治階層用來作為神化政權、加強統治、奴役人民的精神工具；另一方面，宗教也常常被勞動人民用來作為反抗壓迫、擺脫苦難、尋求寄託的精神工具。

在歐洲的古希臘人和古羅馬人社會以及印度北部的印度—雅利安人社會中，早在原始部落社會時期人們就開始了對死去祖先的崇拜活動，這些社會中每個族團內都有專司與死去祖先聯絡工作的巫師或宗教人員，人們相信死去的祖先會對活人發生作用，這是宗教信仰能夠凝聚部落社會的原始動力[58]。在中國古代，人們很早就形成了祖先崇拜、祖先保佑的觀念，古人相信一個人去世之後就會變成神靈，這實際上是一種基於人的「神靈信仰」，也是對超自然力量的一種信仰。同時，中國民間還存在著對其他各種神靈的宗教信仰。在中國古代的農民運動中，宗教也曾發揮過整合社會意識、進行社會組織的作用。例如，元末發生於 1351 年的白蓮教大起義、清末發生於 1850 年的太平軍起義等。在西方，宗教教義在整合社會意識方面曾長期佔據著主導地位，「文藝復興」時期的啟蒙運動改變了這一局面，此後，僧侶集團的文化作用開始逐漸被一批擁有人文思想的思想家、哲學家、文學家、作家、詩人和藝

---

[55] 維柯著，朱光潛譯：《新科學》，商務印書館 1987 年版，第 138 頁。
[56] 湯因比著，沈輝譯：《文明經受著考驗》，浙江人民出版社 1988 年版，第 201 頁。
[57] 本段文獻轉引自閔家胤：《進化的多元論》，中國社會科學出版社 2012 年 8 月修訂版，第 350 頁，第 353 頁。
[58] 弗朗西斯·福山著，毛俊傑譯：《政治秩序的起源——從前人類時代到法國大革命》，廣西師範大學出版社 2012 年 10 月第一版，第 59-60 頁。

術家所代替。在古代中國，自三國時期（220-280）以來，實際上是由儒教、道教和佛教三者的混合體（儒教的比重更大一些）在整合社會意識方面長期佔據著主導地位，直到 20 世紀初由「五四運動」掀起的新文化運動改變了這一局面，傳統宗教的文化作用才開始逐漸被一批曾留學西方、擁有新思想、新觀念的教授、學者、哲學家、文學家、作家、翻譯家等知識分子所代替。在人類社會所創造的精神財富中，無論是東方還是西方，有很大一部分文學、音樂、繪畫、雕塑和建築等文化產品實際上都包含著濃厚的宗教意識，或者說它們本身就是圍繞宗教這個主題而被創造的。關於這一點，只要我們去看看敦煌莫高窟、龍門石窟、雲岡石窟、大足石刻的巨大造像以及世界其他國家的著名文化遺跡，就可以更加清晰地認識到這一點。

道德是衡量人們行為是否恰當的觀念標準，是規範和調節人們自我行為的內在準則。每個社會一般都有這個社會公認的道德規範體系，它往往代表著社會的正面價值取向，是判斷人們行為正當與否的社會標準。道德可以分為個體道德和社會道德兩大類。個體道德是只涉及個人、個人之間的行為，用以調節私人關係的道德規範。社會道德是涉及社會群體的行為，用以規範公共關係的道德規範。在不同的時代，人們所崇尚的社會道德觀念往往不同；在不同的社會中，人們所重視的道德元素、道德標準、道德秩序也常常有所差異；在同一時代的同一個社會中，不同階層的人們往往具有不同的道德觀念。另外，即使是同一類道德行為，它在不同社會中的表現形式（如風俗、習慣等）也往往相去甚遠。道德通常也是人們評價一個人品質和行為的一般尺度。一個人若違背社會道德，如不守信用、不孝父母、搞婚外戀等，人們就會對他作出負面評價，導致其信譽受損、名聲下降，從而對他形成一種來自周邊人群的社會壓力，進而起到約束他個人行為的作用。道德和制度都是規範和調節人們行為的準則，它們之間既有一定的聯繫，同時也有顯著的差別。道德是個體對自己行為進行自我約束的規則，具有主動性、內在性、自律性、非強制性等特點；制度則是社會組織對個體行為進行約束的規則，具有被動性、外在性、他律性、強制性等特點。在人類社會的不同組織系統中，道德和制度具有不同的形式和特點。例如，在家庭組織系統中，社會道德表現為婚姻道德、倫理道德、家庭道德等形式；在社群組織系統中，社會道德表現為社交道德、宗教道德、公共道德等形式；在經濟組織系統中，社會道德表現為職業道德、企業道德、行業道德等形式。與此相對應，社會制度也包括婚姻制度、倫理制度、家庭制度、社交制度、宗教制度、公共制度、職業制度、企業制度、行業制度等多種形式。

信仰行為是個人意識的內化行為，道德行為是個人意識對自我行為的調控，制度行為則是個人意識按照外部的規則對自我行為的調控。從信仰行為到道德行為、再到制度行為，參與主體的實踐性在逐級增強，而其主動性在

逐級減弱。信仰是支撐人類道德生活的基石，它從根本上決定著人們道德實踐的範圍、層次和方式。道德是維持一個社會穩定、和諧、有序運行的基本動力，它在人類社會的實踐活動中具有重要的價值和功能。在實際的社會實踐活動中，道德與制度在某些方面是互相重疊的。在一個法治化的社會，規範人們行為的道德底線（即道德規範所確定的道德主體的活動邊界）和法律底線（即法律規範所確定的法律主體的活動邊界）應該是相互銜接、相互協調、有機聯繫的，也即在道德與法律的「交叉地帶」，個人行為既受道德調控，同時也受法律約束。無論是道德主體，還是法律主體，所有社會成員都應當保持其行為活動的適當和適度，即道德主體應當遵守道德準則，法律主體應該遵守法律準則，我們既不能用道德的規範來代替法律的制約功能，也不能用法律的規範來代替道德的調節功能。按照孔子的思想，治理國家要「以德以法」（即要使道德和法律互為補充，見《孔子家語·執轡》）。一方面，法律制度是人們按照一定意志所制定的社會規範，法律制度的具體內容反映了立法者的意志；另一方面，順應民意者所制定的法律制度，也包含了社會道德觀念的基本訴求。所以，道德是法律最基本法理的來源，但不能替代法律而存在。在人類不同的社會中，經過漫長的演化，一部分比較穩定的道德內容變成了法律條款，一部分道德觀念則被納入了宗教的範疇。在人類社會的有些地區和有些時期，道德、法律和宗教是融合在一起無法分開的。例如，在伊斯蘭教法控制的地區和時期，伊斯蘭教義本身就是文字化的道德體系；在古代中國社會，道德和法律也表現出了高度融合的特點。

在現代社會，思想家、哲學家、文學家、作家、詩人和藝術家等人文知識分子是人文系統中精神文化產品的生產者，他們的真正功能是為人類社會的發展（包括個體的發展和群體的發展）創造新思想、新知識、新觀念和新道德，從而不斷改造、更新和完善社會中原來的舊思想、舊知識、舊觀念和舊道德，進而不斷提升整個社會的精神境界，使人類的精神家園變成一個生機勃勃、充滿真善美的和諧世界！所以，在現代社會中，人文知識分子肩負的重要歷史使命是「啟蒙社會公眾思想，引領社會意識潮流」，他們應該向人們指明社會的發展趨勢，應該揭示出現實社會中存在的各種問題，應該批判社會的不良風尚和病態現象，應該借助現代傳媒吶喊出這個時代的感情和聲音，從而帶動社會大眾不斷修正和完善整個社會的價值觀念體系、精神信仰體系和倫理道德體系。

5、人文系統中的生產活動

人文系統中的生產活動主要包括人本身的生產培養和人文知識的生產這兩個方面。人本身的生產一般是通過家庭組織來完成的，但人的培養除了家庭教育以外，還需要通過其他社群組織（如學校、社會培訓組織等）的參與

才能完成。人文知識的生產是通過個體大腦的精神活動進行的，一般是由社會中的人文知識分子完成的。就整個人類社會的發展過程來看，人文系統中這兩方面的生產活動是相互聯繫、相互影響、相互作用的。

人類對人口生產問題的思考可以追溯到古希臘時期的柏拉圖（Plato，約公元前 427－公元前 347）和亞里士多德等思想家，他們提出一個社會應當生育出適度的人口才有利於社會的發展，也就是說，對於一個具體的社會而言，人口生產數量既不能過多也不能過少。英國空想社會主義者托馬斯‧莫爾（Thomas More，1478-1535）也注意到人口與社會相協調的關係，指出一個社會的人口規模應該適度[59]。在 16 世紀末，意大利思想家喬瓦尼‧博特羅（Giovanni Botero，1540-1617）提出了一些重要的人口思想，他認為人類的生殖力是無限的，而維持人類生存的食物供養力則是有限的，生活資料的匱乏抑制了人口的增長，人類社會中所發生的戰爭、搶劫和各種形式的苦難都是因為缺乏食物導致的。在西方，追求適度人口規模的思想實際上已形成西方文化傳統的一項重要內容，西方近代理性主義者大多也都認同適度人口規模的觀點。例如，法國思想家讓‧雅克‧盧梭、啟蒙思想家霍爾巴赫（Paul Holbach，1723-1789）都是典型的適度人口論者，他們都認為一個社會在人口和土地之間應當保持合理的比例[60]。在西方社會，明確提出適度人口規模，或以各種方式指出社會中的人口生產應有適當限度的思想家還有許多，如馬基雅維里、康蒂雍、雅克‧內克爾（Jacques Necker，1732-1804）、伏爾泰（Voltaire，1694-1778）、魁奈、奧克塞倫、傑諾韋西、亞當‧斯密、托馬斯‧馬爾薩斯、本傑明‧富蘭克林等。[61] 但其中系統闡述人口生產理論、最為人們所熟知的思想家是托馬斯‧馬爾薩斯。

托馬斯‧馬爾薩斯是英國人口學家和政治經濟學家，他通常被人們視為現代人口學的奠基人，其代表作是《人口原理》（1798）和《政治經濟學原理》（1820）。馬爾薩斯在《人口原理》中所闡述的人口理論幾乎吸收了喬瓦尼‧博特羅提出的人口思想，他的人口思想實際上是綜合前人觀點而形成的一套系統的人口理論體系，他側重於人的自然屬性對人口生產的影響，特別注重在消費領域對社會人口和生活資料之間關係的分析，從而建立了人文系統中人口生產與經濟系統中物質生產之間的內在聯繫。在《人口原理》一書[62]中，馬爾薩斯提出了兩個公理：第一，食物是人類生存所必需的；第二，男女兩性之間的情欲是必然的，且幾乎會保持現狀。由此，他認為食欲和情欲這兩

---

[59] 托馬斯‧莫爾著，戴鎦齡譯：《烏托邦》，商務印書館 1982 年版，第 61 頁。
[60] 盧梭著，何兆武譯：《社會契約論》，商務印書館 1982 年版，第 65-66 頁；霍爾巴赫著，陳太先、眭茂譯：《自然政治論》，商務印書館 1994 年版，第 297、300、317 頁。
[61] 本段文獻整理自：俞金堯，〈馬爾薩斯人口理論的社會文化基礎〉，《歷史研究》1996 年第 6 期。
[62] 馬爾薩斯著，朱泱、胡企林、朱和中譯：《人口原理》，商務印書館 1992 年版，第 6-8 頁。

者是人類的本性決定的。他認為社會中的人口增長是以幾何級數增加的，而生活資料的增長則是按算術級數增加的。由於「人口的增殖力無限大於土地為人類生產生活資料的能力」，社會人口增長有永遠快於生活資料增長的趨勢，所以，一個社會如果不對人口數量進行抑制，就會導致人口過多和食物不足。為了改變社會人口與生活資料增長的不均衡現象，他主張用抑制手段去實現兩者之間的平衡，為此他提出了積極抑制和預防抑制兩種方法。所謂積極抑制，是指對已經出生的人口所施加的限制，包括因貧困饑餓而引起的死亡以及因戰爭、瘟疫、地震等災禍所引起的人口數量的絕對減少；預防抑制則是指通過禁欲、晚婚、不生育或少生育等措施預防人口數量的過度增長。在馬爾薩斯的人口理論中，他強調人口數量要受到生活資料數量的制約，人口增長應當而且必須與生活資料增長保持適當比例。

　　馬爾薩斯在其《政治經濟學原理》一書中提出了他的「有效需求理論」，這一理論深刻地影響了凱因斯的經濟思想，並成為凱因斯經濟理論的直接來源。馬爾薩斯的「有效需求」概念是指經濟體系中商品供給量與實際需求量保持一致時的需求，這時需求者所願意支付的價格與生產者為保持繼續生產所支出的生產成本相一致，他把人們的工資、利潤和地租等收入都直接看成是有效需求的組成部分；在有效需求的條件下，市場正好處於供求均衡狀態，這時經濟體系中既沒有商品供給不足，也沒有商品生產過剩現象；他認為，貨幣不是單純的流通媒介，同時也是儲蓄手段，如果消費者不將手中的貨幣用於購買商品而是進行儲蓄，那麼經濟體系中的商品供給量就會超過實際的需求量，社會生產的商品就會出現滯銷和積壓[63]。他認為，資本主義的利潤不是在「生產」環節中形成的，而是在「交換」環節中產生的，即通過不等量勞動的相互交換而產生了利潤；他指出，經濟中的利潤不能依靠資本家和工人來實現，而只能依靠一批非生產性的消費者階層（如地主、官吏、衛生人員、司法人員等）來實現，只有這些消費者階層的「有效需求」才能購買經濟中過剩的產品，只有保持足夠的「有效需求」，才能避免資本主義生產過剩的經濟危機；他還指出，要促進社會財富的不斷增長，就必須要保持足夠的「有效需求」，他強調是「有效需求」的水平決定生活資料的供給水平；在探討刺激財富增長的因素時，他不僅肯定了資本積累、土地肥力和技術進步對財富增長具有重要意義，而且還指出僅有這些因素的增加而沒有需求的相應增長，也不能保持經濟的持續穩定發展。如果我們把馬爾薩斯的人口理論和他的有效需求理論中所闡述的基本思想貫穿起來看，就會發現：在有效需求理論中他強調了人對物的需求（物欲）決定物的供給這一觀點；而在人口理論中他

---

[63] 楊晨：〈論馬爾薩斯與凱恩斯和弗里德曼的脈承關係〉，《廈門大學學報（哲學社會科學版）》1996 年第 1 期。

突出了物的供給決定人口的增長（情慾的擴張）這一思想。他的這兩個理論之間存在著內在的邏輯一致性，它們共同構成了一套比較完整的經濟理論體系。[64]

馬爾薩斯的《人口原理》發表於歐洲工業革命之前，其後發生的工業革命導致歐洲的社會生產力大幅增長，特別是在煤炭和石油等能源開發上尤其顯著。據統計，從 1820 年到 1950 年，全球的能源供應增長六倍，而人口僅增長一倍；在新石器初期，全球大約有六百萬人口，到 2001 年時全球人口已經增長到了六十多億，在過去一萬年中全球人口數量幾乎增長了一千倍，這些增長的大部分發生在 20 世紀下半葉[65]。因此，馬爾薩斯的人口理論遭到了普遍貶斥，人們批評他對人類的技術進步過於悲觀。儘管如此，馬爾薩斯的經濟理論實際上能夠較好地解釋工業革命之前人類社會的經濟發展狀況，如果我們在其理論框架中加入政治、制度、科學、技術、教育等因素，那麼它就可以用來解釋現代社會的經濟發展了。

馬克思和恩格斯在《德意志意識形態》（1846）書稿中探討了人類社會的精神生產問題，並詳細論證了物質生產與精神生產的關係，他們指出：「思想、觀念、意識的生產最初是直接與人們的物質活動，與人們的物質交往，與現實生活的語言交織在一起的。人們的想像、思維、精神交往在這裡還是人們物質行動的直接產物。表現在某一民族的政治、法律、道德、宗教、形而上學等的語言中的精神生產也是這樣。」[66]恩格斯還闡述了意識形態與經濟發展之間的聯繫，他指出：「政治、法、哲學、宗教、文學、藝術等等的發展是以經濟發展為基礎的。但是，它們又都互相作用並對經濟基礎發生作用。」[67] 人類社會發展到文明階段之後，在社會物質生產活動中，人們生存發展就表現為兩種基本需要：一種是對衣、食、住、行等社會物質生活條件的需要；另一種是對智力、道德、審美等方面發展條件的需要。正是由於這兩種基本需要，推動人類社會從最初的只是單純為滿足生理需要而進行物質生產勞動，逐漸發展到注重滿足精神需要的精神生產活動。隨著社會的不斷發展，人類越來越強化對精神需求的生產，最終使精神生產以專業化、職業化的形態從社會物質生產活動中獨立和分化出來。精神生產活動的這種獨立和分化，一方面是為了更充分地滿足人類越來越強烈的精神需要，另一方面也是兩種生產活動各自具有的特殊性要求。隨著社會中精神生產活動的不斷發展，人類

---

[64] 本段內容除注明者外主要參考整理自：梁冬、李盧霞、孫曉燕，〈理出同源必有因——淺談馬爾薩斯人口理論與其經濟學理論之間的邏輯一致性〉，《經濟問題探索》2005 年第 4 期。

[65] 馬西姆・利維巴茨著，郭峰、莊瑾譯：《繁衍：世界人口簡史》，北京大學出版社 2005 年 6 月版，第 28-31 頁。

[66] 《馬克思恩格斯選集》（第 1 卷），人民出版社 1995 年版，第 72 頁。

[67] 《馬克思恩格斯選集》（第 4 卷），人民出版社 1995 年版，第 732 頁。

個體的文化素質也會隨之不斷提高，整個社會的精神需要將會越來越成為人們生活追求的主要目標，隨著人類社會精神需求水平的逐漸提高，將會促使社會中精神生產的規模和質量不斷向更新、更高的水平發展。

在西方社會思想家中，將人文知識因素與經濟發展聯繫起來的一個代表性學者是德國著名社會學家馬克斯·韋伯，他在其名著《新教倫理與資本主義精神》（1905）中深入分析了西方社會中精神信仰、倫理道德等因素對資本主義經濟發展的重要影響。在這部書中，韋伯通過對大量經驗材料的搜集和分析，考察了歐洲16世紀宗教改革以後的基督教新教（即加爾文教）的宗教倫理與近代資本主義發展之間的生成發育關係，揭示出隱藏在社會制度背後的精神力量，論證了資本主義的興起不僅僅是因為經濟和政治方面的原因，而且與基督教新教的宗教信仰和倫理道德態度緊密相連，新教思想實際上形成了近代資本主義精神的基石，正是這些因素共同塑造了西方資本主義興起的心理條件，並構成了西方現代人普遍的生活秩序。韋伯分析指出，資本積累的觀念雖然並非直接來自新教倫理，但新教倫理原則對勤勞和節儉的推崇卻在不經意中為資本主義奠定了精神基礎。例如他認為，在18世紀的美國，社會中流行的富蘭克林的樸素箴言，就清晰地表達了資本主義的精神，正是這些精神支配著美國經濟未來的發展，而不是重商主義政治家的宏大規劃。在韋伯看來，正是這種新的宗教觀念教導著那些現代經濟秩序的前驅們「不是把追逐財富僅僅看作贏利，而是看作一種義務。這種觀念把仍然勢單力薄的資產階級團結成為一支有紀律的力量，增強了它的活力，給它的實用主義罪惡罩上了一個聖潔的光環。」[68]他認為，在資本主義興起過程中，社會道德標準的變革發揮了關鍵作用，從而使以往時代被譴責為罪惡的種種習慣變成了新時代的經濟美德，而造成這種變化的力量就是加爾文教的教義。這裡需要說明的是，在影響資本主義經濟倫理變化的因素中，絕不是僅僅只有韋伯所強調的新教倫理思想，天主教的倫理思想、文藝復興的政治思想、人們的市場投機行為等都發揮了一定作用，這些因素共同構成了一場普遍思想運動的組成部分。另外，信仰道德與經濟發展之間的聯繫並不是單向的關係，而是雙向互動的關係。正如美國社會學家塔爾科特·帕森斯所說：「有了作用力也就會有反作用力，清教主義有助於塑造社會秩序，反過來說，它也會被社會秩序所塑造。」[69]韋伯的這一著作儘管在西方學術界引起了激烈爭論，但它依然是對資本主義精神和起源的經典解釋之一。

從本書所提出的社會結構框架（參見圖7-1）來看，馬爾薩斯的經濟理論

---

[68] 馬克斯·韋伯著，閻克文譯：《新教倫理與資本主義精神》，上海人民出版社2010年9月第1版，第5-7頁，參見塔爾科特·帕森斯為本書所寫的「序言」。
[69] 同上。

實際上建立了人文系統中人口生產與經濟系統中物質生產之間的聯繫；馬克斯・韋伯的社會理論實際上建立了人文系統中人文知識因素與經濟系統中物質生產之間的聯繫。馬克思和恩格斯所論述的人類社會物質生產與精神生產之間的關係，既涉及了經濟系統與人文系統之間的聯繫，也涉及了經濟系統與政治系統之間的聯繫，還涉及了法制系統中的法律因素，而且他們的思想還透露出社會生產結構動態變遷的社會演化觀。所以，相對來說，馬克思和恩格斯觀察社會的視野顯得更加寬廣、更加全面一些。但是，他們的論述也有一些不足之處，這就是他們排斥了馬爾薩斯的人口理論，另外他們所構建的理論架構是一種類似於建築物一樣的上下層級結構，而且很多社會因素都是混在一起闡述的（如「意識形態」中的許多因素），這造成用他們的理論來分析現代社會時就會顯得捉襟見肘。

本書所提出的社會結構框架實際上綜合了馬爾薩斯、馬克斯・韋伯、馬克思和恩格斯上述理論的思想要義，不但建立了人文系統與經濟系統、人文系統與政治系統、經濟系統與政治系統之間的聯繫，而且建立了它們與科學系統、法制系統和教育系統之間的聯繫，從而涵蓋了文化經濟學、人口經濟學、政治經濟學、文化政治學等學科的主題。

6、人文系統的進化機制

一個社會的人文系統是如何進化的？或者說人文系統的進化機制是怎樣的？

在前文分析人文系統運行的一般結構時，我們簡單探討過社會進化的問題，這裡我們對這一問題作更深入的分析。

關於物質世界進化機制的問題，世界各國的哲學家和自然科學家們都從不同角度和層次作過許多研究分析，但就目前的研究文獻來看，對這一問題作出深刻認識的是美國系統哲學家歐文・拉茲洛和中國文化哲學家牛龍菲，其中，歐文・拉茲洛的重要貢獻是提出了物質世界的廣義進化理論[70]，牛龍菲的重要貢獻是分析並揭示出了物質世界進化的內在機制。

牛龍菲在綜合當代分子生物學、一般系統論、超循環理論、自組織理論等學科成果的基礎上，結合中國古典哲學「周易」和道教的「太極」思想，分析論證了物質世界進化的一般機制。他在其著作《人文進化學》中指出：「任何一種現實的存在，其發生的機制，都是『正反饋──自生』和『負反饋──自穩』的『往復循環』。在這裡，『正反饋──自生』保證了某種特定層次的存在與其他特定層次的存在的『異質性』；『負反饋──自穩』則保證了某種特定層次的存在在四維時空中的『連續性』」，他強調物質進化過程中的「圓

---

[70] E.拉茲洛著，閔家胤譯：《進化──廣義綜合理論》，社會科學文獻出版社 1988 年 4 月第一版。

形循環關係」，正是由於這個「圓形循環關係」的持續變化，「才使得新的異質存在由於『正反饋──自生』和『負反饋──自穩』的『往復循環』而不斷發生，並連綿延續，從而逐漸形成了具有等級差異的、遞價結構的大宇長宙之整體系統。」他同時指出：「『正反饋──自生』的『循環』，其內在機制是『變易』；『負反饋──自穩』的『循環』，其內在機制是『不易』。把這兩種內在機制統一於『正反饋──自生』和『負反饋──自穩』的『往復循環』之中，便具有了哲學本體論的『簡易』特性。而這正是中國古代《易經》哲學的精髓所在。」[71]他分析指出，物質世界的一般進化過程就是由於『正反饋──自生』和『負反饋──自穩』這兩種機制而不斷發生新的異質性存在的動態過程；某種處於穩定狀態的系統，它會由於正反饋機制而失穩並進行自組織，自組織的結果就是在新的層次上創生一個新結構的系統，這個具有新結構的系統又會由於負反饋機制而維持相對的穩定狀態；這個過程不斷循環往復，具有新結構的系統就會不斷地從舊結構的系統中產生出來。他解釋說：「所謂『正反饋』，正相當於生物進化中的『基因重組』；而所謂『負反饋』，則正相當於『重組之基因』在生物進化中的『世系遺傳』；決定系統『負反饋──自穩』還是『正反饋──自生』的則是『自然或人工選擇』。」[72]牛龍菲先生提出的「正─負」反饋往復循環的模型如圖 7-3 所示。

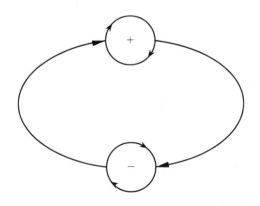

圖 7-3　「正─負」反饋往復循環模型[73]

結合歐文・拉茲洛廣義進化理論的思想，按照牛龍菲先生所揭示的物質世界進化原理，我們可以推知，整個物質世界正是以這種「自生」和「自穩」的循環機制，由中子、質子、電子等基本粒子自組織成原子，由不同原子自

71　牛龍菲：《人文進化學》，甘肅科學技術出版社 1989 年 9 月第一版，第 109-110 頁。
72　牛龍菲：《人文進化學》，甘肅科學技術出版社 1989 年 9 月第一版，第 106-107 頁。
73　牛龍菲：《人文進化學》，甘肅科學技術出版社 1989 年 9 月第一版，第 108 頁。

組織成無機物分子（簡單分子），再由不同無機物分子自組織成有機物分子（複雜分子），進而由不同有機物分子自組織成原始細胞（複雜分子集團），不同種類的原始細胞進一步自組織又會產生微生物（生命體），不同微生物的自組織又會產生不同的生物物種，不同物種生物個體的自組織就會形成不同物種的社會群體。正是在這樣的「異質」系統不斷創生的過程中，物質世界發生著從「物理結構→化學結構→生物結構→社會結構」等不同層次系統的躍遷[74]，而人類社會從動物社會中分化出來，又經過漫長的文化進程，從而創生了具有人文結構的高級社會系統。整個物質世界的一般進化機制可以用圖 7-4 來表示，這是一個各種結構系統分層進化的歷時過程，同時也是不同層次系統共時耦合的過程。在圖中，「⊖」表示系統「負反饋—自穩」循環，「⊕」表示系統「正反饋—自生」循環。

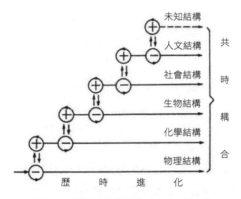

圖 7-4　物質世界進化的一般模型[75]

　　本書根據牛龍菲先生提出的「正—負」反饋往復循環模型，並結合前文所得出的人文系統運行的一般結構圖（即圖 7-2），來探討人類社會中人文系統的進化機制。為便於分析問題，我們將「正—負」反饋往復循環模型的思想與人文系統運行的一般結構圖相結合，從而畫出下面的人文系統進化機制圖（見圖 7-5）。

---

[74] 有關闡釋參見：E.拉茲洛著，閔家胤譯，《進化——廣義綜合理論》，社會科學文獻出版社 1988 年 4 月第一版，第 53-74 頁。

[75] 尚樂林：〈「伐柯伐柯，其則不遠」——評牛龍菲著《人文進化學》〉，《蘭州學刊》，1991 年第 3 期。

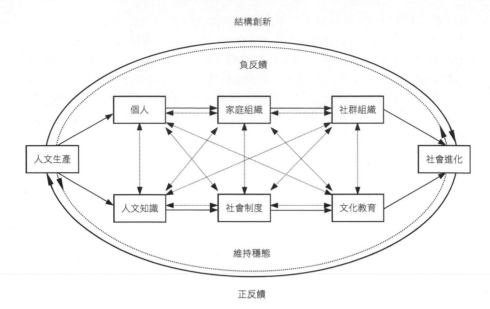

圖 7-5　人文系統進化機制圖

　　在圖 7-5 中，下邊的實弧線表示「社會進化」對「人文生產」的正反饋作用，上邊的實弧線表示「人文生產」引起社會「結構創新」，進而推動「社會進化」；上邊的虛弧線表示進化後的社會對「人文生產」的負反饋作用，下邊的虛弧線表示「人文生產」在負反饋作用機制下，人們不斷複製現有的社會結構資訊從而保持社會系統「維持穩態」，進而使整個社會保持現狀。

　　為建立人文進化理論體系，牛龍菲先生提出了「文化」、「文明」、「文脈」等一整套邏輯上內在關聯的文化學概念。按照牛龍菲先生的定義，「文明」是「人文教化或人文進化的『歷史成果』」；「文脈」是「從過去經由現在走向未來的人文教化或人文進化的信息指令及其繼承脈傳」[76]。後來，他又用「文象」這一概念代替了之前的「文明」這個詞。所謂「文象」（products of culture & civilization），是指作為歷史實體的「文明之產物」[77]。他後來也對「文脈」作了新解釋，他說「文脈」是「體外的物質載體所貯存的人類文明進化信息」、「是指人類體外非生物進化的『基因』」[78]。如果我們把「文脈」理解為「文

[76]　牛龍菲：《人文進化學》，甘肅科學技術出版社 1989 年 9 月第一版，第 44-45 頁。

[77]　尚樂林：〈「伐柯伐柯，其則不遠」──評牛龍菲著《人文進化學》〉，《蘭州學刊》1991 年第 3 期。

[78]　牛龍菲：〈「超循環的太極循環」──人文進化與一般進化的根本內在機制〉，太原《晉陽學刊》 1992 年第 3 期。這裡引用的是作者於 1998 年 9 月 1 日對該文修訂後發在其個人博客上的文稿，參見注釋 6。

化基因」，那麼，「文象」就是由「文化基因」調控塑造而成的人文現象和文化實在，具體可以理解為文化的表象實存。根據本書作者的理解，這裡的「文脈」相當於本書各層系統「深層因素」的有機結合，「文象」則相當於本書各層系統「表層因素」的各種現實組合。正是在這個意義上，本書所建立的有關人類社會的整個結構框架就是對人文進化學的進一步深化和細化，同時也是對文化學、經濟學和政治學乃至人類社會學的重新整合。

牛龍菲先生把人文系統的一般進化機制表述為「微觀層次的擾動經宏觀網絡放大後引起系統狀態的變化；變化了的系統如有可能在時間的流逝中保持相對穩定的狀態，則導致異質性新事物的現實存在」[79]。這句話的前半句即為「正反饋自生」，後半句即為「負反饋自穩」。

我們怎麼理解牛龍菲先生所表述的這一進化機制呢？

為使普通讀者能夠理解，下面通過舉例的方式來進行分析和說明。

例如，在遠古時代，當原始森林中發生大火時，有些未及時逃走的野豬、野兔等動物被燒死在樹叢中。當原始人類發現這些燒死的動物後，他們就去吃這些被燒熟的動物。他們發現，燒熟後的動物肉更加可口好吃。於是，有人就把森林中的野火引來燒烤動物吃。這樣，原始人類就學會了利用火的最初方式。由於相互間的模仿，這種利用火的方式就從一個家族傳到另一個家族，進而從一群人傳到另一群人。後來，人們發現經火堆燒烤過的軟泥會變得異常堅硬，有人就嘗試用膠泥做出泥碗、泥罐等器皿，然後再用火堆把它們燒硬，於是，最初的陶器就被人類發明出來了。從此，人們就可以用陶製器皿來蒸煮捕獵回來的各種動物。這種製陶技術也從一個家族傳到另一個家族，進而從一群人傳到另一群人。在世界各地，人類早期活動遺址出土的大量陶碗、陶罐等陶器，就清楚地向我們展示了人類早期的文化成果。再到後來，有人用山中的石塊來壘砌做飯用的爐灶，這些石塊中有些可能就是較高純度的銅礦石。人們發現有些石塊經火燒後會熔化成灼熱的液體，當這些液體冷卻後又會變得很堅硬，而且散發著金黃色的光澤。有人就嘗試用這種燒熔的液體來澆鑄鏟、刀等銳器，於是，最初的銅器就被人類發明出來了。同樣，這種冶煉技術也從一個人傳到另一個人，從一個家族傳到另一個家族，進而從一群人傳到另一群人。當一個地域的大多數人群都開始廣泛使用青銅器具的時候，這個社會就進化到了「青銅時代」。人類社會正是在與環境的這種「刺激—創新—傳播」的互動過程中開始了自己的社會進化歷程。

在上面的舉例中，原始森林中發生大火這一外界環境對原始人類群體的微小擾動，首先對人群中的某些個體形成「刺激」，這些個體偶然的創新之舉

---

[79] 牛龍菲：〈「超循環的太極循環」——人文進化與一般進化的根本內在機制〉，太原《晉陽學刊》1992 年第 3 期。

首先增加了他們頭腦中意識的資訊，當他們把所獲得的資訊（或知識）傳遞給其他人時，其他人頭腦中意識的資訊量也就隨之增加了。當人們把這些創新資訊再次轉化為實踐活動（如用火、燒陶、冶銅等）的時候，社會就開始進化了。這就是一個從「微觀擾動」到「宏觀放大」的過程，也是一個「認識」與「實踐」的循環過程。整個人類社會的進化過程，實際上就是這樣一個「認識→實踐→再認識→再實踐」的反復循環的過程。在這個過程中，人類個體頭腦中意識的資訊量不斷增加，從而使個體的意識不斷進化；而人類個體之間的相互交往、相互學習又推動了社會群體的意識進化，進化後的群體意識又反過來促進了個體的意識進化（也即文化教育過程），這實際上是一個人類個體意識與群體意識協同進化的過程；具體進化的內容包括知識、思想、感情、價值觀念、精神信仰、倫理道德、制度規範等意識形態。這實際上就是本書所提出的「文化」的本質。人類社會人文進化的結果，一方面表現為人類個體智力水平的提升和知識的專業化，另一方面表現為人類群體認識水平的提升和知識的多樣化。

人類群體在生活或生產過程中逐漸形成了一些習慣或風俗，這些習俗經過社會群體之間的橫向傳播和不同代際之間的縱向承襲，最後就在一定地域內約定俗成地形成了制度規範，這些制度規範就是一個社會群體的社會制度。例如，在使用火的過程中，原始人發現火如果使用不當常常會引起火災，而難以控制的大火又往往會燒毀房屋和人畜，為預防發生火災，人們就制定了存放火種、安全用火的規則，這些關於用火的規則最後就形成了一種制度規範。人類社會的亂倫禁忌、婚配規則、結婚儀式、喪葬風俗、宗教制度等，都是這樣逐漸演化成不同的社會制度的。在一個具體的社會群體中，正是這些社會制度規範和約束著所有個體的思維模式和行為方式。如果一個社會通過文化教育不斷複製和傳播這些社會制度，從而在社會個體成員的意識中不斷強化這些制度規範所包含的資訊，那麼這些被強化的社會制度就會使整個社會結構保持一定的穩態不變。只有當社會中的某些個體因受到「刺激」發生了「創新」之舉（如發明了燒陶技術、提出了新思想等），整個社會的文化知識才會增加，這些增加的文化知識經過文化教育而不斷傳播之後，整個社會群體的意識就隨之發生了進化，當這個社會群體再把學習到的新知識應用到實踐活動中，特別是用來改變、調整原來的社會制度以後，也就發生了社會結構的創新（這就是一個從「微觀擾動」到「宏觀放大」的過程），這些創新的社會結構如果能被整個社會群體所接收並保持，那麼整個社會實際上就發生了進化。這就是人文系統進化機制圖（即圖7-5）所包含的思想要義。

在人類社會人文系統進化過程中，語言和文字的發明具有非常重大的意義。但是，語言和文字顯然不是在短時間內被創造出來的，也不可能是由一個人獨自發明出來的。語言和文字是人類文化的重要工具，它們被創造發明

的過程與前面所舉的陶器和銅器的創新過程類似，但它們更多是在人際交往中被發明和創新的。無論是在家庭生活中（如人口生產和養育），還是在經濟活動中（如狩獵和種植），還是在公共活動中（如宗教集會、歌舞娛樂），人們之間都需要相互交流。可以想像，人類個體之間最原始的語言交流，起初是含混不清的「支吾」或「咿呀」聲，同時還伴有各種表情和手勢，後來，隨著人類發聲器官（如喉與舌）的逐漸進化，人們發出的語聲開始逐漸清晰和連貫起來，再到後來，人們逐漸把某些常用詞彙的含義約定俗成地固定下來，於是人類最初的語言就誕生了。與此同時，人們也用某些刻畫符號或簡單圖畫記錄一些事情（如牛羊的數量、日月的形象等），久而久之，這些符號或簡單圖畫就被約定俗成地賦予了一定的含義，於是人類最初的文字就誕生了。語言的發明，使人類頭腦中的意識第一次有了離開「自我」的載體——聲音，儘管這種載體是短暫的（它會隨著說話人語音的飄散而消失），有時也很脆弱（當人的喉和舌生病時就難以發聲），但它為人際之間的交流和傳播架起了一座文化的橋樑。文字的發明，使人類頭腦中的意識又一次有了離開「自我」的載體——符號，人類由此克服了時間對語音載體的消解，從而使人類的意識第一次有了體外的可視形象。當符號文字被刻寫在泥板、竹片、石面、龜甲等實物載體上時，人類的思想意識就具有了跨越時間和空間的能力，只要書寫文字的這些實物載體不被破壞，那麼這些文字所包含的資訊就不會消失。隨著人類社會實踐的增加，人類頭腦中儲存的意識資訊量也隨之增加，人類在相互交往中所使用的詞彙量也隨之逐漸增加，於是，人類的語言和文字就開始了自己的進化歷程。後來，當人們把以聲音音節表達的語言與用刻畫符號表達的文字結合在一起時，人類社會的文化進程又發生了一次重要的飛躍。語言和文字的組合運用，使人類個體之間能夠更加方便地表達、交流、複製和傳播各種複雜的思想意識。語言、文字的發明和廣泛運用，使人類社會走出野蠻和愚昧，從此步入文明開化的歷史時代。

在遠古時代，人們受到外界環境某種「刺激」或「擾動」而進行創新時，這些「刺激」或「擾動」常常具有偶然性或隨機性，這些偶然性或隨機性往往決定了人文系統的進化路徑和發展程度。

例如，當某一社會群體所生活的地區銅礦石極少而鐵礦石極多時，在上面的例子中，人們發現銅的概率就會很低，從而就不會發明煉銅的技術；更有可能的是，人們發現鐵的概率會較高，從而就有可能發明煉鐵的技術。如果這一社會群體成功發明了煉鐵技術，並且廣泛運用鐵製器具，那麼他們實際上就進入了鐵器時代。與此類似的一個實際例證是，人們在古代瑪雅社會的考古中就沒有發現銅器，而他們是建立在石器文明基礎上的一類社會群體。

在地球上，人類的不同社會群體散佈於不同大陸的不同地域上，每個社會群體所生活的地理環境都有各自的特點，由於一些自然山川的隔絕，從而

阻擋一個社會群體與另一個社會群體之間可能的交往與融合，最終導致人類社會形成了具有各種文化特徵的不同民族。不同民族說著不同的語言，寫著不同的文字，由於生產生活方式的差異，他們的飲食習慣、穿衣服飾、居住方式乃至宗教信仰等就具有了不同的特點。在同一時間段內，不同區域的社會群體或者同一區域的不同民族之間，他們在社會發展速度和文明程度上是有較大差異的。例如，在中世紀的東方，北宋王朝已經發展到極高的文明程度，但在其周邊的黨項族、蒙古族等民族卻連自己民族的文字都尚未發明（黨項族的西夏文字創始於 1036 年，蒙古族的蒙古文字創始於 1204 年後）。

外界環境的「刺激」或「擾動」，甚至可以影響到某些社會群體宗教信仰的形式。例如，生活在沿海地區的漁民，經常會遭受龍捲風的侵襲，強烈的颶風常常將漁船掀翻，把樹木連根拔起，甚至會將人畜捲走。在遠古時代，當人們遭遇到龍捲風侵襲時，常常會對這種無法理解的自然力量產生一種莫名的恐懼和敬畏，因此，有人就認為這是天上一種神靈「龍」在作怪。於是，人們就根據想像逐漸創造了「龍神」的形象，並為其建立神廟定期敬拜，以祈求這種神靈的保佑。因龍捲風主要來自海洋，並常與暴風和降雨相伴，人們就將自然界主管降雨和行水的功能歸於「龍」這一神靈。也正是這一原因，龍神信仰又從沿海地帶逐漸擴散到中國的其他地區。有學者從民間信仰的角度研究指出，「龍」是人們將多種與水有關的動物形象組合而成的觀念產物，它的基本職能是「興雲布雨、司水理水」，它的形成與民間信仰中的水神崇拜密切相關[80]。在中國古代，每逢久旱不雨或者久雨不晴，人們就會前往龍王廟向龍王祈願，以求風調雨順。例如，在明朝萬曆十三年（1585 年）時，因北京地區乾旱少雨，明神宗朱翊鈞（1563-1620）還親自步行前往天壇祈雨。甚至在當代，我們還可以在上海、煙臺、鹽城等沿海地區看見這樣的龍王廟，而且時至今天依然有人常到廟中敬拜龍王。龍神信仰可能是古人對龍捲風這一「刺激」或「擾動」的意識反映，這一「刺激」或「擾動」使人們創造了「龍」這一神靈，進而使人們產生了龍神信仰。這一信仰的具體內容，通過人際之間的不斷傳播（包括同代人之間的橫向傳播和代際之間的縱向傳播），從而形成了龍神信仰和敬拜的傳統。這個傳播過程，實際上就是一個「負反饋──自穩」的過程。這裡，人們意識中的「龍神信仰」資訊就屬於前文所說「文脈」的範疇，而中國各地的龍王廟、廟中的龍王像等具體的實物就屬於前文所說「文象」的範疇。在遼寧省葫蘆島市連山區塔山鄉楊家窪文化遺址（屬新石器時代早期，在渤海邊緣），人們發現了兩條用黏土塑出的龍形圖案（這是目前中國境內發現的時代最早的龍形圖案），這說明早在距今 9000-7000 年時在中國東北海濱就已產生了龍神信仰觀念；此外，人們又在河南

---

[80] 向柏松：《神話與民間信仰研究》，人民出版社 2010 年 6 月第一版，第 109 頁。

省濮陽市西水坡仰韶文化遺址（屬新石器時代中期）發現了用蚌殼擺塑的龍虎圖案[81]，這說明到距今 6500 年時，龍神信仰觀念已經流傳到了內陸的中原地區。

在一個社會群體中，如果人文系統中的負反饋力量過於強大，往往就會壓制人們的創新活動，進而就會抑制社會系統中新結構的出現和成長。一個眾所周知的例子就是西方中世紀時，羅馬宗教裁判所對意大利自然科學家、哲學家布魯諾（Giordano Bruno，1548-1600）的審判。布魯諾因為反對托勒密的地心說、宣傳哥白尼的日心說、批判經院哲學和教會神學而被囚禁八年，最後被羅馬宗教裁判所判為「異端」，並於 1600 年 2 月 17 日被燒死在羅馬鮮花廣場。羅馬宗教裁判所的這一行為壓制了科學領域新思想、新觀念、新知識的出現和傳播，阻礙了歐洲的科學進步，進而在一定程度上也延緩了社會的發展。

從上面的簡單分析還可以得到一個重要的認識，即只有一個開放的社會系統才會獲得持續創新並不斷進化，而封閉的社會系統只會陷入僵化或停滯。這裡，開放包括對社會個體的開放和社會群體的開放這兩個方面。其中，對社會個體思想意識的開放尤為重要，因為所有社會的任何創新都首先起源於個人的精神創新活動。如果一個社會對其個體的思想意識實施封閉性社會制度（如一些限制或禁止思想自由、言論自由、出版自由、集會自由、結社自由等方面的政策制度），就會直接限制這個社會中個人的精神創新活動；如果沒有個人的精神創新活動，整個社會就不可能獲得持續進化。個人的自由思想往往是社會變革的萌芽，正如閔家胤先生所說：「它們是社會最寶貴的財富，一定要保護它們被自由地說出來，寫出來，發表出來，再通過在群體中的自由討論提煉昇華，成為推動社會進化的新的信息流」[82]。

五、從社會變革的視角來考察社會進化

在中國古代歷史上，一系列有關社會改革成敗的事例，都可以用「正反饋──自生」和「負反饋──自穩」的機制作出客觀合理的解釋。下面就從社會變革的視角來簡單探討一下中國古代社會的進化機制。

春秋時期，齊國丞相管仲（？－公元前 645）在齊國主持開展了以「富國強兵」為核心的一系列政治經濟改革，如在全國劃分政區、組織軍事編制、建立選拔人才制度、按土地分等徵稅、禁止貴族掠奪私產、發展鹽鐵業、鑄

---

[81] 艾素珍、宋正海主編：《中國科學技術史》（年表卷），科學出版社 2006 年 11 月第一版，第 16 頁、第 33 頁。
[82] 閔家胤：《進化的多元論》，中國社會科學出版社 2012 年 8 月修訂版，第 230 頁。

造貨幣、調劑物價等；他主持的改革成效顯著，齊國由此國力大振，為齊桓公的稱霸奠定了堅實的經濟基礎（《史記‧管晏列傳》）。戰國初期，魏國丞相李悝（公元前 455－公元前 395）在魏國開展了以「依法治國」為核心的一系列政治改革，如制定法律、廢止世襲貴族特權、改革世襲世祿制度、選賢任能、整頓吏制、統一分配耕地、平抑糧食價格等，他的改革使魏國在戰國前期一度成為當時實力最強的諸侯國（《漢書‧藝文志》）。戰國時期，軍事家吳起（約公元前 440－公元前 381）於公元前 382 年在楚國推行與李悝類似的變革，改革初期，楚國政治得到整頓，軍力也日益強大，但其後不久，改革就遭到楚國貴族保守派的嫉恨和反對，公元前 381 年楚悼王去世後，保守派立即發動政變，他們殺掉吳起，廢除了吳起實施的改革舉措，從而導致當時擁有大片領土的楚國由此失去了統一天下的歷史機遇（《史記‧孫子吳起列傳》）。戰國時期，政治家商鞅（約公元前 395－公元前 338）從公元前 356 年至公元前 350 年，在秦國大規模地推行過兩次變法，他廢除貴族世襲特權、建立郡縣制、廢除井田制，改革秦國戶籍、軍功爵位、土地稅收等制度，制定並推行連坐法、肉刑等嚴刑峻法，還獎勵耕織、准許土地買賣、統一度量衡制以及民風民俗等。商鞅受李悝、吳起等法家的影響很大，他在秦國頒佈實施的法律就沿用了李悝《法經》中的基本內容。商鞅變法使秦國大治，使昔日的落後之邦實力迅速增強。司馬遷（公元前 145－公元前 90）在描述這次變法的成效時寫道：「行之十年，秦民大悅，道不拾遺，山無盜賊，家給人足。民勇於公戰，怯於私鬥，鄉邑大治」（《史記‧商君列傳》）。商鞅變法是戰國時期諸侯國中最徹底的一次社會變革，這次變革不僅推動了秦國社會的發展，而且推動了當時中國社會宗法分封制向中央集權制的轉型，為以後秦始皇建立一統天下的秦帝國奠定了基礎，它的成功對中國社會發展產生了極其深遠的影響。

北宋政治家王安石（1021-1086）於 1070 年開始大力推行改革變法，他以發展經濟為重心，展開了廣泛的社會改革，包括制定實施了從鄉村到城市涉及農業、手工業、商業發展的一系列新法，為提高軍隊素質改革了軍事制度，還對科舉制度、教育制度等進行了改革。在經濟政策方面，頒佈均輸法、市易法和免行法，從而在限制大商人壟斷市場、減輕稅戶額外負擔、增加財政收入方面發揮了成效；實行青苗法、募役法和方田均稅法，調整國家、地主和農民之間的關係，在增加國家財政收入的同時也減輕了農民負擔；實行農田水利法，鼓勵各地開墾荒田、興修水利、修築堤防等公益事項。在軍事強兵方面，實行將兵法、保甲法、保馬法以及建立軍器監等，這在整頓軍隊組織、強化軍事訓練、節省軍費開支等方面發揮了作用，進而提高了軍隊素質和戰鬥力，穩定了社會秩序。在教育制度方面，廢除了以詩賦詞章取士的舊制，把科舉重點放在選拔具有真才實學、能夠經綸濟世的人才方面，還整頓

了太學，並在各地州郡廣設學校，這些舉措糾正了過去培養人才中的體制缺陷，為培養社會實用人才、選拔治世人才開闢了道路。但是，由他實施的這次變法，觸犯了北宋王朝一些大官僚、大地主的利益，包括兩宮太后、皇親國戚和一批士大夫在內的保守派聯合起來共同反對變法。最終，王安石在1074年被罷去宰相職務，儘管他次年又被覆職，但他的變法活動卻得不到朝廷的更多支持，因而改革難以繼續推行下去，他遂於1076年辭職閒居在家。1085年4月，宋神宗趙頊去世。1086年，保守派再度得勢，此前王安石所推行的新法基本被廢除。1127年，北宋王朝被金國所滅，這一年距離王安石去世僅僅41年。王安石變法的內容已具備近代社會變革的特點和性質，它是中國古代社會發展歷程中的一個關鍵節點。現在看來，這次改革的失敗，實際上決定了中國社會以後八個世紀的演化方向。

根據英國經濟史學家安格斯·麥迪遜（Angus Maddison，1926-2010）對中國與西歐在公元400年至2001年之間人均產值水平的比較研究，大約在公元1300年左右，西歐的人均產值就超過了中國[83]。這說明，正是從南宋王朝（1127-1279）滅亡之後，中國社會的發展就開始落後於西方社會了，從此，中西之間的差距開始越拉越大，自1800年工業革命開始，西方社會的發展速度更是突飛猛進，從而將中國社會遠遠甩在了後面。如果王安石變法取得成功的話，中國社會的歷史發展將會是另外一種情形，中西社會之間的發展差距也不會像後來那樣如此懸殊。但是，歷史就是歷史，它不可能因假設而改寫。所以，從世界歷史的背景來看，王安石變法具有特殊的價值和意義。

牛龍菲先生指出，在事物的發展過程中，單是「正反饋——自生」，或者單是「負反饋——自穩」，都不是「異質發生」或者「自組織」的充足條件，只有「正反饋——自生」與「負反饋——自穩」的因緣和合，才能保證異質性新事物的發生和存在。由「正反饋——自生」產生的動態變化，可以看作事物「陽」的一面，而由「負反饋——自穩」維持的靜態穩定，可以看作事物「陰」的一面。這樣，在時間的進程中，「正反饋——自生」與「負反饋——自穩」、「陽」與「陰」不斷地在向對方轉化，這種往復循環的動態轉化過程，就好像一隻旋轉不止的法輪，創造了事物已往的歷史。中國古代道教的太極圖，正是這個法輪的象徵。太極圖的本意就是象徵「陽與陰」、「動與靜」、「變易與不易」、「動態與穩態」、「正反饋——自生與負反饋——自穩」，在時間的川流中不停地相互轉化、往復循環（見圖7-6）。他把這種往復循環稱為太極循環。關於事物發展的太極循環思想，中國古代的一些學者早就明確指出了這一點。例如，宋代哲學家周敦頤（1017-1073）在其《太極圖說》中就說：

---

[83] 弗朗西斯·福山著，毛俊傑譯：《政治秩序的起源——從前人類時代到法國大革命》，廣西師範大學出版社2012年10月第一版，第452頁，參見圖7。

「太極動而生陽，動極而靜；靜而生陰，靜極復動；一動一靜，互為其根。」在事物發展過程中，其「陽」的一面和「陰」的一面，互為前提，並往復循環。[84]

圖 7-6　循環無窮的太極圖

　　上述事物發展的內在機制，我們也可以用來分析一個系統的演變過程，特別是用來分析一個系統中新結構的「發生—存在」機制。一個系統在演化變遷過程中，當其「正反饋——自生」的「動態」一面發展到臨界的極點之後，是返回到原先層次的「負反饋——自穩」的「穩態」結構，還是躍遷到一個新層次上的「穩態」結構，這取決於該系統內外環境中的具體影響因素，這些因素對系統演化變遷方向的影響往往是隨機的。系統在這種臨界狀態的演變方向，可以用牛龍菲先生提出的「異質性新事物發生—存在」的一般進化機制圖示表示，具體見圖 7-7：

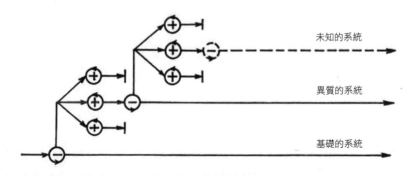

圖 7-7　臨界狀態系統演變方向圖

84　牛龍菲：〈「超循環的太極循環」——人文進化與一般進化的根本內在機制〉，太原《晉陽學刊》1992 年第 3 期。

在圖 7-7 中，「Θ」表示系統「負反饋——自穩」的「穩態」結構，「⊕」表示系統「正反饋——自生」的「動態」結構。

現在，我們用圖 7-7 來分析一下前文所提到的中國歷史上幾次重要變革中社會系統結構的變遷方向。這裡，就以戰國時期李悝、吳起、商鞅這三位法家人物的變法為案例進行簡單分析。

李悝在魏國所進行的變法獲得了魏文侯的大力支持，所以他的變法運動在魏國取得了成功，他在魏國所開展的制定法律、廢止世襲貴族特權、改革世襲世祿制度、選賢任能、整頓吏制、統一分配耕地、平抑糧食價格等舉措，改變了魏國原有的政治、經濟和人文等結構，於是，一個「異質」的新結構就在魏國原來的國家系統中誕生了。這個新結構誕生後，起初是不穩定的，它的變遷方向就像圖中所示的那樣，可能會有多種發展方向（圖中所示的是三種）。從魏國的外部環境來看，如果這時魏國周邊的外部環境整體上處於有利於變法的形勢，如自然環境良好（風調雨順、沒有災害或病疫發生）、國際關係良好（貿易正常、沒有戰爭或動亂髮生），那麼，由變法所形成的新結構就會順利成長。同樣，從魏國的內部環境來看，如果這時魏國內部環境整體上處於有利於變法的形勢，例如社會各個階層都很支持變法，同時國內也沒有戰爭或動亂髮生，那麼，由變法所形成的新結構也會順利成長。這樣一來，變法就會順利推進，由此所創生的新結構將會被固定下來，從而使魏國社會躍遷到一個新層次的「負反饋——自穩」的「穩態」結構。如果魏國的外部環境和內部環境都不利於變法的順利進行，那麼變法進程很可能就會半路夭折。這樣一來，魏國社會由變法創新所產生的社會系統新結構將不可能被繼續維持下去，於是，整個魏國社會的運行將會返回到原來的「負反饋——自穩」的「穩態」結構上。

吳起於公元前 382 年在楚國推行與李悝類似的變法，變法初期，楚國政治得到了整頓，軍力也日益強大，但公元前 381 年楚悼王的去世卻使楚國的整個改革形勢發生了逆轉，由於吳起變法觸動了楚國貴族保守派的利益，因而吳起引起了他們的嫉恨，待楚悼王一死，這些保守派勢力就立即發動政變，他們不但殺掉了吳起，而且還廢除了吳起實施的改革舉措。於是，楚國社會的運行又回到原來的「負反饋——自穩」的「穩態」結構上。吳起變法所引起的楚國社會系統新結構的演變方向，可以用圖 7-7 中向下傾斜的箭頭來表示。假如楚悼王沒有那麼快去世，而且吳起變法最終取得成功，那麼最終統一天下的可能會是楚國，而不是當時還比較落後的秦國。如果歷史沿著這一方向演變，那麼整個中國此後的歷史將會是另外一番景象。這也說明，在系統演變的關鍵時期，一些偶然性因素往往會影響系統變遷的方向和路徑。

商鞅從公元前 356 年至公元前 350 年在秦國推行的兩次變法，使秦國很快擺脫落後地位，並從此走上國富兵強的道路。商鞅變法所推行的一系列改

革舉措，顯然也觸動了秦國一些貴族保守派的利益，但在秦孝公的大力支持下，變法得以順利實施。秦孝公死後不久，儘管商鞅被貴族保守派迫害，後遭車裂酷刑而死，但隨後的秦惠王及其後繼者都繼續實行了商鞅的新法。所以，秦國的國勢得以進一步發展，從而為後來秦始皇消滅六國、統一天下奠定了基礎。商鞅變法的成功，首先是一個「正反饋──自生」的社會系統新結構創生過程，然後是一個「負反饋──自穩」的社會系統新結構維持過程，由變法所創生的社會系統新結構（包括秦國的政治、經濟、人文等系統結構）由此躍遷到一個更高的新層次（秦國社會系統新結構的變遷方向可以用圖 7-7 中向上傾斜的箭頭來表示），這一新結構通過「負反饋──自穩」的機制被固定下來，並被秦惠王及其後繼者們繼續傳承下去。秦始皇在公元前 221 年統一天下後，他在整個中國所推行的一系列國家體制和政治模式，實際上都來自商鞅變法以來秦國所創建的國家結構模式。儘管秦始皇所建立的秦朝（公元前 221 年－公元前 206 年）相當短暫，前後僅僅維持了 15 年，但由其建立的中央集權制統治模式為其後歷朝歷代的統治者樹立了可供參照的範型。中國古代社會，自秦朝以來的兩千多年間，儘管社會時分時合，國家有盛有衰，但統治模式和社會結構基本上沿襲了秦朝的範型。

商鞅變法以來秦國所創建的國家結構模式、秦始皇所建立的中央集權統治模式以及稍後由漢代儒家所構建的人文結構模式等，共同組成了中國古代帝制時期的社會結構特徵。在中國古代，自秦漢到清代，儘管社會演化的總趨勢是逐漸進步的，在各朝各代也有一些變革和創新，但就總體而言，中國社會的「負反饋──自穩」機制常常佔據著主導地位。例如，前文中簡介的王安石變法就是一個非常典型的實例。

縱覽古今中外，凡進行社會變革總要觸動一些當權者、社會群體或利益集團的既得利益，只有維持社會原有的制度規範和運行秩序，才能保證他們的利益不受損害，因此，這些人基本上是作為社會的保守勢力存在的。在人類歷史上，幾乎所有社會的進步變革都會毫無例外地引起這些保守勢力的反對和阻撓。這些保守勢力為什麼會反對進行社會變革呢？追根溯源在於人類的自私性和貪婪欲。擁有特權者不想失去特權，擁有田產者不想失去田產，擁有財源者不想失去財源，這些都是人類自私心的具體表現。因為受到自私和貪婪的支配，人們希望擁有比他人更多的權力，希望擁有比他人更多的財富，希望擁有比他人更高的地位和榮譽。但是，人類本性中的自私和貪婪如果沒有社會道德和法律制度加以調節和制約，它們就會在社會群體中逐漸蔓延並不斷膨脹！正是因為私欲、貪婪和虛榮的無限膨脹，才使人們希望擁有更高的權力，才使人們希望佔據更大的宅園，才使人們希望乘坐更豪華的車馬，才使人們希望驅使更多的僕役。可是，對一個確定的社會來說，無論是權力、田地、車馬還是其他資源，它們都是有限的資源。正是因為它們是有

限資源，一個人多佔用了，就會影響到其他人使用。在中國兩千多年的皇權統治下，幾乎在每個王朝的中後期，一方面，一些皇親國戚、權貴豪強和巨富大戶們過著浮華奢靡的生活；另一方面，一些破產的商販、失去土地的農民、無家可歸的流民卻過著饑寒交迫的日子，整個國家貧富懸殊兩極分化嚴重、社會缺乏基本的公平和公正。這時候，如果沒有改革者出來對社會制度進行改造或者對社會運行秩序進行調整，那麼人民群眾最終就會通過暴力革命的方式推翻封建王朝的統治、打破僵化的社會結構、摧毀原來的社會秩序。但從社會經濟學的角度來看，暴力革命是一種成本很高的社會變革方式。

　　人類歷史上的變法改革者，除了一些人是為了維護原有社會的統治秩序以外，更多改革者是希望消除社會積弊、主持社會公正、促進社會進步的人類精英，他們往往是具有人文精神的理想主義者。正是蘊含於腦海的人文精神，才使他們以人性化的視角關注個人的權利、自由和成長；正是潛藏在內心的理想主義激情，才使他們拋卻個人安危以無畏堅韌的魄力開始了推動社會公平、正義和進步的改革行動。所以，整個人類社會的歷史，實際上就是人類理想主義與個人私欲反復博弈和鬥爭的歷史，同時也是人類自我意識不斷更新和人文精神不斷提升的過程。正如著名美籍華裔歷史學家黃仁宇先生所覺悟到的（參見黃先生手繪的歷史發展圖示，即圖 7-8）：「從一個讀史者的眼光看來，我們的自由，無論如何也只能始自我們祖先撒手的地點。自此向空伸出的箭頭表示我們理想主義之傾向。道德也在這時候成為一種有力量的因素。大凡人類全體性的動作既有群眾運動之參與，必帶犧牲自我的決心，也包含著公平合理的性格。可是和這種傾向作對的有向心的力量，以較短的箭頭表示。後者或稱為『原罪』，或者如宋儒所提的『人欲』。弧線上的歷史進程總是以上兩種力量之總和，也就是陰與陽之合力」、「歷史之總意義，也如這圖所示，在其整個的美感。……在弧線的前後，我以虛線畫出，此不過根據人類歷史，推想其來蹤去跡。如此看來，實線的真實性也靠虛線之陪襯而得，並且也只有相對的意義。」[85]

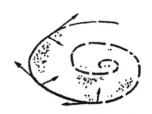

圖 7-8　黃仁宇先生所畫的歷史發展軌跡圖

---

[85] 黃仁宇：《中國大歷史》（增訂紀念本），中華書局 2006 年 10 月第一版，第 229 頁。

黃仁宇先生所說的推動歷史進程的「陰與陽之合力」，實際上也正是牛龍菲先生所說的「正反饋——自生」與「負反饋——自穩」的因緣和合。在一個社會中，個人的種種私欲來自人類的本性，而人類的理想主義卻來自人類意識的理性自覺；人類社會的進步與發展離不開理想主義的牽引，否則人類社會將會沿著停滯或退化的方向演化，這樣整個社會將會逐漸走向衰落。在一個具體社會中，如果個人私欲的力量過度膨脹，就會導致整個社會「陰」盛「陽」衰局面的出現，這種局面如果不及時進行社會治理，最終就會導致政府腐敗叢生、倫理道德滑坡、公平正義缺失等醜惡現象演化為社會的普遍常態。在一個「陰」盛「陽」衰的社會中，變法改革往往難以取得成功，有時甚至連改革者本人的生存權都無法得到保護，這一點已經被中國兩千多年的王朝歷史所證實。從黃仁宇先生的圖示中，我們可以清晰地看到，一個社會要想持續取得進步與發展，就需要協調平衡好「陰」與「陽」這兩種力量，一方面需要強化社會的理想主義力量，另一方面又需要制約個人私欲的力量。而要保持社會的理想主義力量持續不斷，不僅需要持續提升整個社會的人文精神，同時也需要社會道德和法律制度對個人私欲進行約束。追求整個社會的公平正義（而不是僅僅維護統治者的利益），這不但是現代法治社會的基本精神，也是西方福利經濟學（或稱幸福經濟學）的要義所在，也是現代人文精神的重要內容之一。

黃仁宇先生通過歷史直覺認識到人類歷史進程是以螺旋線的形式運行的，本書則是通過對人文、經濟、政治等社會子系統的結構考察，通過多種學科的系統綜合，從而論述了人類歷史的螺旋式演化規律。正是在這個意義上，本章所揭示出的社會演化思想也反映了本書的歷史哲學思想。

六、國家系統中的政治子系統

前文在分析國家系統的內部環境時，我們談到了政治系統及其功能，但我們沒有對它們展開具體論述，這一小節就對此作更多的探討。

1、關於政治的觀念

政治是人類社會發展到一定時期所產生的社會結構，它對社會生活的各個方面都有重大影響。作為一種社會現象，政治活動出現在社會產生階級對立和產生國家的時候，它總是直接或間接地同國家相聯繫。各個時代的學者都從不同角度和不同側面對政治作過各種論述，但關於政治的概念至今還沒有形成一個公認的確切定義。一般來說，當人們談到「政治」這個詞時，多用來指政府、政黨等治理國家的行為。

人們對政治活動的認識經歷了一個較長的歷史過程，因此「政治」一詞

的內涵也隨著社會實踐的發展而在不斷變化。在古希臘，「政治」一詞最初是指城邦中的公民參與管理各種公共生活的行為[86]。古希臘城邦公民之間通過說服來達到政治目的。古希臘偉大思想家亞里士多德曾說：「政治的目標是追求至善。」英國政治學家肯尼斯·米諾格（Kenneth Robert Minogue，1930-2013）指出，在古希臘，「人與人之間在政治關係上是完全平等的，大家都只是服從自己制定的法律，並輪流做統治者和被統治者。」[87]隨後的古羅馬繼承了古希臘的城邦政體。在古羅馬人看來，政治就是共和國的活動，具體活動是指「人民的共同事務」，其核心內容是建立和維持共和國[88]。歐洲中世紀各國的政治活動，處於由古代政治向現代政治轉型的過渡期。隨著西羅馬帝國的滅亡，城邦體制被破壞，歐洲逐漸形成了賞賜和分封體制，這時的政治活動已經不再是所有公民平等參與的公共活動，而成了國王和大臣們才有權參與的活動；而且政治活動中解決問題的手段，也從古希臘開創的對話和說服的方式，變成了暴力和戰爭的方式，執政者與人民之間的關係也變成了統治與被統治的關係[89]。

在 15 世紀地理大發現以後，隨著經濟全球化趨勢的展開，以西班牙、英國等為代表的歐洲國家將政治的範圍逐漸從國內擴展到國際，又將國際政治的範圍從政治擴展到殖民地經濟以及其他地緣政治以外的事務方面。這些國家為保障各自的安全及利益，逐漸將與本國聯繫密切的國際事務納入政府的日常職能範圍，處理國際關係因而變成了國家政治的重要課題。為管理日趨繁雜的國際事務，各國政府共同建立了外交、國際法等現代國際制度，甚至授權成立各種國際組織。

西方現代政治是在 1648 年「威斯特伐利亞合約」[90]確立的國家體系下發展出來的；在各國內部，由於市民社會的興起而形成了一種以私人權益為基礎的社會關係，從而使社會的經濟生活對政治權威產生了制約；世俗君王或共和政權從此需要從經濟生活中尋求其統治的合法性，政治的職能也變成了維護經濟利益的展開。因此馬克思提出，政治是以經濟為基礎的上層建築，

---

[86] 《中國大百科全書·政治學》，中國大百科全書出版社 1992 年版，第 482 頁。

[87] 肯尼斯·米諾格著，龔人譯：《當代學術入門：政治學》，遼寧教育出版社 1998 年 3 月版，第 10 頁。

[88] 維基百科，"政治"詞條，2013 年 3 月 18 日修訂；參見 http://zh.wikipedia.org/wiki/%E6%94%BF%E6%B2%BB。

[89] 漢娜·阿倫特（Hannah Arendt）著，竺乾威等譯：《人的條件》，上海人民出版社 1999 年版，第 19 頁。

[90] 自 16 世紀中葉起，歐洲諸國陷入了長達八十年的戰亂，後來，各國於 1635 年至 1648 年間達成一系列合約（這些合約被統稱為「威斯特伐利合約」），這些合約改變了歐洲各國政治力量的對比，確定了國際關係中應遵守的國家主權、國家領土與國家獨立等原則，對近代國際法的發展具有重要影響。這些合約的簽訂創立了歐洲各國以國際會議形式解決國際爭端的先例，因此，政治學家一般將這些條約的簽訂視為「民族國家的開始」。

是經濟的集中表現，是以政治權利為核心的各種社會活動和社會關係的總和。1789 年的法國大革命對現代政治具有很重要的影響。自此，政治就變成了獲得、保持、奪取權力的各種活動的總稱。[91]

　　1789 年至 1830 年的法國大革命不但摧毀了法國的封建專制統治，建立起資產階級的政治統治，傳播了資產階級自由民主的進步思想，也震撼了整個歐洲大陸的封建秩序；這期間所頒佈的《人權宣言》和《拿破崙法典》等對世界歷史產生了深遠影響。以法國大革命為重要觸發點，西方社會的政治思想和實踐發生了分叉，一個方向是以英、法、德等西方國家為代表的資產階級民主政治，另一個方向是以前蘇聯等社會主義國家為代表的無產階級專政政治。

　　馬克思、恩格斯在 1848 年發表的《共產黨宣言》中提出：「一切階級鬥爭都是政治鬥爭」[92]，他們的政治思想又影響了列寧、斯大林等前蘇聯的領導人。例如，列寧提出：「政治就是各階級之間的鬥爭，政治就是反對世界資產階級而爭取解放的無產階級的關係」[93]。自 1917 年俄國發生「十月革命」以來，在世界各地陸續建立的共產主義國家就接受了馬克思主義的政治觀，而將國內政治視為全球國際共產主義運動的一部分，並根據相關學說理論制定了國家的內政及對外政策。在 20 世紀後期，前蘇聯等東歐共產主義國家集團相繼解體後，這樣的政治型態僅在世界上一些少數國家得以存續。

　　在中國古代的春秋時期，也就是老子和孔子生活的時代，這是中國古代人們思想最為自由和活躍的時期。隨後的戰國時期，儘管當時社會已經有了較大分化，但各諸侯國的王公們與其國內人民之間的等級差別並不是非常大，所以當時普通民眾的生活也相對比較自由。中國的春秋時期與歐洲的古希臘時期有些類似，當時人們的社會生活比較自由，政治生活也相對比較民主，所以才出現了「百家爭鳴」的局面。進入戰國時期，由於列國爭戰，各國諸侯都在紛紛招募人才，所以人們能夠憑藉個人的才能參與政治活動。例如，戰國時期傑出的縱橫家、外交家張儀（公元前 378－公元前 309），儘管他家境貧寒但卻兩次擔任秦國丞相、兩次擔任魏國丞相，以連橫之術擊敗其他諸侯國的合縱之策，不僅使秦國在外交上連連取得勝利，而且幫助秦國開疆拓土，為秦國的強大和統一中國立下了汗馬功勞；而同為戰國時期著名縱橫家的蘇秦（？－公元前 284），雖然出身農家但卻憑藉自己的才能贏得六國相位，聯合六國合縱抗秦，在協調國際政治事務中發揮了獨特作用。從戰國時期到

91 孫關宏等主編：《政治學概論》，復旦大學出版社 2003 年 7 月版，第 1-13 頁。
92 馬克思、恩格斯：〈共產黨宣言〉，《馬克思恩格斯選集》（第 1 卷），人民出版社 1972 年版，第 260 頁。
93 列寧：〈在全俄省、縣國民教育廳政治教育委員會工作會議上的講話〉，《列寧選集》（第四卷），人民出版社 1972 年第二版，第 170 頁。

秦朝建立之前的這一歷史時期，是各國政治活動由比較民主轉向專制的過渡時期。從秦始皇統一中國建立帝國體制到明清時期，這與歐洲社會整個中世紀的情形比較相似，社會政治始終籠罩於專制的霧霾之中。直到 1840 年中國近代社會開始後，西方的現代政治思想才逐漸傳入中國，隨後的辛亥革命運動開始了中國現代政治的實踐活動。

中國先秦諸子也使用過「政治」一詞，但具體含義與西方（包括古希臘）的政治含義有較大不同。例如，《尚書‧畢命》有「道洽政治，澤潤生民」；《周禮‧地官‧遂人》有「掌其政治禁令」等。但在更多的情況下，人們是將「政」與「治」分開使用的。「政」主要指國家的權力、制度、秩序和法令，有時也表示符合禮儀的道德和修養；「治」則主要指治理國家和教化人民，也指社會實現安定的狀態等。中國古代的「政治」一詞，很大意義上是指朝廷中君主和大臣們管理和統治國家的政務活動。中國古代的政治貫穿了個人的日常生活，道德是衡量政治活動的標準；在這種政治下，缺乏制度上的規範，政治的運作更多依靠道德來規範。[94] 中文裡現代的「政治」一詞，來自日本人翻譯西方語言時用漢字創造的相同的「政治」一詞。當英文的 Politics 從日本傳入中國時，人們在漢語中找不到與之相對應的詞。中國近代民主革命的偉大先驅孫中山（1866-1925）認為應該使用「政治」來對譯，他於 1924 年曾說：「政就是眾人的事，治就是管理，管理眾人的事便是政治。」[95] 孫中山的這一說法在當時的中國非常具有影響力。

由於政治的複雜性，不同學科、不同學者對政治的理解也不相同。例如，法國社會學家雷蒙‧阿隆（Raymond Aron，1905-1983）在《民主與極權》一書中提出：「政治可以分為廣義和狹義兩種。狹義的政治指的是一些政治組織，如政黨、議會、政府；廣義的政治指的是對社會的治理及權威行使的方式」[96]。法國政治學家高蓋爾（F.Goguel）和格羅塞（A.Grosser）在《法國政治》一書中提出：「政治是所有關係到一個國家公共事務的治理的機構、組織及行為的總和。這些組織及行為者試圖組織一個政權，控制它的行動或在必要時替換它」[97]。再如，政治學在美國形成初期，政治被理解為以憲法、法律和正式機構為代表的政治制度。現代西方經濟學則把政治關係看作是一種交換關係，經濟學家們大多從個人主義的角度來考察政治，認為政治應該為市場服務，政治活動是理性的經濟人為了自己的最大利益而展開的一系列計算

---

[94] 孫關宏等主編：《政治學概論》，復旦大學出版社 2003 年 7 月版，第 1-13 頁。

[95] 《孫中山全集》（第 9 卷），中華書局 1986 年版，見《三民主義‧民權主義‧第一講》（1924 年 3 月 9 日）；另見《孫中山選集》（下），人民出版社 1981 年版，第 661 頁。

[96] Raymond Aron: *Democratie et totalitarisme*, Gallimard, 1965, Paris.

[97] F.Goguel, A. Grosser: *La Politique en France*, Armond Colin, 1984, Paris.

和運籌過程。[98] 如美國經濟學家詹姆斯・布坎南（James Mcgill Buchanan，1919-2013）從公共選擇的角度來考察政治活動，他認為個人在市場中的活動和在國家中的活動都是一種交換關係[99]。在行為主義理論產生後，權力成了人們理解政治活動的一個主要因素。早期的行為主義政治學家哈羅德・拉斯韋爾（Harold Dwight Lasswell，1902-1977）認為：「政治學是對權勢和權勢人物的研究」[100]。美國當代著名政治學家羅伯特・達爾（Robert Alan Dahl，1915-2014）也認為，政治體系「是任何重大程度上涉及控制、影響力、權力和權威的人類關係的持續模式。」[101] 新制度主義政治學興起後，人們又將視角從對權力的過分關注重新轉向了對各種政治制度的研究。從法學角度來看，政治是一種法律現象，是一個立法、執法、守法的過程；在一些法學家看來，國家就是為執行法律而設置的；有學者甚至認為國家本身也是一個法人[102]。現代管理學把政治視為公共管理活動，即政治是為協調不同群體之間的利益關係而制定和執行公共政策的過程。從社會學的角度來看，政治活動實際上是人類社會的一種重要功能，政治組織、政治關係是人類社會分工與演化進入高級階段的產物，政治活動的目的是協調社會良性運轉、促進社會持續發展。

正是鑑於政治的複雜性，我們如果僅僅從某一學科的角度進行分析，往往會得出片面的結論，我們只有用一般系統論的方法、從整體的視角來分析政治活動，才能夠得到比較全面的認識。美國著名政治學家、政治系統論的創立者戴維・伊斯頓把政治解釋為圍繞政府制定和執行政策而進行的活動，是一種實現「社會價值的權威性分配的活動」；他提出，政治系統是為社會規定有價值物的權威性分配（或強制性決定），並且予以實施的行為或互動行為，它由政治團體、體制和權威機構等部分構成，受到自然的、生物的、社會的以及心理的等外部和內部環境的包圍，同時對環境的壓力有適應能力和反饋資訊的功能；政治系統和環境形成互動的聯繫，系統的持續通過不斷的輸入、輸出、反饋、再輸入過程實現[103]。本書也從系統角度對「政治」給出一個簡單的定義。政治是具有一定結構和功能的社會系統，它是由政權組織、公共權利和公共制度等要素組成的一個有機整體，其核心功能是通過對公共權利的

---

[98] 孫關宏等主編：《政治學概論》，復旦大學出版社 2003 年 7 月版，第 1-13 頁。

[99] 詹姆斯・布坎南等著，陳光金譯：《同意的計算——立憲民主的邏輯基礎》，中國社會科學出版社 2000 年版，第 20 頁。

[100] 哈羅德・拉斯韋爾等著，楊昌裕譯：《政治學：誰得到什麼？何時和如何得到？》，商務印書館 1992 年 2 月版，第 15 頁。

[101] 羅伯特・達爾（Dahl,R.A.）著，王滬寧、陳峰譯：《現代政治分析》，上海譯文出版社 1987 年版，第 17-18 頁。

[102] 凱爾森（Hans Kelsen）著，沈宗靈譯：《法與國家的一般理論》，中國大百科全書出版社 1996 年版，第 203 頁。

[103] 戴維・伊斯頓著，王浦劬譯：《政治生活的系統分析》，華夏出版社 1999 年第二版。

組織、交換、分配和使用對公共事務進行管理和協調；政治活動具體表現為社會中社群組織、公共組織和政權組織等組織，在憲法等公共制度的規範約束下共同處理公共事務的互動過程，其最終目的是通過公共權利的使用促進整個社會的持續進步與發展。讀者不難看出，戴維·伊斯頓更多運用了系統論和控制論的基本概念和原理來分析政治生活、政治行為和政治現象；本書除了運用一般系統論的思想以外，還結合了結構功能主義和社會進化論的思想方法，這正是本書的獨特之處。

2、政治系統的內外部環境

在現代社會，一個具體的政治系統存在於一定的國家系統之中，它既有外部環境，也有內部環境。

（1）政治系統的外部環境

政治系統的外部環境是指存在於一個國家的公共組織和政權組織邊界之外，對公共權利的組織、交換、分配和使用等活動具有影響的所有因素的集合。政治系統的外部環境包括自然環境和社會環境。從縱向層次來看，包含政治系統的外部系統由國家系統、社會系統（國際系統）和自然系統這三個層次構成。政治系統外部環境各系統的所屬層次關係，具體可參看第三章中的圖3-2。在國家系統中，與政治系統並存的系統至少包括人文、經濟、科學、法制和教育等系統。存在於外部環境的這些系統，或多或少、或直接或間接地都會對政治系統的成長演化發生一定的影響。對於一個具體國家的政治系統而言，就影響的直接性和強度來說，來自國家系統內部的因素無疑是最直接和最強烈的。與此同時，來自國際系統和自然系統的某些因素也會對一國政治系統的成長演化發生一定的影響。

這裡，政權組織是指在一個社會中實際掌握公共權利的社會組織，其基本職能是組織、交換、分配和使用社會的公共權利。在現代社會中，一個國家的政權組織包括行政、稅務、財政、立法、司法、公安、國防等組織部門（中國從中央到省區的各級人民政府相當於這裡的行政組織，是社會政權組織中的核心部分）。公共組織是指包含基礎科學研究組織、基礎教育組織在內的，以提供公共產品或公共服務為其主要職能的社會組織。在現代社會中，由於社會需求的複雜性和多樣性，從而造成公共產品或公共服務的複雜性和多樣性，因此也造成公共組織與某些社群組織（如文藝社團）、企業組織（如營利性的小學）的交叉重疊。從廣義的角度來看，政權組織也屬公共組織的範疇。從社會權利的角度來看，政權組織的權利是社會中所有公共組織權利的交集部分，所以，政權組織可以說是更高層次的公共組織。

（2）政治系統的內部環境

政治系統的內部環境是一個由社群組織、公共組織和政權組織等要素組成的有機系統，系統內部各要素之間相互聯繫、相互作用、相互影響，構成了複雜的網絡關係。政治系統內部環境具有一定的層次結構和功能結構，它將隨著政治系統的動態變化而不斷變化。

為理清政治系統內部環境中的各種要素，我們還是從早期人類社會的情況開始著手分析。在早期人類社會的採集—狩獵群體中，人們是以氏族為單位一起生活的。為了更好地生存，人們需要結成一定規模的群體來共同抵禦虎、狼等猛獸的襲擊，在集體圍獵大型動物時也需要相互協作（我們在一些動物的捕食行為中也可以看到這種協作行為）。正是在共同防禦猛獸、共同進行捕獵、共同分享獵物等這些社會活動中，生產和生活需要不斷深化著社群組織內部人們之間的分工與協作，這一方面提高了人類社會群體的適應性，另一方面也使人類個體發現、積累了日益增多的社會知識，從而使人類社會逐漸產生了公共意識（包括宗教信仰和公共安全等）。在公共意識的支配下，人們又逐漸創建了各種公共組織，同時也構建了與此相對應的公共制度。

在原始社會時期，由於人們對地震、雷電、野火、颶風、洪水等自然現象的無知和敬畏，從而產生了對超自然神秘力量或存在物（神靈）的信仰，於是人類社會的原始宗教由此誕生。原始宗教出現後，起初人們是在巫師的帶領下從事一些比較簡單的祈禱行為，以後又逐漸產生了一些比較複雜的敬拜儀式和祭獻活動。後來，人們又修築了專門用來供奉神靈的廟堂，一些巫師也從生產活動中分化出來變成了專業化的祭神人員。在長期的宗教活動中，人們逐漸形成了一些約定俗成的儀式規範和祭祀風俗，這些規範或風俗實際上就是人類社會宗教制度的早期形式。在這裡，廟堂實際上就是一個人類社群的公共產品，而宗教制度就是這個社群的公共制度。隨著人類社會的逐步發展，社群組織所需公共產品的範圍隨之不斷擴大，社群組織的公共意識也隨之不斷豐富。例如，在公共安全方面，人們除了需要防禦猛獸襲擊以外，同時還需要防禦其他部落對蓄養動物的掠奪行為，部落之間的掠奪和爭戰，最終導致部落中戰士的誕生和專業化；當這些戰士也從生產活動中分化出來變成專業化的戰士階層以後，這個社會群體實際上就具有了自己的軍隊。在人們把分散的個人組織成緊密聯繫、相互協作的軍隊的過程中，這個社會群體的公共組織也就隨之誕生了。這裡，從社群組織中分化出來的軍隊（或稱為聯防隊）就是這個社會群體的公共組織，負責組織、協調和指揮軍隊的首領就是公共權利的操控者。這樣的操控者，可能是社群組織中主持宗教活動的巫師，可能是某個氏族的族長，或者是某個部落的酋長，也可能是某個民族的英雄。隨著人類社會的進一步發展，社群組織也隨之不斷分化，進而產

生了更多的公共組織。例如，為了維持部落中軍隊的日常運行，這個社會群體中的每個家庭就需要拿出一些勞動產品來供養這些戰士。為了修建廟堂或農田灌溉設施等公共產品，每個家庭就需要派出一定的勞動力。為此，社群組織中就需要有人專門來負責收集這些勞動產品或者組織這些勞動力。這些勞動產品或勞動力實際上就是人類社會稅收的早期雛形。隨著稅收活動的逐漸增多，這些負責收集勞動產品或組織勞動力的人員也從生產活動中分化出來變成了專業化的稅收人員；隨著稅收人員的逐漸增多，稅務組織也就隨之誕生了。與此類似，為了將社群組織的公共收入合理地分配到不同的用途（如供養戰士、生產武器、興建廟堂、修建農田灌溉設施等），與此緊密聯繫的財政管理人員和財政組織就隨之誕生了。為了仲裁調解人們在個人、家庭和社群組織之間的矛盾糾紛，司法人員和司法組織就隨之誕生了（在人類的有些社會，最初的司法職能是包含在宗教組織中的）。由此，我們可以看到，人類社會的公共組織是從原有的社群組織中逐漸分化出來的，公共權利也是隨之逐漸誕生並不斷擴展的，這些公共組織及其公共權利經過進一步演化，最終就演變分化出了原始國家的政權組織和政治權利。

通過以上簡單分析，我們可以看到，在人類社會從社群組織到公共組織、再到政權組織的逐級分化過程中，同時也伴隨著人類社會在社會知識、公共制度和公共權利等方面的不斷積累、更新和擴展。這裡的社會知識、公共制度和公共權利，具體包括人類社會在行政、稅收、財政、立法、司法、公安、國防、科研和教育等所有關於社會發展方面的知識、制度和權利。

3、政治系統的組成要素和一般結構

（1）政治系統的組成要素

一般來說，一個完整的政治系統除了必須具備社群組織、公共組織和政權組織這三個基本要素外，還要具備社會知識、公共制度和公共權利等這些因素，這六類因素是組成一個政治系統的最基本的關鍵性要素。

法國社會學家雷蒙·阿隆指出，社會結構作為一種「客觀化的社會現實」，包括觀念系統和行動系統，其本質是社會的結構性特徵；他把整個社會看作相互聯繫的整體，考慮各種因素的相互影響，而不把某種因素視為唯一的決定因素[104]。也正是基於這一原因，我們可以分別從人類社會的「組織」因素和「觀念」因素這兩個層面來分析政治系統的演化發展過程。

所以，組成政治系統的六類關鍵要素可以分為以下兩個層面：

---

[104] 李路彬、趙萬里：〈在結構中尋找自由——雷蒙·阿隆的社會學思想評析〉，《山西大學學報（哲學社會科學版）》2011 年 5 月第 3 期。

A、組織因素（表層因素）：社群組織、公共組織、政權組織

B、觀念因素（深層因素）：社會知識、公共制度、公共權利

因為政治系統是由具體的個人組成的社會組織，無論是社群組織、公共組織還是政權組織，都是在個人權利的基礎上所建立的組織，所以，要建立完整的公共權利體系，首先要建立個人的權利。建立個人的權利是建立公共權利的前提和基礎。如果沒有個人權利，那麼作為個人權利交集的公共權利將會失去其存在的基礎，從而為執政人員化公共權利為私有工具留下空間。只有建立了個人的權利，才能夠劃清個人權利與公共權利之間的邊界，從而才能夠劃清公共組織的權利與政權組織的權利之間的邊界，進而才能夠真正明確個人、社群組織、公共組織、政權組織之間的權利和義務。一個設計合理的政治系統，應該是一個既重視個人和社群組織的權利，又兼顧公共組織和政權組織的權利，同時又能夠有效制約政權組織濫用權利的有機系統；而不應該是一個僅僅為維護統治集團權利或者強化政權組織權利的社會工具，更不應該成為某些特權階層或者利益集團謀取特權或私利的私人工具。

這裡所說的「個人權利」即「人權」。中國政治學家俞可平指出：「所謂人權，就是每個人都擁有或應當擁有的基本權利。這裡的『每個人』指的是一切人類社會中的所有人，而不管其種族、膚色、性別、語言、宗教、政見、國籍、門第、財產、文化、才能等狀況如何。稱它們為『權利』意指它們是每個人對政府或社會的要求，而不是政府或社會對個人的要求。說這些權利是『基本的』，表示人權是其他所有權利的基礎，沒有人權，其他權利就無從談起。」在聯合國於 1948 年頒佈的《世界人權宣言》中列舉了 28 項人權，這些權利包括平等權、自由權（信仰、言論、結社、遷徙、人身、就業、通訊、集會等自由）、公訴權、公正審判權、國民權、婚姻權、庇護權、參政權、受益權（社會保障權、享受教育權、享受經濟權、休息權、文化娛樂權等）、財產權、追求幸福權等。1966 年 12 月 16 日，聯合國大會通過了《公民權利與政治權利國際公約》和《經濟、社會和文化權利國際公約》，並開放給各國簽字、批准和加入，兩個公約分別於 1976 年 3 月 23 日和 1976 年 1 月 3 日生效。《世界人權宣言》、《公民權利與政治權利國際公約》、《經濟、社會和文化權利國際公約》三個文件被稱為「世界人權憲章」。1997 年 10 月 27 日，中國常駐聯合國代表秦華孫代表中國政府在紐約聯合國總部簽署了《公民權利和政治權利國際公約》和《經濟、社會及文化權利國際公約》。2001 年 2 月 28 日，中國第九屆全國人大常委會作出決定，批准《經濟、社會及文化權利國際公約》，並於 2001 年 3 月 27 日遞交了批准書。[105] 關於個人權利的建立和保障

---

[105] 本段資料轉引自：郭偉、裴澤慶，〈民主政治追求中的政治公開問題〉，《理論與改革》2008 年第 2 期。

問題，現在已經引起世界各國政府的重視，個人權利的觀念意識已開始逐漸深入人心。

在一個具體的國家系統中，關於個人權利、公共組織權利、政權組織權利之間的關係，以及地方政權組織權利與中央政權組織權利之間的關係，可以簡單用圖 7-9 來表示。

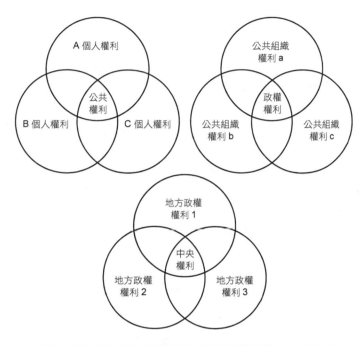

圖 7-9　國家系統中個人權利與各級公共組織權利之間的關係

雷蒙・阿隆在 1955 年出版的《知識分子的鴉片》一書中，分析了意識形態的信仰對社會和個人產生的影響。他考察了前蘇聯社會的現實，並論證了其民主的虛假性；他指出，用一種意識形態去剖析社會、指導社會行動，不但無法實現意識形態所描繪的社會圖景，還會造成社會的專制，並束縛個人行動的自由[106]。雷蒙・阿隆的社會思想強調了社會治理開放性的重要意義，並指出了社會意識進化的途徑。

在中國古代社會，由於皇權至上、統治集團利益至上，再加上家族宗法制度的擠壓，造成整個社會中幾乎沒有個人權利（除了皇帝本人以外）的空間，從而造成中國人缺乏自主個性、人格扭曲，不但嚴重制約了個人精神的

---

[106] 李路彬、趙萬里：〈在結構中尋找自由——雷蒙・阿隆的社會學思想評析〉，《山西大學學報（哲學社會科學版）》2011 年 5 月第 3 期。

自由成長，同時也長期束縛了中國社會的進步。最典型的事例就是，中國歷朝歷代的一些變法改革者，許多人在推行改革後（無論成功與否），最後往往連個人的生存權都無法得到保障（這實際上形成了一個負反饋激勵）。在這樣的社會環境中，有多少人願意積極參與社會變法改革呢？而一個缺乏主動變革的社會，怎麼可能會快速成長進步呢？

一個國家的政治系統在成長和發展過程中，需要不斷適應外部環境。當外部環境發生變化時，政治系統內部環境必須要作出相應的調整，直至內外部環境相互耦合。政治系統內外部環境耦合程度越高，政治系統的發展環境就越好，政治系統的發展就越有序、越健康。政治系統內外部環境的耦合過程，就是政治系統成長演化的過程。對於一個具體的國家來說，國家的內外部環境總是在持續不停地發生著變化。因此，一個國家的變法改革應該成為這個國家政治運行中的日常動態，而不應該成為社會發展的被動行為。

（2）政治系統的一般結構

政治系統的一般結構，是指在政治系統動態演化過程中，系統內部各組成要素之間所形成的相互聯繫、相互作用、相互影響、相互制約的一般秩序和形式。政治系統的一般結構反映了一個國家系統中社會組織創新和政治進化的功能模式，是社群組織、公共組織、政權組織與政治系統協同演化的基礎。

從政治系統運行的過程來看，一個政治系統成長演化的過程，其實是一個不斷進行社會組織創新和政治進化的循環往復的過程。結合政治系統的組成要素，我們可以畫出政治系統運行的一般結構圖（圖 7-10）。

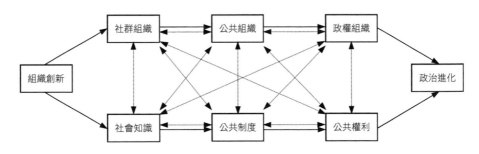

圖 7-10　政治系統運行的一般結構圖

從圖 7-10 中可以看到，政治系統實際的運行過程可以分為兩條鏈（即圖中的實線箭頭）：

A、表層因素運行鏈：社會組織創新→社群組織→公共組織→政權組織
　　→政治組織進化

B、深層因素運行鏈：社會觀念創新→社會知識→公共制度→公共權利
→政治觀念進化

在政治系統運行過程中，A 鏈反映的是社會組織創新、社群組織分化、公共組織和政權組織多樣化、政治組織進化的過程，B 鏈反映的是社會觀念創新、社會知識和公共制度等公共產品生產、公共權利分配、政治觀念進化的過程。實際上，這兩條鏈並不是相互分離的，而是相互交織的；也就是說，這兩條鏈上的所有要素環節都是相互聯繫、相互作用、相互影響的，它們共同形成了政治系統內部的生產關係網絡。在圖 7-10 中，用虛線雙箭頭來表示它們之間的這種關係。

從社會組織創新的角度來看，政治系統內不同的社群組織不斷交叉組合，從而形成新型的社群組織，而這些新型社群組織會分化出新型的公共組織，新型公共組織又會衍生出新型的公共權利，這將會導致政治系統中政權組織的多樣化，從而增加了政治系統的適應性。從社會觀念創新和社會管理創新的角度來看，這是一個不斷創新各種社會知識，不斷完善各種公共制度，不斷改進公共權利的組織、交換、分配和使用效能，從而不斷提高公共管理水平和服務質量的過程。從政治系統進化過程來看，這是一個政治觀念不斷更新進步，政權組織效率不斷提高，公共產品種類和數量不斷豐富，整個社會公共權利和公共意識不斷提升的過程。正是在這些多種力量和多重效應的綜合作用下，最終推動了整個政治系統中社群組織、公共組織和政權組織的協同進化過程。

一個政治系統在成長演化過程中，它同時還與其外部環境之間在人員、資源、權利、知識、制度和資訊等方面始終進行著各種形式的交流。一個政治系統與其外部環境中的自然系統、社會系統（國際系統）、國家系統以及國家系統中的其他子系統之間所結成的各種關係，就形成了這個政治系統外部的社會關係網絡。從社會生產關係的角度來看，一個政治系統完整的生產關係應該由其內部的生產關係網絡和其外部的社會關係網絡共同組成。政治系統成長演化的過程，實質就是政治系統內外兩重關係網絡互相交織、互相作用、互相影響的動態演化過程，政治系統內外的兩重關係網絡構成了一個多維的複雜動態圖景。

七、社會系統發展的動力結構

從原始國家的誕生過程來看，社會演化過程實際上是一個社會組織不斷分化、社會結構分層化、社會功能多元化的過程，同時伴隨著人類社會在人口生產、精神生產和物質生產等方面的不斷進步。正是在社會系統的逐級分化中，經濟系統從人文系統中分化出來，政治系統又從人文系統和經濟系統

中分化出來，與此同時，與這三個系統緊密聯繫的有關知識、技術、法律、制度、文化、教育等因素也在不斷進步成長，它們逐漸彙聚整合成了社會系統的科學系統、法制系統和教育系統等子系統。本書把國家系統的內部結構分為人文、經濟、政治、科學、法制、教育等子系統，這實際上是對人類社會發展到現代時社會結構的具體描述。

在現代社會，全球所有國家組成了一個大的社會系統，所以，國家系統屬於人類社會系統的子系統，一個具體的國家實際上是一個規模較小的社會系統。

從社會系統外部環境來看，外部生態環境對社會供給資源要素是社會成長演化的必要條件；從社會系統內部環境來看，來自社會內部的人類需求是推動社會發展的原始動力。通過前面對國家系統發展因素的分析我們知道，影響一個國家發展的具體因素包括自然環境、人文、經濟、政治、科學、法制、教育等因素。所以，從國家這一層次的社會系統來看，影響社會發展的一般性因素是人類需求和資源供給，而具體因素包括人文、經濟、政治、科學、法制、教育等因素。

通過上面的簡單分析可以得到，影響社會系統發展的關鍵性動力因素主要有以下八類：

一般因素：人類需求和資源供給；

具體因素：人文、經濟、政治、科學、法制、教育。

為便於分析，我們將影響社會發展的具體動力因素分為兩類：

A、顯性因素（表層因素）：人文系統、經濟系統、政治系統

B、隱性因素（深層因素）：科學系統、法制系統、教育系統

如果將影響社會系統發展的一般因素、具體因素與社會運行過程相結合，就可以畫出社會發展的動力因素關係圖（見圖7-11）。

一個社會系統的演化過程，不但包含著社會系統中各子系統的協同演化，同時還應包含自然生態環境的不斷優化。因為自然環境不僅為人類社會提供了生存空間，也為人類的生產生活提供了各種資源；如果自然環境遭到了破壞，那麼人類社會的發展將會變得不可持續。從圖7-11可以看到，人類社會發展的過程，一方面表現為自然生態優化、人文進化、經濟發展和政治民主，另一方面也表現為人類精神提升、科學進步、法制昌明和教育完善。這些因素的綜合作用，決定了一個社會系統的演化路徑和發展程度。

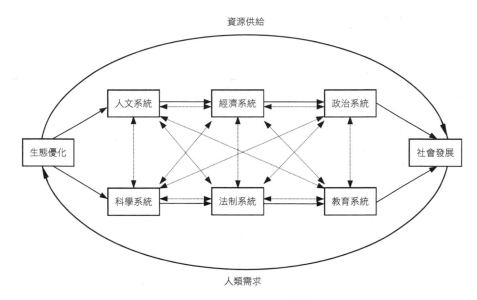

圖 7-11　社會發展動力因素關係圖

　　在人類社會演化過程中，社會系統在人類需求因素和資源供給因素的共同推動下，始終進行著「生態投入→資源產出→資源利用→社會發展」的循環運行過程。從社會系統內部環境來看，一個社會系統的演化過程表現為人文系統不斷進行創生、分化、成長的過程，社會的經濟、政治、法制、教育、科學等子系統先後從人文系統中分化出來。在這個過程中，社會系統與其外部環境之間始終進行著物質、能量和資訊的交流，正是這種交流推動了一個社會系統的成長演化。在社會系統演化過程中，社會內部的這六類因素並不是各自單獨地、孤立地發揮作用的，而是相互協同、相互配合共同發揮作用的，也即每兩個要素之間都是相互聯繫、相互作用、相互影響的，它們共同組成了這個社會系統發展的內部動力關係網絡（從社會生產的生產關係角度來看，它們也共同組成了這個社會系統的內部生產關係網絡）。在圖 7-11 中，用虛線雙箭頭來表示它們之間的這種相互關係。

　　一個社會系統在成長演化過程中，它同時還與其外部環境中的其他社會之間在政治、經濟、人文、科學、法制和教育等方面進行著互動交流。一個社會系統與其外部環境中的其他社會、國家、國際組織、自然環境等所結成的各種關係，就形成了這個社會系統的外部社會關係網絡（從社會發展的動力因素來看，它們也共同組成了這個社會系統發展的外部動力關係網絡）。從社會生產關係的角度來看，一個社會系統完整的生產關係應該由其內部的生產關係網絡和其外部的社會關係網絡共同組成。一個社會系統成長演化的過

程，實質就是這個社會系統內外兩重關係網絡互相交織、互相作用、互相影響的動態演化過程，社會系統內外的兩重關係網絡構成了一個多維的複雜動態圖景。

一個社會系統在成長演化過程中，也需要不斷適應外部環境。當外部環境發生變化時，社會系統內部環境也必須要作出相應的調整，這種調整主要表現在內部各子系統的組成結構和耦合關係發生變化，直至內外部環境相互耦合。一個社會系統的內外部環境耦合程度越高，這個社會的生存和發展環境就越好。社會系統內外環境的耦合過程，就是這個社會成長演化的過程。

在第四章和第五章的分析表明，經濟系統中企業系統和產業系統的演化過程是一個螺旋循環過程，第六章的分析也說明國民經濟系統的演化過程是個超級螺旋循環過程。與此相類似，社會系統的演化過程實際上也是個超級螺旋循環過程。也就是說，一個社會系統的演化過程包含著眾多子系統的螺旋循環，在這些子系統中又包含著眾多更小系統的螺旋循環，即在一個大螺旋循環過程中包含著小螺旋循環過程，而在小螺旋循環過程中又包含著微小螺旋循環過程。由此可知，影響一個社會系統發展的動力因素實際上是一個多種類、多層次、多結構而又錯綜交織的複雜巨系統。

在影響社會系統發展的動力因素中，人類本身的需求是最根本的動力源泉。人類社會的需求具有從低級向高級發展的趨勢，當原有的低級需求得到滿足以後，新的更高一級的需求便隨之產生。人類社會的需求從低級向高級發展的趨勢，決定了人類社會從低級文明向高級文明發展的長期趨勢。在一個具體的社會系統中，如果人們沒有了需求，那麼這個社會就失去了發展的原始動力。正因為人類的需求永無止境，所以人類社會發展的步伐才永遠不會停止。

如果我們把一個社會系統比作一輛汽車的話，那麼社會發展的動力系統就是這輛汽車的「發動機」，人類本身的需求就是汽車發動機所使用的「燃料」。如果我們想要讓汽車啟動並運行起來，這除了需要源源不斷地向發動機的汽缸中輸送燃料之外，還需要通過發動機的輸送系統、點火系統、燃燒系統、轉換系統、冷卻系統、潤滑系統、曲柄連杆機構等不同部件的協調配合，才能夠把燃料經燃燒所釋放的化學能轉變成機械能，再通過齒輪機構等一系列複雜的傳動過程，最終才能驅動汽車前進。與此類似，人類社會的正常運行也需要把人類本身的需求有序地輸送給社會發展的動力系統，並使動力系統的各個要素相互配合、協同一致，從而才能使整個社會保持健康、和諧、持續的良性循環狀態。在社會發展的動力系統中，如果人文、經濟、政治等子系統之間能夠互相配套、互相協調、互相支持，那麼社會的整個動力系統就會發揮出「1+1≥2」的協同效應，從而就會推動整個社會的發展進步；相反，如果各個子系統之間互不配套、互不協調、互相抵觸，那麼社會的整個動力

系統就會顯示出「1+1＜2」的負效應，從而就會阻礙或延緩整個社會的發展進步。

一個社會系統是由人文、經濟、政治等許多子系統組成的，每個子系統都具有自己獨特的結構和功能，同時也具有自己特殊的運行規律。在社會系統的人文、經濟、政治這三個子系統中，人文系統的主要功能是人本身的培育和人文知識的創新，其核心調控機制是信仰和道德；經濟系統的主要功能是物質產品的生產、交換、分配和消費，其核心調控機制是市場和政府；政治系統的主要功能是提供公共產品和公共服務以及公共權利的組織、交換、分配和使用，其核心調控機制是民主和法治。從人類社會的長期演化歷程來看，在社會發展的所有動力因素中，最重要的動力因素來自社會系統中的人文系統，而在人文系統中，人類精神境界的高低和社會道德的水平最終決定著一個社會的文明程度。

一個社會系統在成長演化過程中，其內部的人文、經濟、政治、科學、法制、教育等子系統之間是相互聯繫、相互作用、相互影響、相互制約的，即每一個子系統都是在與其他子系統的影響和制約中發揮作用的，其中任何一個子系統的變化都會在不同程度上引起其他子系統的變化。例如，政治系統的變化必然會引起人文、經濟和法制乃至教育等系統不同程度的改變，反之亦然。當然，在社會系統成長演化的不同階段，這些子系統的相對地位並不是固定不變的，而是經常處於交叉變換中。例如，在某一個時期，政治系統對社會發展起著主導作用，而在另一個時期，經濟系統對社會發展起著主導作用。因此，在社會系統的管理實踐中，從社會系統的內部因素來看，至少需要同時注意六個方面的動態協同管理，而不是僅僅關注其中的某個方面。

關於社會發展的動力因素，德國哲學家哈貝馬斯指出，在當代社會條件下，「當科技進步成了生產力的發展的真正動力之後」、「進化的優先地位將從經濟系統轉移到教育和科學系統上去」[107]。這說明，他已經注意到社會發展動力因素的動態性；他也認識到，在社會發展的不同階段，不同的動力因素發揮著相應的主導作用。

八、社會系統發展的主要機制

一個社會系統由小到大、從低級到高級的發展過程，是社會隨著時間進程不斷演化的過程。在這個過程中，分工與協同、分化與分層、漸變與突變等是社會系統進行演化的重要機制。下面就對這些機制分別進行闡述。

---

[107] 哈貝馬斯著，郭官義譯：《重建歷史唯物主義》，社會科學文獻出版社 2000 年版，第 155 頁。

1、社會發展的分工機制

在世界上，最早論述分工問題的是中國古代春秋時期的管仲。早在公元前七百年左右，管仲就提出了「四民分業定居論」，他主張將國家內部的人民分為士、農、工、商四大職業群體（這裡的「士」指官吏和文人），並且按專業分別聚居在固定的區域。戰國末期思想家荀子（約公元前313－公元前238）也論述過社會分工的重要性，他指出人類群體只有進行分工才能避免紛爭並發揮出人類的力量。在歐洲，最早較系統論述分工思想的是古希臘的色諾芬（Xenophon，約公元前430－公元前354）和柏拉圖。古希臘歷史學家色諾芬把社會基本分工概括為「領導者的勞動」和「執行者的勞動」，他特別注意分析直接勞動過程中的分工，並揭示了其作用和形成原因。古希臘哲學家柏拉圖認為，分工是構成國家的基礎，是實現社會平等的條件，他設計的理想國就是按照分工原則組織起來的。人類對社會分工進行系統的科學研究，主要開始於近代社會。資本主義生產方式的興起，促使人類社會分工廣泛而深入發展，分工問題因此引起各國經濟學家的廣泛注意。從威廉・配第、亞當・斯密以來，幾乎所有經濟學家都不同程度地論述過分工問題。其中，亞當・斯密是古典經濟學中分工理論的集大成者，他強調分工對提高社會生產力的重要作用，並對這種作用進行了系統論證，他揭示了分工與市場交換之間的關係，闡明了市場對分工發展的制約性。英國數學家查爾斯・巴貝奇（Charles Babbage，1792-1871）於1832年提出，分工不僅適用於體力勞動或者體力勞動與腦力勞動之間，而且也適用於腦力勞動本身，他還指出企業內部分工能夠提高效率、降低勞動成本。美國古典管理學家弗雷德里克・泰羅（Frederick Winslow Taylor，1856-1915）通過實驗的方法，將企業生產過程中工人的智力活動與體力活動、計劃職能與執行職能相分離，從而建立了企業內部的科學管理法。一些社會學家也對社會分工問題進行過論述或專門研究，如孔德（August Comte，1798-1857）、斯賓塞、涂爾幹等。英國社會學家斯賓塞用自然環境的差異性來解釋社會分工產生的原因。法國社會學家涂爾幹從道德社會學的角度，研究了分工的價值和產生的原因，揭示了人類個性發展與社會性發展的關係，他認為分工起源於社會領域內的生存競爭，社會分工變遷的原因在於社會的密度和容積，他還認為分工的真正價值在於它是連接社會組織的有機紐帶[108]。聖西門（Claude-Henri de Rouvroy，1760-1825）、夏爾・傅立葉（Charles Fourier，1772-1837）、羅伯特・歐文（Robert Owen，1771-1858）等空想社會主義者們，則基於分工對人類個性自由發展的束縛和各種弊端，提出消除職業分工、城鄉分工和工農分工的主張，並構想了消除職業分工後

---

[108] 涂爾幹著，渠東譯：《社會分工論》，北京三聯書店2000年4月第一版。

的勞動組織形式。[109] 限於篇幅，這裡只能對有關分工的思想作簡略介紹，如果要詳細論述的話，這需要一部專著才能完成。

馬克思和恩格斯運用歷史唯物主義的方法在更廣闊的視野中研究社會分工問題，對分工問題的論述幾乎貫穿於他們的主要著作中。這些著作包括《1844年哲學—經濟學手稿》、《哲學的貧困》、《1857-1858年經濟學手稿》、《1861-1863年經濟學手稿》、《資本論》、《德意志意識形態》、《共產主義原理》、《論住宅問題》、《家庭、私有制和國家的起源》、《反杜林論》等。在馬克思、恩格斯之後，列寧和斯大林對社會分工的一些問題作了進一步發揮。列寧論及分工的著作主要有《論市場問題》、《俄國資本主義的發展》以及十月革命以後的若干經濟論文。斯大林在《蘇聯社會主義經濟問題》中，闡述了城鄉分工、工農分工、腦體分工的性質、趨勢和政策主張等。馬克思主義的社會分工理論把社會分工區分為主體的分工（即勞動者之間的分工）和客體的分工（即勞動本身的分工）這兩個不同方面，並指出隨著以人力作為勞動主體這一基礎的瓦解，勞動者之間的分工必然會走向消滅，而勞動本身的分工是不會消滅的，相反，它會隨著生產的發展而更加細密。馬克思主義社會分工理論還揭示出：分工是社會化勞動的一種形式，它是由生產力發展的一定歷史水平決定的，是一個客觀地產生、發展和最後揚棄的歷史過程；分工的起因首先是物質條件，其中的主要因素包括剩餘勞動時間的形成、生產工具的進步、生產規模的擴大、勞動種類的發展、人口的增加和集中、交換活動等，在這些客觀因素的作用下，分工才逐漸形成；首先出現的是男女之間和地域之間的自然分工，然後是農業、工業和商業這三次社會大分工，同時逐漸形成了生產勞動與非生產勞動、物質勞動與精神勞動的社會基本分工，以及城市與鄉村的綜合分工；社會分工的歷史作用包括兩個方面，一方面它是社會生產力進步的槓桿，另一方面它又是社會不平等的根源。關於分工對社會生產力進步的推動作用，馬克思主義社會分工理論特別強調了分工對提高生產力社會化水平和建立科學勞動組織的重大意義；關於分工造成社會不平等這一方面，馬克思主義社會分工理論不是抽象地談論分工對人的影響，而是從歷史唯物論的基本觀點出發，具體考察了分工對社會組織各個層次的作用，科學地闡明了分工對人的發展、私有制、商品經濟、階級關係的制約性。馬克思主義分工理論具有嚴密的系統性特徵。正如劉佑成先生所指出的：「馬克思主義把社會實踐看作人類歷史的動力，從人類的基本實踐——物質生產活動及其歷史發展，來闡明分工的起源、發展和未來，具有確鑿的現實根據和強烈的歷史感。同時，馬克思主義把分工看作社會的整體結構，既不

---

[109] 本段文獻資料整理自：劉佑成，《社會分工論》，浙江人民出版社1985年5月第一版，第1-16頁。

局限於某一社會發展階段的分工問題,也不局限於分工現象的某一個側面,而是從歷史的縱線條和每一時代橫斷面的結合上,提出對社會分工的系統解釋。因此,馬克思主義的分工理論,是人類對分工現象第一次科學的、完整的解釋。」[110]

「分工」從字面的含義上來看,這是指對人類勞動(或者工作)不斷分解的過程,以往的大多數經濟學家和社會學家基本上也是在這個意義上使用「分工」這個概念的。例如,劉佑成先生是這樣描述分工的:「所謂分工,就是社會總勞動劃分為互相獨立而又互相依從的若干部分;與此相應,社會成員固定地分配在不同類型的勞動上。簡言之,分工就是『不同種類的勞動的並存』。」[111]為說明腦力勞動的分工原理,查爾斯·巴貝奇在他 1832 年出版的《論機器和製造業的經濟》一書中舉例說:在法國大革命期間,一個名叫M·普龍尼的人在製作十進制數學表時,把斯密的分工原理創造性地運用到這種計算工作上,他把整個工作劃分成三種,分別交給三個專業組去做;第一個小組由五六名法國數學家組成,負責設計對其他兩組最為適用的公式;第二個小組由七八位擅長數學的人組成,負責把這些公式變成數值並設計出檢查這些計算的方法問題;第三個小組由六十到八十個會簡單計算的普通人員組成,他們只負責用簡單的加減法計算這些數值,然後再把計算結果送回到第二組去檢查;通過這種分工,三個小組做出了十七大卷表格,從而順利完成了最初看來好像無法完成的工作[112]。這裡,巴貝奇所說的「分工」實際上包括主體的分工(即勞動者之間的分工)和客體的分工(即勞動本身的分工)這兩個方面。所以,從更廣泛的社會意義來說,可以把「社會分工」理解為「社會組織的分工」和「社會職能的分工」這兩個方面。從人類社會的長期歷史來看,無論是社會組織的分工,還是社會職能的分工,它們的演化過程都是一個逐級分化的歷史過程,它們分化的抽象形式實際上是一個與自然界樹木的分叉相似的過程。把社會分工過程理解為一個自然分叉過程,這具有重要的認識價值,這至少有助於人們對社會分工過程建立數學模型,從而進行相應的形式化邏輯分析。

人類最早的社會是採集—狩獵社會,這一階段的人類依賴直接從自然界獵取天然物質維持生存,人們在從事採集或狩獵活動的時候一般都採取集體行動。這時的人類群體還沒有出現勞動分工,每個人既是獵人,同時也是漁夫,人與人之間處於自然的等同狀態。人類社會最早的分工是自然分工。自然分工主要包括兩個方面,一是在原始氏族公社內部,人們由於性別、年齡

---

[110] 劉佑成:《社會分工論》,浙江人民出版社,1985 年 5 月第一版,第 16-20 頁。
[111] 劉佑成:《社會分工論》,浙江人民出版社,1985 年 5 月第一版,第 21 頁。
[112] 劉佑成:《社會分工論》,浙江人民出版社,1985 年 5 月第一版,第 7 頁。

等方面的差別，在純生理基礎上建立的勞動分工；二是在各個原始共同體（如氏族、胞族或部落）之間，由於各自所處自然環境的差別以及由此形成的勞動方式的差別，在地域資源差異性和自然產品的多樣性基礎上建立的一種分工[113]。原始氏族公社內部的自然分工包括性別、年齡、體質、精神素質等方面的分工，其中男女之間的自然分工是基本形式。例如，在原始家庭組織中，男人負責狩獵、捕魚——獵取食物的原料，女人則負責製備食物和衣服——做飯、紡織和縫紉[114]。原始共同體之間的自然分工基本形式是地域分工。例如，鄰近湖泊、海邊的氏族公社主要依賴捕魚為生，靠近山林的氏族公社則以狩獵為生。

　　社會生物學的研究表明，在距今約 500 萬年前，非洲南方古猿已經從原始森林轉移到亞熱帶稀樹大草原生活，在距今約 300 萬年前已經出現了類人猿、狒狒等靈長類動物，在距今約 100 萬年時，人屬動物開始加快向直立人的進化，它們通過削、切等方式來製作簡單粗糙的石製工具，將石頭堆在一起作為庇護所的地基[115]。1929 年在北京房山周口店山洞發現的距今約 50 萬年前的北京猿人已經學會了人工用火[116]。火的使用無疑是人類歷史上一項劃時代的偉大發明，正是有了火，才使人類可以吃到熟食，才能燒製陶器和冶煉金屬。在草原環境的集體狩獵活動，一方面促進了人類身體方面的進化，例如兩腿直立行走、手被解放出來抓握工具，另一方面促進了人類腦力心智方面的進化，例如製造各種捕獵工具。在很長一個時期，人們所使用的工具都直接來源於自然界（如木棒和石塊），人們將一些石塊磨製成石刀、石斧等工具使用，這一時期人類的技術水平處於石器時代。大約在距今 1 萬年以前，人類逐漸學會了蓄養動物和種植植物，農業由此被人類發明出來。隨著農業生產活動的開展，一部分人類群體逐漸從原來的採集—狩獵社會中分化出來，專門從事種植和畜牧活動，人類社會由此出現了第一次社會大分工。由於弓箭、繩索、漁網等這類捕獵工具的發明，使人類能夠捕捉到更多的動物。「隨著獵物的逐漸增多，人們就把一時消費不了的野生動物蓄養起來，開始了馴養動物的勞動。狗是人類所馴化的第一種野獸，這是和打獵的需要有關的。此後，人們逐漸馴化了綿羊、豬、山羊、牛等，到金屬時代，又馴化了馬和駱駝」[117]。隨著蓄養動物數量的逐漸增多，人們便離開原始森林來到河谷和草

---

[113] 劉佑成：《社會分工論》，浙江人民出版社，1985 年 5 月第一版，第 43 頁。

[114] 《馬克思恩格斯選集》（第四卷），人民出版社 1972 年版，第 155 頁。

[115] 愛德華·威爾遜著，毛盛賢等譯：《社會生物學——新的綜合》，北京理工大學出版社 2008 年 5 月第一版，第 530 頁、第 532 頁。

[116] 盧嘉錫、席澤宗主編：《彩色插圖中國科學技術史》，中國科學技術出版社 1997 年 7 月第一版，第 3 頁、第 5 頁。

[117] 劉佑成，《社會分工論》：浙江人民出版社 1985 年 5 月第一版，第 46 頁。

原地帶進行放牧，最終就形成了遊牧部落。「最早從原始人群中分離出來的是雅利安人和閃米特人，前者遊牧在印度以及奧克蘇斯河、亞克薩爾特河、頓河和德涅泊河的草原上，後者在幼發拉底河和底格里斯河的草原上」[118]。在遊牧部落形成的同時，另一些人類群體在大江、大河附近發展起以種植植物為主的生產活動。人類最早的種植活動可能起源於早期人類採集草籽的專業化。正是在採集草籽的過程中，人們偶然發現撒落在潮濕泥土中的植物種籽竟然能夠發芽並長出新植株，於是，人們就開始了植物種植活動。人們後來所種植的粟、黍、稻、麥、菽等穀物，這是人們經過長期逐漸選擇的結果。隨著農業的發展，特別是種植業的發展，使一些人類群體逐漸形成了過定居生活的農業部落。「根據歷史資料，農業的發祥地在亞熱帶幾條大河——幼發拉底河、尼羅河、印度河和黃河流域」[119]。1995 年，中國考古人員在湖南省道縣玉蟾岩洞穴遺址（約公元前 8000 年）發現了人工栽培稻穀（它是世界上最早的人工栽培稻標本之一），同時還發現了中國最早的陶製品[120]。人們在黃河流域和長江流域發現了眾多人類早期的農業遺址，這些發現表明至少在新石器時代的中期，農業在中國已成為重要的勞動部門。

人類社會的第二次社會大分工是手工業與農業相分離，以及專業工匠階層的形成，它大約發生在原始社會的高級階段。人類的手工業活動與人類的其他勞動幾乎是同步發生的。因為人們為了生活就需要製造各種工具。例如，打製石器、燒陶、編織、紡織等活動都是手工業活動。可以說，第一個把石頭打製成石斧的原始人就是手工業的發明者。在 20 世紀七十年代末，在河南省新鄭裴李崗村發現的早期人類遺址（公元前 6000 年－公元前 5000 年）出土了中國最早的紡輪[121]，這表明至少在新石器時代的早期，紡紗已經成了當時人們的一種手工業活動。人們在浙江省吳興錢山漾早期人類遺址（距今約4700 年—5200 年）中發現了 300 餘件竹編器物（包括籃、筐、葦席、竹繩等），同時發現的還有麻片、綢片、絲帶、絲線等細緻的紡織物[122]，這說明中國至少在原始社會晚期時竹編活動已比較發達、養蠶繅絲已發明並被運用在紡織中。從公元前七八千年起，人類就開始使用天然銅製作器物；但直到公元前 4000 年後，人類才發明了通過人工方法煉銅的技術，它的出現標誌著人類冶金術的誕生，也標誌著人類社會從此開始步入銅器時代。通過考古活動，

---

[118] 劉佑成，《社會分工論》：浙江人民出版社 1985 年 5 月第一版，第 46 頁。

[119] 劉佑成，《社會分工論》：浙江人民出版社 1985 年 5 月第一版，第 47 頁。

[120] 艾素珍、宋正海主編：《中國科學技術史》（年表卷），科學出版社 2006 年 11 月第一版，第 14 頁。

[121] 艾素珍、宋正海主編：《中國科學技術史》（年表卷），科學出版社 2006 年 11 月第一版，第 18 頁。

[122] 浙江省文物管理委員會等：《錢山漾第一、二次發掘報告》，《考古學報》1962 年第 2 期，第 73-92 頁。

人們在伊朗蘇薩（Susa）人類早期遺址（公元前 4100 年－公元前 3900 年）發現了最早的人工冶煉的銅器；在以色列西奈半島 Timna 發現了人類早期的冶銅遺址（公元前 4000 年－公元前 3000 年）；在中國陝西省薑寨仰韶文化晚期遺址（公元前 3500 年－公元前 3000 年）發現了含有鉛錫的銅合金片，在遼寧省凌源牛河梁紅山文化晚期遺址（公元前 3500 年－公元前 3000 年）發現了大量冶煉銅渣[123]。冶銅技術的發明、金屬銅及銅合金的應用，有利於人們製造出比石器更加精細的銅製工具，而銅製工具的應用能夠有效提高手工業的生產效率。例如，人們可以用銅來澆鑄出各種碗、盤、盆和鼎等餐具，這對於人們存儲和製備食物顯然更加方便；人們可以用銅來製造紡輪等紡織器械，這有利於人們織出更加精細的布料，進而做出更好的衣物；人們可以用銅來製作刀、斧、鑿、剪等工具，這些工具的使用有利於人們更高效地砍伐、加工竹木或進行編織。我們在世界各國博物館中看到的各種精美的古代銅器，就向我們展示了金屬銅的廣泛應用。銅製工具的廣泛應用一方面提高了手工業的生產效率，另一方面也促進了各種手工業的專業化發展。當人們所生產的各種手工產品不但能夠滿足自己家庭生活的需要而且還有了一定剩餘後，人們就可以將剩餘的手工產品拿去交換其他產品，隨著交換的進一步發展，人們對各種手工產品的需求不斷擴大，從而催生了一批專業手工業者的誕生。例如，前面提到的浙江省吳興錢山漾遺址發現的 300 餘件竹編器物，這反映出當時社會中可能已經產生了專業化的竹編手工業者。在一個社會中，銅製器具的大量生產，顯然也需要較為專業化的銅匠才能夠完成。另外，手工業的獨立發展還與不同地域的自然分工情況有聯繫。在以農業為主的地區，不同地域的自然分工一般不發達，這些地區的手工業往往從屬於農業，而且很難從農業中分化出來。中國原始社會的社會分工情況就屬於這種類型。而在地域分工比較發達的地方，在社會生產活動中手工業一開始就佔有比較重要的地位，這些地區的手工業就比較容易獲得獨立發展。西歐一些地區原始社會的社會分工情況就屬這種類型。就人類社會的歷史發展來看，自人類發明農業以來，在整個古代社會中農業生產始終佔據著社會生產的主導地位，而手工業生產在整個社會生產中只佔有較少的比重，直到近代資本主義機器工業發展起來之後，工業生產在整個社會生產中才開始逐漸佔據主導地位。

人類社會的第三次社會大分工是商業與生產業（指農業和手工業）相分離，以及專業商人階層的形成。恩格斯在《家庭、私有制和國家的起源》一書中指出：「文明時代鞏固並加強了所有這些已經發生的各次分工，特別是通過加劇城市和鄉村的對立……而使之鞏固和加強，此外它又加上了一個第三

---

[123] 韓汝玢、柯俊主編：《中國科學技術史》（礦冶卷），科學出版社 2007 年 5 月第一版，第 175 頁。

次的、它所特有的、有決定意義的重要分工：它創造了一個不再從事生產而只從事產品交換的階級——商人。」[124] 商業活動是指人們之間的產品交換活動。商業的產生與專業化商人的產生不是一回事。在人類社會的自然分工階段，由於各個原始氏族公社所處自然環境的差異性，這導致不同社會群體之間所生產的產品具有一定差異性，正是這種產品種類的差異性導致了人們之間的產品交換行為。例如，一個原始氏族以種植粟這種穀物為生，另一個原始氏族則依賴牧羊為生，粟和羊顯然具有明顯的差異性，由於生活所需，這兩個氏族之間自然就產生了交換行為，這種產品交換活動就是商業活動。在原始社會，最初各個氏族的剩餘產品很少，這種交換自然無從發生，但隨著社會生產力的逐漸提高，人們所生產的剩餘產品逐漸增多，這種不同氏族或者不同部落之間的產品交換也就隨之增多了。起初，人們是既從事具體的農業生產活動，也兼做剩餘產品的交換活動，人們的身份既是農民又是小商人；當社會對各種商品的需求量增大、市場規模進一步擴大以後，一些原來身兼二職的人就從具體的農業或手工業生產活動中分化出來專門從事商品交換活動，於是，專業化的商人也就隨之誕生了。專業化商人產生的一個重要條件是商品交換需求量足夠大，以至於專門從事商業交換活動就足以維持商人的生活。人類社會的前兩次社會分工提高了整個社會的生產力，從而使社會創造了更多的剩餘產品，進而為商品交換規模的擴大創造了前提條件，當相應的條件一旦成熟，專業化的商人也就隨之誕生了。

人類社會的第四次社會大分工是公共組織從一般社群組織中分化出來，從而催生了社會管理階層和原始國家的誕生，這一過程大約發生在人類社會從原始社會後期向文明社會過渡的階段。人類社會的前幾次社會分工都是經濟領域的分工，而第四次社會分工則是發生在社會政治領域的分工，前三次分工為第四次分工奠定了經濟基礎、創造了必要的物質條件，第四次分工是前三次分工的繼續發展和突變性飛躍。人類的生產活動除了物質產品的生產活動以外，還有人本身的生產活動和精神產品的生產活動。人本身的生產活動實際上包括「生」和「育」兩個方面，要順利地組織人本身的生育活動，就需要建立相應的倫理道德、家庭制度、文化教育等一整套生產關係，這些生產關係的逐漸建立和不斷完善的過程，實際上就是人類自我意識不斷豐富的過程，同時也是人文知識等精神產品的生產過程。在人類社會發展過程中，無論是人本身的生育活動、精神產品的生產活動，還是物質產品的生產活動，都是一個從簡單到複雜、從低級向高級、從原始到文明的歷史過程。在這個過程中，人類社會的社會組織同時也發生著從簡單到複雜、從低級向高級的演化。隨著社會組織的演化進行到一定階段，公共組織就從一般社群組織中

---

[124] 《馬克思恩格斯文集》（第4卷），人民出版社2009年版，第185-186頁。。

分化出來，人類社會的第四次社會大分工就自然地發生了。

通過對人類社會幾次大分工過程的簡單描述，我們可以清楚地看到，人類社會的每一次分工過程都是社會組織的分化過程，從抽象的形式來看，這些分工實際上形成了連續的分叉過程。這種分叉過程與自然界中一些事物（如樹木、河流等）的分叉過程非常相似。正是在這一認識的基礎上，我們可以借鑒自然界中的分叉規律來分析社會分工現象。

美國物理學家菲根鮑姆（M.Feigenbaum）通過數學分析研究了具有倍週期的分叉現象，他於1976年發現在分叉現象中存在著兩個普適常數，其研究結果發表於美國《統計物理學》雜誌1978年第19卷上。當我們將事物不斷分叉的圖形描繪在由X軸和Y軸組成的二維平面上時（如圖7-12所示），就可以比較形象地看到菲根鮑姆所揭示出的分叉規律：隨著事物分叉的進行，橫軸方向的分叉間距（圖中的AB線段和BC線段所示）在逐漸縮短，但前一個分叉間距與後一個分叉間距的比值是個常數δ；縱軸方向的分叉寬度（圖中的FH線段和GI線段所示）也在逐漸衰減，但前一個分叉寬度與後一個分叉寬度的比值也是個常數α。菲根鮑姆計算發現常數δ和常數α都是無理數，其中，$\delta=4.669201609...$，$\alpha=2.502907...$。δ和α這兩個常數反映了分叉現象中普遍存在的數量特徵。根據菲根鮑姆的這一重要發現，人們不僅可以定性地證明系統的分叉行為，而且可以定量地分析系統的分叉情況。菲根鮑姆的發現表明，自然系統在演化過程中，其幾何圖像和分叉圖形均具有無窮嵌套的自相似幾何結構，即自然事物整體具有與其部分相類似的結構，或者事物的同一種行為會在越來越小的尺度上重複出現。[125]通俗地說就是：系統的整體與組成它的子系統具有相類似的結構，系統演化中的分叉行為會在其子系統的演化過程中重複出現。菲根鮑姆發現的分叉規律，可以說是對現代分形理論的進一步深化，這一發現揭示出元素映現整體以及部分與整體之間的多層次、多角度、多維度的關聯方式，為人們認識世界提供了嶄新的方法論。

馬克思主義的社會分工理論指出，隨著以人力作為勞動主體這一基礎的瓦解，勞動者之間的分工必然會走向消滅，而勞動本身的分工會隨著生產的發展而更加細密。結合目前發達國家社會生產活動的實際情況來看，馬克思主義社會分工理論的確揭示出了社會分工發展的歷史規律性。例如，隨著自動化技術和微電子資訊技術在生產活動中的應用，一些國家已經出現了所謂的「無人工廠」，工廠的加工車間幾乎看不見一個人影，整個生產活動是由擁有各種專業知識的工程技術人員控制的。在這個例子中，原來的體力勞動者的工作幾乎全被各種各樣的機器所取代，也就是說體力勞動者之間的分工已經消失了，但在工程技術人員之間的腦力勞動分工並沒有消失，而是有了更

---

[125] 陳其榮：《自然哲學》，復旦大學出版社2005年2月第一版，第119-120頁。

加細密的分工。從整個人類社會的分工情況來看，原始社會的社會勞動分工比較簡單（如農業、手工業等），當人類社會發展到近現代時，社會各行各業的分工越來越多、越來越細，而到了當代社會的創意產業時，社會分工精細的程度已經到了個體之間的分工。當社會分工細化到個體之間的分工時，人們之間分工的交叉重疊反而日益增多，這實際上是一種混沌狀態。我們對照圖 7-12 所示的分叉圖來看，當事物分叉進行到一定程度時，最後確實進入了混沌區域。所以，利用分形理論中的分叉規律可以很好地解釋社會發展的分工機制。

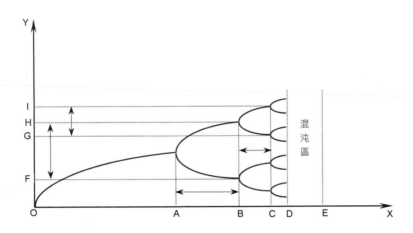

圖 7-12　事物不斷分叉的自相似性

2、社會發展的協同機制

在一個社會的演化過程中，分工與協同是兩個最基本的發展機制。在社會發展中，人們很早就注意到了分工的作用，這在前文中已作過論述。相比之下，人們對社會發展中協同機制的認識顯得比較薄弱。

社會分工能夠使一個社會系統的各個子系統向專業化、縱深化、精細化方向發展；社會協作能夠使社會系統中的各個子系統相互銜接、互相配合、協調發展。如果沒有分工與協作，任何一個社會都無法順利實現從小到大、從低級向高級的演化發展。社會分工實際上是分叉律在社會發展中的一個具體表現，而社會協作是協同律在社會發展中的具體表現。從長時段來看，一個國家的人文、經濟、政治、科學、法制、教育等子系統都在分叉律和協同律的共同作用下，不斷發生著從單一到多元、從低級到高級、從簡單到複雜的演變。

「協同」一詞來源於希臘文，意為共同工作[126]。人類很早就產生了有關協同的思想。例如，戰國末期思想家荀子就指出，人類強於動物的地方不在於個體的能力，而在於群體的協作力量，因為「人能群，彼不能群也」（人類能結成群體，將不同個人聯繫為一個整體，而動物卻做不到這些），所以，「力不若牛，走不若馬」的人類卻能夠駕馭牛馬（見《荀子‧王制》）。古希臘哲學家柏拉圖在討論理想國時就既論述了人們之間的分工，也論述了人們之間的協作。1893 年，法國社會學家涂爾幹在論述社會分工時也提出了社會協同的思想，他提出的所謂「社會團結」的概念，實際上就是指社會組織之間的協同狀態。他提出的「社會團結」，指的是把個體結合在一起的社會紐帶，這是一種建立在共同情感、道德、信仰或價值觀基礎上的個體與個體、個體與群體、群體與群體之間的，以結合或吸引為特徵的聯繫狀態；社會團結的基礎是社會成員共同的價值觀念和道德規範，即一種「集體意識」或「集體良知」；他把社會團結分為機械團結和有機團結兩種類型，機械團結是指社會成員間分工較弱、個體同質性很強、通過強烈的集體意識將個體聯結在一起而建立的一種社會聯結方式，有機團結則是指社會成員間分工發達、個體異質性很強、通過相互間的實際依賴將個體聯結在一起而建立的一種社會聯結方式[127]。美國社會學家帕森斯則採用「整合」（Integration）這一概念來表述與涂爾幹「團結」相類似的概念，所謂「整合」，即能夠使系統各部分協調為一個起作用的整體，其功能是根據系統的統一需要，使系統各單位的行為保持一致，並抑制和扭轉它們的偏差行為，促進整個系統形成和諧與合作[128]。帕森斯的「整合」概念，把涂爾幹「團結」的概念提升到了系統的層次，實際上已經具有了社會協同的含義。德國著名物理學家、協同學的創立者赫爾曼‧哈肯於 1977 年出版了《協同學導論》一書，後來又出版了《高等協同學》等書籍，他在這些著作中系統地論述了協同學理論。協同學理論指出，一個開放系統是在許多子系統的聯合作用下產生宏觀尺度上的結構和功能，組成系統的各個子系統之間存在著相互影響、相互作用、相互制約的關係，這些關係可以用不同的變量來描述，其中既有快變量，也有慢變量，慢變量只占少數，但慢變量支配著快變量的變化，他把這種起支配作用的慢變量稱為「序參量」，正是在「序參量」與其他變量的協同作用下，促使整個系統從一種結構演變到另一種新結構；系統的演化受序參量的控制，演化的最終結構和有序程度取決於序參量的大小；在不同的系統中，序參量的具體含義不同，序參量的

---

[126] 曾健、張一方：《社會協同學》，科學出版社 2000 年 6 月第一版，參見赫爾曼‧哈肯為該書所寫的「序言」。

[127] 涂爾幹著、渠東譯：《社會分工論》，北京三聯書店 2000 年 4 月第一版。

[128] 帕森斯、斯梅爾瑟著，劉進等譯：《經濟與社會》，華夏出版社 1989 年版，第 17-18 頁、第 43-45 頁。

大小可以用來標示系統宏觀有序的程度，當系統處於無序狀態時，序參量為零，當外界條件變化時，序參量也變化，當系統演化到臨界點時，序參量增長到最大，此時，系統將會自發地出現時間、空間或功能上的宏觀有序結構[129]。2000年，曾健、張一方在哈肯提出的協同學理論的基礎上，吸收非線性動力學、混沌理論、自組織理論和突變理論的一些研究成果，把協同學原理的運用推廣到社會學領域，闡述了社會協同與人類社會的產生、存在和演化等社會問題[130]。

從一個社會的人文系統成長演化過程來看，社會分工首先在原始氏族內部男女個體之間的自然分工開始，隨後在氏族之間開始，其後在部落之間開始，然後在酋邦之間開始，最後在國家之間開始，這是一個分工專業化層次不斷提高的過程。分工專業化的發展在提高社會生產效率的同時，也促使經濟組織（如產業組織、交換組織、分配組織等）種類不斷增多，隨著經濟組織的不斷增多，經濟系統隨之誕生並不斷發展。人文系統和經濟系統的相互作用又促進兩個系統內部各個因素之間的分工專業化，由於社會協作的需要，人們對公共組織的需求隨之增多，從而促使公共組織從一般社群組織中分化出來，也促使政權組織（如王權組織、防衛組織等）從公共組織中分化出來，隨著公共組織和政權組織的不斷增多，政治系統隨之誕生並不斷演化。

從人類歷史發展過程來看，一個社會系統的經濟、政治、法制、教育、科學等子系統都是隨著社會分工的發展，相繼從最初的人文系統中誕生並逐漸發展起來的。一方面，在分叉律的作用下，這些子系統中的每一個系統都進一步分化出更細的系統因素。另一方面，在協同律的作用下，這些子系統之間以及每個子系統內部各因素之間都是相互聯繫、相互作用、相互影響、相互制約的。實際上，在一個具體的國家系統演化過程中，正是因為這些子系統因素之間存在著相互耦合、相互制約、相互協調的聯繫，它們才共同決定了一個國家的演化路徑和成長速度。

從一個具體的國家系統來看，組成國家的各子系統之間廣泛存在著生產、交換、分配和消費的關係，這些關係已經超出了一個國家經濟系統中存在的生產、交換、分配和消費的關係。通過第四章和第五章的分析，我們知道，傳統經濟學關注的範圍主要是物質生產領域的生產、交換、分配和消費的關係。根據本書所提出的國家與社會分析框架，我們可以看到，一個國家的人文系統生產了人力資源和人文知識，經濟系統生產了物質性產品（個體產品），政治系統生產了公共服務和公共產品，科學系統生產了各種科學知識和專業技術，法制系統生產了各種法律和制度規範，教育系統複製傳承了各種科學知

---

[129] 赫爾曼・哈肯著，凌復華譯：《協同學：大自然構成的奧秘》，上海譯文出版社2005年版。
[130] 曾健、張一方：《社會協同學》，科學出版社2000年6月第一版。

識、培育了各種專業人才，在這些系統之間也存在著與經濟系統中類似的生產、交換、分配和消費的關係，它們每兩者之間都是相互聯繫、相互作用、相互影響、相互制約的，只有它們之間實現了良性耦合和相互協同，整個國家系統才能夠實現健康、和諧、有序的發展。要實現國家系統內部的這些生產、交換、分配和消費活動，需要依賴政治系統中的政權組織和公共組織積極做好組織協作和社會管理工作，實際上這也正是政治經濟學和公共管理學所研究的主題，同時也是公共經濟學、社會經濟學或經濟社會學所探討的問題。

從國家系統和社會系統（或國際系統）這兩個層次來分析，我們可以將分叉律和協同律的作用機制列成表，具體見表 7-1。

表 7-1　分叉律與協同律作用機制分析簡表

系統層次	系統分叉後結果	系統內部協同形式	子系統間協同形式	協同主導者
社會系統（國際系統）	基督教文化社會	基督教社會網絡	國際市場體系（包括國際貿易、國際合作等）、國際文化交流(國際會議、留學、宗教、著作翻譯等)	國際政治組織、國際經濟組織、國際文化組織、各國政經領袖、各國义化領袖
	伊斯蘭教文化社會	伊斯蘭教社會網絡		
	佛教文化社會	佛教社會網絡		
	儒教—道教文化社會	儒教—道教社會網絡		
	其他文化社會	其他社會網絡		
國家系統	政治系統	政治系統網絡	國家分配體系、交換體系（包括地區貿易、地區合作、地區交流等）	國家政權組織、社會公共組織
	法制系統	法制系統網絡		
	人文系統	人文系統網絡		
	教育系統	教育系統網絡		
	科學系統	科學系統網絡		
	經濟系統	經濟系統網絡		

從國家系統來看，組成國家的子系統包括人文、經濟、政治、法制、教育、科學等子系統，其中，每個子系統內部都形成了網絡形式的協同關係。例如，經濟系統內部的農業、工業和服務業之間的協作網絡，科學系統內部的社會科學、自然科學以及各種交叉科學、專業技術之間的科研協作網絡，法制系統內部的立法體系、司法體系和執法體系之間的聯繫網絡，教育系統內部的家庭教育、學校教育、在職社會培訓等之間的聯繫網絡。在國家系統中的每兩個子系統之間也形成了網絡形式的協同關係，這種協同關係主要是依靠國家層面的交換體系和分配體系來實現的，具體的協同主導者是國家的政權組織（如行政組織、稅務組織、財政組織等）和一些社會公共組織。例如，國家的稅務組織從經濟系統中獲得稅收收入，又通過財政組織將一部分資金分配給科學系統、法制系統和教育系統，科學系統所產生的科學研究成果、法制系統所提供的法律制度服務、教育系統所培養的專業人才，又為人文系統、經濟系統和政治系統的順利運行提供了各種支持。

從社會系統（或國際系統）來看，可以按照宗教文化的影響不同，把全世界大致劃分為基督教文化社會、伊斯蘭教文化社會、佛教文化社會、儒教—道教文化社會、其他文化社會等社會子系統。這些系統組成了全世界系統的子系統，其中每個子系統內部都形成了網絡形式的協同關係（如東亞地區儒教—道教文化社會內部的中國、朝鮮、韓國、日本、越南和新加坡等國家形成的文化經濟網絡），而在每兩個子系統之間也形成了網絡形式的協同關係，這種協同關係是依靠國際層面的國際市場體系和國際文化交流來實現的，具體的協同主導者是國際政治組織（如聯合國、歐盟組織）、國際經濟組織（如世界銀行等）、國際文化組織以及各國的政治、經濟、文化界領袖等。從協同關係和相互聯繫的緊密程度來看，國家系統內部的協同關係遠遠要比國際系統之間的協同關係更加緊密，這是由當前國際社會協同機制不夠完善、協同組織數量較少且力量薄弱所決定的。類似像聯合國這樣的國際組織，如果其組織性、影響力足夠強大，我們就有理由相信，在不久的將來，整個地球人類將會協同成為具有統一的「全球意識」、能夠面對「全球性問題」的社會群體。

從人類社會的長期歷史來看，一些因素在世界的不同社會之間發揮著重要的協同作用，這些因素包括人口流動、文化交流、商品貿易、戰爭殖民、科技傳播、氣候地理等，它們往往是相互聯繫共同發揮作用的。例如，在文化交流中，世界不同地區舉行的一些國際性會議、各國派遣留學生相互學習、宗教在不同地區進行傳播、一些著作被翻譯成不同語言在各地發行等，這些都能夠增強不同文化群體的相互溝通、相互理解、相互認同，從而在世界範圍內協調人們的認識和行為，進而發揮出社會協同的作用。戰爭殖民則是通過武力征服的方式，使一個部落（或民族）將自己的社會制度、宗教信仰、生產技術、生活方式等強加給被征服者，從而實現不同地域社會群體的整合協同。在世界歷史上，波斯人、羅馬人、蒙古人和土耳其人曾發動了一些大規模的武力征服活動，這些活動儘管給許多國家和民族帶來了深重災難，但客觀上卻發揮了程度不同的社會協同作用。在科技傳播方面，古代中國的造紙、印刷、指南針和火藥等技術傳播到西方，近代西方的蒸汽機、電動機、機械製造等工業技術傳播到中國，這對促進東西方社會的協同發展發揮了重要作用。

一個國家系統的成長演化，同時伴隨著人文、經濟和政治等子系統的協同成長演化。在這個過程中，人文系統演化、經濟系統演化和政治系統演化是互相耦合的，三者之間形成了相互耦合的協同演化。第六章的分析說明，在國民經濟系統中，經濟組織的演化過程是個超級螺旋循環過程。與此相類似，在人文系統和政治系統中，社會組織的演化過程也是個超級螺旋循環過程。所以，一個國家系統的演化過程實際上也是個超級螺旋循環過程。一個

國家系統正是在其內部的人文、經濟和政治等子系統的自我調節、自我組織下，從一種結構演化到另一種結構，從而實現了整個社會的逐漸有序化。

關於社會發展協同機制中的超循環問題，已經引起了有關專家學者的關注。例如，中國著名科學家錢學森就認為，一個國家級的社會經濟系統中存在各個組成部分的大循環問題，其中各種各樣的循環構成整個大系統的經濟與自然環境、社會環境、世界環境相互作用的有機循環運動。為保證這個循環的繼續和發展，需要做好三個方面的工作：第一，應該建立和選擇最佳的循環運動的結構（即系統的各個組成部分之間要從總體上達到比例合理、相互協調、功能完善）；第二，必須保證系統內外、系統內部各組成部分之間的物質流、能量流和信息流的互動交流、暢通無阻；第三，要不斷完善系統的預測、反饋、調節和控制能力，從而促使系統的整體功能不斷放大和增值。[131]這裡，錢學森先生實際上談到了人類社會系統的控制問題。關於社會系統的控制問題，曾健、張一方從社會協同的角度指出：「序參量是法，法的內容，執法力度和監督」[132]。這裡所說的「序參量」實際上就是指控制社會有序化的手段或工具。從人類社會發展的長期歷史來看，法律制度確實是控制社會有序化的有效工具。從中國古代歷史來看，凡是重大的社會變革一般都是從改變法律制度開始的，前文提到的　些著名變法運動就是例證。無論是春秋戰國時期由管仲、李悝、吳起、商鞅等人發起的變法，還是北宋時的王安石變法、明朝時的張居正（1525-1582）改革等，都是從改變協調社會運行秩序的國家法律制度開始的。中國古代社會興衰治亂的歷史已經反復證明，凡昌明盛世都非常重視法律制度的建立和完善，而昏帝、暴君、奸臣、貪官、無賴、騙子、地痞、流氓和暴徒等都活躍在法治衰落、制度敗壞的時代。所以，要實現社會的控制問題，必須要從建立和完善一個國家的法制系統入手。但建立和完善一個國家的法制系統並不能單獨依賴國家的法制系統本身（如立法機構），這需要理清國家中人文、經濟、政治、法制、教育、科學等子系統之間的內在關係，將它們之間的本質聯繫以法律制度的形式固定下來，並根據社會發展的實際需要進行動態調整，使國家的法律體系能夠有效調節和控制各子系統的運行秩序，進而達到社會公共管理相互配合、協同一致的目的。

建立社會秩序的另一個重要方面就是從完善社會的道德體系入手。法律制度更多是從宏觀方面來協調和規範社會組織之間的關係和行為，而社會道德則更多是從微觀方面來協調和規範人類個體之間的關係和行為。要維持一個社會的良性循環，法律體系和道德體系都是不可缺少的。正如曾健所指出的：「為了確保整個社會活動的有序，不但每一種社會活動都必須有自己的

---

[131] 曾健、張一方：《社會協同學》，科學出版社 2000 年 6 月第一版，第 125-126 頁。
[132] 曾健、張一方：《社會協同學》，科學出版社 2000 年 6 月第一版，第 171 頁。

『遊戲規則』，而且每一個參加者都必須有自己的『職業道德』和『行為規範』[133]。例如，在城市交通秩序的維護中，如果沒有交通規則的協調和規範，交通秩序就會陷入混亂，但有了交通規則以後，如果警察不按規章執法，或者司機、行人都只顧自己行路而不遵守交通規則，那麼交通秩序也會陷入混亂中。帕森斯指出，要實現社會控制和系統整合，除了法律制度以外，還需要宗教制度、人際規範等手段[134]；他所說的宗教制度和人際規範，就包含了宗教信仰、倫理道德、職業規範等內容。所以，一個正常社會的運行秩序離不開法律和道德的雙重約束。如果僅有法律約束而沒有道德約束，或者僅有道德約束而沒有法律約束，任何一個社會都是難以有序、健康、和諧並持續運行的；如果法律和道德這兩者都缺失的話，那麼這個社會就會因失範、失序而逐漸衰敗！孔子的學生閔子騫（公元前536－公元前487）曾向孔子請教治國之道，孔子說：「治國而無德法，則民無修；民無修，則迷惑失道」（治理國家而沒有德政和法制，民眾就沒有修養，民眾沒有修養，就會迷惑不走正道。參見《孔子家語‧執轡》）。孔子的治國思想對治理當前中國的社會秩序失範現象具有一定價值。中國社會需要在人文、經濟和政治的相互協同中尋求一種健康和諧的發展道路。

協同學的原理告訴我們，一個系統能否發揮協同效應是由系統內部各子系統的協同作用決定的，各子系統之間協同得越好，整個系統的整體功能就發揮得越好。一個國家系統中各子系統之間以及子系統內部各因素之間，如果能夠圍繞共同目標相互配合、協調一致地運行，那麼整個國家系統就能夠產生「1+1≥2」的協同效應；反之，如果國家系統內部各子系統之間相互掣肘、衝突或摩擦，就會造成整個社會內耗增加、運行效率低下，社會系統內各子系統就難以發揮出其應有的功能，從而就會導致整個國家陷入混亂無序的狀態。所以，只有當國家系統內部各子系統協調合作、減少內耗，充分發揮各自的作用和功能時，整個國家系統才能達到良性運行的有序狀態。

3、社會發展的分化與分層機制

從社會分化、社會分層的角度對社會進行分析是社會學的一個重要方面。這方面最有代表性的社會學理論是馬克思的社會階級理論、涂爾幹的社會分工理論、馬克斯‧韋伯的社會分層理論、帕森斯的功能性系統結構分化理論、盧曼的一般社會系統理論。下面就對他們的主要思想進行簡要介紹。

馬克思社會階級理論的主要思想是：①社會分工是社會分層的基礎並推動著社會結構變遷。馬克思認為，社會分工是社會分層、社會階級的起源和

---

[133] 曾健、張一方：《社會協同學》，科學出版社2000年6月第一版，第77頁。
[134] 帕森斯、斯梅爾瑟著，劉進等譯：《經濟與社會》，華夏出版社1989年版，第43-45頁。

存在的基礎，社會分工推動著社會發展與社會結構的變遷；②社會分層與社會階級是以生產資料佔有方式作為主要標準的；③社會階級的存在還需要社會文化及自我意識等必要條件。涂爾幹社會分工理論的主要思想是：①社會分工使社會存在成為可能。他認為，社會分工不僅為社會提供了凝聚力，而且也為社會確定了結構特性；②社會分工促成了社會秩序，增進了社會有機團結，還構成了社會和道德秩序本身；③反常的社會分工會引起社會動盪；④理想型社會是社會分工高度發達與社會團結的有機整合。涂爾幹認為，社會危機本質上是一種道德危機，他主張全面加強社會道德規範的調節功能，倡導建立一種與社會分工結構相適應的多層次的社會道德體系，以保證日益複雜的社會分工體系的各個部分在相互依賴的基礎上有機地結合在一起。馬克斯‧韋伯社會分層理論的主要思想是：①社會分層是理解社會學的方法與多維指標的基礎。他指出，社會分層的實質是社會資源在社會中的不均等分配，即不同的社會群體或社會地位不平等的人佔有那些在社會中有價值的事物，如財富、收入、聲望、教育機會等。因此，他認為應運用「財富——經濟標準」「地位——社會標準」「權力——政治標準」這三種標準來對社會進行分層，從而開創了採用多維指標研究社會分層結構的先例；②社會分層的多維指標是階級、等級與政黨（權力）；③社會分層的本質是社會資源的佔有和分配。[135]

塔爾科特‧帕森斯是美國現代社會學的奠基人，作為社會學中結構功能主義理論的代表人物，他所倡導的結構功能主義理論和方法論在 20 世紀 50-60 年代的西方社會學中曾佔據著主導地位，其早期的主要理論傾向於建構宏觀社會學理論，後期開始從宏觀轉向較微觀層面的理論研究，他對現代社會學的發展作出了重要貢獻。其主要著作包括《社會行動的結構》、《社會系統》、《關於行動的一般理論》、《經濟與社會》、《現代社會的結構與過程》、《現代社會的社會學理論》、《現代社會的系統》等。他的研究視野十分寬廣，其著作在社會分層、經濟組織、現代職業、官僚體制、法律制度、民主進程、科學、教育、家庭、兒童社會化、社會現代化、宗教世俗化、越軌行為、性別角色、病態角色與精神健康、種族問題以及反文化問題等方面都作了廣泛論述。

帕森斯綜合了涂爾幹的社會分工思想與馬克思和馬克斯‧韋伯的社會分層思想，提出了功能性系統結構分化理論。帕森斯的「分化」概念，是指一個系統或一個單位分解成兩個或兩個以上的系統或單位的過程，也即社會從原有的某一單元中衍生分離出一些在結構上與功能上都不相同的新單元（如

---

[135] 楊建華：〈從馬克思到盧曼：社會分化與整合研究及啟示〉，《秩序與進步：社會建設、社會政策與和諧社會研究——浙江省社會學學會成立二十周年紀念暨 2007 學術年會論文集》，2007 年 10 月。

生產功能從傳統的家庭中分化出來形成了獨立的社會單位——企業）。他認為，分化是社會變遷的一條必由路徑，社會變遷就是一個分化、適應、維持與整合的過程。功能性系統結構分化就是指，隨著社會變遷和社會進化，社會系統在功能上分化為不同的功能子系統，各個子系統之間只有功能性差別而沒有等級性差別。按照帕森斯理解，社會系統應至少包括文化系統、經濟系統、政治系統和法律系統。帕森斯的功能性系統結構分化理論的主要思想[136]為：①功能性系統結構分化是社會變遷的路徑。他用進化論觀點闡釋了社會與文化變遷的過程，指出社會是通過變異與分化，再走向更高層的整合，從而實現了由簡單到複雜的轉變。②社會分化是社會變遷的前提與條件。他指出，社會變遷過程一般要經過分化、適應性提高、容納和價值普遍化等階段。這裡，適應性提高是指社會分化後，由於社會諸單元可利用的資源範圍變寬，從而使社會諸單元擺脫了原來的某些限制。容納是指社會把新出現的資源和結構納入更大社會結構的過程。價值普遍化是指將社會價值提升到更高的一般化水平，從而使社會中新出現的資源和結構合法化。③社會分化更重要的方面是社會在結構與功能上的分化。帕森斯所說的社會結構包括社會階層化、文化的合法化、科層制組織、貨幣經濟與市場、普遍化的規範、民主的結社等六個方面。一個社會的不同子系統具有不同的功能，如法律系統承擔著社會整合和控制的功能。④社會分化是社會進步程度的一個標誌。他依據社會分化程度的不同，把人類社會劃分成低度分化的社會、相對分化的社會和高度分化的社會這三種社會分化的類型。他認為，社會變遷和發展的過程就是社會結構和社會功能不斷分化的過程，社會結構分化程度是一個社會現代化程度的重要標準。社會結構分化是指承擔各種功能的單一結構向承擔多種功能的多種結構類型轉化。在社會的微觀層面，結構分化體現為社會個體角色的分化；在社會的宏觀層面，結構分化表現為社會分工的發展。例如，在低度分化的傳統社會中，古代家庭這種結構的社會單元承擔著經濟生產、政治組織、宗教活動、社會教育等多種功能。當社會發展到現代工業社會時，家庭原來承擔的這些功能逐漸被分離出來，經濟生產功能由企業組織來承擔，政治組織功能主要通過專門的政府組織承擔，宗教儀式等活動轉移到了教堂、廟宇等公共宗教場所進行，社會教育功能主要由各種學校等教育組織來實施，現代家庭僅保留了性愛、生育子女、感情交流等基本功能。在現代社會，隨著社會的不斷發展，社會分工的範圍不但躍出了地區界限，而且在全球範圍內展開，社會結構和社會功能的分化也變得越來越細，這正是帕森斯所揭示

---

[136] 楊建華：〈從馬克思到盧曼：社會分化與整合研究及啟示〉,《秩序與進步：社會建設、社會政策與和諧社會研究——浙江省社會學學會成立二十周年紀念暨 2007 學術年會論文集》, 2007年 10 月。

出的社會現象。⑤地位與榮譽是社會分層的一個重要維度。社會分層是社會的縱向結構，這種結構體現了社會的不平等性，它實際上是社會不同群體在社會地位和財富佔有方面不平等的層序化。帕森斯的社會分層思想不僅繼承了涂爾幹社會分工增進社會進步、社會團結的思想，也推進了由馬克思和馬克斯·韋伯提出的社會分層理論研究。他把社會分層的凸現看作社會生活當中不斷增加的適應能力演化的一個重要方面，是一個「進化的突破」，是帶來社會進步的各種形式的一個巨大成就[137]。

德國社會學家尼克拉斯·盧曼對社會系統理論進行了重要創新，他是當代一位卓越的社會學家。他與帕森斯一樣，也主張用一個統一的理論框架來解釋複雜的社會現象，所以他所研究的領域很廣泛，包括行政、法律、經濟、科學、宗教、藝術、語意學、大眾媒體等學科都有所涉獵並有專著出版。盧曼在綜合帕森斯的系統觀和一般系統論的基礎上，提出了他的「一般社會系統理論」，其理論的關注點是社會系統與其外部環境之間的關係以及分析降低系統環境複雜性的機制。他的代表作包括《系統理論：一個一般性理論的綱要》（1984）和《社會的社會》（1997）等著作。在這些著作中，他強調了對於系統的界定不可能脫離對環境的界定；在他看來，任何一種人類行動以及與這種行動相聯繫的各種事件和過程，都可以構成一個相對獨立的一般系統；他認為，構成一個社會系統的基本因素和基本關係就是「溝通」（Kommunikation），由於行動者顯示出不同的行為方式，因而所有的社會系統都建立在行動者之間相互溝通的基礎上。

盧曼的社會學思想起初受系統論影響很大，自 20 世紀 80 年代起，他開始倡導社會學的「範式轉換」，逐漸從帕森斯的結構功能主義轉向了認知生物學和控制論的理論模式，他對以往的社會分化整合理論進行了揚棄，建構了新結構功能主義的社會理論，提出了「社會功能分化是現代社會分化的核心」這一思想，強調了社會系統本身的高度自我生產性。盧曼按照社會的分化水平和分化類型，將人類最近幾千年的社會劃分成古代社會、前現代的高度文明社會和現代社會。古代社會指的是原始社會或部落社會；前現代的高度文明社會是指那些社會功能沒有完全分化的社會，如中國、印度、伊斯蘭、希臘—羅馬以及歐洲大陸、盎格魯—撒克遜等文明社會；現代社會則指工業社會乃至「後工業社會」。在這三種社會的演化過程中，分別發生了三種不同類型的社會分化形式，即區隔分化、階層分化和功能分化。區隔分化是一種建立在平等基礎上的社會分化，如從事種植業的部落從原來的以採集為生的原始人群中分離出來，分離前後的社會群體只有勞動分工的分化和地域空間的

---

[137] Stephen K. Sanderson, *Macrosociology: an introduction to human society* (second edition), New York: Harper Collins Publishers Inc., 1991, pp.126-127.

分隔，而沒有等級高低的差別，這實際上是社會的一種水平分化。階層分化是一種建立在不平等基礎上的社會分化，分離前後的社會群體被劃分為不同等級的次系統（包括階級或階層），這實際上是社會的一種縱向分化。功能分化則是建立在系統內某種功能平等性和建立在系統與其環境間功能不平等性基礎上的社會分化，這種分化中既包含有平等成分，也包含有不平等成分，它按照特定的功能（如政治、經濟等）而形成部分系統。古代社會基本上是區隔分化，前現代的高度文明社會基本上是根據社會階級或階層的區分而進行分化，現代社會則基本上是按照社會功能的區分而進行分化。因此，現代社會系統包含了最大限度的系統複雜性。盧曼認為，現代社會是一個高度分化的社會，其基本特徵就是功能上的急速分化，即現代社會及其制度變得越來越專門化、獨立自治、技術化和抽象化。如果說傳統社會是以社會階層的分化為中軸而發生演化的話，那麼現代社會則是以社會功能的分化為中軸而發生變遷與演進的。在盧曼看來，正是現代社會本身各個系統功能的不斷分化，導致了社會系統本身的自我分身，即現代社會從近代形成的大型社會結構迅速分化為多重結構和多種類型的社會系統，從而導致社會的各個系統分化過程的複雜化與系統本身的多層次化。盧曼認為，在現代社會，社會系統不但分化出了它們各自的子系統，而且每一子系統又各自發展出了自己的交流或「溝通」媒介（如政治系統的權力、經濟系統的金錢、家庭系統的情愛等）。在每一子系統內部又相應形成了與交流媒介相稱的二元結構（如政治系統的有權／無權、經濟系統的有錢／無錢、法律系統的合法／不合法等），這種二元結構產生了系統的反射性特徵（如錢錢交易、對學習的學習、對預期的預期、關於規範制定的規範等）。正是基於這種反射性特徵，使社會系統能夠再生產出自身。這樣一來，社會系統就具有了自我參照、高度自治的能力。這些能力使現代社會變成了一個自我觀察、自我描述、自我規制的社會。在後現代社會，社會功能進一步分化，它自我參照、自我塑造、自我規制、自我再生產。這樣一來，整個社會日益增長的功能分化和獨立自治，就會導致對社會系統控制的日益衰落。因此，現代社會發展中的偶然性因素也隨之大量增加。所以，後現代社會是一個充滿偶然性、隱藏著各種風險的前途未蔔的社會。[138]

通過以上從馬克思到盧曼的社會理論思想的簡述，我們可以清晰地看到，社會分化至少有社會分工、社會分層和系統功能分化這三個最基本的維度。縱觀人類社會的歷史變遷就可發現，社會變遷是社會分化在這三個維度上的

---

[138] 楊建華：〈從馬克思到盧曼：社會分化與整合研究及啟示〉，《秩序與進步：社會建設、社會政策與和諧社會研究——浙江省社會學學會成立二十周年紀念暨 2007 學術年會論文集》，2007 年 10 月。

歷時性與共時性的漸次展開。社會分工是社會分層和系統功能分化的基礎與條件，是社會分化的前提。社會分化建立在社會分工的基礎上，社會分工是社會分化的前提與根本原因，這是馬克思主義的基本觀點，也為其他經典社會學家所認同。社會分工所導致的社會分化會引起社會結構的演變，當社會結構演變到一定程度時，就會引起社會結構的分化，與社會結構分化相伴隨的則是社會功能的分化。社會分化的結果是促成社會系統中誕生了新的子系統，從宏觀方面來看，就是社會產生了新的社會結構和新的社會功能；從中觀方面來看，就是社會產生了新的社會組織和新的專業部門；從微觀方面來看，就是社會產生了新的社會職業和新的個人角色。所以，家庭組織的分化、社群組織的分化、社會階層的分化、人文系統的分化、企業組織的分化、行業與產業的分化、經濟系統的分化、公共組織的分化、政權組織的分化、政治系統的分化、國家系統的分化等，這些實際上都是與社會分化相伴而生的產物。社會分工越精細，社會分化就越複雜。社會分工的發展必然會對社會系統的結構和功能產生重大影響。一方面，社會分工推動了社會變遷與社會發展，另一方面，社會分工也促進了人類理性意識的不斷增長。

美國社會學家斯梅爾塞（Neil Joseph Smelser，1968）認為，社會分化是指更專門化和更自主性的社會單位被建立起來的一種過程，這些分化程度較高的單位，會隨著社會發展過程而出現在經濟、家庭、文化和政治制度等各個方面；他還指出，「分化本身並不足以導致現代化。發展是分化（既有社會分工）和整合（在一個新的基礎上將分化的結構聯繫起來）互相作用的過程」[139]。從馬克思到盧曼，他們都主張社會發展是社會分化與社會整合的統一。社會分化通過促進社會結構與社會功能分化進而促進社會發展，同時，社會結構與社會功能分化又必須以相應的社會整合為前提，社會整合能夠為社會發展提供有序和穩定的社會環境。社會分化程度的高低與社會發展程度的高低大體成正相關關係，而社會有序和穩定的程度又與適度的社會整合密切相關。人類社會進化的過程，實際上就是社會系統不斷分化和重新整合的過程，同時也是社會結構與社會功能不斷優化和完善的過程。社會發展的過程，實際上是一個社會分化與社會整合不斷交替的過程。

4、社會發展的漸變與突變機制

自人類從類人猿群體中分化出來向直立人轉變開始，人類社會就一直處於不停地演化發展中。人類社會的演化經歷了一個從單一到多元、從低級向高級、從簡單到複雜的過程，這一過程同時也是一個漸變與突變交替進行的過程。

---

[139] 斯梅爾塞：〈變遷的機制和適應變遷的機制〉，《國外社會科學》1993 年第 2 期。

人類社會在演化過程中，社會系統的結構和功能都在逐漸發生變化，當變化量積累到一定程度時，社會內部各要素的性質將發生質變，從而引起社會系統的突變。社會系統演化過程中的漸變與突變是一個反復持續的過程，這一機制促使社會從一種狀態向另一種狀態演化，從一個層級向另一個層級躍遷。正是由於漸變與突變這一演化機制，從而使社會系統實現了從單一到多元、從低級到高級、從簡單到複雜的演化過程。

　　從人類社會人文系統的長期演化過程來看，在人類的進化歷程中，語言文字的發明使人類社會發生了一次重大的飛躍，正是這次飛躍使人類脫離了動物世界的蒙昧狀態而進入文明世界。正如愛德華·威爾遜所指出的：「人類的全部獨有的社會行為都是以其獨有的語言的使用為支點的。……人類語言的基本屬性或特徵可進行分解，並且在傳播過程可以增加其餘特徵，從而總共可達到 16 種設計特徵。其中大多數特徵至少可見於其他一些動物物種的初級形式中。但即使是教黑猩猩在一些簡單的句子中使用符號，也遠遠不能達到人類語言的生產率和豐富性。在進化中人類語言的發展就是一次量子躍遷，可與真核細胞的『組類』相比擬」[140]。語言演變過程中出現的科學符號語言（如化學中的分子式）、數理形式語言（如數學中的代數運算）都可以看作是語言演化的漸變過程。人類進入文明社會以後，造紙技術、活字印刷技術的相繼發明，將人類語言承載的思想資訊傳播到更加廣闊的地區，從而再次推動了人類社會的進化。在公元 1400 年後，以歐洲文明為基礎的社會開始加速發展，人類創造的各種知識和專業技術以指數的速度迅速增長[141]；各種知識和專業技術的積累為 18 世紀歐洲的工業革命奠定了必要基礎。自符號化的語言文字被發明出來以後，語言文字就隨著人類社會的發展開始了緩慢的演變過程。1946 年 2 月 14 日，世界上第一台電子計算機在美國的誕生具有劃時代的重大意義，人類使自己創造的機器具有了「人工智能」，從此人類實現了與機器工具的互動交流。隨著計算機技術而產生並發展起來的計算機程序語言，實際上是人類語言向機器工具的延伸，也是人類語言工具的又一個重大發明。很顯然，計算機程序語言的發明是人類語言演化歷程中的又一次重要突變。所以，單純從技術和工具的角度來看，人類文化工具的演化實際上也是一個漸變與突變交替進行的過程。

　　從人類社會經濟系統的長期演化過程來看，距今 1 萬年以前農業的發明就是一次重大的突變，這常常被一些中外學者們說成是人類社會的「農業革命」。正是這次發生於經濟領域的突變，促使人類社會從採集—狩獵型經濟轉

---

[140] 愛德華·威爾遜著，毛盛賢等譯：《社會生物學——新的綜合》，北京理工大學出版社 2008 年 5 月第一版，第 521 頁。

[141] 愛德華·威爾遜著，毛盛賢等譯：《社會生物學——新的綜合》，北京理工大學出版社 2008 年 5 月第一版，第 534 頁、第 539 頁，參見圖 27-7。

向種植—畜牧型經濟，人類社會的發展水平也從之前的低級文明階段的原始社會躍遷到較高文明階段的農業社會。此後，人類社會的農業生產一直處於緩慢的演化進程中，在整個農業社會時期儘管也發生了手工業和商業的分化，但總體而言整個人類社會的經濟生產活動始終處於緩慢發展的漸變階段。直到 18 世紀，從英國首先開始然後逐漸擴散到歐美地區的工業革命，使人類社會的經濟領域再次發生了突變，這促使人類社會的經濟系統從以農業經濟為主導轉向以工業經濟為主導。自從發生工業革命以後，被捲入這一進程中的所有社會群體就開始了前所未有的工業化、城市化的歷程，大量原來生活於農村地區的農業人口開始脫離農業生產活動，遷移到大大小小的各類城市參與了工業生產活動。工業革命的發生，使人類社會的發展水平又從之前的農業社會躍遷到更高文明階段的工業社會。自從 20 世紀中葉開始，由於科學技術（特別是電子資訊技術）和文化教育的重要進步，世界上一些國家又發生了從工業社會向資訊社會（或後工業社會）的躍遷；但從全世界的範圍來看，人類社會目前依然處於從傳統農業社會轉向現代工業社會的演變階段。所以，從人類社會經濟系統演化的長期變遷來看，實際上也是一個漸變與突變交替進行的過程。

從人類社會政治系統的長期演化過程來看，在原始社會時期，人類社會中的社會組織還處於較低的分化水平，政治系統還未從原始社會中分化出來；當人類發明農業以後，隨著社會組織的逐級分化，政治系統的主要因素逐漸演化成形，到原始社會晚期時，政治系統才從人文系統和經濟系統中分化出來，原始國家也隨之誕生。人類社會中政治系統的誕生，實際上是社會系統中社會結構和社會功能的一次重大突變，這次突變使人類社會從原始社會的前文明狀態躍遷到原始國家的文明階段。在這個過程中，人類社會的組織形式也從較小規模的氏族過渡到較大規模的部落，又從部落過渡到酋邦，最後又從酋邦躍遷到原始國家。在人類社會發展過程中，這些組織形式的變遷過程體現了階梯狀躍遷的特徵，社會的政治組織也體現出從單一到多元、從低級到高級、從簡單到複雜的演變趨勢。關於這一點，可以從肯特·弗蘭納里（Kent V. Flannery，1972）等學者在考古學和人類學方面的研究成果[142]中得到清晰地說明：

（1）**以「隊」（或稱氏族）為組織形式的社會類型：**考古學上的案例有近東的古石器時代晚期（公元前 10000 年），人種學中的實例為美國北部印第安部落中的愛斯基摩肖肖族人；稍後階段，考古學上的案例有美國和墨西哥的古印第安人早太古時期（公元前 10000 年—

[142] 愛德華·威爾遜著，毛盛賢等譯：《社會生物學——新的綜合》，北京理工大學出版社 2008 年 5 月第一版，第 538 頁，參見圖 27-6。

公元前 6000 年），人種學中的實例為南非喀拉哈里沙漠地區的布什曼人和澳洲的土著人；這類社群組織在政治活動中實行「類群自治」、團隊成員地位平等、進行「短暫領導」；

（2）**以「部落」為組織形式的社會類型：**考古學上的案例有近東地區（Near East）[143]新石器時代的前陶器時代（公元前 8000 年－公元前 6000 年），人種學中的實例為北美印第安部落中的蘇族人；稍後階段，考古學上的案例有墨西哥內陸的早期社會（公元前 1500 年－公元前 1000 年），人種學中的實例為新幾內亞高地人和美國西南部的印第安人；這類社群組織的組織形式是「泛部落團體」，在政治活動中實行「非等級世襲」制度；

（3）**以「王國」（或稱酋邦）為組織形式的社會類型：**考古學上的案例有古代巴勒斯坦與約旦河地區的撒瑪利亞人社會（公元前 5300 年）、墨西哥海灣海岸附近的奧爾麥克人社會（公元前 1000 年），人種學中的實例為西太平洋上的湯加和夏威夷的原始種族；稍後階段，考古學上的案例有北美洲的密西西比人社會（公元 1200 年），人種學中的實例為北美洲印第安族群中的納奇茲人（現已滅絕）、努特卡人和誇丘特爾人；這類社群組織在政治活動中實行「等級世襲」、「領導權世襲」制度，實行「再分配經濟」，已出現「技藝專門化」；

（4）**以「國家」為組織形式的社會類型：**考古學上的案例有古代中美洲人、古代幼發拉底河下游的蘇美爾人、古代中國的商朝、古代歐洲的羅馬帝國，人種學中的實例包括英國、法國、印度和美國的案例；這類社會組織在國家層次上出現了「分級系統」，政治活動中實行「王權統治」和「官僚體制」，已出現了「成文法律」制度，已有「徵兵」、「徵稅」活動。

通過前文對原始國家誕生過程的分析，我們可以看到其中就有明顯的漸變階段與突變階段存在。例如，人類社會從母系氏族社會向父系氏族社會過渡的階段、從酋邦社會向原始國家過渡的階段就可以看作是社會演化過程的社會結構突變階段。人類社會從母系氏族社會向父系氏族社會過渡的階段，社會系統中的家庭結構發生了以母系為核心的組織結構轉向以父系為核心的組織結構。人類社會從酋邦社會向原始國家過渡的階段，社會系統中的公共組織發生了以平等為基礎的橫向結構分化轉向以不平等為基礎的縱向結構分化。從中國古代社會形態轉變的長時段來看，從春秋戰國到秦朝建立這一階段是中國社會從諸侯邦國向集權帝國過渡的階段，自 1840 年鴉片戰爭到 1949 年新中國建立這一階段是中國社會從集權帝國向現代國家過渡的階段，這兩

---

[143] 地理上一般是指亞洲西南部和非洲東北部地區。

個階段中整個社會發生了激烈的動盪與社會變遷，所以，這兩個階段實際上也是社會演化過程中的突變階段。

從歷史事實來看，中國社會不管是從諸侯邦國向集權帝國過渡階段，還是從集權帝國向現代國家過渡階段，整個社會系統的結構和功能都發生了巨大的變遷，這具體表現在國家系統中人文、經濟、政治、科學、法制和教育等子系統的變化上。相對來說，從原始國家誕生到西周末年、從秦朝建立到清朝末年，在這兩個長時段中整個社會系統的結構和功能發生的變化卻比較少、相對比較緩慢，基本上屬於社會演化過程中的漸變階段。

從社會創新的角度來看，社會演化過程是一個「間斷平衡」的過程，即一個相對較長的漸進創新過程被短期的突變創新所打斷，其後又是一個相對較長的漸進創新過程。一個社會系統正是通過在人文、經濟、政治、科學、法制和教育等各方面的間斷創新，從而實現了社會的發展和變遷。社會系統在這些方面的創新，導致社會內部諸要素逐漸發生變化，當變化量積累到一定程度時，這些要素就會發生突變；當一個社會系統的人文、經濟、政治等要素都發生顯著改變後，整個社會系統的結構和功能就會發生突變，從而導致這個社會系統整體發生突變。如果突變導致社會系統向進化方向演變，那麼突變的結果就是社會系統整體功能的提升和適應性的擴張。如果突變導致社會系統向退化方向演變，那麼突變的結果就是社會系統整體功能的降低和適應性的收縮。

從人類社會賴以存在的自然環境來看，自然環境在一定時期內是相對穩定的，但從長期來看卻一直處於變化中。自然環境的變化也可以分為漸變和突變兩種演變形式。例如，地球的大氣圈、水圈和土壤圈就是在地球長期的自然演化過程中逐漸形成的，這種變化形式就是漸變；而火山噴發、地震地裂、氣候劇變等變化形式就是突變。自然環境的漸變和突變，往往也對人類社會造成重大影響。當自然環境緩慢地漸變時，人類社會通過自身的主動創新（如發明新技術）和局部調整（如人口轉移）就可以適應自然環境的變化。當自然環境發生劇烈的突變時，人類社會往往需要作出快速反應或進行全域性調整才能適應自然環境的變化。

對一個具體的國家來說，從國家生存的社會環境（或國際環境）來看，國際環境在一定時期內是相對穩定的，但從長期來看也始終處於不斷變化中。國際環境的變化也可以分為漸變和突變兩種演變形式。例如，國際環境中的文化圈（如7世紀初興起於阿拉伯半島的伊斯蘭教文化）、經濟圈（如1951-1967年間逐漸創建起來的歐洲共同體）和政治圈（如從1945年到現在逐漸發展起來的聯合國）就是在國際社會長期歷史演化過程中逐漸形成的國際組織，這種變化形式就是漸變；而重大科技突破、社會制度變革、社會革命、戰爭爆發等變化形式就是突變。社會環境中的重大突變往往會對一個國家的

未來發展造成重大影響。例如，發生於 1917 年 11 月 7 日的俄國「十月革命」，不但改變了俄國的歷史進程，也影響了中國社會的發展方向。當國際環境緩慢地漸變時，一個國家通過自身的主動創新（如制度漸進變革、一般性科技發明）和局部調整（如調整外貿政策）就可以適應外部環境的變化。當國際環境發生劇烈的突變時，一個國家往往需要作出快速反應（如發生動物疫情時緊急停止進口相關肉類商品）或進行全域性調整（如發生他國入侵時及時調動軍隊阻擊、整體佈置防禦戰線等）才能適應外部環境的變化。

下面利用突變理論來解釋社會系統長期變遷的漸變與突變過程。

通過前文的分析，我們已經知道影響社會系統發展演化的重要因素主要有：

表層因素：生態環境、人文系統、經濟系統、政治系統

深層因素：資源開發、科學系統、法制系統、教育系統

一個社會系統發展的最終結果，一方面表現為社會組織分化和社會分工深化，這一點可以用「社會分叉」程度來說明；另一方面表現為社會系統中個體的思想創新和群體的意識更新，這一點可以用社會「結構創新」程度來說明。

為更加形象一些，我們還是用十個維度來描述社會系統的演化狀況，從而畫出社會系統漸變與突變的過程圖（見圖 7-13）。

圖 7-13 的十個維度分別是：①生態優化；②資源利用；③人文進化；④科學進化；⑤經濟進化；⑥法制進化；⑦政治進化；⑧教育進化；⑨社會分叉；⑩結構創新。

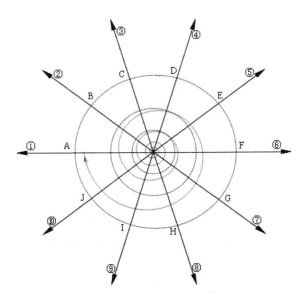

圖 7-13　社會系統發展的漸變與突變過程圖

圖 7-13 中的虛線同心圓表示一個社會系統的文明程度和適應生存能力，小圓表示這個社會處於較低文明狀態，其適應生存能力較弱，大圓表示這個社會處於較高文明狀態，其適應生存能力較強。隨著社會的不斷成長和發展，社會系統的文明程度和適應生存能力都逐漸由較低水平提升到較高水平。在這個過程中，影響社會系統發展的各種因素也發生著由少到多、由小到大、從簡單到複雜、從低級到高級的演變。

從社會系統成長演化的動態過程來看，在社會規模由小到大、適應生存能力由弱到強、文明程度由較低水平到較高水平的演化過程中，社會系統在十個維度方面的演化軌跡實際上是一條逐漸擴展的螺旋線（見圖 7-13 中的實線螺線所示）。

一個社會系統從第①軸演變到第⑩軸、再回到第①軸的一個完整過程，這裡稱為社會演化的一個週期。在社會演化的一個週期內，螺線與十個軸的交點就是社會演化過程中的突變點，螺線的其他部分則是漸變部分。在螺線與軸的交點與交點之間，社會系統處於穩定態，在這期間社會發生的演變是漸變；在這些交點及其附近的演變階段時，社會系統處於非穩定態，在這期間社會發生的演變是突變。一些關鍵性的社會分叉和一些重要的文化創新往往發生在社會系統演化的突變階段。當社會系統完成一個週期的演化後，在人類發展新需求的推動下，社會又開始進入下一個週期的演化過程，社會系統的演化又開始新一輪漸變與突變的交替過程。如此循環往復下去，隨著人類社會優化生態環境、開發利用資源的能力逐步增強，社會組織和人類個體都獲得不斷進步，社會生產力水平不斷提高，社會生產關係也進一步複雜化，社會整體的適應能力不斷增強，社會文明程度也提升到一個更高水平。

在現實的社會系統中，一個國家系統演化過程中的突變是通過國家內外因子互動來實現的。引起國家系統發生突變的因素，既可能來自國家的外部環境（如自然環境中的氣候突變、國際政治格局的突然改變、國際戰爭的突然爆發等），也可能來自國家的內部環境（如社會制度的重大變革、社會革命的突然爆發、科技創新的重大突破等）。

九、社會系統發展演化的軌跡

人類社會系統的內部結構和外部形態隨著時間進程而不斷變化的歷史就是社會系統演化的軌跡。社會系統演化是外部壓力與內部動力綜合作用的結果。當一個社會系統的外部資源供給充分和內部人類發展需求強勁時，這個社會將向進化方向演化；而當外部的資源供給不足和內部人類發展需求減弱時，這個社會將向停滯或退化方向演化。

從前文的社會發展動力因素關係圖（即圖 7-11）中我們可以看到，人類

社會的實踐活動以生態優化（內含著社會的資源利用）為起點、以社會發展（內含著社會的文化進化）為終點，在這個過程中，社會發展的動力因素由兩條鏈貫穿而成：

A 鏈（表層因素鏈）：生態優化→人文系統→經濟系統→政治系統→社會發展

B 鏈（深層因素鏈）：資源利用→科學系統→法制系統→教育系統→文化進化

A 鏈反映社會系統表層因素的運行過程，B 鏈反映社會系統深層因素的運行過程。

在社會系統演化過程中，以上十個因素是緊密聯繫、相互配合、協同一致共同推動社會發展的。

如用這十個因素作為十個維度來描述社會系統發展演化的情況，則可以畫出社會系統發展演化的軌跡圖（見圖 7-14）。圖中的十個維度分別是：①生態優化；②資源利用；③人文系統；④科學系統；⑤經濟系統；⑥法制系統；⑦政治系統；⑧教育系統；⑨社會發展；⑩文化進化。

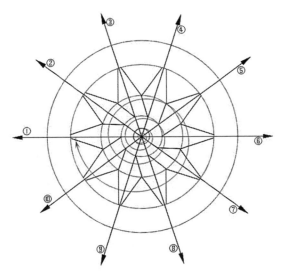

圖 7-14　社會系統發展演化軌跡圖（螺網圖）

在圖 7-14 中，從小到大的五個同心圓圈分別表示人類社會在原始時代、農業時代、工業時代、資訊時代和未來時代所達到的文明程度（例如，由內向外的第二個圓圈就表示人類社會在農業時代所達到的文明程度）；從第二個圓圈起，每一維軸開始出現較細小的分支，這些細小分支進一步分叉，從而

形成更細小的分支，這些分支或分叉表示社會的分工或分化現象（例如，第⑤維軸上的細小分支就表示社會中經濟系統的分工或分化現象，如不同行業或市場的分化情形）。社會系統發展的分工與協同、分化與分層、漸變與突變等機制，都可以比較形象地從這幅圖中展示出來。

人類社會系統在發展演化過程中，社會在這十個方面是不斷增長的，也即在十個維度上不斷向外擴展。我們不難發現，隨著時間的進程，社會系統在 A 鏈和 B 鏈的運行軌跡是兩條起點相同、逐漸擴展的螺旋線。在社會系統發展演化過程中，這十個方面是相互聯繫、相互作用、相互影響的。所以，實際上 A 鏈和 B 鏈是相互交織在一起呈螺旋狀不斷發展演化的，其形態類似於生物的 DNA 雙螺旋結構。

社會系統發展過程是一個隨時間不斷演化的歷史過程，社會從誕生、成長到發展壯大經歷著由單一到多元、由低級到高級、從簡單到複雜的過程。隨著社會規模的不斷擴大，社會系統內部分化出來的子系統不斷增多，系統結構和系統功能也日益多元和複雜，社會系統內部各子系統之間的相互關聯、相互作用和相互影響也越來越複雜。圖 7-14 所描繪的社會系統發展演化的軌跡圖，就是本書所揭示的社會發展的整體圖景，它是一個結構優美的動態演化的螺網圖。

在現實的人類社會中，社會系統在這十個維度的發展往往並不是均勻同步的，甚至常常會有所波動，可能有些因素（如政治系統）變化較快，而有些因素（如人文系統）變化較慢。所以，社會系統發展演化的軌跡圖常常並不一定是平滑規則的螺旋線。

在社會系統由小到大、從低級到高級的發展演化過程中，生態環境也同樣經歷了一個由單一到多元、由低級到高級、從簡單到複雜的演化過程。生態環境的演化與人類社會本身的演化是同時進行的，演化過程是通過人類社會與生態環境之間的互動來實現的。社會系統內外因素互動形成兩重（即表層和深層）網絡關係，這兩重網絡關係構成了一個多維的複雜動態圖景。

上面的螺網圖（即圖 7-14）以簡化而形象的方式描述了人類社會的演化歷史，它無論對人類認識社會進化機制、重新整合碎片化的知識體系，還是對指導社會實踐活動都具有重要的價值和意義。例如，這幅圖為全面反映人類社會發展狀況提供了一個系統的整體圖景。根據這幅圖，我們可以採用全新的整體性框架重新梳理以往的人類歷史文獻，從而發現隱藏在歷史現象背後的更多因果關係；我們也可以將人類的知識體系按照以上十個維度，對原有的學科體系重新進行科學分類，使之更加富有系統性、層次性和有機性。再如，不同社會（或國家）的發展程度可以按照以上十個維度進行綜合評價，而不是僅僅根據經濟指標（如 GDP）等少數幾個指標來衡量。有朝一日，如果人類的社會科學發展到足夠精確的量化程度（就像數學中的數量關係那

樣），那麼我們就可以用更加精確化的螺網圖來指導具體的社會實踐活動，從而使人類社會的生產生活運行狀態處於健康、和諧、有序的良性循環之中。

十、本書的歷史哲學和社會演化觀

世界上任何一個民族國家都有自己的發展歷史。我們應該怎樣認識歷史發展過程的本質規律呢？這實際上涉及歷史哲學的核心問題。

1725 年，意大利思想家維柯出版了《新科學》一書，從而確立了歷史哲學的基本面貌。1756 年，法國啟蒙思想家伏爾泰在《風俗論》一書中明確提出了「歷史哲學」這一概念，他指出歷史哲學就是對歷史的一種哲學理解，它在整體上理解歷史，把握支配歷史的基本原則及其隱含的意義。[144] 1837 年，德國思想家黑格爾（Georg Wilhelm Friedrich Hegel，1770-1831）的《歷史哲學講演錄》一書出版，其歷史哲學以人類意識發展為中心構造出世界歷史的統一圖示，從而在西方思想界形成了廣泛影響。馬克思所創立的歷史唯物論，實際上就是在批判地繼承維柯思想和黑格爾歷史哲學的基礎上建立的一種歷史哲學。到 20 世紀初，西方學者們對歷史哲學的思考重心從探究歷史本身的發展規律轉向對歷史認識的性質和方法的分析，從而導致後現代歷史哲學的興起。後現代哲學思想衝擊了自維柯、黑格爾到馬克思以來的歷史哲學理論，在為人們提供一些深刻思想和多維視角以外，同時也掀起了一股反理性、反本質、反客觀的歷史虛無主義浪潮。後現代哲學思想的氾濫，不但粉碎了人類認識世界的完整圖景，同時也消解了歷史發展的本質規律性，並解構了人類改造世界追求理想社會的價值、意義和動力，從而把現代社會帶入了價值崩潰、信仰喪失、道德墮落、人生虛無的深淵。從 20 世紀四五十年代開始，隨著包括系統論、資訊論、控制論、耗散結構理論、協同學、超循環論、突變理論、混沌理論等在內的系統科學的逐步建立，系統科學思維範式為人們重新探究統一的歷史哲學新框架提供了一套全新的思路和方法。本書第七章正是應用系統科學所倡導的系統論方法，對社會歷史演變的基本規律和動力結構所作的探索性思考和重新綜合。

人類社會的歷史進程究竟是由哪些動力因素推動的？從歷史發展動力的角度來看，以往的歷史學主要有三種範式：第一，認為物質的動力推動歷史前行，這是眾所周知的馬克思的歷史唯物論；第二，認為宗教文化的力量推動歷史，這是馬克斯·韋伯在《新教倫理與資本主義精神》中闡述的歷史唯

---

[144] 楊耕、張立波：《歷史哲學：從緣起到後現代》；參見 Burns, R.M.、Pickard, H.R. 著，張羽佳譯：《歷史哲學：從啟蒙到後現代》一書的「總序」，北京師範大學出版社 2009 年 1 月第一版，第 1 頁。

心論；第三，以社會結構方式為動力，這是發端於涂爾幹的歷史學範式，費爾南‧布羅代爾（Fernand Braudel，1902-1985）的史學年鑒學派是它的衍生物。從社會系統的組成結構來看，馬克思選中經濟子系統作為社會發展的動力；韋伯選中文化子系統作為歷史前行的原因；涂爾幹則把政治、資訊、社會階級、民族等社會結構作為理解歷史變化的切入點。青年學者黃磊提出的協同論歷史哲學則認為，由社會系統的政治子系統、經濟子系統、文化子系統、生物子系統組成的聚合體決定著歷史的發展，不同的社會子系統在確定的歷史節點上成為其他子系統的序參量。[145]

1929 年 1 月，法國歷史學家馬克‧布洛赫（Marc Léopold Benjamin Bloch，1886-1944）和呂西安‧費弗爾（Lucien Febvre，1878-1956）創辦了一份雜誌——《經濟社會史年鑒》，由此開創了歷史學中的年鑒學派。年鑒學派認為歷史上一切因素都在歷史變化中發生作用，他們把歷史學家召喚到一個更加廣闊的研究領域中，在這個領域中，成千上萬的社會人，各種各樣的自然的、地理的、技術的、經濟的、社會的、心理的、宗教的現象取代了以往個別人物和政治事件，成為歷史研究的主要對象。他們所倡導的研究方法也不拘一格，地理學的、人口統計學的、人種學的、語言學的、經濟學的、工藝學的、心理學的、哲學的，只要能夠說明歷史，怎麼樣都可以。年鑒學派的代表人物、法國著名歷史學家費爾南‧布羅代爾，他在考察 15 世紀至 18 世紀資本主義發展的過程中，將歷史中所有因素都作了考察，包括政治、經濟、文化、環境、交通、能源、氣候、地理、科技、歷史、制度、人物、語言、民風等因素，但他認為在歷史變化過程中哪種因素成為決定性力量則是隨機的和偶然的。[146]

本書第七章結合中國古代社會的演變實例，闡述了一種全新的歷史哲學思想。本書綜合眾多學者的思想成果，從社會系統的結構與功能的角度，對歷史發展中的關鍵因素進行了重新分類和結構重組。從歷史觀來看，本書基本認同年鑒學派所倡導的全面史觀和大歷史觀。布羅代爾的代表作《菲利普二世時代的地中海和地中海世界》和《15 至 18 世紀的物質文明、經濟和資本主義》，由於篇幅巨大、內容豐富、包羅萬象，所反映的各種社會關係紛繁複雜，在閱讀中往往容易使人陷入細節的海洋中而難以把握住歷史發展的關鍵因素。本書實際上理出了歷史演變中的關鍵性因素，並強調了它們之間的相互聯繫、相互影響和相互作用的互動關係。如果我們把整個地球上的人類作為一個社會系統來考察，那麼這個社會系統的外部環境就是由地殼圈、海洋圈、生物圈和大氣圈等組成的自然系統。從系統的視角來觀察，如要分析人

---

[145] 黃磊：《協同論歷史哲學》，中國社會科學出版社 2012 年 8 月第一版，第 14 頁。
[146] 黃磊：《協同論歷史哲學》，中國社會科學出版社 2012 年 8 月第一版，第 40 頁、第 255 頁。

類社會的演化歷史，就需要探討人類社會與自然環境之間的互動關係。

本書第七章所闡述的歷史哲學思想，實際上提供了一個具有系統思維的全球史框架。事實上，一些以經濟史、全球史或環境史為研究主題的學者已經在這方面作了一些有益的探索。例如，在經濟史方面，美國加州學派彭慕蘭（Kenneth Pomeranz）的歷史觀比較有代表性，他主張世界史應當克服過度關注物質文化的取向，而應將文化、政治、經濟與環境結合在一起看待，他指出捷徑之一就是把世界史與社會史相結合[147]。他在《大分流：歐洲、中國及現代世界經濟的發展》[148]一書中對 18 世紀歐洲和東亞的社會經濟狀況進行了考察，他認為在 19 世紀中期之後歐洲的工業化發展及世界統治地位的確立，這並不是歐洲比東亞更具獨特優勢所產生的必然結果，而是偶然機運所帶來的意外結果。但在經濟史撰寫中，近年來最具創新價值和最重要的著作是由英國學者克里斯・弗里曼（Christopher Freeman，1921-2010）和葡萄牙學者弗朗西斯科・盧桑（Francisco Louca）合著的《光陰似箭：從工業革命到信息革命》一書[149]。他們將經濟週期的長波理論引入經濟史撰寫中，通過這部著作他們指出：資本主義從產生到現在經歷了五次康德拉季耶夫長波，每一次「長波」都是由技術、科學、經濟、政治和文化五個子系統組成的有機整體，每隔一定時期出現的新技術集群是社會演化和經濟增長的根本動力，而其他各個子系統則為各個新技術集群提供了完善的支撐結構。在全球史方面，美國歷史學家大衛・克里斯蒂安（David Christian）的《時間地圖：大歷史導論》[150]、約翰・R・麥克尼爾（J. R. Mcenill）和威廉・H・麥克尼爾（W. H. Mcenill）合著的《人類之網——鳥瞰世界歷史》[151]、英國環境史教授阿邁斯托（Felipe Fernandez-Armesto）的《世界：一部歷史》[152]和《文明的力量：人與自然的創意》[153]等著作就是這方面的代表。在環境史方面，克萊夫・龐廷（Clive Ponting）的《綠色世界史：環境與偉大文明的衰落》[154]、賈雷德・戴

---

[147] Kenneth Pomeranz, "Social History and World History: From Daily Life to Patterns of Change," *Journal of World History*, vol.18,no.1, 2007, pp.69-98.

[148] 彭慕蘭著，史建雲譯：《大分流：歐洲、中國及現代世界經濟的發展》，江蘇人民出版社 2008 年 4 月版。

[149] 克里斯・弗里曼、弗朗西斯科・盧桑著，沈宏亮主譯：《光陰似箭：從工業革命到信息革命》，中國人民大學出版社 2007 年 10 月第一版。

[150] 克里斯蒂安著，晏可佳等譯：《時間地圖：大歷史導論》，上海社會科學院出版社 2007 年 1 月版。

[151] 約翰・R・麥克尼爾、威廉・H・麥克尼爾著，王晉新等譯：《人類之網——鳥瞰世界歷史》，北京大學出版社 2011 年 7 月版。

[152] 菲利普・費爾南茲－阿邁斯托著，葉建軍等譯：《世界：一部歷史》，北京大學出版社 2010 年 5 月版。

[153] 菲利普・費爾南多－阿梅斯托著，薛絢譯：《文明的力量：人與自然的創意》，新世紀出版社 2013 年 1 月版。

[154] 克萊夫・龐廷著，王毅、張學廣譯：《綠色世界史：環境與偉大文明的衰落》，上海人民出版社

蒙德（Jared Diamond）的《槍炮、病菌與鋼鐵：人類社會的命運》[155]、威廉・H・麥克尼爾的《瘟疫與人》[156]等論著就是這方面的代表，這些著作把中國社會歷史的發展放在世界環境變遷中考察，從環境因素、人類活動和環境意識的角度發現中國與世界環境變遷的許多共性和特性。

從方法論和思維範式的角度來說，本書所倡導的實際上是系統史學和結構主義史學。從歷史哲學的角度來說，本書的基本觀點是，人類社會的發展動力是由人文、經濟、政治、科學、法制和教育等諸要素之間的合力共同決定的，在社會發展的不同歷史階段，其中的主導因素（或主導力量）並不是固定不變的，而是始終處於動態變換之中。從歷史研究關注的視野來說，本書的歷史觀比較傾向於全球史觀。所謂的全球史觀，即「著眼於不同文化之間的『互動』，著重闡述不同文化之間互相影響的形式和內容，重心放在建立相互聯繫的『過程』上面」，「以互相關聯的『網絡』為單位，同步說明該地區的縱向和橫向發展」[157]。

通讀全書，我們就會看到，從宏觀時空的大尺度來考察，整個人類社會系統的長期演化機制遵循分叉律和協同律這兩大基本規律，同時社會系統又體現出整體的複雜性、運行的週期性、結構的分形性等顯著特徵，其演化發展的總趨勢是從簡單到複雜、從無序到有序、從低級到高級，其演化的路徑軌跡是一條逐漸擴展的螺旋線。本書的分析和論述表明，人類社會演化的總體圖景是一張多維動力交織、螺旋式發展的「螺網圖」（見圖 7-14）！

人類社會在發展過程中，儘管其總趨勢是逐漸進步的，但這種總體的進步過程並不是簡單的、線性的進化，而是充滿了各種各樣的複雜性。一個社會系統在演化過程的不同階段，可能會分別呈現出進化、退化或停滯這三種趨勢中的某一種，也可能會呈現出三種趨勢的某種混合狀態。例如，在中國古代的元明清三朝，社會的人文系統表現出封閉和保守，經濟系統表現出一定恢復和發展，政治系統表現出專制和退化，整個社會發展表現出僵化和停滯。一個社會系統在進化的過程中，其內部某些結構或功能可能會發生某種程度的退化或停滯；同樣，一個社會系統在退化的過程中，其內部某些結構或功能也可能會發生某種程度的進化或停滯。

從社會系統發展的時間維度來看，社會系統的演化進程並不是勻速進行的，而是表現為時慢時快，有時漸變，有時突變。從社會系統的內部結構來看，社會各個子系統的演化進程並不是均質同步的，而是呈現出相對的獨立

2002 年版。

[155] 賈雷德・戴蒙德著，謝延光譯：《槍炮、病菌與鋼鐵：人類社會的命運》，上海譯文出版社 2000 年版。

[156] 威廉・H・麥克尼爾著，余新忠、畢會成譯：《瘟疫與人》，中國環境科學出版社 2010 年版。

[157] 劉新成：〈「全球史觀」與近代早期世界史編纂〉，《全球史評論》第 1 輯，第 23-39 頁。

性和差異性，具體表現為，在社會歷史的具體階段上，有些子系統表現為進步和發展，有些子系統則表現為停滯甚至退化。因此，一個社會系統整體的演化過程是分叉與協同、漸變與突變、量變與質變、有序與無序、進化與退化的統一。

　　本書通過對社會系統結構和功能的綜合研究，特別是對國家系統中經濟系統的層次、結構、功能和運行過程的全面分析，闡述了經濟與社會的動力結構及其特徵和演化規律，從而描繪出人類社會演化發展的總體圖景。以往以還原論方法為基礎的經濟學或社會學等傳統學科，將社會整體不斷分割、不斷簡化、不斷細化，最終只能使人們日益陷入「只見樹木，不見森林」、「只見局部，不見整體」的認識誤區，從而將人們導入片面化、孤立化、偏執化的認識困境，建立在這種認識基礎上的世界圖景也只能是不完整的、碎裂的、混亂的圖景。

附錄一　中國農業的長期演化歷程

　　為從歷史事實的角度來闡述本書提出的產業結構框架，在這一章我們以歷史唯物主義的基本方法，對中國農業的長期變遷歷程以及市場網絡、農業書籍、農業制度、農業工具、近代工業化的演變簡況進行簡要闡述。

　　按照人類社會農業發展的歷史階段不同，我們可以把農業分為原始農業、傳統農業、近現代農業這三個時期。通常來說，人們一般把人類進入階級社會之前的農業階段劃入原始農業時期；把原始農業之後、人類進入工業時代之前的農業階段劃入傳統農業時期；而把人類進入工業時代之後的農業階段劃入近現代農業時期。

　　在世界不同地區，人類社會農業發展的進程並不完全一致，因此，不同國家對本國農業的歷史分期也不盡一致。綜合一些農業史學家的觀點，本書將中國農業發展的歷史作出如下分期（見表 8-1）：

表 8-1　中國農業發展歷史分期簡表

發展時期	起止年代	時間跨度	部分標誌性事件
原始農業	距今 10000 年前～距今約 4100 年	約 6000 年	★ 約在公元前 2070 年，夏朝建立[1]，中國古代進入階級社會。
傳統農業	公元前 2070 年～1861 年	3930 年	★ 公元前 1 世紀，漢代產生了《氾勝之書》。 ★ 公元 6 世紀，北魏賈思勰撰寫了《齊民要術》。 ★ 1149 年，南宋陳旉寫成了《陳旉農書》。 ★ 14 世紀初，元代王禎撰寫了《王禎農書》。 ★ 1639 年，明代徐光啟編撰的《農政全書》出版。 ★ 1861 年，清朝政府開展洋務運動，中國工業化歷程開始。
近代農業	1861 年～1949 年	88 年	★ 1896 年，羅振玉等在上海創立「農務會」，該會 1897 年創辦《農學報》。 ★ 1897 年，中國近代最早的農業學校「浙江蠶學館」成立。 ★ 1906 年，清朝政府在北京設立「農事試驗場」。 ★ 1911 年清朝滅亡；1912 年 1 月，中華民國建立。 ★ 1915 年，中國農業領域開始引進現代機械。

---

[1] 關於夏朝創建年代的推算有多種說法；由中國夏商周斷代工程發佈的《夏商周年表》中擬定為約公元前 2070 年～約公元前 1600 年，存在約 470 年左右。

發展時期	起止年代	時間跨度	部分標誌性事件
現代農業	1949 年～至今	60 多年	★ 1949 年 10 月，中華人民共和國建立。 ★ 1958 年，中國造出第一台拖拉機，中國農業機械化開始。 ★ 1976 年，中國開始推廣秈型雜交水稻種植技術，現代服務業開始進入中國農業領域。 ★ 1996 年，中國公用互聯網全國骨幹網建成並開通，中國開始進入資訊化時代。

一、中國古代農業的長期變遷

人類社會的農業大約產生於距今 10000~12000 年前的「新石器時期」。根據大多數學者的權威研究，農業最早是在世界上 5~9 個地區大致同時並且獨立地出現，隨後農耕和畜牧才逐漸傳遍了整個世界[2]。

中國是世界農業起源中心之一，早在遠古時代中國就產生了農業文明的萌芽。在中國大陸已發現了成千上萬處新石器時代原始農業的遺址，最早的農業遺址在一萬年以前[3]。中國農業發生最早的地區是黃河流域和長江流域，其他地區農業的出現時間相對較晚。中國地理條件複雜，不同地區的農業具有不同的特點。在新石器時代，中國的農業活動大致可以分為四個區域[4]：黃河流域及其北部發展出了以種植粟、黍為主的旱地農業；長城以北和西部地區狩獵經濟較發達，逐漸發展出了以蓄養牛、羊等牲畜為主的遊牧業；長江流域廣大地區發展出了以水稻種植為主的水田農業；南方和海濱地區的農業中採集和漁獵成分佔有很大比重。

1、中國古代農業的歷史分期及主要特點

我們把原始農業和傳統農業合併劃入古代農業的範圍。與世界上其他國家的古代農業相比，中國古代農業生產最典型的特徵是精耕細作。所以，根據農業經濟史學家李根蟠（1983）的分期方法[5]，這裡把中國古代農業史劃分為原始農業時期、溝洫農業時期、精耕細作農業成型時期、精耕細作農業擴展時期、精耕細作農業持續發展時期這五個發展階段，其中第一階段屬原始農業範疇，其他四個階段屬傳統農業範疇。與這五個階段對應的社會時代如下：

2　彼得・考克萊尼斯撰，蘇天旺譯：〈世界農業制度的歷史變遷與功效〉，北京《世界歷史》2009 年第 6 期。

3　彭金山：〈農耕文化的內涵及對現代農業之意義〉，《西北民族研究》2011 年第 1 期。

4　瞿虎渠主編：《農業概論》，高等教育出版社 2006 年 5 月第二版，第 107 頁。

5　李根蟠：〈試論中國古代農業史的分期和特點〉，參見：《中國古代社會經濟史諸問題》，福建人民出版社 1990 年 3 月版。

（1）原始農業時期：一萬年以前農業誕生至距今約四千年前，中國遠古人類進入階級社會；

（2）溝洫農業時期：從虞夏至商、西周、春秋，是從原始農業到精耕細作農業的過渡時期；

（3）精耕細作農業成型時期：從戰國至秦、漢、魏晉南北朝，主要是以北方旱田精耕細作技術體系的形成時期；

（4）精耕細作農業擴展時期：從隋、唐至宋、遼、金、元，主要是以南方水田精耕細作技術體系的形成時期；

（5）精耕細作農業持續發展時期：包括明、清這兩個時期，主要是多熟種植方法的推廣和耕作技術的精細化時期。

中國古代農業五個階段在耕作制度、作物構成、農業技術和農業工具等方面的情況，其演變歷程大致如下：

第一階段：原始農業時期

這一時期從距今一萬年以前農業發明開始，至距今約四千年前階級社會形成為止，相當於中國原始社會後期。這一時期的時間跨度大約是 6000 年。

這一時期的耕作制度主要實行撂荒耕作制[6]，最初是生荒耕作制，繼之是熟荒耕作制。這一時期耕作技術的特點是刀耕火種[7]，生產技術的重點逐步由林木砍燒轉移到土地加工。

這一時期人們栽培和利用的植物比後世多而雜，包括粟、黍、稻、麥、菽等「五穀」在內。在各種栽培作物中，北方以粟（稷）為主，南方以稻為主，主要的衣著原料則是麻葛和蠶絲。這種作物構成一直延續到唐宋以前仍未根本改變。

這一時期的絕大多數農業遺址呈現出以種植業為主，農、牧、採集、漁獵相結合的經濟面貌。在長城以北和南方沿江、河、湖、海的某些地方，狩獵或捕撈長期保持著重要地位。畜牧業隨著種植業的發展而發展，在北方的某些地區逐步出現了以畜牧為主的趨勢。人們畜養的牲畜，早期以豬為主，到後期豬、牛、羊、狗、馬、雞等「六畜」已經齊全。

---

[6] 人類農耕初期的一種最古老而原始的耕作制度，指荒地開墾種植幾年後，較長時間棄而不種，待土地肥力恢復後再進行墾殖的一種土地利用方式。

[7] 刀耕火種是一種從新石器時代遺留下來的農業生產方式，是一種古老原始的生荒耕作形式。目前，在南美洲、非洲和東南亞的熱帶雨林地區與丘陵地區的土著部族中還存在這種耕作方式。採用這種方式種地時，人們先用刀或斧砍伐地面上的雜草樹木，再對它們點火焚燒，燒荒後不翻地而直接挖坑下種，一般土地種一年後再易地而種。人們焚燒草木的作用在於，一是草木灰為鹼性，可以改良酸性土壤，有利於作物生長；二是草木灰可以增加土地的肥力，起到增產的效應；三是用火把草籽和蟲卵燒熟，從而避免了除草、治蟲的勞作。

這一時期的農業工具以石器為主，並廣泛使用木竹器、骨角器和蚌器等。考古發現的農業工具包括：石斧、石錛一類的砍伐工具；播種用的竹木棒；收穫用的石刀、石鐮；石鋤、石鏟、石犁一類的翻土工具等。這些用具完全靠手工操作。

第二階段：溝洫農業時期

這一時期從虞夏朝代起，經商、西周到春秋時止，包括了中國奴隸社會和封建領主制社會。這一時期的時間跨度大約是 1594 年。

這一時期是由原始農業向精耕細作傳統農業的過渡時期，與耒耜、耦耕、井田制密切相連的溝洫農業是這一時期農業的主要特徵。

這一時期在華北平原地區主要採用開溝排水的溝洫農業，在南方的水田則實行比較粗放的火耕水耨法[8]。與溝洫農業相適應，耕作制度已由撂荒制改為休閒制。在廣大地區內種植業的主導地位進一步確立，水產養殖、人工植樹、專業園藝相繼出現。畜牧業也有較大發展，舍飼、閹割、相畜、孕畜保護、牧場管理等畜牧技術都已出現。

這一時期青銅工具占主導地位，但木石工具仍在廣泛使用。與原始農業時期相比，農具的類型變化不大，耕犁獲得進一步發展，耒耜和鋤鑺是當時的主要農具，後期鐵農具和牛耕均已出現。

第三階段：精耕細作農業的成型期

這一時期從戰國開始，經秦、漢、魏、晉到南北朝，是中國封建地主經濟制度形成和向上發展的時期。這一時期的時間跨度是 1056 年。

這一時期，在南方，水田獲得進一步的開發，一批大規模水利灌溉工程相繼興建。在北方，旱地農業仍占主要地位。耕作制度則由休閒制轉為連作制。農業以種植業為主，農桑並重，多種經營，畜牧業也有較大發展。

這一時期，農業技術有了很大發展，北方旱地農業精耕細作的技術體系形成並臻成熟，形成了以抗旱保墒為中心的「耕—耙—耮—壓—鋤」相結合的整套耕作措施；人工施肥受到普遍重視；選種技術有了較大進步，培育出眾多的作物品種；病蟲害防治和其它自然災害的防治技術有了可觀的成就。出現了像《齊民要術》這樣代表當時世界農學最高水平的名著。

這一時期，鐵農具獲得普遍使用，不但有鐵鍤、鐵鑺，而且有鐵鏵犁、耙、耮、耬車等各種工具；鐵犁和牛耕獲得推廣，農業動力則由人力發展到畜力以至水力和風力。

8　火耕水耨法是一種比較原始的稻作技術，適合於地廣人稀、勞力缺乏的地區使用。所謂「火耕水耨」，就是先用火把田地中的雜草燒掉，然後再種上水稻，當稻苗長出後再將水放入田中，在淹水條件下，稻苗能夠正常生長而雜草卻難以生存，從而達到了除草的目的。

第四階段：精耕細作農業的擴展時期

這一時期包括隋、唐、宋、遼、夏、金、元諸朝代，是中國封建地主經濟制度走向成熟的時期。這一時期的時間跨度是 787 年。

這一時期，由北魏開始的均田制度在隋唐時繼續實行，到宋代租佃制度全面確立。與此同時，中國的經濟重心開始從黃河流域轉移到了長江以南地區，這一轉移過程從魏晉南北朝開始，到宋代時最後完成。

這一時期，在耕作制度方面，輪作複種制有所發展，最突出的是南方以稻麥複種為主的一年兩熟制已相當普遍。這一時期在作物構成上，北方小麥種植面積繼續上升，並向江南地區推廣，南方的水稻種植進一步發展，並向北方擴展，由此使麥、稻取代了粟而居於糧食作物的首位。同時，西北的草棉和南方的木棉傳至黃河流域和長江流域，取代了蠶絲和麻類成為主要的衣著原料。在農區的牲畜構成上，馬的比重由大而小，耕牛進一步受到重視，養豬繼續佔據重要地位。

這一時期，在農業技術方面，南方水田精耕細作技術體系已經形成，在土壤耕作方面形成了「耕—耙—耖—耘—耥」相結合的整套水田耕作的完整措施。北方旱地農業技術繼續有所發展，但發展緩慢。

這一時期，農業工具向結構複雜化、功能更趨完善方向發展，用於旱地和水田的農具均已配套齊全。例如，包括十一個部件的結構完整、使用輕便的曲轅犁，用於深耕的鐵搭，適應南方水田作業的耖、耘蕩、龍骨車、秧馬和聯合作業的高效農具如糞耬、推鐮、水轉連磨等，這些農具在傳統農業範圍內已達到了接近完善的地步。

第五階段：精耕細作農業持續發展時期

這一時期包括明代和清代（到 1861 年為止）。這一時期的時間跨度是493 年。

這一時期，定額租成為主導的地租形式，人口的急劇增長導致全國性人多地少格局形成。精耕細作農業進一步發展，東北開闢成重要農業區，傳統牧區面積縮小，畜牧業的比重進一步下降，出現了某種農林牧比例失調的趨向。

這一時期，在耕作制度方面，多熟種植獲得了迅速發展。在北方，二年三熟制獲得了發展；在江南地區，雙季稻開始推廣；在華南和臺灣部分地區，出現了一年三熟的種植制度。有些地方甚至出現了糧菜間套作一年三熟和二年三熟的最大限度利用土地的方式。這一時期，新大陸作物的引進顯著影響了中國農作物的構成。玉米、甘薯、馬鈴薯等耐旱耐瘠高產作物獲得迅速推廣，適應了人口激增對食物的需要。煙草、花生、蕃茄、向日葵等經濟作物的引進，豐富了人們的經濟生活。

這一時期，精耕細作的農業技術又獲得了進一步發展。深耕被進一步強調，耕法更為細緻，出現了套耕、轉耕等方法。肥料的種類、釀造、施用持續

進步，接近了傳統農業所能達到的極限。作物品種的選育有很大發展，地方品種大量湧現。各種作物的栽培方法也有不少創新。在傳統農業技術繼續發展的同時，西方農業科學技術開始傳進。這一時期不但出現了象《農政全書》這樣集傳統農業科學技術大成的著作，而且出現了一些高水平的地方性農書。

這一時期，農業生產工具幾乎沒有重大的發展。在江南地區雖然出現過代耕架，但並沒有獲得推廣。這一方面是由於在封建地主制和小農經營條件下，農具改進已臨近當時中國的技術水平極限，另一方面由於人多地少、勞力充裕的情況又抑制了高效新式農業工具的產生。

綜觀中國古代農業的發展歷程，可以看出它和世界其他國家古代農業的發展有著共同的規律。例如，都是從使用木石工具、實行刀耕火種和撂荒制的原始農業開始；進入階級社會以後，逐步使用和推廣了金屬農具；農業動力是人力和畜力，並以牛耕鐵犁為典型形態，形成了一套建立在直觀經驗基礎上的農業技術；由撂荒制逐步過渡到輪作制，小農經營為主，等等。

中國古代農業的生產結構是以種植業為中心、農牧結合、綜合經營的經濟結構，這種生產結構自原始農業時代即開始醞釀，至戰國時期正式形成，並一直延續至明清時期。

中國古代農業生產的典型特徵是精耕細作。中國的精耕細作農業，是以精耕、細管、良種、重肥等綜合措施和土地高效利用為手段，以提高單位面積產量為主攻方向的勞動集約型農業。無論是在農業技術水平、耕作方法措施方面，還是在土地利用率和土地生產率方面，中國古代的精耕細作傳統農業都曾達到了世界古代農業的最高水平。[9]

2、中國古代種植業和畜牧業間的關係

自「新石器時期革命」以來，農業就構成了人類社會的經濟基礎。種植業和畜牧業是農業中的兩個主要行業，兩者之間的比例、佈局和結合方式組成的農業生產結構，對整個社會的經濟和政治的發展具有巨大的影響。

中國古代農業中種植業和畜牧業之間的關係是怎樣的呢？

李根蟠先生準確地概括了中國古代種植業和畜牧業關係的主要特點，他指出：「農耕民族占統治地位的、以種植業為主的地區和遊牧民族占統治地位的、以畜牧業為主的地區同時並存並明顯地分隔開來；在以農為主的地區內部，則是以養馬業為基幹、主要用於軍事目的、規模較大的國營牧場和以養

---

[9] 以上有關中國古代農業史的分期和特點的內容引用了李根蟠先生的研究成果。李根蟠：〈試論中國古代農業史的分期和特點〉，參見《中國古代社會經濟史諸問題》，福建人民出版社1990年3月版。

豬為主、主要服務於農業生產的、規模較小的民營（農民和地主經營）牧業同時並存」[10]。

早在舊石器時代晚期，當時採集和狩獵仍然是人們主要的生產活動。在廣西桂林甑皮岩發現的距今九千年以前的人類洞穴遺址中，考古學家發現了家豬的遺骨。這表明，當時家畜飼養已在中國出現。從新石器時代的人類遺址來看，絕大多數遺址都呈現出以種植業為主，農（種植業）、牧（畜牧業）、采（採集）、獵（漁獵）相結合的經濟面貌。從地域上看，大體上北方以種粟、黍為主，南方以種水稻為主；南北都養豬、狗、牛、羊、雞，但北方有馬，南方則以水牛飼養較突出，飼養馬的情況較少見。考古研究表明，中國種植業的發展要早於畜牧業，雖然種植業和畜牧業都萌芽於舊石器時代晚期，但畜牧經濟的真正發展，尤其是遊牧部落的形成，是在種植經濟有了相當發展之後逐步發展起來的。

原始種植業和原始畜牧業都萌芽於原始采獵經濟之中。為便於狩獵活動，人們首先馴化飼養了狗這種動物。進入原始農業時代以後，牲畜最初是作為種植業的補充而被飼養的，牲畜的用途首先是供食用，人們吃牲畜的肉以改善營養，其次是利用動物的毛皮做衣物以禦寒，用動物的筋骨做生產工具等。隨後，人們又馴化飼養了牛、馬等大牲畜用於騎乘、駕車等。此後，牛、馬逐步成為農業上的役畜，主要用於農產品運輸、挽犁耕地等。當原始國家出現以後，由於戰爭的需要，由國家掌握一些用於軍事戰爭的大牲畜成為必要。[11]

從行業特徵和地理分佈來看，中國古代農業可以分為農耕區和遊牧區兩大經濟區，這兩大經濟區大體以秦長城為地理分界，形成了明顯不同的土地利用方式、生產結構和生產技術。在長城以南、甘肅青海以東地區，氣溫溫潤，降雨充沛，比較適合農耕生產的要求。在這些地區，定居民族建立了以農耕文化為核心的政權，主要從事以種植業為主、以糧食生產為中心的多種經營的農業。而在長城以北的蒙新高原地區，沙漠草原相間，氣候乾燥寒冷，比較適合發展畜牧業。在這些地區，遊牧民族建立了以遊牧文化為核心的政權，主要從事以畜牧業為主、以牲畜生產為中心與遊獵相結合的遊牧業。

在中國歷史上，當黃河中下游地區由原始社會向階級社會過渡的同時或稍後，遊牧部落也從西部、北部和東部的某些地區陸續出現。在這些地區，匈奴、柔然、鮮卑、突厥、契丹、女真、蒙古等遊牧、半遊牧民族相繼興起。他們驅趕著數以萬計的龐大畜群，遊牧在茫茫草原上。畜群是他們主要的生

---

[10] 李根蟠：《中國古代的農牧關係》，參見「中國農業歷史與文化」網站：http://www.agri-history.net/scholars/lgp/lgp15.htm。

[11] 以上有關中國古代農牧關係的考古事實和主要觀點，引用了李根蟠先生的研究成果。李根蟠：《中國古代的農牧關係》，參見「中國農業歷史與文化」網站：http://www.agri-history.net/scholars/lgp/lgp15.htm。

活資料，也是他們的生產資料。他們的畜群以羊為主體，馬占重要地位，還有驢、騾、駱駝等。

農耕區和遊牧區的劃分並不是絕對的，在農耕區內部存在著畜牧業的成分，在遊牧區內部也存在著種植業的成分，只是相對比重較小。例如，在甘肅民樂東灰山遺址發現了距今五千年的小麥，在新疆孔雀河畔的古墓溝出土了距今近四千年的栽培小麥遺存，這說明中國西部地區早在遠古時期就開始了種植小麥的歷史。

此外，在農耕區內部也存在著不同類型的農業。如在濱鄰湖海江河的某些地區形成了以捕魚為主的漁業，在林木豐茂的某些山區形成了以採伐為主的林業。例如，在東北地區的新石器時代農耕遺址中，普遍包含有石鏃、小型刮削器和切割器等用於漁獵的細石器，說明這裡先民的生活中具有較多漁獵經濟的成分。而即使到了近代，東北地區的一些少數民族（如赫哲族、鄂倫春族等民族）仍然過著以漁獵為主的生活。再如，在南方兩廣和閩、贛等省不同類型的新石器時代農業遺址中，採捕魚類和貝類在當地先民的經濟生活中佔據著重要地位。但從全域來看，農耕區最主要的農業類型則是旱田農業和水田農業，並大體以秦嶺淮河為界形成了北方旱農區和南方澤農區。中唐以前，黃河流域旱田農業處於領先地位，中唐以後，南方水田農業逐漸處於領先地位。

在遊牧民族統治的地區內部也存在著不同類型的農業。東北和新疆都分佈有以種植業和漁獵業為生的民族。新疆實際上是個農牧交錯的地區，區內既有廣闊的草原和沙漠，又有內陸河流和綠洲；漢魏時代，天山以北是匈奴、烏孫、丁零等民族的遊牧區，天山以南則多為半遊牧民族的小「城國」。甘肅、青海地區的氐、羌各族以遊牧為主，同時也種植小麥；羌族經濟偏於遊牧業，氐族經濟偏於種植業。中國西南部地區（包括四川、雲南、貴州、西藏等省區），原是遊牧民族與農耕民族錯雜並存的地區。如果從地理分佈來看，從東北到西南形成了一條兩頭大、中間小的農牧交錯地帶。[12]

在中國古代歷史上，儘管農耕民族和遊牧民族經常處於分立對峙狀態，但在經濟上農耕區和遊牧區卻是相互依存的。偏重於種植業的農耕區需要從遊牧區取得牲畜和畜產品，作為其經濟的補充。遊牧區的種植業基礎薄弱，所需要的農產品和手工業品需要從農耕區輸入，其富餘的畜產品也需要向農耕區輸出。

中國古代農耕區和遊牧區之間的交流，對於促進雙方經濟、文化的發展都具有積極的作用。遊牧民族的牲畜和畜產品通過邊關的市場大量輸入中原，

---

[12] 以上有關中國古代農耕區和遊牧區的內容引用了李根蟠先生的研究成果。李根蟠：〈中國農業史上的「多元交匯」〉，參見《中國經濟史研究》1993 年第 1 期。

支持了中原地區的畜牧業和種植業的發展。例如，漢代張騫出使西域後，使西域的良馬、葡萄、石榴、胡桃、苜蓿、胡麻等傳入了中原。中原地區的糧食、鐵器、棉帛等產品和生產技術也不斷輸入北方遊牧地區，極大地支持豐富了這些地區人民的物質文化生活。例如，公元 697 年，唐朝女皇武則天曾送給東突厥默啜可汗一批物資，包括穀種四萬斛、雜彩五萬段、農具三千件、鐵四萬斤，以幫助他們開展農業生產（《唐書·突厥傳》）。農耕區和遊牧區這兩大經濟區在經濟與文化方面的交流，是當時封建社會農牧業結合的一種特殊形式。

　　農耕區與遊牧區之間的正常經濟聯繫，一般是通過官方和民間的交往、邊疆的互市等方式實現的。當雙方正常的經濟聯繫因受到阻礙或不能暢通進行時，常常會通過戰爭的方式來解決。在中國歷史上，北方遊牧民族與中原地區的漢族政權之間曾發生過無數次戰爭，遊牧民族還幾度進入中原地區，甚至建立了由少數民族統治的政權或朝代。這些民族爭戰的背後，除了各民族統治者之間的矛盾之外，其深層原因是兩大經濟區之間的內在經濟需求。一個典型事例是，蒙古瓦剌部首領也先於公元 1449 年發動的對明戰爭，他們曾向明朝政府要求貿易、開展互市卻遭到了拒絕，由此引起了雙方的戰爭，而在多次戰爭中，他們始終沒有放棄互市的要求，並通過戰爭最終實現了互市。戰爭為兩大經濟區之間的經濟交往掃除了障礙。[13]

3、中國古代社會的市場交易網

　　原始手工業出現於原始農業時期，最初屬原始農業的一部分，直到原始社會晚期，手工業隨著社會分工逐漸脫離農業，形成了獨立的生產部門。中國的黃河流域和長江流域都有不短的霜凍期，在霜凍期間不能進行農業耕種，古代先民就可以利用這段農閒時節從事手工業生產活動。長期以來，人們既從事農業耕作，也從事手工業勞動。隨著產品的不斷增多，人們就會將剩餘的產品拿去交換，以實現互通有無的目的。據戰國《孟子》一書中記載，冶鐵的人需要換陶器，而生產陶器的人需要換鐵，其中還提到有個叫許行的人，專門靠編席子、打草鞋為生。不同產品生產者之間相互交換產品，這自然而然就出現了市場。

　　東漢《四民月令》中記載，農莊也生產酒酤、漿醋、藥物、醃漬食物及絲帛織物等，既供自家消費，也供應給市場。可見，東漢時農業經濟活動中已出現了市場經濟的成分。《史記·貨殖列傳》中列出了不少各地的農產品，例如安邑的棗、燕秦的栗、蜀漢江陵的橘、陳夏的漆、齊魯的桑麻、渭川的竹

---

[13] 有關中國古代農牧關係的內容，引用了李根蟠先生的研究成果。李根蟠：《中國古代的農牧關係》，參見「中國農業歷史與文化」網站：http://www.agri-history.net/scholars/lgp/lgp15.htm。

等，這在一定程度上反映了當時農業內部的專業化分工情況。東漢時已出現了專門以種藍為業的專業戶，在居延及敦煌的漢簡中也記載了織物的地域性專業化情況。漢朝時駐守西陲邊塞的軍人，他們所使用的紡織品竟來自河內、廣漢及任城一帶，說明當時的市場網絡已比較廣泛。漢代已有二三十個較有規模的城市，座落於聯通各地區的大小幹道上，這些城市對各地區之間的商貿往來、市場交易發揮著重要作用。歷史學家許倬雲據此提出了「市場交易網把農業社會中的個別成員結合於一個巨大的經濟網之中」的觀點[14]，這種觀點是很有見地的。

在同一地區內，不同農戶的農產品和手工製品運到村鎮進行交易就形成了村鎮集市；而村鎮集市的商品，借助於城鄉間的販運而流向城市，使農村的產品與城市的產品相彙聚交易，從而形成了規模較大的城市市場。而城市市場之間的商業交易，又借助於各地城市商人相互交流販運，從而形成了規模更大的地區市場。從村鎮集市到城市市場，從城市市場再到地區市場，從局部到整體縱橫相連，最後就形成了全國性的市場交易網絡。在這一過程中，農業的分工專業化發展促進了市場的形成和發展，城鄉間的商業流通擴大了市場交易規模，不同地區之間的商貿網絡擴大了市場交易的範圍，伴隨著各地商人的商貿販運，各地的農業產品和手工業產品的交易種類和品種也不斷豐富，不斷豐富的商品種類又刺激了各地人們更多的需求，這些需求進而又推動了市場規模的進一步擴大，而市場規模的擴大反過來又推動了農業和手工業的發展。

一個國家的經濟發展是與國家的政治環境、經濟政策等緊密相聯的。對漢代農業深有研究的許倬雲先生指出，「漢代的生產力，足可產生繁榮的工商業」，但漢代的重農政策及強大的皇權壓力，導致漢朝的工商業剛一發芽就被摧折了[15]。從中國古代市場經濟的歷史變遷來看，漢代工商業未能發展的這一原因，其實也是中國古代社會工商業始終未能全面發展的主要原因。在中國古代歷史上，當一個封建王朝政權統一華夏大地之初，統治者往往採取休養生息的政策，使農業生產獲得了恢復和發展，農業的發展又促進了手工業的發展，隨著各種產品的日益豐富，各地區之間自然就會產生商業交易的內在需求。在這種內在需求的推動下，商業交易活動的規模和範圍不斷擴大，最終就會形成一個相互聯繫、相互支撐、相互影響的市場交易網絡。當國家統一時，各地交通順暢，商旅來往無阻，各地市場就比較容易相互交流，並由局部性經濟網絡整合為全國性經濟網絡。在封建王朝中後期，各種社會矛盾

---

[14] 本段中有關漢代的歷史資料轉引自許倬雲先生的論述。參見許倬雲：〈漢代的精耕農業與市場經濟〉，《中國農村科技》，2011 年第 9 期。

[15] 許倬雲：〈漢代的精耕農業與市場經濟〉，《中國農村科技》，2011 年第 9 期。

激化，各路豪強紛爭，最終導致國家分裂，地方割據使各地交通中斷、商旅隔絕，從而使全國性經濟網絡破裂成局部性經濟網絡，進而導致各地商業交易活動的規模和範圍不斷縮小。市場規模的縮小，首先表現為地區性經濟割據，市場網絡的進一步縮小就會形成自給自足的封閉性經濟體系。在這種情況下，各地農村經濟往往就會形成一個個自給自足的小村落。中國古代歷史上發生過無數朝代的更迭，當下一個封建王朝政權再度統一全國以後，這些一個個自給自足的封閉體系又會打破相互隔離的局面，在內在需求的推動下由交易而逐步整合，並再度發展成一個全國性的經濟網絡。

如果從中國傳統農業小農經濟制度形成的戰國時期開始（公元前 475 年）算起到 1911 年清王朝結束，在長達 2386 年的傳統農業社會中，華夏大地上曾反覆上演著經濟網絡的整合、擴大、破裂、縮小然後再重新整合的歷史劇。

以往的經濟學界，一般認為中國傳統農業社會是由許多自給自足的村落組成的封閉體系，並認為各個村落之間彼此孤立、相互之間缺乏經濟聯繫。實際上，中國傳統農業社會中這種村落間相互隔離自給自足的狀態，從長時段來看，這只是一定時期內的暫時現象。

4、中國古代的農業書籍[16]

中國是一個以農業立國的歷史悠久的文明古國，曾為人類社會積累了豐富的農業知識。中國自古至今的各種農業典籍堪稱浩如煙海，僅在公元前 475 年戰國時期到 1911 年清朝結束的 2386 年間，中國產生的農書（講述廣義的農業生產技術以及與農業生產直接有關的知識著作）其數量就相當可觀。據王毓瑚在《中國農學書錄》（1964 年修訂版）中著錄的中國古代農書有 542 種，其中包括佚書 200 多種；1959 年北京圖書館主編的《中國古農書聯合目錄》中著錄現存和已佚的農書共計 643 種；1975 年日本學者天野元之助撰著的《中國古農書考》共計評考了現存 243 種農書，所附索引開列的農書和有關書籍名目約 600 種[17]。有學者僅對明、清兩代的農書進行較深入的調查後認為，中國明、清兩代約有 830 多種（其中大多為清代後期的）農書，未被《中國農學書錄》和《中國古農書考》收錄的有 500 種以上，其中包括現存的約 390 種，存亡未知的約 100 餘種[18]。

---

[16] 本小節中有關中國古代農書的資料，綜合了《中國科學技術史·農學卷》和《中國古代農書評介》兩書中的評介材料。參見：董愷忱、范楚玉主編《中國科學技術史·農學卷》（科學出版社 2000 年出版）一書的「導言」；石聲漢著《中國古代農書評介》（農業出版社 1980 年 5 月出版）的有關內容。

[17] 來源：董愷忱、范楚玉主編，《中國科學技術史·農學卷》，科學出版社 2000 年版，參見「導言」。

[18] 王達：〈試論明清農書及其特點與成就〉，參見華南農業大學農業歷史遺產研究室主編：《農史研究－第八輯》，農業出版社 1989 年 5 月版。

中國古代農書一般是指在沒有受到近現代農業科學技術及農業經營管理科學影響以前，中國人自己總結傳統農業生產技術和經營管理經驗的論著。從編撰形式劃分，中國古代農書大體可分為綜合性農書和專業性農書兩大類。綜合性農書從體裁看，有按生產項目編排的知識大全類農書，有按季節編排的農家月令類農書，也有兼有兩者特點的通書類農書；從內容所涉及範圍看，有全國性大型農書，有地方性小型農書。按廣義農業來看，中國古代農書包括糧食生產、作物種植（如茶葉、油料、麻類、棉花、染料、藥材等）、蔬菜、花卉、園藝、果樹、蠶桑、畜牧、獸醫、治蝗、水產、農具、耕作方法、農田水利、農副產品加工與貯藏等眾多門類，不但內容豐富，涵蓋面廣，而且農書數量之多，在世界各國絕無僅有。

　　中國早在戰國時期的諸子百家學說中即有農家及農家的著作，如《神農》、《野老》等，但早已失傳。戰國時期《呂氏春秋》一書中的「上農」、「任地」、「辨土」、「審時」四篇農學著作，反映了中國精耕細作農業傳統的發端，為先秦農耕技術的基本觀念作了理論性綜合，內容涉及土地利用、農田佈局、土壤改良、耕作保墒、種子選擇、種植行距、中耕除草、掌握農時、防止蟲害、肥料使用、水源供輸等，包含了許多精耕細作的農業技術內容；《管子》中「地員」篇論述了地下水位高低、土壤性質和植物的關係，這些都是當時很重要的綜合性農學論文。

　　從秦、漢到魏晉南北朝時期，中國北方旱田精耕細作技術體系逐漸形成，這時期的農業重心在黃河流域。這一時期，農書的數量和種類開始增多，農書數量已有三十多種，主要類型已經出現，既有綜合性農書，也有專業性農書。專業性農書的內容覆蓋面有所拓寬，已涉及到畜牧、蠶桑、園藝、養魚、天時和耕作等。這期間，最重要的農書有《氾勝之書》、《四民月令》和《齊民要術》。

　　漢代產生了《氾勝之書》、《四民月令》之類的綜合性農書，還有關於畜牧、蠶桑、園藝、種樹、養魚等方面的專書或專篇。《氾勝之書》寫於公元前1世紀，現僅存3500多字。書中提出了「趣時、和土、務糞澤、早鋤早獲」這一旱地耕作的總原則，不僅總結了作物栽培的綜合因素，還針對不同作物的特性和要求提出了不同的栽培方法和措施；書中總結出了一種在小面積土地上深耕細管集中施肥以求高產的「區田法」的耕作方法，還介紹了「穗選法」、「浸種法」等選種方法和育種方法。公元2世紀崔寔著的《四民月令》是中國一部很有代表性的農家月令書，反映了東漢黃河流域地主生產經營的各項活動。書中對每月的農業生產安排有耕地、播種、催芽、分栽、耘鋤、灌溉、收穫、儲藏以及蠶桑、紡織、漂練、染色、製衣、食品加工、釀造等，甚至農田水利、果樹林木、修治住宅等方面，但對生產技術記述很簡單。

　　公元6世紀，北魏末年賈思勰所撰的《齊民要術》，是中國現存最早最完

整的一部綜合性農書，是中國古代農學著作的傑出代表，對其後中國農學的發展產生了很大影響。這部書內容包括穀類、蔬菜、豆類、瓜類、藥材、油料作物、纖維作物、染料作物、飼料作物等的種植及管理，果樹和材用樹木的栽培，蠶桑、畜禽、養魚、釀造以及農產品的加工等。它系統總結了黃河流域中下游地區農業生產的經驗，對北方旱地精耕細作技術體系作了精闢的理論概括，提出了「順天時、量地利，則用力少而成功多」的指導思想。全書貫穿了集約利用土地的思想，強調在遵循客觀規律前提下充分發揮人的主觀能動性，如怎樣按照不同季節、氣候、土壤特性來進行不同作物的佈局、栽培和管理，以達到提高生產效益的目的等。

　　從隋、唐至宋、遼、金、元時期，中國南方水田精耕細作技術體系逐漸形成，這時期的農業重心逐漸轉移到了長江流域。這一時期農書數量空前增多，農書總數已有一百三十多種，是戰國至隋朝之前 1056 年間農書總和的 4.5 倍以上。綜合性農書從體系到內容繼續有所發展，專業性農書中新出現了蠶桑、茶、花卉、蔬菜、果樹、農具、作物品種等方面的專著。專業性農書數量占這一時期農書總數的一大半，這表明農業知識進一步向專業化、精細化方向發展。這一時期，最重要的農書有韓鄂《四時纂要》、陳旉《農書》、王禎《農書》等，比較重要的農書有唐代陸龜蒙的《耒耜經》、陸羽的《茶經》和北宋秦觀的《蠶書》等。此外，唐代的《司牧安驥集》，宋代的韓彥直《橘錄》、蔡襄《荔枝譜》、歐陽修《洛陽牡丹記》、周師厚《洛陽花木記》、陳仁玉《菌譜》、王灼《糖霜譜》等，也是具有代表性的重要著作。元代司農司編的《農桑輯要》是這一時期重要的綜合性農書。而元代魯明善編的《農桑衣食撮要》則是這一時期最好的農家月令書之一。

　　韓鄂的《四時纂要》成書於唐末或五代初，是一部農村日用百科全書，曾對後世農家曆的編纂產生了較大影響。這部書按月詳細開列了農村居民的農事及其他活動項目，記載了種茶技術及菌子、苜蓿和麥的間作方法，還收錄了不少獸醫方劑。南宋時期，陳旉於 1149 年寫成的《農書》，主要總結了長江下游地區種植水稻、養蠶、栽桑、養牛等豐富的農業生產經驗，是中國南方水田精耕細作技術體系形成的重要標誌。書中提出通過合理施肥、改良土壤可使地力「常新壯」的觀點，主張集約經營，「量力而為」；論述了秧田、耕耨等水田作業的具體措施，還記載了水田地區耕畜水牛的飼養、醫治方法等。在 14 世紀初，元代王禎撰寫的《農書》，綜合了北方旱地和南方水田的農業生產技術，並對南北方農事活動作了比較分析；記述了穀、稻、麥等糧食，瓜、菜、藥材、纖維、竹木、果樹的栽培、保護、收穫、貯藏、利用等技術與方法；書中重點收錄了二十門類農器和三百餘幅插圖，反映出宋、元時期各種耕作工具、收穫用具、灌溉器械、運輸工具、紡織工具等工具、炊具及盛器的形狀，每一項圖均附有說明，記述了其來源、構造和用法等。

唐代陸龜蒙的《耒耜經》，記述了以犁為主的五種南方水田地區常用農具。唐時陸羽的《茶經》，系統總結了唐代以前種茶、製茶和飲茶的經驗，是一部對國內外很有影響的茶書。晚唐時《司牧安驥集》是中國現存的最古老的一部獸病方藥專集，重點記載了各種馬病，選錄了 9 世紀以前治療馬病的經驗效方。北宋秦觀的《蠶書》，詳細記載了養蠶、浴種、繅絲的實際生產過程，還記述了繅車的結構及用法等。南宋時韓彥直的《桔錄》，是中國也是世界上第一部總結柑桔栽培技術的書，記載了許多柑橘品種及其性狀、名稱，對橘樹的種植、移栽、嫁接、管理、治蟲以及果實的收藏及加工製作等，都做了詳細敘述。南宋陳仁玉撰寫的《菌譜》是中國第一部有關菇類的專書，書中論述了浙江所產 11 種菇的產區、性味、形狀、品級、生長及採摘時間等。成書於元初的《農桑輯要》其內容主要是輯錄前代文獻，但對蠶桑給予了特別重視；對於引入中原不久的作物或是當時較為特異的農業技藝，如苧麻、棉花、西瓜、胡蘿蔔、茼蒿、人莧、荸薺、甘蔗、養蜂等也做了記述。

在明、清時期，中國精耕細作技術體系繼續發展，同時多熟種植方法得到推廣，各種農業技術進一步向精細化發展。這一時期，農書撰述活動空前活躍，誕生了一大批各類農書，農書的數量和種類是歷史上最多的，農業知識進一步向專業化、精細化方向發展。專業性農書不僅數量大，而且種類增加很多，如新出現了野菜專書和治蝗專書，譜錄類農書中又新出現了一系列專門只闡述某種動植物的專書。在已有專業性農書類別中，蠶桑、水產和氣象專書數量比以前有所增加。此外，具有較強地區特點的地方性農書廣泛出現。這一時期的各類農書，對農業領域的實用操作技術記述得更加豐富、內容覆蓋面更加廣泛，有的農書中還出現了近代農學的萌芽，如採納收錄了西方農學著作的內容，提出生產技術措施中的數量關係、認識到品種培育選擇上的雜交優勢，認為農業產量與環境條件有相關性等。這一時期，比較重要且有價值的農學著作較多，比較突出的農書有《農政全書》、《天工開物·乃粒》、《便民圖纂》、《沈氏農書》和《補農書》、《知本提綱·農則》、《三農紀》、《元亨療馬集》、《學圃雜疏》、《花鏡》、《吳興蠶書》、《廣蠶桑說輯補》、《閩中海錯疏》等。其中，最重要的綜合性農書是明代徐光啟編撰的《農政全書》。

這一時期，地方性小型農書顯著增多，著名的有浙江的《沈氏農書》和《補農書》，四川的《三農紀》，山東的《農圃便覽》，陝西的《農言著實》等。明末的《沈氏農書》是私人小型農書中的典型代表，反映了太湖區域栽桑、種稻的小田莊自給自足的經營經驗。總結單項生產的農書大量湧現，有的內容很專，如專門記載水稻品種的《理生玉鏡稻品》，提倡在江南地區推廣雙季稻的《江南催耕課稻編》等。反映傳播較快的食用作物和經濟作物的專著也已出現，如《煙草譜》、《金薯傳習錄》、《木棉譜》等。蠶桑方面有《豳風廣義》，畜牧獸醫方面有《元亨療馬集》等。楊屾的《豳風廣義》這部專書，記

載他自己養蠶、繅絲的經驗，書後還附有養豬、羊、雞、鴨等的辦法。其他如園藝、花卉、種茶、養魚等方面的農書也不少，以至養蜂、種菌、治蝗、放養柞蠶等都有專書。還有一些著重闡述農業生產技術原理的農書，如明代馬一龍的《農說》，清代楊屾的《知本提綱》，這標誌著中國傳統農學發展到了一個更新的水平。

明代徐光啟編撰的《農政全書》刊刻於 1639 年，是一部集中國傳統農學之大成的綜合性農書。全書 70 多萬字，包括農本、田制、農事（以屯墾為中心）、水利、農器、樹藝（穀物、蔬菜、果樹）、蠶桑、蠶桑廣類（木棉、苧麻）、種植（經濟作物）、牧養、製造、荒政等 12 大類，廣泛吸收了歷代的農事成就，對中國傳統農業體系進行了高度概括，總結了宋元以來的棉花及明代後期甘薯等植物的栽培經驗，並提出了治蝗的設想；書中提出了發展北方水利、改變南糧北調局面的主張，還收錄了反映歐洲科學技術成就的「泰西水法」。這部巨著在中國農學發展中取得了多方面的進步：首次系統論述了屯墾、水利、備荒三項農政方面的措施，增補了前代農書的薄弱環節；書中除彙集了前人積累的科學技術知識外，還吸收了西方傳教士帶來的西方農學知識；第一次將「數象之學」應用於農學研究上，是中國農學研究在指導思想和方法上的一大突破。

此外，清政府乾隆年間主持編纂成書於 1742 年的《授時通考》，也是一部大型綜合性農書，這部書體裁嚴整，徵引周詳，插圖豐富，主要為此前農學資料的彙編，內容少有創新，不過它彙集保存了大量寶貴的歷史資料，徵引文獻數量多達四百二十餘種，是中國古代農書中徵引歷史文獻最多的一部農書。

中國古代農書所反映的傳統農業知識，來源於長期農業生產活動的經驗總結，儘管這些知識建立於直觀經驗的基礎上，但並非完全局限於單純經驗範圍，而是很早就形成了具有特色的農學思想，最具代表性的是「三才」理論與集約經營思想。

「三才」是指「天」、「地」、「人」這三類事物。農業生產中「三才」理論的明確表述始見於《呂氏春秋》中的「審時」篇：「夫稼，為之者人也，生之者地也，養之者天也」。其中，「稼」是指農作物，這是農業生產的對象；「天」是指自然界的氣候、雨水等，「地」是指自然界的土壤、地形等，「天」和「地」構成了農業生產的外部環境；「人」則是農業生產的主體。這一表述，反映了農業生產是由農業生物、自然環境和人組成的相互聯繫、相互依存、相互制約的生態系統和經濟系統這一本質。「三才」理論是中國古代農業生產的核心指導思想，它是中國歷代農學著作的主要立論依據。中國傳統農業的「二十四節氣、地力常新和精耕細作」就是對應於天、地、人的「三才」思想的產

物[19]。「三才」理論把農業生產看成稼、天、地、人諸因素組成的整體，它所包含的整體觀、聯繫觀、動態觀貫穿於中國傳統農業生產技術的各個方面；在「三才」理論系統中，人不是以自然主宰者的身份出現的，而是自然過程的參與者，人和自然不是對抗的關係，而是協調的關係；「三才」理論是中國傳統農業精耕細作技術的重要指導思想，它是中國古代農業長期生產實踐經驗的昇華[20]。

通過對中國古代農書發展脈絡的大致梳理，我們不難看到，人們對自然界和農業生產活動的認識程度，是隨著時間進程而不斷擴展和深化的。隨著時代的不斷前進，農業生產分工越來越細，隨之產生的專業性農書越來越多。就總體而言，中國古代的農業知識是沿著從表面到深入、從現象到本質、從低級到高級的方向不斷發展進步的。中國古代農學儘管達到了古代世界傳統農業的頂峰，但它在農業基礎理論方面沒有能夠上升到普遍的理論認識水平。與建立在實驗基礎上的近代農學相比，中國古代農學顯然具有很大的局限性。

5、中國古代的農業制度

中國古代農業制度包括農業耕作制度與農業土地制度等多種制度。農業耕作制度，是指農作物栽培中土地利用方式和保證農作物高產、穩產的有關農業規範，其核心內容是如何正確處理用地和養地的矛盾，從而使土地保持肥沃。在這裡，農業土地制度主要是指有關土地所有權歸屬關係的制度。

在原始農業時期，中國古人一般採用撂荒耕作制。在實行刀耕火種時，一般是土地砍種一年後撂荒，實行年年易地的粗放經營。在鋤耕農業階段，人們發明了鋤、鏟、耜之類松翻土壤的工具，這一時期古人已改變了年年易地的辦法，轉而採用連種若干年後撂荒若干年的辦法。在犁耕農業階段，古人發明並使用了石犁、耘田器等耕具，在土地利用上採取了連種幾年和撂荒幾年的辦法，在養地上採用半靠自然力和半靠人工的措施。在湖南澧縣彭頭山發現了距今九千年的稻作遺存，浙江餘姚河姆渡發現了距今近七千年的稻作遺存[21]，這說明中國南方地區當時已經出現了水稻種植農業。在河南裴李崗文化遺址出土的農業生產工具和糧食加工工具表明，距今約八九千年左右，在黃河流域已經有人類從事農業耕作。河南仰韶文化遺址發現的大型村落和家畜飼養設施表明，距今六千年左右這裡的農業已進入了鋤耕階段。在上海松江區廣富林文化遺址的考古發現，在距今 6000~5400 年的崧澤文化晚期，

---

[19] 引自：〈農耕文化：農業發展的歷史支撐〉，《河南日報》，2007 年 3 月 14 日，參見該文游修齡教授的言論。

[20] 引自：〈農耕文化：農業發展的歷史支撐〉，《河南日報》，2007 年 3 月 14 日，參見該文李根蟠先生的言論。

[21] 李根蟠：〈中國農業史上的「多元交匯」〉，《中國經濟史研究》，1993 年第 1 期。

生活於長江三角洲地區的先民就發明了石犁和石鐮等石質生產工具，這說明這裡的農業從原始農業時期就進入了犁耕階段。在原始農業時代，人類使用木石農具、刀耕火種，採用撂荒耕作制，這是原始農業生產的主要特點[22]。中國古代中原地區的農業耕作制度大體上經歷了西周至戰國時期的熟荒耕作制與休閒耕作制、秦漢至隋唐時期的輪作複種制、宋元至明清時期的輪作複種制和間作套種制這三個發展階段；輪作複種制和間作套種制等耕作制度，仍然延續至今[23]。

土地所有權制度一般可以分為公有制、私有制和公私混合制這三種基本制度類型。在中國古代歷史上的不同時期，具體的土地所有權制度具有不同的特點。在原始社會時期，氏族公社實行土地公有制度。從夏代到清朝的近四千年間，中國的土地所有權制度經歷了井田制、名田制、王田制、屯田制、占田制、均田制、租佃制等不同形式的演變歷程。

在夏商周時期，中國社會實行奴隸主國家土地所有制——井田制，這實際上是一種從公有制向私有制過渡的土地制度。井田制形成於商代，盛行於西周，到春秋中後期開始逐漸瓦解，戰國時期這一制度被廢除。在這種制度下，土地的所有權歸原始邦國的國王所有，國王將一些土地按爵位高低賜封給諸侯及卿大夫，對於這些賜封的土地，受封者只有使用權而無私有權，而且不能轉讓或買賣。當時的諸侯貴族們一般將一大塊土地劃分為形似「井」字的九塊土地，中間一塊為公田，其他八塊為私田，由八家自耕農共用一井進行耕種，八家需先在公田上耕作，然後才能對自家的私田進行耕作，這就是所謂的「井田」。自耕農們在公田中勞作，實際上相當於繳納一定的勞役地租。秦國自商鞅變法以後，古老的井田制被徹底廢除，取代它的是封建土地制度——名田制。名田制最突出的特徵是在按戶籍計口授田的同時，又按軍功大小分封不同的爵位和不同數量的土地；國家授出的土地即成為私人的田地，國家不再收回，並且這些土地可以自由買賣。之後的漢朝，基本上承襲了秦國所開創的名田制。至漢武帝時，土地兼併日益嚴重，幾乎到了「富者連阡陌，貧者無立錐之地」的程度，加之後來國家開始以金銀實物賞賜軍功，於是名田制終至消亡。西漢末期，在王莽建立的「新」王朝（公元 8 年—23年）時期，王莽曾推行過以抑制土地兼併為目的的「王田制」，但這一土地制度僅實行了三年就被廢除了。王田制的主要內容是將土地收歸國有、禁止私人買賣土地，將男丁不超過八口之家所占土地的面積限制在一「井」（即古制的九百畝）之內，超過部分分給鄉鄰宗族耕種，無地農戶可按一夫一婦受田

22　〈農耕文化：農業發展的歷史支撐〉，《河南日報》，2007 年 3 月 14 日；參見：http://www.ha.xinhuanet.com/add/2007-03/14/content_9510657.htm。

23　〈農耕文化：農業發展的歷史支撐〉，《河南日報》，2007 年 3 月 14 日。

百畝的標準由國家授予土地。三國時期，戰亂頻繁，人民四處逃難，大量土地被荒棄，為了應付戰事需要，曹魏政權實行了屯田制度，吳、蜀政權也緊隨其後。屯田制可分為軍屯制和民屯制兩種。軍屯制是指組織軍人士兵開墾荒田以向軍隊供給軍糧，而民屯制是指召集無地農民或流民耕種荒田為軍隊或國家生產糧食。屯田土地為國家所有，士兵、農民在其上耕種要向國家和軍隊上交一定數量的糧食，剩餘的糧食歸耕者所有，屯田的兵、民不得隨意離開所耕種的田地，否則將會罪及妻子。西晉太康元年（公元 280 年）時，為加強對自耕農的控制，並限制土地兼併活動，晉武帝頒佈了占田制。占田制規定了不同等級的貴族與官吏所占田地數量的最高限額，對世族所佔用的勞動力數量也加以限制，規定了普通百姓按照勞動力強弱不同所佔用土地和徵課租稅的田畝數，還規定了以實物繳納稅賦的具體數額。北魏太和九年（公元 485 年），為增加國家的財政收入，魏孝文帝頒佈實行了均田制，其後的北齊、北周以及隋、唐都沿襲了這一制度。根據這一制度，國家將所掌握的土地劃分為露田、麻田、桑田和宅地四種，按照勞動力的不同種類和數量進行限量分配，受田者所分得的土地不得買賣，年老或死亡者，露田需歸還官府，桑田則可傳給後代；地方官吏按官職高低授給多少不等的公田，官吏所授田地不得買賣；此外，還有一些對老、小、殘疾、寡婦守志者的特殊優惠規定以及其他一些較詳細的規定。均田制是一種國有制與私有制並存的土地制度，其中，有授有還的露田，其所有權屬於國家，而不必歸還的桑田，其所有權則屬農民。均田制比之前的占田制更加可行和完善，是中國古代歷史上一種最有效和周密的土地制度。唐朝中葉以後，由於人口增加、土地兼併日益嚴重，均田制實行的基礎——土地國有制遭到嚴重破壞，最後隨著「安史之亂」的爆發而徹底崩潰。此後的宋、元、明、清各代，土地私有制越來越強化，但國家和皇室貴族仍保有大量土地。宋朝時，政府對土地採取了不抑兼併的政策，土地兼併現象愈發嚴重，從而導致土地租佃制度有了較大發展，契約佃租和定租制度逐漸普及。根據租佃制度，租佃契約期滿後，佃農可以自行決定離開或繼續續約，從而減少了農民對地主的人身依附關係；固定地租刺激了佃農的生產積極性，進而促進了農業的發展。在明、清兩代，土地租佃制度進一步發展，在南方商品經濟發達地區開始流行土地永佃權制度。永佃權是指永久租種某塊土地的權利，它實際上是土地的永久使用權（這種權利是土地權利的田面權，它和屬田底權的土地所有權相分離）。在永佃權制度下，租佃土地的佃農不僅可以長期使用這塊土地，還可以將田面權出賣、抵押、典當；這一制度進一步提高了佃農的生產積極性，從而促進了當時的農業生產活動。[24]

---

[24] 本段文獻主要參考整理自：賈春澤，〈中國古代土地制度淺析〉，《滄桑》2005 年第 6 期。

縱觀中國古代歷史上實行的各種土地制度，我們可以看到，每種制度都不是僵化不變的，它們都需要隨著社會的發展而不斷改變和調整以適應社會的發展和變化。關於土地所有權的問題，從原始社會的氏族公有制，到上古時期從公有制向私有制過渡的井田制，再到商鞅變法使土地私有制合法化所實行的名田制，之後歷朝歷代雖有各種形式的國有土地，但私有土地均占主體，除了短暫的王田制之外，自北魏太和九年到唐德宗建中元年（公元 780 年）實行了近 300 年的均田制，曾一度使私有制為主體的土地制度發生了變化，但此後的 1100 多年土地制度又恢復了以私有制為主，直到新中國建立、農村土地改革完成，在中國大地上土地私有制才真正結束。

6、中國古代農業工具的演變

古代農業技術的發展主要表現在生物馴化、品種選育、飼養繁殖、作物栽培、田地耕作、水利灌溉、肥料施用、農業工具等眾多方面的不斷進步上。在古代農業技術的發展中，最有代表性的變化主要反映在農業工具的演變上。從考古證據和文獻記載來看，中國古代農業工具大致經歷了材質從木器、石器、銅器到鐵器的更替，結構從簡單到複雜，功能從低級到高級，種類從少到多的發展歷程。

在原始農業時代，古人曾採用石、骨、蚌、角等材料製作農業工具。在中國，早在新石器時代早期和中期，就已出現了石鏟、石磨盤、石磨棒、石鐮等形制規範的成套農具[25]。到新石器時代末期，在距今 6000~5400 年時，長江三角洲地區的先民發明了三角形石犁，這使土壤深耕和大面積開發耕地成為可能。在公元前二千多年的虞夏之際，中國已出現了金屬工具，商代開始用銅钁開墾荒地、挖除草根，周代中耕農具「錢」（鏟）和「鎛」（鋤）、收割農具鐮和銍也開始用青銅製作[26]。商、周時代的青銅農具，種類有鏺、耜、斧、斨、鎛、鏟、耨、鐮、犁形器等。青銅農具的出現是人類生產技術上的一個重大進步。春秋戰國之際，出現了生鐵冶鑄、煉鋼和生鐵柔化三項技術，使鐵器被廣泛用於銳利農具的生產，加快了鐵製農具代替木、石、青銅農具的進程。鐵鋤、鐵耙和鐵鐮出現於戰國；戰國中期，鐵犁農業在黃河中下游地區已較普遍，土地深耕方法逐漸普及[27]。鐵製農具的使用是農業生產技術上的一個轉折點，它能清除大片森林，使之變為耕地、牧場等，也使大面積的田野耕作成為可能；甚至使農業生產關係、土地耕作制度和作物栽培技術等也發生了一系列的變化。從春秋戰國開始，使用耕畜牽引的耕犁逐漸在中國一些

---

[25] 蘇秉琪主編，張忠培、嚴文明撰：《中國遠古時代》，上海人民出版社 2014 年 5 月第一版，第 484 頁。

[26] 董愷忱、范楚玉主編：《中國科學技術史·農學卷》，科學出版社 2000 年版，參見"導言"。

[27] 董愷忱、范楚玉主編：《中國科學技術史·農學卷》，科學出版社 2000 年版，參見"導言"。

地區普及使用。在甘肅磨咀子出土的西漢末年的木牛犁模型，說明在漢代時期耕犁就已基本定型。兩漢時期，鐵製農具廣泛應用，墾耕工具包括鐵犁、鐵齒耙、鐵钁等，還有新型的覆土工具、田間管理工具、灌溉工具、收割脫粒收藏和運輸工具、加工工具等，到東漢時又出現了水磨[28]。漢武帝時，已開始推廣使用播種農具耬車，耬車能同時完成開溝、下種、覆土三道工序，大大提高了播種效率和質量。在東漢、三國之際，出現了用於提水灌溉田地的水車（也叫「翻車」、「龍骨車」、「水蜈蚣」等）。魏晉時，南方水田已普遍使用碎土的農具杪。晚唐時，南方水田已普遍使用了較先進的曲轅犁（又叫「江東犁」）。宋以前，出現了撥鐮、艾、翳鐮、推鐮、鉤鐮等收穫農具。宋、元之際，出現了一種用畜力牽引的中耕除草和培土的農具耬鋤。[29] 元代時，發明了用於中耕的農具耘蕩（後又稱為「耥」）[30]。

農業工具在演變過程中，同時也受到了農業制度的強烈影響。中國傳統農業的小農經濟制度，起源於原始社會末期，成形於戰國時期。在中國傳統農業小農經濟制度下，土地只能被分割成一小塊一小塊的田地來耕作。為了適應小塊田地的耕作需要，農業工具逐步向小型、輕便化方向發展。例如，從西漢中期耦犁推廣以來，我們看到農業工具不是繼續向大型、高效方向發展，而是逐步被改造得更加適合小農經濟的需要。耕犁從「二牛三人」到「二牛二人」，再到「一牛一人」，最後比較輕便靈巧的曲轅犁得到了普及。農業工具的這種發展，促使唐宋以後小農經濟重新得到了加強，自耕農再度開始活躍，隸屬性佃農轉化為契約性佃農[31]。

在 17 世紀之前，中國的農業工具在世界上處於先進行列，但進入 18 世紀以後就長期處於停滯狀態，基本上沒有多大發展。

而在近二三個世紀中，歐美各國的農業工具卻有很大發展，隨著自然科學的日益昌明，人們發明創制了不少新型的農業機具。例如，美國自 19 世紀初開始使用畜力機械，耘田機、播種機、刈草機、收割機、脫穀機等相繼問世；自 19 世紀 30 年代起，鐵犁迅速代替木犁並被普遍採用，到 19 世紀 50 年代時已普遍使用馬拉農具，1850 年時開始使用蒸汽機；20 世紀初，內燃機獲得較快發展。1910 年，美國已開始實行農業機械化，成為世界上推行農業機械化最早的國家。[32] 1930 年，儘管美國農業相對處於蕭條狀態，但美國農

---

[28] 〈農耕文化：農業發展的歷史支撐〉，《河南日報》，2007 年 3 月 14 日；參見：http://www.ha.xinhuanet.com/add/2007-03/14/content_9510657.htm。

[29] 本段中有關中國古代農業工具的材料，來源：「中華五千年」網，《農業生產工具》，2007 年 9 月 15 日；參見：http://www.zh5000.com/ZHJD/ctwh/2007-09-15/1148102435.html。

[30] 董愷忱、范楚玉主編：《中國科學技術史·農學卷》，科學出版社 2000 年版，參見「導言」。

[31] 李根蟠：《精耕細作、小農經濟與傳統農業的改造散論》，1999 年 11 月；參見「中國農業歷史與文化」網站：http://www.agri-history.net/scholars/lgp/lgp11.htm。

[32] 本段資料來源：沈志忠，《近代美國農業科技的引進及其影響評述》，《安徽史學》2003 年第 3 期。

場有近 100 萬輛拖拉機在作業[33]。

二、中國近代農業的演變

　　清末民初，近代農業的傳播與引進主要表現在創辦農學報刊、翻譯西方農書、建立農業學校及農業科研機構等方面。1896 年，羅振玉等一批熱衷於改良中國農業的社會賢達在上海創立了「農務會」，該組織主辦的《農學報》系統地向中國社會傳播近代農業知識，對促進中國農業向近代發展產生了廣泛影響。1897 年和 1898 年，中國近代最早的兩所農業學校浙江蠶學館和湖北農務學堂先後成立。1898 年，中國最早的農科大學京師大學堂農科也於北京建立。在農業科研方面，1906 年清朝政府在北京設立了「農事試驗場」，1931 年民國政府建立了「中央農業實驗所」；此後，全國各省的地方性農事研究機構也紛紛成立，到 1933 年中國已有各類農業機構 691 個，在職人員 7600多人，其中試驗研究機構 278 所。[34]

　　1861 年，清朝政府開展了洋務運動，同年 12 月清朝政府第一家兵器工廠安慶內軍械所創辦，中國近代工業由此拉開序幕。近代工業的發展必然會對傳統農業產生一定的影響（主要在於產業之間的關聯性），從而帶動傳統農業向近代農業轉化。再加上，中國近代教育開始於 1862 年，教育的進步也會在一定程度上促進傳統農業向近代農業發展。因此，本書將 1861 年作為中國近代農業的起點[35]，從 1861 年到 1949 年的 88 年屬中國近代農業時期。就總體來說，這一時期是中國農業由傳統農業向現代農業轉變的過渡時期。

　　1840 年鴉片戰爭爆發後，中國逐漸淪為半殖民地和半封建社會。中國農業經濟隨之發生了深刻變化，傳統農業中「男耕女織」的自然經濟結構開始解體。鴉片戰爭前夕，中國國內商品流通主要以糧食為主，但到 20 世紀初期已被棉布、棉紗等工業品取代。西方列強一方面對中國農副產品原料進行掠奪，另一方面又在中國市場傾銷他們的工業品，這使中國城鄉手工業和傳統家庭紡織業陷入了困境，同時也促使中國農業的商品化生產有了長足發展。這期間，中國以出口為目的的經濟作物的種植及蠶桑業迅速擴張，在一些口岸和交通發達的地方甚至出現了不少專業化的產區。[36]

　　在中國近代，農業耕地增長趨勢與人口增長趨勢基本相符，在 1840~1949

---

[33] 克里斯·弗里曼、弗朗西斯科·盧桑著，沈宏亮主譯：《光陰似箭：從工業革命到信息革命》，中國人民大學出版社 2007 年 10 月第一版，第 297 頁。

[34] 資料來源：翟虎渠主編，《農業概論》，高等教育出版社 2006 年 5 月第二版，第 115 頁。

[35] 有些學者將 1840 年鴉片戰爭爆發這一年作為中國近代農業的起點，這實際上是從社會學的角度所確定的大致時間點，從經濟學的角度來看這樣劃分並不準確，而且也沒有多少道理。

[36] 翟虎渠主編：《農業概論》，高等教育出版社 2006 年 5 月第二版，第 115 頁。

年間人口平均年增長率為 6.7‰，而在 1812~1949 年間耕地面積平均年增長率只有 3.4‰，人多地少、人口壓力問題日益嚴重。在 19 世紀，中國農業生產中最重要的是糧食，常占種植（播種）總面積的 80%左右。1840~1910 年間，中國糧食單產量在 204~223 斤／畝區間內波動[37]；與乾隆、嘉慶時期（1736-1820）相比，近代中國糧食的單產量呈逐年下降趨勢。1914~1949 年間，無論是糧食，還是油料和棉花作物，其單產量均呈現出下降趨勢，這其中除了戰亂、天災的影響以外，傳統農業生產本身已開始顯露出其內在的危機。20 世紀以來，從總體來看，中國糧食總產量仍在不斷增長，並於 1936 年達到近代史上最好水平；因農業生產結構稍有改進，經濟作物的增長率快於糧食的增長率，受進口棉貨影響，棉花產量增長很慢。[38] 其後，國共內戰、抗日戰爭和解放戰爭的相繼爆發，使中國經濟進入戰時狀態，國民經濟遭受嚴重破壞。

1、中日比較：制度變革對經濟發展的影響

在 1894~1895 年間的中日甲午戰爭中，清軍的戰敗加速了封建清王朝政權的衰落；1898 年由康有為、梁啟超等推動的資產階級政治改革運動「戊戌變法」的失敗，大大延緩了中國經濟近代化的進程。

在中日甲午戰爭中，日本軍隊戰勝了清朝軍隊，表面上看來這是日本軍事的勝利，而如果深入分析兩國軍事背後的支撐力量，我們不難發現，這次戰爭其實是日本在政治、經濟、制度等方面對清朝的勝利。日本於 1868~1890 年開展的「明治維新」運動，首先使日本取得了政治制度改革的成功，政治制度改革的成功又使日本經濟獲得了飛速發展，而經濟的發展又為日本軍事的強盛提供了堅實的物質基礎。在「明治維新」過程中，日本在各個方面向西方學習，除了注重引進西方先進科學技術、實現工業化和軍事現代化以外，還很注重借鑒西方的政治制度（如頒佈憲法、設立國會、實施內閣制度、廢除身份制度、建立文官考試制度等）；日本政府在政治體制、法律制度、財政、金融、教育、軍事等方面都廣泛向西方國家學習，並從這些方面對日本社會開展了較徹底的改革，這些改革使日本經濟飛速發展，國家實力迅速崛起，經過半個世紀就完成了追趕西方國家的現代化，並成長為稱雄一時的亞洲強國。而反觀中國的「洋務運動」，清朝封建勢力為了保有既得利益，只提倡學習西方的技術和軍事，而極力避免觸及政治改革，洋務派的行動實際上僅主導了部分經濟和軍事上的改革，其後的「戊戌變法」雖涉及了制度層面的改革，但最終卻被封建守舊勢力所扼殺，由此使中國邁向現代化的道路充滿了

---

[37] 吳慧著：《中國歷代糧食畝產研究》，農業出版社 1985 年版，第 198 頁。
[38] 本段中有關中國近代農業的情況，引用了吳承明的研究成果；參見吳承明：〈中國近代農業生產力的考察〉，《中國經濟史研究》，1989 年第 2 期。

艱辛與坎坷！

從經濟發展的角度來看，「明治維新」運動可以說是日本的工業革命，正是這一運動促使日本從一個傳統的封建落後國家轉變成了一個資本主義的工業化強國。

從 19 世紀 80 年代開始，中日兩國幾乎同時開始了經濟近代化進程。當時，兩國在歷史背景、起始條件、國際環境和發展過程等方面都有許多相似之處，尤其是兩國在近代化初始時期的經濟發展水平都不高。1883~1887 年，日本國民收入為 600 百萬日元，人均國民收人僅為 15.6 日元（用 1883~1887年間平均價格表示），按照當時的匯率兌換約合 13.2 美元。而同期（1887 年）中國的國民收入為 32.14 億兩，人均國民收入為 8.5 兩（均為當年價格），按照當年的匯率折算約合 10.88 美元，為日本人均收入的 82.4%。在經濟近代化起步之初，中日兩國經濟發展水平相差無幾，但在 19 世紀 80 年代至 20 世紀30 年代的五十年間，日本經濟取得了令人矚目的發展，而中國經濟則遠遠落後於日本。1887 年至 1936 年的 49 年間，日本國民收入和人均國民收入呈現大幅度的增長態勢：實際國民收入由 1887 年的 43.42 億日元增加至 1936 年的 207.14 億日元，49 年中增加 3.8 倍，年均增長 3.16%；實際人均國民收入由 112 日元增加到 292 日元，其間增加 1.6 倍，年均遞增 1.94%。而在同一時期內，中國實際國民收入由 1887 年的 143.43 億元增至 1936 年的 309.40 億元，49 年中僅增加 1.2 倍，年均增長 1.58%；實際人均國民收入由 37.98 元增至 60.57 元，僅增加 59.48%，年均增長率僅為 0.96%。由此可見，這期間中國經濟的發展速度已大大落後於日本。到 20 世紀 30 年代，日本已經成功地實現了國家工業化，並步入了近代化國家的行列，而中國卻沒有進入工業化國家之列。

在 19 世紀 80 年代至 20 世紀 30 年代，日本的近代工業迅速發展，經濟實力顯著增強，取得了舉世公認的經濟發展成就。1881~1937 年，日本工業生產指數的增長率為 5.4%，遠遠超過同時期的歐美各國。歐美各國的增長率，美國為 3.7%，意大利為 3.1%，德國為 2.9%，英國為 1.6%。日本工業總產值在世界各國工業總產值中的比重，由 1890 年的不足 1% 上升到 1937 年的 4%，令西方國家不得不刮目相看。而在同一時期，中國經濟的增長速度不僅大大低於同期的日本，甚至也低於西方發達國家經濟起飛階段，如美國 1834／1843年－1869／1878 年期間國民收入年均增長 5.2%，人均國民收入年均增長率為1.4%，英國 1801／1811 年－1831／1841 年期間分別為 3.2% 和 1.5%，均高於中國 1.58% 和 0.96% 的年均增長率。[39]

---

[39] 以上兩段中有關中日兩國近代經濟發展的情況，引用了張東剛的研究成果；參見張東剛：〈近代中國總需求變動的宏觀分析〉，《浙江大學學報（人文社科版）》，2007 年第 6 期，第 36-45 頁。

2、中國近代的工業化

自 1840 年鴉片戰爭以後，中國開始了由傳統社會向現代社會轉變的過程。19 世紀 60~90 年代，在西方資本主義和外商企業的刺激下，清政府中的洋務派在各地掀起了一場「師夷長技以自強」的洋務運動，在洋務派軍用工業尤其是民用工業的示範下，一些官僚、地主、商人開始投資興辦新式工業，由此開始了近代中國艱難的工業化歷程。1861 年初，清政府設立總理衙門以及北洋與南洋兩位通商大臣，然後派員到海外採購外國的船炮並自行仿造，隨之在各地建起了一批軍用工廠。1861 年 12 月，曾國藩創建了清政府第一家兵器工廠安慶內軍械所，由此拉開了中國近代工業的序幕。1865 年，李鴻章在上海創辦了江南製造局，是清政府最大的軍工企業。1866 年，左宗棠創辦的福州船政局，是清政府設備最齊全的新式造船工廠。除創辦軍用工廠以外，洋務派還採取官辦、官督商辦和官商合辦等方式，開辦了輪船招商局、開平礦務局、天津電報局、唐山胥各莊鐵路、上海機器織佈局、蘭州織呢局等民用企業。1872 年李鴻章在上海創辦的輪船招商局（是中國最早設立的輪船航運企業），1893 年張之洞興建的漢陽鐵廠等，這些企業就是其中的代表。洋務派創辦的這些企業培養了一批新式技術人才和工人，客觀上刺激了中國資本主義的發展，為近代中國工業化奠定了一定基礎。因為洋務派的根本目的在於維護清朝封建統治，他們只注重引進西方的技術和機器而不引進西方的先進制度，更未觸及國家的政體改革，而且他們利用西方先進生產技術主要是採取「移植」的方式，這就決定了洋務運動必然失敗的結局。

自 1861 年至 1894 年持續三十餘年的洋務運動，儘管沒有使當時的中國變得富強，但這次運動從西方引進了先進技術和機器生產，促使中國工業生產從手工業轉向了機器工業，可以說它是中國工業革命的起點。

1894 年至 1911 年間，中國民族資本快速增長，平均年增長率達 15.1%。自 1911 年辛亥革命爆發到 1920 年，外國在華產業投資因歐戰陷入頹勢，增長率僅有 4.5%；官僚資本的增長率更跌為 3.8%；而民族產業資本的增長率依然很快，為 10.5%。據經濟史學家吳承明先生研究，到 1920 年時，中國絕大部分手工行業都在發展，手工業總產值也在增長；並且機製工業發展最快的時候，也是手工業發展最快的時候，乃至在同一行業中也有這種情況。1920 年，中國製造業總產值中，手工業占 82.8%，機製工業占 17.2%。此後，情況略變。機製工業加速取代手工業，但手工業產值仍有增長，到 1936 年，在製造業總產值中，手工業占 69.4%，機製工業占 30.6%。當時，中國最大的兩項民族機製工業是棉紡行業和麵粉行業。起初，棉紡行業是先以紡粗支紗供應手工織布為主，到 1920 年粗支紗已佔有 52% 的紗市場；然後又轉向生產織機布，到 1936 年時織機布佔有 57% 的布市場。到 1936 年時，中國的棉紡行業

已戰勝了進口洋紗，洋布進口日益減少。機製棉紡行業之所以能夠順利發展，主要得力於手工紡織戶的支持以及定縣、高陽、濰縣、寶低、郁林、平遙等新的手織區的興起，機製企業與手工織戶之間實際上結成了一種共生互補的關係。中國的機製麵粉行業興起於 20 世紀初。最初，機製麵粉廠採用的是一種土洋結合的機器磨坊形式，然後又改用全機器化的新式滾筒製粉法。機器磨坊實際上是由以蓄力為動力的土磨坊，向以電力為動力的機製麵粉廠過渡的一種中間形態。在 1931 年至 1936 年，機製麵粉廠的產量由 0.47 億包增長到 1.23 億包；土磨坊的產量也由 1.66 億包增至 1.72 億包，呈現出土洋並行發展的局面。在同一時期，機器磨坊的產量也由 90 萬包增長到 1476 萬包。三者並進，形成了一種水平式互補關係。1913 年時，中國進口洋麵粉 260 萬擔，而到 1936 年時僅進口了 51 萬擔[40]。這表明，這期間中國的麵粉加工行業得到了快速發展，並有效抑制了洋麵粉的進口。此外，像火柴、針織、電器、日用化工等輕工業，剛從國外引進中國後，大都是先採用手工製作或利用家庭散工制生產，待市場需求擴大後，然後再實行機械化大生產。

當時，在中國傳統手工業工場中，不少手工業工場是通過不斷改進生產工具來提高生產力的。例如，在絲織行業，最初使用的投梭機是手拉機，後來改用足踏鐵輪機，再後來又改用電力鐵輪機。到 1936 年時，全國絲織行業的絲織機中，已有 20.3% 採用了電力織機，按行業生產力統計，已經占到了38.3%；即有 1/3 以上的絲織工場已過渡為現代化絲綢工廠。在繅絲行業，由最初的手搖絲車改進到足踏絲車，此後又採用汽喉（煮繭用）足踏絲車，再後來又使用蒸汽動力絲車。在製棉行業，由最初的手搖軋花車改進到足踏皮棍軋花車，再到蒸汽動力齒輪軋花車。對手工業工場來說，這種生產工具的不斷改進，當改進到一定程度後就很容易過渡為全機器化的工廠。[41]

中國傳統的麵粉加工業使用的主要工具是石磨，主要用於加工小麥、玉米、小米、高粱等糧食作物。1878 年天津貽來牟磨坊的設立，標誌著中國傳統磨粉業技術變革的開始，這家磨坊的石磨以蒸汽機帶動，其他工作仍靠人力完成；在 1878~1913 年間，全國開辦的以蒸汽機帶動石磨的機器磨坊約 26 家[42]。1914 年後，隨著民族機器工業仿製引擎和電力技術的普及，中國的機器磨坊業得到了進一步發展。例如，在 1925~1930 年間，天津以磨雜糧為主的磨坊有 208 家，磨坊中以畜力為動力的碾磨，其數量占所有碾磨的比例，1925 年時為 43.9%，而到 1930 年時已下降到 3.5%，該年使用畜力的碾磨僅有 22 盤。從 1878 年至 1936 年，中國民營的機器磨坊和簡易小型麵粉廠共

[40] 上海市糧食局等編：《中國近代麵粉工業史》，中華書局 1987 年版，第 101 頁、第 106 頁。

[41] 以上兩段中有關 1894-1936 年的中國經濟情況，引用了吳承明的研究成果；參見吳承明：〈近代中國工業化的道路〉，《文史哲》，1991 年 6 期。

[42] 上海市糧食局等編：《中國近代麵粉工業史》，中華書局 1987 年版，第 8 頁、第 14-15 頁。

136 家，加上天津以磨雜糧為主的電動磨坊，總數達到 368 家，這些機器磨坊在技術上介於土磨坊和機製麵粉廠之間，處於從土磨坊向全機器化生產過渡的中間階段。

中國傳統手工業的技術變革和生產工具的不斷改良，在為民族機器工業的誕生提供市場空間的同時，也推動了民族機器工業的專業化發展。中國傳統手工業所使用的軋花車、棉織機、絲織機、繅絲機等，一般是木製結構的簡陋工具，生產效率異常低下。1897 年，上海戴聚源鐵鋪最早開始仿製軋花車，隨著仿製種類的增多，戴聚源鐵鋪也逐步擴大發展成為一家鐵器工廠；1900 年前後，由中國工廠生產的軋花機年產量約二三百部，到 1913 年時產量已達到二千多部[43]。軋花機器市場的擴大，促進了民族機器工業中軋花車製造專業的形成，在 1913 年時僅上海一地就有 17 家軋花機製造廠。同樣，民族機器工業對針織機的仿造，也帶動了針織機製造專業的出現。針織業是 20 世紀初從國外傳入中國的新興手工業，最初使用自德國進口的手搖針織機（主要用於生產襪子），第一次世界大戰後民族機器工業開始大批仿造手搖針織機，到 1924 年時，全國針織機製造廠已增加到 39 家。

在經過一定時期的資金積累和技術積累之後，中國近代手工業和民族機器工業開始由較低層次向較高層次發展。20 世紀 20 年代前後，中國的機器修造、手工棉織、絲織、針織等行業便開始了向大機器工業過渡。例如，上海民族機器修造業中有一批場坊，在經歷一段手搖車床時期後開始使用電力或引擎等原動力，到 1920 年時，在 114 家機器修造廠中改用原動力的企業有 81 家，占總數的 71%[44]。1929 年，天津以製造織布機為主要業務的 15 家機器修造工場中已有 8 家使用了電力[45]。據南京國民政府 1934 年對上海、江蘇、浙江、安徽、江西、山東、河北、山西等七省一市小規模染織廠的調查結果顯示，在 415 家染織廠中，共使用電力織布機 11208 台，手工織布機 11886 台[46]。

在 1920 年前後，杭州等手工絲織業集中的地區開始向機器化生產過渡。1912 年設立的杭州緯成公司，1920 年時有手拉機 300 台，1926 年時購置電力絲織機 13 台，開始向電力絲織廠轉化；1914 年設立的虎林公司，在 1920 年有手拉機 200 台，1924 年開始購置電力絲織機 24 台[47]。這些絲織廠尚未完全過渡到機器化工廠，他們的工具設備大多是手拉機和電力絲織機並存。1927 年，杭州絲織行業中共有木製機 1000 餘台，手拉機 6000 多台，電力絲織機 3000 多台，而到 1936 年時，木製機減少至 500 台，手拉機下降到 800 台，

---

[43] 上海市工商行政管理局等編：《上海民族機器工業》（上冊），中華書局 1979 年版，第 171 頁。
[44] 上海市工商行政管理局等編：《上海民族機器工業》（上冊），中華書局 1979 年版，第 304 頁。
[45] 方顯廷：《天津織布工業》，南開大學經濟研究所，1930 年版，第 47 頁。
[46] 嚴中平著：《中國棉紡織史稿》，科學出版社 1955 年版，第 301 頁。
[47] 徐新吾主編：《近代江南絲綢工業史》，上海人民出版社 1991 年版，第 143-146 頁。

電力絲織機已增長到 6200 台[48]。在這一時期，蘇州絲織行業也出現了手工絲織向機器絲織的過渡。此外，湖州、盛澤、寧波、安東等手工絲織業較為發達的其它城鎮也開始了向機器生產的轉化。這說明，到 1936 年時，電力絲織機在中國絲織行業設備中已經佔據了主導地位，但尚未完全取代手工絲織機，中國絲織行業依然處於由舊到新的過渡狀態。[49]

3、近代工業對農業商品化的影響[50]

中國近代工業的發展推動了農業的商品化發展，而農業的商品化發展又帶動了農業本身的發展和農業技術進步。例如，在 20 世紀 30 年代以前，廣東的甘蔗種植技術仍然處在傳統農業的水平，30 年代廣東的工業化運動，推動了廣東機器糖加工業的迅速發展，加快了製糖業的商品化步伐，擴大了商品糖的市場規模，製糖業對原料需求的迅速增長直接帶動了甘蔗種植業的發展，從而推動了甘蔗栽培技術的進步。在 1930 年前後，廣東省已經具備了一定的工業基礎。自晚清發展起來的廣州民營機器工業，到 20 世紀 30 年代已有了一定規模，在 1932~1935 年間，廣州的民營機器修造企業從 177 家增加到了 250 家以上；這一行業可以製造多種類型的機械，產品銷售以廣東省為主，由這些企業製造的繅絲機、抽水機、碾穀機、碾米機、榨油機、發動機等與農村工業相關的機械，對當時廣東農村經濟的發展發揮了重要影響[51]。

從明清到近代時期，廣東地區的製糖手工業採取的是與種植業緊密結合的糖寮作坊形式。關於廣東糖寮作坊的經營方式，《廣東新語》卷二十七《草語》中記載：「榨時，上農一人一寮，中農五之，下農八之十之。」糖寮作坊使用的生產工具主要是以牲畜牽引的木製輥軸式榨糖機。在民國時期，糖寮由蔗農按所出的牛或其他生產資料或勞動力進行組合，一間糖寮需要組合大約 80~100 畝蔗地作為原料基地才能夠開始榨糖[52]。蔗糖加工好後，蔗農需要將蔗糖挑到集市去出賣，或者將蔗糖賣給糖戶、糖棧，由糖戶、糖棧再進行銷售。由此可以看到，中國傳統的製糖手工業，生產規模小，經營方式落後，流通環節多，商品化程度很低。

1933~1936 年間，當時的廣東省政府分別在廣州和順德建立了第一蔗糖營造場和第二蔗糖營造場這兩家大型糖廠；糖廠從美國、捷克採購了壓榨機、

[48] 朱新予等編著：《浙江絲綢史》，浙江人民出版社 1985 年版，第 186 頁。

[49] 以上三段中有關中國近代工業化的情況，引用了彭南生的研究成果；參見彭南生：〈傳統工業的發展與中國近代工業化道路選擇〉，《華中師範大學學報（人文社會科學版）》，2002 年 2 期。

[50] 本小節引用了吳建新的研究成果，參見吳建新：《試析近代工業和近代農業的關係》，見「中國農業歷史與文化」網站：http://agri-history.net/scholars/wujianxin1.htm。

[51] 伍錦：〈解放前廣州市私營工業〉；參見《廣州文史資料》（23 輯），廣東人民出版社 1981 年版，第 84 頁、第 102 頁。

[52] 饒宗頤：《潮州志‧實業志‧農業》，民國。

壓濾機和蒸發罐等製糖機器，配備了發電廠、鍋爐及酒精生產設備等，堪稱是當時中國大陸最現代化的機器糖廠，到 1936 年 12 月糖廠總榨蔗量達到每天 6000 噸[53]。糖廠除了加工生產蔗糖以外，同時還自設規模很大的甘蔗繁育場，負責管理甘蔗良種和栽培技術的試驗推廣工作。糖廠在主要蔗區以農業貸款方式向農民供應良種和化肥，加快了農業新技術的推廣應用，從而促使廣東甘蔗種植業從傳統向近代轉型。糖廠直接面向蔗農收購甘蔗，使大批蔗農脫離了糖寮作坊製糖的落後手工業生產方式，參與到了工業化的分工體系中。根據記載，兩家糖廠 1934 年貸出款項 39.8 萬元，訂約收購甘蔗的蔗田有 3.6 萬畝；而 1935 年 1 月至 9 月間貸出款項 100.8 萬元，訂約收購甘蔗的蔗田有 4.9 萬畝[54]。隨著新型糖廠的建立，適應工業加工需求的甘蔗新品種和先進栽培技術迅速得到了推廣應用。在新會還出現了專門進行甘蔗良種培育和推廣的民營農場，其銷售網絡分佈在東江和西江平原，甚至遠達廣東和廣西交界的梧州[55]。由於 1933 年廣東省政府實施的有關政策限制民營資本進入機器製糖業（未限制手工製糖業）[56]，所以直到 1937 年以前，廣東省還沒有一家民營性質的加工精製白糖的新式蔗糖廠。公營機器製糖業的發展間接推動了廣東手工製糖業的發展和技術進步。在 1937 年以後發展起來的小型糖廠，榨糖機已由木製改為鐵製，動力由牲畜牽引改為機器牽引，製糖方法也由漏糖改用分蜜機，這些技術進步提高了生產效率、改善了產品質量；到 1950 年時，廣東全省的民營蔗糖廠已發展到了 150 家[57]。

4、中國近代的農業機械化

自晚清時期開始，中國就開始陸續從外國引進各種農業機具。如 1906 年，山東農事試驗場從美國購進農機具 20 餘種；1907 年前後，奉天農事試驗場從美國、日本等購買各種犁耙、刈麥器、刈草器、玉米播種機等多種農機具[58]。1912 年，浙江省政府從美國購回 2 台鐵輪水田用拖拉機及配套犁耙等農機具，後交給浙江大學農學院實習農場；1915 年，黑龍江呼瑪的三大公司，從美國萬國農具公司海參崴支店購入 5 台拖拉機和其他機械農具進行大農田經營；其後，綏濱、泰來等地的農墾公司又陸續購進 3 台拖拉機和其他一些

[53] 冼子恩：〈陳濟棠辦糖廠經過及其真相〉；參見：《廣東文史資料》（56 輯），廣東人民出版社 1988 年版。

[54] 〈廣州第一甘蔗營造場〉，參見：《甘蔗種植淺說》，廣州第一甘蔗營造場 1935 年印，第 71-73 頁。

[55] 〈新會民生農場〉，參見：《爪哇蔗種植法》，廣東新會天成印刷館 1935 年印。

[56] 廣東省政府農林局：《廣東省民營糖廠監督暫行規程》，1933 年 9 月；廣東省政府第六屆委員會第 216 次會議錄。參見：《民國時期廣東省政府檔案資料選編》（第三冊），廣東省檔案館 1996版，第 463 頁。

[57] 〈廣東糖業公司〉，參見：《廣東糖業概況》，華南農業大學農史室藏本 1950 年油印本。

[58] 《奉天農事試驗場報告》第一、二冊，光緒三十四（1908）年。

大型農具[59]。1929 年，山西農事試驗場從美國農具公司購買了新式拖車、二行犁、三行犁、雙行四盤耙、條播機、割捆機等。[60] 這些都是中國近代農業進行機械化的具體嘗試。

　　儘管早在 1915 年中國農業領域就引進了現代機械進行耕地，但農業機械化進展一直很遲緩，到 1949 年時只有拖拉機 401 台，主要在東北地區（東北最多時有拖拉機 489 台），在蘇南和上海也有幾部。民國時期，中國農業領域的機器灌溉在長江下游地區有一定的發展。例如，在武進一帶，1924 年開始電力灌溉，到 1929 年時電力灌溉面積已有 4.3 萬畝；機器灌溉發展最快的無錫，到 1937 年時機灌面積已占耕地總面積的 62%～77%[61]。1930 年，中國進口農機 149 萬輛，進口化肥約 380 萬擔[62]。在民國時期，割草機、脫粒機、輾米磨面等機械已開始進入一些農戶。[63]

三、中國現代農業的發展

　　1949 年 10 月中華人民共和國成立，中國農村經濟得到迅速的恢復和發展，中國農業進入現代農業發展階段。1952 年，中國農業生產已恢復到歷史最好水平；1965 年全國農業總產值達 589.6 億元。從 1952 年到 1965 年，中國完成了農業合作化和人民公社化，建立了與計劃經濟體制相適應的統購制度。這一時期，中國的農業教育、科學研究與技術推廣體系已普遍建立，並形成了相當規模。此後，長達十年的「文化大革命」使農村經濟與農業生產秩序遭到了嚴重破壞，農業生產處於停滯狀態。直到 1978 年中國政府實施改革開放政策以後，中國經濟才真正迎來了飛速發展的時期。1988 年，中國農村社會總產值實現 12535 億元，按可比價格計算，較 1978 年增長了 2.43 倍，平均年遞增 13.1%，快於同期社會總產值增長 1.9 倍和平均年遞增 11.2%的速度；當年農業總產值（不含村辦工業）達 5865 億元，較 1978 年增長 82.6%，平均年遞增 6.2%。1988 年，全國鄉鎮企業總數 1888.16 萬個，總產值 6495.7 億元，占農村社會總產值的 56%和全國社會總產值的 23.5%，在國民經濟中已佔有舉足輕重的地位。[64] 到 20 世紀 90 年代中期，中國已成功實現了農產品從長期短缺到供求基本平衡、豐年有餘的歷史性轉變。

---

[59] 章有義編：《中國近代農業史資料》（第二輯），北京三聯書店 1957 年版，第 359-360 頁。

[60] 本段資料來源：沈志忠，〈近代美國農業科技的引進及其影響評述〉，《安徽史學》2003 年第 3 期。

[61] 王方中：〈舊中國農業中使用機器的若干情況〉，《江海學刊》1963 年第 9 期；東北財經委員會調查統計處：《偽滿時期東北經濟統計》第 1-15 頁（刊印年未詳）。

[62] 章有義編：《中國近代農業史資料》（第三輯），北京三聯書店 1957 年版，第 876 頁、第 878 頁。

[63] 本段數據資料來源：吳承明，〈中國近代農業生產力的考察〉，《中國經濟史研究》1989 年第 2 期。

[64] 本段數據資料來源：翟虎渠主編，《農業概論》，高等教育出版社 1999 年 9 月第一版；參見本書「中國近現代農業的發展」一節的內容。

自 1978 年以來中國主要農產品的生產情況，具體見表 8-2。1984 年，中國首次出現了糧食和棉花的銷售難現象，中國農業開始了部分農產品過剩背景下的結構調整。20 世紀 90 年代初，隨著中國農業綜合生產能力的提高，導致多數農產品供過於求，農產品價格普遍下降，這迫使各地加大農業產業結構調整以適應市場的變化。經過不斷調整，中國的農業產業結構和農村經濟結構得到了不斷優化，具體表現為：農業內部的產業結構由以種植業為主轉變為種植業和林牧漁業共同發展，種植業結構由以糧食為主轉變為糧食作物與經濟作物、飼料作物全面發展，農村經濟結構由以農業為主轉變為農業與非農業協調發展，從而使農業的區域比較優勢和規模優勢逐步得到了發揮。改革開放以來，中國農業產業結構發生了明顯變化，從各行業產品的比重來看，種植業產值的比重有較大下降，由 1978 年的 80%下降到 2004 年的 50%；畜牧業和漁業的產值比重大幅度上升，分別從 1978 年的 15%和 1.6%上升到 2004 年的 33.6%和 9.9%；林業產值的比重基本保持穩定。中國農業主要行業產值結構的比重變化情況，具體見表 8-3。[65]

表 8-2　中國主要農產品的產量[66]

單位：萬噸

年份	糧食	棉花	肉類	奶類	禽蛋	水產品
1978	30476.5	216.7	856.3	97.1	199.1	465.3
1983	38728.0	463.7	1402.1	221.9	334.9	545.8
1988	39408.0	414.9	2479.5	418.9	695.5	1060.9
1993	45648.8	373.9	3841.5	563.7	1179.8	1823.0
1998	51229.5	450.1	5723.8	745.4	2021.3	3906.5
2003	43069.5	486.0	6932.9	1848.6	2606.7	4704.6
2004	46946.9	632.4	7244.8	2368.4	2723.7	4901.8

表 8-3　中國農業主要行業產值結構的比重變化情況[67]

單位：%

年份	1978	1980	1985	1990	1995	2000	2001	2002	2003	2004
種植業	80	75.6	69.2	64.7	58.4	55.7	55.2	54.5	50.1	50.1
畜牧業	15	18.4	22.1	25.7	29.7	29.7	30.4	30.9	32.1	33.6
漁業	1.6	1.7	3.5	5.4	8.4	10.9	10.8	10.8	10.6	9.9
林業	3.4	4.2	5.2	4.3	3.5	3.8	3.6	3.8	4.2	3.7

數據來源：《中國統計年鑒》，2005 年；按當年價格計算。

---

[65] 本段資料來源：瞿虎渠主編，《農業概論》，高等教育出版社 2006 年 5 月第二版，第 117 頁、第 145 頁。

[66] 來源：瞿虎渠主編，《農業概論》，高等教育出版社 2006 年 5 月第二版，第 117 頁；參見表 8-2。

[67] 來源：瞿虎渠主編，《農業概論》，高等教育出版社 2006 年 5 月第二版，第 145 頁；參見表 10-4。

中國政府自 1952~1956 年實行的農業合作化政策，具有擴大農業經營規模的作用，這一政策在一定時期內取得了明顯效果，但由於在執行過程中的一系列失誤，取消了農民的經營自主權，扼殺了農民生產的積極性和主動性，從而使新中國改造小農經濟的行動進入了死胡同。1978 年 12 月中共十一屆三中全會後，中國農村普遍實行了以包產到戶為基本特徵的「家庭聯產承包責任制」，這一政策恢復了家庭經營形式和農民的經營自主權，極大地調動了廣大農民生產的積極性和主動性，一段時期內使農業生產獲得了高速增長，但農業經營規模細小而分散的問題始終沒有得到根本解決。當前，中國的人口數量超過了歷史上任何時期，「均田」式的包產到戶實際上加劇了農業經濟規模細小、經營分散、再生產能力薄弱的問題。這種情況，對大型高效農機農具的推廣使用十分不利，阻礙了農業現代化的發展，制約了農業勞動生產率的進一步提高。

解決中國農業問題的根本出路在於，以市場為紐帶把農業再生產各環節按照其內在聯繫重新連接起來，引導分散的小農戶參與到社會經濟系統的分工協作網絡中，具體措施包括建立農業市場體系、盤活土地使用權利、實行股份合作制、提高農業科技水平、實行農業產業化發展等。

1、現代農業的產業化[68]

正如美國農業歷史學會主席彼得・考克萊尼斯（Peter A. Coclanis）所說：「農業的產業化在 18 世紀裡已像一艘『聚滿蒸汽』的蒸汽輪，從此便一直加速航行」。大約從 1800 年左右開始，世界農業制度的變遷逐漸轉向了產業化（industrialization）。

農業的產業化進程，從狹義方面來說是指農業從傳統的農耕、畜牧、漁獵和採集等為主導的生產活動向以農產品加工、商業經營等為主導的生產活動相對轉移的過程，從廣義方面來說是指在農業生產經營活動中系統地利用科學知識從而提高農業生產率的過程。

從現代科學知識在農業領域的應用和傳播來看，在世界農業的產業化進程中出現了三個重要的轉折點。

第一個轉折點是在 1900 年前後植物學家們「重新發現」了孟德爾於 1865 年就發現的生物遺傳定律，由此導致現代遺傳學的興起。在 20 世紀 30 年代，現代遺傳學在農作物培育領域中帶動了品種雜交。人們發現，不同植物品種或品系按規劃雜交後所產生的後代通常能夠提高活力和產量。農作物的雜交優勢能夠使農業在減少土地佔用的同時增加產量，於是雜交品種迅速被美國

---

[68] 本節資料來源：彼得・考克萊尼斯撰，蘇天旺譯，〈世界農業制度的歷史變遷與功效〉，北京《世界歷史》，2009 年第 6 期。

及世界各國的農民所採用。農作物雜交品種一旦被世界各國廣泛引進和傳播，就促進了科學知識在農業生產活動中的廣泛應用，由此也促成了農業產業化制度的形成。科學知識在農業生產活動中的廣泛應用，直接推動了農業工具的機械化進步，同時也促進了農產品在生產、加工、運輸、營銷和金融服務等方面的各種創新。到 20 世紀中葉，在發達國家裡農業產業化的新發展已迅速改造了農業的生產方式，以致於這些國家很容易就可以養活其全部人口而無需很多農民。例如，在 1950 年，全美國的勞動力中農民僅占 11.6%，而 1930 年時農民比例卻占到 21%，1900 年時農民比例則占到 40% 之多。

第二個轉折點是在 20 世紀六七十年代，現代產業化生物農業從發達國家迅速傳播到世界欠發達地區。這其中，美國政府和墨西哥政府始於 20 世紀 40 年代所做的努力，以及洛克菲勒基金會和福特基金會等機構的支持發揮了重要作用。一批富有才華的植物學家、土壤學家、農藝學家和農業經濟學家前往亞洲和拉丁美洲的一些欠發達國家，在這些國家啟動了新一輪農業制度的變遷。

第三個轉折點是在 20 世紀 80 年代中期，轉基因技術和轉基因農作物被引入現代農業中。轉基因技術已被證明能夠改變作物的成熟期，能夠增強作物的抗病蟲害能力和環境適應性，能夠進一步提高農作物的產量，轉基因農作物具有改善人類膳食的巨大潛力。目前，轉基因技術已開始在大豆、玉米、棉花和油菜等重要經濟作物生產領域中佔據了主導地位。

世界農業產業化進程中的這三個轉折點改變了農業發展的軌跡，每次轉折都極大地提高了農業的產量和生產率，導致農業的結構與組織發生了巨大變化。在 20 世紀裡，正是這些變化推動了農業領域中全新產業制度的日益成形。

2、現代農業技術

自 19 世紀中葉以後，自然科學（如化學、生物學、生理學、遺傳學、昆蟲學、微生物學、土壤學和氣象學等）的研究成果及其實驗方法，在世界不同國家逐漸被應用於農業技術研究及實踐中，促使農業技術從經驗階段發展到現代農業科學階段。1840 年，德國化學家李比希（Justus von Liebig，1803~1873）出版了《有機化學在農業和生理學上的應用》一書，這標誌著現代農業科學發展的開始。從此，以實驗為基礎的各門農業科學先後形成。1883 年，俄國地理學家、土壤學家道庫恰耶夫（Докучаев，1846~1903）出版了《俄國黑鈣土》一書，這部書奠定了土壤學的基礎。19 世紀中後期，李比希在農業化學和植物營養元素等方面的研究和發現直接導致化學肥料工業的出現，在農業種植中施用化學肥料的做法逐漸普及，從而使傳統農業耕作技術發生了巨變。其後，由於合成化學的發展，一些國家研製出了各種農藥和除草劑，人們將這些化學合成藥劑大量用於農作物的病蟲害防治上，從而極大地提高

了農作物的產量。1953 年，生物 DNA 雙螺旋結構的發現揭開了生物科學研究的新紀元。在此基礎上發展起來的分子生物學，直接導致 20 世紀 70 年代生物工程技術的出現，包括基因技術、細胞技術、雜交育種、微生物農藥等各種生物工程技術在農業中的廣泛應用，不斷推動著現代農業技術的快速發展。

現代農業科學研究在中國的發展要晚於歐美發達國家。19 世紀末，少數農、林和蠶桑學堂的創辦及隨後一些高等農業學校的建立，在傳播現代農業科學技術方面起了帶頭作用。20 世紀初，以作物、蠶桑和家畜品種改良、病蟲防治為開端的現代農業科學研究逐漸在中國發展起來。

新中國成立後，特別是 1978 年以來，中國農業領域引進了一大批農作物和畜禽、水產新品種，引進了一大批種子加工、栽培、養殖、施肥、貯藏保鮮、能源環保、節水灌溉等技術，並加快了在農業生產中的應用；引進了一批農業發展前沿技術（如分子生物技術、DNA 芯片技術、3S 技術等），從而加快了中國農業技術從傳統農業向現代農業的轉化。現代農業技術的推廣應用，有力促進了中國農業經濟的發展。例如，1975 年，中國雜交水稻育種專家袁隆平在秈型雜交水稻種植技術方面取得了突破，中國從 1976 年開始推廣這種雜交水稻種植技術，至 1999 年累積推廣面積近 30 億畝，增產稻穀 2000 億公斤，從而實現了水稻種植歷史上的一個新飛躍。[69]

自新中國成立以來，中國農業科技在雜交水稻、雜交玉米、轉基因抗蟲棉、雜交油菜等一系列核心技術方面，培育並推廣農作物新品種、新組合 6000 多個，在全國範圍內對糧、棉、油等主要作物品種進行了 5 至 6 次更換，每次更換品種都使這些農作物實現增產 10%以上。此外，中國在優良品種改良、重大栽培技術和病蟲害綜合防治等一大批自主創新技術成果的推廣運用，支撐全國糧食單產由 1949 年的每畝 68.6 公斤大幅度提高到 2005 年的每畝 310 公斤，糧食總產量從 1 億噸增加到 4.8 億噸；中國在畜牧、水產等方面建立了良種繁育體系，研究出了優質配合飼料和集約化養殖技術，這些技術對畜牧業、水產養殖業的科技進步貢獻率達到 50%以上，從而使中國在肉類、禽蛋和水產品總產量上躍居世界首位。[70] 2010 年，中國農業技術進步對農業增長的貢獻率達到 52%，良種覆蓋率達到 96%以上，種子統供率達到 66%，耕種收綜合機械化水平達到 52%[71]。

目前，生物細胞技術、轉基因技術、無土栽培技術、組織培養技術、動物胚胎移植技術等高新技術已開始綜合應用於農業領域的品種改良、畜禽育種等方面，推動著現代農業向高新技術化和農業產業化方向發展，從而使人類

[69] 盧良恕、王東陽：〈近現代中國農業科學技術發展回顧與展望〉，《科技和產業》2002 年第 4 期。
[70] 陳鋼、劉林：〈科技進步對我國農業貢獻率大幅提升〉，2006 年 11 月 5 日，參見「新華網」：http://news.sina.com.cn/c/2006-11-05/212410419726s.shtml。
[71] 束洪福：〈去年我國農業科技進步貢獻率達 52%〉，《科技日報》，2011 年 4 月 20 日。

古老的農業再度煥發出了勃勃生機。

3、現代工業對農業的影響

在傳統農業時代，人們使用的農業工具是鋤、鐮刀和單鏵犁等比較簡陋的農具，使用的動力是牛、馬等畜力或者人力；到工業時代，人們使用的農業工具是拖拉機、收割機、多鏵機械犁等大型高效機械設備，使用的動力是石油能源、機械力、電力等。傳統農業的生產規模狹小、資本投入較少、科技含量很低，農產品加工較初級，整體生產水平較低；而現代農業的生產規模較大、資本投入較多、科技含量較高，農產品加工很深入，整體生產水平較高。

現代工業對農業的直接影響主要表現在工業技術對農業工具的影響上，工業為農業生產提供了各種先進高效的農業機械、農業設備等農業工具。現代農業機械種類多樣，除了拖拉機、收穫機、插秧機等較大機械外，還包括耕耘種植機械、植保機械、林業機械、漁業機械、河道清淤機械、噴滴灌機械、溫室機械及設備等。

1956 年，世界首台實用水稻插秧機在中國研製成功[72]；1958 年，新中國生產的第一台拖拉機在洛陽開出廠房，這標誌著新中國邁開了農業機械化的第一步[73]。隨後，中國的農機製造業不斷成長，經過半個世紀的發展，現已形成了一個年產值達千億元的細分行業。自 2002 年以來的八年間，中國農機行業年增長率保持在 20%以上，2007 年產值已超過 1500 億元[74]；2011 年實現產值 2898 億元[75]。

各種高效農業機械和先進技術的採用，對傳統農業生產方式、農業技術進行了更新、改造甚至替代，極大地提高了農業生產效率和生產水平。例如，擁有 160 萬畝耕地的黑龍江省友誼農場，目前綜合機械化率已達到 98%，農場應用 GPS 定位的現代化農機，播種時可以不用人工操控，能夠晝夜不間斷播種，1 天能夠完成 10 萬畝的播種面積；農場依靠現代化農機，不但提高了作業效率，而且通過精量播種還提高了作物產量，如今該農場的水稻平均畝產已達 600 公斤，而玉米平均畝產 750 公斤[76]。

---

[72] 王玉琪：〈一位百歲老人的「三農」情懷〉，《農民日報》；參見：http://finance.china.com.cn/roll/20120525/750483.shtml。

[73] 〈機械 60 年之農機：新中國第一台東方紅拖拉機〉，洛陽網，2009 年 9 月 2 日；參見：http://info.machine.hc360.com/2009/09/02102560421.shtml。

[74] 〈2009 年全國農機行業利潤預計超過 100 億元〉，《中國工業報》，2009 年 12 月 29 日；參見：http://www.nongjitong.com/blog/2010/27783.html。

[75] 〈農業機械行業 2012 年發展前景廣闊〉，中華機械網，2012 年 5 月 25 日；參見：http://news.jc001.cn/12/0525/660913.html。

[76] 劉斐、管建濤：〈中國第一農場：農機 GPS 全覆蓋，可無人操控作業〉，新華網，2012 年 5 月

4、現代服務業對農業的影響

現代服務業對農業的影響表現為對農業生產、經營、管理等不同方面各個環節的滲透、改造和完善，同時進一步推動了農業的分工發展，提升了農業的生產水平。在這個過程中，隨著農業對服務業知識、技術和制度的吸收、融合和應用，服務業推動農業不斷向縱深化、專業化、精細化方向發展，從而使更多的細分行業從農業中分化出來。這些新誕生的細分行業往往融合了農業和服務業的雙重特徵，很難嚴格把它們劃分到某一個產業中去。例如，現代服務業向農業滲透後就誕生了現代農業服務業。1976 年，中國開始推廣秈型雜交水稻種植技術，這標誌著現代服務業開始進入中國農業領域。

現代農業服務業作為現代農業的重要內容，在推動現代農業發展中發揮著重要作用。現代農業服務業包括良種服務（為農民提供糧食、畜禽、水產、苗木等優質種子種苗等服務）、農資服務（為農民提供化肥、農藥等農業生產物資服務）、流通服務（通過發展農產品批發市場、農產品超市等為農民提供農產品交流平臺和服務）、保險服務（對農民的種養產品提供政策性及商業性保險服務）、農技服務（為農民提供高效種養模式和農業技術的服務）以及農業培訓服務等。

休閒服務行業對農業滲透後又產業了農業休閒服務業——開發農業的生態、旅遊、觀光、休閒等功能，滿足人們回歸自然、休閒娛樂和體驗農耕文化的需求，從而促進了農業發展，提高了農業的綜合效益。

資訊服務行業對農業滲透後又產業了農業資訊服務業——為農民及時提供政策資訊、農技資訊、農產品價格行情、供求資訊等資訊服務。

5、現代資訊業對農業的影響

當前，人類社會已經發展到了資訊時代。在人類經濟活動中，資訊產業已逐漸處於主導地位，它將對人類社會的政治、經濟、人文、科學、教育、法制等系統產生廣泛而深刻的影響。

在支撐資訊產業發展的諸多技術中，互聯網資訊技術首先獲得了迅猛發展，並在世界不同國家和地區之間傳播和擴散。1994 年 4 月 20 日，在中國科學院計算機網絡信息中心，中國實現了與國際互聯網的全功能連接，這標誌著中國邁開了資訊網絡化的關鍵一步[77]。1996 年 1 月，中國公用計算機互聯網（CHINANET）全國骨幹網建成並正式開通[78]。此後，互聯網開始進入公

---

25 日；參見：http://www.qianhuaweb.com/content/2012-05/25/content_2993485.htm。

[77] 《互聯網元老共慶中國互聯網誕生十周年》，新浪網，2004 年 4 月 19 日；參見：http://tech.sina.com.cn/i/w/2004-04-19/2244351242.shtml。

[78] 來源：騰訊網，2009 年 7 月 27 日；參見：http://news.qq.com/a/20090727/000766.htm。

眾生活，並在中國得到了迅速發展。1997 年 10 月底，中國共有上網計算機 29.9 萬台，上網用戶數 62 萬[79]。到 2011 年 12 月底，中國網民規模已達到 5.13 億，互聯網普及率達到 38.3%[80]。資訊網絡的迅速發展與廣泛應用，有力地促進了整個社會在經濟、文化、科學、教育和制度等方面的不斷進步。

如果說工業和服務業推動農業發展使其實現了從傳統農業向現代農業的轉型，那麼資訊產業就在此基礎上進一步提升著農業的現代化發展水平。資訊產業對農業的影響主要表現在資訊技術對農業生產活動的廣泛滲透和作用，並在工業、服務業對農業現代化的基礎上，在提升農業的現代化水平、質量和層次的同時，也進一步推動著農業的專業化發展。

當前，包括現代通信技術、衛星遙感技術、物聯網技術、傳感網技術、機器人技術等現代資訊技術，對促進農業從傳統農業向現代農業的轉型、升級和發展具有直接的推動作用。現代資訊技術對農業的推動作用表現為對農業生產、經營、管理、服務等不同方面各個環節的滲透、改造和完善，推動現代農業向自動化、智能化、資訊化等方向發展。在這個過程中，隨著農業對資訊產業知識、技術和制度的吸收、融合和應用，資訊產業推動農業不斷向更高水平和更高層次演化發展，同時也推動農業的各個細分行業不斷成長壯大。

在農業生產方面，現代資訊技術已經滲透到農業的不同細分行業及各個環節。例如，在種植業領域，資訊技術已經應用在農情監測、精準施肥、智能灌溉、智能監控、病蟲害監測與防治等方面。在畜牧業領域，資訊技術已經應用在畜禽育種及養殖、肉蛋奶生產、飼料生產、養殖場管理、畜禽舍環境控制等方面以及各個環節的自動化、智能化、數字化。在草原領域，資訊技術已經應用在草原遙感監測、災害預警、草種保護、防火應急指揮等方面。在漁業領域，資訊技術已經應用在水體環境監測、漁船實時監測、海洋災害性事件監測等方面。

在農業經營方面，現代資訊技術直接推動了農業電子商務、農產品市場資訊化建設以及休閒農業資訊服務等的發展。在農業管理方面，現代資訊技術直接推動了農業電子政務、農業資源資訊化、農機跨區調度作業、各地農業市場協同管理等。在農業服務方面，現代資訊技術直接催生了農業資訊服務業的誕生和發展等。

今天，擁有上萬年歷史的中國農業正在從傳統農業向現代農業演進。這種演進，突出的表現就是現代資訊技術在農業生產領域中的廣泛應用，資訊化對現代農業的發展發揮著越來越重要的作用。

---

[79] 來源：中國互聯網絡信息中心，1997 年 10 月；參見：http://news.xinhuanet.com/ziliao/2003-01/21/content_699043.htm。

[80] 來源：騰訊網，2012 年 1 月 16 日；參見：http://tech.qq.com/a/20120116/000266.htm。

目前，中國已有農業網站 3 萬多家，很多網站涉及農業電子商務。其中，致力於為農民和企業提供網上營銷服務的農業部「一站通」服務平臺，註冊會員已超過 36 萬人，年資訊發佈量超過 10 萬條，日均點擊量在 18 萬次以上。部分省區圍繞本地重點農產品，扶持和建立了一批專業化的特色網站和交易網絡。中國農業系統先後搭建了 19 個省級、78 個地級和 346 個縣級的「三農」綜合資訊服務平臺。中國農業部的「農機跨區作業服務直通車系統」免費為農機跨區作業服務雙方提供供需資訊和配對平臺，及時發佈跨區作業資訊，可為 10 萬農機手提供供需對接服務。全國大部分批發市場建立了以「信息中心、檢測中心和結算中心」為主的資訊化系統，不少批發市場建設了先進的農產品質量檢測中心、現代電子監控系統、智能 IC 卡管理系統，基本實現了市場管理資訊化和收費電子化。與批發市場資訊化匹配的現代物流體系快速發展，訂單農業、連鎖經營、物流配送成為新型流通業態發展的重要方式。[81]

近年來，在中國各地所建立的農業資訊網站將鄉鎮級政府、農技站、農業龍頭企業、農產品批發市場、農民合作經濟組織、農業中介組織、種養大戶等連接在了一起，從而構建了一個廣泛的跨地區的新型農業市場網絡，打破了地區市場之間相互分割的狀態，極大地促進了農業資訊的傳播與交流，不但擴大了農業市場的範圍和規模，同時也提高了農業市場的交易效率。

* * *

通過對中國農業長期發展歷程的瞭解，我們知道，直到 15 世紀以前中國農業還一直領先於世界，而到了 19 世紀和 20 世紀初，歐洲和北美都經歷了農業革命和商業革命，而中國社會的農業生產卻停滯不前。在晚清及近代，中國農業停滯不前的根本原因是什麼呢？

20 世紀 30 年代，美國學者葡凱（John Lossing Buck）在調查分析的基礎上出版了《中國農場經濟》和《中國土地利用》兩部書，他從農業投資、經營、管理、產出、收入等範疇來分析中國農業經濟，他認為中國近代農業經濟的主要問題是廣義技術上的落後。葡凱為此曾向國民黨政府提出了一整套、共 108 條改進農業經濟的建議，其中包括建立農村金融設施、使用良種與化肥、改善交通運輸條件等等[82]。馬若孟（Ramon Myers）在 1970 年出版的《中國農民經濟》一書中研究了 1890~1949 年間中國河北和山東的農業經濟，他

---

[81] 資料來源：郭作玉，〈信息化與現代農業發展〉，《中國信息界》，2011 年 10 月 24 日。參見「CIO 時代網」：http://www.ciotimes.com/industry/ny/55974.html。

[82] Randall Stross, The Stubborn Earth: American Agriculturalists on Chinese Soil, 1898-1937. Berkeley: University of California Press, 1986, pp.162-165, 181-183.

得出了與蔔凱一樣的結論：近代中國農業經濟的問題是廣義上的技術落後[83]。
馬克・艾雯（Mark Elvin）[84]在 1973 年出版的《中國歷史的範型》一書中指出，中國農業經濟在近代以前就達到了所謂「高度均衡陷阱」，即農業的傳統技術已發展到了頂點，資源的使用也發展到了頂點，人口的增長也達到了農業耕作所能支撐的頂點，而跳出這個陷阱需要依靠工業革命[85]。黃宗智在 1985年和 1990 年先後出版了《華北的小農經濟與社會變遷》和《長江三角洲的小農家庭與鄉村發展》兩部書，在第一部書中他分析了明清以來華北農業生產總量增長但人均生產率和人均收入遞減的「沒有發展的增長」現象，他同時還注意到了商業對農業的影響以及由此引起的專業化生產、貧富懸殊和社會分化；在第二部書中他提出，從明清開始江南出現了高度的商業化，但商業化並未導致小農經濟的瓦解，反而鞏固增強了小農經濟。[86]

這些學者的研究，從不同側面反映了近代中國農業存在的問題。從歷史發展的角度來看，清朝「洋務運動」掀起的工業化對農業技術的影響甚微，「辛亥革命」的制度變革沒有改變傳統小農經濟制度，近代時期儘管農業商品化有所發展，但農業技術本身進步很有限，再加上戰火頻繁幾度破壞了農業的市場網絡，這些因素其實都是造成近代中國農業停滯不前的原因。

如果對照第五章的產業發展動力因素關係圖（參見圖 5-3），我們可以清楚地看到，近代中國農業之所以停滯不前，這是由各種因素綜合造成的。一方面，從產業發展的內部因素來看，包括企業組織（缺乏農場化規模化經營）、資源（土地資源相對減少）、市場（市場網絡不發達並屢遭破壞）、知識（農業實驗科學知識引進遲緩）、制度（包括從宏觀到微觀層次的農業制度缺乏變革）和技術（農業技術落後）等因素，正是這些產業內部動力因素的停滯造成了近代中國農業的停滯不前。另一方面，從產業發展的外部因素來看，來自產業外部的需求和供給動力不足，這是造成近代中國農業停滯的主要原因。從生產結構來看，自 1644 年清朝入主中原之後，由於結束了北方遊牧民族與南方農耕民族之間長期對立的局面，這在客觀上減少了國家對馬匹這種戰備資源的大量需要，隨著滿族統治者的生活方式被農耕文化所逐步同化，以養馬為核心的畜牧業逐漸衰退，這造成農業系統中種植業和畜牧業的比例結構開始失調，從而導致畜牧業對種植業的需求降低。從分配結構來看，從清朝中後期開始，由於皇權貴族、官僚、地主等階級的巧取豪奪，使社會財富分

---

[83] Ramon Myers, The Chinese Peasant Economy: Agricultural Development in Hopei and Shantung, 1890-1949. Cambridge: Harvard University Press, 1970, pp.292.

[84] 國內有些譯者也有譯作「伊懋可」、「馬克・爾文」或「馬克・埃爾溫」的。

[85] Mark Elvin, The Pattern of the Chinese Past. Stanford: Stanford University Press, 1973, pp.310-319.

[86] 本段資料來源：陳意新，〈美國學者對中國近代農業經濟的研究〉，《中國經濟史研究》，2001年第 1 期。

配日益兩極分化，從而導致占社會大多數的農民、城市居民日益貧困化，這直接制約了整個社會消費能力的增長；消費水平的停滯又導致消費需求的停滯，而消費需求的停滯又導致生產需求的停滯。從市場交換來看，由於統治階級的沒落、社會制度的腐朽、苛捐雜稅的盤剝等激化了各種社會矛盾，從而引起農民起義、戰爭動亂和地方勢力割據等，這些因素又阻斷了城鄉之間、城市之間、地區之間原本聯通的市場交易網絡，從而抑制了商品流通和市場需求。在 1800~1900 年間，從農業知識、農業制度和農業技術這三個方面來看，晚清社會基本上沒有多少創新和發明，更多只是在彙集和重複以往的各種經驗。正是這些眾多因素的共同作用，造成了晚清及近代中國農業的長期停滯。

　　而 1949 年新中國建立後，正是農業領域的制度變革、知識進步和技術發展，推動中國農業進入了快速增長階段，隨後的工業化、市場化和資訊化對農業進行了全面滲透、改造和提升，從而進一步推動了農業的生產水平和發展層次。

附錄二　中國古代社會發展的主要動力及特徵

　　為從歷史事實的角度來論述本書所提出的社會結構框架，我們對中國古代社會在人文、經濟、科學和技術等方面的結構變遷特徵進行簡要考察，同時探討一下自然環境（特別是氣候因素）對社會歷史發展的重要影響。通過這些內容，讀者可以更加感性地認識本書所提出的社會演化動力理論的基本思想。需要說明的是，政治因素和法制因素對一個社會的發展顯然具有不可忽視的重要影響，但鑒於以往的中國歷史類書籍已做了大量敘述，所以本書在這裡就不再闡述。

一、中國古代人文系統的結構特徵

　　在古代中國農耕文明的演進中，家庭、家族和宗族一直是社會生活、社會生產和社會交往的基本單位，一個個單獨的個人就生活在由家庭、家族、民族、國家累進組成的社會共同體中。在這一社會共同體中，家庭與國家高度同構化，它們相互間緊密聯繫形成了不可分割的家國共同體。正如復旦大學教授姜義華先生所指出的：「在這一家國共同體中，社會道德，社會禮制，社會經濟，社會政治，社會文化，以家庭倫理、家族倫理為起始，由家庭、家族而地區，而國家，而天下，逐步向外擴展。任何個人，從出生到成長到衰老再到去世，都是由家庭而逐步遞升至國家這一社會共同體的一個組成部分」[1]。

　　遠在夏代和商代時期，宗教神權曾統治著整個社會，在華夏先民的社會生活中神靈信仰和宗教巫術曾長期佔據著重要地位。直到西周時，宗教神權的統治地位才開始逐漸衰落，並被不斷上升的封建王權所取代。特別是到了春秋戰國時代，諸子百家的啟蒙思想把人們從宗教巫術的統治中解放了出來。在春秋戰國時代（公元前 770 年～公元前 221 年）的五個半世紀中，中國社會的人文系統實際上是由儒家倡導的仁道文化、墨家倡導的兼愛文化、道家倡導的自然文化、陰陽家倡導的鬼神文化和法家倡導的法制文化等交錯並存的思想文化組成的。從整個社會人文系統的結構來考察（對照圖 7-2），我們可以看到，儘管各家誕生、發育和成熟的時間有先後，各家思想之間也時有交叉融合，但就其核心思想內容來看，儒家重視家庭關係、強調文化教育的

---

[1]　姜義華著：《中華文明的根柢》，上海人民出版社 2012 年 1 月第一版，第 65-66 頁。

重要作用和倫理道德對社會的調節功能，墨家重視個人價值、強調以民為本和實用節儉，道家崇尚自然、重視養生、強調人類與自然環境和諧相處，陰陽家重視鬼神、強調神靈信仰和宗教巫術，法家則重視功利、強調法律制度規範社會秩序的功能；各家的思想精神、價值觀念、信仰道德等組成了當時社會的人文知識體系，從社會意識層面來看，這些人文知識又體現為具體的哲學思想、宗教信仰、倫理道德以及相應的社會制度。

中國古代哲學思想起源於商末周初時期，醞釀於春秋戰國時代，奠基性著作包括《洪範》、《道德經》和《易傳》等。《洪範》原是商末一套向君主提出的統治國家的行動規範，其中的「五行」（即「水、火、木、金、土」）思想影響深遠。《道德經》是春秋時期偉大思想家老子所著的一部哲學著作，主要論述修身、治國、用兵、養生之道，多以政治為旨歸，是道家哲學思想的重要來源。《易傳》是孔子及其後的儒家學者以儒家哲學思想闡釋和解讀上古卜筮書籍《易經》而形成的十篇論文的合集。可以說，正是《洪範》、《道德經》和《易傳》等哲學著作為中國古典哲學思想奠定了基礎。春秋戰國時代，由儒家、道家、墨家、法家、兵家、縱橫家、名家、陰陽家、醫家、農家、小說家和雜家等諸子形成的「百家爭鳴」，演奏了那一時代思想舞臺的宏大交響曲！中國傳統文化的精神，可以說是春秋戰國時代諸子思想相互交融的結果。當時，在不同的諸侯邦國，在社會發展的不同時期，各種思想流派相互激蕩、此消彼長。就信徒規模和影響長遠而論，當首推儒家學派。儒家學派的創始人孔子，既是一位偉大的思想家，也是一位傑出的教育家，他所開創的私人學校，打破了當時貴族集團對文化教育的壟斷，把教育的範圍擴大到了普通平民，他廣招學生（據說弟子多達三千人，僅高才生就有 72 人）傳授儒家思想，從而為儒家學派的創立、思想傳播和發揚光大發揮了重要作用。

秦始皇統一天下以後，儘管他以軍事征服的手段在形式上統一了整個中國社會，從國家的政治系統來看，他構建了一個大一統的國家，但從整個社會人文系統的深層因素來看，當時社會在精神信仰、倫理道德和文化教育等方面並沒有得到統一。實際上，這一統一直到漢武帝實施董仲舒提出的「罷黜百家，獨尊儒術」的建議後才逐步完成。從這一點來看，一個社會系統在發展演化過程中，其政治系統的結構創新與人文系統的結構創新並不一定是同時完成的。

在西漢早期（公元前 206 年～公元前 136 年），道家思想曾一度佔據著社會的主流地位。直到公元前 136 年，儒家學說被漢武帝提升到了「國教」地位之後，儒家思想在中國社會才開始佔據重要的地位。公元前 2 年，佛教從印度傳入中國[2]，開始逐漸融入中國人的文化生活，到東漢末年時民間已傳習

2　李富華：〈中國佛教研究意義深遠——紀念佛教傳入中國二千年〉，《世界宗教研究》1998 年第

很廣。在佛教的影響下，從道家演化出了中國本土的宗教——道教，到東漢晚期（126 年～144 年），道教形成了有組織的宗教形式並開始在民間廣泛流傳。因此，自三國（220-280）開始往後，中國傳統文化就形成了由儒教、道教和佛教三教並立、互動交流的多元文化格局。

在中國古代社會，最能夠體現家庭與國家同構化的思想流派就是儒家思想。例如，《禮記·大學》中說：「物格而後知至，知至而後意誠，意誠而後心正，心正而後身修，身修而後家齊，家齊而後國治，國治而後天下平。自天子以至於庶人，一是皆以修身為本。」這一闡述就是中國歷朝歷代儒家知識分子所追求的「修身、齊家、治國、平天下」社會理想的思想來源。自漢武帝實施「獨尊儒術」以來，儒家的這一思想主導了中國社會兩千多年的歷史，從而確立了由個人、家庭、家族、民族、國家所組成的社會共同體。

中國古代社會的家國共同體，其最顯著的結構特徵是以家庭為核心的層層擴展的等級序列結構。這一共同體「是由個人到家庭，由家庭到家族，由家族到鄉裡，由鄉裡到郡縣，由郡縣到國家，由國家到天下，累進構成總的等級差序格局。而在家庭、家族、鄉裡、郡縣、朝廷等每個層級的共同體中，又有各自的等級差序格局」[3]。中國古代社會中各種家訓、族規、宗規、鄉約、官箴、臣道、君道等等，實際上就組成了整個社會從人文系統、經濟系統到政治系統中的制度體系，正是這些不同層次的制度維繫了整個社會國家系統的穩定和運行。

在中國古代，儒家很重視家庭關係，尤其重視家庭的人口生產功能。在中國古代儒家看來，在「人類自身的生產」與「生活資料的生產」這兩種社會生產中，「人類自身的生產」具有更重要的意義。人類「生活資料的生產」，歸根結底是為了「人類自身的生產」。因此，中國古代儒家把組織「人類自身的生產」的「人倫」歸結為一個「仁」字，並使之凌駕於一切「文明」觀念之上。關於「仁」的具體含義，《春秋元命》中說「二人為仁」，其中心內涵是「合二姓之好，以繼先聖之後，以為天下宗廟社稷之主」（《孔子家語·大婚解》），其本質是「血緣之愛這種自我保存的本能」[4]。也就是說，儒家「仁」的本質內涵是通過婚姻家庭來組織「人類自身的生產」。在這種高度重視「人類自身的生產」的以「仁」為中心的中國古代「文明模式」中，「生活資料的生產」便始終處於以「人類自身的生產」為其最後旨歸的地位。以「仁」為軸心，正是中國古典文明的本質特色之一。[5]

《禮記》是中國古代一部編定於西漢的禮制教科書，在這部書中，儒家

---

3 期。

[3] 姜義華著：《中華文明的根柢》，上海人民出版社 2012 年 1 月第一版，第 67-68 頁。

[4] 今道友信著，徐培、王洪波譯：《關於愛》，北京三聯書店 1987 年 1 月版，第 37 頁。

[5] 牛龍菲著：《人文進化學》，甘肅科學技術出版社 1989 年 9 月第一版，第 142-143 頁。

不僅編織出了一張從衣食住行、婚喪嫁娶等日常生活，到求學問道、再到治理國家等各個方面的精細周密的禮儀網絡，而且還從宇宙觀、歷史觀、人性論的哲學高度對禮的起源、禮的作用等問題進行了詳細闡述。儒家對人口生產的重視，我們從儒家這部經典的有關言論中就可以清晰地看出。《禮記‧昏義》是儒家解釋婚禮制度意義的專篇，該文開篇就說「昏禮者，將合二姓之好，上以事宗廟，而下以繼後世也，故君子重之」。這裡，「昏」通「婚」字。一對男女結婚時，人們為什麼需要搞一套隆重的禮儀呢？在儒家看來，結婚一事之所以重要，主要在於三個方面：一，密切兩個家族的關係；二，有人繼續祭祀祖先的祠堂；三，傳宗接代，使宗族得以繁衍。由此可見，在婚姻家庭關係中，儒家看重的是「傳宗接代，後繼有人，香火永續」。在儒家的觀念中，男女之間結婚只能是家族中一件莊重的事情，而不在於當事者個人的幸福。在中國古代，一個成年男子娶了一個女人做妻室後，如果這個女人未能生育，那麼，這個男子可以光明正大地再娶回一個女人做二房夫人，富貴人家甚至可以再娶一兩個女人做小妾。在中國傳統的倫理認知中，這種一夫多妻的婚姻現像是很自然的事情（我們可以從《紅樓夢》的生動描述中深切地感知這一點）。這種一夫多妻、妻妾成群的家庭結構，我們在自然界中猿猴、猩猩和狒狒等靈長類動物的家庭中也可以看到。因此，中國古代的家庭組織似乎保留了原始社會的動物性狀。儒家思想中這種傳宗接代的婚姻觀念，至今依然深刻影響著現代中國社會的家庭生活。這可以用來解釋，為什麼中國的人口增長如此迅速？從而使中國成為世界上人口數量最多的國家。

在中國古代社會，「仁」是一種含義極廣的道德範疇，本指人與人之間相互親愛。孔子把「仁」作為最高的道德原則、道德標準和道德境界，並以此為中心建構了儒家的道德體系。據統計，在《論語》20篇中，「仁」字出現達105次之多，諸如「仁者愛人」、「天下歸仁」等等，幾乎隨處皆是。儒家把「孝」這種行為作為「仁」的根本，把「孝」看作是實現「仁」的具體途徑。例如，「孝悌也者，其為仁之本與！」（《論語‧學而》）、「天地之性，人為貴。人之行，莫大於孝。」（《孝經‧聖治》）、「不孝有三，無後為大」（《孟子‧離婁上》）等等儒家言論，就清楚地表達了這一思想。這裡的「孝」是「孝養」的意思，即孝敬長者、養育後代。「孝」是中國古代社會中家庭倫理的核心，是指人們從孝敬父母這樣的身邊之事做起而建立的人際關係。著名文化學者梁漱溟指出中國古代社會是以倫理為本位的社會，他說中國人從「家庭關係推廣發揮，而以倫理組織社會，消融了個人與團體這兩端」，他認為中國文化是「孝的文化」，並指出「一，中國文化自家族生活衍來，而非衍自集團。親子關係為家族生活核心，一『孝』字正為其文化所尚之扼要點出。……二，另一面說，中國文化又與西洋近代之個人本位自我中心者相反。倫理處處是一種尚情無我的精神，而此精神卻自然必以孝弟為核心而輻射以出。三，中

國社會秩序靠禮俗，不像西洋之靠法律。……又道德為禮俗之本，而一切道德又莫不可從孝引申發揮，如《孝經》所說那樣。」[6] 張東蓀在《理性與民主》一書中對中國古代社會的描述非常形象，他說：「中國的社會組織是一個大家庭而套著多層的無數小家庭。可以說是一個『家庭的層系』。所謂君就是一國之父，臣就是國君之子。在這樣層系組織之社會中，沒有『個人』觀念」[7]。所以，「仁」和「孝」構成了中國傳統文化的核心，其中，「仁」指向的是以家庭為基礎的人口生育活動，而「孝」則是圍繞家庭人口生育而展開的人倫方面的生產關係和社會關係。

中國古代社會自公元 220 年以後，在由儒、道、佛三家主導的中國傳統文化中，儒家無疑佔據著核心地位。儒家創始人孔子，其思想的核心是「仁」。孔子以「孝」為實踐「仁義」之道的根本，他要求學生做的第一件事就是「孝」。後來的曾子、孟子、荀子等儒學大師均把「孝」放在人生倫理的最高地位。形成於戰國時期的《孝經》就集中了儒家的孝道思想，這部經典不僅論述了家庭中的孝道倫理，而且將這種孝道倫理擴展到了國家治理中，可以說它奠定了儒家以倫理治國的基礎。儒家把「仁」、「禮」和「孝」三者緊密結合在一起，「仁」是其哲學思想，「禮」是整個體制的中心，「孝」是具體的手段。《禮記・祭統》中說：「凡治人之道莫急於禮，禮有五經莫重於祭。……祭者所以追養繼孝也。……祭者教之本也已。夫祭有十倫焉，見事鬼神之道焉，見君臣之義焉，見父子之倫焉，見貴賤之等焉，見親疏之殺焉，見爵賞之施焉，見夫婦之別焉，見政事之均焉，見長幼之序焉，見上下之際焉，此之謂十倫。」[8] 這裡所提到祭祀中的十倫關係，實際上就是禮制中的一些倫理規範，正是這些倫理規範確定了中國封建社會的等級秩序。其中，「事鬼神」就是指祭祀神靈、祖先崇拜等宗教活動，這些活動實際上是家庭宗族孝文化的延伸。在十倫中，古人將「事鬼神之道」放在第一位，可見當時人們對宗教活動的重視程度。這裡的「禮」是指禮儀或禮制，是古代社會中用來規範人際關係的制度和形式。在中國古代，自秦漢以來的國家法律都是「以禮立法」的，「禮刑合一」是歷代王朝法律的主要特色。中國古代的法律具有濃厚的禮教色彩，也就是說在法律面前不是「人人平等」的，實施法律是根據人的不同身份等級來確定量刑的。只要我們大致考察一下中國古代的司法制度史，我們就不難看到，不僅皇室、皇族、貴族、官僚和士紳獲得了「刑不上大夫」的特別優待，甚至在一個家庭內部不同身份和地位的人也具有不同的量刑原則。正如董大中先生所指出的那樣：「凡處在『陽』位上的人都得到了相應的

---

[6] 梁漱溟著：《中國文化要義》，學林出版社 1987 年 6 月影印本，第 77-80 頁、第 307-308 頁。
[7] 轉引自梁漱溟著：《中國文化要義》，學林出版社 1987 年 6 月影印本，第 90 頁。
[8] 轉引自常乃惪撰：《中國思想小史》，上海古籍出版社 2009 年 7 月第一版，第 24 頁。

制度性保證，而處於『陰』位上的人則倍受壓制」。例如，光緒二十九年的《清律例》中就規定：「凡子孫毆祖父母、父母，及妻妾毆夫之祖父母、父母者，皆斬；殺者，皆凌遲處死。……其子孫違反教令，而祖父母、父母非理毆殺者，杖一百；故殺者，杖六十，徒一年」。中國古代法律中，這種因地位尊卑而出現同罪不同刑的現象，在家族財產處理上也存在著類似的情況。此外，在夫妻關係上，法律也體現出了明顯的不平等性。在中國古代的家庭中，妻和妾的地位是有顯著差別的。在清代，丈夫毆妾比毆妻的罪減兩等，殺妾只是杖一百，徒刑三年；因過失殺妻或殺妾，都不予論處；若妾毆夫，則其刑比妻毆夫多加一等，不論有傷無傷徒刑都是一年或一年半，折傷以上則可能被定死罪。[9] 這樣缺乏平等、公平和公正的法律竟然能夠在中國社會延續兩千多年，這不但說明在中國人文傳統中個體權利的虛位和禮教倫理的氾濫，同時也反映出人文精神的僵化和法制思想的滯後。

在中國古代社會，無論是家族還是整個王朝，都是依靠禮制來維持社會的等級體系的。在封建家族中，一家之長或一族之長對家族內的成員往往具有「生殺予奪」的權威。如果家族成員有人違反了家規或者有不孝之舉，就會受到家族宗法的嚴厲懲處，具體懲處方式包括處罰、毆打、趕出家族、活埋、溺死等等。這些宗法制度嚴重壓抑了個人權利的成長，束縛了個人獨立自主、自由發展的人格，就像一套堅硬的模版一樣塑造著一代代中國人的心理結構，從而讓他們沿著儒家所設計的做人標準發展。任何一個人的成長都離不開他所生存的環境，家庭是個人首先生存的環境，一代代中國人自小就生活在由禮制宗法構成的家庭環境中，他們的心理結構和人格成長怎麼會不受到影響呢？孫隆基等學者指出中國人缺乏個性、獨立精神不發達等等[10]，這只有從中國人的家庭環境和文化傳統進行分析，我們才能找到形成這種結果的正真原因。

在中國古代，自有甲骨文起，就有了「孝」字。董大中先生研究指出，「孝」的行為早在階級社會產生之前就已經存在，並成為人們生活的習慣；在堯舜時代，「孝」已成為人們公認的價值標準[11]。在《尚書·君陳》中有「惟孝優於兄弟，克施有政」的記述，這可能是中國歷史記載的「以孝治天下」的最早論述。《孝經·孝治》中有「昔者明王之以孝治天下也，不敢遺小國之臣」的記述，這反映了春秋戰國時代人們已經將「孝」應用到了治理國家的實踐中。但把「以孝治天下」作為治國方略明確提出並全面貫徹實施的是漢朝。漢朝建立之初，漢高祖劉邦吸收了一些儒家知識分子參政，正是他們把

9　董大中著，《二十四孝箚記》，參見第一章，2012 年 12 月打印稿（未出版）。
10　孫隆基著：《中國文化的深層結構》，廣西師範大學出版社 2011 年 6 月第二版。
11　董大中著：《董永新論》，北嶽文藝出版社 2005 年版，第 6 頁。

儒家的仁政和孝道思想帶進了漢朝中央政府中，其中最主要的一個人物是叔孫通。叔孫通受命「采古禮與秦儀雜就之」，為漢朝制定了一套朝廷禮儀，又制定了宗廟儀法，他所制定的這些禮儀規範含有濃厚的儒家倫理色彩，如他制定的宗廟儀法就是「以孝治天下」的制度，在皇帝諡法上加一個「孝」字，可能也出自他的創制[12]。孝文化在漢代的發揚程度，用胡適的話來說就是已經形成了「孝的宗教」。在弘揚儒家文化的過程中，鴻儒董仲舒發揮了重要作用。在西漢初年，儒家學說與其他諸子的學說原本處於平等地位，各派均有自己的信徒。建元五年（公元前 136 年），在董仲舒的積極建議下，漢武帝實施了「罷黜百家，獨尊儒術」的治國戰略，自此儒家學說才從各派學說中凸顯出來，被提升到了「國教」的地位。董仲舒在其哲學著作《春秋繁露》中把陰陽家的陰陽思想與儒家的社會政治哲學相結合，用陰陽五行的生克原理來解釋宇宙萬物和人倫道德，並提出了「天人合一」的系統思想。他所提出的「三綱五常」[13]倫理道德，影響中國社會達兩千多年，對社會的教化作用可謂深遠而久長。為維護儒家的正統地位，他還創建了一些重要的社會制度。例如，他首先發起了通過考試取仕的制度，他還主張以儒家經典作為這些考試的基礎[14]（這些考試取仕制度就是隋朝普遍實行的「科舉制度」的雛形）。董仲舒的陰陽五行學說為孝道提供了強有力的哲學根據，正是在他的大力倡導下，漢朝統治者才把「以孝治天下」當作了最重要的「國策」進行推行。漢代「以孝治天下」表現在當時人們的政治、經濟、教育和社會生活的各個方面。例如，在選用人才方面，漢朝實行了「舉孝廉」的制度，自漢文帝起到東漢末年的四百年間，各地共推舉出賢才 30 人，舉孝廉 113 人，像儒學家董仲舒、醫學家華佗、文字學家許慎、科學家張衡等等都在推舉之列。作為中國歷史上文官制度建設中的一項重要舉措，「舉孝廉」這項制度被此後的很多王朝所沿襲。漢朝在孝道教育方面也進行了大力普及。漢武帝時，朝廷「令天下郡國皆立學校」（《漢書·循吏傳》）；漢平帝時，又將《孝經》列入了學童必讀的書目（該書是一部當時小學生的修身教科書[15]）。漢代以皇權力量來推行孝道，這是當時社會形成「孝的宗教」的集中表現，同時也是把「孝」由最初的家庭倫理「異化」為政治哲學的轉折點。自漢代以後，歷代王朝都很重視推行孝道。例如，在唐朝時，唐玄宗李隆基為提倡孝道還專門為《孝經》寫過一篇「序」，並為該書做過注釋；唐文宗時，將《孝經》列入「十二經」之中。到南宋時，《孝經》又被列入「十三經」之中，為士者必讀之書。在歷代統治

---

12 歐陽哲生編：《胡適文集》（第 5 卷），北京大學出版社 1998 年版，第 76 頁。
13 「三綱」即「君為臣綱，父為子綱，夫為妻綱」；「五常」即仁、義、禮、智、信這五種基本的道德元素，它高度概括了中華傳統道德的核心價值理念和基本精神。
14 馮友蘭著：《中國哲學簡史》，北京大學出版社 1996 年 9 月第二版，第 166 頁。
15 錢玄同著：《錢玄同文集》（第四卷），中國人民大學出版社 1999 年版，第 193 頁。

者的倡導下，自漢代到明清，孝道思想在中國社會深入人心，形成了廣泛影響。村學兒童閱讀《孝經》的傳統，甚至一直持續到 20 世紀「五四運動」時期[16]。歷代統治者推行孝道的真正目的，主要是為了維護和鞏固封建王朝的統治，他們希望人們像孝順父母那樣忠於君主，人人都成為聽命於朝廷的忠實奴僕。

孝道，做為一種家庭中的倫理道德，其合理內核是值得我們現代社會發揚光大的，但把它泛化推廣到治國層面則是有問題的。孝敬父母、尊老愛幼，這在全世界任何一個國家、任何一個民族中都是值得提倡的美德。但是，儒家將孝親與忠君聯繫起來，把這種倫理道德從家庭推廣到治國理念，甚至上升到國教、宗教的地位，最終把它變成了封建君主奴役人民的統治工具，這實際上是給中國人套上了一層層牢固的精神枷鎖，從而嚴重阻礙了中國社會的進步和發展。

自公元 220 年以後，儒教、道教和佛教這三種文化因素就始終處於互動、交流和演變之中。魏晉時代，道家吸收式微的兩漢儒家經學，並吸收佛教成分，衍生出了玄學[17]。從五世紀（南北朝初）起到七世紀（唐朝初）止，佛教結合中國人的心理特點，逐漸演化出了具有中國本土特色的佛教天臺宗、華嚴宗和禪宗[18]；唐朝興起後，道教被定為國教，道教因此盛極一時，道觀遍佈天下[19]；盛唐時代，儒學復興，儒家學者吸收道家、玄學和禪宗的成分，將儒學發展成了完備的儒教。到宋代時，佛教勢力衰微，道教術數學派興起，而儒學再度復興；到南宋時，在禪宗和道教的影響下，從儒學中發展出了理學。元代時，理學獲得當政者提倡。明、清兩代，當政者更將理學納入科舉考試中，理學影響又達五百餘年。元明清時代，以儒教為核心，三教有所融合而又各自獨立發展。在元、明、清三朝，由於統治集團實行社會封閉政策和文化專制主義，造成整個社會人文精神的衰落和社會文化的腐朽，導致中國社會思想文化長達六百餘年的停滯和僵化。

總體而言，在人類社會的三種基本生產活動（即人口生產、物質生產和精神生產）中，中國古代社會表現為極為重視人口生產，相對比較輕視物質生產，而比較忽視精神生產；在人口生產和培養活動中，又表現為以家庭組織為本位，重視倫理道德教化和家族宗法規範，忽視個體完整人格培育，抑制個人獨立精神成長；在物質生產活動中，表現為重視農業，抑制工業和商業；在精神生產活動中，表現為重視感性情緒（如發達的抒情文學詩歌），輕視理性思辨（如哲學思想大多模糊不清），重視人文而輕視科技（如各種發明創新不能被廣泛應用），重視綜合而輕視分析（如各種學科專門化程度不夠發

---

[16] 歐陽哲生編：《胡適文集》（第 5 卷），北京大學出版社 1998 年版，第 409 頁。

[17] 閔家胤著：《進化的多元論》，中國社會科學出版社 2012 年 8 月修訂版，第 361 頁。

[18] 常乃惪撰：《中國思想小史》，上海古籍出版社 2009 年 7 月第一版，第 58 頁-第 60 頁。

[19] 常乃惪撰：《中國思想小史》，上海古籍出版社 2009 年 7 月第一版，第 65 頁。

達）。中國古代社會生產的這種結構特點，決定了中國社會與西方社會的不同特質，從而也就造成了兩類文明的各種差異。如果我們對這種差異進行追根溯源的話，將不難發現，這種差異主要起源於兩類文明之間人文系統的結構差異上。例如，西方社會的人文精神往往注重創新，而中國社會的人文精神則比較注重崇古；西方社會往往以個人為本，而中國社會則以家庭為本；西方社會往往是法治高於人治；而中國社會則一向是人治高於法治；西方社會往往是「政教分離」，而中國社會則常常是「政教合一」。

二、中國古代市場經濟的興衰變遷

研究過中國歷史或者閱讀過中國通史的人都知道，中國近四千年的文明史紛繁迷離，充滿了國家的興衰離合與風雲變幻，透過歷史的重重迷霧，人們不難發現，中國古代歷史具有兩個顯著的週期性特徵，這就是政權更替的週期性和國家離合的週期性。政權更替的週期性就是說歷代王朝不斷更替、不同統治集團輪流執政的過程具有週期特徵，這也常被人們總結為「歷史週期律」。而國家離合的週期性就是指國家分裂和統一不斷交替的過程具有週期特徵，正如羅貫中在《三國演義》一書開篇所揭示的「話說天下大勢，分久必合，合久必分」的規律。

一個國家是由人文、經濟、政治等要素（或子系統）組成的社會系統，所謂「歷史週期律」主要反映的是國家內部政治要素（或政治子系統）的週期性變化情況，更確切地說主要反映的是國家政治系統中政權的週期性變化過程。根據系統的性質我們知道，系統內部各組成要素（或子系統）之間是相互聯繫、相互作用、相互影響的，其中任何一個要素（或子系統）的變化都會引起其他要素（或子系統）發生變化。所以，一個國家的政治要素（或政治子系統）的週期性變化必然會引起其他組成要素（或子系統）發生相應的週期性變化，但由於每個要素（或子系統）有其內在的特殊結構，從而決定了每個要素（或子系統）的週期性具有其獨立的特徵。

下面，我們來看看中國古代社會經濟系統演化過程中的週期性特徵。限於古代歷史文獻的有限性，我們只能從秦漢時的社會經濟發展情況談起，鑒於時間跨度兩千餘年，這裡也只能描繪出中國古代社會經濟系統長期變遷的一個大致情形。在本書附錄一中，我們已分析了中國古代農業長期變遷的情況，所以這裡只著重簡述一下中國古代工商業和市場經濟長期變遷的歷程[20]。

---

[20] 以下有關中國古代工商業和市場經濟的文獻資料整理自：韋森，《從中國歷史看市場經濟的週期性興衰》，中國經濟網，2007 年 4 月 26 日；參見：http://www.ce.cn/xwzx/gnsz/gdxw/200704/26/t20070426_11173813.shtml。

中國古代社會的手工業和市場交易，早在殷商時代就已相當發達。到西周時，行業分工更加細密，當時已有了陶工、木工、玉石工、紡織工、皮革工、金屬工、武器製造工等「百工」之說。

秦漢之交，華夏大地上曾經歷了一段群雄爭霸的戰亂時期。秦亡漢興之後，漢朝建立了一個社會相對穩定的中央集權制統一國家，隨後便出現了中國古代歷史上第一次農工商業的經濟繁榮。在文景時期（公元前 179 年－公元前 141 年），漢代統治者採取「無為而治」的治國方略，實施「輕徭薄賦，與民休息」、「從民之欲而不擾亂」的經濟政策，從而使漢代社會出現了長達 40 年左右的「文景盛世」。司馬遷在《史記・貨殖列傳》中描述道：「漢興，海內為一，開關梁，弛山澤之禁，是以富商大賈周流天下，交易之物，莫不得其所欲」。

文景時期，全國道路交通和市場交易網絡逐漸形成，促進了當時的城市化進程和科技的進步。當時的全國性商業大城市，除了首都長安以外，還有洛陽、邯鄲、臨淄、宛（今南陽）、成都等；此外，還有其他大小商業都會遍佈全國各地。西漢時期，陶瓷、紡織、印染、釀酒、製鹽、造車、造船、冶金、銅器和其它金屬鑄造業等行業都很發達。當時的冶煉技術已比較先進，工匠們普遍採用高爐煉鐵的方法，這直接促進了鋼鐵手工業的迅速發展，從而對漢朝各經濟部門都產生了深遠的影響。文景盛世時期，中國的市場經濟達到了中國古代歷史上經濟發展的第一個高峰，當時的商品經濟和技術進步已經發展出了由初級手工業向更高級工業階段升級的一些條件。中國經濟史學家傅築夫先生曾經指出，西漢時期中國「在生產技術的造詣上，在鋼鐵的產量和質量上，比之 18 世紀英國工業革命時鋼鐵工業所達到的水平，並無遜色，但是中國卻早了兩千年」。

與文景盛世市場繁榮相伴而生的是，社會各階層貧富懸殊、兩極分化，「豪富吏民，訾數巨萬，而貧弱愈困」（《漢書・食貨志》）就是當時社會現實的寫照。另一方面，隨著商人資本的集聚，商人階層的勢力隨之逐漸成長，這使漢朝統治者感到商人勢力對自身專制統治的潛在威脅。正是這些原因導致漢朝統治者展開了對富商巨賈的打擊和對市場經濟的遏制。公元前 135 年，漢武帝劉徹開始強力推行「均輸平準」等統購統銷政策，同時將原由民營工商業經營的製鹽、冶鐵、釀酒等收益豐厚的行業強行收歸官府經營，由官府壟斷重要物資的運輸和貿易，這就是中國古代歷史上所謂的「禁榷制度」。此外，漢王朝還通過增加商人賦稅、沒收商人財產、不斷改變幣制等手段，對商人積累的大量貨幣財富進行掠奪或減值；還通過各種人身侮辱等方式，來貶低商人的社會地位。正是這些政策和措施，極大地打擊了漢代原本繁榮的民營工商業，並壓制了市場經濟的成長和壯大。

由漢武帝開啟的「禁榷制度」和抑商政策，作為統治者控制社會和確保

朝廷收入來源的成功範例，為後世歷代統治者所仿效，影響極為深遠。兩千多年來，中國古代社會歷代統治者屢屢採用同類制度和措施，從而對制約社會內部市場經濟的自發擴展，創生了一套長期束縛市場經濟自由成長的堅固枷鎖！

東漢末年開始的社會大動盪和經濟大破壞歷時約半個多世紀之久，後經過西晉時期的國家統一和社會安定，整個社會的市場經濟才稍加恢復。隨後又是南北朝至隋朝初期的社會大混亂，這次社會大動盪和經濟大破壞一直延續到唐太宗貞觀初年（公元 627 年）。

唐朝統一中國後，在政治統一和社會安定的環境中，市場經濟秩序又得以恢復。前唐時期，不僅農業得到了迅速恢復，而且商業貿易也獲得了發展；這一時期的經濟增長和社會繁榮持續了約 120 年。到唐玄宗天寶年間（公元 742 年），社會經濟逐漸達致鼎盛。然而，在盛唐社會經濟日趨繁榮的同時，統治集團的腐敗揮霍和富豪劣紳的土地兼併也越趨嚴重，導致大量農民失去土地而成為流民，社會貧富懸殊極端嚴重，「朱門酒肉臭，路有凍死骨」、「入門聞號咷，幼子饑已卒」（杜甫《自京赴奉先縣詠懷五百字》）就是當時社會現實的真實寫照。統治集團內部矛盾、階級矛盾、民族矛盾以及中央皇權與地方勢力矛盾等各種社會矛盾不斷加劇，最終釀成了公元 755~762 年的「安史之亂」。「安史之亂」對當時的社會經濟造成了巨大破壞，隨後的軍閥割據和黃巢率領的農民起義，使商品流通貿易難以進行。中後唐到五代十國時期，長達二百年左右的社會動盪和破壞，把盛唐時期發展起來的商品經濟破壞殆絕。

公元 960 年，宋太祖趙匡胤建立宋朝後，實施了一些有利於促進市場經濟和商品貿易發展的經濟制度和政策措施。除一些手工業部門（如茶業）由政府壟斷經營以外，對其他行業的民營經濟活動政府一般不再干預管制，對商品交易市場設置地點、範圍和市場開市時間的限制也被取消。自春秋以來直到盛唐時期，商品交易市場都被限制在固定地點和狹小範圍進行，對市場開市時間也有嚴格規定。宋朝政府對這些限制性規定的取消，對促進市場發展和繁榮商品交易具有重要作用，各地商人從此可以日夜進行交易活動，工商業者第一次獲得了自由。這些經濟制度的改革舉措，解放了長期以來被各種管制所束縛的市場活力，從而推動宋代商業和市場貿易達到了空前繁榮。從公元 960 年到 11 世紀末，宋代社會的市場經濟一直在持續增長；宋代的採礦業、冶金業、加工業、造船業、紡織業、製糖業、造紙業等手工業都獲得了很大發展，同時這些行業在生產技術方面也取得了很大進步。根據英國學者羅伯特‧哈特威爾在《北宋時期中國煤鐵工業的革命》一書中的估計，中國北宋時期（公元 960－1127 年）的鐵產量已達到 1640 年英格蘭和威爾士鐵產量的 2.5 至 5 倍，並且與 18 世紀歐洲（包括俄國歐洲部分）所產鐵的總產量

相當（約為 14.5~18 萬噸）。公元 1000 年左右時的宋代，中國的市場經濟達到了中國古代歷史上經濟發展的第二個高峰，當時的商品經濟和技術水平已經發展出了接近歐洲工業革命的一些條件。國內外一些學者甚至認為，從經濟發展、技術進步的綜合狀況來看，當時的中國與 17 世紀和 18 世紀歐洲各國的社會經濟發展水平差不多。然而，令人惋惜的是，北宋時期百餘年的經濟繁榮隨後又被北方民族的侵略戰爭所打斷，社會經濟再次遭到嚴重破壞。

在南宋時期（公元 1127－1279 年），儘管南宋王朝軍事疲弱，又偏安於長江以南地區，但依然維持了 150 年左右的統治。南宋時期，以臨安（今杭州）為中心的市場經濟和民營工商業依然很繁榮，特別是造船業和對外貿易十分發達，當時中國海外貿易的範圍，東至朝鮮、日本，南至南洋、東南亞各國和印度，西至波斯、阿拉伯諸國。最後，南宋王朝繁榮的市場經濟又被蒙古大軍的入侵戰爭所打斷。

蒙古民族入主中原建立元朝帝國（公元 1206－1368 年）後，元朝政府在全國範圍內普遍推行和使用紙幣，從而推動了紙幣在世界更廣範圍的流通和使用（在歐洲，紙幣直到 17 世紀末才出現，在 18 世紀 40 年代，蘇格蘭著名哲學家大衛・休謨提到了「這種紙的新發明」，直到 18 世紀末他還以極端懷疑的態度看待這項發明[21]）。由於統治者採取了軍政合一的國家管理制度，民營市場經濟的發展受到了極大壓制。但在元朝中後期，當時社會的市場經濟、工商業和貿易還是獲得了一定成長和繁榮，一些東南地區城市的繁榮程度甚至超過了當時的歐洲。

明朝（公元 1368－1644 年）建立後，開國皇帝朱元璋採取了「修養生息」和「重農務本」的基本國策。在發展經濟方面，明朝政府組織農民大舉興修水利，改進農業生產工具，鼓勵棉花、茶葉、花生、煙草等經濟作物的種植，從而促進了農業的發展。在工商業方面，除繼續沿用元朝的「匠戶」制度以外，明朝政府推行了一系列嚴格控制民營商業經營活動的政策措施，從而阻礙了民營市場經濟的發展。明代的紡織業和冶金業很發達；有歷史學者估計，僅明代永樂初年的鐵產量，已經達到了 18 世紀初整個歐洲的全部鐵產量。

在明朝中後期，社會經濟出現了政治腐敗與市場經濟發展並存的現象。從成化（1465 年）時期開始，明朝政府日趨腐敗，皇帝帶頭掠奪國民財富，官紳地主大肆兼併土地，從而使社會矛盾不斷加劇。從嘉靖（1522 年）到萬曆（1573 年）年間，明朝政府逐漸放鬆了對市場經濟的管制，民間市場貿易隨之發展起來，全國大部分地區（尤其是江南地區）的商品經濟逐漸開始繁榮，同時民營手工業和商業均有空前發展。許多經濟史學家認為，在明代中

21　亨利・威廉・斯皮格爾（H. W. Spiegel）著，晏智傑等譯：《經濟思想的成長》（上冊），中國社會科學出版社 1999 年 10 月第一版，第 60 頁。

後期（即 16 世紀末 17 世紀初），當時中國的手工業、採礦業、冶金業、商業、交通運輸、對外貿易等都有很大發展。明代中期（1522~1573 年），中國的市場經濟達到了中國古代歷史上經濟發展的第三個高峰；許多學者認為，與同時期世界各國的工商業和技術發展水平相比，中國是當時世界上經濟最發達、工商業最繁榮的國家。但在明朝後期，朝綱廢弛，政治癱瘓，經濟衰敗，從而導致全面的財政危機，隨後出現了大規模農民起義，明王朝隨著清軍入關而最終走向衰亡。

1644 年滿清王朝入主中原後，清朝政府最初沿襲了歷代重農抑商的基本國策，並在清初幾十年推行了非常嚴苛的禁海令。但在穩定的社會環境下，整個社會的市場經濟還是再度繁榮起來。特別是在「康乾盛世」（1661 年～1795 年）的 130 多年間，國民經濟總量和社會人口同時發生了大規模增長。美國政治學家肯尼迪在《大國的興衰》一書中估計，在 1750 年，中國的工業產值是法國的 8.2 倍，英國的 17.3 倍；在 1830 年，中國的工業產值是法國的 5.7 倍，英國的 3 倍；而中國當時的人口，也從順治八年（1651 年）的 6500 萬左右增加到嘉慶年間（1812 年）的 3.6 億。在乾隆後期和嘉慶年間（1796-1820），清朝政府內部以及整個社會又開始腐敗，各種社會矛盾不斷激化，太平天國起義、撚軍起義等起義此起彼伏，鴉片戰爭、中法戰爭和中日甲午戰爭等接連爆發，從而使中國的市場經濟再次遭到了嚴重破壞。在內憂外患之下，清王朝最終也走向了滅亡。

通過回顧中國古代社會兩千多年間的市場經濟發展史，可以發現，自秦漢以來，中國的市場經濟呈現出了明顯的週期性興衰特徵，而且市場經濟的興衰與王朝政權的更替緊密相連，兩者之間常常互為因果。一方面，這反映出國家系統中政治系統對經濟系統具有重要影響，這種影響一般是通過經濟政策等制度因素來發揮作用的；具體表現在，凡是符合經濟發展規律的制度就會促進經濟的增長，凡是違背經濟發展規律的制度就會阻礙經濟的增長。另一方面，國家系統中經濟系統對政治系統具有重要的反作用，這種反作用一般是通過社會分配制度反映出來的；具體反映是，在每一王朝的前中期，社會分配制度比較公平合理，工商業就比較繁榮昌盛，人們能夠安居樂業，從而支持了政治系統的穩定，而在每一王朝的後期，社會分配制度不公平不合理，貪官汙吏巧取豪奪導致整個社會貧富懸殊、兩極分化嚴重，由此激化各種矛盾進而引發社會革命、戰爭動亂，從而導致政治系統的動盪和崩潰。

在過去的兩千多年間，中國古代的市場經濟至少有三次發展高峰，而且早在公元 1000 年的北宋時，中國當時的商品經濟和技術水平就已接近近代歐洲工業革命的條件，但工業革命卻沒有發生在中國，而且中國的資本主義經濟也沒有發展起來，甚至直到晚清時中國的資本主義經濟依然非常弱小。這其中除了政治、文化、技術、戰亂等眾多原因外，制度因素顯然是一個重要

原因。正如韋森教授所說：「自漢武帝開始，中國歷代王朝屢屢採取的重農抑商政策和『禁榷制度』，是在兩千多年的歷史長河中滯礙中國市場經濟發展的最重要的制約因素」。

三、中國古代科學技術的興衰變遷

中國古代科學技術在世界科技發展史上具有重要的歷史地位，它從遠古時代開始積累，春秋戰國時代奠定基礎，兩漢、魏晉南北朝充實提高，隋唐五代持續發展，到宋朝時達到高峰，至明朝萬曆以後比同期的西方開始落後，但仍有緩慢進展。縱觀整個中國古代科技發展歷程，在 16 世紀以前它一直處於世界領先地位。

自人類文明的軸心時代開始，中西文化與科學就已開始分叉，各自分別走上了不同的發展道路。中國古代科學技術具有與西方不同的獨特體系，其生成發展也有自身的歷史、特點及內在規律。其發展過程大體上經歷了六個階段，這六個階段形成了一個大週期；其發展的大致脈絡是[22]：

（1）蘊育誕生期：春秋戰國時期；
（2）規範確定期：兩漢時期；
（3）理論發展期：魏晉到隋唐時期；
（4）高峰期：宋朝時期；
（5）實用期：明朝時期；
（6）衰落期：清朝時期。

中國古代科學是以「整體論」、「生成論」的自然觀為基礎的，這一特點與西方源於古希臘的以「原子論」、「構成論」為基礎的科學傳統具有顯著差異。簡單來說，用古希臘的自然觀來看，自然世界是由某種「基本粒子」（例如「原子」）組合構成的，這種自然觀導致西方科學往往以分解、組合的方式來探究事物的性質。而用中國古代的自然觀來看，自然世界本身就是一個不可分割的整體，它是從無到有、從小到大逐漸生成演化而來的，這種自然觀導致中國古代科學往往以綜合、聯繫的方式來把握事物的性質。例如，「天下萬物生於有，有生於無。」、「道生一，一生二，二生三，三生萬物。」（老子，《道德經》四十章、四十二章）就是這種自然觀對宇宙萬物形成過程認識的簡潔表述。中國古代基於「整體論」、「生成論」自然觀的思想起源，追根溯源可以上溯到《周易》。《周易》成書於西周初年。中國的春秋時期正處於人類文明的軸心時代，中國文化與古希臘、古印度及希伯來文化一樣，開始從

---

[22] 李曙華：〈中華科學的基本模型與體系〉，《哲學研究》2002 年第 3 期。

對命運的關切走向對境界的追求[23]，從而在根本上確定了中國文化的主流精神與價值取向。

根據李曙華先生的觀點，春秋戰國時期正是易經從巫術走向科學的轉型期，這一轉型的關節點在《易傳》[24]。《易傳》是一部論文集，其學說來源於孔子，成書於孔子後學之手[25]。這部書用陰陽、乾坤、剛柔的對立統一來解釋宇宙萬物的變易，認為從天地萬物到人類社會都存在著對立統一的關係，提出對立面的相互作用是事物變化的普遍法則和萬物化生的泉源，以對立面的互相轉化說明事物變化的過程；它強調宇宙變化生生不已的性質，提出「窮則思變」、「物極必反」等思想，強調「居安思危」、「自強不息」的憂患意識和不斷變革的重要意義，這些都為中國古代辯證法思想的發展奠定了理論基礎。《易傳》以全新的哲學思想詮釋了《易經》的文化與科學意義，從普遍的宇宙規律來理解自然，來理解人生和命運，首次明確闡明了中國古人的自然觀，因此可以說它是中國最古老的自然哲學。《易傳》「第一次比較完整地提出了科學思想，奠定了中國傳統科學規範的哲學基礎。」[26]，並規定了中國古代科學的基本範疇，「從而使易經從單純的筮書而成為人們藉以洞察和把握宇宙萬物生成演變普遍規律的基本模型和運演符號系統」[27]。

戰國時期，齊國稷下學派的學者們，融會了從古代曆律學、天文學、地理學中的五行學說與醫學陰陽學說（黃帝四經），形成了統一的陰陽五行學說，從而建立了更為實用的古代科學模型。到漢代時，陰陽五行學說又被納入易學框架，從而形成了「漢易象數學」的獨特體系。人們將易經、陰陽五行和干支記時法融為一體，以陰陽五行為基本結構，以周易為運演符號系統，將這一體系整合為關於宇宙萬物生成演變的普適性的象徵模型，從而為中國古代科學各學科的確立準備了條件。

隨著這一獨特科學模型和運演符號體系的形成，中國古代科學的天文學、數學、中醫藥學、農學等主要分支學科相繼在兩漢時被創立，大致情況如下：

1、天文學

在中國古代，最有影響的宇宙結構理論主要有蓋天說、渾天說和宣夜說

---

23 黃克劍：〈從命運到境界〉，《孔子之生命情調與儒家立教之原始》；參見：《黃克劍自選集》，廣西師範大學出版社 1998 年 11 月版。

24 李曙華：〈中華科學的基本模型與體系〉，《哲學研究》2002 年第 3 期。

25 從司馬遷的《史記‧太史公自序》、班固的《漢書‧藝文志》，到唐代孔穎達的《周易正義》，當時的人們都認為《易傳》十篇係孔子所作，但經現代許多學者根據考古資料研究表明：《易傳》各篇文章並非形成於同一時期，其作者也並不是出自一個人，說它們都是孔子所著的傳統觀點，現已被大多數人所否定。

26 董光璧著：《易經科學史綱》，武漢出版社 1993 年版，第 7 頁。

27 李曙華：〈中華科學的基本模型與體系〉，《哲學研究》2002 年第 3 期。

這三種學說。蓋天說大約產生於公元前一千多年前的商末周初，渾天說最遲發端於戰國中期，而宣夜說則是由戰國時的哲學思想發展而成的天文學思想；到了漢代，蓋天說逐步被渾天說所取代。關於宇宙起源和演化的學說，到漢代時逐步形成了比較完整的理論。例如，成書於西漢的《淮南子‧天文訓》中提出了比較完整的宇宙創生論，用「有生於無」的思想對宇宙的產生作出了解釋。再如，東漢時的天文學家張衡對渾天說做了完整描述，他提出天是一個完整的球體（而不是像蓋天說所認為的，天是一個穹廬似的半球），而「地如雞子中黃」被天所包裹。[28] 張衡的天球理論及其所創造的渾儀、渾象，奠定了中國古代天文學基本理論和天文觀測的基本規範和體系；秦顓頊曆、漢太初曆，標誌著與天文學密切相關的中國古代曆法的基本框架也已形成。

2、數學

在漢代，《九章算術》的問世確立了中國古代科學中以籌算為工具、以數論與算法為特色的數學基本體系。

3、醫藥學

戰國到漢代時，已形成了較為完整而成熟的中醫藥規範體系。戰國時期，《黃帝內經》奠定了中國古代的中醫理論體系。秦漢時期，《神農本草經》奠定了中國古代的中藥及藥物分類學的基本理論和體系。漢代時，一代醫聖張仲景所著的《傷寒雜病論》以辨證論治為基本原則，確立了中國古代中醫治療學的基本理論和體系；外科聖手華佗的高超醫療技藝代表了中國古代中醫外科、麻醉術、體育療法的基本特色和水平。

4、農學

漢代產生的《氾勝之書》，表明中國古代農業種植中作物栽培論的理論基礎已形成。[29]

中國古代的科學技術體系包括理論性學科、經驗性學科和實用性技術這三大部分。中國古代的理論性學科以天文學和數學為主幹，包括樂律、曆法等；中國古代的經驗性學科以中醫藥學、農學為主幹，包括星象、煉丹、地學、建築學等等[30]。中國古代的理論性學科和經驗性學科與現實生活和生產實踐相結合就產生了實用性技術。實用性技術在中國古代科學技術中佔有很大

---

[28] 徐鳳先：《宇宙理論》；參見宋正海、孫關龍主編：《圖說中國古代科技成就》，浙江教育出版社 2000 年 7 月第一版，第 44-45 頁。

[29] 以上兩個自然段落的內容，除注明出處者以外，主要參考整理自：李曙華，〈中華科學的基本模型與體系〉，《哲學研究》2002 年第 3 期。

[30] 李曙華：〈中華科學的基本模型與體系〉，《哲學研究》2002 年第 3 期。

比重，同時也達到了極高的發展水平。例如，中國古代的養蠶織絲、瓷器燒製、金屬冶煉、水利工程等都達到了很高的水平，其中都江堰、靈渠的設計施工堪稱是古代社會最富整體性生態思想的系統工程。理論性學科、經驗性學科和實用性技術這三者之間的關係，類似於水、鮮魚和魚肉罐頭之間的關係，先是水孕育了鮮魚，然後人們才能用鮮魚來製作魚肉罐頭。有些學者用西方科學的標準為唯一評判標準，認為中國古代沒有科學，也有學者認為中國古代只有高度發達的技術，而沒有相應的科學體系。從理論性學科、經驗性學科和實用性技術這三者之間的關係來看，這些觀點顯然是不合邏輯、孤立片面的。這些片面觀點就好比在說，魚不需要水來養育就能夠自然生長，或者說不需要有水和魚這兩個基本前提人們同樣可以製作出大量魚肉罐頭一樣，這樣的觀點或邏輯是多麼荒誕可笑！在中國古代科學技術體系中，理論性學科、經驗性學科和實用性技術這三部分往往是融合在一起的，就像是由不同中藥混合後熬製成的一鍋汁液，要想把其中的各種化學成分截然分離是相當困難的。而在現代科學技術體系中，基礎科學、應用科學和實用工程技術三者之間的界限卻是比較容易劃分的。沒有基礎科學就沒有應用科學，沒有基礎科學和應用科學的發展，也就沒有實用性工程技術的發展，三者之間形成了相互聯繫、相互影響、相互制約的有機整體。清楚這一點，有助於我們理解中國古代科學技術體系的特點。

兩千多年來，中國古代科學隨著其哲學基礎（以道家思想為主）和基本科學模型（以周易為核心的體系）的發展而發展，以它們的興衰而興衰。中國古代科學的理論發展情況，其大致脈絡是：春秋戰國時期誕生了《道德經》和《易傳》等哲學思想；戰國時期到漢代，逐漸形成了將五行學說、陰陽學說、易經象數學說等理論和干支記時法融為一體的古代科學模型；魏晉玄學的興起和發展深化了老莊思想和周易義理的發展，由此推動了中國古代科學的理論研究，從而帶來了中國古代科學發展的第一次高峰；宋明理學進一步發展了道家思想與易學數理，由此推動了中國古代科學中數理理論的發展，從而帶來了中國古代科學發展的第二次高峰；自明代中葉以後，人們開始從注重理論研究轉向注重各種理論的實際應用，由此推動了中國古代大量實用性技術的應用，但與此同時理論性學科卻開始趨於衰落，特別是天文學和數學的衰落尤為明顯。到明朝末年時，當時的天文官體系已非常腐敗，天文官中竟然已沒有幾人能夠看懂古人的天文典籍了。[31]

金觀濤、攀洪業和劉青峰三位學者在有關中國科學技術史的研究中，曾把科學技術分解為科學理論、實驗和技術三類，他們分別對中國和西方兩千

---

[31] 本段內容主要參考整理自：李曙華，〈科學的基本模型與體系〉，《哲學研究》2002 年第 3 期。

餘年間的主要科學技術成果進行了計量和統計分析[32]。他們發現，在不同文明中，理論、實驗和技術三項成果所占的比重有較大差異。在西方的科學技術成果中，理論所占的比重較高，自 18 世紀以後，理論、實驗和技術這三者的比重基本趨於相同（大約各占三分之一左右）；而在中國古代科學技術中，幾乎歷史上任何一個朝代技術發明所占的比重都在 60%以上，與西方社會相比，中國古代在理論和實驗方面明顯偏弱。他們對中國古代科學技術成果的計量和統計分析結果，具體見表 9-1：

表 9-1　中國歷代理論、實驗和技術在該朝代總積分中所占比重（%）[33]

朝代	春秋	戰國	秦	西漢	東漢	魏西晉	南北朝	隋	唐	五代	北宋	南宋	元	明	清
理論	12	23	0	6	10	13	15	2	8	－	4	19	8	16	40
實驗	2	8	0	9	14	1	13	0	11	－	6	7	12	3	1
技術	86	69	100	85	76	86	72	98	81	－	90	74	80	81	59

他們還以科技成果計分為縱坐標，以公元年代的時間軸為橫坐標，繪製出了中國古代科學技術水平淨增長曲線圖（見圖 9-1），該圖形象地反映了歷代科學技術增長和社會政治經濟結構之間的關係：中國古代技術發展水平隨著封建王朝週期性興衰而呈現出週期性振盪特徵，表明一個王朝的技術增長與該王朝的中央集權程度以及商品經濟發達程度密切相關。這種週期性振盪特徵，對中國古代技術成果的積累和傳承造成了巨大障礙。中國古代的技術往往通過父子間「秘傳」的方式來繼承，並由行會或官營行業所壟斷，古代技術的這種封閉性是造成大量技術失傳的重要原因。例如，在宋代時，中國就發明了三十二錠蓄力和水力大紡機，其產量是小紡車的 30~50 倍，據記載，大紡車「晝夜紡織百斤，不勞而畢，可代女工兼倍省」[34]。西方一直到工業革命前才出現類似的紡織機械，它是西方工業革命一系列技術發展中的一環。[35] 就是這樣一項值得稱道的發達技術，卻隨著宋王朝的覆滅而消失無蹤了！

---

[32] 金觀濤、樊洪業和劉青峰：《文化背景與科學技術結構的演變》；參見中國科學院《自然辯證法通訊》雜誌社編：《科學傳統與文化》，陝西科學技術出版社 1983 年版。

[33] 金觀濤、劉青峰著：《興盛與危機——論中國社會超穩定結構》，法律出版社 2011 年 1 月第一版，第 327 頁。

[34] 王禎：《王禎農書》（卷 22），農業出版社 1963 年版，第 521 頁。

[35] 金觀濤、劉青峰著：《興盛與危機——論中國社會超穩定結構》，法律出版社 2011 年 1 月第一版，第 330-332 頁。

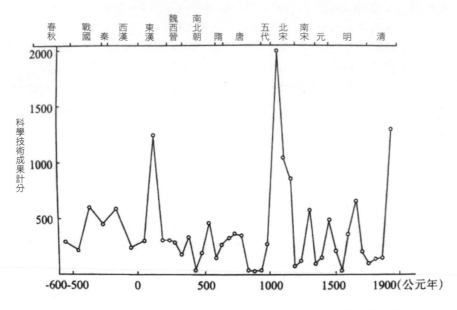

圖 9-1　中國古代科學技術水平淨增長曲線圖（以 50 年為單位）[36]

　　從圖 9-1 中可以清晰地看到，中國古代科學技術發展到東漢、北宋和明代時分別出現了三個較顯著的高峰，特別是東漢和北宋時期的科技水平尤為突出，這與當時的政治穩定、經濟繁榮是緊密相聯的，也從一定程度上反映出社會物質生產對科技發展具有重要的促進作用。

　　中國古代以農業立國，農業科技的發展在中國古代科技史中具有舉足輕重的地位。鐘守華先生依據《中國農史繫年要錄》[37]一書對中國古代農業科技成果進行的計量分析，其所得結論能夠與上述中國古代科學理論的發展情況相對應。他按農（即耕作農業，包括氣象、土地利用、農田水利、農具、肥料、作物、耕作栽培、植保）、牧（包括畜牧、獸醫）、副（包括貯藏加工、園藝、茶、蠶桑、養蜂及經濟昆蟲）和漁（養魚）四大類，對《中國農史繫年要錄（科技篇）》所載農業科技成果分歷史時期進行統計，其結果見表 9-2：

---

[36]　金觀濤、劉青峰著：《興盛與危機──論中國社會超穩定結構》，法律出版社 2011 年 1 月第一版，第 331 頁。

[37]　閔宗殿編：《中國農史繫年要錄（科技編）》，農業出版社 1989 年版。

表 9-2　中國古代農業科技成果數量統計表

朝代＼項目	農業 I 部類		農業 II 部類					合計
	農耕業	比重（%）	牧業	副業	漁業	小計	比重（%）	
商	8	38.09	3	8	2	13	61.91	21
西周	24	48	5	10	11	26	52	50
春秋戰國	48	49.48	18	28	3	49	50.52	97
秦漢	78	56.12	20	37	4	61	43.88	139
魏晉南北朝	55	48.67	15	41	2	58	51.33	113
隋唐	38	38.38	20	35	6	61	61.62	99
宋元	107	45.34	23	98	8	129	54.66	236
明	65	57.02	11	30	8	49	42.98	114
清	66	56.90	19	26	5	50	43.10	116
合計	489	49.64	134	313	49	496	50.36	985

　　如對農耕業（種植業）的技術成果進行分析，按照歷史時期分九類（包括氣象、土地利用、農田水利、農具、肥料、作物、耕作栽培、植保、農書）統計，其結果見表 9-3：

表 9-3　中國古代農耕業（種植業）科技成果數量統計表

朝代＼項目	氣象	土地利用	農田水利	農具	肥料	作物	耕作栽培	植保	農書	合計
商	2	0	0	1	0	4	1	0	0	8
西周	4	2	2	5	0	6	3	2	0	24
春秋戰國	9	9	6	10	2	2	3	3	4	48
秦漢	5	8	15	12	8	6	16	6	2	78
魏晉南北朝	1	3	4	10	5	11	15	5	1	55
隋唐	2	3	9	12	1	3	2	3	3	38
宋元	6	16	9	28	7	8	10	13	10	107
明	2	7	2	3	10	5	13	14	9	65
清	8	8	3	7	4	8	8	11	9	66
合計	39	56	50	88	37	53	71	57	38	489

　　在表 9-3 中，「農具」這一列的科技成果數為 88、「耕作栽培」這一列的科技成果數為 71，這兩類的科技成果數最大，合計占農耕業（種植業）科技成果總數的 1/3（比重為 32.5%）。由此可見，農業工具的創新和耕作栽培技術的進步最能反映中國古代精耕細作農業的科技發展情況。[38]

---

[38] 以上三段內容（包括表 9-2 和表 9-3）整理自：鐘守華，〈中國古代農業科技發展的計量分析〉，《科學學與科學技術管理》1992 年第 3 期。

如果以科技成果數量多少為縱坐標，以不同朝代的時間長度為橫坐標，可以根據表 9-2 和表 9-3 中的數據繪製出中國古代農業科技發展的曲線圖（該圖從略）。從曲線圖中可以清楚地看到，中國古代農業科技發展曲線總體上呈現為一個「馬鞍形」，「馬鞍形」的兩個高峰分別對應著秦漢時期和宋元時期的農業科技發展情況，其中最高峰是宋元時期（農業科技成果總數為 236 項）。由秦漢和宋元兩個高峰構成了中國古代農業科技發展的「馬鞍形曲線」，這一特徵與中國古代科學理論的發展是基本對應的，也即科學理論的創新要先於相應的農業技術的繁榮（表現為具體成果的數量）。

在中國古代社會發展歷史中，宋代無疑是一個值得人們關注和認真研究的時期。宋代時不僅整個國家在政治、經濟和文化方面取得了重要進步，而且在科學技術方面取得了輝煌成就，宋代的科技成就不僅在中國古代是巔峰，而且在當時的世界範圍內也居於領先地位。中國古代四大發明中有三項（活字印刷術、指南針和火藥）都誕生於宋代。同時，在文官制度、文化藝術、社會教育、水稻農業、城市商業等方面，宋代也達到了前所未有的程度。宋代的文化與科技積極推動了社會生產力的發展，對中國社會乃至人類文明都產生了深遠影響，甚至有海外學者稱宋代為「中國的文藝復興」時期。

那麼，宋代在科學技術的哪些方面取得了重要成就呢？

綜合國內外有關研究成果，宋代在天文學、數學、醫學、地理學、印刷技術、指南針技術、火藥和火器技術、農業技術、機械製造技術、建築技術、冶金技術、瓷器技術、採礦技術等十幾個方面都取得了重要成就，並在天文學、數學、醫學等學科的一些方面遙遙領先於世界各國。

宋代在天文學上取得的成就，主要表現在天文觀測技術和天文曆法等方面。北宋時，蘇頌（1020-1101）與韓公廉等人於 1088 年製造了一組大型綜合天文儀器——水運儀象台，這組儀器集渾儀、渾象、圭表、計時與報時儀器於一體，是當時自動化程度很高的一套天文觀測設備，它是十一世紀末世界上最先進的天文儀器，其中所採用的活動屋頂、自動轉儀裝置和機械擒縱器這三項發明都比歐洲同類設備發明要早幾百年[39]。在天文曆法方面，南宋楊忠輔在 1199 年制定的《統天曆》把一年的時間數值精確到了 365.2425 日，這個數值在世界曆法史上是最早的；歐洲的著名曆法《格里曆》也是採用這個數值，但是要比《統天曆》大約晚了四百年[40]。

在數學方面，宋代出現了秦九韶（1202-1261）、李冶（1192-1279）、楊輝等著名數學家。秦九韶的《數書九章》（1247）主要講述高次方程數值解法和

---

[39] 參見中國科學院自然科學史研究所主編：《中國古代科技成就》，中國青年出版社 1995 年第二版中的「機械」部分第四篇、「天文學」部分第一篇和第四篇。

[40] 參見中國科學院自然科學史研究所主編：《中國古代科技成就》，中國青年出版社 1995 年第二版中的「天文學」部分第五篇。

一次同餘式解法。李冶的《測圓海鏡》（1248）和《益古演段》（1259）主要講述用代數方法列方程，探討直角三角形和內接圓之間的幾何學關係。楊輝的《詳解九章算法》（1261）、《日用算法》（1262）和《楊輝算法》（1274-1275）主要講述實用數學和各種簡捷算法。在現代計算數學中，當求解高次方程數值解的時候，人們一般會採用一種極其簡便的方法──秦九韶程序，這就是宋代數學家開創的「增乘開方法」，這種方法最初是由北宋的賈憲首先提出、後由南宋的秦九韶最後完成的。而在歐洲，英國數學家霍納（W.G.Horner，1786-1837）直到 1819 年才提出類似的求解方法，這比秦九韶晚了 572 年，而比賈憲晚了七百多年。關於代數方程的列法，歐洲直到十六世紀才提出，而宋代李冶提出的方法比歐洲人提前了三個世紀。[41]

在醫學方面，宋代也取得了卓越成就。北宋民間醫生唐慎微編撰的《證類本草》（1082-1083），總結了北宋以前中國的藥物學成就，是一部本草類書籍的集大成之作[42]。該書載藥 1580 種，附圖 294 幅，介紹了各種藥物的形態、真偽和具體用法等藥物知識；該書問世後經歷朝修刊，沿用五百多年[43]。南宋法醫宋慈（1186-1249）出版的《洗冤集錄》（1247），是中國也是世界上第一部系統的法醫學專著。這部書不僅包括現場檢查、屍體現象、屍體檢查以及各種死傷的鑒別等法醫學的主要內容，還涉及生理、解剖、病因、病理、藥理、診斷、治療、藥物、內科、外科、婦科、兒科、骨科、急救等各方面的醫學知識。這部書刊行後曾廣泛流傳，直到明清時代還盛行不衰。後來，又傳到了朝鮮、日本、英國、法國等國家，受到外國法醫學界人士的好評。在歐洲，由意大利人佛圖納圖・菲德利（Fortunatus Fidelis，1550-1630）所寫的西方第一部法醫學專著直到 1602 年才面世，這比宋慈的《洗冤集錄》晚了 350 多年。[44]

除在科學技術方面取得卓越成就以外，宋代在哲學、文學、美術、雜技、戲曲、音樂等文化藝術方面也取得了蓬勃發展。北宋的程頤、程顥和南宋的朱熹、張栻、呂祖謙等哲學家的思想及著作，推動儒學復興從而產生了宋代新儒學（即「理學」），同時也促進了儒、道、佛之間的融合發展。宋朝不但孕育了像歐陽修、蘇洵、蘇軾、蘇轍、王安石、曾鞏等影響深遠的文學家，而且還湧現出了成千上萬名詩人和詞人，他們創作的大量瑰麗詩詞至今為人們所

---

[41] 參見中國科學院自然科學史研究所主編：《中國古代科技成就》，中國青年出版社 1995 年第二版中的「數學」部分第一篇、第六篇。

[42] 房景奎：〈《證類本草》閱讀方法〉，《中醫函授通訊》1990 年第 3 期。

[43] 劉建英：〈唐慎微與《證類本草》〉，《中國中醫藥報》2007 年 4 月 23 日；參見「唐漢中醫藥網」：http://www.chinesemedicines.net/history/200704/103308.html。

[44] 參見中國科學院自然科學史研究所主編：《中國古代科技成就》，中國青年出版社 1995 年第二版中的「醫藥學」部分第七篇。

傳誦。

四、中國古代社會的主要協同因素

在中國古代社會，科學技術是被封閉在各個不同行業中的，這種封閉狀態是很不利於科學技術的積累、傳承和發展的。但我們也應該看到，不同國家或不同民族通過人口流動（包括移民）、文化交流、商業貿易等形式，實際上起到了傳播科學技術的作用。不同國家或不同民族通過文化交流、商業貿易來傳播科學技術，這是人們的主動行為（如印刷技術和指南針技術在世界各國的傳播）。不同國家或不同民族之間通過人口流動來傳播科學技術，往往是通過戰爭等方式被動實現的（如火藥和火藥武器在世界各國的傳播就是這樣）。在古代社會，促使人口流動和遷徙的主要原因包括戰爭、政府組織移民、人們主動移民等，但其中戰爭是主要原因，戰爭在客觀上推動了各民族間的融合，同時也促進了文化知識、科學技術的廣泛傳播。因此，從整個人類社會的發展來看，世界各國之間的人口流動（包括移民）、文化交流、商業貿易等因素實際上形成了整個人類社會協同發展的重要機制。

在中國古代歷史上，大規模的人口流動和民族融合主要有三次。第一次是從春秋戰國到秦統一；第二次是從東漢末經過三國、兩晉到南北朝；第三次是從宋遼夏金各族政權並立到元統一。在這三個時期，每一時期都發生了人口的大規模流動，而人口的流動又增進了各民族間的相互融合和密切聯繫，從而為多民族國家的建立和發展奠定了基礎。

在中國古代，促使人口流動和遷徙的主要原因是戰爭、移民和民族政權分化等。中國歷代封建統治者為鞏固政權，加強對邊疆地區的統治管理，常常組織大規模的移民活動。例如，在戰國、秦朝時期，為預防匈奴南下，秦始皇曾派蒙恬率兵 30 萬出擊匈奴、修築萬裡長城，並遷徙內地人民到那裡發展生產、加強邊防。秦在征服南方的越族以後，在那裡設置了象郡、桂林、南海三郡，並遷徙 50 萬中原人民到這些地區居住。除南宋等少數王朝以外，中國古代的政治中心一向都在北方，北方經常是改朝換代、內亂紛爭的地方。在戰亂期間，人們為了躲避災難，常常會舉家遷徙到南方。例如，在兩晉時期曾發生了「八王之亂」，統治集團各種勢力自相殘殺長達十六年之久，後來又發生了「永嘉之亂」，戰亂紛爭將各族人民推向了極端困苦的境地。為躲避戰亂、災荒、饑餓和溫疫，中原人口大量南遷，從而掀起了中國古代第一次大規模移民浪潮，移民人口在百萬以上。此後，北方中原地區每一次較大的政治變動（如祖逖北伐、淝水之戰、劉裕北伐、北魏南侵等等），都會引發一次較大規模的人口南遷。公元 494 年，北魏孝文帝將都城從平城（今大同）遷到洛陽時，原在平城的鮮卑人大多隨同南遷，前後南遷的貴族、官僚、軍

隊及民眾，總數在一百萬人左右[45]。在唐朝天寶年間發生的「安史之亂」，這次戰爭導致了長達二百年之久的藩鎮割據，給人民帶來了深重災難，戰亂促使北方人口大規模南遷，從而出現了中國古代史上又一次大規模的移民浪潮，移民人口不僅流向長江流域、珠江流域，甚至還流向了南洋。在宋代以前的華夏大地上，中原文明在思想文化、科學技術、經濟發展水平上一直處於領先地位。中原文明的這種先進性，往往會對周邊國家或地區產生強大吸引力，從而促使這些地區的人民向中原地區流動。例如，在東漢到魏晉時期，居住在中國西部和北部邊境的匈奴、鮮卑、揭、氐、羌等民族，由於受中原先進文明的吸引，自東漢開始陸續內遷，到西晉初年時，內遷的匈奴、鮮卑、揭族等共有幾十萬人，內遷的氐族和羌族有 50 多萬人，居住在今甘肅、陝西、山西、河北、遼寧長城以南的廣大地區。[46] 魏晉南北朝時期，邊疆各少數民族紛紛內遷也推動了中原漢族人民的流動和遷徙，從而掀起了中國古代史上一次次較大規模的移民浪潮。從全國範圍來看，這個時期北方人民主要流向三個方向：東北、西北和南方；流向東北的一支，托庇於鮮卑慕容政權之下；流向西北的一支，落腳於涼州張軌的領域；流向南方的一支，僑寄於孫吳的故壤[47]。據統計，在公元初年，漢族人口主要集中在河北、河南、山西、山東以及湖北、安徽和江蘇的絕大部分地區，此後便穩步減少，而長江以南的人口則相應顯著增長；從公元 280~464 年，長江以南的人口增長超過五倍，如果沒有來自北方的移民，這一時期的人口增長不可能如此顯著；同時，由於其他民族的大量內遷，原來漢族居住的中原地區人口也增長了兩倍多；而黃河以北的西北地區人口卻在公元 2~138 年間大大減少，從接近 43 萬減少到略多於 14 萬，到魏晉南北朝時期繼續減少，基本保持在 3 萬左右[48]。由此可見，魏晉南北朝時期，當時中國人口流動和遷徙規模之大。

在中國古代，北方少數民族的南遷，更多是以戰爭的形式展開的。例如，正是遼、金、元等北方民族國家對宋朝的南侵戰爭，促使大量人口從北方流動和遷徙到南方，從而使宋朝的政治、經濟、文化中心轉移到了長江以南，同時也將北宋時各種先進的文化知識和科學技術帶到了中國南方地區。這些大規模的人口流動，在促進各民族相互融合的同時，也推動文化知識和科學技術在更廣範圍的傳播，從而促進了不同民族國家和地區經濟和文化的共同

---

[45] 轉引自：李克建，〈再論魏晉南北朝的民族遷徙〉，《西南民族大學學報（人文社科版）》2006 年第 6 期。

[46] 本段中有關中國古代人口流動的資料除注明者以外，主要整理自：張佔先，〈中國古代人口流動原因探析〉，《宿州師專學報》2004 年 8 月第 3 期，第 11 頁。

[47] 萬繩楠整理：《陳寅恪魏晉南北朝史講演錄》，黃山書社 2000 年版。

[48] 李濟：《中國民族的形成》；參見劉夢溪主編：《中國現代學術經典·李濟卷》，河北教育出版社 1996 年版，第 267 頁。

發展。

在中國古代歷史的宏觀演進過程中，由戰爭和動亂頻發而引起的人口大流動和大遷徙，導致中國古代社會的經濟總體上呈現出一種由中心向四周波浪式幅射的推進態勢，特別是農業在地理空間上的橫向擴展，推動中國古代經濟中心先從西向東轉移，然後又從北向南轉移，明顯地勾勒出了兩條基本發展軌跡。正是一次次移民浪潮，推動著中國古代社會經濟從黃河流域擴展到長江流域、進而擴展到珠江流域和閩江流域。

縱觀中國古代歷史，各民族的大遷徙和大流動對古代社會經濟的橫向拓展產生了深遠影響，不僅極大地促進了各民族地區的經濟開發進程，同時也引起了各民族的文化變遷。特別是魏晉以來，中原地區的漢族為逃避戰亂而大批遷往遼東、河西、江南等地區，不僅為當地人民帶去了先進的生產工具和耕作技術，對開發當地經濟發揮了重要作用，同時也帶去了比較文明的文化習俗和生活方式。民族大遷徙對各民族文化變遷的影響主要包括：各民族（尤其是少數民族）住所的變化、飲食方式的變化、服飾及髮型的變化、民族語言的變化、風俗習慣的變化和宗教信仰的變化等。例如，以五胡中的羌族為例，在向中原地區內遷以後，羌族在居所上從原來的「逐水草而居」逐漸變成了「農耕定居」；他們的飲食習俗由原來的以奶、酪和牛、羊肉為主，逐漸變成了與內地民族的飲食習俗基本相同；他們的服飾由原來以耐寒的畜產品為主要原料，轉向了以布帛、綢緞等棉絲製品為原料；他們的髮型也由原來的「披髮覆面」式變成了辮髮式；風俗習慣中，人去世後的埋葬方式由原來的火葬改成了土葬；在宗教信仰方面，他們逐漸摒棄了固有的原始宗教，開始崇信佛教；其他內遷民族（如匈奴、鮮卑、氐族等），在文化習俗和生活方式方面也發生了或多或少的變化[49]。

在古代社會，人口流動、文化交流、商業貿易等這些因素在世界各地區之間的聯繫是局部的、時斷時續的，因而造成文化知識和科學技術在古代世界的傳播也是極其緩慢的。而在現代社會，這些因素在世界各地區、各國之間的聯繫是全域性的、經常性的，從而也加快了文化知識和科學技術在世界各地的傳播進程。特別是在國際互聯網出現並被普遍使用以後，世界各地區、各國之間實際上已經形成了緊密聯繫的龐大資訊網絡，這一龐大網絡將世界各地區、各國之間真正連接成了相互聯繫、相互影響、相互作用的統一整體。從這個意義上來說，古代社會通過戰爭方式傳播文化知識和科學技術的功能已經被國際互聯網的功能完全替代了，戰爭已經完成了它的歷史使命。因此，除了保衛國家主權和人民安全的需要以外，戰爭應該徹底退出人類社會的歷史舞臺。在當今世界，凡是境界高遠、具有世界眼光的偉大政治家，他應該

---

[49] 李吉和：〈古代少數民族遷徙與文化變遷〉，《天水師範學院學報》2003 年第 4 期。

拋棄各國間相互對抗、相互戰爭的陳舊思維，積極推動不同社會之間的政治對話、文化交流、商業貿易和科技傳播，致力於建立相互協同、共同進步的國際關係，為推動整個地球人類社會的共同發展而建立一套科學的制度體系。

五、自然環境對社會歷史發展的影響

在中國古代歷史上，為什麼北方的民族會屢屢南侵呢？關於這個問題，中外一些學者通過研究指出，這是因為氣候週期性變化（特別是氣候變冷）使中高緯度地區自然生態環境週期性惡化，引起北方遊牧民族社會陷入週期性的生產生活危機，進而導致他們週期性地向南遷徙以爭奪生存空間。這種觀點無疑是比較重要而值得重視的。中國歷代北方民族的遷徙移動，儘管是由各種政治、軍事、經濟、社會等多種因素綜合作用的結果，但自然地理環境的變遷顯然是一個不容忽視的重要因素。

下面，我們分別從人類有關自然環境的思想、氣候對社會的重要性、氣候與人類文明之間的關係、氣候脈動對人類文明的衝擊、中國歷史時期氣候變遷的長期特徵以及氣候變遷對北方民族南遷、古代戰爭、人口分佈、社會經濟和中國歷史興衰週期等十個方面，系統探討一下自然環境對社會歷史發展的重要影響。

1、自然環境影響人類社會的有關思想

早在 18 世紀，法國著名思想家孟德斯鳩（Montesquieu，1689-1755）就首創了地理唯物主義學說，他在 1748 年出版的《論法的精神》一書中提出了地理環境中氣候、土壤等因素影響民族性格和社會歷史發展的觀點，論述了地理環境（特別是氣候、土壤和居住地域的大小）對於一個民族的生理、心理、性格、風俗、道德、精神面貌、宗教信仰及其法律性質和政治制度都具有影響作用；他特別強調地理因素（尤其是氣候因素）在人類社會和歷史發展中的作用[50]。

德國哲學家黑格爾（Friedrich Hegel，1770-1831）則視地理環境為「歷史的地理基礎」，他在《歷史哲學》一書中把地理環境與民族性格、社會生活、物質生產活動聯繫在了一起，注意到了物質生產活動方式對人類社會生活各方面的影響；他對地理環境問題關注的範圍、角度更為廣闊，觀察更為深刻，比孟德斯鳩的思想更符合人類歷史的實際[51]。

---

[50] 孟德斯鳩著，張雁深譯：《論法的精神》（第 3 卷），商務印書館 1961 年版，第 227-303 頁。
[51] 李學智：〈地理環境與人類社會——孟德斯鳩、黑格爾「地理環境決定論」史觀比較〉，《東方論壇》2009 年第 4 期。

英國歷史學家亨利‧巴克爾（Henry Thomas Buckle，1821-1861）在其《英國文明史》一書中揭示了自然物質世界對歷史的影響，他認為人類不過是自然的一部分，人類歷史同樣要受自然規律的支配，他以氣候、土壤、食物以及自然狀態來解釋人類社會歷史發展，並用豐富的例證來證明食物、土地以及自然環境等對社會組織的重要作用；儘管他強調地理環境對人類歷史發展具有重要影響，但他並不完全是一個「地理環境決定論者」[52]。

德國人文地理學家拉采爾（Friedrich Ratzel，1844-1904）在 1882 年出版的《人類地理學》一書中，探討了各種自然條件對人類歷史發展與文化特徵的影響；他認為人類是地理環境的產物，他強調社會制度的自然基礎，十分重視自然環境對人的制約性；他把位置、空間和界限作為支配人類分佈和遷移的三組地理因素，並在此基礎上提出了「國家有機體說」和「生存空間說」[53]。美國地理學家森普爾（Ellen Churchill Semple，1863-1932）繼承了拉采爾的環境決定論觀點，她在《美國歷史及其地理條件》（1903）、《地理環境的影響》（1911）等著作中論述了地理環境對人類體質、思想文化、經濟發展與國家歷史的影響，強調了自然地理條件的決定性作用，但她捨棄了拉采爾的「國家有機論」的概念，並指出地理環境對社會歷史的影響主要是通過人類的經濟社會活動[54]。

美國文化地理學家亨丁頓（Ellsworth Huntington，1876-1947）很注重對氣候與地貌、氣候與人類文明關係的研究，他把氣候視為社會發展、國家強弱、種族優劣、經濟勝衰的決定因素，甚至將氣候視為整個人類文明發展的最重要因素，他強調氣候對人類文明形成與發展的決定作用；他的重要論著主要包括《亞洲的脈動》、《文明與氣候》和《文明的主要動力》等書籍。他於1903~1906 年間在印度北部、中國塔里木盆地等地考察後，在 1907 年出版了《亞洲的脈動》一書，在書中他提出了中國歷史上的外患內亂與氣候變遷有關的觀點，如東晉五胡亂華、北宋契丹女真寇邊，都是因為中原和中亞氣候轉旱，各民族迫於生計鋌而走險；他認為 13 世紀蒙古人大規模向外擴張也是由於居住地氣候變乾和牧場條件日益變壞所致[55]。此後，他又在《文明與氣候》（1915）一書中首次提出了「氣候脈動論」，強調氣候對人類文明的決定性作用，他認為氣候是人類文化的原動力、人口移動的主因、能源的主宰以及區

---

[52] 李孝遷：〈巴克爾及其《英國文明史》在中國的傳播和影響〉，《史學月刊》2004 年第 8 期。

[53] 白光潤編著：《地理科學導論》，高等教育出版社 2005 年版，第 205-206 頁。

[54] 付文：《生態人類學的理論來源述論（二）》，2006 年 9 月 16 日，參見：http://blog.sina.com.cn/s/blog_3edd54310010005zh.html，2012 年 8 月 22 日。

[55] 管彥波：〈民族大遷徙的地理環境因素研究〉，《西北民族大學學報（哲學社會科學版）》2010年第 3 期，第 123 頁。

別國家特性的重要因素[56]；他還提出了從亞洲河谷地區到歐洲涼爽地區，人類文明最基本的變化來自人類對氣候的適應的見解[57]。他在《文明的主要動力》（1945）一書中提出了太陽運行和人類生理、心理有一種內在聯繫的假說[58]；他認為溫和的氣候更有益於產生理智的思想，他指出宗教的最高形式存在於世界的溫帶，溫帶更有利於人們進行智力活動，其中既包括宗教信仰和儀式特點，也包括物質文明[59]。

關於地理環境對人類社會發展的影響問題，馬克思和恩格斯在《經濟學哲學手稿》（1844）、《德意志意識形態》（1846）、《反杜林論》（1878）和《資本論》（1867、1885、1894）等著作中也作過很多零散的論述，他們認為人類與自然界之間是密切聯繫、相互影響、相互制約的，兩者間的關係處於不斷變化中；人類與自然界的相互作用，對人類思維與智力的產生和發展具有根本性影響；他們也很重視地理環境因素對歷史發展的影響，並直接以自然界影響為前提建立了歷史理論，他們把歷史劃分為自然史和人類史這兩個密切聯繫、相互制約的方面；他們提出了發展的辯證的「人地關係論」，其核心思想包括：人本身是自然界的產物，食物種類的變化促使類人猿向人類轉變，人類手腳分工和直立行走的生理現象主要是自然界作用的結果，人類使用火、吃熟食、創造音節語言等都沒有離開自然界的影響；地球的氣候、地理、出產等不同地理環境因素，對人類社會發展具有不同的影響；人類能夠改變自然界，為自己創造新的生存條件，從而對地理環境具有反作用，這種反作用主要包括生產和戰爭這兩種形式，隨著社會發展和人類掌握知識的增加，人類對自然界反作用的手段就會隨之增加，人類利用、控制和改造自然的能力也將隨之增強；隨著生產力和生產關係的產生和發展，人類與地理環境之間的關係經歷了一個從「直接」到「間接」的發展過程，人類與地理環境之間是通過生產力和生產關係從中傳導而發生相互影響的[60]。

俄國哲學家普列漢諾夫（Georgii Valentlnovich Plekhanov，1856-1918）對馬克思和恩格斯的地理環境思想進行了系統化，並在此基礎上提出了一些重要思想，他指出地理環境與人類社會相互作用的基礎是生產力，地理環境通過生產力和生產關係對人類社會發生作用，隨著社會生產力的增長和性質變化，地理環境對人類社會的作用也將發生變化；地理環境的差別是社會分工

---

[56] 李秀朋、彭雲望：《管理文化：「土壤」、傳統與創新》，「中國軍事圖片中心」網，2011年4月23日，參見：http://tp.chinamil.com.cn/2011/2011-04/23/content_4425513.htm，2012年11月2日。

[57] 《西方社會學家：亨廷頓》，「社會學視野論壇」網，2008年11月15日，參見：http://www.sociologyol.org/bbs/viewthread.php?tid=1612，2012年10月12日。

[58] 《西方社會學家：亨廷頓》，「社會學視野論壇」網，2008年11月15日，參見：http://www.sociologyol.org/bbs/viewthread.php?tid=1612，2012年10月12日。

[59] 劉明：〈重新審視「環境決定論」〉，《新疆師範大學學報（自然科學版）》2006年9月第3期。

[60] 侯丕勳：〈論馬克思主義地理環境觀〉，《西北民族學院學報（哲學社會科學版）》1986年第4期。

的自然基礎，分工帶來了交換，交換促進了生產，地理環境的多樣性刺激了人們的各種需求和能力，從而推動人們採用各種方法來提高生產技術；一方面，發展著的生產力制約著地理環境的諸多屬性，而地理環境的諸多屬性通過生產力、社會關係等環節間接地影響社會意識；另一方面，地理環境的性質決定著生產力的性質，地理環境的屬性制約著生產力發展的速度，地理環境通過生產力的狀態對社會制度產生影響[61]。

2、氣候對人類社會的重要影響

自然環境對人類社會具有重要影響，這種影響主要表現在自然環境形成的氣候、地理等因素對人類的生產和生活所產生的重要影響上。

這裡，就以 2010 年的氣候為例，我們來看看氣候對中國的影響。2010 年，中國年平均氣溫 9.5℃，較常年偏高 0.7℃，是 1961 年以來的第十個最暖年；冬季（2009 年 12 月至 2010 年 2 月）平均氣溫-3.6℃，較常年同期（-4.3℃）偏高 0.7℃；夏季（2010 年 6-8 月）平均氣溫 21.5℃，比常年同期偏高 1.1℃，為 1961 年以來歷史同期最高值；當年降水量 681 毫米，比常年偏多 11.1%。這一年，中國因低溫冷凍災害和雪災共造成 4121000 公頃的農作物受災。2009 年 11 月至 2010 年 4 月，東北、華北發生近 40 年來罕見持續低溫災害。2010 年 1 月 1-6 日，北方遭受強寒潮襲擊，東北大部及內蒙古東北部極端最低氣溫達-40~-30℃，局部地區氣溫在-40℃以下；1 月 17-23 日，中國大部分地區再次遭受強寒潮襲擊，渤海出現罕見海冰，海冰面積達 2000 年以來歷史同期最大。低溫災害對冬小麥、油菜生長影響嚴重，造成冬小麥越冬期明顯偏早，弱苗比例大，返青遲緩。2010 年 1-3 月，新疆北部出現有氣象記錄以來最嚴重的雪災，新疆北部地區積雪深度普遍在 25 釐米以上，阿勒泰最大積雪深度達 94 釐米，富蘊最大積雪深度達 88 釐米，均突破冬季歷史極限。低溫冷凍和雪災，給當地造成了人員傷亡和較重經濟損失。2010 年，中國因風雹災害共造成 2180000 公頃的農作物受災，直接經濟損失 350.9 億元。例如，5 月 3-8 日，重慶地區遭受罕見風雹災害，共造成 157.6 萬人受災，死亡 33 人；8 月 5-10、15-18 日，江西省兩次遭受風雹災害，導致 47.8 萬人受災，因災死亡 16 人。同時，一些地區遭受了極端高溫酷暑侵襲。例如，6 月 23-29 日，黑龍江呼瑪氣溫高達 40.5℃、加格達奇 39.7℃、漠河 39.3℃，內蒙古額爾古納為 39℃，東北地區有 32 個氣象站的日最高氣溫突破歷史極值；高溫少雨導致黑龍江、內蒙古大興安嶺林區發生多起森林火災。強降雨導致多地發生山洪、泥石流、山體滑坡等自然災害。例如，6 月 27-28 日，貴州省關嶺縣崗烏鎮強降雨引發山體滑坡，造成 42 人死亡，57 人失蹤；7 月 13 日，雲南省巧家縣小

---

[61] 任春曉：〈論普列漢諾夫與馬克思地理環境理論的差別〉，《上饒師範學院學報》2001 年第 2 期。

河鎮強降雨引發山洪、泥石流災害，造成 19 人死亡，26 人失蹤；8 月 7 日，甘肅省甘南州出現短時強降雨，引發舟曲縣發生特大山洪泥石流災害，造成 1700 多人死亡（含失蹤）。當年，有 7 個颱風（如「燦都」、「凡亞比」等）登陸中國，對福建、廣東等沿海省份造成重大損失，颱風共造成 146 人死亡（含失蹤），直接經濟損失 166.4 億元。據統計，2010 年中國因氣候引起的災害及次生災害造成的直接經濟損失和死亡人口均為近十年來最多，是進入 21 世紀以來中國因氣候遭受災害最為嚴重的年份。[62]

最近幾十年來，全球氣候變化已經引起世界各國的廣泛關注，氣候變化的原因也成了各國科學家研究的一個重要課題。當前，一個廣為人知的觀點認為，是人類生產活動所排放的過量二氧化碳等導致了地球大氣層的溫室效應，從而引起了全球氣候變暖。我們知道，地球自身就是一個由地核、地幔、地殼、海洋、生物圈、大氣層組成的系統，同時地球又處於太陽系中，它又構成了太陽系這個自然系統的一個天體，而太陽系又處於銀河系這個更大的宇宙環境中。因而，地球必然會受到宇宙環境中其他天體的重要影響，特別是受到太陽系中太陽的直接影響。從系統的角度來觀察，影響地球氣候變化的因素既有來自其本身系統的因素（內因），也有來自其外部環境的因素（外因），地球氣候變化是內因和外因共同影響所形成的綜合結果。整個人類社會只是地球生物圈中的一個生物種群，儘管人類對地球自然環境的影響越來越大，但人類活動只是影響地球氣候變化的眾多因素之一，這一因素顯然不是唯一原因。從系統論的觀點來看，僅僅強調人類活動溫室效應導致全球氣候變暖的觀點顯然是片面的，也太過於簡單化了。實際上，影響氣候變化的因素很複雜，概括起來大致可以分為自然因素和人為因素兩大類。自然因素又可以分為地球系統因素、太陽系因素和銀河系因素等，主要涉及到太陽輻射與太陽活動、地球與其他天體的相互作用、地球系統的大氣環流、海洋環流以及地球自身的各種運動（如地殼運動、火山活動、地磁變化、自轉變化）等。人為因素主要涉及人類活動對地理狀態的改變（如農田開墾、城市化）、自然環境的污染、生態平衡的破壞、溫室氣體的大量排放等。自工業革命以來，人類社會對地球自然環境的影響越來越大。

世界各國的科學家從不同角度對氣候變化問題展開了深入研究。人們注意到了地球自轉週期的變化、地球磁場的變化、地面氣壓的變化、海水表面的溫度變化、海平面的升降變化、海洋吸碳能力的變化、熱帶降雨量的增減變化、亞熱帶雲層多少的變化、極地冰川的融凍變化、太陽黑子的週期變化、太陽紫外線的輻射變化、太陽帶電粒子的強弱變化、太陽磁場的週期變化、

---

[62] 王遵婭、曾紅玲、高歌、陳峪、司東、劉波：〈2010 年中國氣候概況〉，《氣象》2011 年 4 月第 4 期。

地球饒日運行的半徑變化、行星對地球引力的變化、太陽系在銀道面上下浮動的變化等等眾多現象，人們發現這些現象似乎都與地球的氣候變化具有某種程度的聯繫。有人提出是地球本身的地質運動導致了氣候變化，有人提出是海洋環流影響了氣候變化，有人提出是生態環境變化引起了氣候變化，有人提出是大氣環流影響了氣候變化，有人提出是地球運動軌道變化導致了氣候變化，有人提出是太陽活動變化造成了氣候變化，有人提出是行星對地球引力變化造成了氣候變化，也有人提出是太陽穿越銀道面時因受塵埃星雲影響而導致地球氣候週期變化。在全球氣候變化這個問題上，人類再次出現了類似於「盲人摸象」似的爭論。

自從 1988 年聯合國政府間氣候變化專門委員會（IPCC）成立以來，在歷屆「世界氣候大會」的積極推動和各國媒體的廣泛宣傳下，使世界各國的大多數人都相信地球正在變暖、未來全球氣溫將會繼續升高。但是，有些科學家根據天文觀測和深入研究卻指出，未來全球氣溫不是上升而是將會下降[63]。中國科學院地球環境研究所劉禹等專家的研究結果顯示，中國中北地區（該地區的溫度變化能夠響應地球北半球的溫度變化）於公元 401~413 年、公元 604~609 年、公元 864~882 年、公元 965~994 年的四個極暖時期均出現在工業革命之前，這顯然難以用人類活動造成大氣二氧化碳濃度增加來解釋[64]。另外，科學家通過對格陵蘭島和南極大陸地下深達三千米處採集到的冰芯進行研究發現，全球升溫早在工業革命前就已經開始了[65]。早在 1969 年，丹麥哥本哈根大學物理研究所 W.Dansgaard 教授用氧的放射性同位素方法，對格陵蘭島冰川上採集的冰塊進行研究，發現近一千七百年來格陵蘭島的氣溫升降呈現出明顯的週期性變化[66]。

為說明氣候變遷的特徵，這裡引用中國科學院地理科學與資源研究所鄭景雲等有關專家於 2010 年 9 月所發表的一項科學研究成果，這項成果是研究人員耗費十餘年時間，利用歷史文獻、樹輪定年、現代氣象觀測等方法對古今物候差異定量校準後所繪製的「公元後 2000 年中國東部地區冬半年氣溫變化序列圖」（見圖 9-2）。這個圖中，冬半年是指本年 10 月到來年 4 月的半年期間，尺度分辨率為 30 年，折線為 3 點滑動平均值的連線。

[63] 張浩：〈「我是個孤獨的少數派」——訪俄羅斯天文學家阿卜杜薩馬托夫〉，《科技日報》，2010年 1 月 20 日。

[64] 王燕：〈西安學者：太陽輻射或是氣候變暖主因素〉，《西安晚報》，2009 年 5 月 7 日。轉引自「新華網」：http://www.sn.xinhuanet.com/2009-05/07/content_16455934.htm，2012 年 11 月 5 日。

[65] 張浩：〈「我是個孤獨的少數派」——訪俄羅斯天文學家阿卜杜薩馬托夫〉，《科技日報》，2010年 1 月 20 日。

[66] Dansgaard, W. et al., One Thousand Centuries of Climate Record from Camp Century on the Greenland Ice Sheet, *Science*, 1969, Oct. 17, P.378, Fig. 2.

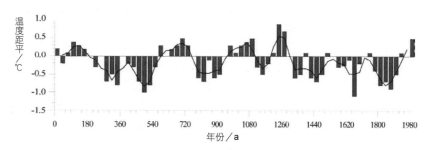

圖 9-2　公元後 2000 年中國東部地區冬半年氣溫變化序列圖[67]

　　這項研究的成果表明：中國東部地區氣溫變化存在 200~300 年和準 600 年的週期，在過去 2000 年以來中國東部地區冬半年的氣溫至少存在 4 次溫暖期；研究證明氣候的長期變遷具有週期性特徵，20 世紀的氣候增暖現象並不是唯一的氣候變暖階段，而且其溫暖程度、增暖速率均沒有超過過去 2000 年曾經出現過的最高水平；從百年尺度來看，20 世紀的溫暖程度略低於中世紀暖期的兩個溫暖時段（即公元 930~1100 年和公元 1200~1310 年），與隋唐溫暖期（公元 570~770 年）相當；從百年增暖速率來看，20 世紀的增暖速率與過去 2000 年中其他由寒冷轉向溫暖階段的氣候升溫速率相似[68]。

　　大多數人相信的事情，並不能說明它就一定代表著科學真理。科學問題顯然不能用公眾投票的方式來判斷其是否具有真理性。因此，認為人類活動排放過量溫室氣體是導致全球氣候變暖決定因素的觀點和論調，這是很令人懷疑的！

3、氣候變遷與人類文明之間的聯繫

　　中外一些學者研究表明，地球氣候變遷與人類文明發展之間具有密切的聯繫，無論是對文明起源、王朝盛衰、民族關係、人口分佈與遷移，還是對歷史上的軍事和政治鬥爭等，氣候因素都具有十分重要的影響。

　　早在 20 世紀 80 年代，美國哈佛大學教授佈雷特・辛斯基（Bret Hinsch）就對氣候變遷與中國歷史發展的關係進行了研究[69]。他聯繫東亞、歐州和北美氣候變遷及影響，論述了氣候變遷與中國各時期歷史的關係；通過對新石器時代直到清朝時期氣候變遷與歷史關係的分析，他指出氣候變化通過影響中

---

[67]　來源：鄭景雲、邵雪梅、郝志新、葛全勝，〈過去 2000 年中國氣候變化研究〉，《地理研究》
　　2010 年 9 月第 9 期，圖 1。

[68]　鄭景雲、邵雪梅、郝志新、葛全勝：〈過去 2000 年中國氣候變化研究〉，《地理研究》2010 年
　　9 月第 9 期。

[69]　Bret Hinsch, Clim atic change and history in China, *Asian History*, (Wiesbaden, 1988), 22(2).

國農業發展，從而影響到社會的各個方面；中國氣候溫暖期與寒冷期週期性變化的過程，是遊牧文明與農耕文明兩種生態環境較量與整合的過程；在溫暖期，中國經濟繁榮、民族統一、國家昌盛，而在寒冷期，氣候劇變引起經濟衰退、遊牧民族南侵、農民起義、國家分裂、經濟文化中心南移等；他認為，在歷史時期氣候是中國北方政治命運的決定性因素之一，並強調將世界氣候作為一個整體來研究歷史事件的重要性。他論述說：「古代中國以農為本，我們所瞭解的中國中原地區，所有文明的發展都直接地依靠農業經濟的繁榮。農業產量的下降使國家的經濟盈餘減少，而城市的急劇擴展，商業的發達，戰爭的進行，行政機構的高效操作，文化事業和工藝美術的進步，也都需要堅實的經濟基礎。氣候的急劇變化通過對農業的影響進而極大地影響著社會的方方面面，這一論點已為許多曾經存在的文明所證實。比如古埃及文明、邁錫尼文明、巴爾米拉文明、格陵蘭文明和馬里文明，其生態環境比中國更為脆弱，在氣候巨變的衝擊下一一瓦解」；他還強調說：「建立在氣候變化與政治、社會現象決定上的簡化論，只能歪曲複雜的歷史事實。但是，當對歷史事件從各方面進行理解研究時，如果考慮進氣候因素，我們就能更加明晰中國悠久的歷史了」[70]。

氣候的變遷不但影響著地球表面海陸的形成，而且影響著陸地上水源和生物的分佈，陸地上不同地區的氣候差異和地質差異決定了這些地區水源和生物分佈的差異，從而形成了不同的地理環境特點。人類的生存需要適宜的氣候地理環境，同時也離不開水源和食物源（植物或動物）。為了生存需要，人類一定會選擇水源和食物源比較豐富的地區生活。正如俄國哲學家普列漢諾夫所指出的，地理環境的差別是社會分工的自然基礎。在歐亞大陸上，緯度較高的北方地區，氣候條件使這些地區生長著大片草原，生活在這裡的人們受草原地理條件所限只能發展出遊獵和畜牧的生產方式；而在緯度稍低的亞熱帶地區，氣候條件適宜粟、黍、麥和麻等類植物生長，生活在這裡的人們在這種地理條件中就很自然地發展出了農耕種植的生產方式。正是這種最初的地理環境差異，導致古代人類社會農業生產中畜牧業和種植業的社會分工。不同地區的人們，由於地理環境的不同和生產方式的差異，又導致人們生活方式的差異。例如，以畜牧業為生的人們，他們的主要產品是牛、羊等牲畜，所以他們以畜肉為主食，喝乳汁，穿畜皮，過著追逐水草的遊牧生活；而以種植業為生的人們，他們的主要產品是粟、黍、麥、麻、棉、茶等植物，所以他們以穀物等植物為主食，喝茶水，穿布衣，過著春種秋收的定居生活。

在長期生產和生活過程中，人類與地理環境之間不斷發生著相互作用，

---

[70] 佈雷特·辛斯基撰，藍勇等譯：〈氣候變遷和中國歷史〉，《中國歷史地理論叢》2003 年第 2 期，第 50 頁、第 65 頁。

這種相互作用促進了人類思維與智力的產生和發展，從而使人類逐漸學會了使用火、吃熟食並創造了音節語言等。不同地理區域的人們，正是由於生產和生活方式的差異，逐漸形成了具有地方特色的獨特文化。其文化的獨特性主要表現在，他們在語言、飲食、服飾、居住、婚姻、風俗等方面具有較大差異，這種差異具有濃鬱的地理特色，即人們常說的「一方水土養一方人」。正是各種不同的地方文化，經過長期積澱、融合與發展，最終形成了人類社會各種各樣的民族差異。生活在北方草原地區的遊牧民族與生活在中原黃河流域的農耕民族，他們在語言、飲食、服飾、居住、婚姻、風俗等民族文化的表徵方面具有顯著差異；如果我們對這些差異進行追根溯源，將不難發現，其最初的差異起源於氣候和地理環境的差異。由此，我們發現在古代社會不同文明誕生和演化過程中存在著如下的關係鏈：

（氣候＋地質）差異→地理環境差異→（水源＋出產）差異→人類分佈差異→社會分工差異（遊牧、農耕）→生產方式差異→生活方式差異→民族文化差異→社會文明差異

地理環境是人類社會存在和發展的必要條件，對社會發展具有重要的影響。在世界上，沒有哪一個國家的歷史不被打上地理環境影響的印記。在人類社會早期，人類的大部分生活資料直接取之於自然界，當時採集和狩獵仍是重要的經濟活動。人類社會發展階段越古老，人類社會對地理環境的依賴性就越大，但即使在原始社會時期，人類社會的發展速度與地理環境的優越程度之間也並不是成正比的。正如馬克思所指出的那樣，地理環境與人類社會均處於不斷運動變化而又相互影響、相互制約之中。在地理環境變化中，氣候變化是其主要方面。氣候變化是對人類社會影響最深刻最重要的一類自然變化。氣候變化必然會引起人類社會土地資源數量和性狀的相應變化，而土地資源數量和性狀的變化將會促使人類改變土地利用方式，而土地利用方式的變化又會引起農業產出的變化，進而會影響到不同地區的人口分佈，而人口分佈的變化又會引起一個國家在人文、經濟和政治等諸多方面發生相應變化。反之，當一個國家在人文、經濟和政治等方面發生變化時，也會引起人口在不同地區的分佈變化，而人口分佈的變化又會帶來土地資源分配與利用方式的改變，從而影響到地理環境的變化。因此，從氣候變化對中國各歷史時期的影響來分析，人類與土地之間的關係形成了一條相互聯繫的關係鏈[71]。這個關係鏈可以簡單表述如下：

---

[71] 王錚、張丕遠、周清波：〈歷史氣候變化對中國社會發展的影響〉，《地理學報》1996 年 7 月第 4 期。

氣候變化→土地資源變化→土地利用變化→農業產出變化→人口分佈變化→國家要素變化

　　氣候變化對農業產出具有重要影響，這種影響直接表現在氣溫對植物生長速度和生長期上。農作物對溫度變化都十分敏感。例如，大豆種子在 16℃時播種比在 21℃～32℃時播種，它的發芽速度要慢一半；另外，在大豆的整個生長週期中，其生長速度也會隨溫度的上升而顯著加快[72]。氣候變化對農業生產以及人類生活的影響一般更多集中於冬季。寒冷冬季往往會發生雪災和冰災等災害，從而凍壞農作物或凍死牲畜，進而影響到人類社會的生產生活。除了氣溫以外，氣候的另一個要素——降水，對農作物生長和人類生活的影響也有重大影響。氣候變化會影響到氣溫和降雨的變化，進而會影響到人們的農業生產活動。例如，夏季平均氣溫降低 1℃就會使冰島最主要的傳統農作物——乾草的產量減少 15%～17%[73]。降水量過多一般會引發泥石流、山體滑坡和澇災水患等災害；而降水量過少一般會引發旱災和蝗災等災害，嚴重時還會導致水源乾涸、草原枯萎、土地沙漠化等，從而直接影響到人類社會的生產生活。有學者通過對史前一些文化遺址進行研究後指出，導致中國關中地區仰韶文化衰落[74]和黃河中下游地區龍山文化消亡[75]的主導因素可能是氣候乾旱。對季風降水強度指標記錄的研究也顯示，歷史時期的朝代更替多出現在季風降水較弱的時期[76]。約翰遜（Johnson）和古爾德（Gould）的研究證明，美索不達米亞（今伊拉克）的農業收成與氣候變化密切相關，氣候變化引發了災荒和戰爭從而導致週期性的人口銳減[77]。我們隨便翻閱中國史籍就可以看到，在各歷史時期都有因氣候乾旱而引起「連年旱蝗」、「赤地千里」、「餓莩遍野」等災害，當自然災害嚴重時往往會觸發農民起義、民族戰爭和社會動亂。

---

[72] 轉引自佈雷特・辛斯基撰，藍勇等譯：〈氣候變遷和中國歷史〉，《中國歷史地理論叢》2003 年第 2 期，第 52 頁。

[73] 布賴森：《冰島乾草產量的啟示》，冰島，1974 年。轉引自佈雷特・辛斯基撰，藍勇等譯：〈氣候變遷和中國歷史〉，《中國歷史地理論叢》2003 年第 2 期，第 51 頁。

[74] Zhang P Z, Cheng H, Edwards R L, et al. A test of climate, sun, and culture relationships from an 1810-year Chinese cave record[J]. *Science*, 2008, (322), 940-942.

[75] Wu W X, Liu T S. Possible role of the "Holocene Event 3" on the collapse of the Neolithic Cultures around the Central Plain of China[J]. *Quaternary International*, 2004, (117): 153-166.

[76] Zhang P Z, Cheng H, Edwards R L, et al. A test of climate, sun, and culture relationships from an 1810-year Chinese cave record[J]. *Science*, 2008, (322), 940-942.

[77] Johnson DL, Gould L. *Climate and Development*, ed Biswas AK (Tycooly, Dublin), 1984, pp.117-138.

4、氣候脈動對人類文明的衝擊

　　美國文化地理學家亨丁頓在 1907 年出版的《亞洲的脈動》一書中提出，北方遊牧民族由於氣候變乾導致牧場變壞從而外侵的觀點；在《文明與氣候》（1915）一書中他進一步提出了氣候脈動論，他繪製了兩條歷史氣候變遷的曲線（乾燥曲線和濕潤曲線），並以此推斷出氣候脈動的結論：一個乾燥週期開始以後，草原隨之乾化成沙漠，遊牧民族不得不向外遷徙，於是就造成了一連串的遷移與征服的現象。亨丁頓提出的氣候脈動論，在 20 世紀 60 年代前曾轟動一時，但後來漸被人們淡忘。

　　英國著名歷史學家湯因比在 1934~1961 年的 27 年間陸續出版了他的 12 冊巨著《歷史研究》。在《歷史研究》中，湯因比總結出了亞非歐三洲遊牧民族入侵農耕地區時的兩個顯著特徵，一是各遊牧民族入侵農耕地區的同時併發症，二是遊牧民族的外侵具有一定的活躍期和靜止期；他由此發現，遊牧民族入侵農耕地區的歷史時期具有一定的週期性，其週期大約是 600 年，在600 年的大週期中，前 300 年為活躍期，後 300 年為靜止期，且在每一活躍期的第一個世紀裡，遊牧民族的侵略都尤為猖獗。湯因比發現，遊牧民族侵略的活躍週期和靜止週期，與亨丁頓所繪歷史氣候變遷的乾燥曲線和濕潤曲線之間很相似，他從而斷言亨丁頓所提出的氣候脈動便是操縱這種併發症和週期性的動力。湯因比的《歷史研究》問世後，亨丁頓所提出的氣候脈動論再度引起了人們的關注。[78]

　　1975 年，氣象學家格雷提出假說認為，在北半球氣候以約 600 年的週期從西向東循環，從而引起北半球氣溫的長期變遷[79]。冰川學家已發現，冰川線大幅度的南降北行在地球上幾個地方幾乎是同時發生的，這一發現已被該時期的有關材料所證實[80]。這說明，從長期來看（例如百年尺度），全球氣候的脈動（特別是氣溫的冷暖變遷）基本上是同步的。這使古代世界的兩大帝國——西方的羅馬和東方的漢朝，在相同時間進入了一個氣候溫暖的時期。從1200 年至 1400 年左右，歐洲和中國的氣候同時處於「小冰期」，這一時期歐洲氣候的變化表現為冰川的擴展、森林南線的南移以及因降雨增加而使沼澤、湖泊擴大，歐洲的生態劇變導致莊稼欠收、饑荒、土地廢置和多種瘟疫

---

[78] 以上兩段參見李秀朋、彭雲望：〈管理文化：「土壤」、傳統與創新〉，「中國軍事圖片中心」網，2011 年 4 月 23 日，http://tp.chinamil.com.cn/2011/2011-04/23/content_4425513.htm，2012 年 11 月2 日。

[79] 格雷：〈日本和歐洲冬天的氣溫〉，《天氣》1975 年第 30 期。轉引自佈雷特・辛斯基撰，藍勇等譯：〈變遷和中國歷史〉，《中國歷史地理論叢》2003 年第 2 期，第 65 頁。

[80] 佈雷特・辛斯基撰，藍勇等譯：〈氣候變遷和中國歷史〉，《中國歷史地理論叢》2003 年第 2 期，第 54 頁。

橫行[81]；同一時期的中國，氣候短暫溫暖後變得異常寒冷，1309 年冬天運河結了冰，1329 年和 1353 年太湖兩度結冰，湖冰厚達數尺，附近的橘樹都被嚴寒凍死[82]。13-14 世紀，蒙古人不斷向南侵略和遷徙，戰爭和各種災害造成中國總人口下降竟超過一半（減少大約 5.5 千萬）[83]；在嚴寒的 1347~1353 年間，歐洲人口損失四分之一到三分之一[84]。在 17 世紀，當最寒冷最漫長的小冰期到來時，在 1618~1648 年期間，歐洲爆發了歷史上最慘烈、屠殺人口最嚴重的戰爭，戰爭、饑荒和流行病蔓延導致歐洲人口遭遇毀滅性衰退；而在中國，在 1620~1650 年期間，由於戰爭、饑餓和瘟疫，人口銳減 43%（大約 7 千萬）[85]。

據地球科學資料顯示，溫度每降低 1℃，地球上的溫帶和暖溫帶的分界線將南移 200 千米左右。以中國北方的廣大草原地區為例，如果北方年平均氣溫下降 1℃的話，當地的草場面積將在緯度上減少 200 千米的範圍；如果年平均氣溫下降 2~3℃的話，草場面積在緯度上至少會減少 400~600 千米的範圍。[86] 對於中國北方地區來說，歷史上年平均氣溫下降 1~2℃的變化，還會導致無霜期的縮短，這對各類植物特別是農作物的生長將會帶來嚴重影響，最直接的影響就是生長期的縮短。由於中國屬季風性氣候，氣溫的降低意味著降水量的減少，由此引起的長期乾旱會對農業生產形成更多不利影響。由此看來，這種氣溫的細微變化都會對北方地區的植被生態產生強烈影響，而草原植被面積的增減變化自然會對當地遊牧民族的生產與生活造成重大影響。

從全球範圍來看，當人類發明農業以後，整個世界以亞歐大陸為中心形成了兩種類型的社會文明：一種是位於北緯 23 度線（北回歸線）與北緯 35 度線之間狹長地帶上的農耕文明；一種是位於北緯 40 度線與北緯 55 度線之間歐亞大草原上的遊牧文明。農耕文明所佔據的狹長地帶上，生存著 5 個古老的農耕文明，分別是地中海附近的克里特文明，北非的古埃及文明，兩河流域的美索不達米亞文明，印度河流域的哈拉巴文明（印度文明的前身），黃河流域的華夏文明（指夏商周三代）。而在北面的歐亞大草原上，從東亞的興安嶺到西歐的多瑙河下游地段，則生活著許多追逐水草、以遊牧為生的遊牧民族。這種「南農北牧」的對峙局面，從公元前 3000 年一直持續到公元 1500 年。

[81] 佈雷特・辛斯基撰，藍勇等譯：〈氣候變遷和中國歷史〉，《中國歷史地理論叢》2003 年第 2 期，第 62 頁。

[82] 竺可楨：〈中國近五千年來氣候變遷的初步研究〉，《中國科學》1973 年第 2 期，第 177 頁。

[83] 薑濤著：《中國近代人口史》，浙江人民出版社 1993 年 9 月版。

[84] McEvedy C, Jones R. *Atlas of World Population History*, Allen Lane, London, 1978.

[85] 薑濤著：《中國近代人口史》，浙江人民出版社 1993 年 9 月版。

[86] 管彥波：〈民族大遷徙的地理環境因素研究〉，《西北民族大學學報（哲學社會科學版）》2010 年第 3 期。

在世界歷史上，曾經發生過三次遊牧文明衝擊農耕文明的大規模侵襲活動。第一次大侵襲發生在公元前 2000 年至公元前 600 年左右，主要由游徙於歐亞大草原中部的印歐語系遊牧民族發起，這次侵襲使當時在中國以西的幾個農耕文明都受到了不同程度的摧殘，導致這些農耕文明形態的嬗變，從而催生了人類歷史上的第二代文明（即古典文明），它包括古希臘、古羅馬、波斯帝國、古代印度和東方的秦漢帝國。第二次大侵襲發生在公元前 2 世紀到公元 4 世紀，主要由遊牧於中國西北部的匈奴人發起，這次侵襲造成歐亞大草原上各遊牧民族的南遷和西徙，從而導致幾乎整個古典文明體系的崩潰。第三次大侵襲發生於公元 13 世紀初，主要由歐亞大草原東部的蒙古人和突厥人發起，在成吉思汗及其繼承者們的率領下，蒙古侵略者的金戈鐵馬橫掃了從中國東海直到東歐黑海海濱的幾乎整個歐亞大陸。[87]

5、中國歷史時期氣候變遷的長期特徵

在 20 世紀 70 年代，中國著名氣象學家竺可楨（1890-1974）利用物候學的方法對中國近五千年來的氣候變遷進行了研究，比較全面地揭示出了中國氣候變遷的長期特徵。此後，國內外許多學者採用不同方法也對中國各歷史時期的氣候情況進行了研究。為直觀起見，我們來看看「中國各歷史時期冬季氣溫變化曲線圖」（見圖 9-3）所反映的氣候變遷情況。圖 9-3 是以竺可楨先生繪製的「五千年來中國冬季溫度變遷圖」[88]為基礎，同時結合氣象專家任振球和天文學家李致森根據地球與行星相對位置測繪的「中國五千年來溫度變遷圖」[89]而繪製的。

竺可楨的研究成果指出：中國在近五千年中，從仰韶文化時代到安陽殷墟時代的最初二千年中，黃河流域的年平均氣溫比現在高 2℃左右，在這以後年平均氣溫有 2~3℃的擺動；寒冷時期出現在公元前 1000 年（殷末周初）、公元 400 年（六朝）、公元 1200 年（南宋）和公元 1700 年（明末清初）時代；在近二千年中，漢、唐兩代是比較溫暖的時期，三國開始後不久氣候變冷，並一直維持到唐代開始；唐末以後氣候再次變冷，至 15 世紀漸入小冰期，期間氣溫有多次起伏，直至 20 世紀初小冰期結束，氣候再次回暖。

---

[87] 以上兩段參見李秀朋、彭雲望：《管理文化：「土壤」、傳統與創新》，「中國軍事圖片中心」網，2011 年 4 月 23 日，http://tp.chinamil.com.cn/2011/2011-04/23/content_4425513.htm，2012 年 11 月 2 日。

[88] 竺可楨：〈中國近五千年來氣候變遷的初步研究〉，《中國科學》1973 年第 2 期，第 186 頁，圖 2。

[89] 任振球、李致森：〈行星運動對氣候變遷的影響〉，《科學通報》1980 年第 11 期，第 503 頁，圖 2。

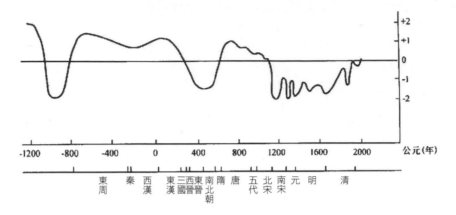

圖 9-3　中國各歷史時期冬季氣溫變化曲線圖[90]

　　王錚、張丕遠、周清波等專家用三年時間對近兩千年中國氣候變化進行系統研究後發現[91]：在兩千年中，中國的氣候以公元 1230 年為界，前期比較溫暖，後期比較寒冷；中國歷史時期存在幾次大的氣候突變，分別發生於公元 280 年、公元 880 年左右、公元 1230-1260 年間和公元 1816-1831 年間，其中，發生於公元 1230-1260 年間的氣候突變是近兩千年中變化最大的一次；在近兩千年中，氣候變化導致中國逐漸變得乾燥，變乾最迅速的時期是公元 280-500 年間；在公元 480-500 年間，氣候發生了一次大轉折，以公元 500 年為分界點，中國的氣候從濕潤開始變得乾旱；在公元 880 年後季風退縮，中國東部地區沙漠化加劇。

6、氣候變遷與北方民族南遷的聯繫

　　在中國古代歷史上，北方遊牧民族無數次的南侵和移民運動，極大地影響了中國農耕文明的歷史進程。關於北方遊牧民族屢次南侵的原因，中外學者提出了許多不同解釋，例如天性嗜利說、人口膨脹說、貿易受阻說、掠奪說等等[92]。但今天看來，最主要的原因應該是由氣候引發的生態環境危機導致的。

　　近年來，中國已有學者對氣候變遷影響民族遷徙等問題進行了研究，並取得了一些成果。例如，學者張利通過對氣候變遷與中國古代北方民族南下

[90] 來源：楊正瓴、楊正穎，〈中國的氣溫變化與歷史變遷關係的初步研究〉，《天津大學學報（社會科學版）》2002 年 3 月第 1 期，第 59 頁，圖 1。

[91] 王錚、張丕遠、周清波：〈歷史氣候變化對中國社會發展的影響〉，《地理學報》1996 年 7 月第 4 期。

[92] 蕭啟慶：〈北亞遊牧民族南侵各種原因的檢討〉，《食貨月刊》（臺北）1972 年 3 月復刊 1 卷 12 期。

現象進行研究後指出，在公元前 1000 年至公元前 850 年的寒冷期，西周發生了頻繁的北方遊牧民族南遷活動；在公元初年到公元 600 年的寒冷期，居住於中國東北、西北的少數民族從東漢時開始紛紛從寒冷的塞外舉族南下；在公元 1000 年至 1200 年的寒冷期，北方的契丹、黨項、女真、蒙古等民族揮戈南下，導致各國之間戰事頻繁；在公元 1640 年至 1700 年的最冷時期，清軍南下入關、建立了滿清王朝政權[93]。

學者王會昌系統研究了秦漢以來北方遊牧民族南遷過程中所建立的民族政權疆域南界的緯度變化（見表 9-4）與中國氣候長週期波動之間的關係後，他得出結論：從中國氣候的冷暖乾濕變化與歷代王朝的興衰榮枯的對應分析中，可以看出，2000 多年來溫暖濕潤氣候期的不斷縮短、寒冷乾旱氣候期的不斷延長和乾旱化程度的日益嚴重，引起了塞外遊牧民族步步深入到黃河—長江流域，中國歷代王朝的興衰和遊牧民族政權疆域南界的變化等，都與氣候上冷暖乾濕的波動變化之間呈現出大體同步的相關或共振關係。他指出，在北宋初年到清末（1000 年至 1900 年）的寒冷期，從 15 世紀開始氣候向乾冷方向演變，黃河流域從 1627 年到 1641 年出現了前所未有的連續 14 年的流域性乾旱，氣候變化最初引發了遼、金與宋朝的對峙，後期導致元、清兩代遊牧民族對黃河—長江流域農耕地區的統治。[94]

氣候變化對遊牧民族和農耕民族的影響程度是不同的。遊牧民族以遊獵和畜牧業為生，他們最主要的生產和生活資料是馬、牛、羊等牲畜，畜養這些牲畜需要有足夠的草場和水源，而草場和水源又受到氣候和地理環境的極大制約，這就決定了他們抗自然災害的能力極弱。當遭遇到乾旱和冰冷天氣時，水源將會減少，草場將會枯萎，這直接會導致牲畜的成群死亡，從而會嚴重威脅到遊牧民族的生存。中國史書中多次記載了氣候引起的災害給北方遊牧民族社會帶來的重大影響。以兩漢時的匈奴族為例：「（太初元年）冬，匈奴大雨雪，畜多饑寒死。」（《史記·匈奴列傳》）；「（征和四年）會連雨雪數月，畜產死，人民疫病，穀稼不熟。」、「（地節二年）匈奴饑，人民、畜產死十六七。」（《漢書·匈奴傳上》）；「（光武二十二年）匈奴中連年旱蝗，赤地數千里，草木盡枯，人畜饑疫，死耗太半。」（《後漢書·南匈奴傳》）。由這些記載可以看出，像匈奴這樣地域較廣、國力較強的遊牧民族，當遇到自然災害時尚且如此脆弱，北方的其他小部落、小邦國更是可想而知。對於中原地區的農耕民族來說，他們抵抗自然災害的能力相對較強。當遇到乾旱和冰冷天氣時，即使寒冬沒有收穫，他們依然可以依靠夏秋的糧食儲備安然過冬。

---

[93] 張利：〈氣候變遷與我國古代北方民族的南下〉，《許昌師專學報》1997 年第 4 期。
[94] 王會昌：〈2000 年來中國北方遊牧民族南遷與氣候變化〉，《地理科學》1996 年第 3 期。

表 9-4　歷代遊牧民族政權疆域南界的緯度變化[95]

階段	時代	政權界限（北／南）	緯度（N）	相當於今地名
I	秦	匈奴／上谷郡	41°42'	內蒙古錫林郭勒盟太僕寺旗炮臺營子
	西漢	烏桓／幽州刺史部上谷郡	41°18'	河北省張家口市二台東
	東漢	鮮卑／幽州刺史部上谷郡	40°56'	河北省張家口市東北
II	三國	鮮卑／魏，幽州上谷郡	40°56'	同上
	西晉	鮮卑／幽州上谷郡	40°56'	同上
	東晉	前秦／東晉，豫州戈陽郡	32°18'	河南省息縣臨河鎮
	南北朝	北朝：北齊／南朝：陳	30°24'	湖北省浠水縣下巴河鎮
間歇期	隋	突厥／涿郡	44°00'	內蒙古錫林郭勒盟阿巴嘎旗南
	唐	回紇／河北道，媯州	43°30'	內蒙古錫林郭勒盟查幹諾爾
III	五代十國	契丹／北周	39°24'	河北省淶源縣塔崖驛
	北宋	遼／北宋	39°06'	河北省易縣南管頭
	南宋	金／南宋	32°18'	河南省息縣臨河鎮
IV	元	中國大陸南緣	22°30'	廣東省惠東縣港口
	明	韃靼／京師開平衛	42°40'	內蒙古錫林郭勒盟正鑲白旗北
	清	中國大陸南緣	22°30'	廣東省惠東縣港口

注：①以 115°00'E 經線上的緯度變化為準。
　　②元、清兩代只取中國大陸緯度。

　　氣候變化對遊牧民族和農耕民族的影響程度是不同的。遊牧民族以遊獵和畜牧業為生，他們最主要的生產和生活資料是馬、牛、羊等牲畜，畜養這些牲畜需要有足夠的草場和水源，而草場和水源又受到氣候和地理環境的極大制約，這就決定了他們抗自然災害的能力極弱。當遭遇到乾旱和冰冷天氣時，水源將會減少，草場將會枯萎，這直接會導致牲畜的成群死亡，從而會嚴重威脅到遊牧民族的生存。中國史書中多次記載了氣候引起的災害給北方遊牧民族社會帶來的重大影響。以兩漢時的匈奴族為例：「（太初元年）冬，匈奴大雨雪，畜多饑寒死。」（《史記・匈奴列傳》）；「（征和四年）會連雨雪數月，畜產死，人民疫病，穀稼不熟。」、「（地節二年）匈奴饑，人民、畜產死十六七。」（《漢書・匈奴傳上》）；「（光武二十二年）匈奴中連年旱蝗，赤地數千里，草木盡枯，人畜饑疫，死耗太半。」（《後漢書・南匈奴傳》）。由這些記載可以看出，像匈奴這樣地域較廣、國力較強的遊牧民族，當遇到自然災害時尚且如此脆弱，北方的其他小部落、小邦國更是可想而知。對於中原地區的農耕民族來說，他們抵抗自然災害的能力相對較強。當遇到乾旱

95　來源：王會昌，〈2000 年來中國北方遊牧民族南遷與氣候變化〉，《地理科學》1996 年第 3 期。

和冰冷天氣時，即使寒冬沒有收穫，他們依然可以依靠夏秋的糧食儲備安然過冬。

當氣候變化處於長週期中的溫暖期時，因氣溫相對較高，濕度相對較大，這時無論是高緯度的溫帶地區還是低緯度的亞熱帶地區，降水量都比較充沛，這既有利於農作物的生長，也有利於草原植被的生長，因此，農耕民族和遊牧民族的生產活動都會得到相應發展，人民生活相對比較穩定安逸，各國人口也會隨之增長。當氣候變化處於長週期中的寒冷期時，隨著氣溫的降低，氣候變得寒冷，同時降水量減少會導致乾旱，氣候變化會造成自然災害頻發，從而使農耕民族和遊牧民族的生產與生活都會受到不利影響。氣候變化對溫帶草原地區的影響更大，隨著氣溫的轉寒和氣候的乾旱，草原帶會隨之南移，草原生態環境也會不斷惡化，生態環境惡化將會導致水源減少和草場大面積枯萎，嚴重時甚至出現草原的荒漠化，這些結果將會直接威脅到遊牧民族的生產和生活。氣候變冷對遊牧民族的影響，不僅表現在草場的減少和牲畜的凍死上，同時也表現在溫暖期人口增長的滯後效應上。這樣，當氣候轉入寒冷期後，在生存環境的直接威脅和巨大的人口壓力下，亞歐大草原上原來各自分立的遊牧部落之間，為了爭奪日益稀缺的水草資源，往往就會發生大規模的部落爭戰和部落兼併，兼併的結果就會導致草原帝國的崛起。崛起後的草原帝國在生態危機導致的生存危機的驅使下，他們就會向農耕地區發動大規模的侵略、掠奪和遷移。

7、氣候變遷與古代戰爭之間的聯繫

近年來，國內外一些學者通過對氣候變遷與古代戰爭關係的疊加研究，發現戰爭發生和氣候變遷存在很大關聯，從而從更深層次上揭示出氣候變遷對社會發展的影響機制。氣候變化首先影響了土地的產出能力，從而制約了農業產出和食物供給，人口的不斷增長會造成食物資源的相對短缺，食物資源的相對短缺往往會導致人類社會發生饑荒、衝突和戰爭，而這些又會導致人口減少，人口下降使食物資源的人均供給量回升，這又導致相對的和平並使人口迅速增加；由氣候變遷推動的人類戰爭，調節著人口規模和食物資源之間的動態平衡。社會系統內這些因素的互動，形成了農業社會特有的一種歷史變化節奏。

章典（David D. Zhang）、皮特·佈雷克（Peter Brecke）等人通過對公元1000~1900 年間全球氣候變遷與戰爭和人口關係進行系統研究後，他們於2007 年 12 月在美國科學院院刊 PNAS 雜誌上發表研究報告指出：在長時間尺度上，人類社會戰爭頻率和人口變動與平均氣溫的變化週期密切相關，氣候變冷阻礙了農業生產，從而引起糧價上漲、戰亂、災荒和人口下降等等一系列嚴重社會問題；戰爭與和平、人口變動、糧價變動在很大程度上受氣候

長期變化的影響，並且這些變動在全球範圍內呈現出同步週期性波動[96]。他們的研究基於不同地理環境、不同社會結構和不同地區的定量分析，不僅在時間和空間上解釋了人類歷史上絕大部分戰爭發生的規律，而且也明確揭示出食物資源的相對短缺是引起古代社會戰爭爆發的一個最基本原因。鑑於這一研究成果的重要性，我們在下面重點引述他們所得到的一些主要結論：

（1）通過對歐洲、亞洲以及北半球乾旱地區的戰爭發生率與氣溫相關性進行分析後他們發現，在百年時間尺度上，戰爭的頻率與該地區地理環境下的溫度異常顯著相關；其中，北半球乾旱地區對氣候變化最敏感，其戰爭與氣候的相關性最高；歐洲和非洲的寒冷地區或沙漠荒原對氣候變冷更加敏感，這些地區戰爭與氣候的相關性也很高；而在潮濕的熱帶和亞熱帶地區，溫度下降對農業生產的影響較小，而且在同樣的氣候變動下，因為有更多的可供選擇的替代資源，所以這些地區的食物資源不會縮減。

（2）通過研究中國歷史，他們發現，戰爭爆發頻率和人口下降明顯地與北半球溫度變化相關，而且全社會範圍的動亂、人口的縮減以及王朝的更迭總是發生在歷史上的寒冷期。公元 1000 年以來中國戰爭史中所記錄的許多資料證明，戰爭的峰值發生在寒冷期，而多數的戰爭—和平週期變化總是隨北半球的溫度變化而波動。溫度與戰爭的關係，在統計學意義上表現出顯著相關，而人口的下降總是緊隨在每一次戰爭峰值之後。戰爭發生常常是因為氣候變冷和乾旱，這樣的氣候驅使著北方和西部的部落進入中原地區。

（3）通過對公元 1000~1900 年間歐洲和中國人口增長率變化的研究，他們發現：溫度變化與戰爭頻率以及人口增長率這三者在不同的時間和空間尺度上都顯著相關，而且在時序上相吻合；氣候變冷是寒冷時期社會災難蔓延的推動力，這種推動力是通過農業收成的減少而發生作用的，農業收成的減少通常是因為氣候變冷造成了植物生長期縮短和有效耕作面積的縮小，而食物資源的短缺（體現為價格的上漲）會導致社會動亂和人口的下降。

（4）他們將歐洲和中國在公元 1500~1800 年間的農產品產量、穀物產量增長率、糧食（小麥和稻米）價格、人口規模、人口增長率、戰爭頻率等數據以年代為橫軸繪製成曲線（所有數據以 410 年分辨率進行濾波處理），並與同一時期的北半球溫度異常曲線對比後，他

---

[96] David D. Zhang, Peter Brecke, Harry F. Lee, et al. Global climate change,war,and population decline in recent human history[J]. *Proceedings of the National Academy of Sciences of the United States of America*, December 4, 2007.

們發現：儘管歐洲和中國這兩個區域在政治、經濟和地緣上都互不相關，但這兩個區域在這六個方面的曲線波動，無論是時間區間、波形轉折點還是波幅的震盪幅度等都是同步的，這些曲線的波形都是連續的，而且與溫度變化曲線互相對應。這說明，在這一時期內氣候變遷對歐洲和中國這兩個區域農業生產的影響是同步的；一方面，氣候變冷導致農業收成減少，農業收成減少又導致穀物等糧食價格上漲，當糧食價格上漲到一定高度時就會爆發戰爭；另一方面，人口增長率受戰爭頻率和人均食物供給量（反映在穀物價格上）的影響，當農業收成下降到最低點時，穀物等糧食價格就會達到最高水平，人口數量就會出現顯著下降，而同時戰爭發生頻率也會出現高峰；當人口規模大幅下降後，人均食物供應相對增加（表現在糧食價格水平的下降），從而使戰爭的發生率也趨於減少。他們對歐洲和中國這一時期的研究還說明，從長時期來看，氣候變化是導致戰爭爆發和人口下降的一個巨大推動力量；在工業時代之前的歷史時期，戰爭和人口縮減是人類在災害面前最重要的適應性選擇。

（5）他們的研究成果也揭示了人類在應對戰爭和人口下降等災難時其他一些生存性選擇的重要作用。在國家和地區的範圍內，如果氣候變冷的程度比較緩和或時間比較短暫，社會機制的作用可能會減弱、延緩甚至會避免戰爭爆發和人口下降。例如，在公元 1400 年前，幾乎每一次溫度降低，都會立即在中國引發戰爭和導致人口下降，但在 15 世紀的短暫變冷期間，中國並沒有發生戰爭爆發和人口衰減；而在 17 世紀和 19 世紀，戰爭爆發和人口下降對應於劇烈的氣溫下降，但在時間上被延緩了大約 30 年，其原因可能是社會機制和技術進步產生的效果；在公元 1700 年之後，中國發生戰爭的頻率總體有所降低，這是因為清朝整合了西部和北部邊緣地區的部落社會，從而避免了由此引發的戰爭衝突。

（6）隨著人類社會的發展和技術進步，人類社會對氣候變化的適應性顯著增強。從長時期和全球的角度來看，與公元 1000~1400 年期間相比，由技術革命和社會發展所推動的人口增長率，在公元 1400~1700 年期間為 30%，在公元 1700~1900 年期間為 310%。在公元 1400 年之後，全球人口增長與氣候變化的相關程度有所減弱，這主要表現為時間上的延緩和之後人口的加速恢復。例如，在公元 1400 年之前，人口下降與氣候變冷兩者之間在時間上沒有延遲期，而在之後的 17 世紀和 19 世紀，兩者之間在時間上分別有 20 年和 40 年的延遲期；隨著時間的推移，北半球人口減少與氣候變冷之間的延遲期逐漸加大。

（7）對氣候變遷與人類戰爭之間的聯繫，他們給出的解釋是：在晚期的前工業化時代，為適應氣候改變和緩和生態環境壓力，人類面臨的選擇除了遷徙之外，還包括戰爭、經濟模式轉換、貿易以及以和平方式進行資源再分配等；農業社會建立的政治疆界，限制了人口的大規模遷居，而當這種大規模遷居發生時，其結果往往是發生戰爭；經濟模式轉換需要付出巨大的代價，其過程也十分緩慢，它往往牽扯到文化、技術和生活習慣的重大變革，如果人類社會的變革或生存方式的轉換速度不能適應生態環境的急劇惡化，饑荒和瘟疫必將不可避免地發生；生態環境的惡化會涉及到全球或極廣大地區的範圍，在食物資源萎縮的情況下，通過貿易和資源再分配方式也是難以解決問題的；而建立在國際關係和國家制度基礎之上的人類社會，因無力去減緩由於食物資源短缺而導致的緊張局面，所以當因氣候惡化造成生態環境壓力時，戰爭和人口縮減就會成為通常的結果。

王俊荊、葉瑋等人研究指出，氣候變遷是影響王朝循環的重要因素之一，中國各歷史時期絕大多數戰爭都發生在氣候寒冷期內，持續低溫造成饑荒、動亂，最終導致戰爭爆發，氣候變冷與戰爭數量增加以及朝代更替循環相一致[97]。周鑫、周慧清等人通過對中國 1000~1900 年期間戰爭發生頻率研究後發現，中國古代戰爭發生頻率具有顯著的週期性特徵，其中 263 年的最大週期與朝代更替相對應，他們認為戰爭發生頻率具有顯著週期的原因與氣候變化的週期性有關；他們指出，氣候變化對戰爭具有引發機制，季風降水強度變化是引發戰爭的重要因素，季風降水減少導致大範圍乾旱發生，而乾旱又引起饑荒，進而造成社會動亂，最終引起戰爭爆發；他們同時強調國家管理政策有效應對氣候變化能夠減少戰爭的發生[98]。

我們以宋代（960-1279）為例，來看看氣候與戰爭之間的關聯情況。

據竺可楨研究，在 12 世紀初期，中國氣候就開始加劇轉寒。關於當時氣候寒冷的程度，我們可以從古代文獻記載中得到比較直觀的印象。公元 1111 年，長江流域的太湖不但全部結冰，而且堅冰足可通車，寒冷的天氣把太湖洞庭山的柑橘都全部凍死了。從公元 1131 年到 1260 年，在南宋國都臨安（今杭州），降雪不僅比平常頻繁，而且延長到了暮春。在南宋時，杭州四月份的平均溫度比現在要冷 1~2℃。公元 1153-1155 年，金朝派遣使臣到杭州時看到，靠近蘇州的運河冬天常常結冰，船夫不得不經常備鐵錘以破冰開路。公

---

[97] 王俊荊、葉瑋、朱麗東、李鳳全、田志美：〈氣候變遷與中國戰爭史之間的關係綜述〉，《浙江師範大學學報（自然科學版）》2008 年 2 月第 1 期。

[98] 周鑫、周慧清、喬海英、秦利：〈中國古代戰爭發生頻率週期性的初步研究〉，《泰山學院學報》2011 年 11 月第 6 期。

元 1170 年，南宋詩人范成大被派遣到金朝，他在重陽節（陽曆 10 月 20 日）到北京時看到西山遍地皆雪。當時蘇州附近的南運河冬天結冰和北京附近的西山 10 月份遍地皆雪，這種情況現在極為罕見，但在 12 世紀時卻是尋常事，由此可知當時氣候寒冷的程度。[99]王錚等專家的研究指出，發生於公元 1230-1260 年間的氣候突變是近兩千年中變化最大的一次，自公元 1230 年開始中國氣候變得乾燥而寒冷，早在公元 880 年後季風就已退縮，從而導致降雨量減少[100]。氣候在短期內變得乾燥、寒冷而且降雨減少，這首先使北方草原地區的生態環境急劇惡化，在地理溫帶南移的同時，原有的草原也開始大面積枯萎，嚴寒的冬季還會頻繁發生雪災和冰災等災害，這些災害往往會導致牛、羊等牲畜的成群凍死，這必然會給居住在北方地區的契丹、黨項、女真、蒙古等遊牧民族的生產活動造成重大衝擊，從而使他們的生活陷入困境。為了擺脫生存困境，這些遊牧民族就會鋌而走險，向比較溫暖富饒的宋朝頻繁發動大規模的侵略和掠奪。

據統計，在宋朝統治的 319 年間共發生大小戰爭 551 次，年均戰爭次數達到 1.72 次，大大高於歷史年平均戰爭次數[101]。宋代時，當時宋朝西面與吐蕃相鄰，西南與大理、大越兩國接壤，北方先後有遼國、西夏和金國與其對峙，更北部則是蒙古諸部，而宋朝面臨的威脅主要來自北方。由契丹族建立的遼朝（907-1125）佔據著東北及華北大部分疆域。由黨項族建立的西夏（1038-1227）佔據著西北的一部分疆域。由女真族建立的金朝（1115-1234）佔據著東北大部分疆域。從公元 985 年起，黨項族一些依附於遼國的部落開始侵佔北宋的領土；公元 997 年後又以武力脅迫北宋政府割讓了一些領土；公元 1038 年李元昊建立大夏王朝後，多次南下侵略北宋。公元 1004 年遼軍南侵宋境，第二年宋遼訂立和約達成「澶淵之盟」，此後宋遼之間一百餘年間沒有發生過大規模的戰爭。自 12 世紀初期時，金人就從東北侵入華北，不斷向遼朝發起進攻，1120 年金軍攻克遼朝國都上京（今赤峰市境內），1121 年金就佔據了遼朝的一半領土，1124 年時金佔據了遼朝的大部分領土，1125 年金軍攻滅遼國，佔據了秦嶺和淮河以北的大片地區。滅遼後僅半年，1125 年 10 月金軍即南下侵略宋朝，1126 年金軍攻破北宋首都東京（今開封），1127 年金軍虜去宋徽宗、宋欽宗，北宋滅亡，金朝由此控制了淮河北部、秦嶺東北大部分地區。1115 年金朝建立時定都於會寧府（今哈爾濱市阿城區），1153 年金朝將國都遷到中都（今北京），1214 年又遷到汴梁（今開封），1233 年又遷到蔡州

---

[99] 竺可楨：〈中國近五千年來氣候變遷的初步研究〉，《中國科學》1973 年第 2 期，第 175-176 頁。

[100] 王錚、張丕遠、周清波：〈歷史氣候變化對中國社會發展的影響〉，《地理學報》1996 年 7 月第 4 期。

[101] 王俊荊、葉瑋、朱麗東、李鳳全、田志美：〈氣候變遷與中國戰爭史之間的關係綜述〉，《浙江師範大學學報（自然科學版）》2008 年 2 月第 1 期。

（今河南汝南）。1204 年，鐵木真統一了蒙古高原各蒙古部落，1206 年建立蒙古汗國。1208 年後，蒙古軍隊開始從北方不斷進攻金朝，並迅速佔領長城以北的廣大地區，又於 1213 年突破了長城防線進入黃河平原；1215 年蒙古軍隊佔領金國的中都（今北京）；1218 年蒙古滅西遼，1219 年西征中亞，一直進攻到東歐的伏爾加河流域，並於 1225 年東歸；1227 年蒙古滅西夏，此後開始全力伐金，1232 年蒙金大戰於鈞州三峰山，致使金軍主力喪盡，1234 年蒙宋聯軍攻破蔡州城，金朝滅亡。1235 年蒙古軍隊開始侵略南宋。蒙軍再次西征，1241 年一度逼近東歐腹地；1246 年招降吐蕃。此後蒙古軍隊開始不斷南侵，1253 年滅大理，1279 年消滅南宋政權。

宋朝的滅亡，除了其統治階級腐朽、皇帝昏庸、奸臣當政、外交失策和軍事積弱等諸多原因外，還在於頻繁的戰亂對其政權的反復衝擊，使其在疲於應對中耗盡了有限的財力、物力，特別是宋朝遭遇了兩千年中氣候急劇變冷的歷史時期，它所面對的是在極端氣候驅使下為爭奪生存空間而不斷南遷的瘋狂強敵。在蒙古軍隊金戈鐵馬的摧毀下，宋朝所創造的輝煌農耕文明最終也難逃毀滅的命運！

8、氣候變遷對中國古代人口分佈的影響

氣候變化對人口分佈有很大影響。在氣候暖濕的漢代，中國人口分佈主要集中於秦嶺—淮河以北的黃河流域地區，人口尤其集中在陝西、山西、河南一帶的黃河中下游地區；當時北方人口約 4300 萬，南方人口僅約 1400 多萬，南北人口比例約為 1:3。後魏時，中國北方地區的人口大約占全國的 62% 左右，當時全國有望縣 85 個，北方有 65 個，南方僅有 20 個，雖然人口南遷了不少，但人口密集區仍在北方。直到元代時，南方人口的數量才超過北方。在元代以前，南方人口數與北方人口數之比，多數時期保持在 1:2 附近，少數時期，由於戰亂與統計殘缺，南北人口數量比約為 1:1，總體來說，北方人口數量始終超過南方。在宋代時，南北人口比例為 36.5:63.5，而在元代時則為 84.75:15.25，比例變化很大；但到明代弘治年間時，南北人口比穩定下來，呈 3:2 的格局，與現代基本相近。中國南北地區人口數量的轉變，與發生在公元 1230-1260 年間的中國氣候大轉變的時期是基本一致的，這與公元 1260 年以後氣候變化導致農業種植帶南移是分不開的。除了氣候因素外，戰爭顯然也影響著人口的遷移和分佈。東漢末和隋末的農民起義、軍閥混戰等，也曾引起人口南遷，但戰後人口又很快恢復了原有的分佈格局。相比而言，戰爭對人口遷移和分佈的影響是短期的暫時的，而氣候變化、環境變遷的影響卻是長期的深遠的。

氣候變化不僅引起中國南北人口分佈比重的變化，而且引起中國東西人口分佈的變化。在暖濕的漢唐時期，中國西域地區可以養活更多人口，自唐

末以後，由於季風退縮，西域地區沙漠化加劇，從而使人口分佈從西向東移動。自公元 1230 年以後，氣候相對較冷，西域地區土地承載力下降，人口數量也隨之減少，從而為今天的全國人口分佈格局奠定了自然基礎。元代開始奠定了現代氣候的大趨勢，所以人口分佈呈現出以「胡煥庸人口線」[102]為分界的基本格局。元代時，由於氣候變化，北方地區暴風雪和乾旱災害引起牧民大量南遷，當時人口南遷現象不僅發生在中原地區，今內蒙古、蒙古地區的人民也在不斷南遷。據《康濟錄》一書記載，從公元 1206 年成吉思汗建國至公元 1308 年，蒙元帝國因災害而「北來貧民八十六萬八千戶」。內、外蒙地區出現如此大規模的人口遷出，說明氣候變化導致當地生態環境惡化的程度已十分嚴重。實際上，自公元 1240 年後，蒙古地區連年乾旱，史書記載當地「野草自燃，牛馬十死八九，人不聊生」(《元史・定宗紀》)，可見其環境惡化之嚴重。[103]

9、氣候變遷對中國古代社會經濟的影響

氣候變化對古代社會經濟的發展具有重要影響。西漢時期，關中地區是全國人口中心，同時也是經濟中心。據史書記載：「關中之地，於天下三分之一，而人眾不過什三，然其富，什居其六」(《史記・貨殖列傳》)。唐代時，北方仍然是全國的經濟發達區。例如，唐天寶 8 年徵收的「各色米糧」總數，北方地區就占到全國的 75.9%。公元 880 年時，氣候發生突變，季風退縮，在公元 880-1230 年這一時期，北方地區的經濟重要性開始下降。在北宋元豐年間，全國徵收的錢糧數，北方地區已下降為 54.7%。元代以後，南方成長為經濟發達區。在明代洪武年間，全國徵收的錢糧數，北方地區已下降為 35.8%。在中國氣候處於小冰期最盛時，發生了滿族入主中原的重大事件。在 1816 年，因氣候突變，中國氣候進入寒冷階段，全國農業收成普遍下降 1.0~1.2 成[104]。這次氣候轉冷結束了所謂的「乾隆盛世」，到 19 世紀 80 年代時，各種矛盾已促使清王朝陷入風雨飄搖之中。氣候變化對古代社會的經濟發展，顯然具有明顯的衝擊作用。[105]

---

[102] 反映中國人口分佈「東多西少」宏觀特徵的一條地理分界線，即在中國地圖上連接黑龍江黑河到雲南騰沖之間的一條直線。這條直線最初由中國人口地理學家胡煥庸在 1935 年發現並提出，所以地理學界也稱其為「胡煥庸線」。

[103] 以上兩段參見王錚、張丕遠、周清波：〈歷史氣候變化對中國社會發展的影響〉，《地理學報》1996 年 7 月第 4 期。

[104] 王錚、周清波、劉嘯雷等：〈十九世紀上葉的一次氣候突變〉，《自然科學進展》1995 年 3 月第 3 期。

[105] 王錚、張丕遠、周清波：〈歷史氣候變化對中國社會發展的影響〉，《地理學報》1996 年 7 月第 4 期。

10、氣候變遷與中國歷史興衰週期

　　自夏代到清朝的近四千年間，華夏大地上不斷上演著「分分合合」的歷史劇，社會的分合週期大致上是沿著氣候的週期性變化展開的：氣候溫暖時期，整個社會則「合」──經濟繁榮、民族和睦、國家統一；氣候寒冷時期，整個社會則「分」──經濟衰退、民族爭戰、國家分裂。

　　在中國古代歷史上，中國社會的政治疆域出現了「分久必合，合久必分」的週期性變化，這一週期性變化與氣候的週期性變化是大體一致的。例如，在兩漢溫暖期和隋唐溫暖期，強大的中原王朝將它的勢力範圍有效地伸展到了中國的西域及中亞地區。從三國到南北朝時期，在長達 360 年中，中國社會的政治都處於分裂之中，這與氣候變化的寒冷階段相重合。隋唐溫暖期在中唐後結束[106]，中唐以後中原王朝失去了對西域的控制權，這種變化也是與氣候變化分不開的。在「安史之亂」以後，中原軍隊就退出了西域地區，儘管後期氣候再次變好，但中原王朝已無力西顧。公元 880 年左右，氣候發生突變，中國氣候進入了一個冷暖相間的波動階段。這一時期，中國普遍發生了政治分裂。中原地區進入了五代十國時期。中國西部，在溫暖時期原本統一的王朝吐蕃和回紇，這時也進入了政治分裂時期。早期強大的吐蕃王朝分裂了，回紇王朝消失了，南詔王朝也出現了內部分裂。在公元 1230-1260 年間，全球氣候發生突變，這導致蒙古地區生態環境惡化。氣候突變致使蒙古軍隊停止了繼續西征中歐的步伐，轉而南下侵略金朝和宋朝。這其中的主要原因在於：在氣候變冷後，生態環境惡化使蒙古中央腹地生產生活發生困難，這直接導致其西征軍後援和供給發生困難，這樣其南下掠奪環境較好的金宋王朝，就變成了他們解決生存問題的首選。世界歷史的發展，可能因為氣候變化而發生了急轉彎。

　　在南北朝時期和五代時期，中國出現的兩次政治大分裂局面，分析其發生分裂的原因，其背景中都潛藏著深刻的氣候因素。王錚等學者認為，氣候變冷為國家內部分裂提供了客觀條件。氣候變冷首先導致中國農業收成普遍下降，由於京畿地區提供的糧食有限，中央軍隊的糧草供應首先出現問題，而中央一旦從外省大量調集糧草，又會加劇中央與地方之間的利益衝突；為減輕糧草供應負擔，中央政府往往會將京畿駐軍派往外省各地，外省一旦擁兵自重就會導致各地軍閥滋生，中央政府軍事控制力隨之削弱，中央與地方的各種矛盾一旦激化，最後就會導致國家政治出現分裂。在南北朝時期和五代時期，中國社會政治發生分裂的線索是：氣候變化→農業收成下降→稅負

---

[106] 滿志敏:〈唐代中國氣候特徵再探討〉;參見施雅風等著:《中國氣候與海面變化研究進展(一)》，海洋出版社 1990 年 9 月版，第 20-21 頁。

使農民造反→中央無力鎮壓→發動地方軍隊鎮壓→地方軍閥力量滋長→中央地方利益衝突加劇→中央失去對地方軍閥控制→國家政治分裂。所以，氣候變化為國家分裂創造了客觀條件。例如，唐朝末年，黃淮地區連年旱澇，公元875年，因氣候乾旱而發生蝗災，「蝗自東而西，蔽日，所過赤地」（《資治通鑑》第252卷），農業災害和沉重稅負引發了王仙芝、黃巢等發動的農民起義。唐王朝為了鎮壓農民起義運動，啟用了朱溫、李克用、王建、董昌等，這些地方軍閥最終卻自立為王，成了分裂國家的禍首。在唐朝滅亡前夕，中央政府僅能得到京畿地區及鄰近幾個道的糧食稅收，至此統一的中央王朝終於崩潰。[107]

在中國古代歷史中，處於氣候寒冷期而又沒有發生朝代更替的時期，只在明朝（1368-1644）中期出現過一次。據竺可楨的研究，在公元1470-1520年間和公元1620-1720年間，中國冬季的氣候處於寒冷期；而在公元1550-1600年間，冬季的氣候處於溫暖期[108]。在明朝統治的276年中，正好遇到了出現於1470-1520年間和1620-1720年間的兩次小冰期極冷階段，明朝度過了第一次寒冷期，但卻在第二次寒冷期中覆亡。在明代中期的寒冷時期，北方民族頻繁入侵，戰亂較多，特別是明朝與蒙古的韃靼部落之間爆發了多起戰爭，北方民族的軍隊甚至打到了城門下，由於明朝政府在各方面的管理應對措施得當，從而化解了因北方民族入侵導致王朝覆亡的危險。從季風和降水情況來看，在公元1300-1700年期間季風降水強度整體較弱，這一時期戰爭發生頻率總體較高，但在1600年左右戰爭發生頻率卻較低，周鑫等學者認為這與當時明朝政府管理國家的政策措施得當有很大關係[109]。實際上，按照竺可楨的研究結果來看，在公元1550-1600年間，中國冬季的氣候正好處於一個相對的溫暖期，這一點也可以從鄭景雲等於2010年9月所發表的研究成果中得到證實（見圖9-2）。所以，在1600年左右戰爭發生頻率較低，用氣候相對溫暖來解釋應該更加合理。

當然，我們在強調氣候變化影響社會發展的同時，也不能忽視政府管理、法制政策等社會因素的重要性。正如周鑫等學者所指出的那樣，在公元1572-1582年的十年間，大學士張居正輔助明神宗處理政事，明朝政府在政治、經濟、教育、軍事等方面都進行了一系列改革：在政治方面，採用「考成法」整頓吏治，提高了政府的行政效率；在經濟方面，採取了裁減冗官、開源節流等一系列措施，如丈量清查全國土地，收回被皇親國戚、勳臣豪強及各地官

---

[107] 以上兩段參見王錚、張丕遠、周清波：〈歷史氣候變化對中國社會發展的影響〉，《地理學報》1996年7月第4期。

[108] 竺可楨：〈中國近五千年來氣候變遷的初步研究〉，《中國科學》1973年第2期，第179頁。

[109] 周鑫、周慧清、喬海英、秦利：〈中國古代戰爭發生頻率週期性的初步研究〉，《泰山學院學報》2011年11月第6期。

員隱瞞吞併的土地，實行「一條鞭法」等賦稅政策等等，從而有效解決了財政危機問題；在軍事方面，張居正大力整頓邊境防務，調用李成梁鎮守遼東、戚繼光鎮守薊門，從而保持了邊疆的平安穩定。經過實施這一系列改革舉措，明代出現了政令統一、國庫充盈、邊境晏然的和平新氣象（參見《明史·張居正傳》）。在 1582 年至 1620 年間，儘管張居正已經去世，明神宗荒於政務，但明朝政府官僚機構還能勉強維持運作，從而使明朝社會整體比較穩定，戰爭發生次數也比較少。

＊　　＊　　＊

前文中我們介紹的中國科學院鄭景雲等於 2010 年 9 月所發表的研究成果顯示，中國東部地區氣溫變化存在 200~300 年和準 600 年的週期。也就是說，氣候脈動的半週期是 300 年，這個時間與中國古代北方遊牧民族的南侵週期與中原王朝的興衰週期比較接近，同時也與湯因比發現的遊牧民族入侵農耕地區的週期性相吻合。從北半球長期的氣候變遷來看，世界歷史存在著約 600 年的大週期。所以，亨丁頓所提出的氣候脈動論是有道理的。

綜上所述，我們可以看出，在中國古代歷史時期，北方遊牧民族週期性南遷高潮與氣候的寒冷期是相對應的，其背後隱藏的因果關係鏈是：氣候變化→生態危機→經濟惡化→民族遷徙→戰爭動亂→文明破壞。這一因果關係鏈是解開中國古代社會歷史循環週期之謎的真正「鑰匙」。這一系列的連鎖變化，從表面上看好像一切都肇始於氣候變化，但從深層次來看，其根源在於遊牧經濟對自然環境的高度依賴性，使遊牧民族難以形成一套應對自然災害的社會調節機制，從而決定了遊牧文明的脆弱性、流動性和侵略性。遊牧經濟對自然環境的高度依賴性，這主要是由當時人類社會低下的生產力發展水平決定的。人類社會的歷史時期越早，人類對自然環境的依賴性就越強；人類社會生產力發展水平越低，自然環境對人類社會的影響就越大。隨著人類社會的技術進步和生產力發展，人類社會對自然環境的適應性將會不斷增強。

通過對中國古代社會人文、經濟、科學和技術等方面結構變遷的考察，並分析自然環境（特別是氣候因素）對社會歷史發展的影響，我們可以更加清晰地看到，人類社會的歷史發展過程實際上是個異常複雜的動態過程，它決不能單純用經濟決定論、政治決定論、科技決定論或者環境決定論等任何一種偏執一端的理論做出科學解釋。

為經濟理論造新框架：
「螺網理論」何以引領新經濟研究

朱敏　姜疆

《螺網理論》這一書名容易讓人聯想為物理科學的某種定律，但其副標題「經濟與社會的動力結構及演化圖景」則直觀給出了該書的研究對象與適用範圍。

之所以將自己提出的理論命名為「螺網」，是因作者更為清醒地認識到：整個人類社會，實際上同其他事物一樣，是波浪式前進、螺旋式上升的；同時，整個人類社會在實際上，同其他事物一樣，又是多維的、立體的。書的前言寫道：「人類社會演化的總體圖景是一張多維動力交織、螺旋式發展的『螺網圖』。」這是作者的世界觀，也是此書的論點。

世界觀是形成價值觀的基礎，只有對世界、對人與世界的關係有一個正確的認識，才能形成正確的價值觀，反過來，正確的價值觀的建立，又會使科學世界觀更豐富、更完善。

價值特性有四個方面：客觀性、主體性、社會歷史性、多維性。其中，後兩方面正是該書所詳盡闡釋剖析的。價值關係的主體具有社會性和歷史性，因此人們的需要、實踐以及需要滿足的形式都表現出了社會性和歷史性。每一主體的價值關係都具有多維性或全面性，這就要求人們在創造或實現價值時，必須對某一價值物的價值作全面的考察，以決定取捨。

那麼，支撐此書論點的社會性和歷史性體現在哪裡？

從中不難看出作者的雄心勃勃，在於創建一種動態非均衡思維範式的理論框架，即試圖將微觀經濟學（企業經濟學）、中微觀經濟學（產業經濟學）、中宏觀經濟學（區域經濟學和國民經濟學）、宏觀經濟學（國家經濟學和國際經濟學）的「任督四脈」予以融通，置之於一個全方面的動態非均衡的假設條件之下進行綜合分析，而非新經典經濟學的一般均衡。其鑽研中所勃發的洪荒之力，亦躍然紙上。

在經濟學界，主流經濟學研究，特別是新經典經濟學，曾長期為靜態一般均衡思維範式所主宰。運用動態非均衡思維，對於經濟學理論本身的創新與發展頗為重要。如今，究竟是靜態看世界，還是動態看世界，正在構成經

典經濟學與新經濟學的根本分野。換言之，假使未來主流經濟學摒棄靜態思維模式，而引進動態思維模式，不難預見，經濟學乃至整個社會科學將不免出現一場空前的範式轉換，其變革意義或可堪比牛頓、愛因斯坦對於自然科學和整個科學領域的影響。

給新經濟以新理論框架

新經濟的多維性或全面性，在書中到底是如何體現的？

應當說，書中不僅深入探討了社會系統表層的人文系統、經濟系統、政治系統等，還整體涉及了社會系統深層的科學系統、法制系統、教育系統等。而對於其中的經濟系統，則更加側重地被分為企業系統——產業系統——國民經濟系統，從而予以特別關注。

與一些局部看問題甚至呈現部門化特徵的傾向相比，它著眼於企業經濟（微觀）、產業經濟（中微觀）、區域經濟（中宏觀）、國民和國際經濟（宏觀），從整體看世界。如果照著這種系統思路持續鑽研下去，誰能說經濟學說沒有進一步被改寫的可能？薩繆爾森就是綜合了宏觀經濟學與微觀經濟學，從而獨樹一幟，實現了經濟學說史上的第三次大綜合，即《經濟學》一書的出版。

半個世紀前，《經濟學》這部教科書問世時，美國哈佛大學教授約翰‧肯尼思‧加爾佈雷思，曾寫出第一篇書評。他預言：「下一代人將會跟隨薩繆爾森學習經濟學。」半個世紀以來，隨著世界經濟的變革和經濟學的發展，這部書一直在不斷地加以修改和補充，久已成為世界上最暢銷的經濟學教科書。迄今，它已被譯成法文、德文、意大利文、瑞典文、西班牙文、葡萄牙文、日文、中文、阿拉伯文、俄文、匈牙利文、捷克言語、羅馬尼亞文、越南文等，共計有40種以上的譯本。看來，不僅「下一代」，而且「下下一代」也在跟隨。

誰又能斷然否認，下一代、下下一代不會循著此書的視角學習經濟學和社會科學？時間會證明一切。當然，任何一門學問都不是在一間屋子裡冥思苦想出來的，開放學習才是正確的科研之道。該書借鑒了兩位社會學家（國外的帕森斯、國內的閔家胤）關於社會系統結構的學說和思想。這種借鑒並非毫無保留地照搬，而是有所取捨地繼承。

通過批判與繼承，《螺網理論》充分吸納了經濟學和社會與自然科學的精華，並對各種學說、思想、理論、觀點進行了提煉和昇華。其中，在經濟學方面，此書不僅借鑒了馬克思主義政治經濟學，而且對西方經典經濟學（又譯古典經濟學）、新經典經濟學（又譯新古典經濟學）、超經典經濟學（又譯新興古典經濟學）的思想皆有所借鑒。

經濟社會系統「分形」？

需要指出的是，該書提出經濟社會系統「分形」的觀念，與著名經濟學家楊小凱教授提出的超邊際分析，有異曲同工之妙。楊小凱認為，邊際分析就是給定分工結構下的資源配置問題，包括價格、成本、產量等，而要進行這一分析的前提是「給定分工結構」，它是「超越」於邊際分析的。基於這一認識，楊小凱提出了一系列非線性優化方法，解決了兩個問題，第一是分工模式或者經濟組織結構是如何演進的，第二是在某一分工模式或經濟組織結構下資源是如何實現最優配置的。其中，第二點是傳統經濟學中的邊際分析，第一點是進行邊際分析的前提，具有「超越」意義，合在一起，亦可以構成一幅具有獨特結構的幾何美圖。

而螺網理論所揭示的整個人類社會系統的長期演化機制遵循的兩大規律——分叉律與協同律等，無不透著具有獨特結構的幾何美。從社會系統表層的人文系統、經濟系統、政治系統，到社會系統深層的科學系統、法制系統、教育系統，等等，這些不同經濟層次，在一般結構方面所具有的自相似性、層次性、嵌套性等分形特徵，是本書力圖論述的，也是經濟學家楊春學認為「最獨特而令人印象深刻的」。

其實，令人印象深刻的還是書中的包羅萬象。這張「網」，志在將諸多學科精華都「網」入其中。只拿經濟科學而言，諸多建立在微觀、中觀、宏觀層次的概念，在書中一一登場：從企業的本質到演化軌跡，從產業的分工到生命週期，從經濟的環境到機制，從國家的概念到變革，等等。當然，其絕非單純對一系列概念簡單羅列，而是在闡述辨析相關概念時將自身洞見有機融合。

首先是從外部看來的有機融合，即各個篇章之間的關聯。在物理的世界裡，中子、質子和電子構成了原子，不同原子相結合構成了分子，而不同分子相結合構成了複雜分子，複雜分子集團又構成了物體，而不同物體又構成了世界；而在經濟的世界裡，企業構成產業，產業構成區域，區域構成國家，國家構成世界。書中對於整個經濟和社會的描述，正是從微觀至中微觀，由中微觀及中觀，從中觀至中宏觀，又從中宏觀及宏觀，如此由淺入深、有條不紊地展開論述。跟隨作者的視閾，逐步由小及大，由部分到整體，漸次呈現一個「系統」的經濟社會。

而其內部所蘊藏的一條分析主線「本質——環境——要素——結構——效率——能力——動力——機制——週期」，也頗為明晰。正是圍繞著這條主線，哲學、生物學、政治學、社會學、經濟學，以及系統科學與系統論方法等的諸多論述，書中一一向讀者娓娓道來。讀者跟隨作者「步伐」，在人類社會的各種學說、理論、思想等浩瀚海洋中暢遊，一步步接受並共享其大徹大悟的慧果。

經濟學的新探索

學院派經濟學者們在象牙塔裡研究出五花八門的學說，其著作和文章由大量的假設、數理公式、計量模型構成，在極度簡化之後，似乎更接近一門只有與政治、社會完全脫離才具有普遍價值的純工具學科。然而，這種經濟學去政治化的過程卻是精心考量的，只有把作為形容詞的「政治」去掉以後，經濟學才可以論證說，經濟行為反映的是一種個體主義心理學，而不是以社會形式建構起來的各種制度；據此又可以進一步斷定，自由放任原則是符合自然法則的。

《螺網理論》的論證，顯然是超出了前人對經濟學的探索。作者高舉系統科學大旗，運用系統論方法，能否收穫可貴的理論創新？從系統科學的觀點出發，經濟和社會研究要著重從整體與部分（要素）之間、整體與外部環境的相互聯繫、相互作用、相互制約的關係中，綜合地、精確地考察對象，以達到最佳地處理和研究問題。細讀全書，不難領略運用系統論研究和改造客觀對象的方法。從整體的觀點出發，全面分析系統中要素與要素、要素與系統、系統與環境、此系統與彼系統的關係，從而把握其內部聯繫與規律性，力圖達到系統能夠有效地被控制，甚至改造一個舊世界，構建一個新世界的目的。

關於系統論，有一系列基本原則，最主要的是整體性原則、結構功能的原則、相互聯繫的原則。書中探討的經濟和社會問題，本身就是多維的、立體的，那麼整體性原則、相互聯繫的原則，肯定是必不可少的充要條件，而對於結構功能原則，從以上評述可以看出，書中的把握也有爐火純青的意味。

系統的結構與功能是辯證統一的。首先，結構是功能的基礎，功能是結構的屬性；結構不同，一般而言功能也不同，結構決定功能。其次，同一結構可能有多種功能；結構不同，也可獲得異構同功。因而在分析研究各種系統時，必須把握好系統結構和功能的辯證發展規律。在作者精心構建的系統中，人文、經濟、政治、科學、法制、教育的要素與要素、要素與系統、系統與環境，在書中終於被編織成為一張螺旋式上升的巨型「螺網」。古人有云，「臨淵羨魚，不如退而結網」，這是立足古今、啟迪未來的務實態度。

對經濟學而言，政府和市場的關係是經久不衰的核心議題，「螺網理論」對此給出了自己的動態解釋。值得一提的是，該書論證輔以生物進化論的基本範式，也給「螺網理論」增添了另一個視角。薩繆爾森說，經濟學永遠21歲，而整個社會科學呢？「螺網理論」呢？

新經濟的「三破」「三立」

與「螺網理論」提出者、該書作者甘潤遠先生一樣，我們在新經濟研究

領域亦上下求索，但比起前者構建理論大廈的壯志，只能算是小打小鬧。基於近十年來對新經濟的持續觀察與研究，筆者總結和提煉了以「三破」「三立」為內核的新經濟法則（朱敏，2016、2017），旨在解釋並啟迪「互聯網+」大數據時代的轉型與創新。

「三破」，即破介、破界、破誡。這是對當前整個新舊秩序轉換中，正在發生的去中心化、跨界創新、規則重構的描述與概括。破介，指互聯網的大規模協同和去中心化，打破了傳統分工，大大削弱甚至正在消滅許許多多的傳統中介。破界，指「互聯網+」連接一切，大數據使資源使用無遠弗屆，趨於零邊際成本，打破組織、行業和國家邊界。破誡，指新經濟快速迭代與顛覆，人們越發追求個性，崇尚價值共享，一些舊規則和舊誡律開始不足為訓。

「三立」，即立志、立智、立制。這是指個體、組織、國家在此轉換中，應樹立戰略佈局、智慧整合、制度建設等系統性思維。立志（戰略佈局），指看清大勢，梳理戰略新目標；腳踏實地，志存高遠。立智（智慧整合），指壯大實力，明智參與新趨勢；修煉內功，智在必得。立制（制度建設），指持之以恆，改寫制定新規則；水滴石穿，制勝之道。

以上所謂「三破」「三立」新法則的雛形甫一提出，就有學界朋友美言，這是一種通俗的創新方法論，洞見深邃自成體系，期待深化完善云云。對此愧不敢當，誠望通向新經濟時代的轉型哲學更為豐富多彩。今後將同甘先生一道，書寫新經濟理論的精彩華章，為中國和全球新經濟發展鼓與呼。

---

* 朱敏，國務院發展研究中心新經濟導刊主編、新經濟研究室主任，經濟學博士。
　姜疆，法國巴黎第一大學國際經濟學博士，現任職國內研究機構。

* 本文原載北京《中華讀書報》2017 年 3 月 29 日第 19 版。

十年只寫一本書
——甘潤遠先生新著《螺網理論》讀後

曹 維

2016 年 9 月，復旦大學出版社出版了甘潤遠先生的社會經濟學著作《螺網理論——經濟與社會的動力結構及演化圖景》。我得知，這是甘先生「十年磨一劍」的心血結晶之作。甘先生不是體制內的學者（他既不在大學任教，也不在學術機構做研究），他寫作這本書既不為評定職稱，也不為職業升遷，而純粹出於追求知識和探索真理的興趣。在當前中國學術學科化、職業化、功利化的大背景下，這種為知識為真理而探索的精神顯得尤為可貴。

作為一個熱愛讀書的人，我專門抽出時間認真閱讀了這部近 50 萬字的著作，讀後很受啟發。現將我讀書後的幾點感悟和心得分享給大家。

一、系統思維，建構體系

《螺網理論》一書以系統科學的哲學思維、生物進化論的基本範式和結構功能主義的方法來解釋社會經濟運行過程，整部書的結構、層次和論述邏輯顯得新穎、生動而清晰。在我看來，甘潤遠先生的這部著作至少在兩個方面值得中國經濟學界關注和思考，第一是方法論的系統思維，第二是在綜合研究的基礎上建構體系。

《螺網理論》應用系統思維來分析經濟學，把經濟學放在了更加廣闊的社會環境中進行考察。在這部書中，甘先生應用複雜科學中系統論的方法來研究經濟學，而不是使用簡單的線性方法來分析經濟學。世界上任何事物的運動變化都是與一定的時間和空間相聯繫的。人類社會的經濟活動也是在一定的時間和空間中逐步展開的，研究經濟現象也不能脫離相應的時間和空間這兩個重要因素。通過對經濟現象的歷史考察，甘先生指出：「社會經濟系統與生物有機體類似，它也有其誕生、成長和演化的歷史，研究經濟現象不能脫離具體的時間和空間。所以，從本質上來說，經濟學是一門歷史學科。」（參見《螺網理論》第 50 頁）。從事經濟學研究，不能像研究自然現象那樣，用純粹邏輯演繹或數理分析的方法進行研究。實際上，經濟現象與所有社會現象一樣，都是與具體的時間和空間緊密相連的。也正因此，社會經濟系統屬於複雜系統，分析研究複雜系統應用複雜科學的方法將會更加科學合理。

甘先生在這部書中指出，當前人類社會系統的基本結構包括人文系統、經濟系統、政治系統、科學系統、法制系統、教育系統這六大系統，以社會有機體的觀點來觀察，這六大系統之間並不是孤立無關的，而是相互聯繫、相互作用、相互影響的。而當前的經濟學主要分析研究了經濟系統內部的生產活動，並沒有完全梳理清楚經濟系統與其他五大系統之間的互動關係。而目前主流經濟學所推崇的數理分析方法，最主要的問題就在於，割裂了社會系統之間的聯繫，將經濟現象做孤立化、片面化、簡單化的純粹邏輯演繹。這種情況，就像在測量一個物體的大小時，人們對小數點前的數字都沒估算準確，對小數點後面的數字計算再精緻又有什麼意義呢？例如，北京到上海的距離大概是 1270 公里，如果這個數字估算不準確，比方說錯誤估計為 1000 公里，那麼我們即使把北京火車站到天安門的距離精確算到 2732.34 米，其意義也是不大的，你不能說上海到北京天安門的距離是 1002.73234 公里！這樣做，儘管結果看起來很精確，實則大錯特錯。甘先生的理論所構建的體系就是在解決「小數點前的數字」問題，而當前經濟學界流行的很多數理研究其實就是在解決「小數點後的數字」問題。

　　甘先生在這部書《前言》中開宗明義：「本書倡導以系統的、整體的、聯繫的觀點來看待整個世界和人類社會，致力於構建一個完整、全面、有序的人類社會演化圖景。」我們知道，經濟學是研究社會系統中經濟系統運行規律的。從社會結構來看，經濟系統是整個社會體系有機體的一個子系統，要研究經濟系統的運行規律，就必須要研究整個社會體系。這實際上是一種整體的世界觀。如果我們頭腦中沒有一個科學的整體的世界觀，那麼我們就很容易陷入「只見樹木，不見森林」「只見局部，不見整體」的認識誤區。所以，甘先生採取了綜合方法，走的是「宏偉敘事」的路徑，並建構了獨具特色的理論體系。

　　當前，無論是在報刊、網絡等傳播媒體，還是在大學校園中，人們都熱衷於討論經濟學家排名、期刊排名、影響因子排名等等，於是乎，學術論文滿天飛，各種數理模型令人應接不暇。學者們因為身處分工日益細化的學術環境，往往滿足於對一些「雞毛蒜皮」事物的描述、探討和分析。再加上中國對學者成績評價標準的數量化傾向，導致人們只關心學者發表了多少篇論文、發表在什麼級別的期刊上等等，卻並不關心這些論文究竟與現實有多少聯繫，也不關心這些論文究竟觸及到了多少事物的本質。在當前中國經濟學界的主流研究中，談到「宏偉敘事」，這似乎是一個貶義詞。大家都在研究「其他條件不變的理想狀態下」的一些小問題，而「宏偉敘事」式的綜合研究往往被認為是一種自上而下的「不切實際的烏托邦想法」。但是，甘先生的這部書卻逆主流而行，摒棄還原論方法，而採取系統論方法，嘗試跨學科綜合研究並構建了自成一家的理論體系。這確實是值得中國學術理論界關注和

借鑒的！

二、主流經濟學陷入了誤區和危機

當前，由於過細的學術分工和過度的數理分析，主流經濟學實際上已經陷入了片面化、孤立化和碎片化的認識誤區和危機。而《螺網理論》一書卻逆潮流而動，進行跨學科綜合，建構了一套融合微觀經濟學、中觀經濟學和宏觀經濟學於一體的理論框架。《螺網理論》一書把人類社會演化發展的規律總結為分叉律、協同律、分形律和週期律這四大規律。其中，關於分叉律和週期律，各國學者已經作過大量研究和論述，而這本書重點論述了協同律和分形律。在一定程度上，《螺網理論》一書的出版時間剛好可以說明人類學術範式轉換的週期性。人類學術範式的轉換與世界上其他事物一樣，都具有一定的週期性。如果我們把學術範式的轉換週期簡單地分為「和平時期」和「危機時期」（或者分為「夏季繁榮時期」和「冬季寒冷時期」），那麼學術範式本身也體現出了週期性特徵。在和平繁榮時期，各國學術界繁花似錦、五彩紛呈乃至過於浮華，而在危機寒冷時期，曾經風光的各種學說理論折戟沉沙、陷入困境，只有少數理論能夠像梅花一樣傲立寒冬。從理論本身的綜合性、包容性和解釋力看來，《螺網理論》一書恰好是一本能夠在危機寒冷時期傲立寒冬的「梅花」。

西方的經濟學主流範式，本身呈現出「建構——解構」的週期性。目前的經濟學主流範式，形成於第二次世界大戰之後，如果不算 20 世紀七十年代的石油危機和 2008 年的次貸危機，總體來說處於一個和平繁榮的時期。數學方法由於其嚴密性，相對來說比較容易獲得學術界的共識。物理學的巨大成功，使其成了科學之母。因此，在國際學術界，以至於沒有公式的學科往往不被認為是完整的學科。當前，經濟學主流的研究範式表現為邏輯演繹的建模和計量實證，這種研究範式由於學科越分越細從而可以為人們提供更多研究職位，具有一定的社會意義。在大學中開設這類課程，對大學生來說也是一種不錯的思維訓練手段。但是，這種缺乏原創、沒有風險的學術範式，對於解決大的時代危機卻往往無能為力。這種情況，就像模擬炒股的優勝者到了真正的股市，研究模擬案例的商學院學生到了真正的市場，和平時期訓練出來的士兵到了真實的戰場一樣，總是與複雜的社會現實相脫節！

當前，中國主流經濟學的研究範式基本上也沿襲了西方經濟學的這種範式。中國改革開放初期，在最早出國留學的那一批人中，有很多人的學科背景是數理化，出國後有些人又轉學了經濟學。這批留學生的優勢在於數理邏輯和計量建模等方面，而相對來說，他們的思想能力和語言能力卻相對比較弱。當這批留學生學成回國後，他們往往就會把自己最擅長的學科知識、研

究範式等帶入他們就職的大學和研究機構，隨著他們走上領導崗位，他們所倡導的研究範式也就成了中國各大學和研究機構所推行的基本研究範式。這就是中國經濟學主流範式的歷史形成過程。這種情況，造成了中國現代經濟學研究過程中的路徑依賴。在和平繁榮時期，這種經濟學範式不會受到挑戰，時間越長，這種範式所依託的群體越有可能形成既得利益集團。只有重大危機事件才會對他們提出的經濟理論形成挑戰。而「危機」往往是突然來臨的，它就像是一隻人們沒有預期到的「黑天鵝」。

社會科學研究的主要範式包括實證主義、歷史演化主義、結構功能主義、社會批判主義、後現代主義等。實證主義是近代社會科學研究的主流範式。從研究範式的類型來看，當前西方經濟學研究的主流範式是以數理方法為主導的實證主義範式，而《螺網理論》一書則採用了歷史演化主義和結構功能主義這兩種範式。從哲學思維來看，當前西方經濟學所採用的數理方法更多借鑒了物理學中經典力學的方法，其時空觀是以牛頓經典力學體系為參照系的，而《螺網理論》一書所借鑒的是複雜科學的系統論方法，其時空觀則是以愛因斯坦廣義相對論體系為參照系的。從這一點來看，西方經濟學主流的研究範式，其哲學基礎已經落後了！

自 1838 年法國經濟學家 A・古諾將數學方法引入經濟學研究以來，各國經濟學家經過 170 餘年的努力，如今數理經濟學已發展成了經濟學的重要分支。當前，在現代經濟學理論中，以數理分析見長的新古典主義經濟理論已佔據了主導地位。我們知道，運用新古典主義經濟理論及其數學工具是無法解讀社會經濟體的有機性這樣的複雜問題的。正如奧地利經濟學家維塞爾（Friedrich von Wieser，1851-1926）所言：「如果把研究局限於一批採用最理想化假設的範圍極小的理論問題，那麼數理方法將是達到公式化結論的最合適工具。但是對於理論中其他抽象程度較低的問題來講，在研究中採用數理方法將導致災難。經濟理論中大量的真理及其在重要的倫理和政治領域中的應用，都不是通過數理方法來證明的。」（參見經濟學家楊春學先生為該書所寫的《序二》）。當前，西方經濟學主流的研究範式表現為邏輯演繹的建模和計量實證。只要我們大致瀏覽一下經濟學期刊就不難發現，當代經濟學者們發表的大量論文都屬於數理經濟學方面的文章。其中的很多論文因為不觸及現實的本質問題，實際上往往淪為「黑板經濟學」和「象牙塔裡的自娛自樂」。

實證研究是當前主流經濟學的共識，主流經濟學家們為了應用已有的工具，不惜採用完全不合理的假設，不惜用西方經濟學中的教條來裁剪社會現實，他們陷入了片面化、孤立化和碎片化的認識誤區而不自知。由於沒有遇到大的經濟危機，主流經濟學的錯誤就沒有完全凸顯出來。採用線性的、簡單的物理學方法來研究經濟學，在第二次世界大戰以後世界經濟整體繁榮時期也許還可以，但到了 21 世紀的今天，尤其是 2008 年發生世界金融危機以

後，還用這樣的方法來研究經濟學就會處處捉襟見肘，難以適應時代的發展。種種跡象表明，當前的主流經濟學研究已經陷入了誤區和危機！

三、經濟學家不應該講道德嗎？

著名經濟學家樊綱曾寫過一篇文章〈「不道德」的經濟學〉（參見《讀書》雜誌 1998 年第 6 期），這篇文章開頭指出經濟學分析離不開道德規範，接著又指出這種「離不開」只是把道德規範作為一種外生的條件或約束，最後指出經濟學提出的政策建議或制度設計不依賴於道德水平的高低，而寧可假定人們在道德水平極低的前提下進行工作反倒更現實。在文章末尾，他寫道：「我們不妨就理直氣壯地宣稱：經濟學家就是『不講道德』。讓人們去說話，走你自己的路。」

樊綱這篇文章的最後一句話引起了極大爭議。他的這句話本身應該放在一定的語境下去理解。也就是說，他認為經濟學是一門實證的學科，而道德是規範化的，是眾口難調的，很難精確化，如果要考慮道德因素的話，由於變量過於複雜，就沒有辦法進行實證研究。從方法論上來看，以樊綱為代表的主流經濟學家是把經濟系統作為一個簡單系統來對待的，即用線性的、簡單的物理學方法來研究經濟學。而實際上，人類社會系統是個超級複雜的巨系統，作為其子系統之一的經濟系統也同樣是個複雜系統。對於複雜系統，我們使用研究複雜問題的系統科學方法是比較恰當的，而如果依然使用線性的、簡單的物理學方法來分析研究的話，就會有很大的局限性。

《螺網理論》一書將人類社會系統劃分為由「人文系統、經濟系統和政治系統」等組成的表層結構和由「科學系統、法制系統和教育系統」等組成的深層結構，作者將信仰、道德因素放入了人文系統的深層結構中。如果採用《螺網理論》所提出的這一框架，我們就可以很清晰地發現，「經濟系統」中的因素（如經濟行為主體「個人」）與「人文系統」中的因素（如「道德」）實際上是緊密糾纏在一起的。經濟學家研究經濟學問題時，如果只考慮「經濟系統」中的因素，而不考慮「人文系統」中的因素，就會陷入「只見樹木，不見森林」的認識誤區。而樊綱實際上正是犯了這樣的錯誤。

* * *

按照甘先生的觀察和認識，當前人類社會正在進入一個「突變」時期，世界歷史又到了新的「軸心時代」，中國社會和世界格局正在發生深刻變化，世界即將進入一個湧現新思想和新變革的偉大時代！在歷史節點面前，我們需要更多跨學科、跨領域的博學通才，需要更多「為學術而生」的人，而不

是「為學術而生存」、「為學術而升官」的人。在新的歷史機遇來臨之際，期
待更多有益於人類和諧、社會發展、文明提升的原創性思想理論誕生！

* 曹維，華東師範大學金融統計學院副教授，經濟學博士。

* 本文原載香港《經濟導報》2017 年 5 月 11 日「博雅論道」欄目。

後記

　　這是我的第一部經濟學專著，也是我積澱十餘年讀書思考而專心撰寫的一部社會科學著作。

　　在上大學時，儘管我所學的是理工科專業，但我卻一直對人文社會科學十分關注。大學畢業後，除了在中國風險投資研究院工作等幾年之外，我幾乎都在自己所選擇的新聞出版行業工作。因正處於中國從計劃經濟向市場經濟轉型的巨大洪流之中，由於職業的緣故，我曾廣泛接觸過社會生活的不同層面，五光十色的社會現象、變換不定的時尚潮流、跌宕起伏的風雲人物，如一幕幕鮮活的歷史劇不斷掠過我的眼前，它們在豐富我閱歷的同時，也讓我時常感到很困惑。諸如，社會發展的根本動力是什麼？文化、經濟和政治之間到底是怎樣的關係？市場經濟的發展必然會導致大眾道德的衰落嗎？在社會變遷中究竟哪些因素支配著歷史的發展？等等，類似這樣的問題時常困擾著我。為解開這些困惑，我曾希望通過哲學家的思想來透視社會並尋求答案。為此，我曾閱讀過包括柏拉圖、叔本華、尼采、薩特、羅素等在內的許多西方哲學家的著作。但我發現，這些哲學家的思想也無法完全解答我的疑惑。於是，我又將探尋的目光逐漸擴展到文化學、歷史學、人類學、社會學和經濟學等領域。

　　儘管我擴大了自己的閱讀範圍，但我依然感到人類社會的發展規律線索紛繁、撲朔迷離。在讀一些經濟學書籍時，我對其中的許多經濟原理、數學公式和各種曲線等總感覺雲裡霧裡、似懂非懂，它們似乎成了我學習社會科學知識的很大障礙。為了消除這種障礙，我決心開始系統地學習經濟學課程。從 1999 年 6 月至 2001 年 6 月期間，我讀了中國社會科學院研究生院開設的金融專業碩士研究生班。我最初的經濟學知識是跟隨中國社會科學院的楊春學、陳東琪、荊林波等教授學到的。此後的十餘年，我一直利用業餘時間斷斷續續地閱讀著中外不同流派的經濟學著作。在閱讀的過程中，我發現經濟學的知識不成體系，總體上呈現出一種四分五裂、零碎混亂、矛盾重重的圖景。當然，這種情況並不僅僅是經濟學領域中的獨有現象，其他社會學科也存在著類似的情形，其中尤以社會學最為嚴重。

　　在大學畢業的二十餘年間，我陸續購買了一大批社會科學方面的經典名著（其中的很大一部分書籍是由商務印書館和北京三聯書店出版的）。這批圖書成了我業餘時間閱讀思考的精神食糧，它們伴我度過了多少寂靜而平和的日子，帶給我多少愉悅和慰藉啊！隨著閱讀範圍的拓寬和各種知識的積累，我發現閱讀書籍這一行為成了我的最大樂趣，而從書中汲取的各種知識逐漸變成了我的真正財富。在繁忙的工作之餘，我也時常為匆匆流逝的歲月而惶

恐。有時在夜深人靜時，有時在清晨甦醒時，一個聲音就會在腦海縈繞：「你讀書是為了什麼呢？如果你不把它們所承載的知識傳授給別人的話，你就只是個虛度光陰的娛樂者罷了！」「你讀書有什麼用呢？如果你不用它們所蘊含的思想創造新思想的話，你的頭腦就只是他人思想的跑馬場罷了！」這個聲音讓我感到有些不安。隨著年齡的增長，我越來越覺得有必要將自己積澱在頭腦中的知識和思想寫出來了。

這樣的時機忽然就來臨了。2010 年 4 月的一天，一位從事文化創意工作的臺灣朋友來大陸出差偶然遇到了我，當他確認我曾參與編撰過《創意經濟學》一書（該書曾在臺灣出版過繁體字版）並聽說我曾監製過一部 26 集的動畫片時，他就想與我合作撰寫一本有關文化創意方面的書。我們一拍即合：由他來搜集撰寫臺灣的案例，由我來搜集撰寫大陸的案例。經過幾番商討，我們於 2011 年 1 月擬定了書稿的編撰大綱，當年 2 月就準備分頭搜集有關資料。2011 年下半年，當我從圖書館借閱了幾本文化創意產業方面的圖書後，才發現經濟理論中有些基礎性問題需要梳理清楚，否則，經濟運行中的有些深層次問題就無法闡述清楚。思考再三，我決定還是先擱下撰寫文化創意書稿的任務，而開始嘗試梳理經濟理論方面的一個基本框架。於是，擺在讀者面前的這部書稿就在我的反覆思索、不斷修改中孕育誕生了。

我撰寫這部書稿，正式開始於 2012 年 1 月，到 2013 年 12 月中旬完稿，前後耗時整整兩年時間。在寫作期間，為立論和論述需要，我陸續閱讀了至少 40 本有關經濟學及其他社科方面的專著，還從「中國知網」和有關研究機構網站下載參閱了近五百篇論文資料（其中包括 20 篇博士學位論文和碩士學位論文），所作的閱讀筆記僅粗略統計就超過了 36 萬字。閱讀這些論文後我發現，有不少論文同質化現象嚴重，有相當一批論文是東拼西湊出來的（這樣的論文可能大多來自評職稱之需），而真正有創新思想又有價值的高質量論文很少，我想這可能是中國學術界長期以來「只重數量，不求質量」結果的反映吧！在這些論文中，凡是具有參考價值並被本書所引用的論文，我都在書中相應章節作了認真引注。在書末的參考文獻中，我只列出了有關書籍文獻及博士碩士學位論文資料的目錄。其中，江西財經大學工商管理學院 2009屆產業經濟學專業陳軍昌博士的學位論文給我留下了較深印象，特別是他那嚴謹求學、踏實認真的態度令人難忘。陳軍昌的博士學位論文題目是《非線性產業或經濟系統的演化（創新）分析》，論文總字數有 70 餘萬字，總頁數達 600 餘頁，僅參考文獻就列了 191 條之多。當你知道陳博士為撰寫這篇論文而寒窗苦讀整整花費了 7 年時間時，我想你一定會感到很驚訝吧？！他的論文批判了 75 位著名經濟學家的觀點，證明並拓展了新興古典經濟學的一些假設和定理，對內含政務專業化的分工形式化進行了研究，用演化博弈論方法解釋了中國五千年的歷史進程和改革開放 30 年的產業發展過程。在讀博士

的 8 年間，據說陳軍昌博士認真研讀了近 400 部專著，他為此耗費了大量體力、精力，甚至還耗光了自己所有的金錢並背負了債務。2012 年 4 月上旬，我用一周時間把他這篇論文閱讀了兩遍，還特意查閱了他發表的其他一些論文。他在論文中所闡述的思想帶給我許多啟發（如使我確認分工是社會演化的基本機制之一、經濟運行本質上是個動態非均衡過程等），儘管我在本書中沒有直接引用他的論文，但我不得不承認他在論文中所透出的批判精神和構建理論大廈的勇氣確實給了我很大激勵。正是受到他那執著、頑強和嚴謹學風的影響，我才能夠驅除浮躁情緒而認真地閱讀文獻資料、仔細做去偽存真的選擇梳理工作；也正是受到他開拓創新精神的鼓勵，我才能夠忍耐孤寂堅持不斷思索、反復綜合並在博採眾長的基礎上構建起社會經濟的理論框架。在此，我要特別向陳軍昌博士表示誠摯的敬意！

當書稿快接近要完成時，2013 年 7 月 24 日凌晨，在蘭州的妹妹通過手機短信告訴我「父親因患腦溢血而病危，正在住院治療」的消息，我不得不中斷寫作事項，即刻收拾行裝、購買機票飛往蘭州探望病危的父親。沒想到，在第二天下午 3：30 時，父親就去世了！父親先後做過林業技術員和中小學教師，他是一個多才多藝的人，既擅長繪畫、書法和園藝栽培，又會演奏笛子、口琴等樂器，還掌握著一套嫻熟的木工技藝，他一生熱愛攝影和旅遊，足跡遍佈中國的大江南北。一想起父親生前的音容笑貌，一幕幕往事就浮現眼前：小時候，我騎著父親雙肩在露天廣場看動畫電影《大鬧天宮》；上學時，他騎著自行車送我到很遠的學校去讀書；旅遊時，在公園的花壇或雕塑前，他用那架很早就購買的老式雙鏡頭照相機「咔嚓」「咔嚓」地為我拍照⋯⋯2010 年夏天，當我帶著他與母親去參觀上海世博會時，他還像個年輕人一樣興致勃勃地流連於各國的展館中⋯⋯每次念及父親的養育之恩，我就禁不住熱淚盈眶。唉！父親走得太急，我未能在他健在時寫完並出版這部書，這成了我最大的遺憾！

在撰寫這部書稿的過程中，上海「白玉蘭義工網」會長程蓓莉女士幫我辦理了上海圖書館的借書證，這使我能夠順利地借到許多專業性書籍，在此我深表感謝！中學同學郭明幫我查閱下載了一些論文資料，王蓮芳幫我辦理了「中國知網」充值卡，在此我一併表示感謝！正是這些朋友和同學的支持和幫助，讓我領略了友情的珍貴和溫暖，這在一定程度上也加快了本書的撰寫進度。此外，復旦大學出版社經濟管理分社的社長徐惠平和副社長宋朝陽，他們為此書能夠順利出版做了許多工作，本書責任編輯陸俊傑認真審校了整部書稿並對書稿提出了一些修正意見，如果沒有他們的支持和幫助，這部書稿是不會順利出版並與讀者見面的，在此，我特別向他們表示真摯的謝意！

甘潤遠

2016 年 5 月

圖表索引

（括弧內的數字為本書頁碼）

第三章圖表

圖 3-1　宇宙系統層次圖（66）

圖 3-2　人類社會系統層次圖（67）

圖 3-3　樹木的分叉現象（69）

圖 3-4　流體繞圓柱體流動時的協同現象（71）

圖 3-5　「曼德勃羅特集」圖案（75）

圖 3-6　原始社會初期的社會再生產過程（81）

圖 3-7　原始社會中期的社會再生產過程（82）

圖 3-8　農業時代的社會再生產過程（83）

圖 3-9　工業時代的社會再生產過程（84）

圖 3-10 現代社會的社會再生產過程（84）

圖 3-11 人類認識水平與社會分配結果之間的互動示意圖（88）

表 3-1　要素投入價值結構與成果分配價值結構歷史演變簡況一覽表（90）

第四章圖表

表 4-1　蘋果樹生態位了來源一覽表（106）

圖 4-1　蘋果樹的四季（108）

圖 4-2　企業外部環境系統層次圖（111）

表 4-2　影響企業外部因素一覽表（112）

圖 4-3　企業內部環境圈層結構圖（117）

圖 4-4　石墨的內部結構（120）

圖 4-5　金剛石的內部結構（120）

圖 4-6　企業內部生產環節關係圖（121）

圖 4-7　要素投入關係與生產分配關係之間的互動示意圖（133）

表 4-3　每個員工完成不同任務所需時間（135）

圖 4-8　企業能力「勢能圖」（138）

圖 4-9　企業行為過程理論模型圖（141）

圖 4-10 企業內外供需關係圖（142）

圖 4-11 企業發展動力因素關係圖（144）

圖 4-12 企業家與組織團隊、企業良性互動圖（148）

圖 4-13 企業家與組織團隊、企業共同成長演化軌跡圖（149）

圖 4-14 企業內外因子互動圖（152）

圖 4-15 企業漸變與突變過程圖（157）

圖 4-16 企業能力成長「勢能圖」（160）

圖 4-17 企業能力演化「勢能圖」（161）

圖 4-18 企業能力衰退「勢能圖」（162）

圖 4-19 企業發展演化軌跡圖（167）

第五章圖表

圖 5-1 產業內部環境組成圖（180）

圖 5-2 產業運行的一般結構圖（182）

圖 5-3 產業發展動力因素關係圖（194）

圖 5-4 社會需求作用互動圖（196）

圖 5-5 社會需求演化圖（197）

圖 5-6 核心企業與關聯企業、整個行業良性互動圖（199）

圖 5-7 核心企業與關聯企業、整個行業共同成長演化軌跡圖（200）

圖 5-8 核心企業、關聯企業、行業市場與整個行業關聯互動圖（201）

圖 5-9 產業鏈形成的蛛網模型（205）

圖 5-10 分工與市場協同演化圖（207）

表 5-1 經濟系統分叉協同機制層次結構簡表（209）

表 5-2 與主導產業對應的知識、技術和制度一覽表（214）

圖 5-11 主導產業相互影響示意圖（216）

圖 5-12 麵包生產中行業間主要產品供需鏈示意圖（222）

圖 5-13 產業能力「勢能圖」（230）

圖 5-14 產業能力成長「勢能圖」（233）

圖 5-15 產業能力衰退「勢能圖」（234）

第六章圖表

表 6-1 國民經濟系統和經濟增長涉及因素分類表（253）

圖 6-1 經濟系統運行的一般結構圖（260）

圖 6-2 經濟系統發展動力因素關係圖（264）

圖 6-3 經濟系統中人類需求作用過程圖（267）

圖 6-4 經濟系統中人類需求傳導演化圖（268）

表 6-2 需求、供給引起產業結構演變的內在機制表（278）

圖 6-5 產業結構演化的軌跡圖（291）

表 6-3 不同時期三次產業所占地位一般趨勢表（292）

表 6-4 三大產業內部產業結構演變一般趨勢表（292）

圖 6-6 產業投入關係與產業分配關係之間的互動示意圖（295）

圖 6-7 產業結構演變的動態機制圖（296）

第七章圖表

圖 7-1 國家系統運行的一般結構圖（332）

圖 7-2 人文系統運行的一般結構圖（342）

圖 7-3 「正─負」反饋往復循環模型（354）

圖 7-4 物質世界進化的一般模型（355）

圖 7-5 人文系統進化機制圖（356）

圖 7-6 循環無窮的太極圖（364）

圖 7-7 臨界狀態系統演變方向圖（364）

圖 7-8 黃仁宇先生所畫的歷史發展軌跡圖（367）

圖 7-9 國家系統中個人權利與各級公共組織權利之間的關係（377）

圖 7-10 政治系統運行的一般結構圖（378）

圖 7-11 社會發展動力因素關係圖（381）

圖 7-12 事物不斷分叉的自相似性（392）

表 7-1 分叉律與協同律作用機制分析簡表（395）

圖 7-13 社會系統發展的漸變與突變過程圖（408）

圖 7-14 社會系統發展演化軌跡圖（螺網圖）（410）

附錄一圖表

表 8-1 中國農業發展歷史分期簡表（417）

表 8-2 中國主要農產品的產量（446）

表 8-3 中國農業主要行業產值結構的比重變化情況（446）

附錄二圖表

表 9-1 中國歷代理論、實驗和技術在該朝代總積分中所占比重（%）（473）

圖 9-1 中國古代科學技術水平淨增長曲線圖（以 50 年為單位）（474）

表 9-2 中國古代農業科技成果數量統計表（475）

表 9-3 中國古代農耕業（種植業）科技成果數量統計表（475）

圖 9-2 公元後 2000 年中國東部地區冬半年氣溫變化序列圖（487）

圖 9-3 中國各歷史時期冬季氣溫變化曲線圖（494）

表 9-4 歷代遊牧民族政權疆域南界的緯度變化（496）

參考文獻

一、外文書籍

1. Raymond Aron, *Democratie et totalitarisme*, Paris: Gallimard, 1965
2. F.Goguel, A. Grosser, *La Politique en France*, Paris: Armond Colin, 1984
3. Max Weber, *Essays in sociology, Translated and edited by H.H. Gesth and C. Wright*, London: Routllege and Kegan Paul, 1970
4. Eldredge, N., Gould, S. J., *Punctuated equilibria: An alternative to phyletic gradualism, In: Models In Paleobiology (Ed. by T.J.M. Schopf)*, 1972
5. Frank P. Einstein, *Sein Leben und sein Zeit*, Briaunschweig: Vieweg, 1974
6. Johnson, D. L., Gould, L., *Climate and Development, ed Biswas AK (Tycooly, Dublin)*, 1984
7. Skocpol, *State and social revolution*, Harvard university press, 1985
8. Stephen K. Sanderson, *Macrosociology:an introduction to human society (second edition)*, New York: Harper Collins Publishers Inc., 1991
9. Polanyi, M., *The Study of Man,* London: Routledge & Kegan Paul, 1957:12
10. Davenport, T. H., Prusak, L., *Working Knowledge: How Organizations Manage What They Know*, Boston: Havard Business School Press, 1998
11. Randall Stross, *The Stubborn Earth: American Agriculturalists on Chinese Soil,* 1898-1937. Berkeley: University of California Press, 1986
12. Ramon Myers, *The Chinese Peasant Economy: Agricultural Development in Hopei and Shantung,* 1890-1949. Cambridge: Harvard University Press, 1970
13. Mark Elvin, *The Pattern of the Chinese Past.* Stanford: Stanford University Press, 1973
14. Johnson DL, Gould L. *Climate and Development, ed Biswas AK* (Tycooly, Dublin), 1984
15. McEvedy C, Jones R. *Atlas of World Population History*, Allen Lane, London, 1978

二、中文書籍

1. 《馬克思恩格斯全集》（第30卷），人民出版社1995年版。
2. 《馬克思主義經典著作選讀》，人民出版社1995年版。
3. 《馬克思恩格斯選集》（第1卷），人民出版社1995年版。
4. 《馬克思恩格斯選集》（第2卷），人民出版社1995年版。
5. 《馬克思恩格斯選集》（第4卷），人民出版社1995年版。
6. 《孫中山全集》（第9卷），中華書局1986年版。
7. 《孫中山選集》（下），人民出版社1981年版。
8. 范岱年、趙中立、許良英編譯：《愛因斯坦文集：第二卷》，商務印書館1977年版。
9. 赫爾曼·哈肯著，凌復華譯：《協同學：大自然構成的奧秘》，上海譯文出版社2005年版。
10. 錢學森：《創建系統學》，山西科學技術出版社2001年版。

11. 《系統理論中的科學方法與哲學問題》（論文集），清華大學出版社 1984 版。

12. 歐文·拉茲洛著，閔家胤譯：《進化——廣義綜合理論》，社會科學文獻出版社 1988 年 4 月第一版。

13. 閔家胤著：《進化的多元論》，中國社會科學出版社 2012 年 8 月修訂版。

14. 方宗熙、江乃萼：《生命發展的辯證法》，人民出版社 1976 年 10 月版。

15. 肖前主編：《馬克思主義哲學原理》（上冊），中國人民大學出版社 1994 年 1 月版。

16. 哈貝馬斯著，郭官義譯：《重建歷史唯物主義》，社會科學文獻出版社 2000 年版。

17. 龐元正主編：《當代中國科學發展觀》，中共中央黨校出版社 2004 年版。

18. 米歇爾·沃爾德羅普著，陳玲譯：《複雜》，北京三聯書店 1997 年 4 月第一版。

19. 柏拉圖著，嚴群譯：《泰阿泰德智術之師》，商務印書館 1963 年版。

20. 伏爾泰著，高達觀等譯：《哲學通信》，上海人民出版社 2003 年版。

21. 陳天乙編著：《生態學基礎教程》，南開大學出版社 1995 年版。

22. 黃裕泉等編：《遺傳學》，高等教育出版社 1989 年版。

23. 愛德華·威爾遜著，毛盛賢等譯：《社會生物學——新的綜合》，北京理工大學出版社 2008 年 5 月第一版。

24. 愛德華·威爾遜著，田洺譯：《論契合》，北京三聯書店 2002 年版。

25. 愛德華·威爾遜著，方展畫、周丹譯：《論人性》，浙江教育出版社 2001 年版。

26. 漢娜·阿倫特著，竺乾威等譯：《人的條件》，上海人民出版社 1999 年版。

27. 傑西·洛佩茲、約翰·斯科特著，允春喜譯：《社會結構》，吉林人民出版社 2007 年 9 月第一版。

28. 帕森斯、斯梅爾瑟著，劉進等譯：《經濟與社會》，華夏出版社 1989 年版。

29. 托馬斯·莫爾著，戴鎦齡譯：《烏托邦》，商務印書館 1982 年版。

30. 凱爾森著，沈宗靈譯：《法與國家的一般理論》，中國大百科全書出版社 1996 年版。

31. 唐士其著：《國家與社會的關係》，北京大學出版社 1998 年版。

32. 盧梭著，何兆武譯：《社會契約論》，商務印書館 1982 年版。

33. 涂爾幹著，渠東譯：《社會分工論》，北京三聯書店 2000 年 4 月第一版。

34. 劉佑成著：《社會分工論》，浙江人民出版社 1985 年 5 月第一版。

35. 曾健、張一方著：《社會協同學》，科學出版社 2000 年 6 月第一版。

36. 阿爾文·托夫勒著，劉炳章譯：《力量轉移：臨近 21 世紀時的知識、財富和暴力》，新華出版社 1996 年版。

37. 約翰·奈斯比特著，孫道章譯：《大趨勢：改變我們生活的十個新趨向》，新華出版社 1984 年版。

38. 《中國大百科全書·政治學》，中國大百科全書出版社 1992 年版。

39. 孫關宏等主編：《政治學概論》，復旦大學出版社 2003 年 7 月版。

40. 肯尼斯·米諾格著，龔人譯：《當代學術入門：政治學》，遼寧教育出版社 1998 年 3 月版。

41. 尼科洛·馬基雅維里著：《君主論》，商務印書館 1985 年版。

42. 霍爾巴赫著，陳太先、眭茂譯：《自然政治論》，商務印書館 1994 年版。

43. 《列寧選集》（第四卷），人民出版社 1972 年第二版。

44. 列寧：《論國家》，人民出版社 1985 年版。

45. 戴維·伊斯頓著，馬清槐譯：《政治體系：政治學狀況研究》，商務印書館 1993 年版。

46. 戴維·伊斯頓著，王浦劬譯：《政治生活的系統分析》，華夏出版社 1999 年第二版。

47. 弗朗西斯·福山著，毛俊傑譯：《政治秩序的起源——從前人類時代到法國大革命》，廣西師

範大學出版社 2012 年 10 月第一版。

48. 羅伯特‧達爾著，王滬甯、陳峰譯：《現代政治分析》，上海譯文出版社 1987 年版。

49. 哈羅德‧拉斯韋爾等著，楊昌裕譯：《政治學：誰得到什麼？何時和如何得到？》，商務印書館 1992 年 2 月版。

50. 詹姆斯‧布坎南等著，陳光金譯：《同意的計算——立憲民主的邏輯基礎》，中國社會科學出版社 2000 年版。

51. 陳平著：《文明分岔、經濟混沌和演化經濟動力學》，北京大學出版社 2004 年 9 月第一版。

52. 亨利‧威廉‧斯皮格爾著，晏智傑等譯：《經濟思想的成長》，中國社會科學出版社 1999 年 10 月第一版。

53. 孟氧著：《經濟學社會場論》，中國人民大學出版社 1999 年版。

54. 戴天宇著：《經濟學：範式革命》，清華大學出版社 2008 年 7 月第一版。

55. 弗蘭克‧N‧馬吉爾主編，吳易風主譯：《經濟學百科全書》，中國人民大學出版社 2009 年第一版。

56. 李善明、周成啟、趙崇齡主編：《外國經濟學家辭典》，海天出版社 1993 年 2 月第一版。

57. 楊建文主編：《產業經濟學》，上海社會科學院出版社 2008 年 8 月第一版。

58. 楊建文、周馮琦、胡曉鵬：《產業經濟學》，學林出版社 2004 年 9 月第一版。

59. 劉志迎主編：《現代產業經濟學教程》，科學出版社 2007 年 4 月第一版。

60. 簡新華主編：《產業經濟學》，武漢大學出版社 2001 年 11 月第一版。

61. 蘇東水主編：《產業經濟學》，高等教育出版社 2000 年 2 月第一版。

62. 楊公樸、夏大慰主編：《產業經濟學教程》，上海財經大學出版社 1998 年版。

63. 孫伯良著：《知識經濟社會中的價值、分配和經濟運行》，上海三聯書店 2008 年 8 月第一版。

64. 劉大椿、劉蔚然：《知識經濟——中國必須回應》，中國經濟出版社 1998 年版。

65. 約翰‧科特、詹姆斯‧赫斯克特著，曾中、李曉濤譯：《企業文化與經營業績》，華夏出版社 1997 年版。

66. 湯正如主編：《國際市場營銷學》，大連理工大學出版社 1995 年版。

67. 郎咸平等著：《產業鏈陰謀 I》，東方出版社 2008 年 9 月第一版。

68. 亞當‧斯密著，楊敬年譯：《國富論》，陝西人民出版社 2001 年版。

69. 亞當‧斯密著，郭大力、王亞南譯：《國民財富的性質和原因的研究》(上卷)，商務印書館 1972 年版。

70. 大衛‧李嘉圖著，周潔譯：《政治經濟學及賦稅原理》，華夏出版社 2005 年版。

71. 威廉‧配第著，陳冬野譯：《政治算術》，商務印書館 1978 年版。

72. 馬歇爾著，陳良璧譯：《經濟學原理》(下)，商務印書館 1965 年版。

73. 馬克思、恩格斯著，郭大力、王亞南譯：《資本論（第二卷）：資本的流通過程》，人民出版社 1953 年版。

74. 索爾斯坦‧凡勃倫著，蔡受百譯：《有閒階級論——關於制度的經濟分析》，商務印書館 1983 年版。

75. 道格拉斯‧諾思著，杭行譯：《制度、制度變遷與經濟績效》，格致出版社、上海人民出版社 2008 年版。

76. 施蒂格勒著，潘振民譯：《產業組織和政府管制》，上海三聯書店 1989 年版。

77. 楊小凱、黃有光著，張玉綱譯：《專業化與經濟組織——一種新興古典微觀經濟學框架》，經濟科學出版社 1999 年版。

78. 章帆著：《分工協同網絡與產業組織演進》，科學出版社 2010 年 8 月第一版。

79. 王朝科、程恩富著：《經濟力系統研究》，上海財經大學出版社 2011 年 12 月第一版。

80. 張培剛著：《農業與工業化》，華中科技大學出版社 2009 年版。

81. 阿瑟‧劉易斯編著，施偉、謝兵、蘇玉宏譯：《二元經濟論》，北京經濟學院出版社 1989 年版。

82. 奧林著，王繼祖等譯：《地區間貿易與國際貿易》，商務印書館 1981 年版。

83. 西蒙‧庫茲涅茨著，常勳譯：《各國的經濟增長：總產值和生產結構》，商務印書館 1985 年版。

84. 賀曉東著：《經濟結構與整體主義》，經濟日報出版社 1991 年 9 月第一版。

85. 林毅夫著：《新結構經濟學》，北京大學出版社 2012 年 9 月第一版。

86. 《辭海》（彩圖本），上海辭書出版社 2009 年 9 月第六版。

87. 馬西姆‧利維巴茨著，郭峰、莊瑾譯：《繁衍：世界人口簡史》，北京大學出版社 2005 年 6 月版。

88. 馬爾薩斯著，朱泱、胡企林、朱和中譯：《人口原理》，商務印書館 1992 年版。

89. 牛龍菲著：《人文進化學》，甘肅科學技術出版社 1989 年 9 月第一版。

90. 王東著：《中華文明論——多元文化綜合創新哲學》，黑龍江教育出版社 2002 年版。

91. 蘇秉琪主編，張忠培、嚴文明撰：《中國遠古時代》，上海人民出版社 2014 年 5 月第一版。

92. 石聲漢著：《中國古代農書評介》，農業出版社 1980 年 5 月版。

93. 向柏松著：《神話與民間信仰研究》，人民出版社 2010 年 6 月第一版。

94. 姚順增著：《雲南少數民族價值觀的歷史和發展》，雲南美術出版社 1997 年版。

95. 馬克斯‧韋伯著，閻克文譯：《新教倫理與資本主義精神》，上海人民出版社 2010 年 9 月第一版。

96. 王震中著：《中國古代文明的探索》，雲南人民出版社 2005 年版。

97. 維柯著，朱光潛譯：《新科學》，商務印書館 1987 年版。

98. 湯因比著，沈輝譯：《文明經受著考驗》，浙江人民出版社 1988 年版。

99. 孫隆基著：《中國文化的深層結構》，廣西師範大學出版社 2011 年 6 月第二版。

100. 董大中著：《文化圈層論》，臺灣秀威資訊科技股份有限公司 2011 年 9 月第一版。

101. 馮天瑜、何曉明、周積明著：《中華文化史》，上海人民出版社 1990 年版。

102. 沈長雲、張渭蓮著：《中國古代國家起源與形成研究》，人民出版社 2009 年 4 月第一版。

103. 黃仁宇著：《中國大歷史》（增訂紀念本），中華書局 2006 年 10 月第一版。

104. 金觀濤、劉青峰著：《興盛與危機——論中國社會超穩定結構》，法律出版社 2011 年 1 月第一版。

105. 艾素珍、宋正海主編：《中國科學技術史》（年表卷），科學出版社 2006 年 11 月第一版。

106. 盧嘉錫、席澤宗主編：《彩色插圖中國科學技術史》，中國科學技術出版社 1997 年 7 月第一版。

107. 韓汝玢、柯俊主編：《中國科學技術史》（礦冶卷），科學出版社 2007 年 5 月第一版。

108. 程樣國、劉德才主編：《中國特色高等教育發展道路研究》，江西人民出版社 2008 年 12 月第一版。

109. 夏中義、丁東主編：《大學人文》（第 1 輯），廣西師範大學出版社 2004 年版。

110. 江海平等：《複製人》，臺灣漢宇出版有限公司 1998 年版。

111. Burns,R.M.、Pickard,H.R.著，張羽佳譯：《歷史哲學：從啟蒙到後現代》，北京師範大學出版社 2009 年 1 月第一版。

112. 黃磊著：《協同論歷史哲學》，中國社會科學出版社 2012 年 8 月第一版。

113. 克里斯蒂安著，晏可佳等譯：《時間地圖：大歷史導論》，上海社會科學院出版社 2007 年 1 月版。

114. 約翰‧R‧麥克尼爾、威廉‧H‧麥克尼爾著，王晉新等譯：《人類之網——鳥瞰世界歷史》，北京大學出版社 2011 年 7 月版。

115. 菲利普‧費爾南德茲-阿邁斯托著，葉建軍等譯：《世界：一部歷史》，北京大學出版社 2010 年 5 月版。

116. 菲利普‧費爾南多-阿梅斯托著，薛絢譯：《文明的力量：人與自然的創意》，新世紀出版社 2013 年 1 月版。

117. 彭慕蘭著，史建雲譯：《大分流：歐洲、中國及現代世界經濟的發展》，江蘇人民出版社 2008 年 4 月版。

118. 克里斯‧弗里曼、弗朗西斯科‧盧桑著，沈宏亮主譯：《光陰似箭：從工業革命到信息革命》，中國人民大學出版社 2007 年 10 月第一版。

119. 克萊夫‧龐廷著，王毅、張學廣譯：《綠色世界史：環境與偉大文明的衰落》，上海人民出版社 2002 年版。

120. 賈雷德‧戴蒙德著，謝延光譯：《槍炮、病菌與鋼鐵：人類社會的命運》，上海譯文出版社 2000 年版。

121. 威廉‧H‧麥克尼爾著，余新忠、畢會成譯：《瘟疫與人》，中國環境科學出版社 2010 年版。

122. 翟虎渠主編，《農業概論》，高等教育出版社 1999 年 9 月第一版。

123. 翟虎渠主編：《農業概論》，高等教育出版社 2006 年 5 月第二版。

124. 《中國古代社會經濟史諸問題》，福建人民出版社 1990 年 3 月版。

123. 翟虎渠主編：《農業概論》，高等教育出版社 2006 年 5 月第二版。

123. 翟虎渠主編：《農業概論》，高等教育出版社 2006 年 5 月第二版。

124. 《中國古代社會經濟史諸問題》，福建人民出版社 1990 年 3 月版。

125. 董愷忱、范楚玉主編：《中國科學技術史.農學卷》，科學出版社 2000 年版。

126. 華南農業大學農業歷史遺產研究室主編：《農史研究-第八輯》，農業出版社 1989 年 5 月版。

127. 吳慧著：《中國歷代糧食畝產研究》，農業出版社 1985 年版。

128. 上海市糧食局等編：《中國近代麵粉工業史》，中華書局 1987 年版。

129. 上海市工商行政管理局等編：《上海民族機器工業》（上冊），中華書局 1979 年版。

130. 方顯廷：《天津織布工業》，南開大學經濟研究所，1930 年版。

131. 嚴中平著：《中國棉紡織史稿》，科學出版社 1955 年版。

132. 徐新吾主編：《近代江南絲綢工業史》，上海人民出版社 1991 年版。

133. 朱新予等編著：《浙江絲綢史》，浙江人民出版社 1985 年版。

134. 《廣州文史資料》（23 輯），廣東人民出版社 1981 年版。

135. 《廣東文史資料（56 輯），廣東人民出版社 1988 年版。

136. 章有義編：《中國近代農業史資料》（第二輯），北京三聯書店 1957 年版。

137. 章有義編：《中國近代農業史資料》（第三輯），北京三聯書店 1957 年版。

138. 姜義華著：《中華文明的根柢》，上海人民出版社 2012 年 1 月第一版。

139. 今道友信著，徐培、王洪波譯：《關於愛》，北京三聯書店 1987 年 1 月版。

140. 梁漱溟著：《中國文化要義》，學林出版社 1987 年 6 月影印本。

141. 常乃惪撰：《中國思想小史》，上海古籍出版社 2009 年 7 月第一版。

142. 董大中著：《董永新論》，北嶽文藝出版社 2005 年版。

143. 馮友蘭著：《中國哲學簡史》，北京大學出版社 1996 年 9 月第二版。

144. 歐陽哲生編：《胡適文集》（第 5 卷），北京大學出版社 1998 年版。

145. 錢玄同著：《錢玄同文集》（第四卷），中國人民大學出版社 1999 年版。

146. 黃克劍著：《黃克劍自選集》，廣西師範大學出版社 1998 年 11 月版。

147. 董光璧著：《易經科學史綱》，武漢出版社 1993 年版。

148. 宋正海、孫關龍主編：《圖說中國古代科技成就》，浙江教育出版社 2000 年 7 月第一版。

149. 中國科學院《自然辯證法通訊》雜誌社編：《科學傳統與文化》，陝西科學技術出版社 1983 年版。

150. 王禎：《王禎農書》（卷 22），農業出版社 1963 年版。

151. 閔宗殿編：《中國農史繫年要錄（科技編）》，農業出版社 1989 年版。

152. 中國科學院自然科學史研究所主編：《中國古代科技成就》，中國青年出版社 1995 年第二版。

153. 萬繩楠整理：《陳寅恪魏晉南北朝史講演錄》，黃山書社 2000 年版。

154. 劉夢溪主編：《中國現代學術經典・李濟卷》，河北教育出版社 1996 年版。

155. 孟德斯鳩著，張雁深譯：《論法的精神》（第 3 卷），商務印書館 1961 年版。

156. 白光潤編著：《地理科學導論》，高等教育出版社 2005 年版。

157. 姜濤著：《中國近代人口史》，浙江人民出版社 1993 年 9 月版。

158. 施雅風等著：《中國氣候與海面變化研究進展（一）》，海洋出版社 1990 年 9 月版。

三、學位論文

1. 錢輝：《生態位、因子互動與企業演化》，浙江大學管理學院博士學位論文，2004 年 12 月。

2. 李曉明：《企業環境、環境因子互動與企業演化研究》，天津大學管理學院博士學位論文，2006 年 6 月。

3. 陳曉濤：《產業演進論》，四川大學政治經濟學博士學位論文，2007 年 3 月。

4. 楊芳：《馬克思的社會分工理論及其當代意義》，武漢大學哲學博士學位論文，2010 年 10 月。

5. 潘德重：《近代工業社會合理性的理論支撐：斯賓塞社會進化思想研究》，華東師範大學歷史學博士學位論文，2004 年。

6. 杜紅：《亞里士多德的物理學哲學思想研究》，重慶大學科學技術哲學碩士學位論文，2011 年。

Viewpoint 34　社會科學類　PI0047

螺網理論
——經濟與社會的動力結構及演化圖景

作　　者 / 甘潤遠
責任編輯 / 鄭伊庭
圖文排版 / 楊家齊
封面設計 / 葉力安

發 行 人 / 宋政坤
法律顧問 / 毛國樑　律師
出版發行 / 秀威資訊科技股份有限公司
　　　　　114 台北市內湖區瑞光路 76 巷 65 號 1 樓
　　　　　電話：+886-2-2796-3638　傳真：+886-2-2796-1377
　　　　　http://www.showwe.com.tw
劃撥帳號 / 19563868　戶名：秀威資訊科技股份有限公司
　　　　　讀者服務信箱：service@showwe.com.tw
展售門市 / 國家書店（松江門市）
　　　　　104 台北市中山區松江路 209 號 1 樓
　　　　　電話：+886-2-2518-0207　傳真：+886-2-2518-0778
網路訂購 / 秀威網路書店：https://store.showwe.tw
　　　　　國家網路書店：https://www.govbooks.com.tw

2018 年 6 月　BOD 一版
定價：790 元

國家圖書館出版品預行編目

螺網理論：經濟與社會的動力結構及演化圖景 /甘潤遠著.
-- 一版. -- 臺北市：秀威資訊科技, 2018.06
　　面 ；　公分. -- (社會科學類)
BOD 版
ISBN 978-986-326-540-5(平裝)

　1. 經濟理論

550.1　　　　　　　　　　　　　　　　107003511